전쟁은
속임수다

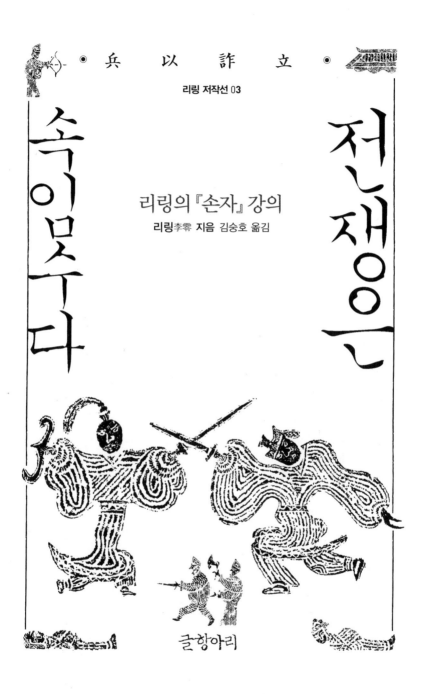

• 兵 以 詐 立 •

리링 저작선 03

전쟁은 속임수다

리링의 『손자』 강의

리링李零 지음 김승호 옮김

글항아리

일러두기

1. 이 책은 리링李零의 『兵以詐立-我讀孫子』(中華書局, 2006)를 완역한 것이다.

2. 본문에 인용된 『손자』 원문은 리링의 『孫子十三篇綜合研究』(中華書局, 2006)에 실린 백화문 번역을 우리말로 옮겼다.

3. 이 책은 저자의 베이징대학교 전공 강의를 토대로 했기 때문에, 한국어판에서도 강의의 현장성 및 가독성을 높이기 위해 경어체를 사용했다.

4. 저자는 『위무제주손자』를 저본底本으로 삼아 『손자』 원문 가운데 분명히 잘못된 글자에 한해 고쳤는데, ( )를 써서 원래 잘못된 글자를 넣고 크기를 작게 했으며, 바르게 고친 글자나 보충해 넣은 글자는 [ ] 안에 넣어서 뒤에 놓았다. 두 가지 이상의 독음을 가진 글자가 보편적인 독음 이외의 독음으로 읽히는 경우도 ( ) 안에 넣었지만 글자를 작게 하지는 않았다.

5. 한자어는 처음 나올 때만 원어를 병기하는 것을 원칙으로 했으나, 생소한 개념어가 많고 수많은 인명과 지명이 등장하기 때문에 유사어와의 구분 등 가독성을 고려해 필요하다고 생각할 경우 계속 병기했다.

6. 중국 인명은 신해혁명(1911)을 기준으로 이전은 한자독음으로, 이후는 현지음으로 번역했다. 중국 지명은 과거에 존재했다가 사라진 경우 한자독음으로 했고, 현재에도 남아 있는 경우 현지음으로 했다.

7. 찾아보기는 ①서명·편명, ②인명, ③용어 등 세 가지로 나누어 편의를 주고자 했고, 가능한 범위에서 자세하게 실어 이 책에 대한 철저한 이해를 돕고자 했다.

8. 본문의 괄호 속 내용은 저자의 보충설명이 대부분이며, 역자가 필요에 따라 설명을 넣었을 경우 "―옮긴이"라고 표시했다.

자서自序　009

◉제1강◉ 『**손자**』**는 어떤 책인가** 025

『손자』는 전쟁학의 경전이다 | 『손자』가 경전이 된 과정 : 1에서 7까지 | 최소한의 참고서

◉제2강◉ 『**손자**』**, 어떻게 읽을 것인가** 075

전통적 군인의 독법 | 전통적 문인文人의 독법 | 『손자병법』과 응용 연구 | 『손자병법』과
철학 연구 | 세계적 안목으로 『손자』 읽기 | 외국 사람에게 배운다 | 『손자병법』과 전반적
서구화 | 『손자병법』과 현대 중국 | 마오쩌둥과 『손자병법』 | 궈화뤄郭化若와 『손자병법』

◉제3강◉ **제1편 —** (시始)**계**計　125

【부록】 『전쟁론』의 구성과 명언명구 : 『손자』와 비교하여 살피다　162

◉제4강◉ **제2편 — 작전**作戰　177

【부록】 춘추전국시대의 무기　238

◉제5강◉ **제3편 — 모공**謀攻　257

【부록】 『묵자』의 '열두 가지 공격十二攻'　302

◉ 제6강 ◉ **제4편 — (군軍)형**形 321

　　【부록】『손자』에 나타난 형세가의 말　343

◉ 제7강 ◉ **제5편 — (병兵)세**勢 365

◉ 제8강 ◉ **제6편 — 허실**虛實 427

　　【부록】고서에 나타난 '세'　458

◉ 제9강 ◉ **제7편 — 군쟁**軍爭 501

◉ 제10강 ◉ **제9편 — 행군**行軍 557

　　【부록】중국 고대의 군사지리 저술　592

◉ 제11강 ◉ **제10편 — 지형**地形 607

　　【부록】클라우제비츠『전쟁론』의 행군·숙영·보급품·지형을 논함

　　:『손자』와의 비교를 중심으로　638

◉제12강◉ **제11편 — 구지**九地 647

◉제13강◉ **제8편 — 구변**九變 701
　　　　【부록】 마오쩌둥의 군사론 : 『손자』와의 비교를 중심으로 722

◉제14강◉ **제12편 — 화공**火攻 747
　　　　【부록 1】 화공의 유산 778
　　　　【부록 2】 『육도』에서 논한 오음과 화공 그리고 후풍 789
　　　　【부록 3】 『태백음경』에서 논한 풍각 794

◉제15강◉ **제13편 — 용간**用間 803

저자 후기 843
주 872
옮긴이의 말 894
찾아보기_ 서명·편명 901
　　　　　　 인명 908
　　　　　　 용어 915

1.

영국 속담에 "전쟁은 죽음의 향연饗宴 War is death's feast"이라는 말이 있습니다. 배고픔과 목마름을 채우기 위해 서로를 죽이는 데 사람보다 더 잔인한 동물이 또 있을까마는 지금까지 그것을 제지할 방도를 생각해내지 못하고 있습니다.

포악함으로 포악함을 대체하고, 원망스러운 일들은 서로 보복하니 언제 이런 일이 끝나겠습니까? 그러나 우리도 남에게 먹히지 않고 살아나가야 합니다. 병법은 생존 철학이라고 나는 생각합니다.

거자오광葛兆光 교수는 내가 병법에 조예가 있다고 하시면서 항상 나를 격려했습니다. 그분이 나를 칭화대학青華大學의 강연에 초청해서 특별히 학생들에게 강연할 수 있도록 해주셨습니다.

사마천司馬遷은 "손빈孫臏과 오기吳起가 자신을 보호하지 못한 것은 상앙商鞅과 한비韓非가 법을 만들었으나 자멸해 결말이 매우 처참했던 것과 마찬가지이다"라고 했습니다. 중국에서는 병법을 생활에 그릇되게 사용하는 사람이 아주 많은데, 나는 병법을 말하되 사용하지는 않습니다.

『손자孫子』는 병법서입니다. 그러나 『손자』는 병법서일 뿐만 아니라 중국의 지혜를 설명하는 책입니다.

'지혜'라는 말은 가치중립적인 말이기 때문에 여러 가지로 해석할 수 있습니다.

배운 것을 실제로 활용한다學以致用는 것은 배워서 일상에 쓰는學以致庸 것을 뜻하지는 않습니다. 만약 『손자』를 생활 경전이라거나 권모술수를 쓰는 사람에게 전수된 책이라고 생각한다면 잘못입니다. 어떤 사람은 중국인이 가장 교활하다고 말합니다. 실제로 총명함이 지나치면 어리석은 것입니다. 중국 청 말의 학자 담사동譚嗣同(1865~1898)은 "사람이 살면서 가장 총명한 곳은 다만 허무하고 희미한 가운데 있네衆生絕頂聰明處, 只在 虛無飄渺間"(칠언율시 「제강표수서도題江標修書圖」)라고 했습니다.

또 최근에 '공자를 존숭하고 경전을 읽는다尊孔讀經'는 명제가 뜨거운 화제가 되었습니다. 그런데 이것은 오히려 중국의 이미지를 해치는 것입니다. 내가 보기에 중국의 경전은 사람들이 읽지 않았던 것이 아니라 (5·4운동 이래로 줄곧 읽고 있습니다.) 경전의 개념이 변하고 읽는 방법이 이전과 달라진 것으로, 처량하게 울면서 경전을 읽지 않으면 하늘이 무너지고 땅이 갈라지며 나라가 망하고 종족이 멸망할 것이라고 할 필요가 없고, 더욱이 남의 문명이 막다른 골목에 다다라 반드시 우리에게 도움을 요청해 공자의 체면을 세워줄 것이라고 함부로 말할 필요도 없습니다.

5·4운동 이후에 공자가 성인의 경지에서 내려오고 제자백가를 중시하면서 제자백가의 지위가 높아지고 오경五經도 각각 적절한 자리를 얻었습니다. 이것은 매우 바람직한 일입니다. 예를 들어 『시경詩經』은 현

재 대부분 문학 전공에 넣어서 집부集部의 책들과 같이 강의하고, 『서경書經』과 『좌전左傳』은 역사 전공에 넣어서 사부史部의 책들과 함께 강의하며, 『주역周易』과 『논어論語』 그리고 『맹자孟子』는 철학 전공에 넣어서 『노자老子』 『장자莊子』와 동일하게 강의합니다. 왕원진王文錦 선생이 강의한 삼례, 곧 『의례儀禮』 『주례周禮』 『예기禮記』는 우리의 전공인 고고학에 속합니다.

경전도 일반적인 고서로 간주해 읽어야 합니다. 원래 경전은 여러 가지 맛이 뒤섞인 커다란 잡채 요리 같은 것입니다. 근대에 여러 조각으로 나누고 구조를 분석하는 방식은 매우 바람직합니다. 경전을 읽지 않는 것이 아니라 읽는 방법이 바뀐 것입니다.

이밖에 마테오 리치Matteo Ricci가 중국에 온 지 400여 년이 흘러 중국 책은 중국인뿐 아니라 외국인들도 읽게 되었습니다. 예를 들어 외국 서점에 가장 많이 비치된 한문 서적 번역본으로는 『노자』 『주역周易』 그리고 『손자』를 꼽을 수 있습니다. 『논어』의 경우, 중국에서는 가보처럼 여겨 가장 일찍 번역했지만, 외국에서는 독자가 적어 오히려 이 세 책보다 뒤에 번역되었습니다. 그 근거가 어디에 있는지 생각해볼 만한 가치가 있습니다.

근대에 아무 근거도 없는 견해로 줄곧 이렇게 말한 사람들이 있습니다.

서양은 과학기술이 훌륭하고, 중국은 도덕이 빼어나네.
중국의 도덕은 어떤 점이 남들보다 빼어난가?
현재의 도덕은 나쁜 것 중에서도 더욱 나쁜 것이라네.
탐관오리들은 횡포가 심하고 간사한 장사꾼은 교묘하게 이익을 취하며,

백성들도 좋은 것을 배울 생각을 하지 않고(부지런히 일해 봐야 헛고생일 뿐이니)
양심은 모두 바짓가랑이 속에 숨겨 두었네.

서방이 중국을 처음 접했을 때, 중국에 대한 그들의 견해는 우리가 느끼고 받아들인 것과 달랐습니다. 예컨대, 헤겔은 중국철학을 강의하면서 첫째로『논어』, 둘째로『주역』, 셋째로『노자』를 강조했습니다. 삼단논법에서 첫째 전제는 논리적 근거가 약하고 마지막 결론은 논리적 근거가 강합니다. 헤겔은『논어』를 가장 대수롭지 않게 여기면서 철학의 맛이 조금도 없다고 평했습니다. 헤겔의 원서를 읽고 난 내 느낌은 그의 명성을 고려해서 그의 저서가 번역되지 않았다면 좋았으리라는 것이었습니다.[1]

중국이 서구화된 이후에 우리는 '철학'이란 개념을 가지게 되었는데, 그것은 당연히 서양의 철학 개념입니다. 1930~1934년 사이에 펑유란馮友蘭은『중국철학사中國哲學史』를 저술했는데, 먼저 취재의 표준으로 철학이란 무엇인가에 대해 강론했습니다.[2] 일본의 다카세 다케지로高瀨武次郎는『지나철학사支那哲學史』에서 병서兵書의 요점을 제시하면서 특히『손자』를 중요시했습니다. 펑유란 선생은 이에 대해 큰 잘못이라고 생각했습니다. 그는 병가兵家의 저술은 철학 이외의 것이기 때문에 수용할 수 없다고 하면서『손자』에 대해서는 언급하지 않았습니다. 1962년, 펑유란 선생은『중국철학사 신편中國哲學史新編』을 저술하면서 비로소『손자』를 수용했습니다.[3]

병법에 철학이 있을까요?

북위北魏의 태조太祖는 중국의 책에 대해 이해하지 못했습니다. 그가

전쟁은 속임수다

이선李先에게 "세상에서 사람의 정신과 지혜에 가장 도움을 주는 책은 어떤 책입니까?"라고 묻자, 이선이 "경서입니다. 경서는 삼황오제三皇五帝가 백성을 다스리고 교화한 법전이니 왕의 정신과 지혜를 채워줄 수 있습니다"라고 대답했습니다.(『위서魏書』「이선전李先傳」) 이것은 공자를 존숭하고 경전을 읽는 풍토에서 나온 전통적인 표현입니다.

그러나 1984년 리쩌허우李澤厚 선생이 『손자·노자·한비자를 함께 이야기하다孫老韓合說』[4]라는 제목의 글을 썼습니다. 그는 손자에서 노자 사상이 나오고, 다시 한비의 사상이 나왔다고 하면서, "병가에서 도가道家가 나오고 다시 법가法家가 나오고 다시 도법가道法家가 나온 것은 한 가닥의 매우 의미 있는 사상적 실마리이다"라고 했습니다. 중국 사상은 『손자』의 군사軍事에 관련된 변증법에서 발전해 『노자』의 철학 사상이 나왔고, 『노자』의 철학 사상에서 발전해 『한비자韓非子』의 제왕술帝王術이 나왔으며, 마지막에 『한비자』에 이르러 '사람의 정신과 지혜를 돕는다益人神智'라는 개념이 나오게 되었다는 것인데, 한 글자 한 구절이 "매우 날카롭고 냉정하며 깐깐하지만 또한 모두 반박할 수 없는 사실"입니다. 한나라 이후의 유가儒家는 외면적으로는 유가의 학술이었으나 그 이면은 이러한 상황이어서 『주역周易』이 대표하는 유가의 세계관은 노자 사상을 계승했으며, 한나라 유가의 통치 방법은 한비를 계승했다는 것입니다.

그의 관점에 따르면 중국의 지혜는 손자의 유산입니다. 최근 허빙디何炳棣 선생도 거듭 이런 점을 언급하면서 『손자』의 중요성을 매우 강조했습니다.[5] 리쩌허우 선생이 『노자』는 『손자』의 영향을 받았고, 『주역』은 『노자』의 영향을 받았다고 말한 것은 단지 가설일 뿐, 반드시 보편적으로 인정을 받는 것도 아니고 증명하기도 매우 어렵습니다. 그러나 기존의 연구에서 이런 점은 가장 타당성 있고 은미한 부분을 확실히 통찰해 우리가 깊은 사고를 할 수 있도록 계발한 탁견이니 자주 인용되는 것도 이상한 일이 아닙니다.

　오늘날 경전을 읽는다고 하면 두 종류의 책을 빼놓을 수 없습니다. 하나는 『손자』인데, 위에서 말한 것처럼 오랜 세월 병법을 이야기한 책들의 시조이며 가장 지혜롭습니다. 다른 하나는 『노자』인데, 우리에게 사람이라는 틀을 벗어놓고 남들에게 과시하지 않으며 우주와 인생을 이야기하도록 한 것은 노자가 천하의 제일입니다. 이 두 종류의 책은 아주 짧아서 모두 오륙천 자 안팎이기 때문에 한 학기 동안 읽고 강의하기에도 매우 좋습니다. 또 매우 짧은 책이 있는데, 바로 유교 경전의 하나인 『주역』입니다. 그러나 『주역』 자체는 『역전』과 분리해서는 의미가 없으며, 더욱이 『역전』은 글자 수도 적지 않습니다. 음양오행가의 수술數術에 대해서는 경전이 없기 때문에 『역전』은 중요합니다. 그래서 『역전』은 중국의 자연철학을 연구하는 데 필독서입니다. 우리는 『논어』도 매우 중시합니다. 물론 『논어』를 중시하지 않을 이유가 없습니다. 그러나 우리가 『논어』를 중시하는 것은 철학을 배우기 때문도 아니고, 도덕을 배우기 때문만도 아닙니다.(내가 쓴 『논어』 강의가 있기 때문에 별도로 이야기하겠습니다.)**6** 『논어』의 내용은 매우 풍부합니다. 앞에서 언급한 『손자』 『노자』 『주역』을 모두 합쳐야 비로소 『논어』에 대적할 수 있습니다. 그 밖의 제자서諸子書들도 대부분 훌륭하고 방대한 저서들이지만 선별하지 않으면 강론할 방법이 없습니다.

　『손자』가 경전이 아니라면 어떤 책이 경전이겠습니까?

전쟁은 속임수다

2.

『손자』에 대해 이야기하면서 독자들에게 내가 강의했던 경험을 소개하고자 합니다. 나는 1985년 중국사회과학원에서 베이징대학교로 옮겼습니다. 사실 나는 강의 경험이 없었습니다. 그런데 처음 베이징대에서 강의한 과목이 『손자』였습니다. 베이징대의 경우 나는 타향 사람이었고, 고문헌의 경우 나는 문외한이었습니다.(나는 원래 상商·주周 시대의 고고考古와 고문자를 공부했습니다.) 사람됨은 좀 미숙했고, 명성은 보잘것없었으며, 지위도 미미했습니다.

1986년, 1년 동안 수업을 준비하고서 강의를 시작했습니다. 강의 대상은 고문헌을 전공하는 대학원생들이었는데, 수강생이 적어서 모두 10명 남짓이었습니다. 그 당시 나는 베이징대에 대한 경외심으로 학술적인 면을 고려했습니다. 나는 그들에게 인췌산銀雀山에서 발견된 한나라 시대의 죽간竹簡[7]을 강의하면서 『손자』의 의심스러운 점을 이야기했지만, 기대한 효과를 얻지는 못했습니다. 둘째 강의 시간에는 강의실에 학생 둘만 남아 있었습니다.

한 명은 중문과 학생으로 이름은 한전위韓振宇인데, 나중에 신문 기자가 되었습니다. 한전위가 온 이유는 다른 학생들을 대표해서 내게 그들의 결정을 선포하기 위해서였습니다. 그가 말하기를, 학생들이 내 강의가 퍽 어려워 이해할 수 없어서 더이상 수강하지 않으려 한다면서, 학생들로부터 바빠서 다음에도 오지 못한다는 말을 전해달라는 부탁을 받았다고 했습니다.

이것이 나의 첫째 강의였습니다. 나는 첫째 강의에서 혹독한 신고식을 치른 셈입니다. 내가 무슨 말을 할 수 있었겠습니까? 학생들이 강의를 듣고 싶어 하지 않는데 억지로 끌고 와서 듣게 할 수는 없습니다. 나는 당시 갈 테면 가라, 이런 마음이었습니다.

또 다른 학생은 프랑스에서 유학 온 프랑수아 윌트François Wildt였는데, 나이가 나와 별 차이가 없었습니다. 그는 떠나지 않고 강의실에 남았습니다. 그가 말하기를, 다른 학생들이 듣지 않더라도 자신은 듣고 싶다고 했습니다. 나는 두 사람이 이렇게 큰 강의실을 차지하는 것은 무의미한 일이니 만약 내 강의를 듣고 싶다면 우리 집으로 가자고 했습니다.

그 당시 나는 여전히 런민대학교人民大學校의 임원林園 6층에 있는 부모님 집에서 살고 있었습니다. 집과 학교가 분리되지 않았고, 나도 구분할 필요가 없었습니다. 강의 시간 이외에는 학교에 가지 않았습니다. 지금도 딱 그래서 아예 가지 않습니다. 윌트는 항상 정확히 강의 시간을 지켰는데, 한 시간 전에 도착해서는 시작할 시간이 될 때까지 올라오지 않았습니다. 창밖을 내다보면 그는 나무 아래에서 담배를 피우고 있었습니다.

나중에 그는 전문가가 되었습니다. 정말이지 그는 진정한 전문가입니다. 그가 번역한 『삼십육계三十六計』는 프랑스에서 아주 잘 팔립니다. 그는 내가 아는 서양학자 가운데 프랑스의 이론도 가장 잘 이해하고 중국의 병법에도 가장 능통합니다. 특히 그는 기정奇正에 관한 논문을 발표했는데, 매우 심도 있게 이해한 논문입니다(이 책 제7강 참조).

1989년 이전까지도 학생들은 늘 강의를 듣지 않고 기숙사에서 잠이나 실컷 자거나, 오고 싶으면 오고 가고 싶으면 가버려서 강의실에는 학생이 드문드문 앉아 있었습니다. 그들은 술을 마셨는데, 내가 지도하던 반의 학생들도 나를 납치하듯이 기숙사로 데려가 술을 마셨습니다. 나중에 '차이칭펑柴慶豐 사건'[8]이 발생해 학교 규정상 술을 마실 수 없게 되었습니다. 그러나 졸업식은 예외입니다. 졸업을 축하하기 위해서 관례에 따라 선생님과 파티를 합니다. 어떤 반의 학생들이 내게 맥주를 따라주

전쟁은 속임수다

고 잔을 부딪치면서 병법을 가르쳐주어서 고맙다고 말한 기억이 납니다. 나는 머리가 좀 무거웠으나 취하지는 않아서 자전거를 타고 집으로 돌아오는데 하늘이 돌지도 않았고 땅이 흔들리지도 않았습니다.

나는 그들이 다만 예의상 그렇게 말한 것이라고 느꼈습니다.

이것은 지나간 일로 실패담입니다. 결점을 드러내 여러분에게 들려드리는 것입니다.

내 강의 태도는 한결같지만 학생들은 듣고 싶으면 듣고, 듣고 싶지 않으면 듣지 않으니 사람마다 차이가 있나봅니다. 어떤 학기에 나는 한 가지 실험을 했는데, 『손자』 강의를 확대해 『손자』뿐 아니라 다른 병서도 강의했습니다. 물론 학생들이 많지 않았습니다. 그 학기에도 외국 학생 두 명이 수업을 들었습니다. 한 명은 미국 출신인 로라 스코시Laura A. Skosey, 다른 한 명은 캐나다 출신인 앨러스테어 존슨Alastair I. Johnson이었습니다. 스코시는 로저 에임스Roger Ames 교수를 모시고 우리 집에 와서 이야기한 적이 있었는데, 내가 월트와 함께 『손자병법』을 영어로 번역하면서 토론한 원고를 보았습니다. 그뒤 그는 새로운 『손자병법』 번역서를 냈는데, 인췌산 한나라 죽간을 참고한 번역서였습니다. 그는 감사의 뜻을 표시하는 자리에서 내게 도움을 받은 적이 있다고 말했습니다. 나중에 로저 에임스 교수가 하버드대학교에서 강의할 때 나도 미국에 있으면서 그와 전화통화를 했습니다. 1995년에 그는 명대明代의 전략戰略 문화에 대한 책을 저술했습니다. 그가 말하기를, 서양 사람들은 줄곧 중국은 전통적으로 전략방어를 중시하고 국지전 성격의 유한전쟁을 숭상하며, '순폭력純暴力'을 과소평가한다는 인상을 가지고 있는데, 실제로는 다른 면도 있다고 했습니다. 내 느낌으로는 중국의 전통이 확실히 매우 흉악하고 야만적이진 않지만 그렇다고 '평화의 비둘기'도 아니라는 것입니다. 그 이후, 지금은 코넬대학교에서 교편을 잡고 있는 로빈 맥닐Robin McNeal도 내 강의를 들었는데, 그도 미국에서 병서를 강의하고 있습니다.

내가 지도한 중국 학생 중에서는 구칭顧青이『울요자尉繚子』를, 장다차오張大超와 톈톈田天이『육도六韜』를 연구했습니다. 일본에서 온 이시이 마미코石井眞美子는『손자』를 연구한 많은 논문을 발표했는데, 최근에도 내 강의를 들으러 온 일이 있습니다.

1989년과 1990년 그리고 1992년 세 차례에 걸쳐 나는 손자병법연구회에서 개최한 국제 연구토론회에 참석했습니다. 가장 초기의 3회까지는 모두 참석한 셈입니다. 그 모임에서 군사과학원의 우루쑹吳如嵩과 위루보于汝波, 황푸민黃朴民, 류칭劉慶 선생 같은 군인 출신 학자를 많이 알게 되었습니다. 또 허난성 사회과학원의 양빙안楊炳安 선생, 베이징의 무즈차오穆志超 선생, 제로서사齊魯書社의 리싱빈李興斌 선생 같은 지방 학자들도 이 모임에서 알게 된 분들입니다. 우주룽吳九龍 선생은 이전부터 알고 있었습니다. 군사과학원의 조직인 손자병법연구회에서 내게 이사를 맡아달라고 했으나, 하는 일 없이 자리만 차지하고 있었기 때문에 이후의 회의에는 전혀 참석하지 않았습니다.

나는 업무에서 벗어난 상태를 좋아합니다. 특별히 볼 만한 것이 있거나 들을 만한 소식이 있는 모임이 아니라면 참가하지 않습니다.

루다제陸達節 선생 이후, 쉬바오린許寶林, 양빙안, 무즈차오, 위루보 선생 등이 문헌기록에 대한 고증과 후학에 대한 공헌이 매우 크지만 애석하게도 지금은 계시지 않습니다.

외국에도 병서에 대해 흥미를 가지고 있는 학자들이 몇 분 계십니다. 내가 비교적 잘 아는 분은 로빈 예이츠Robin D. S. Yates 교수와 크리지스토르 가블릭고브스키Krzystor Gawlikowski 교수입니다. 그들은 모두 영국의 과학사가인 조지프 니덤Joseph Needham의 『중국의 과학과 문명 Science and civilisation in china』 제5권의 여섯째 '군사기술' 부분의 저자들입니다. 이 책의 저자는 세 분으로 한 분이 더 계시지만 나는 알지 못합니다. 마크 에드워드 루이스Mark Edward Lewis 교수의 『고대 중국의 합법적 폭력Sanctioned Violence in Early China』이란 책도 매우 의미가 있습니다. 우리는 이런 학자들을 통해서 매우 많은 것을 배울 수 있습니다. 나는 이 책의 제5강에서 특히 로빈 예이츠 교수의 연구 성과를 인용했습니다.

20년 동안 내가 『손자』를 몇 차례나 강의했는지 이미 기억도 분명하지 않습니다. 시간의 흐름에 따라 내 감각은 나날이 좋아졌습니다.

첫째, 교재를 들고 수업하니 마음이 허둥대지 않습니다. 나는 『손자고본연구孫子古本硏究』(베이징대학교출판사, 1995)와 『오손자발미吳孫子發微』(중화서국, 1997) 등 두 권의 책을 출간했습니다. 이 두 책은 관련된 연구를 전면적으로 정리한 것으로, 기초가 되는 것들입니다. 최근에 중화서국에서 이 두 책을 조금 수정해 한 권으로 합쳐 『손자 13편 종합연구孫子十三篇綜合硏究』(2006)라는 제목으로 출간했고, 현재 재판을 찍고 있습니다. 이 책들은 본 강의의 연구 기초이며 보조적 읽을거리입니다.

둘째, 시간을 분배하고 말의 속도를 조절하는 것이 이전보다 조금 나아졌습니다. 『손자』는 오륙천 자에 불과하지만, 한 번 강의에 사오백 자만 가지고도 조금 진전시켜 나가다 보면 시간이 벌써 차 버립니다. 강의를 너무 많이 해도 안 되지만 너무 적게 해도 안 됩니다. 교재가 있으면 칠판 가득 옮겨 적을 필요가 없습니다.

셋째, 나는 교재를 벗어나 생각나는 대로 자유롭게 이야기하는 것이 좋습니다. 고사故事를 이야기하면 학생들도 좋아합니다. 베이징대학교 교수들이 경험담을 말하기를, 절대 교재를 편찬하지 말라고 합니다. 교재가 출판되는 날이 바로 교과 과정이 끝나는 날이어서 교재가 있으면 학생들이 수업을 들으려 하지 않고 교수도 강의할 방법이 없다는 것입니다. 나는 책을 출판하는 것이 두렵지 않습니다. 책이 없으면 이 책의 내용을 반드시 말로 강의할 것이며, 책이 있으면 책의 내용에서 벗어나 상상의 나래를 펴고 관련된 내용을 더욱 많이 이야기할 수 있습니다. 수업을 하면서 책을 읽기도 하고, 수업을 하면서 내 의도를 드러내기도 하니 각각의 특징이 있습니다.

나 또한 학생입니다. 나 자신이 나의 가장 좋은 학생입니다.

지금은 학생이 매우 많습니다. 강의실에서 참을 필요 없이 성가시게 구는 학생들을 내쫓더라도 여전히 학생이 많습니다. 강의가 끝날 때마다 학생들은 내게 박수를 보냅니다.

그러나 나는 그리 만족스럽지는 않습니다. 지금까지 교재로 써 온 책들은 이른바 기초 작업으로, 마치 재료와 같은 것이기 때문입니다. 문헌학적 기초는 있지만 문화와 사상적 측면은 아직 전개하지 못했습니다. 그러한 부분들은 강의를 하는 중에 온전히 말에만 의존할 뿐입니다. 나는 내 입을 믿을 수 없습니다.

새로운 책을 쓰려고 나도 깊이 생각해 보았습니다. 지금 이 책이 아니라 1999년에 쓰고자 했던 것으로, '병불염사兵不厭詐(전쟁에서는 속임수도 꺼리지 않는다)'라는 제목을 붙이려 했습니다. 동일한 주제에 대해 두 가지 책을 쓰는 것은 정력을 낭비하는 것이라 생각했고, 시간도 많지 않았습니다. 그러나 중화서국의 사장인 쉬쥔徐俊 선생이 상관없다고 하면서 출판사 측에서 정리하는 것을 도와줄 수 있다고 했습니다. 지난 학기에 그 분이 몇 번이나 베이징대학교로 찾아 와서 이 책의 책임 편집자인 판

위란樊玉蘭 여사로 하여금 내 강의를 듣고 녹음해 정리할 수 있도록 배려해주어서, 나는 매우 감동했습니다. 나는 어쩔 수 없이 마음을 편안히 가지고 준비하면서 목표를 향해 다시 한 걸음씩 옮겼습니다.

이 보잘것없는 책의 주안점은 병법에 담긴 철학을 이야기하는 것입니다. 첫째는 병법 그 자체에 대한 것이고, 둘째는 병법에 나타난 사상에 관한 것입니다. 이 점을 달성하기 위해서 병법과 관련된 군사적 지식을 첨가하고 사상사적思想史的 토론을 더해 이전보다 내용이 풍부하고 구성이 명확하며, 설명도 수월하고 유쾌해졌습니다.

독자 여러분이 좋아하기를 바랍니다.

2006년 6월 5일
베이징 란치잉藍旗營의 임시 거처에서

『손자』는 어떤 책인가

앞부분의 제1강과 제2강은 서설序說에 해당하는 것으로, 주로 상황을 소개하는 내용입니다. 나는 손자라는 사람에 대해서는 이야기하지 않습니다. 왜냐하면 역사적 자료가 매우 적어서 이야기할 만한 것이 없고, 이야기할 것도 사마천이 말한 몇 구절뿐이기 때문입니다. 사회나 전쟁에는 근거 없이 꾸며낸 말이 아주 많아서 책에 쓰여진 많은 분량이 모두 사람을 속이는 것입니다.

나는 다만 책에 대해서만 이야기할 것입니다.

제1강에서는 먼저 우리가 이야기하고자 하는 이 책을 소개할 것입니다. 주로 『손자』의 역사적 변화를 이야기할 것인데, 특별한 점은 그것이 경전이 되는 과정입니다. 이런 역사적 변화는 다소 무미건조하고 재미없기 때문에 독자들에게 인내심을 가질 것을 당부합니다. 그것은 닫혀 있는 문입니다. 그 문을 열어야만 그 안에 있는 마당이 매우 넓고 방도 아주 많다는 것을 발견할 수 있습니다.

1. 『손자』는 전쟁학의 경전이다

중국의 고서는 매우 많은데, 요즘은 어떻게 읽을 것이며 어떤 책을 읽을 것인가 하는 것이 큰 문제입니다. 과거에 서구화의 압력이 매우 크고 계몽사상의 구호가 매우 높았기 때문에 루쉰魯迅은 의도적으로 젊은이들에게 중국 고전을 보지 못하게 하거나 조금만 보도록 했습니다.[1] 루쉰은 공부가 깊지 않은 친구들에게 근본적으로 반드시 고전을 읽을 필요는 없지만 꼭 읽어야 한다면 경전보다는 역사서를 읽는 편이 낫고, 특히 야사野史와 잡설雜說은 읽으면 바로 알 수 있다고 권장했는데,[2] 중국의 역사에는 혼란스러운 부분이 많이 있습니다. 이것은 너무 극단적입니다. 최근에는 분위기가 바뀌어 어떤 사람은 경전을 읽을 것을 제창하면서 한편으로는 어린이들이 경전을 읽고 외우게 합니다. 어린아이 때부터 시작해 초급 교재에 이르기까지 모두 경전의 내용이 포함되어 있는데, 그 목적은 중국 문화를 빌려 위대한 중국의 훌륭한 말씀을 유포하려는 것입니다. 이 또한 너무 극단적입니다. 이 두 가지 극단적 태도가 서로 충돌하고 있습니다.

나는 고서가 아직까지 어느 정도 읽을 가치는 있지만 현대의 책을 대체할 수는 없다고 생각합니다. 고전은 고전일 뿐이니, 박물관에 전시된 유물을 유리 상자 너머로 감상하는 것과 같습니다. 우리가 몸담고 있는 문화 구조는 이미 변화하고 있고, 경전의 개념도 이미 변했습니다. 우리가 경전을 읽더라도 반드시 전통적인 독서법을 따를 필요는 없다고 생각합니다. 먼저 중국의 경전은 유교의 경전뿐 아니라 그밖에도 많은 보물이 있으니, 읽고자 해도 이런 것들을 모두 읽을 수는 없습니다. 다음으로 경서에 속하는 오경五經과 구경九經, 십삼경十三經 등은 성립된 시기가 차이가 있지만, 제자백가들이 정통했던 육예六藝[3]의 책들은 전국시대에

전쟁은 속임수다

이미 경전이 되었습니다. 경전이 되었다는 것은 곧 낡은 물건이 되었음을 의미합니다. 예를 들어, 『시경』『서경』『주역』 이 세 종류의 책은 가장 먼저 낡은 물건이 되었는데, 한나라 때는 어른들도 전혀 읽고 이해할 수 없었으니 아이들이야 말할 것이 있겠습니까? 한나라 때의 소학小學[4]은 주로 글자를 익히는 기초 교재를 읽는 것이었는데, 『창힐蒼頡』『급취急就』『삼자경三字經』『백가성百家姓』 등이 그것입니다. 이런 책들을 읽고 나면 다시 정치사상이나 인성 도덕에 관련된 교재를 읽었는데, 『논어』『효경孝經』 같은 것입니다. 『논어』『효경』은 본래 제자서의 하나로 한나라 때는 경전으로 간주되지 않고 전기傳記로 간주되었을 뿐입니다. 전기와 제자서는 같은 부류이기 때문에 제자전기諸子傳記라고도 부릅니다. 오경은 아주 심오해서 어린아이들은 읽을 수 없습니다. 오늘날 고서를 읽는다면 제자서가 더욱 적합하다고 생각합니다. 만약 읽는다면 『사기史記』와 『한서漢書』에서 시작하는 것도 무방한데, 『사기』와 『한서』에서 시작해서 제자서로 나아가고, 제자서를 읽은 뒤에 더욱 어려운 책을 읽어야 할 것입니다. 아이들에게 고서를 외우게 하는 것보다는 오히려 시를 외우게 하는 것이 좋습니다.

서양 사람들이 중국 고전을 읽을 때, 그들은 서점에서 중국의 고전 가운데 명성과 인기가 가장 높고 중국의 지혜를 대표하는 세 가지 책인 『노자』『주역』『손자』를 선택합니다. 매우 많은 일반인들의 집에 이 책들이 있습니다. 공자는 중국의 위대한 인물입니다. 서양 사람들도 공자에 대해서 모두 알고는 있지만 반드시 『논어』를 읽는 것은 아니며, 『논어』는 여전히 주로 중국학을 연구하는 사람들의 읽을거리입니다. 400여 년 이래 주로 중국의 특징을 이해하는 읽을거리입니다. 중국학을 하는 사람들은 줄곧 명백하게 이해하고자 했으나 『논어』의 격언은 엷게 흐르는 물처럼 싱거워서 심오한 이치가 어디에 있는지 절차탁마해서 연구해도 결국 이해하지 못했으니, 도덕을 논하면서 높고 명철함을 보지 못했고, 철학을 이야기하면서 실마리를 찾지 못했습니다.[5] 『논어』가 비록 번역은 일찍 되었지만 이 세 가지 책보다 유명하지는 않습니다.

만일 나에게 근대 중국의 지식 배경을 참고하고 또 서양 중국학계의 독서 기호를 참고해서 선진先秦 시대의 경전을 골라 어린이가 아닌 대학생과 대학원생을 대상으로 한 교재를 만들라고 한다면, 나는 『손자』 『노자』 『주역』 『논어』 네 권을 선택할 것이고, 만약 한 권을 더 추가하게 한다면 『제자선췌諸子選萃』를 꼽을 것입니다. 앞의 세 책은 내용이 뛰어나면서도 편폭이 길지 않습니다. 『손자』는 약 6000자이며, 『노자』는 약 5000자이니 각각 한 학기면 마칠 수 있습니다. 『논어』는 편폭이 조금 길어서 약 1만5000자이지만 두 학기 동안 강의한다면 거의 충분합니다. 『맹자』 『순자荀子』 『묵자墨子』 『관자管子』 『장자』 『한비자』 『여씨춘추呂氏春秋』 등도 매우 좋은 책들이지만 편폭이 너무 길어서 내용을 선별할 수밖에 없습니다.

병서는 중국 고대의 유산으로 수량이 매우 많은데, 대략 계산해보더라도 선진시대부터 청대에 이르기까지 4000여 종이 있습니다. 병서에는 병서의 경전이 있습니다. 송宋 신종神宗 원풍元豊 연간(1078~1085)에 병법에 대한 학문을 세우고 병법에 대한 경전을 출판했는데, 『무경칠서武經七書』는 바로 당시 병법의 경전입니다. 여기에는 『손자』 『오자吳子』 『사마법司馬法』 『당태종이위공문대唐太宗李衞公問對』 『울요자尉繚子』 『황석공삼략黃石公三略』 『육도』가 포함됩니다. 송대 이후로 무과武科 시험에 응시하는 사람은 모두 이 일곱 가지 책을 군사軍事의 교과서로 삼았습니다. 일곱 가지 책 가운데 『손자』가 첫째입니다.

전쟁은 속임수다

『손자』는 병서이지만 일반적인 병서가 아니고 고도의 전략과 철학의 색채를 띠고 운용의 묘를 매우 중시하는 병서입니다. 『손자』는 병서 가운데 지위가 가장 높은, 경서 중의 경서입니다.

『사고전서총목四庫全書總目』에서 『손자』를 "오랜 세월 동안 병법을 이야기한 것 중의 시조百代談兵之祖"라고 했는데, 조금도 틀리지 않은 평가입니다. 다음 강의에서 이 짧은 책이 전 세계에 퍼져 있으며, 앞자리를 차지하고 있음을 언급하려고 합니다. 이것은 절대 허풍이 아닙니다.

2. 『손자』가 경전이 된 과정 : 1에서 7까지

『손자』가 경전이 되기까지 몇 단계의 과정을 거쳤는데, 여러 병서들 가운데 특별히 주목을 받은 것은 매우 이른 시기입니다. 나는 가장 간단한 방법으로 그 과정을 이야기하면서 『손자』의 역사적 지위가 어떠했는지를 알려주고자 합니다.

여러분의 기억을 돕기 위해 나는 1에서 7까지의 7개 숫자를 사용해 우리가 이야기하는 내용을 연결할 것입니다.

1) 병법은 군법軍法에서 유래-선진시대

먼저 '1'에 대해 이야기해 봅시다. 병법의 근원은 무엇일까요? 지난날 나는 "병법은 군법에서 유래했다"[6]는 견해를 가지고 있었습니다. 군법이 병법의 근원이 되는데, 이 근원이 바로 '1'입니다. 여기서 말하는 군법은 군사상의 모든 제도와 규정을 포함하는 것으로, 사람을 죽이는 것뿐 아니라 "군영의 문으로 끌고 나와 목을 베어 군법의 엄함을 보이는 것"을 가리킵니다. 또 병법은 일반적인 모든 병서를 가리키는 것이 아니라 모략

謀略에 대해 이야기하는 책만 가리킵니다.

서양인들이 말하는 모략stratagem은 전략strategy이나 전술tactics과 구별되는 용어입니다. 전술은 실제 전투에서 지휘하는 기술을 말하고, 전략은 전쟁에서 전체적으로 지휘하는 기술을 말합니다. 바둑 두는 것에 비유하자면, 전자는 바둑을 한 알씩 두어서 조금씩 어떻게 하는 것이며, 후자는 바둑의 전체적 국면을 어떻게 하는 것입니다. 카를 폰 클라우제비츠Carl von Clausewitz(1780~1831)는 군사기술을 넓은 의미와 좁은 의미로 나누어 말했습니다. 넓은 의미의 군사기술은 군대를 조직해 세우는 모든 일, 곧 병사를 모집하고 군대를 정비하고 훈련하는 것 등을 가리킵니다. 좁은 의미의 군사기술은 전쟁을 하는 방법, 곧 군사를 배치하고 실제로 전투하는 방법입니다.[7]

첫머리에서 이 점을 이야기하는 이유는 사람들이 늘 근본을 잊어버리기 때문입니다. 우리가 현묘하다고 말하는 모든 것들도 실제로는 전부 가장 보편적인 것에서 나왔습니다. 지금 우리가 병법이라고 말하는 책은 주로 모략에 대해서 이야기한 것인데, 바로 좁은 의미의 군사기술입니다. 그러나 그것은 원래 넓은 의미의 군사기술이었습니다. 넓은 의미의 군사기술은 어디에 있을까요? 바로 군법에 포함되어 있습니다.

우리는 이 점을 잊어서는 안 됩니다.

중국 초기의 책은 죽간에 글자를 쓴 것입니다. 죽간에 적힌 문자는 대부분 공문서이거나 입안立案 문서들로서 모두 정부의 통치 활동과 관련이 있습니다. 군사 방면의 문서도 예외는 아닙니다. 이런 책들은 기록이 매우 구체적입니다. 예를 들면, 전쟁에서 사람과 무기는 떨어질 수 없습니다. 무기를 등록해야 하니 병장기 장부가 있고, 사람도 등록해야 하니 오적伍籍 같은 병적 목록이 있습니다. 이렇게 잡다한 일들이 바로 군법

전쟁은 속임수다

의 관심 분야입니다. 둔황敦煌에서 발견된 한나라 때의 죽간이나, 쥐옌居延에서 발견된 한나라 때의 죽간이 모두 이런 기록입니다. 상쑨자자이上孫家寨[8]에서 발견된 한나라 때의 죽간은 군법과 군령을 기록한 것입니다. 고대 상·주商周 시기의 죽간에 적힌 문서는 아직 발견하지 못했지만, 한나라 때의 문서로 유추해보면 초기의 상황도 당연히 거의 같았을 것입니다. 상·주 시기에 이미 병서가 있었다고 추측하는 사람이 있는데, 만약 그가 가리키는 것이 군법류의 공문서라면 그렇게 말할 수도 있을 것입니다. 그러나 당시에 이미 『손자』처럼 모략과 병법에 대해 전문적으로 이야기한 병서가 있었다고 한다면 나는 믿을 수 없습니다. 나는 『시경』과 『상서』(『서경』)가 제자서들보다 먼저 있었던 것과 마찬가지로 군법과 병법의 선후 관계는 반드시 군법이 먼저 있었고 병법이 나중에 생겼다고 믿습니다. 이치상 상황이 이렇게 된 것이 틀림없습니다.

전국시대 이후 군법과 병법이 병행했는데, 어느 것이 근본이고 어느 것이 파생된 것인지 분명히 알아야 합니다. 전쟁은 결국 손에 무기를 들고 있어야 비로소 실현된다고 말할 수 있습니다. 군법은 무엇을 말하는 것일까요? 바로 어떻게 '손에 무기를 들고 있어야 하는가'를 이야기하는 것입니다. 군사軍事의 첫째 요소는 사람인데, 사람이 군대를 이루기 때문입니다. 군대는 어떻게 병사를 모집할 것인가? 모집한 뒤 어떻게 일정한 편제編制에 따라 그들을 조직할 것인가? 각각의 편제에는 사람을 몇 명이나 둘 것인가? 어떤 군관軍官을 배치할 것인가? 이런 일들이 첫째로 해야 할 일입니다. 다음으로 병사를 모은 뒤에는 전차, 갑옷과 투구, 방패와 각종 무기를 준비해서 무장시키고, 병사와 군마를 먹일 군수물자를 해결해야 합니다. 이것이 둘째 일입니다. 마지막으로 모든 것이 갖추어져 있어도 그들을 훈련시켜 윗사람과 아랫사람이 서로 협동하도록 하며, 무기 사용법과 구호와 명령, 진법陣法, 상벌에 관한 군중의 각종 규정을 숙지하게 해야 합니다. 이것이 셋째 일입니다. 이상은 병사를 운용하기 이전에 해야 할 '기본적인 세 가지 일'인데, 예나 지금이나 마찬가지입니다. 군대의 군사 모집, 군대의 조직, 군대의 관리, 군대의 후방 근무나 안전, 군대의 기술과 훈련에 관한 여러 규정들이 전부 군법에 속합니다. 이밖에 중국의 군법에는 임시 규정과 보조 규정이 많이 있는데, 이를 군령이라 부릅니다.

초기의 군법은 어떤 것이었을까요? 『사마법』이 유일한 표본입니다. 현존하는 『사마법』은 선본選本으로서 다섯 편만 남아 있는데, 모두 병사 운용과 관련된 주요 원칙을 이야기하고 있으며, 비교적 후세의 병서 개념에 접근하고 있습니다. 그러나 전한前漢 후기의 『한서』 「예문지藝文志·병서략兵書略」 편에는 『사마법』이 155편이라고 기록되어 있으며, 실전된 글들은 주로 군사제도에 관한 것입니다. 위에서 말한 주요 원칙은 모두 제도적 측면에서 뽑아낸 것이며, 내용은 병사를 관리하고 훈련하는 치병治兵에 치우쳐 있습니다.

내 생각에 초기의 병법은 주로 치병을 말하고, 용병用兵은 이러한 치병에서 발전해 왔습니다. 이것이 병법과 군법 사이의 연결고리라고 생각합니다. 『사마법』의 '법法'과 한나라 때 『군법軍法』의 '법'은 모두 군법입니다. 『울요자』의 '영令'은 모두 군령입니다. 고서에 나타난 군령들 가운데 어떤 것들은 설정만 하고 결코 실시하지는 않았지만, 그러한 성질이 있다면 오로지 모략에 대해서만 이야기하는 병서와는 확실히 다릅니다.

현재 남아 있는 고서는 착각을 초래하기 쉽습니다. 초기의 군법은 망실되고 제도 같은 것도 알 수 없으니, 마치 병법이 제도에서 벗어나 독립된 것 같습니다. 병법에 대해 이야기하자면 『손자』와 『오자』가 있지만,

전쟁은 속임수다

초기에 어떻게 싸웠는지에 대한 내용은 분명하게 기록되어 있지 않습니다. 영화나 TV 관련 종사자들은 영화나 드라마에서 당시 사람들을 어떻게 묘사하면 좋을지 고민합니다. 당시 어떤 옷을 입고 무엇을 착용했는지 그리고 손에는 어떤 무기를 들었는지 모르기 때문입니다. 또한 어떻게 병사를 관리해 진을 쳤는지, 야전野戰은 어떻게 했고, 성은 어떻게 공격했는지도 모릅니다. 전쟁에 관련된 문헌의 경우, 송나라 이전의 것은 매우 적기 때문에 온전히 상상에 의지할 수밖에 없습니다. 얼마간의 문물을 참고하지만 그 또한 충분하지 않습니다. 중국의 고대는 전쟁이 끊이지 않았으므로 그때 쓰인 어떤 물건들도 보존되지 못했습니다. 세상에 전해지는 물건들도 매우 적고, 설령 발견되었다 하더라도 깨지거나 부식된 것들입니다. 중국군사박물관中國軍事博物館의 고대古代 부분은 내가 보기에 문물이 아주 부족합니다. 우리의 생각을 보충하고자 한다면, 송나라 때의 『무경총요武經總要』와 명나라 때의 『무비지武備志』를 볼 수는 있지만 모두 늦은 시기의 지식들입니다. 오늘날 과학기술사에서 화포火砲를 연구하려 한다면 이 두 책만 보면 됩니다.

군법이 존재한다는 것은 단지 병법에만 의지해서는 결코 전쟁을 잘할 수 없다는 점을 우리에게 일깨워줍니다.

송나라 이래로 병기와 제도와 진법 등은 모두 그 당시의 것이었으나, 병법은 고전이어서 시대적으로는 단절되었습니다. 그러나 전쟁의 기초에서 말하자면, 후기의 전쟁에서 반드시 갖추어야 할 요소라면 초기의 전쟁에서도 불가결한 것이라고 믿습니다. 이런 것들이 결여되어서는 전쟁을 수행할 방법이 없을 테니까요.

병법은 수원水源이 없는 물도 아니고 뿌리가 없는 나무도 아닙니다. 만약 군법을 빠트린다면 편제도, 병기도, 진법도 알 수 없고 어떤 구체적인 것도 없게 되니 병법은 곧 놀이가 되고 맙니다.

고대 군법의 경우, 『사마법』은 이미 손상되어 남은 것이 거의 없고, 한 나라 때의 『군법』도 다만 문장이 빠진 채 남아 있으니 매우 안타까운 일입니다.[9] 우리는 다만 후기의 군사 제도를 가지고 이전의 것을 추측해 나가고 고고학적 발견을 통해서 약간의 단서를 찾을 수 있을 뿐입니다. 그러나 그곳에 근거가 있다면 연구의 기초가 됩니다.

서양의 군사 전통은 그럴 듯한 병법은 없지만 실력을 숭상합니다. 그들은 재력과 병기와 기술과 제도와 훈련을 중시하는데, 바로 가장 기초적인 것들입니다.

어떤 병법이라도 이런 견고한 기초에서 벗어나서는 안 됩니다.

2) 군법이 병법을 낳고, 병법은 치병과 용병을 포괄한다 - 춘추전국시대

'둘째'로 군법이 병법을 낳고, 병법은 치병과 용병을 포괄한다는 점에 대해 말해 보겠습니다. 병법은 영어로는 '아트 오브 워art of war'라고 하는데, '전쟁의 기술'로 번역할 수 있습니다. 우리는 '아트art'를 방법이나 기교 또는 기술로 생각합니다. '미술fine art' '무술martial art' '방중술art of bedchamber' 등에서 말하는 '술術'이 모두 이런 개념입니다. 그런데 '병법'의 '법'과 '군법'의 '법'을 한자로는 모두 '법法'이라고 부르지만 그 성격은 전혀 다릅니다. 군법은 영어로 '밀리터리 로military law'라고 하는데, 여기서 '로law'는 법규를 뜻합니다. 이런 법규는 모두 바뀌지 않는 규칙으로서 조목조목 기록해 사람들에게 규정대로 일을 처리하도록 하는 것이며, 군령軍令은 태산과 같아서 고치고 싶다고 고칠 수 있는 것이 아닙니다. 그러나 병법의 '법'은 그렇지 않습니다. 그것은 천 리 밖의 후방에서 책략을 세워 전쟁에서 승리를 거두는 지휘 기술로, 요점은 관습을 따르지도 않

전쟁은 속임수다

고 변하지 않는 법칙에 기대지도 않는 것입니다.

리샤오룽李小龍(1940~1973)의 절권도截拳道는 손을 사용하는 것이 특히 힘차고, 발을 뻗는 것도 특히 빨랐습니다. 그는 홍콩에서 영화를 촬영했는데 불행히도 젊은 나이에 죽고 말았습니다. 죽은 뒤 미국 시애틀에서 장례를 치렀는데, 나는 두 차례 조문한 적이 있습니다. 그의 묘비 위쪽에 두 줄로 "경계가 없는 것으로 경계를 삼고, 법이 없는 것으로 법을 삼는다以無限爲有限, 以無法爲有法"라는 글귀가 새겨져 있습니다. 중국의 병법은 "전쟁에서는 속임수도 꺼리지 않는다兵不厭詐"는 말에 의존합니다. '병불염사兵不厭詐'는 무법無法의 법입니다. 글자 그대로 풀이한다면 "병법을 사용함에 있어 가장 좋은 것은 속이는 것이니, 속임수를 많이 쓸수록 더욱 좋다"는 뜻입니다. 그러나 이런 해석은 그 말의 깊은 뜻을 다 드러낼 수 없는 듯합니다. 나는 "규칙이 없는 것이 바로 단 하나의 규칙이다"라고 풀이하는 것이 가장 좋다고 생각합니다.

군법과 병법은 정반대입니다. 군법에서는 법도를 말하지만, 병법에서는 전쟁에서 변하지 않는 규범은 없다고 말합니다. 오늘날 병법과 병서라고 부르는 것들은 명칭이 매우 모호한데, 실제로 그것은 모략류의 병법을 위주로 한 것이며, 군법 군령류가 있기는 하지만 남아 있는 것이 매우 적습니다.

용병의 전제는 치병이며, 치병의 결과가 용병이기 때문에 치병과 용병은 서로 다르지만 서로 떨어질 수 없습니다.

『송사宋史』「악비전岳飛傳」에 따르면, 종택宗澤은 악비岳飛에 대해 "그대의 용기와 지혜, 재주와 기술은 옛날의 훌륭한 장군이라도 미치지 못할 것이다"라고 칭송했으나, 그는 악비가 '야전野戰'을 지나치게 선호하는 것을 두려워했습니다.(여기서 야전은 제멋대로 싸우는 것을 말합니다.) 종택은 야전은 체계가 없으므로 "완전한 계책이 아니다"라고 하면서 악비에게 진도陣圖를 주었습니다. 악비가 뭐라고 말했을까요? 악비는 진법의 중요성을 인정해 "진을 갖추어 전쟁에 임하는 것이 병법의 상례"라고 하면서도 "운용의 묘는 마음에 달려 있습니다"라고 했으니, 어떻게 사용하는가는 별개의 일이라는 것입니다.

병법에서 두드러진 점은 바로 "운용의 묘는 마음에 달려 있다"는 것이니, 그것은 일정한 기초를 바탕으로 규칙을 벗어나 자기 마음대로 하는 것입니다. 기초가 없으면 안 되고, 규칙을 벗어나 제 뜻대로 할 마음이 없어도 안 되는 것이니, 예술의 이치와 마찬가지라고 할 수 있습니다.

3) 선진시대 병서의 3대 경전과 3대 유형 – 춘추전국시대

'셋째'로 이야기할 것은 선진시대 병서의 3대 경전과 3대 유형입니다. 춘추전국시대에는 나라가 매우 많았는데 나라마다 제각기 병서가 있었습니다. 북방에는 진秦, 나중에 한韓·조趙·위魏로 나뉜 진晉, 제齊, 연燕이 있었고, 남방에는 초楚, 오吳, 월越이 있었습니다. 그러나 가장 융성한 나라는 북방의 제齊, 위魏, 진秦 세 나라였습니다. 이 세 나라 가운데 또 제나라의 병법이 가장 발달했습니다. 나는 한 편의 논문**10**에서 이 문제를 다루면서 『한서』 「예문지」에 적힌 병서를 거의 모두 언급했으니 누구나 찾아볼 수 있습니다. 여기서 나는 간략하게 선진시대의 병서가 역사를 거치면서 도태되어 몇 종밖에 남아 있지 않으니 우리가 소중히 해야 할 재산이 무엇인지 강조할 뿐입니다.

먼저 제나라에 대해서 이야기하려 합니다.

제나라는 주周 천자天子와는 성이 다르지만 대대로 왕실과 혼인을 맺어 외척이 된 집안이 세운 나라입니다. 제나라를 세운 임금은 유명한 태공

太公입니다. 주나라의 문왕文王과 무왕武王이 상商을 정벌하고 천하를 얻을 때 외척 가운데 적지 않은 모사謀士가 있었는데, 태공이 가장 유명합니다. 전설에 따르면 강태공姜太公은 웨이수이渭水강 가에서 낚시를 했는데, "강태공의 곧은 낚시에도 스스로 원하는 자는 걸려든다姜太公釣魚, 願者上鉤"는 말이 있습니다. 문왕은 목마른 사람이 물을 찾듯이 현인을 생각하다가 마침내 강태공을 찾게 되었는데 그는 음모와 모략이 가득한 인물이었습니다. 전국시대와 한나라 때에 음모와 간계를 이야기하는 사람들은 모두 강태공을 창시자로 여겼습니다. 『태공병법太公兵法』이란 책은 그의 이름을 빌려 쓴 것입니다. 강태공은 서주西周 시대 제나라의 유명 인사였습니다.

춘추시대 제나라에는 군대의 일과 관련해 유명한 사람이 둘 있습니다. 한 사람은 춘추 중엽 제 환공桓公의 명신인 관중管仲입니다. 오늘날 그의 저서로 전해지는 『관자』 가운데 「칠법七法」 「병법」 「지도地圖」 「참환參患」 「제분制分」 「구변九變」 편은 원래 단행본으로 유통되었으며, 『칠략七略』은 병서에 포함되었습니다. 다른 한 사람은 춘추 말엽 제 경공景公의 신하로 군대의 일을 관리하던 사마양저司馬穰苴입니다. 그의 병법은 고본古本 『사마법』에 실려 있습니다.

그리고 손자라고 불리는 손무孫武와 손빈孫臏이 있습니다. 손무도 『손자병법孫子兵法』(『오손자병법吳孫子兵法』)을 지었고, 손빈도 『손자병법孫子兵法』(『제손자병법齊孫子兵法』)을 지었는데, 모두 『손자병법』이라 부릅니다. 손무의 활동 시기는 춘추 말기로 손빈보다 조금 이르며, 손빈은 전국 중기의 제 위왕威王 때의 사람입니다.

전국 중기의 위왕 때 제나라의 국력은 가장 강성했으며 학술도 가장 발달했습니다. 위왕은 제나라의 군법을 정리하도록 명령하고, 사마양저의 병법을 뒤에 배치해 『사마병법』 또는 『사마법』이라고 불렀습니다. 『태공병법』과 『관자』에 수록된 병법, 그리고 『손자병법』과 『사마법』은 모두 이 시기에 정리된 것이라고 나는 생각합니다.

제나라에서 병법이 어떻게 발달하게 되었을까요? 그것은 산둥山東 지방 사람의 어떤 특징과 관련이 있을 수 있습니다. 중국의 예술작품에서 언어는 지역을 구별하는 부호 역할을 합니다. 지식인이나 미소년, 여성스러운 남자는 상하이上海 말을 사용하며, 장사꾼들은 광둥廣東 말을 사용하며, 실속 없이 말만 번지르르한 사람이나 건달은 베이징北京 말을 사용하며, 농부들은 산둥山東이나 산시山西 또는 산시陝西 말을 사용합니다. 오늘날 영화나 텔레비전 드라마, 재담才談 또는 잡다한 문장에 나타난 산둥 사람들의 이미지는 반듯한데, 특히 소박하고 너그럽습니다. 그러나 옛날 사람의 경우는 이와 달리 "제나라 사람은 속이기를 좋아해서 실정實情이 없으며"(『사기』 「평진후주보열전平津侯主父列傳」), "느긋하고 활달해 지혜가 있고", "말과 행동이 어긋나고 허위적이고 간사해 실정이 없다"(『한서』 「지리지地理志 하」)라고 했습니다. 제나라 사람은 매우 영악했는데, 그 원인은 두 가지입니다. 첫째, 제나라는 물고기와 소금의 이익을 독차지했고 상업이 발달해 장사꾼의 마음으로 살았기 때문입니다. 둘째, 제나라는 중국 동쪽의 대국으로 역사가 오래되고 문화가 발달해 전국시대 중기에 도읍인 린쯔臨淄는 국제적 대도시였으며, 직하稷下의 학궁學宮은 국제적 학술의 중심이 되어 지식인들이 몰려들었기 때문입니다.

병법은 일이 끝난 뒤에 대책을 제시하는 것으로, 흔히 전쟁에서 패한 다음에야 비로소 확고하게 단련이 되는 것이기 때문에, 싸움에만 몰두할 때는 기록할 수 없으니 지혜가 없으면 안 됩니다.

제나라의 병법이 가장 발달하고 보존된 것도 가장 많아서 후대에 끼친 영향도 가장 큽니다.

제나라의 이웃 나라인 연나라에도 병서가 있는데, 『소진蘇秦』이라 불립니다. 위자시余嘉錫 선생의 고증에 따르면 현재의 『귀곡자鬼谷子』는 한나라의 『소진』 32편 가운데 일부였다고 합니다.[11] 『소진』은 태공太公의 술수術數를 전하고 있기 때문에 『태공太公』의 계열에 포함할 수 있습니다.

이밖에 내가 『손자병법』을 제나라 계열에 포함시킨 이유를 설명해야 합니다. 손무의 병법은 오나라 계열에 포함해야 마땅한 것이 아니냐고요? 내 생각은 이렇습니다.

두 가지로 말하면 첫째, 손무는 오나라에 들어가 오나라에서 일했기 때문에 오손자吳孫子라고 할 수 있지만, 그는 본래 제나라 사람이기 때문에 학술적 근원은 제나라입니다. 둘째, 선진시대의 『손자병법』은 본래 손무의 병법과 손빈의 병법을 함께 가리키는 것입니다. 『한서』「예문지」에는 이 책을 둘로 나누어 『오손자吳孫子』와 『제손자齊孫子』로 구별했지만, 그들은 둘 다 같은 유파의 사람이니, 두 책도 같은 유파의 학문입니다. 초기 '손·오孫吳의 학술'에서 '손孫'은 두 사람의 손자孫子를 가리키는 것으로, 곧 손무와 손빈을 말합니다.

인췌산에서 출토된 한나라 죽간 중 『손빈병법』의 「진기문루陳忌問壘」편에 "오나라와 월나라에서 성대했으나 제나라에서 기록되었으니, 손자의 도를 아는 사람은 반드시 천하를 통일하리라明之吳越, 言之於齊, 曰智(知)孫氏之道者, 必合於天地"라고 했습니다. 이 말의 뜻은 "손자의 학문은 비록 오나라와 월나라에서 유명해졌으나(원문의 '명明'은 두드러지게 드러난다는 뜻이 있는데, 여기서는 유명하다는 뜻입니다.) 제나라에서 기록되었다"는 것입니다. 나는 『사마양저병법司馬穰苴兵法』이 『고사마병법古司馬兵法』에 딸려서 전해진 것처럼, 전대의 손자가 지은 것은 후대의 손자가 정리해서 나왔고 후대의 손자가 지은 것과 함께 세상에 전해졌을 가능성이 높다고 줄곧 생각해왔는데, 넓은 의미의 『손자병법』은 여전히 제나라에서 지어 졌고 제나라의 특징을 띠고 있기 때문에 제나라 계통에 속합니다.

이제 위魏나라에 대해 이야기하겠습니다.

위나라는 한韓나라, 조趙나라와 더불어 진晉나라를 분할해 세운 삼진 三晉의 하나입니다. 진나라는 주周 성왕成王 때 이미 세워졌습니다. 동주 東周는 주 천자가 산시陝西에서 허난河南의 뤄양洛陽으로 수도를 옮긴 이 후를 가리키는데, 진晉나라와 정鄭나라의 보호를 받았습니다. 정나라는 정권을 잡은 제후국으로 수도 부근에 봉지封地가 있었는데, 춘추시대 초 기에는 융성했으나 후대에는 쇠락했습니다. 오랜 기간 수도를 호위한 것 은 진나라입니다. 춘추시대 말기에 진나라는 북방의 초강대국이 되었 고, 초楚나라는 남방의 초강대국이 되었는데, 전차가 가장 많고 군대도 규모가 가장 컸습니다.

웨루서원岳麓書院[12]의 문 앞에 적힌 주련에 "초나라에 인재가 있어 이 곳에서 번성하라惟楚有材, 於斯爲盛"라는 구절이 있습니다. 청淸나라 말기 의 학자인 증국번曾國藩(1811~1872) 이래로 후난湖南에는 인재들이 매우 많았습니다. 당시에 특히 혁명가가 많이 배출되었는데, 국민당에서 활동 한 사람도 있고 공산당에서 활동한 사람도 있습니다. 그러나 춘추시대 의 초나라는 주로 후베이湖北 일대에 있었습니다. 초나라는 훌륭한 대부 大夫가 많았으나 배반하고 도망가는 일이 보통이었는데, 주로 진晉나라로 갔습니다. 진나라는 당시 지금의 '미국美國' 같은 나라였습니다. 이런 사 정을 "비록 초나라에 인재가 있으나 실제로 쓰는 것은 진나라이다雖楚有 材, 晉實用之"(『좌전左傳』 양공襄公 26년)라고 표현했습니다. 춘추시대 말기 에는 진晉나라와 오나라가 한 무리였고, 초나라와 진秦나라가 한 무리였

전쟁은 속임수다

습니다. 남북이 서로 대항했는데 주로 진晉나라와 초나라의 전쟁이었습니다.

진晉나라는 매우 중요합니다.

진나라의 병서로는 『손진孫軫』(선진先軫의 병법) 『사광師曠』『장홍萇弘』 등이 있었는데 지금은 모두 전하지 않습니다.

전국시대는 병서의 황금기였는데, 삼진三晉은 여전히 중요합니다. 전국 초기에 위사魏斯, 조적趙籍, 한건韓虔 등 세 세력가가 진나라를 분할했는데, 전국 초기에는 위나라가 가장 강대했고, 중기에는 제나라가, 말기에는 진秦나라가 가장 강대했습니다. 위나라는 한 시대에 뚜렷한 성과를 남겼습니다.

위나라의 병서로는 『오기吳起』『이자李子』(이회李悝의 병법) 『울요』『위공자魏公子』(신릉군信陵君 무기無忌의 병법) 등이 있었는데, 후세에까지 전해진 것은 『오기』와 『울요』입니다.

말이 나온 김에 삼진에 속하는 한나라와 조나라에 대해서도 이야기하겠습니다.

한나라는 세상에 전하는 병서가 없습니다.

조나라는 전국시대 말기의 군사 강국이었으며, 두 종류의 병서가 있습니다. 하나는 오늘날 『순자荀子』의 한 편으로 전하는 「의병議兵」인데, 원래 단독으로 유통되었으며 『칠략七略』에는 병서에 포함시켰습니다. 다른 하나는 『방난龐煖』입니다. 방난은 조나라 효성왕孝成王 때 장군으로 임무군臨武君이라 불렀습니다. 그의 스승은 초나라의 할관자鶡冠子입니다. 『방난』은 단지 세 편뿐이지만, 오늘날 『할관자』에는 「근질近迭」「도만度萬」「왕王」「병정兵政」「학문學問」「세현世賢」「무령왕武靈王」 등 여섯 편이 있으며, 그 내용은 방자龐子가 할관자에게 병법에 대해 묻는 것입니다. 방자는 곧 방난(「무령왕」 편에는 방환龐煥으로 나오는데, 육전陸佃은 '난煖'에 대한 주석에서 "혹 '환煥'으로 쓰기도 한다"고 했지만, 또 "방환은 방난의 형일 것이다"라고도 했습니다.)입니다. 『할관자』의 여섯 편은 아마도 『방난』과 관련이 있을 것입니다.

삼진 외에 북방의 군사 대국으로 진秦나라가 있습니다. 진나라에는 『공손앙公孫鞅』(상앙의 병법)과 『요서繇敍』(유여由余의 병법)가 있었는데, 오늘날 남아 있는 것은 없습니다.

초나라의 병법으로는 『초병법楚兵法』 『경자景子』 『포저자병법蒲苴子兵法』이 있었으나 모두 산실되었습니다. 다만 『할관자』에 앞에서 말한 방난과 할관자의 문답과 같은 군사에 관한 내용이 있고, 또 「세병世兵」 편에서도 군사에 관해 이야기하고 있는데 『칠략』에서는 이를 모두 병서에 포함시켰습니다.

오나라에는 『오자서伍子胥』(오자서의 병법)가 있고, 월나라에는 『범려范蠡』와 『대부종大夫種』(문종文種의 병법)이 있으나, 모두 오나라와 월나라의 유명한 인물의 이름을 빌린 것입니다.

남방의 병서는 대부분 산실되었습니다. 다만 『오자서』가 있고, 『구당서舊唐書』 「예문지」와 『신당서新唐書』 「예문지」에도 『오자서병법』이 있으며, 청나라 때 엄가균嚴可均이 편집한 『전상고삼대진한삼국육조문全上古三代秦漢三國六朝文』 권6에 『오자서수전법伍子胥水戰法』의 일부가 남아 있습니다.

이밖에 출토되어 발견된 여러 병서들이 있는데, 『오손자병법吳孫子兵法』의 일편佚篇과 『제손자병법齊孫子兵法』(『손빈병법孫臏兵法』을 말함)의 『지전地典』 『수법守法』 『수령守令』 『왕병王兵』 『기정奇正』 『개려蓋廬』 『조말지진曹沫之陣』 등에 대해서는 내가 『간백고서와 학술원류簡帛古書與學術源流』에서 소개했으니 참고하십시오.[13]

전쟁은 속임수다

앞에서 말한 『의병』은 조나라 효성왕 때 순경荀卿, 곧 순자가 임무군과 변론한 것을 적은 책입니다. 이 글은 한 편의 군사평론과 같은 것으로, 전국시대의 군대에 대해 서로 비교하고 총괄한 내용을 담고 있어 읽을 만한 가치가 있습니다.

순자는 조나라 사람입니다. 삼진이 있던 지역은 유학이 발달했고, 형명법술刑名法術의 학문도 발달했습니다. 그는 유학자였으나 일반적인 유학자가 아니라 제도를 중시한 유학자였으며, 제왕술을 말한 유학자였습니다. 한비韓非와 이사李斯는 모두 그의 문인 출신입니다. 순자는 장수해 90여 세를 살면서 전국시대 말기를 고스란히 겪은 인물입니다. 그는 당시 국제적 학자로서 린쯔의 직하 학궁에 머물면서 학문을 강론했으며, 오늘날로 치면 제나라 과학원장科學院長에 해당하는 학궁의 최고 직책인 좨주祭酒를 세 차례 역임했습니다. 그는 또한 진秦나라와 초楚나라를 두루 돌아다녔고, 동서남북을 편력했으므로 견문이 넓고 지식이 풍부했습니다.

순자의 변론 대상은 임무군으로, 함께 '군대의 요체'에 대해 변론했습니다. 임무군은 손자와 오기의 학술을 추앙했지만 순자는 생각이 달랐습니다. 그는 고금古今의 병사 운용을 세 등급으로 나누었습니다. 상급은 하夏·상商·주周 삼대 왕자王者의 병사이며, 중급은 춘추시대 패자霸者의 병사이며, 하급은 전국시대의 도병盜兵이라 했습니다. 그는 도병을 꾸짖었으나 우리에게 이런 호랑이나 이리같이 흉악한 병사들을 소개했습니다. 그는 도병을 세 등급으로 나누었는데, 어느 것이 가장 사나울까요? 순자의 말에 따르면, 제나라의 군대는 위나라의 군대만 못하고, 위나라의 군대는 진秦나라의 군대만 못하다고 했습니다. 요컨대 동쪽이 서쪽만 못하다는 말입니다. 속담에 "함곡관函穀關 서쪽에는 장수가 나고,

함곡관 동쪽에는 재상이 난다關西出將, 關東出相"(『후한서後漢書』「우후전虞詡傳」)라고 했습니다. 동쪽 사람들은 문화가 높고, 서쪽 사람들은 싸움을 잘한다는 말입니다.

전국시대의 병법은 상황이 정반대가 되어 서쪽이 동쪽만 못했습니다. 손자는 오기보다 유명했으며, 오기는 상앙보다 유명했습니다. 학문이 있어야만 좋은 병법이 있을 수 있는 것입니다.

앞에서 우리는 제나라의 병법이 가장 발달했다고 말했습니다. 제나라의 병법은 『손자병법』『사마법』 그리고 『태공병법』을 대표로 꼽습니다. 이 세 책 가운데 『손자병법』이 가장 유명합니다.

『손자병법』은 모략을 이야기한 대표적인 책이고, 『사마법』은 군법을 이야기한 대표적인 책이며, 『태공병법』은 주나라 문왕과 무왕이 음모로 천하를 얻은 고사故事를 빌린 것인데, 옛 농부들이 설서說書를 듣고 『삼국지연의三國志演義』를 음모술수의 교재이자 더욱 통속적이면서도 더욱 신비한 병법으로 여기는 것과 약간 비슷합니다. 이 책들은 선진시대 병서의 3대 경전인 동시에 초기 병서의 3대 유형을 대표합니다. 병서의 경전화는 이 세 책이 핵심입니다.

위나라의 병법 가운데 『오기』는 모략류에 속하는 것으로서 『손자병법』과 이름이 나란했으며, 『울요』는 군사 제도를 이야기한 것으로서 『사마법』과 비슷한데, 위나라의 병법은 이 두 가지 유형뿐입니다.

음모류의 병서는 제나라와 연나라의 특징입니다.

선진시대의 병서는 주로 이 세 가지 유형으로 분류됩니다.

4) 병서 네 종류－전한 시기

또 하나 마땅히 알고 있어야 할 지식은 바로 '병서 네 종류'입니다. 병

전쟁은 속임수다

서 네 종류가 바로 '넷째'로 이야기하려는 것입니다.

앞에서 선진시대의 병서는 종류가 매우 많다고 말했습니다. 이런 병서가 후대로 전해진 경위에 대해 진秦나라 때의 상황은 명확하지 않지만 전한 때의 상황은 조금 알고 있습니다.

전한 시기에는 정부에서 세 차례에 걸쳐 병서를 정리했습니다(『한서』 「지리지·병서략」).

첫째 정리는 한나라 초기에 장량張良과 한신韓信의 손에 이루어졌습니다. 전하는 바로는 모두 182종의 병서가 있었는데, 끝까지 뽑혀 남은 것이 35종이라고 합니다.

장량은 한나라의 귀족으로 열혈 청년이었습니다. 진시황을 암살하려한 일로 천하에 이름을 떨쳤으나 전국에 지명수배된 중범죄자였습니다. 그는 유방劉邦과 함께 군사를 일으키고 계책을 짜는 신하가 되어 항상 유방의 곁에 있었습니다. 중군中軍의 막사에 있으면서 산가지 여러 개를 잡고(급할 때는 젓가락을 쓰기도 했습니다.) 유방을 위해 계획을 짰습니다. 천 리 밖의 후방에서 책략을 세우고, 군대를 지휘해 승리를 거둔다는 것이니 제갈량諸葛亮과 비슷합니다. 장량은 군사軍師이면서 모사謀士의 본보기로 오로지 유방을 위해 좋은 생각을 낸 사람입니다.

한신은 화이인淮陰 사람으로 신분이 낮았습니다. 직접 전방에서 병사를 거느리고 전쟁을 했는데, 비록 아무리 많은 적이라도 싸우면 반드시 승리하고, 공격하면 반드시 빼앗는 백전백승의 평민 출신 장군이었습니다.

당나라의 명장 이정李靖의 말에 따르면, 두 사람은 앞에서 언급한 3대 경전을 배웠습니다. 장량은 『태공병법』을 배웠고, 한신은 『손자병법』과 『사마법』을 배웠습니다(『당태종이위공문대唐太宗李衛公問對』 상).

장량이 『태공병법』을 배웠다는 말은, 황석공黃石公이라는 흰 수염이

난 노인에게 몰래 전수받았다는 이야기에 따른 것입니다. 권모술수도 이 노인이 이야기해주었을 것입니다. 『태공병법』은 『태공太公』 3서의 한 부분입니다. 『태공』 3서란 『모謀』 『언言』 『병兵』을 가리키는데, 『태공병법』은 바로 『병兵』을 말합니다.(사마천이 『태공병법』이라 칭했는데, 『사기』 「유후세가留侯世家」에 보입니다.) 『태공』 3서는 권모술수의 대전大全이라 할 수 있는데, 나라를 다스리고 군사를 부리는 것에서 말 타는 것까지 모든 것을 언급하고 있습니다. 장량이 유방의 측근에서 계책을 짜는 신하가 되는 데에는 이 병서가 가장 유용했습니다.

한신이 『손자병법』과 『사마법』을 배운 것은 자신의 신분에 매우 적합했기 때문입니다. 그가 『손자병법』을 읽은 것은 병사를 이끌고 전쟁하는 데 이용하기 위해서였습니다. 『사기』를 읽어 보면, 그가 『손자병법』에 대해 매우 잘 알고 있음을 쉽사리 발견할 수 있습니다. 『사마법』은 제도를 이야기하고 있기 때문에 그에게 매우 쓸모가 있었습니다. 한나라 초기에 제도가 제정된 것은 네 사람의 덕이었습니다. "소하는 법령을 다시 만들고, 한신은 군법을 거듭 만들고, 장창은 규칙을 만들고, 숙손통은 예의를 정했다蕭何次律令, 韓信申軍法, 張蒼爲章程, 叔孫通定禮儀"(『사기』 「태사공자서太史公自序」)라고 했듯이 군법은 한신에 의해 정해졌습니다. 그가 『사마법』을 읽은 것은 군법 제정과 밀접한 관계가 있습니다. 한나라의 『군법』은 문장이 빠진 채 남아 있는데, 군대 제도에 관련된 내용들은 한나라의 제도가 아니고 선진시대의 제도입니다. 이것은 『사마법』을 베낀 증거입니다. 사마천이 말한 "군법을 거듭 만들고申軍法"에서 '신申'은 계승해 이어간다는 뜻을 포함하고 있습니다.

요컨대, 그들이 중시한 것은 3대 경전입니다. 한나라에 가장 큰 영향을 끼친 것은 실제로 이 세 종류의 책이며, 그 중에서도 특히 『손자병법』

전쟁은 속임수다

과 『태공병법』의 영향이 더 큽니다.

둘째로 병서를 정리한 사람은 한 무제武帝 때 양복楊僕입니다. 여후呂后가 정권을 장악하고 있을 때 여후 일족이 국가가 수장한 병서를 훔쳐갔기 때문에 완전하지 않고 빠진 내용이 있어 정리한 것입니다. 무제가 즉위한 뒤 양복에게 조사하고 수집할 것을 명해 남은 것은 얼마이며 보충해야 할 것은 무엇인지를 살피게 했습니다. 양복이 정리한 뒤 목록을 기록했는데, 이를 『병록兵錄』이라 합니다. 이 책은 산실되었는데, 반고班固는 이 책에 몇 종이나 기록되었는지에 대해서는 언급하지 않고 다만 "아직 제대로 정비되지 않았다"라고만 했습니다.

「병서략」에 따르면, 양복의 직무는 군정軍政입니다. 군정은 군정軍正이란 뜻이니, 옛날 군대에서 법 집행을 맡은 관원입니다. 이 사람이 바로 『사기』「혹리열전酷吏列傳」에 나오는 양복입니다. 한나라의 혹리는 법가의 정통성을 계승한 사람들입니다. 양복은 의양宜陽 사람인데, 천부千夫[14]의 벼슬을 사서 관리가 되어 어사御史와 주작도위主爵都尉를 지냈습니다. 그는 한 무제가 남월南越과 동월東越을 정벌할 때 누선장군樓船將軍에 임명되었고, 공을 세워 장량후將梁侯에 봉해졌습니다(『사기』의 「남월열전南越列傳」과 「동월열전東越列傳」). 고조선古朝鮮을 공격할 때 좌장군 순체荀彘와 공을 다투다가 순체에게 사로잡혔습니다. 그들은 중국으로 돌아온 뒤 모두 조사를 받고 순체는 처형되어 시신이 거리에 버려졌으며, 양복도 사형을 구형받았으나 돈으로 속죄하고 평민이 되었습니다(『사기』「조선열전朝鮮列傳」). 양복이 군정을 맡은 시기에 대해서는 『사기』와 『한서』에 모두 기록이 없는데, 원정元鼎 5년(기원전 112) 가을 한 무제가 남월을 정벌하기 전으로 짐작됩니다.

셋째 정리는 한 성제成帝 때 임굉任宏에 의해 이루어졌습니다. 이 작업의 책임자는 광록대부光祿大夫 유향劉向이었는데, 그는 고서를 여섯 종류로 분류해 육예六藝, 제자諸子, 시부詩賦는 자신이 직접 교열하고, 병서兵書, 수술數術, 방기方技는 전문가를 찾아 정리하도록 했습니다. 이때 병서 정리를 위해 찾은 전문가가 보병교위步兵校尉 임굉입니다. 보병교위는 북군北軍 팔교위八校尉 중 하나로 수도 방위를 맡아 상림원上林苑의 정문을 수비했습니다. 『한서』 「애제기哀帝紀」에 따르면, 수화綏和 원년(기원전 8)에 임굉은 수비 부대의 총사령관에 해당하는 집금오執金吾로 승진했습니다. 이때의 정리 결과로 쓰여진 책이 유향의 『별록別錄』과 유흠劉歆의 『칠략』인데, 지금은 남아 있지 않습니다. 오늘날 볼 수 있는 것은 『한서』 「예문지·병서략」 편에 기록된 병서 56종인데, 원래는 66종이었습니다.

셋째의 정리에서 가장 주의할 만한 점은 임굉이 병서를 권모權謀, 형세形勢, 음양陰陽, 기교技巧의 네 종류로 분류한 것입니다. 당나라의 이정이 말한 '세 문파의 네 종류三門四種'에서 '네 종류'는 바로 이 권모, 형세, 음양, 기교에 속하는 네 가지를 말합니다(『당태종이위공문대』 상).

임굉이 정리한 병서가 네 종류라고 말했는데, 크게는 두 부류입니다. 권모와 형세는 지휘 기술에 관한 것으로 전략전술에 속하며, 음양과 기교는 천문, 지리, 병기, 무술을 설명한 것으로 군사기술에 속합니다. 그것들이 어떻게 구별되는가 하는 점에 대해서는 뒤에서 설명하겠습니다. 나는 『손자』 13편을 네 그룹으로 나누는데, 첫째 그룹의 세 편은 권모와 관련이 있으므로 권모에서 이야기할 것입니다. 둘째 그룹의 세 편은 형세와 관련이 있으므로 형세에서 이야기할 것입니다. 셋째와 넷째 그룹의 일곱 편은 음양, 기교와 관련이 있으므로 음양과 기교의 개념도 함께 이야기할 것입니다. 여기서는 일단 간단하게 해석해 보도록 하겠습니다.

권모는 계책을 말하는 것입니다. 계책에는 큰 계책과 작은 계책이 있는데, 권모는 큰 계책입니다. 큰 계책은 전략으로서 전쟁의 전체 국면을 처리합니다. 전쟁의 전체 국면은 정치와 관련이 있고, 전쟁하기 전의 계획과 실력을 준비하는 것과도 관련이 있습니다. 전쟁의 전체 국면에는 포함되지 않는 것이 없습니다. 이런 유의 병서는 종합적인 성격을 띠고 있어서 전술과 기술도 포함하고 있는데, 의학 경전이 의료 처방과 방중술과 신선가神仙家의 말까지 모두 포괄하고 있는 것과 같습니다. 우리가 말하는 3대 경전은 모두 이와 같으며, 『오기吳起』도 마찬가지입니다.

형세는 개념이 매우 복잡하기 때문에 일단 깊이 있게 말하지는 않겠습니다. 여기서는 가장 간단하고 구체적인 말로 형세에 대해 언급하고자 합니다. 형세란 무엇일까요? 바로 병력을 배합하는 것인데, 여기가 조금 많으면 저기는 조금 적어지고, 허虛가 있으면 실實이 있고, 많이 있으면 적게 있기도 하니 어떻게 배합할 것인지는 오묘하기 짝이 없는 일입니다. 계책에는 큰 계책과 작은 계책이 있다고 했는데, 권모가 큰 계책이라면 형세는 작은 계책입니다. 형세는 적에 따라서 또 지역에 따라서 적절하게 세우는 각각의 대책인데, 의사가 증세에 따라 약을 주고 처방전을 내는 것과 같습니다. 형세의 특징은 어떤 문제에 닥쳤을 때 어떤 대책을 마련해서 전쟁의 실제 문제를 해결하는 것입니다. 권모가 전략에 대해 이야기한다면, 형세는 전술을 이야기합니다. 전술에서 필요한 것은 기동력, 응용력, 신속함, 변화무쌍함인데 첫째 움직임에서 노선과 속도가 어떠한가, 둘째 공격은 적이 예상하지 못한 돌발적인 것인가의 여부입니다. 교활한 속임수도 결코 부족해서는 안 됩니다. 선진시대의 형세에 관한 병서는 대부분 산실되었습니다. 『한서』「예문지·병서략」에 형세에 관한 병서는 『울요』(31편)가 있고, 「제자략諸子略」의 잡가雜家에도 『울요』(29편)가 언급되어 있습니다. 오늘날 남아 있는 『울요자』가 이 가운데 어떤 『울요』

인지에 대해서는 아직 논란이 있습니다. 실제로 우리가 원서를 보면, 그 것이 병서라는 것은 매우 명백합니다. 두 종류의 『울요자』 가운데 한 종 류만 남았는데, 어떤 부류에 넣어야 할까요? 병가에 넣을 수밖에 없습니 다. 『수서隋書』 「예문지」와 『구당서』 「예문지」, 『신당서』 「예문지」에는 잡 가에 넣었는데, 잘못된 분류라고 생각합니다. 현전하는 『울요자』의 후 반부는 군령을 말하고 있기 때문입니다. 고대의 병서 가운데 군법과 군 령을 말하는 책은 매우 특수합니다. 병서 중에서 매우 분류하기 어려운 데, 모략을 말하는 것도 아니고 기술을 말하는 것도 아니기 때문입니다. 『사마법』은 군법을 말하고 있는데 본래는 권모류에 있었으나 반고가 맞 지 않다고 생각해 예서禮書로 옮겼습니다. 『울요』는 군령을 말하고 있는 데, 본래의 자리가 바뀌지 않은 것은 나머지 부류에도 모두 적합하지 않 아 옮길 도리가 없었기 때문입니다. 나는 임굉이 군법을 권모와 비슷하다 고 생각하고, 군령을 형세와 비슷하다고 생각해서 『사마법』은 권모에 넣 고, 『울요』는 형세에 넣은 것이라 생각합니다. 그런데 사실 『울요』는 일 반적인 형세가形勢家의 말이 아닙니다. 진정한 형세가의 말이 담긴 책은 『한서』 「예문지」에 한 권도 남아 있지 않습니다. 우리가 형세라는 개념을 연구하기 위해서는 다만 『손자』에서 관련된 논술을 보고 이야기할 수밖 에 없습니다.

음양은 수술數術의 학문과 음양오행설을 군사軍事에 응용하는 것입니 다. 위로 천문天文을 알고 아래로 지리地理를 아는 것은 바로 이런 학문에 의지합니다. 음양은 사람 이외의 사물에 대해 이야기합니다. 예를 들면, 옛날 군인들은 식법式法과 바람으로 점을 치는 풍각風角(바람 점), 새를 보 고 점을 치는 조정鳥情, 오음五音, 점성후기占星候氣, 날짜 계산推算歷日, 지 형 선택選擇地形 등등을 배워야 했는데, 이런 것들은 하늘과 관련이 있거

전쟁은 속임수다

나 아니면 땅과 관련이 있으며, 그 속에는 과학과 미신이 뒤섞여 있습니다. 오늘날의 군사기상학이나 군사지리학과 관련된 지식이 이런 부류에 속합니다. 그것은 일반적인 수술서數術書와 실상 뚜렷한 경계가 없는데, 특히 식법·풍각·조정·오음을 이야기한 책은 더욱 그렇습니다. 「병서략」편에 기록된 이런 부류들은 대부분 산실되었기 때문에 거의 출토되어 발견된 것에 의존하고 있습니다. 『지전地典』한 가지만 인췌산에서 출토된 한나라 죽간에 남아 있는데, 없어졌다가 다시 나타난 경우입니다.

기교는 사람과 관련된 것으로 무기 사용이나 군사 훈련과 관련이 있습니다. 예를 들면, 수성守成, 화공火攻, 수공水攻, 무술과 군사 체육은 모두 사람과 관련된 것입니다. 고대 무술은 원래 기격技擊이라 불렀습니다. 맨손으로 격투하는 것을 수박手搏이라 하고, 씨름하는 것을 각저角抵라고 합니다. 무기를 사용하는 것으로는 검도와 활쏘기가 있습니다. 군사 체육은 활쏘기, 투호投壺, 축국蹴鞠, 박혁博奕 같은 놀이를 포함합니다. 축국은 축구이고, 박博은 바둑, 혁奕은 장기를 말합니다. 이런 고서는 연대가 조금 일러서 대다수가 산실되었지만, 『묵자』에는 성을 수비하는 것과 관련된 '성수城守' 각 편이 남아 있는데, 고대 기교가들이 말한 경전의 경우 중국에서는 관심을 갖는 사람이 없으나 외국에서는 매우 중시하고 있습니다.

임굉의 분류와 『별록』『칠략』의 분류는 『한서』「예문지」에서 조금 수정되었습니다. 첫째, 권모류의 『사마법』을 「육예략六藝略」의 예류禮類에 넣어 『군례사마법軍禮司馬法』이라 고쳐 부르고 병서로 다루지 않았습니다. 둘째, 『이윤伊尹』『태공』『관자』『손경자孫卿子』(곧 『순자』)『할관자』『소자蘇子』『괴통蒯通』『육가陸賈』『회남왕淮南王』『묵자』가운데 단행본인 병서를 더 줄이거나 합쳐서 「제자략」안에 전서全書로 남겼습니다. 셋째, 기교류에 『축국蹴鞠』을 더했습니다.

전한 시기의 병서로는 『광무군廣武君』(이좌거李左車의 병법)과 『한신』 『이량李良』『정자丁子』『항왕項王』(항우項羽의 병법) 등이 있습니다. 이좌거, 한신, 장량, 항우는 모두 초나라와 한나라의 전쟁에서 두드러진 능력을 발휘한 사람들입니다. 이런 병법들은 모두 전하지 않습니다. 단 하나 전하는 것은 장량과 관련 있는 『황석공삼략』입니다. 장량은 유명한 군사 전문가로 태공의 학술을 한나라에 전한 사람입니다. 한나라 이후 『태공』은 계속 베껴졌으며, 황석공의 책도 계속 베껴졌습니다. 매우 많은 책들이 태공과 황석공의 이름을 빌렸습니다.

임굉의 분류는 우리에게 후세 병서의 기본 범위를 제시했고, 또 네 종류 병서의 서열을 매겼습니다. 권모를 가장 높였는데, 순전히 고전古典을 사용해 오래될수록 더욱 좋다고 여겨 후세에 남은 것도 가장 많습니다. 형세도 매우 중요하지만 권모보다 못하다고 여겨 대부분 산실되었습니다. 음양과 기교는 대부분 지어지는 대로 버려졌기 때문에 후세에 남은 것이 가장 적습니다. 중국이 전통적으로 권모를 숭상하고 기교를 경시하는 것은 이러한 책읽기閱讀 구조와 관련이 있습니다.

5) 5대 경전과 조조의 5서 - 후한後漢, 삼국三國, 위·진魏晉

'다섯째'는 무엇일까요? 선진시대부터 전해진 오부병서五部兵書와 조조曹操가 정리한 오부병서입니다.

선진시대에서 전한 시기까지 전해진 병서 가운데 중요한 것은 오부五部입니다. 오부는 곧 3대 경전인 『손자병법』과 『태공』 3서, 『사마법』 외에 『오자』와 『울요자』를 더한 것입니다.

이 시기에 제자諸子들이 쓴 병서는 병서로 취급되지 않았습니다.

조조가 정리한 병서도 오부가 있습니다.

후한後漢 시기의 중국 사회는 매우 혼란했습니다. 삼국시대와 위진남 북조魏晉南北朝 시대는 세상이 더욱 어지러웠습니다. 이런 혼란은 일반적인 혼란이 아니라 인심이 혼란을 바라고 모두 한덩어리가 되어 난을 일으켰습니다. 위가 어지럽고 아래도 어지러웠으며, 안이 어지럽고 바깥도 어지러웠습니다. 속담에 "난세에는 영웅이 사방에서 일어난다"라고 했습니다. 이 시대의 특징은 군웅이 함께 일어난 것이니, 마치 거리에서 불량배들이 패싸움하는 것과 같아 반드시 그들을 억누를 우두머리가 필요했습니다. 『삼국지연의』에 "영웅을 설파하니 놀라서 죽겠구나說破英雄驚煞人"라는 구절이 있습니다. 천하의 영웅은 '유비劉備와 조조'이며, 물론 손권孫權도 있습니다(『삼국지연의』 제21회). 영웅이란 말은 『육도六韜』에서 나와 『삼략三略』에서 반복해서 언급되고, 『삼국지三國志』와 이 책에 주석을 붙인 배송지裴松之가 『영웅기英雄記』를 자주 인용해 더욱 귓가에 끊이지 않았으니 시대적 특징이 매우 큽니다. 『삼략』이 후한과 삼국시대에 널리 퍼졌기 때문에 '영웅'도 유행어가 되었습니다. 조조는 군사를 부리는 책략이 남들보다 뛰어나서 소동파蘇東坡가 "참으로 일세의 영웅이다固一世之雄也"(「전적벽부前赤壁賦」)라고 한 것도 이상한 일이 아닙니다. 루쉰도 "실제로 조조는 아주 능력이 있는 사람으로 최소한 영웅이다. 나는 비록 조조의 무리는 아니지만 어찌되었든 간에 그에게 매우 탄복한다"라고 말했습니다.[15] 대중의 마음은 이와 달라서 조조를 완전히 재수 없는 놈이라고 생각했습니다. 그들은 『삼국지연의』의 그릇된 인도에 따라 유비를 위해 마음을 졸이고 제갈량諸葛亮을 위해 눈물을 흘리니 정통을 중시하는 사관史觀의 간계에 딱 걸려든 셈입니다. 왕망王莽은 외척이기 때문에 돼먹지 않은 인간이며, 조조는 환관의 손자이기 때문에 어떤 상황에서도 나쁘다고 하는데, 이것은 편견입니다. 사람들은 허소許劭가 조조에 대해 "태평성대에는 유능한 신하, 난세에는 간교한 영웅治世之能臣, 亂世之奸雄"(『삼국지』「위서魏書·무제기武帝紀」에서 배송지가 손성孫盛의 『이동잡어異同雜語』를 인용해 붙인 주석)이라고 평가한 말만 받아들일 뿐이며, 영웅이라도 간사한 인물이라 하여 경극京劇에서 얼굴을 희게 분장합니다.

조조는 뛰어난 군사 전문가로서 용병에 능했을 뿐 아니라 많은 병서를 읽고 직접 적지 않은 병서를 썼습니다. 『삼국지연의』에서 장송張松이 지도를 바치는 대목의 고사는 『태평어람太平御覽』 권389에 인용된 『익부기구전益部耆舊傳』에 근거한 것입니다. 『익부기구전』에는 양수楊修가 조조의 병서를 장송에게 보여주자 장송이 한눈에 외웠다고만 했을 뿐이며, 조조가 『손자』를 표절했다는 말은 없습니다. 소설에서는 없는 내용을 더 보태 사실을 왜곡한 것입니다. 『삼국지연의』에서 장송은 "『맹덕신서孟德新書』는 조조가 『손자』 13편을 표절한 것이오. 우리 촉蜀 땅의 어린아이들도 외울 수 있는 것이니 천하를 속이는 것이오"라고 했습니다(제60회). 이것은 저자가 근거 없이 꾸며낸 말입니다. 실제로 조조는 『손자』를 표절한 적이 없을 뿐 아니라 『손자』를 정리하는 데 큰 공이 세웠습니다.

우리가 오늘날 『손자』를 읽은 수 있는 것은 실은 조조가 남긴 책 덕분입니다. 처음으로 『손자』에 주석을 붙인 것도 조조입니다. 『손자약해孫子略解』가 그 책인데, 원서의 서문이 『태평어람太平御覽』 권606에 남아 있습니다. 조조는 서문에서 "내가 병서와 전쟁 계책을 많이 보았지만 손무가 쓴 책이 가장 깊이가 있다. (…) 자세히 계획하고 신중하게 행동하며, 분명하게 계획을 세우고 깊이 꾀해야 한다고 했는데, 거짓말이 아니다吾觀兵書戰策多矣, 孫武所著深矣. (…) 審計重擧, 明畫深圖, 不可相誣"라고 했습니다. 조조는 『손자』가 모든 병서 가운데 가장 잘 쓰인 책이지만 원서에 주석이 없어 읽어도 이해할 수 없고, 편폭이 너무 길어서 읽는 이가 요점을 파악하기 어렵다고 생각했습니다. 그래서 조조는 『손자』 13편에만 주석을 붙이고 나머지 것들은 없애버렸습니다. 조조가 정말로 『손자』를 훔치려 했다면 쓸데없이 주석을 달고 원서가 어떠어떠해서 좋다고 할 필요가 무엇이며, 그렇게 하는 것은 너무 우둔한 짓이 아닐까요? 따라서 이런 것들은 모두 소설에서 꾸며낸 이야기임을 알 수 있습니다.

조조는 고대의 병서 정리에 큰 공이 있습니다. 후한과 삼국시대에 그가 정리한 것이 가장 핵심이 됩니다. 사람들은 제갈량을 중국 지혜의 상징이라 여기며 좋아합니다. 그런데 실은 군사사軍事史에서 조조가 제갈량보다 훨씬 중요한 인물입니다.

조조는 동중서董仲舒가 제자백가를 배척하고 유가의 학술만 존중한 것과 같은 방식으로 병서를 정리했습니다. 동중서는 유가의 학술만 존중하되 제자백가를 없애지는 않고 유가 아래에 두어 보조 역할을 하도록 했습니다. 조조도 이와 마찬가지로 『손자』만 떠받들고 다른 병서들은 그 아래에 두었습니다.

조조가 정리한 병서를 나는 '조공오서曹公五書'라고 부르는데, 다음과 같은 것들입니다.

(1) 『손자약해』(전2권) : 앞에서 말한 『손자』 13편의 주석본으로 아직 남아 있으며, 주석이 매우 간단합니다.

(2) 『태공음모해太公陰謀解』(전3권) : 『태공』 3서 가운데 『모謀』의 주석본으로 생각되는데, 지금은 전하지 않습니다.

(3) 『사마법주司馬法注』(권수 미상) : 『사마법』의 주석본으로 빠진 글이 있습니다.

(4) 『속손자병법續孫子兵法』(전2권) : 『손자』 13편 말고도 다른 『손자』

와 관련 있는 책의 내용을 뽑아서 묶은 것인 듯한데, 『오손자병법吳孫子兵法』의 빠진 편을 포함하고 또 『제손자병법齊孫子兵法』도 포함하고 있습니다. 당나라 시인 두목杜牧은 『손자병법』은 원래 '수십만 글자數十萬言'였는데 조조가 "번거롭고 남은 것을 깎아내고, 정밀하고 절실한 것 13편을 기록해 한 권으로 만들었다削其繁剩, 筆其精切, 凡十三篇, 成爲一編"라고 했습니다.(두목, 『손자』 서序) 그러면 『손자』 가운데 남은 것은 어떻게 했을까요? 버리지 않고 따로 책으로 묶었는데 『속손자병법』 같은 것이 바로 그런 책입니다.

(5) 『병서접요兵書接要』(1권·2권·3권·5권·7권·9권·10권짜리 등의 다른 책이 있습니다.) : 이 책은 여러 가지 이름이 있어서 『병법접요兵法接要』 『병서첩요兵書捷要』 『병서약요兵書略要』(또는 『병서요약兵書要略』) 『병서논요兵書論要』(또는 『병서요론兵書要論』) 등으로 불립니다. 손성은 『이동잡어』에서 "태조(조조)는 여러 가지 책을 두루 많이 읽었는데 특히 병법을 좋아해 여러 사람의 병서에서 뽑아서 모아 『접요接要』라 했고, 또 『손자』 13편에 주석을 붙였는데 모두 세상에 전한다(太祖)博覽群書, 特好兵法, 抄集諸家兵法, 名曰接要, 又注孫武十三篇, 皆傳於世"(『삼국지』 「위서·무제기」의 배송지 주에 인용)라고 했습니다. 『접요』는 옛날 병서에서 뽑아 모은 책입니다. 우리는 거기에 『손자병법』에서 빠진 글도 들어 있음을 알 수 있습니다.

고대의 병서를 정리한 것 외에 조조는 『위무제병법魏武帝兵法』 또는 『위무제병서魏武帝兵書』, 속칭 『조공신서曹公新書』(1권짜리와 13권짜리 두 종류가 있습니다)라고 부르는 병서를 직접 저술하기도 했습니다. 앞에서 『손자약해』가 너무 간략하다고 말했는데, 당나라의 두목도 조조가 열 구 가운데 한 구도 채 풀이하지 않은 것은 애당초 『손자』를 완전히 풀이하려 하지 않았기 때문이라면서 "자기가 터득한 것을 아껴서 스스로 『신서』를 지어惜其所得, 自爲新書" 좋은 내용은 모두 자신의 책에 넣었다고 했습니다 (『손자』서). 이 책은 바로 조조 자신의 저작입니다. 송나라 장예張預가 『손자』 「작전作戰」 편에 주석을 달면서 이 책을 인용한 바 있습니다.

조공오서는 후세에 산실되고 『손자약해孫子略解』 하나만 남아 있지만 조조의 정리는 중요한 의의가 있습니다.

첫째, 『손자』만 유독 존중했습니다.

둘째, 3대 경전에 주석을 붙여 이 세 책이 가장 중요함을 설명했습니다.

셋째, 한나라 이후 『손자』와 관련된 방대한 서적들을 구분해 13편에만 주석을 붙이고 나머지에 대해서는 주석을 붙이지 않았습니다. 그러나 나머지도 폐기하지 않고 따로 책으로 묶었는데, 『오손자병법』에서 빠진 글을 포함하고 『제손자병법』도 포함하고 있을 가능성이 있습니다. 그가 『손자』만 존중한 것은 사실상 『손자』 13편만 존중한 셈이어서 자신도 모르는 사이에 『손자』와 관련된 나머지 책들을 낮춘 셈이 되었습니다.

넷째, 3대 경전 이외의 병서를 없애버렸습니다.

조조는 병서의 서열을 매겨서 모든 병서 가운데 두드러진 것은 3대 경전이고, 3대 경전 가운데 두드러진 것은 『손자』이며, 『손자』 가운데 두드러진 것은 13편이라 했습니다. 여기서 말한 '두드러진 세 가지'가 병서의 존폐에 큰 영향을 끼쳤습니다.

이밖에 마땅히 지적해야 할 점은 『황석공삼략』이 이 시기에 매우 유행했다는 것입니다. 이때 『삼략三略』은 고전古典이 아닌 신전新典이었습니다. 내가 말하는 5대 경전에는 이 책이 포함되지 않습니다.

6) 6대 경전과 『손자』 육가주六家注 – 남북조南北朝와 수·당隋唐

'여섯째'는 6대 경전과 『손자』에 대한 여섯 학자의 주석입니다.

6대 경전은 『손자병법』 『태공』 3서, 『사마법』 『오자』 『울요자』 그리고 『황석공삼략』입니다. 곧 5대 경전에 『삼략』을 더한 것입니다.

(1) 『손자병법』은 1권본, 2권본, 3권본에 관계없이 모두 13편으로 『손자약해』와 같습니다. 이밖에 조조가 편찬한 『속손자병법』이 있고, 손자의 이름을 내세운 단행본으로 『손자팔진도孫子八陣圖』 『손자전투육갑병법孫子戰鬪六甲兵法』 『오손자빈모팔변진도吳孫子牝牡八變陣圖』 『손자병법잡점孫子兵法雜占』 『오손자삼십이루경吳孫子三十二壘經』 등이 있습니다. 앞의 책은 오르막을 올라가 더욱 두드러져 경전이 되었지만, 뒤의 책들은 내리막길을 걸어 점차 흩어져 없어졌습니다.

(2) 『태공』 3서는 단행본으로 유통되었는데, 『모』는 『태공음모太公陰謀』로 변했고(『칠록七錄』에는 6권본, 『수서隋書』 「예문지」에는 1권본, 조조가 주석한 책은 3권본), 『언』은 『태공금궤太公金匱』로 변했고(『수서』 「예문지」에는 2권본), 『병』은 『태공병법』으로 변했습니다(『칠록』에는 3권본과 6권본이 있고, 『수서』 「예문지」에는 2권본과 6권본). 『태공육도太公六韜』(『칠록』에는 6권본)와 그밖에 태공의 이름을 가탁한 책들도 있습니다. 『육도六韜』는 『장자莊子』 「서무귀徐無鬼」에 이미 책 이름이 보이는데, 『육도六弢』로 적혀 있습니다. 『수서』 「예문지」에 적힌 『태공』 3서는 『태공음모』 『태공금궤』 『태공병법』이며, 『구당서』 「예문지」와 『신당서』 「예문지」에 적힌 『태공』 3서는 『태공음모』 『태공금궤』 『태공육도』입니다. 『수서』 「예문지」에 적힌 『태공병법』과 『태공육도』는 모두 6권본입니다. 내 짐작에 『태공육도』는 『태공병법』의 다른 판본입니다. 이것은 『태공』 3서 가운데 군사軍事에 대해 전문적으로 이야기한 책입니다. 후대의 『태공』은 이 책만 남

아 있습니다. 오늘날의 『육도』도 6권본입니다.

(3) 『사마법』은 『수서』「예문지」, 『구당서』「예문지」와 『신당서』「예문지」에 3권본만 있는데, 오늘날 통행본과 권수가 같으니 쓸데없는 내용을 빼버린 산절본刪節本이 분명합니다.

이상의 세 종류는 제나라 계통의 3대 경전입니다.

(4) 『오기병법』의 지위는 앞의 세 책만 못합니다. 『수서』「예문지」에 가후賈詡가 주석한 『오기병법』이 있는데, 1권뿐이어서 쓸데없는 내용을 빼버린 산절본이 분명합니다. 『구당서』「예문지」와 『신당서』「예문지」에는 오기吳起의 병법서가 없습니다.

(5) 『울요자』의 지위도 앞의 세 책보다 못합니다. 이 책의 성격은 매우 복잡해서 학자들 사이에 논란이 있습니다. 『한서』「예문지」에는 두 종류의 『울요』가 있는데, 병서로서의 『울요』(29편)와 잡가雜家로서의 『울요』(31편)입니다. 이 두 종류의 『울요』는 편폭이 비슷해 대략 5~6권의 형식이지만 무슨 관계가 있는지는 확실하지 않습니다. 『칠록』에는 병서인 『울요자병서尉繚子兵書』(1권)와 잡가인 『울요자』(6권)가 있습니다. 『수서』「예문지」에는 잡가 『울요자』(5권)만 있으며, 『구당서』「예문지」와 『신당서』「예문지」에도 잡가 『울요자』(6권)만 있습니다. 오늘날의 『울요자』는 5권본에 24편만 남아 있어 『한서』「예문지」의 『울요』 두 종류보다 편폭이 조금 적습니다. 앞의 12편은 병사兵事를 두루 논하고, 뒤의 12편은 군령軍令에 대해 이야기하고 있기 때문에 병서가 분명합니다.

4번과 5번의 두 책은 위나라 계통의 병서입니다.

(6) 『황석공삼략』은 오늘날에 읽어 보면 아무런 의미도 없는 듯하지만 후한 시기에는 태공·황석공·장량 같이 유명한 사람의 이름을 빌려 매우 유행했습니다(『칠록』, 『수서』「예문지」, 『구당서』「예문지」, 『신당서』「예

문지」에 모두 3권본). 『칠록』에 있는 『장량경張良經』(1권)은 "『삼략』과 같은 부분이 많은데" 아마 『삼략』의 다른 판본일 것입니다. 『구당서』「예문지」와 『신당서』「예문지」에도 『장량경』(1권)과 『장씨칠편張氏七篇』(7권, 장량이 쓴 것이라 적혀 있습니다.)이 있습니다. 남북조와 수·당 시기에 황석공의 이름을 빌린 책이 많은데 이것들은 태공 병서를 잇는 희미한 맥박입니다.

이밖에 주의할 만한 점은 한나라 이후로 제자백가의 병서는 더이상 단행본으로 유통되지 않았다는 것인데, 단지 『수서』「예문지」에 『노자병서老子兵書』 1권만 남아 있을 뿐입니다. 당나라의 왕진王眞은 "『노자』는 장마다 병법을 이야기한다"고 했는데(『도덕경론병요의술道德經論兵要義述』), 마오쩌둥은 이 말을 매우 좋아했습니다. 이러한 독법讀法은 일찍부터 있었으며, 결코 왕진으로부터 시작된 것이 아닙니다.

조조가 정리한 오부서에 조조가 지은 『신서新書』를 더하면 육부서가 되기도 합니다. 육부서의 운명은 어떻게 되었을까요? 이것도 주의할 필요가 있습니다.

(1) 『손자약해』 : 세상에 계속 전해졌는데, 훗날 『무경칠서』본의 『손자』와 『십일가주손자十一家注孫子』에 실린 조조의 주석은 모두 이 책에서 나온 것입니다.

(2) 『태공음모해』 : 남북조시대와 수·당시대의 『태공음모』는 1권본, 3권본, 6권본이 있는데, 3권본이 바로 조조가 정리한 『태공음모해』입니다. 『구당서』「예문지」와 『신당서』「예문지」에 실린 『태공음모』도 3권본이니, 당나라 때까지 남아 있었습니다.

(3) 『사마법주』 : 『문선文選』에 인용된 것이 보이기 때문에 남북조시대에도 있었음을 알 수 있습니다.

(4) 『속손자병법』: 『수서』「예문지」와 『신당서』「예문지」의 책 목록에 보입니다.

(5) 『병서접요』: 『칠록』, 『수서』「예문지」, 『구당서』「예문지」와 『신당서』「예문지」의 책 목록에 보입니다.

(6) 『조공신서』: 『수서』「예문지」의 책 목록에 1권본이 보입니다. 『구당서』「예문지」와 『신당서』「예문지」에는 적혀 있지 않지만 『일본국현재서목日本國見在書目』에는 13권본이 있습니다.

이 여섯 가지 책은 수·당시대에도 있었습니다.

삼국시대 이래로 『손자』를 주석한 사람으로는 위나라 조조, 양梁나라 맹씨孟氏, 오나라 심우沈友, 수나라 장자상張子尙과 소길蕭吉, 당나라 이전李筌·두목·진호陳皞·가림賈林 등이 있습니다. 그러나 심우·장자상·소길의 주석은 모두 이미 전해지지 않고 나머지 사람들의 주석은 『십일가주손자』16에 남아 있는데, 나는 이를 '육가주六家注'라고 부릅니다.

조조의 주석본은 1권본, 2권본, 3권본이 있습니다. 간단하고 명확한 것이 특징입니다. 영송본影末本 『손무사마법孫武司馬法』(원풍 초각본의 남은 부분일 가능성이 있습니다.)에 있는 조조의 주석본은 『십일가주손자』와 다른데, 내가 『손자고본연구孫子古本硏究』에서 고서에 인용된 문장들을 이용해 모아서 교열했으니 참고할 만합니다.

맹씨의 주석본은 2권입니다. 맹씨의 생애에 대해서는 잘 모르지만 오래전부터 그가 주석한 책이 『칠록』에 보이는데, '양맹씨梁孟氏'라고 적혀 있을 뿐입니다. 『수서』「예문지」에는 '양유梁有'라고 적혀 있습니다. 『십일가주손자』에 그의 주석이 보이는데, 조조의 주석에 비해 더욱 간단하며 말한 내용도 더욱 적습니다.

이전李筌의 주석본은 3권입니다. 이전이 지은 책으로 『태백음경太白陰

經』이 있는데, 군사학에 정통하고 병음양兵陰陽도 포함하고 있습니다. 송나라의 조공무晁公武는 이전의 주석에 대해 "조조의 풀이에 잘못된 점이 많기 때문에 각 왕조의 역사를 요약하고 음양의 변화에 따라 몸을 숨기고 길흉을 택하는 용병술에 따라 주석을 붙여 3권을 만들었다以魏武所解多誤, 約歷代史, 依遁甲, 注成三卷"(『군재독서지郡齋讀書志』 권3 하)라고 평했습니다. 『손자』에서 병음양을 이야기한 부분은 그의 주석을 참고할 만합니다.

두목의 주석본은 3권입니다. 두목은 유명한 시인이기 때문에 그의 풀이는 문인이 전쟁을 말한 것에 속합니다. 그는 조조의 주석이 너무 간략한 것을 싫어했으므로 비교적 자세하게 주석을 달았습니다. 조공무는 "세상 사람들은 두목이 비분강개하여 전쟁 논하기를 좋아해서 시험하려 했으나 할 수 없었다고 한다世謂牧慨然最喜論兵, 欲試而不得"고 평했습니다. 두목의 주석의 특징은 전쟁의 실례를 즐겨 인용한 것인데, 조공무는 이에 대해 "그의 학문은 능히 춘추전국시대의 일을 말하면서도 매우 넓고 상세하니 병법을 아는 사람은 취할 바가 있을 것이다其學能道春秋戰國時事, 甚博而詳, 知兵者將有取焉"(『군재독서지』 권3 하)라고 말했습니다.

진호의 주석본은 3권입니다. 진호의 생애는 잘 알려져 있지 않습니다. 그는 조조의 주석과 두목의 주석 모두에 매우 불만이었습니다. 조공부는 "진호가 조조의 주석은 뜻이 확실히 드러나지 않고 두목의 주석은 꼼꼼하지 못하다고 여겨 다시 주석을 달았다皥以曹公注隱微, 杜牧注闊疏, 重爲之注云"(『군재독서지』 권3 하)라고 평했습니다.

가림의 주석본은 3권입니다. 가림의 생애도 잘 알려져 있지 않습니다.

이밖에 『통전通典』 「병전兵典」에서 『손자』를 많이 인용했는데, 두우杜佑(735~812)의 주석이 붙은 것이 있습니다. 두우는 여러 책에서 가려 뽑아 주석을 붙인 것으로, 『손자』에 대한 전문 주석서가 아니기 때문에 여기에 포함하지 않아도 됩니다. 만약 두우의 주석을 더하면, 당나라 때 『손자』를 주석한 사람은 다섯 사람입니다. 두우의 주석도 『손자고본연구』에서 모아 교열했으니 참고할 만합니다.

옛 주석 가운데 조조의 주석과 두우의 주석만이 볼 만합니다.

『통전』에 관해, 나는 중화서국 교점본校點本(1988, 왕원진王文錦 등 교점)에 의거해 두 가지를 말하려 합니다. 첫째, 이 판본은 저장서국浙江書局의 책을 저본으로 삼아 송·명시대의 선본善本을 교열한 것이어서 교열에 주객이 전도된 셈입니다. 만약 송나라 책을 저본으로 삼았다면 원래 모습에 더욱 가까우면서 더욱 조리가 있을 것이며, 또한 교감한 사람의 말을 줄여야 했습니다. 둘째, 두우의 『손자』 주석이 실린 『십일가주손자』는 『통전』의 「병전」을 베낀 것으로, 여러 사람의 주석을 한데 모은 집주본集註本이기 때문에 위치와 문구가 모두 변동이 있지만, 중화서국 판본은 『십일가주손자』에 실린 두우의 주석을 기준으로 삼아 오히려 『통전』을 고치기까지 했으니 이 또한 적절치 않습니다.

남아 있는 다른 주석들은 『십일가주손자』에서만 볼 수 있습니다.

나는 조조와 맹씨의 풀이를 '전당주前唐注', 이전·두목·진호·가림의 주석을 '당사가주唐四家注'라고 부릅니다.

7) 『무경칠서武經七書』 – 송宋·원元·명明·청淸

오늘날 우리는 여러 가지 『손자』 판본을 볼 수 있는데, 가장 기본이 되는 판본은 세 종류입니다. 하나는 영송본影宋本 『위무제주魏武帝注』본(『평진관총서平津館叢書』본)[17]이며, 또 하나는 송나라 『무경칠서』본(일본 세이카도분코靜嘉堂文庫본)이며, 마지막 하나는 송나라 『십일가주손자十一家注孫子』본(중국 국가도서관과 상하이도서관 소장본)입니다. 이 세 종류는 두 종류라고도 할 수 있는데, 『위무제주』본은 『무경칠서』 원풍 초각본의 잔본으로 주석 없이 원문만 있는 『무경칠서』와 같은 계통입니다.

송나라 때 병서의 경전화가 마무리되었는데, 『무경칠서』의 출현이 그 상징입니다. 내가 말하는 '7'이란 바로 『무경칠서』를 가리키는데, 『손자』 『오자』 『사마법』 『당태종이위공문대』 『울요자』 『황석공삼략』 『육도』를 포함합니다. 이 일곱 책은 선진시대 제나라 계통의 3대 경전에 선진시대 위魏나라 계통의 『오자』 『울요자』를 더하고 다시 전한의 『황석공삼략』과 당나라의 『당태종이위공문대』를 더해서 이루어졌습니다.

『무경칠서』는 국자사업國子司業 주복朱服과 무학교수武學敎授 하거비何去非가 송나라 신종神宗의 명을 받아 교열하고 확정한 것입니다. 그들이 확정한 『무경칠서』의 기본은 다음과 같습니다.

(1) 『손자』 3권 13편은 조조가 전한 판본으로, 인췌산에서 출토된 한나라 죽간과 비슷해서 가장 일찍 경전화된 판본임을 알 수 있습니다.

(2) 『오자』 2권 6편은 수나라 때 이미 발췌본이었습니다. 송나라의 조공무晁公武는 당시의 『오자』에 대해 "당나라 육희성이 종류에 따라 차례를 정하고 설명했다唐陸希聲類次, 爲之說"(『군재독서지』 권3 하)라고 했으니, 당나라 때의 개편본입니다.

(3) 『사마법』은 3권 5편으로, 수·당隋唐 이래로 유행하던 판본은 모두 3권본이었으니 일찍부터 발췌본이 있었고 제도를 설명한 상당 부분이 삭제된 것으로 짐작됩니다. 이 책은 삼국시대 위나라 가후賈詡의 주석과 송나라 오장吳章의 주석이 있는데 모두 실전되었습니다.

(4) 『당태종이위공문대』는 송나라 때 새로 엮은 고서인데, 그 소재의 기원은 수수께끼입니다. 이정은 당나라의 명장으로서 그의 병서는 『구당서』 「예문지」와 『신당서』 「예문지」에는 『육군경六軍鏡』 한 종류뿐이지

만, 『송서』「예문지」에는 『음부기陰符機』 『도검비술韜鈐祕術』 『도검총요韜鈐總要』 『위국공수기衛國公手記』 『병검신서兵鈐新書』 『궁결弓訣』 등 여섯 종류가 늘어났습니다. 이 책들은 모두 산실되어 어디에서 재료를 모았는지 판단할 수 없습니다. 알다시피 원풍 3년(1080)에 무경武經이 판각되었는데, 『무경칠서』 가운데 이 책은 사실 새로운 책입니다. 희령熙寧 원년(1068)에 신종이 조서를 내려 이정의 병법을 교정校定하도록 명하면서 "당나라 이정의 병법은 세상에 완전한 책이 없고 『통전』에만 뒤섞여 나타나니 뿔뿔이 흩어져 착오가 있다唐李靖兵法, 世無完書, 雜見通典, 離析訛舛"라고 했습니다. 시간이 많이 흘러 군인들이 『통전』을 읽어도 거기에 보이는 관직 이름이나 물건 이름을 알지 못하므로 『통전』을 버리고 따로 책을 엮은 것입니다. 지난날 학자들은 모두 『당태종이위공문대』는 송나라 완일阮逸의 위작이라 했으니, 진정한 이정의 병법은 『통전』에 인용된 문장뿐입니다. 청나라 왕종기汪宗沂가 엮은 『위공병법집본衛公兵法輯本』 같은 것이 바로 『통전』에 인용된 문장을 위주로 한 책입니다. 사실 『당태종이위공문대』는 일부러 『통전』에 있는 내용을 거두지 않은 것이니, 거두지 않았다고 해서 가짜라고 할 수는 없습니다. 완일의 위작이라는 설은 진사도陳師道가 제기했고 그 근원은 소순蘇洵·소식蘇軾 그리고 소식의 제자인 하거비인데, 그들의 생각은 추측일 뿐입니다. 이정의 책이 그때는 많았지만 어떤 책도 완전하게 모으지 못했을 뿐입니다. 이 책은 가려 뽑은 것이거나 고쳐 엮은 것일지는 몰라도 결코 위서는 아닙니다. 황제가 엮으라고 명령한 책을 어떻게 마음대로 거짓을 꾸밀 수 있겠습니까? 이 일은 정치 싸움과 관련이 있어 뒤엉킨 편견을 피하기 어렵습니다. 여기에 대해서는 제1강에서 다시 말하도록 하겠습니다.

(5) 『울요자』는 5권 24편입니다.

⑹ 『황석공삼략』은 3권인데 상략上略·중략中略·하략下略으로 나누어 졌습니다.

⑺ 『육도』는 6권으로 각각의 도韜가 한 권으로 이루어졌습니다. 인췌산에서 출토된 한나라 죽간과 바자오랑八角廊[18]에서 출토된 한나라 죽간에 『태공』 고서가 있는데, 그 가운데 모습은 매우 다르지만 『육도』와 관련된 내용이 있습니다. 『군서치요群書治要』에서 『육도』를 인용한 내용과 둔황본敦煌本 『육도』도 오늘날의 『육도』와는 다릅니다. 따라서 『육도』도 고쳐서 엮은 책임을 알 수 있습니다.

『무경칠서』는 송 신종 원풍 3년에서 6년 사이(1080~1083)에 판각되었습니다. 그러나 『태평어람』 「인서목引書目」에 『병법칠서兵法七書』가 있는데 그것의 이전 모습일 듯합니다. 『병법칠서』와 『무경칠서』는 완전히 똑같은 것은 아닌 것 같습니다. 예를 들면 『당태종이위공문대』 같은 책은 다시 새롭게 정리한 것일 가능성이 있습니다.

송나라 때 주석을 붙인 사람으로는 매요신梅堯臣, 왕석王晳, 하연석何延錫, 장예張預 네 사람이 유명합니다.

매요신의 주석본은 3권으로 원래는 구양수歐陽脩의 서문이 있습니다.

왕석의 주석본은 3권으로 원문에서 틀린 것을 바로잡았습니다.

하연석의 주석본은 3권인데, 그의 생애는 잘 알려져 있지 않습니다.

장예의 주석본은 3권입니다. 장예는 자가 공립公立으로 북송北宋 동광東光(지금의 허베이성 둥광東光) 사람인데, 그의 생애는 잘 알려져 있지 않습니다. 『손자』 주석 외에 『백장전百將傳』이 있는데, 유명한 장군들의 전기를 기록한 고서 가운데 한 종류입니다.

이 네 사람의 주석을 나는 '송사가주宋四家注'라고 부르는데, 단행본은 모두 산실되어 『십일가주손자』에서만 볼 수 있습니다. 『십일가주손자』 뒷부분에는 정우현鄭友賢이 쓴 「십가주손자유설병서十家注孫子遺說幷序」가 딸려 있습니다. 정우현의 생애는 잘 알려져 있지 않습니다.『유설遺說』도 전문적인 주석은 아닙니다.

『십일가주손자』는 『십가주손자十家注孫子』라고도 불렸는데, '십가주十家注'는 당나라 이전 두 사람의 주석에 당나라 네 사람의 주석, 송나라 네 사람의 주석을 더한 것입니다. '십일가주十一家注'는 여기에 다시 두우杜佑의 주석을 더한 것입니다. 원·명元明 이전의 오래된 주석이 남아 있는 것은 모두 이 책에 수록된 덕입니다.

3. 최소한의 참고서

『손자』를 연구한 책은 매우 많습니다. 내가 읽은 책들 가운데 절대 다수는 읽을 만한 가치가 없습니다. 지난날 내가 『손자고본연구孫子古本研究』와 『오손자발미吳孫子發微』를 쓴 것은, 여러분을 대신해서 내가 읽고 연구한 것입니다. 신농씨神農氏가 온갖 풀을 맛볼 때 하루에 70가지 독을 맛보았으니 중독되지 않을 수 없었지만 같은 독에 다시 해를 입지는 않았습니다. 책이란 읽으면 읽을수록 읽을 책이 적어지는 것이지 많아지는 것은 아닙니다. 책이 적으면 잘 알 수 있지만 많으면 갈피를 잡기 어렵습니다.

(1) 저술 : 과거의 참고 서적으로 중요한 것은 루다제陸達節의 『손자병법서목휘편孫子兵法書目彙編』(군훈부군학편역처軍訓部軍學編譯處, 1939)과 『손자고孫子考』(충칭군용도서사重慶軍用圖書社, 1940)입니다. 오늘날에도 이 두 책을 찾아 볼 수 있습니다. 그밖에 위루보于汝波가 주관해 편집한 『손자학문헌제요孫子學文獻提要』(군사과학출판사軍事科學出版社, 1994), 무즈차

오穆志超와 쑤구이량蘇桂亮이 주관해 편집한 『저술제요著述提要』(추푸싱邱復興이 주관해 편집한 『손자병학대전孫子兵學大典』, 베이징대학출판사, 2004, 제8책에 수록)가 있습니다.

(2) 원전原典 : 예전에 좋은 책들은 모두 몰래 감추고 있어 쉽게 볼 수 없었는데, 청나라 손성연孫星衍이 펴낸 판본이 가장 좋은 판본입니다. 『손자』의 대표적 세 가지 판본 가운데 두 가지를 그가 펴냈습니다. 하나는 영송본 『위무제주손자魏武帝注孫子』이고, 다른 하나는 『손자십가주孫子十家注』입니다. 그는 『손자』에 각별한 애정을 보였습니다. 그는 성이 손씨였기 때문에 스스로 '손무의 후손'이라 칭하며 가문을 빛내기 위해 많은 노력을 했습니다. 『손자』에 대한 연구는 청나라 학자들의 공로가 아주 큽니다. 앞의 영송본 『위무제주손자』에 대해 우리는 그에게 감사해야만 합니다. 이 책의 원전은 이미 실전되어 그의 판본은 대체할 수 없는 가치가 있기 때문입니다. 뒤의 『손자십가주』에 관해서는, 이전의 송본宋本(『십일가주손자』)은 쉽게 볼 수 없고 명본明本(일반적으로 『손자집주孫子集注』라 부르는데, 담개談愷가 펴낸 판본과 황방언黃邦彦이 펴낸 판본이 있습니다.)도 쉽게 볼 수 없었는데, 손성연이 명나라 화음華陰의 『도장道藏』본을 발견하고 서둘러 영인해 가장 보편적인 판본이 되었습니다. 오늘날은 송본이 있으므로 명본을 대체할 수 있지만 이전에는 단 하나뿐이었습니다. 『무경칠서』본은 일본에서 『속고일총서續古逸叢書』로 영인한 세이카도 분코본이 있는데, 이 판본과 『위무제주』본은 같은 계통이므로, 『위무제주』본이 있다면 일본 판본은 읽지 않아도 됩니다. 오늘날 원전을 연구한 책으로는 내가 쓴 『손자고본연구』도 읽을 만합니다. 나는 송나라 이전의 요약본과 고서에서 인용된 문장을 모두 찾아서 시대에 따라 나누고 배열해 참고하기 편리하도록 했습니다. 송나라 이후 본이 되는 판본도 나

란히 비교했습니다. 비교해 보니 『위무제주』본이 가장 뛰어납니다. 송나라 이후는 모두 중복되므로 교정할 필요도 없고 읽을 필요도 없습니다.

(3) 주석서註釋書 : 예전에 『손자』를 읽은 사람은 주로 군인이었습니다. 그들이 읽은 것은 『무경칠서』입니다. 학자들이 매우 칭송하는 금金나라 시자미施子美의 『무경칠서강의武經七書講義』, 명나라 유인劉寅의 『무경칠서직해武經七書直解』와 조본학趙本學의 『손자교해인류孫子校解引類』, 청나라 주용朱墉의 『무경칠서휘해武經七書彙解』는 모두 이 계통에 속합니다. 이런 책은 학술사 연구 외에는 그다지 큰 가치가 없습니다. 청나라 때는 고증학이 발달했지만 『손자』에 관심을 가진 사람이 없었고, 일류 학자들도 깊이 연구하지 않았습니다. 손성연도 『손자』를 주석하지 않았습니다. 그들의 주석은 대부분 읽을 필요도 없습니다. 나는 옛 주석을 읽는다면 송나라 『십일가주손자』가 가장 좋다고 생각합니다. 이밖에 내가 쓴 『오손자발미』는 『손자』 원전의 변천 과정을 전체적으로 연구해 의심스러운 말과 구절에 대해 깊이 고증하고 현대 중국어 번역을 덧붙인 책으로 참고하기 편한 주석서입니다. 『손자고본연구』의 하편에 내가 여러 해 동안 『손자』 원전과 어휘를 고증한 관련 저작을 모아 놓았는데, 『오손자발미』를 쓸 때 소재와 연구 기초가 된 것이니 참고하기 바랍니다.

(4) 교감校勘 : 청대 학자들은 교감에 관심을 두지 않았으며, 중국국가도서관에 있는 왕염손王念孫의 교정본은 나도 본 적이 있지만 단지 기록본일 뿐이어서 별다른 가치는 없습니다. 청대에 가장 큰 공헌을 한 사람은 역시 손성연입니다. 손성연은 『손자』를 교감할 때 매우 적절한 방법을 사용했는데, 주로 같은 종류의 책에 인용된 문장에 근거해서 초기의 면모를 연구했습니다. 송나라 이후의 상황에 대해서는 양빙안楊炳安이 『손자집교孫子集校』(중화서국, 1959)에서 전면적으로 조사한 바 있습니다.

그의 작업은 두 가지 의미가 있습니다. 하나는 우리에게 양대 판본의 계통을 알려주었다는 것이고, 다른 하나는 송나라 이후의 판본은 사실상 교감할 가치가 없다는 점을 객관적으로 증명했다는 것입니다. 내가 앞에서 언급한 두 권의 책은 교감도 총결한 것입니다.[19]

『손자』를 읽을 때 가장 기초가 되는 것은 다섯 가지입니다. 첫째, 원전을 자세하게 읽어야 합니다. 둘째, 옛 주석을 정밀하게 연구해야 합니다. 셋째, 원류源流를 고증해야 합니다. 넷째, 구성을 분석해야 합니다. 다섯째, 낱말에 나타난 어려운 점을 해결하여, 읽고 이해할 수 없는 낱말을 절대 가벼이 내버려 두어서는 안 됩니다.

내가 『오손자발미』에서 제시한 책 외에 규모가 큰 참고서가 두 가지 있는데, 찾아보기에 도움은 되지만 가격이 너무 비쌉니다. 하나는 셰샹하오謝祥皓와 류선닝劉申寧이 엮은 『손자집성孫子集成』 24책(제로서사齊魯書社, 1993)이고, 다른 하나는 추푸싱邱復興이 주관해 편집한 『손자병학대전孫子兵學大典』 10책(베이징대학출판사, 2004)입니다.

지금까지 앞에서 말한 것은 『손자』를 빌려 『손자』를 이야기한 것입니다.

만약 여러분이 『손자』에 대해 어느 정도 알고 있다면, 『무경칠서』의 여러 가지 책들 그리고 출토된 죽간 병서를 포함해서 앞에서 말한 여러 병서들도 읽어볼 것을 제안합니다. 명나라 모원의茅元儀는 "『손자』가 가장 잘 쓰여진 병서이며, 그밖의 병서는 『손자』를 주해註解한 것에 지나지 않는다"(『무비지武備志』 권1 「병결평兵訣評」 서문)라고 했습니다. 명나라 이지李贄가 쓴 『손자참동孫子參同』은 그밖의 병서와 역사서에 실린 전쟁 사례를 분류하고 모아서 『손자』를 주석한 것인데, 이런 독법讀法은 매우 바람직합니다.

전쟁은 속임수다

이밖에 우리는 『손자』에서 무엇을 배워야 하는가를 생각해야 합니다. 특히 그의 병술兵術과 사상을 배워서 군사 문화사와 사상사에 적용해 읽어야 합니다. 이것이 다음 강의에서 말할 내용입니다.

『손자』, 어떻게 읽을 것인가

『손자』의 독자는 매우 많고 계층도 매우 다양합니다. 독자가 다르면 재미도 다르고 읽는 방법도 자연히 다릅니다. 군인은 군인의 독법이 있고, 문인은 문인의 독법이 있으며, 그밖의 사람들도 각자의 독법이 있으니, 동서고금이 모두 다릅니다. 나 또한 나 자신만의 독법이 있습니다.

여기서는 조금 간단하게 소개하겠습니다.

1. 전통적 군인의 독법

『손자』는 병서입니다. 병서는 주로 군인이 쓰는 것이며, 군인에게 읽히도록 쓰인 것이기도 합니다.

역사적으로 『손자』의 독자는 주로 군인이었습니다. 송나라의 무인 선발 시험은 말 타는 기술과 무공 실력을 시험하고, 또 『무경칠서』로 문장이 어떠한가를 시험했습니다. 『무경칠서』의 첫째가 바로 『손자』입니다.

병서는 본래 군인에게 읽히기 위해 쓰인 것이지만 많은 군인들이 책을 읽지 않으니 병서를 읽는 것은 더 말할 필요가 없습니다.

군인이 병서를 읽는 것은 가장 중요하게 활용할 수 있다고 생각하기 때문입니다. 그들의 독법은 세 가지입니다. 첫째는 원문 그대로 읽기를 좋아하는 것으로 책을 읽으면서 깊이 이해하려 하지 않습니다. 송나라 이후 『무경칠서』를 이렇게 읽어 원문에 주석이 없습니다. 둘째는 주석을 달고, 또 간단명료한 요점을 찾는 것입니다. 예를 들면 원풍 초각본 『무경칠서』는 원래 조조가 주석했는데, 조조의 주석은 매우 간단합니다. 셋째는 공론空論을 배척하고 실례를 중시하는 것인데, 선생님이 학생을 가르치면서 전쟁의 실례를 인용해 역사상의 성패와 득실을 설명하기를 좋아하는 것과 같습니다.

전쟁의 역사는 유혈의 경험을 기록한 것이기 때문에 전쟁의 실례는 군인들에게 가장 유용합니다. 병서를 읽을 때 전쟁의 실례에서 시작하는 것이 가장 바람직합니다.

한나라 때 『손자』를 읽은 사람들 가운데 가장 유명한 사람은 한신입니다. 그는 병사를 부릴 때 항상 『손자』를 활용했습니다(『사기』 「회음후열전淮陰侯列傳」). 그러나 당시의 군인들이 반드시 병서를 읽은 것은 아니었습니다. 예를 들면, 표기장군驃騎將軍 곽거병霍去病은 한 무제가 손자와 오기의 병법을 읽으라고 했음에도 "전체 책략이 어떠한가를 따질 뿐이지 옛날 병법을 배우지는 않겠습니다顧方略何如耳, 不至學古兵法"라고 하면서 읽지 않았습니다(『사기』 「위장군표기열전衛將軍驃騎列傳」). 그때 병서를 읽는 것은 역사서에 나오는 전쟁의 실례를 중시한 것으로, 서양의 전통과 비슷합니다. 광무제光武帝가 후한을 건국하는 데 큰 공을 세운 풍이馮異는 서정대장군征西大將軍을 지냈는데, 그는 원래 학자로서 『좌씨춘추左

전쟁은 속임수다

氏春秋』와 『손자병법』에 능통한 것으로 이름났습니다(『후한서』「풍이전馮異傳」). 삼국시대 오나라 장수인 여몽呂蒙은 본래 책을 읽지 않았는데, 손권이 책 읽기를 권하자 군대 일이 너무 바빠 책을 읽을 시간이 없다고 했습니다. 손권은 여몽에게 "나는 그대가 경서에 죽도록 파고들어 박사가 되라는 것이 아닐세. 옛날 광무제도 군사 일로 바빴으나 손에서 책을 놓지 않았고, 조조는 나이가 들어 늙어서도 배우기를 좋아했네. 그대는 아직도 내게 빨리 가서 『손자』 『육도』 『좌전』 『국어國語』와 삼사三史(곧 『사기』 『한서』 『동관한기東觀漢記』)를 읽겠다고 하지 않는구나"라고 말했습니다. 손권이 여몽에게 읽으라고 한 것도 병서와 전쟁의 실례입니다. 여몽이 책을 읽고는 완전히 다른 사람처럼 바뀌자 오랜 동료인 노숙魯肅은 그의 공부가 몰라보게 발전한 것을 칭찬하면서 더 이상 이전의 '오나라 시골뜨기 여몽吳下阿蒙'이 아니라고 했습니다. 여몽 자신도 "선비는 사흘을 만나지 못했다면 눈을 비비고 봐야 합니다士別三日, 即更刮目相待"라고 말했습니다(『삼국지』 「오서吳書·여몽전呂蒙傳」 주석에 「강표전江表傳」 인용). 손권은 부춘富春 손씨孫氏로 손무의 후손이라 했습니다(『삼국지』 「오서·손파로토역전孫破虜討逆傳」). 손권은 병서를 즐겨 읽었으며, 부하들에게도 읽으라고 했습니다.

병서는 쓸모가 있지만 어떻게 쓰느냐가 중요한 문제입니다. 잘못 사용한다면 읽지 않은 것만 못합니다.

2. 전통적 문인文人의 독법

병서는 어떤 사람이 썼을까요? 주로 군인입니다. 그러나 고대에는 다른 사람들도 병서를 썼기 때문에 반드시 전부 직업군인인 것은 아닙니다. 예를 들면, 『묵자』의 '성을 지키는城守' 내용의 여러 편과 『순자』의 「의병」은 한나라 이래로 모두 병서로 인정되었는데, 군인이 쓴 것이 아닙니다. 문인과 무인의 일이 나누어진 것은 유래가 오래되었지만, 예로부터 군중에 문관 벼슬이 있어 깃털로 만든 부채를 흔드는 군사軍師나 모사謀士는 병사를 거느리고 싸우는 사람과 달랐습니다. 장량과 제갈량 같은 사람을 옛사람들은 '획책신劃策臣'이라고 불렀는데, 오늘날의 참모參謀에 해당합니다. 그들은 모두 지식이 풍부하고 머리를 많이 쓰는 사람입니다. 현대의 군대 지휘관도 대부분 사관학교 출신입니다. 병서의 저자역시 어느 정도 교육을 받아야 합니다. 병서의 독자 중에도 일부 문인들, 특히 군사에 관심 있는 문인들이 있었습니다.

『손자』를 읽는 문인들의 특징은 글자의 자구를 지나치게 따지는 것인데, 한 글자 한 구절도 자세하게 따져 말의 뜻을 설명하고 내용을 분석하는 경향이 군인들보다 강했습니다. 그들은 주석이 있는 『손자』 읽기를 좋아했습니다. 예를 들면, 송나라의 『십일가주손자』는 과거 왕조들의 주석을 모은 것으로서 문인들의 읽을거리였습니다. 그 가운데 많은 주석이 문인이 쓴 것이거나 교육을 받은 사람이 쓴 것입니다. 옛 주석에서 당사가唐四家의 한 사람인 두목과 송사가宋四家의 한 사람인 매요신은 모두 유명한 문인입니다.

문인들이 병법을 논하는 것에 대해 사람들은 "선비의 견해로 종이 위에서 전쟁을 논한다"고 말하기를 좋아합니다. 명나라와 청나라 소설에서 늘 이렇게 말하는데, "문인은 군대의 일을 알지 못해 말할 줄만 알고 실제로 하지는 못한다"는 뜻입니다. 폄하하는 뜻이 매우 명백한 이런 표현은 비교적 늦은 시기에 나타난 것으로, 명·청 이전에는 이런 말이 없었던 것 같습니다. '종이 위에서 전쟁을 논한다紙上談兵'는 말은 무슨 뜻일까요? 이와 관련해서는 모두가 늘 조괄趙括을 대표적 사례로 들어 말합니다. 사마천의 말에 따르면 이렇습니다.

조괄의 아버지 조사趙奢는 조趙나라의 유명한 장군이었는데, 진秦나라에서 그를 두려워했습니다. 조괄은 어려서부터 병서를 읽고 군사를 논했는데, 세상에 자기보다 뛰어난 사람은 없다고 생각했습니다. 조괄 부자가 병법에 대해 토론하면 아버지도 말로는 아들을 당해내지 못했습니다. 그러나 아버지는 전쟁이란 위험하고 무서운 것인데 아들이 매우 분별 없이 전쟁을 가벼이 보고 있으니 진정으로 병법을 이해하고 있는 것은 결코 아님을 분명히 알고 있었습니다. 조사가 죽자 진나라에서 조나라에 유언비어를 퍼뜨렸습니다. 진나라는 조괄이 아버지를 이어 장군이 되는 것을 가장 두려워한다는 내용이었는데, 조나라는 거기에 속아 넘어갔습니다. 조괄의 어머니는 조나라 왕에게 자기 아들을 장군으로 삼아서는 절대로 안 된다고 했고, 조나라의 또 다른 명장 염파廉頗도 "그 아비가 남긴 병서를 읽었을 뿐 변화에 대응할 줄은 모릅니다"라고 하며 조괄을 장군으로 삼는 것에 동의하지 않았습니다. 그러나 조나라 왕은 이 말을 듣지 않고 조괄을 장군으로 삼았으며, 결국 장평長平에서 진나라에 대패해 40만 병사가 생매장당하는 참혹한 일이 일어났습니다(『사기』 「백기왕전열전白起王翦列傳」).

조괄은 책을 읽을 줄만 알았지 병사를 거느리고 직접 싸운 경험이 없어서 마음대로 사람을 바꾸고 마음대로 규정을 고쳤으며, 또 전장의 여러 가지 변화에 어떻게 대처해야 하는지 몰랐으니, 잘못은 책에 있는 것이 아니라 운용에 있는 것입니다. 문인들은 글 읽기를 좋아하지만, 책 내용에만 의지하는 것이 반드시 문인만은 아니었습니다. 초기의 제도에서 살펴 보면, 분명히 문인이 아닙니다. 조괄은 대대로 무관 집안 출신으로서 선비가 아닙니다. 문인은 영감이 떠오르지 않으면 붓을 내던지고 종군하지만 도움이 되지 못하고 책임을 지지도 못합니다.

청나라 말기의 위원魏源은 "오늘날 걸핏하면 '종이 위에서 전쟁을 논한다紙上談兵'는 말을 비웃는데, 종이 위에서 논하는 공에도 깊고 얕음이 있어 십 분의 일이, 십 분의 오, 십 분의 칠팔을 이해하는 것처럼 차이가 있음을 모르는 것이다"라고 했습니다(『성무기聖武記』 권12). 병서는 모두 '종이 위에서 전쟁을 논하는 것'으로서 (그러나 조괄이 살던 시대는 아직 종이가 없었습니다.) 조금 뛰어난 것도 있고 조금 뒤처지는 것도 있는데, 관건은 어떻게 활용하느냐에 달려 있습니다. 책은 책이고, 활용은 활용이니, 두 가지를 섞어서 하나로 말할 수 없습니다.

문인들이 전쟁을 논해 나라를 해롭게 하거나 잘못되게 한 경우도 있습니다. 그러나 그 영향은 보통 간접적인데, 중요한 문제는 정치에서 비롯되어 정치 상황에 따라 터무니없이 군대를 지휘하기 때문입니다. 이런 문제는 송나라 이후에 가장 두드러졌습니다.

송나라는 특별한 의미가 있습니다. 송 태조太祖는 군인 출신으로 용감한 무인이었습니다. 그는 말 위에서 전쟁을 치른 끝에 천하를 얻었지만 군사 활동을 멈추고 문치文治와 교화敎化를 제창했습니다. 그는 당나라 말기와 오대五代 시기에 변방의 번진藩鎭들이 할거함으로써 전쟁이 끊이지 않아 나라에 큰 해를 끼친 일에 느낀 바가 있어 문인이 무인을 관리하도록 단호하게 결심했습니다. 문文으로 무武를 제어하고, 문으로 무를 대체한 것은 바로 당시의 '정치 우선'이었습니다. 명나라에서는 환관宦官의 우두머리인 태감太監이 정위政委(군대의 일정한 단위에서 정치 활동을 책임지는 직위)를 맡았는데, 송나라 때도 있었던 제도입니다. 문인들은 군대의 일에 대해서는 몰랐지만, 군인보다 정치는 더 잘 알았습니다. 세상이

전쟁은 속임수다

어지러우면 군인에 의지하고, 평화로운 시대에는 문인에 의지합니다. 평화로운 시대에 군대의 역할은 경찰과 같아서 각지에 흩어져 도적을 토벌하고 치안을 유지하는 것인데, 이것은 내전內戰에는 숙달되지만 외전外戰에는 문외한이 되고 마는 양날의 칼입니다. 악비岳飛가 풍파정風波亭에서 억울하게 죽은 것은 바로 '배주석병권杯酒釋兵權'¹의 역사적 유산입니다. 송나라가 안정되게 단결한 것도 이 덕분이며, 전쟁에서 번번이 진 것도 이 탓입니다. 가장 큰 문제는 중어지환中御之患, 곧 중앙 정부의 간섭입니다.² 송나라 때는 무인들을 시기하고 감시해 조금도 방심하지 않고서 전쟁에 임해서야 비단 주머니에 넣은 묘계妙計와 진도陣圖를 내주었으니 전쟁에서 지지 않을 수가 있겠습니까?

송나라는 조정에서 군대 일을 중요시했지만, 핍박당해 어쩔 수 없는 일이었습니다.

송 인종仁宗 보원寶元 원년(1038)에 이원호李元昊가 공개적으로 송나라에 반기를 들고 서하西夏라는 왕조를 세웠습니다. 이로부터 변경의 변란이 끊이지 않아 "사대부들은 모두 병법을 말한다士大夫人人言兵"는 상황에 이르렀습니다. 송나라 때 『손자』를 주해한 사람은 대부분 당시의 문신들이었습니다(『군재독서지』 권14). 경력慶曆 3년(1043) 병법에 관한 학문을 세우고 『무경총요』를 간행한 것도 변경의 변란에 대비한 것입니다. 병법에 관한 학문을 세운 것은 범중엄范仲淹이 정치 개혁을 위해 주도한 경력신정慶曆新政의 일환이었습니다. 당시 문신들은 옛날의 훌륭한 장군을 배우면 될 것을 병서를 읽을 필요가 없다고 소란을 피웠으므로 병법에 관한 학문은 세 달 만에 취소되었습니다.³ 『무경총요』는 1040년에 증공량曾公亮과 정도丁度가 편찬한 것인데, 그들도 문신입니다.

송 신종 희령 5년(1072)에 둘째로 다시 병법에 관한 학문을 세웠습니다. 『무경칠서』는 병법에 관한 학문의 교과서입니다. 신종 원풍 3년에서 6년(1080~1083)까지 주복과 하거비가 신종의 명을 받아 『무경칠서』를 출간했는데, 그들도 문신입니다. 그때 병법에 관한 학문은 국자감國子監에서 담당했습니다. 주복의 직책은 국자사업으로서 오늘날의 교육부 부부장에 해당합니다. 하거비는 무학박사로서 오늘날의 군사과학원 교수에 해당합니다. 하거비는 『하박사비론何博士備論』을 써서 당시의 '정치 우선'에 대해 논했는데, 소식이 매우 높이 평가했습니다. 그러나 하거비는 자신의 직분에 만족하지 못하고 두 번이나 소식에게 문인의 관직으로 옮길 수 있도록 추천해 달라고 부탁했습니다. 송나라 이래로 문인들이 무인들보다 위에 있었기 때문에 무관을 뽑는 과거와 문관을 뽑는 과거는 비교할 수 없었습니다. 문인들은 병법을 논할 때 군대를 다스리는 일에만 치중해서 말하는 것이라고는 단지 병사는 장수의 말을 들어야 하고, 장수는 천자의 말을 들어야 하며, 모든 명령은 지휘를 받아야 한다는 것뿐이었습니다. 당시 『무경武經』을 출간하고 무관을 뽑는 과거를 만들었는데, 이것은 지식인을 모방한 것이었지만 『손자』가 쓸데없고 병서도 쓸데없다고 욕하는 사람도 지식인이었습니다. 군인은 책을 읽어야만 하지만 병서와 전쟁이 서로 어긋나는 것이 큰 문제입니다. 전쟁은 무기와 제도와 훈련이 새로운 한 조를 이루는 일이며, 독서는 이와는 별개의 일로서 완전히 고전입니다. 실제로 전쟁이 일어나면 가장 걱정하는 사람은 황제와 그 주변 사람들인데 병서에서 어떻게 말하는지에 관심 있는 사람은 없습니다. 당시 전쟁에서 지면 그 책임은 황제와 문신들에게 있고 군인에게는 책임이 없었습니다. 소순蘇洵은 군대를 다스리는 일에 대해 "병사를 거느리고 싸우는 것에 무슨 어려움이 있는가? 다만 비천한 사내가 하인과 계집종, 첩을 단속하는 것과 같을 뿐이다"라고 했고(『가우집嘉祐集』),

소식은 손무를 풍자하고 비난하면서 "천자의 병사와 천하의 형세는 손무가 어쩔 수 없다天子之兵, 天下之勢, 武未及也"(『소식집蘇軾集』 권42 「손무론孫武論」 하)라고 했는데, 모두 병사는 정치를 모른다고 말한 것입니다. 그러나 정치를 망친 사람들은 문인들입니다.

문인은 무인을 비판하면서 삼대三代 왕자王者의 병법과 춘추春秋 패자霸者의 병법으로 전국시대의 병가兵家를 억눌렀으며, 『사마법』으로 『손자병법』을 억눌렀습니다. 이것은 전형적인 송대의 편견입니다. 후세에 『손자』를 의심한 것은 이런 비판이 근원이 되었기 때문입니다.

왕안석王安石의 변법變法은 송 신종 희령 연간에 실시한 개혁적이면서 새로운 정치를 말하는데, 병법에 관한 학문을 세우고 무경武經을 출간한 것도 모두 그 일환입니다. 소순과 소식, 하거비는 모두 왕안석의 반대파에 속합니다. 그들이 제기한 논의와 의심은 정치 싸움과 관련이 있을 수 있습니다. 그 배경이 복잡하기 때문에 연구할 가치가 있습니다.

이것이 역사적 상황입니다.

이어서 나는 다시 오늘날의 풍조에 대해 이야기하면서 우리가 현재 어떻게 『손자』를 읽고 있는지 살펴보려 합니다.

3. 『손자병법』과 응용 연구

'응용 연구'란 무엇일까요? 최근에 출판된 『손자병법대전孫子兵法大典』(베이징대학출판사, 2004) 제7책의 제1부분은 양산췬楊善群이 중심이 되어 편찬한 『척전차감拓展借鑑』입니다. 이 책에는 정치 통제, 상업 경쟁, 기업 관리, 금융 투자, 외교 기술, 교육 수업, 기술 창조, 위생 의료, 체육 경기, 적극적 인생 등 참으로 모든 것이 다 들어 있습니다. 그러나 요즘 말하는 '응용'은 주로 돈 버는 것을 말합니다. 병법으로 돈을 번다는 것은 이전에는 생각하지도 못했던 일입니다. 이제는 『손자』를 읽는 것이 대세입니다.

오늘날의 독자는 그 범위가 이전보다 넓어서 군인 이외의 독자 수가 크게 늘고 있습니다. 현재는 전쟁을 하지 않지만 그들은 군인들보다 더 이론과 경험을 어떻게 실제로 적용했는가에 대해 대중에게 설명합니다. 특히 장사꾼과 일반 대중이 그렇습니다. 『손자』가 보급되어 많은 사람이 모두 읽을 수 있다면 당연히 좋은 일이지만 남용하는 것이 문제입니다. 모두들 원서는 내버려 둔 채 읽지 않고 다만 이론을 어떻게 실제로 적용하는가에 대해서만 생각나는 대로 제시합니다. 무슨 주식 공략 대전大全이나 연애 승리 지침서는 그야말로 구피고狗皮膏나 만금유萬金油처럼 바르기만 하면 다 낫는다는 만병통치약이 됩니다. 모두들 마오쩌둥에게 반기를 든 린뱌오林彪(1907~1971)가 말한 것처럼 문제가 발생하면 급하게 사용하기 위해 먼저 배우고 실제 필요에 의해 배우고 활용해서 효과가 곧바로 나타나기를 바랍니다. 그 기세는 옛사람들이 말한 "『춘추春秋』로 사건을 심리하고, 『하거서河渠書』로 우물을 판다"는 것과 같습니다. 나는 이런 방법을 좋아하지 않습니다. 이것은 군인들이 『손자』를 현대적으로 변형해 읽는 것입니다. 그러나 더 낫게 변형된 것이 아니라 더 나쁘게 변형된 것입니다.

시장은 전쟁터와 같다는 말을 모두들 입에 달고 다닙니다. 『손자병법』으로 장사를 하고 직원을 관리하는 것이 유행입니다. 1984년 리스쥔李世俊과 양셴쥐楊先擧, 탄자루이覃家瑞 이 세 명의 중국인이 함께 『손자병법과 기업관리孫子兵法與企業管理』(광시인민출판사廣西人民出版社)라는 책을 편찬했습니다. 이 책에 따르면, 『손자병법』으로 기업 관리를 설명한 중국 최초의 책이라고 했습니다. 그러나 일본에서 이런 학문은 1950년대에 벌써 있었습니다.

내 기억에 15년 전 일본 상인 핫토리 지하루服部千春가 중국에 와서 자신의 연구 성과를 알렸습니다. 손자병법연구회에서 개최한 처음 두 차례 회의는 1989년 산둥성 후이민惠民과 1990년 베이징에서 각각 열렸는데, 그때 핫토리 지하루가 돈을 내서 접대하고 함께 기념사진을 촬영하면서 항상 가운데 섰습니다. 그의 말에 따르면, 직원들이 출근하면 먼저 『손자병법』을 외우게 했다고 합니다. 첫째 회의가 열린 산둥성은 성인聖人의 고장입니다. 그는 산둥성에 이르러 먼저 공자에게 참배하고 이어 손자에게 참배했습니다. 손자의 옛집은 어디일까요? 여러 장소를 추측하는데, 그는 후이민에서 손자에게 참배했습니다. 회의에서 사회자가 "당신은 『손자병법』을 따라 돈을 벌었다고 하는데, 여기 모인 분들에게 『손자병법』을 어떻게 활용해서 돈을 벌었는지 말씀 좀 해주십시오"라고 요청했지만, 그는 "미안하지만 영업 비밀이기 때문에 말할 수 없습니다"라고 답했습니다.

일본은 무武를 숭상하는 나라입니다. 제2차 세계대전에서 일본이 패전함으로써 무를 쓸 곳이 없어졌으니, 그들이 무사 정신을 상업에 활용한 것은 아주 자연스러운 일입니다. 일본에서 처음 이런 연구를 제창한 사람은 대부분 예전에 '쪽발이日本鬼子'라 부르던 사람들입니다. 오하시 다케오大橋武夫는 전 일본 육군 중좌로 동부군東部軍 참모였으며, 다케오카 아쓰히코武岡淳彦는 전 육군 중장이었습니다. 그들은 칼을 내려놓고는 곧바로 돈벌이에 나섰습니다. 이렇게 필요에 따라 배우고 적절히 활용하는 것은 매우 우스운 일이지만 영향은 매우 큽니다. 중국도 전쟁할 일이 없기 때문입니다. 개혁개방改革開放으로 우리 중국도 온 국민이 장사를 해서 물건을 사고파는 풍조가 널리 퍼졌습니다. 경영인들 모임에서 『손자병법』은 인기 화제가 되었습니다. 어떤 사람은 야단스럽게 "전세계가 『손자』를 배우는 것이 유행이다. 『손자』가 중국에서 나왔지만 '『손자』에 대한 학문'은 남의 나라인 일본에 있다. 일본이 이미 앞자리를 차지했고 구미에서도 따라 배우고 있는데, 중국이 배우지 않으면 너무 늦어질 것이다"라고 말하기도 했습니다.

『손자』에 대한 열기는 상업 자체 외에 또 주목을 끄는 것이 있으니 바로 음모와 간계입니다. 이런 주목은 앞에서 말한 것과 관련이 있습니다. 많은 사람은 『손자병법』과 『삼십육계三十六計』를 함께 묶어서 읽는데, 책이나 연속극에서도 함께 광고합니다. 한번은 경영인들에게 (베이징대학교 철학과에서 마련한) 강의를 한 적이 있는데, 내가 한참을 이야기했으나 그들은 앉지도 않은 채 왜 아직 본론으로 들어가지 않느냐고 물었습니다. 내가 다시 본론이 무엇이냐고 물었더니, 그들은 『손자병법』과 『삼십육계』는 어떤 관계인가 하는 것이 본론이라 했습니다. 내가 말하기를, "하나는 2000년 전의 것이고 하나는 2000년 뒤의 것이기 때문에 어떤 관계도 없습니다. 혹시 차도살인借刀殺人(자신은 나서지 않고 다른 사람을 써서 남을 해치다), 진화타겁趁火打劫(위급할 때를 틈타 남의 권익을 침해하다), 무중생유無中生有(전혀 사실이 아닌 것을 아무런 근거 없이 날조하다), 소리장도笑裏藏刀(겉으로는 상냥한 척하지만 속은 음흉하고 악랄하다), 순수견양順手牽羊(기회를 틈타 남의 물건을 가져가다), 혼수모어渾水摸魚(물을 혼탁하게 만들어 고기를 잡는다), 투량환주偷梁換柱(속임수를 써서 내용을 바꾸다), 지상매괴指桑罵槐(겉으로는 이 사람을 욕하면서 실제로는 다른 사람을 욕하다) 같은 것을 가르쳐 달라는 것입니까?"라고 하니 모두들 그렇다고 대답했습니다.

이것이 오늘날의 세태입니다.

전쟁은 속임수다

모두들 『손자』가 큰 쓸모가 있다고 말하는데, 그 배경은 무엇일까요? 내가 보기에는 주로 두 가지 신화에서 영감을 받은 것 같습니다.

첫째 신화는 미국이 『손자병법』을 따라 전쟁에서 이겼다는 것입니다. 미국이 전쟁에서 이겼다는 것은 한국 전쟁을 말하는 것도 베트남 전쟁을 말하는 것도 아니고, 이라크 전쟁에서 두 차례 승전한 것을 말합니다. 나는 「'케임브리지 전쟁사'를 읽고」[4]에서 이것은 자신을 기만하고 스스로 마취되는 것이라고 말한 바 있습니다. 우리 영화는 항상 생동감 넘치게 다른 사람의 입을 빌려 자신의 이야기를 합니다. 만약 서양 여자가 중국 남자를 사랑하는데 비참하게 거절당한다면 상대방에게 까닭을 물을 것입니다. 남자는 서양 여자에게 중국인의 감정을 이해할 수 없기 때문이라고 말합니다. 또 진보한 일본인들은 일본인 전체를 대신해 참회하고 사죄하며 자신을 욕하면서 한바탕 눈물 콧물을 흘리기도 합니다. 이것은 아무 쓸데없는 짓이 아닙니까? 미국이 전쟁에서 이긴 까닭은 매우 간단한데, 주로 국력과 군사력이 세고 과학기술이 뛰어나 돌로 계란을 치듯 쉽게 이길 수 있었던 것입니다. 사람들이 『손자』를 읽는 것은 존재하지 않는 허깨비를 쫓는 것이니 모두 자신을 속이고 남도 속이면서 만들어진 것입니다.

또 다른 신화는 일본이 『손자병법』을 따라 돈을 벌었다는 것입니다. 이것도 터무니없는 말입니다. 제2차 세계대전 이후 일본은 패전국이 되어 전쟁을 할 수 없었고, 미국도 전쟁을 하도록 내버려두지 않았습니다. 무武를 펼칠 곳이 없어진 사람들은 무사 정신을 장사에만 활용해 한데 뭉치는 단체 정신과 이를 악물고 발을 동동거리는 분투 정신을 발휘했고, 또 가부장 제도를 본떠 사장을 아버지처럼 섬기는 관리학管理學이 생겼습니다. 이것은 모두 일본 문화에서 유래한 것이지 『손자병법』의 도움은 아닙니다. 서양이 돈을 많이 번 것은 아시아, 아프리카, 라틴아메리카에서 빼앗았기 때문이고, 일본이 돈을 많이 번 것은 중국에서 빼앗았기 때문입니다. 기사회생했다 하더라도 일본이 다시 일어선 것은 새로운 기회였는데, 그것은 미국에 기대어 한국 전쟁과 베트남 전쟁에서 돈을 번 것입니다. 한국·타이완·홍콩·싱가포르 같은 아시아의 작은 용 네 나라가 공자에 기대어 돈을 벌었다는 것은 신화이고, 손자에 기대어 돈을 벌었다는 것도 모두 신화입니다. 우리 중국에서는 『손자병법』과 기업 문화를 이야기하면서 뭐든지 『손자병법』과 연관을 짓는데, 이러한 풍조는 일본에서 온 것입니다.

텔레비전에서 상인들은 자신은 유상儒商, 곧 유학에 바탕을 둔 장사꾼이라고 즐겨 말합니다. 나는 산시山西 사람입니다. 진晉나라 장사꾼은 전장錢莊,[5] 표호票號,[6] 국제 무역으로 아주 유명합니다. 사람들은 이들을 유상이라 합니다. 송나라 이래로 범유주의泛儒主義가 생겼으니, 뭐든지 '유儒' 자 붙이기를 좋아해서 장군도 유장儒將이라 하고 의원도 유의儒醫라고 했습니다. 유장이나 유의에 어떤 기준이 있는 것이 아니고 '유' 자는 다만 꾸미는 말일 뿐입니다. 중국 전통에 따르면 모든 것이 저급하지만, 단하나 책 읽는 것만 고급입니다. 기술에 종사하거나 장사하는 사람을 얕보고, '유' 자가 붙은 것은 매우 교양 있고 매우 도덕적이라고 생각합니다.

앞에서 말한 '응용 연구'는 『손자』라는 깃발을 들고 있어서 매우 비슷해 보입니다.

그것은 우리에게 관우關羽를 떠올리게 합니다.

중국의 문성文聖은 공자이지만, 무성武聖으로 누가 마땅한지에 대해 많은 사람은 태공·손자·제갈량을 꼽았는데, 어느 누구라도 모두 합당합니다. 그러나 송나라 이후, 특히 명나라 말기에서 청나라 초기에는 무

전쟁은 속임수다

슨 까닭인지 많은 사람이 문무 양면에서 모두 일류라고 할 수 없는 관우를 끌어와 앞에는 책을 놓고 뒤에는 칼을 세운 채 주창周倉[7]에게 관우를 위해 언월도를 짚고 있게 했으며, "붉은 얼굴에 붉은 마음으로, 푸른 등불 아래 역사를 보네赤面秉赤心, 靑燈觀靑史"라는 주련이 적힌 사당에서 오랜 세월 향 연기에 쏘이고 향불에 그을리면서 사람들의 추앙을 받게 되었습니다. 북송北宋 선화宣和(송 휘종의 연호, 1119~

명대明代에 주조된 관우상.
허난성 신상新鄕시박물관 소장.

1125) 연간에 관우는 아직 태공의 제사를 지내는 사당에서 곁에 서 있었습니다. 명나라 만력萬曆(명 신종의 연호, 1573~1620) 연간에야 관성제군關聖帝君이 되어 송나라의 3대 충신인 육수부陸秀夫·장세걸張世傑·악비를 곁에 두고 가운데 앉게 되었습니다. 청나라 때는 더욱 재미있게 되어, 저들은 본래 충신인데도 마땅히 죽어야 될 적이 되고 관우는 충신보다 더 높임을 받았으니 이는 만주족이 명나라를 없애면서 관우에게 도움을 구했기 때문입니다. 설서인說書人의 입을 통해 인민의 역량이 구현되었습니다. 황제도 인민의 뜻을 꺾지는 못해 뜻밖에 관우가 무성이 되었습니다.

송나라 이후 중국에서 가장 부족한 것은 재물을 탐하지 않는 문인과 죽음을 두려워하지 않는 무인들입니다. 관우는 이런 공백(상상의 공백)을 채워서 도덕의 화신이 되었습니다. 관우는 모든 것을 관장하는데 그 중에서도 특히 출세와 부富 그리고 강호의 의기를 관장합니다. 산시성 제저우解州에 있는 관제묘關帝廟는 수나라 때 창건되었는데, 여러 관제묘 가운데 으뜸으로 칩니다. 어떤 사람은 관우와 관련된 문화는 우리 산시 지방 사람들로부터 시작된 것이라고 하는데, 그들은 전국 각지에서 장사를 해서 도처에 회관이 있고 각 지방의 관제묘는 바로 그들의 연쇄점連鎖店이라는 것입니다. 그러나 남방 지역도 이 점에서는 소홀하지 않습니다. 예로부터 중국의 머리는 북방이고 꼬리는 남방이었는데, 다른 나라가 쳐들어 와서 머리와 꼬리가 바뀌었습니다. 청나라 말기에서 민국 초기에 동남 연해 지방은 서양의 노예화 교육에 가장 큰 영향을 받은 곳이었고 범속한 국수國粹의 보류지이자 집산지이기도 했습니다. 남방 출신의 나이 든 화교들은 특히 이런 말(무협 문화와 기타 제례 의식을 포함한)을 좋아하고 돈을 벌려는 충동도 더욱 컸습니다. 홍콩과 타이완, 차이나타운은 이런 중국의 좋은 문화를 소개하는 창구인데 그들의 덕택으로 관우는 결국 온 세계로 뻗어 나가게 되었습니다. 관우를 숭배하는 장사꾼, 민간 조직, 백성들은 기본적인 대중입니다. 백성들의 마음에서 보자면 공자나 노자보다 관우를 더욱 친하게 생각한 것입니다.

미신의 본질은 자신을 속이고 남도 속이는 것입니다. 『손자』의 응용 연구란 바로 『손자』를 관우의 문화로 확대해서 요구하는 대로 다 들어주고 바라는 대로 다 이루어지게 해준다는 것입니다. 나는 여러분이 책을 읽고 만병통치약처럼 받아들이지 말기를 권합니다.

4. 『손자병법』과 철학 연구

『손자』는 어째서 만병통치약처럼 변하게 되었을까요? 나는 이것이 어찌 된 일인지 줄곧 생각을 다듬어 왔습니다. 앞에서 말한 원인 외에 급히 활용하려고 하는 각종 이유도 소홀히 봐서는 안 될 것입니다.

싸움은 몸을 쓰는 일일 뿐만 아니라 정신도 쓰는 일입니다. 우리는 철학가만 철학을 잘 안다고 생각해서는 안 됩니다. 병법에도 철학이, 그것도 아주 심오한 철학이 있습니다. 철학이란 무엇입니까? 모든 지식 가운데서 개괄하고 정련해낸 것이며, 우유막처럼 위에 떠 있는 것이어서 어떤 것도 결코 붙지 않으며 어떤 것도 결코 관리할 수 없습니다. 『손자』에는 철리哲理가 매우 많고, 다른 병법에 비해 더욱 많으며, 특히 행동학行動學에 대해 매우 깊은 이해를 드러내고 있습니다. 어떤 철리이든지 그것이 의지하고 있는 각종 실제 지식을 벗어나서 무절제하게 말하고 현학적으로 말한다면 그것은 바로 만병통치약과 다름없는 엉터리입니다.

역사상 문인은 『손자』를 읽으면서 멋진 구절만 가려 뽑고, 대부분 글자 표면상의 뜻에만 머물러서 사상의 깊이가 부족합니다. 근대에는 이와 달리 문인도 사상사思想史를 연구했습니다. 사상사를 연구하면서 많은 사람이 거기에 철리가 풍부하다는 것을 알아차렸습니다. 지난날 펑유란은 『중국철학사』를 쓰면서 『손자』를 넣지 않았지만[8] 오늘날에는 모두들 병법과 철학이 매우 큰 관계가 있음을 인정합니다. 사실상 『전쟁론』도 철학과 매우 큰 관계가 있습니다. 이 방면은 깊이 연구할 만한 것이 매우 많습니다. 이에 관해서는 뒤의 여러 강의에서 이야기하도록 하고 여기서는 말을 줄이겠습니다.

문학·역사·철학은 응용과학과 달리 쓸모없는 것이 특징입니다. 쓸모없을 뿐 아니라 늘 실행 가능성마저 말살하는데, 노자가 "없는 것을 쓰임새로 삼는다無之以爲用(『노자』 제11장)"라고 말한 것처럼 쓸모가 없더라도 쓸모없음이 쓰임새가 되기도 합니다. 청나라 때 소설 『홍루몽紅樓夢』

이 무슨 쓸모가 있습니까? 사랑 찾기를 가르치는 것인가요? 청나라 때 소설 『유림외사儒林外史』는 무슨 쓸모가 있습니까? 교육을 개혁하자는 것인가요? 사학가들은 '역사를 거울로 삼는다以史爲鑑'고 하지만 세상에 후회를 막는 약은 없습니다. 다만 교훈이 되는 것을 끌어오는 것일 뿐, 답습해 사용할 수는 없습니다. 철학은 더욱더 실용성이 없는 것입니다.

오늘날 『손자』에 대한 열기는 지난 일을 생각해 보니 결코 연기만도 못합니다. 문화대혁명 시기에 나는 내몽골에서 농촌 생산 활동에 참가했습니다(1968~1970). 그때 소홍서小紅書라고 하는, 마오쩌둥 주석이 쓴 네 권의 철학 저서가 있었는데, 모두가 그것을 배웠습니다. 당시에는 공농병학철학工農兵學哲學·용철학用哲學이라는 것이 있어 곳곳에서 그 이론을 어떻게 실제로 적용할 것인지를 설명하는 것이 작은 유행이었습니다. 제강, 제철, 농사 등 어떤 것이든 모두 철학에 의존했습니다. 가장 유명했던 것은 쉬인성徐寅生의 설명인데, 그는 마오쩌둥 주석의 철학 사상을 이용해 탁구를 지도했는데 말에 조리가 정연했습니다. 중국 탁구가 세계를 제패했으니 인정하지 않을 수 없습니다. 우리는 농촌에서도 배웠는데, 어떤 일을 하든지 모두 철학적 가르침으로 말했습니다. 한낮에는 피곤해 죽을 지경이라도 밤이 되면 또한 조직을 만들어 공부했습니다. 남포등을 밝혀 연기 자욱한 방에서 늙고 가난한 농부는 되는 대로 마구 이야기하기를 좋아했습니다. 그들이 철학을 배운다고 했지만 결국 무엇을 배울 수 있었겠습니까? 농사일이나 아니면 가축 기르는 일에 대해 말하면 말할수록 더욱 혼란스러웠습니다. 나는 대대大隊소학교에서 공부를 가르쳤는데, 그곳에 전등을 설치하게 되자 어떤 사람은 또 흥분해서 어떻게 '양론兩論'으로 전등을 설치할 것인가에 대해 한바탕 떠들었습니다. 지금 생각해 보면 정말 우스운 일입니다. 농사 짓는 일에 어째서 농업 과학으로 가르치지 않았을까요? 전등을 설치하는 일에 어째서 전기공학 설명서를 사용하지 않았을까요?

내 생각에 『손자』는 높은 지붕 위에서 병에 든 물을 쏟는 것과 같아서 단계가 높을수록 철학의 맛이 풍부합니다. 그러나 단계가 높은 물건일수록 더욱 마음대로 사용할 수 없습니다. 높은 곳에 오를 때는 위로 향해 한 걸음 한 걸음씩 올라가야 하며, 아래층으로 내려올 때도 한 계단씩 내려와야 합니다. 여러분이 이론을 실제 생활에 적용하려 한다면 이론이라는 고층 건물에서 천천히 아래로 내려와야 할 것입니다. 조급하고 귀찮아서, 엘리베이터가 없다고 해서 창문을 열고 곧바로 뛰어내려서는 결코 안 됩니다. 어떤 철학이든 형이상학에서 형이하학에 이르기까지 한 번에 관철할 수는 없으며, 중간에 단계의 변화가 있어야 합니다. 병서는 비록 실용을 이야기하고 있기는 하지만 또한 가장 추상적인 모략에서 단번에 구체적인 실전으로 건너뛸 수는 없으므로 중간에 실력과 제도와 기술에 관한 내용으로 지탱해야 합니다. 이런 고리마디가 없으면 고리와 고리의 연결이 매우 위험하게 됩니다. 오늘날의 확장도 마찬가지로 반드시 단계의 전환이 있어야 합니다. 단계의 전환이 없으면 어떤 것이라도 모두 병법을 가지고 노는 것이어서 대단히 위험한 일입니다.

중국의 군사軍事 전통은 모략을 중시하고 기술을 경시하기 때문에 병서를 답습한 피해가 더욱 큽니다.

앞에서 말한 조괄의 잘못은 특정한 교리나 사상을 절대적인 것으로 받아들여 현실을 무시하고 이를 기계적으로 적용하려는 태도, 곧 교조주의教條主義입니다.

교조주의자라고 반드시 모두 지식인은 아니며, 다만 책을 잘못 적용한 사람일 뿐입니다. 지식인이 책을 오용할 수 있고, 지식인이 아니라도 책을 오용할 수 있습니다. 교조주의와 경험주의는 항상 서로 어울리는 것입니다. 지식인이 비지식인을 데리고 어떤 용어를 빌려 마음과 힘을 하나로 모아 함부로 말하고 행동하니 그 위해가 가장 큽니다.

옛사람의 말에 "말을 잘하는 사람이라고 해서 반드시 실천을 잘하는 것은 아니며, 실천을 잘하는 사람이라고 해서 반드시 말을 잘하는 것은 아니다能言之者未必能行, 能行之者未必能言"(『사기』「손자오기열전孫子吳起列傳」)라고 했습니다. 좋은 병서라고 해서 반드시 싸움을 가장 잘하는 사람이 쓴 것은 아니며, 싸움을 가장 잘하는 사람이라고 해서 반드시 병서를 쓰는 것도 아니고 쓴다고 해서 반드시 뛰어난 병서가 되는 것도 아닙니다. 많은 사람이 책의 이론과 실제 적용 사이의 관계를 분명히 구분하지 못합니다.

독서에 대한 나의 기본적 견해는 바로 성실하게 읽어야 한다는 것입니다. 먼저 책을 처음부터 끝까지 다 읽은 다음에 실생활에 적용할 것을 이야기해야 한다고 생각합니다. 만일 급해서 그렇게 할 수 없다면 책을 읽지 않아도 됩니다. 반드시 무엇이든 출처가 있어야 하는 것도 아니고, 무엇이든 책에 있는 몇 구절에서 따올 필요도 없는 것입니다.

5. 세계적 안목으로 『손자』 읽기

오늘날 『손자』를 연구하는 데는 안목이 매우 중요합니다. 나에게도 이 점은 가장 중요합니다.

앞에서 『손자』가 경전이 되는 과정을 이야기했는데, 중요한 것은 책 그 자체입니다. 책은 한문으로 쓰인 것이니 고문헌을 공부하는 방법에 따라 처음부터 끝까지 읽는다면 문제가 없습니다. 나는 『오손자발미』와

전쟁은 속임수다

『손자고본연구』에서 이러한 독법에 관해 말한 바 있으므로 여기서 되풀이하지는 않겠습니다. 지금 말하려는 것은 『손자』는 병서이며, 다른 나라에도 병서가 있다는 사실입니다. 중국 사람도 『손자』를 읽지만, 외국 사람도 읽습니다. 그런데 그들은 두 눈으로 읽지만, 중국 사람은 한쪽 눈으로만 읽습니다. 중국 사람이 중국 병서만 읽고 다른 나라의 병서를 읽지 않는 것은 한쪽 눈이 멀어버린 것과 같습니다. 우리는 현대인이며, 현재의 『손자』는 세계 군사 문화의 한 부분입니다. 우리는 마땅히 세계 군사 문화의 배경에서 『손자』를 읽어야 하고, 다른 문화의 생각은 동서고금에 따라 다르다는 점에 얼마간 주의를 기울여야 합니다.

이런 문제와 관련해서 외국에 『손자』를 널리 알리는 일을 이야기하려 합니다.

먼저 일본에 대해 이야기하겠습니다.

중국 사람이 일본을 이야기할 때 저지르는 큰 잘못이 있습니다. 우리는 늘 "그들은 학생이고 우리는 스승이다. 학생이 스승을 때리는 것은 말도 안 된다"라고 말하곤 합니다. 이것은 나이를 내세워 뽐내는 것이지 자신을 존중하는 태도는 아닙니다. 사실 근대 일본은 탈아입구脫亞入歐를 계몽했는데, 중국을 벗어나서 구미歐美 사회를 지향하자는 것입니다. 우리가 실수하지 말아야 할 것은 그들의 스승은 구미이지 결코 중국이 아니라는 사실입니다. 아시아의 근대화에서 그들은 재빨리 먼저 목적을 달성했는데 무엇 때문에 중국을 스승으로 섬기겠습니까?

중국이 일본의 스승이었던 때는 1000년도 넘는 옛날 일입니다. 한나라와 당나라 때 중국은 아주 강대해서 그들이 땅에 엎드려 복종했지만, 명나라와 청나라 때는 그렇지 않았습니다. 그들은 명나라를 찾아온 뒤 약점을 찾아냈습니다. 청나라 때 한족은 만주족에게 정복당했지만 오히

려 만주족을 썩게 하였으며, 결국은 사방에서 적의 공격을 받고 강대국
들에 의해 분열되어 업신여김을 받았습니다. 중국에 유구한 문명이 있는
것은 사실이지만 문명의 고질병도 있어서 부패했을 뿐 아니라 스스로 대
단하게 여기고는 병이 가볍지 않은데도 감추고 치료받지 않으려 했습니
다. 그들은 우리가 청나라의 노예淸國奴라고 욕했습니다. 일본 사람들은
억지 논리로 강압적으로 대하지 않으면 순종하지 않는다고 하는데, 우리
는 다른 사람이 자신에게 감복하도록 강요해서는 안 됩니다.

다른 나라 가운데 가장 일찍 『손자』가 전파된 곳은 일본입니다. 일반
적인 설에 따르면, 당나라 개원開元·천보天寶 연간인 734년 또는 752년
에 기비노 마키비吉備真備라는 일본 유학생이 일본에 『손자』를 전파했다
고 합니다. 또 다른 설에 따르면, 기비노 마키비보다 앞선 663년, 한국의
삼국시대에 백제인 4명이 일본에 『손자』를 전했다고 합니다. 심지어는
516년 중국 사람이 일본에 『손자』를 전했다는 설까지 있습니다.

누가 전했든 간에 늦어도 당나라 때 일본에 『손자』가 전해졌습니다.[9]

9세기에 후지와라 노스케요藤原佐世가 쓴 『일본국현재서목日本國見在書
目』에는 여섯 종류의 『손자』가 적혀 있습니다.

『손자』가 매우 일찍 일본에 전해졌지만, 오랜 시간 동안 몰래 감추어
져서 결코 널리 학습하는 읽을거리는 아니었습니다. 옛날 일본 무사의
전통은 서로 통성명을 하고 일 대 일로 생사를 건 결투를 했는데, 중국
보다 거칠고 난폭했습니다. 이에 비해 중국 병법은 만인을 대적하는 것
으로 그들보다 음흉하면서도 부드럽습니다. 일본 사람들이 진정으로
『손자』를 배운 것은 주로 명나라와 청나라 이후입니다.

우리는 몽골족의 원나라 이후 세계가 큰 변화를 맞이한 것을 알아야
합니다. 500년 전에는 유럽이 우뚝 일어났습니다. 400년 전 일본은 중국

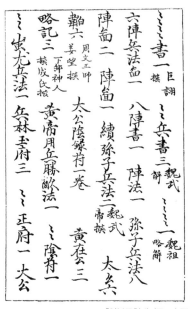
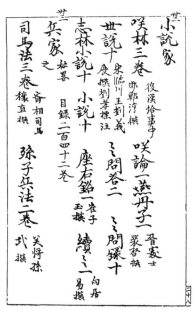

『일본국현재서목日本國見在書目』의 저서 목록.

을 치려고 생각했습니다. 이 무렵 마테오 리치Matteo Ricci(1552~1610)가 중국에 와서 "왜구가 중국을 매우 심하게 흔들려고 하는데, 일본은 작은 나라지만 매우 사나우니 중국은 일본을 조심해야 한다"라고 말한 바 있습니다. 명나라 때 일본의 침략을 막은 두 장군이 있으니, 푸젠성福建省 진강晉江 사람인 유대유兪大猷와 산둥성山東省 펑라이蓬萊 사람인 척계광戚繼光(1528~1588)으로 모두 해안 지방 출신입니다. 유대유의 동향 사람인 조본학趙本學은 자가 허주虛舟이며, 황석공黃石公과 같은 은사隱士였습니다. 유대유는 그를 스승으로 삼아 비전祕傳을 배웠습니다. 조본학은 2종의 병서를 저술했는데, 하나는 『손자교해인류孫子校解引類』로 뒤에 유대유의 서문이 있습니다. 다른 하나는 『속무경총요續武經總要』로 진법陣法을 논한 책입니다. 『속무경총요』는 모두 8권으로 이루어져 있는데, 권

1에서 권7까지는 조본학의 『도검내외편韜鈐內外篇』이고 마지막 권8은 유대유의 『도검속편韜鈐續篇』으로 주로 조본학의 병법을 전한 것입니다. 두 책은 모두 유대유가 펴내 '섬나라 오랑캐를 평정하는 데' 쓰였습니다. 군인들은 적이 가장 훌륭한 스승이라는 것을 알지만 문인들은 이런 아량이 없습니다. 유대유가 일본을 물리칠 때 조본학의 병법을 따랐다고 합니다. 일본에서는 조본학의 『손자』 주석을 매우 숭상하는데, 오히려 중국에서는 읽는 사람이 없습니다. 일본은 전쟁에서 자신들을 이긴 사람에 대해 탄복합니다. 예를 들어 그들은 미국에 대해 탄복하지만, 중국에 대해서는 탄복하지 않습니다. 일본은 제2차 세계대전에서 중국이 그들을 물리쳤다고 인정하지 않습니다. 조본학의 『손자』 주석은 일본에 매우 큰 영향을 미쳤고, 특히 에도막부江戶幕府 시대에 그러한데 그 원인 역시 중국이 그들을 물리쳤기 때문입니다. 이 책은 명나라 융경본隆慶本(중국국가도서관·미국국회도서관 소장)과 그보다 조금 늦은 번각본翻刻本이 있지만 일반인들은 볼 수 없었고, 민간에서 펴낸 방각본坊刻本이 거꾸로 일본에서 들어와 전해졌습니다. 예를 들어 내가 가진 1920년 익신서국益新書局 판본은 바로 일본 분큐文久 연간인 1863년에 간행된 계해본癸亥本을 번각한 것으로 후베이성湖北省 시자이西齋 판각본입니다. 또한 일본에는 사쿠라다櫻田 고본古本이 있는데 핫토리 지하루는 이 책을 매우 숭상했습니다.[10] 그는 이 책이 매우 오래되었다고 말했습니다. 그러나 이 책이 언제부터 있었는지에 대해서는 실로 많은 문제가 있습니다. 우리가 지금 보는 판본은 일본 가에이嘉永 5년(1852)에 간행한 것인데, 조본학이 고친 부분이 있는 것으로 미루어 결코 그렇게 오래된 것은 아님을 알 수 있습니다.

일본이 근대에 우뚝 일어난 것은 두 차례의 전쟁 덕입니다. 하나는 청일 전쟁(1894)으로, 이 전쟁에서 일본은 청나라를 누르고 조선의 지배권을 차지하고 타이완을 분할했습니다. 다른 하나는 러일 전쟁(1904~1905)으로, 러시아에 승전한 일본은 랴오둥과 사할린 섬을 빼앗았습니다. 두 차례 전쟁은 모두 중국에 큰 수치와 모욕을 주어 깊은 인상을 남겼습니다. 근대 중국은 서양을 배울 때 항상 일본을 뒤따라 배웠습니다. 예컨대 과학 용어도 대부분 일본을 통해 다시 번역한 것입니다. 중국동맹회中國同盟會(1905년 쑨원孫文이 일본 도쿄에서 세운 중국 자산계급 혁명 정당)가 배우고 북양군벌北洋軍閥(민국 초기에 북방 지역의 봉건 세력을 대표하는 군벌 집단)이 배웠으며, 심지어 살신성인殺身成仁의 무사도를 배운 사람도 있었습니다. 청나라 말기의 여성 혁명가 추근秋瑾(1875~1907)은 "외로운 배에서 시상이 떠오르니 바다는 넓고, 일본을 꿈꾸니 달빛이 아름답네詩思一帆海空闊, 夢魂三島月玲瓏"(7언율시 「일인석정군색화즉용원운日人石井君索和即用原韻」)라고 읊었는데, 칼을 들고 시를 읊조리고 있는 모습이 담긴 사진은 매우 무력적이며 철혈주의로 가득하니 이것은 일본의 풍격입니다.

싸우지 않으면 서로 알지 못하니 전쟁을 통해 결국 서로를 학습하게 됩니다. 근대의 중국은 실은 학생이었습니다.

『손자』가 서양에 전해진 것은 비교적 늦은 편으로, 18세기 나폴레옹 전쟁 전이었습니다. 『손자』는 프랑스어로 처음 번역되었습니다. 번역자는 프랑스 예수회 선교사인데, 프랑스 왕 루이 15세의 국무대신으로부터 위탁을 받아 프랑스를 대신해 중국의 교활한 술수을 조사한 것이므로 정보의 성격을 띕니다. 이 선교사의 이름은 조세푸스 마리 아미오Jean Josephus Marie Amiot이며, 한자 이름은 전덕명錢德明입니다. 그는 1718년에 태어나 1750년에 중국에 왔으며, 1793년 베이징에서 죽었습니다. 또 다른 외국 선교사인 이탈리아의 마테오 리치, 독일의 아담 샬Johann Adam Schall von Bell(한자 이름은 탕약망湯若望), 벨기에의 페르디난트 페르

비스트Ferdinand Verbiest(한자 이름은 남회인南懷仁)는 베이징 처궁좡車公莊의 책란묘지柵欄墓地에 묻혔고, 아미오는 정복사正福寺에 묻혔습니다. 정복사의 묘지는 지금은 모두 사라졌는데, 내가 그곳을 찾아가 보았을 때는 반 토막 난 비석만 어느 집 입구에 버려져 있었습니다. 나머지는 모두 오늘날 베이징석각예술박물관北京石刻藝術博物館이 있는 오탑사五塔寺로 옮겨졌으며, 아미오의 묘비도 그곳에 있습니다.

아미오는 『손자병법』뿐 아니라 『무경칠서』를 모두 번역했습니다. 1772년 아미오의 번역본이 프랑스 파리에서 출판되었습니다. 이해에 나

조세푸스 마리 아미오의 초상과 묘비, 비문 탁본.

폴레옹은 세 살이었습니다. 아미오가 죽은 해에 나폴레옹은 스물네 살이 되었습니다. 그는 아미오의 고향인 툴롱에서 벌어진 전투에서 공을 세워 준장으로 진급했습니다.

1804년 나폴레옹은 프랑스 황제가 되었습니다. 이로부터 나폴레옹 전쟁이 시작되었습니다. 1806년 10월 13일, 프랑스 군대는 프로이센의 예나로 진공했습니다. 그때 독일의 철학자 게오르크 헤겔Georg Wilhelm

전쟁은 속임수다

Friedrich Hegel(1770~1831)은 성안에서 유명한 『정신현상학精神現象學』의 집필을 막 마쳤습니다. 프랑스 병사들이 그의 집에 들이닥치자 그는 좋은 술과 음식으로 그들을 대접했는데, 한 무리가 떠나면 또 다른 무리가 왔으므로 부득이 자신의 원고를 예나대학교 부학장의 집에 감출 수밖에 없었습니다. 헤겔은 친구에게 보낸 편지에서 자신은 '말 위의 세계정신'을 보았다고 썼는데, '말 위의 세계정신'이란 바로 나폴레옹을 말하는 것입니다.[11] 나폴레옹은 당시의 영웅이었습니다. 베토벤의 「영웅교향곡」도 원래 그에게 바친 것입니다.

아미오가 번역한 『무경칠서』.

당시 또 한 사람의 주요 인물로 『전쟁론』의 저자이자 훗날 유럽에서 가장 저명한 군사 이론가가 된 클라우제비츠는 아우구스트 황태자를 따라 예나-아우어슈테트 전투에 참가했다가 나폴레옹

클라우제비츠.

군대의 포로가 되었습니다. 베를린의 프로이센 왕궁에서 나폴레옹은 높이 앉아 그들을 내려다보면서 "나는 언제나 평화를 바라는데 프로이센

이 왜 나에게 전쟁을 선언하는지 모르겠소?"라고 말했습니다. 클라우제
비츠는 이 말을 마음속 깊이 새겨 잊지 않았습니다. 뒤에 그는 "정복자
는 항상 평화를 사랑하는 사람으로 (나폴레옹이 한결같이 말한 것처럼) 평
화롭게 우리나라에 들어오기를 매우 원했다"[12]라고 했습니다. 우리는 레
닌이 이 말을 매우 좋아했음을 알고 있습니다.[13] 나폴레옹은 '혁명적 황
제'로 유럽을 파죽지세로 정복했으며, 국민개병國民皆兵으로 새로운 군제
軍制를 채용한 것 외에 사용한 전법戰法도 이전과는 전혀 달랐습니다. 예
컨대, 가볍게 무장한 보병을 이용해 빠르게 진격하고, 야영할 때는 식량
을 적에게서 빼앗아 현지에서 보충했습니다. 종대縱隊로 돌진하고 산병散
兵을 뒤에 두어 적의 화력을 피하되 더 향상된 기동력과 화력이 더 강한
대포로 적군의 밀집한 횡대橫隊에 타격을 가했습니다. 또 예비대豫備隊를
사용하는 데 뛰어났는데 특히 근위병을 잘 활용했습니다. 클라우제비츠
가 훗날 훌륭한 이론가가 될 수 있었던 것은 그가 패장이 되어 매우 큰
자극을 받은 것과 관계가 있습니다. 이 자극이란 무엇일까요? 바로 나폴
레옹의 '병불염사兵不厭詐(전쟁에서는 속임수도 꺼리지 않는다)'입니다. 또 우
리가 절대 잊지 말아야 할 것은 그가 열두 살에 군대에 들어갔지만 결
코 일반적인 무인은 아니라는 점입니다. 그는 독일의 시인이자 극작가인
실러Johann Christoph Friedrich von Schiller(1759~1805)와 문호 괴테Johann
Wolfgang von Goethe(1749~1832)를 좋아했습니다. 칸트주의자인 요한 고
트프리트 키제베터Johann Gottfried Kiesewetter(1766~1819)에게 철학을 배
웠고, 문학·사학·철학 방면에 모두 소양이 풍부했습니다. 어떤 사람은
그의 품성이 헤겔과 비슷하다고 했습니다. 그는 직접 많은 전쟁을 경험
한 명장은 아니지만 (실전에 몇 번 참가했지만 중요한 전투를 직접 지휘한 적
은 없습니다.) 배우기를 좋아하고 깊이 사고하는 인물로, 군대를 따라다니

전쟁은 속임수다

며 관찰하기를 좋아했고 사후에 결과를 분석하기를 좋아했으며 가장 뛰어난 군인과 의견 나누기를 좋아했습니다. 그는 130여 차례의 전쟁 사례를 진지하게 분석했는데, 텔레비전에서 구기 종목이나 바둑을 해설하는 사람과 조금 비슷하게 말하는 것이 조리가 정연합니다. 진정한 무인은 병사를 귀신처럼 부리는 군사가軍事家인데, 그들 대부분은 평생 병서를 쓰지 않지만 쓰더라도 반드시 뛰어난 것은 아닙니다. 병서를 쓰는 일은 클라우제비츠 같은 사람이 가장 적당합니다.

서양은 전략 문화가 발달하지 않아서 "고대 작전 기술의 기초는 전술과 전투"라고 했습니다. 그들은 역사서나 전쟁의 실례를 병서라고 했고, 오랫동안 줄곧 실례를 벗어나 이론을 말한 병서는 없었습니다. 옛날 그리스나 로마에도 없었으며, 중세에도 없었습니다. '19세기 초'에 직업 군인과 나폴레옹식의 전투가 있고 나서야 오늘날과 같은 전략의 원칙이 형성되었습니다. 클라우제비츠가 나폴레옹 전쟁 시기의 전쟁 실례를 분석해 『전쟁론』을 쓴 뒤에야 유럽은 비로소 전략 수준의 병서를 가지게 되었습니다.[14] 『전쟁론』은 서양에서 가장 유명한 병법서이면서 깊은 철학 이치를 담고 있는 병법서로서 『손자』와 비슷합니다. 산생 배경도 비슷한데, '병불염사'에 철학적 분위기를 더했습니다.

또 언급할 만한 병법서로는 스위스에서 태어나 프랑스와 러시아에서 장교로 복무한 앙투안 앙리 조미니Antoine-Henri de Jomini의 『전쟁예술 개론戰爭藝術槪論』[15](류충劉聰 번역, 해방군출판사, 2006)이 있습니다. 조미니도 예나-아우어슈테트 전투에 참가했지만 나폴레옹의 적이 아니라 나폴레옹의 부하였으며, 그 뒤에는 러시아 알렉산드르 1세의 부관으로 복무했습니다.

클라우제비츠와 조미니가 쓴 책은 서양에 큰 영향을 끼쳤습니다. 프

양투안 앙리 조미니.

리드리히 엥겔스Friedrich Engels와 블라디미르 레닌 Vladimir Il'ich Lenin은 그들을 매우 높이 평가했으며, 특히 클라우제비츠의 전체 전략 그리고 "전쟁은 정치의 연속"이라는 그의 명언을 높이 평가했습니다. 6년 전에 『초한전超限戰(무제한 전쟁)』[16]이라는 책이 선풍을 일으켰습니다. 이 책이 출간되자 미국과 일본은 별것 아닌 일에 크게 놀라 이 책이 수단과 방법을 가리지 않는 테러리즘을 부추긴다고 했습니다. 그런데 사실 어떤 제약도 받지 않고 "적의 전 국토와 재물, 국민에게 타격을 입히는" 것은 바로 클라우제비츠가 주장한 총력전입니다.[17] 물론 후대의 독일 군사가들은 그가 강조한 것에 대해 바로 무한한 폭력을 추구하는 경향이라고 했습니다.[18] 영국의 군사 이론가이자 전략가인 배질 리들 하트Basil H. Liddell Hart(1895~1970)는 그들이 편향되게 읽었다고 생각했습니다.[19]

클라우제비츠와 조미니는 유럽의 손자와 오자라고 할 수 있습니다.

중국에서 손자와 오자의 병법은 귀족 전통이 무너지던 시기에 나타난 것이기 때문에 '전쟁에서 속이는 것을 꺼리지 않았습니다兵不厭詐.' 제나라 사람은 잘 속이기 때문에 병법을 쓰기에 적합합니다. 그들은 학술도 발달했습니다. 전국시대 중기에 제나라는 국제 학술의 중심지였습니다. 『손자』가 사변思辨이 뛰어난 것은 결코 우연이 아닙니다. 2000년 전의 중국과 2000년 후의 유럽은 시간과 공간은 멀리 떨어졌지만 여전히 견주어 볼 만합니다.

나폴레옹은 실패한 영웅입니다. 몇 년 전 나는 파리 거리에서 '대중영웅'을 담은 포스터를 보았는데, 거기에는 아르헨티나 태생의 쿠바 혁명가

전쟁은 속임수다

체 게바라Che Guevara와 나폴레옹(스탈당의 소설 『적과 흑』에서는 숭배의 우상이기까지 했습니다.)이 있었습니다. 나폴레옹은 일대의 명장이었지만 『손자』를 읽은 적은 없습니다. 나폴레옹이 『손자』를 읽었다는 것은 우리가 자신을 속이고 남을 속여 지어낸 신화일 뿐입니다. 『손자』가 유럽에 전해진 것이 나폴레옹 전쟁 이전이고 클라우제비츠의 『전쟁론』이 유럽에 알려진 것은 나폴레옹 전쟁 이후이지만, 『손자』가 나폴레옹을 만난 적이 없을 뿐 아니라, 『전쟁론』의 저자도 『손자』를 본 적이 없습니다. 클라우제비츠의 책은 독일 군인으로 근대적 참모제도를 창시한 헬무트 폰 몰트케Helmuth Karl Bernhard von Moltke(1800~1891)가 널리 알려서 유명해졌으며, 1900년 이후에야 비로소 많은 사람이 알게 되었습니다.[20] 『손자』가 서양에 전파된 상황도 비슷합니다.

1900년 이후 두 차례의 세계대전에서 독일과 러시아는 적대국이었지만 많은 독일 사람들은 전혀 『전쟁론』을 읽지 않았으며, 진정으로 클라우제비츠를 존중한 것은 오히려 구 소련이었습니다. 제2차 세계대전 중에 독일군이 소련을 침공했을 때 소련의 도서관 곳곳에서 클라우제비츠의 책을 볼 수 있었습니다. 독일군은 그제야 후회했습니다.[21]

클라우제비츠와 조미니는 모두 러시아를 위해 복무한 적이 있습니다. 톨스토이의 『전쟁과 평화』에도 당시 러시아의 클라우제비츠가 등장합니다. 프랑스 다음으로 러시아에서도 『손자』 번역은 비교적 이른 시기에 이루어졌습니다.

그들의 병서는 모두 나폴레옹 전쟁의 산물입니다. 나폴레옹 본인이 쓰지 않고 다른 사람이 그를 대신해 쓴 것입니다.

내가 이렇게 말하는 것은 일깨우기 위해서입니다. 우리에게 병법이 있고 남들도 병법이 있기 때문에 피차일반입니다. 우리는 결코 우리에게 좋은 병법이 있다고 해서 남들이 곧 우리의 제자라고 생각해서는 안 됩니다.

6. 외국 사람에게 배운다

전쟁은 스승과 학생의 신분이 뒤바뀌게 합니다. 스승이 학생을 때리고 학생도 스승을 때리는 일이 흔히 일어납니다. 열강列強의 이치로는 얻어맞는 쪽은 학생이고, 때리는 쪽은 스승입니다. 루쉰이 "우리는 마땅히 중화 전통의 보잘것없는 것들을 버리고 자신을 낮추어 우리를 공격한 서양놈들洋鬼子에게 배워야 한다"[22]라고 한 것은 바로 이런 이치를 말한 것입니다.

중국의 근대는 외세에 얻어맞은 역사인데, 우리를 때린 쪽은 모두 스승입니다. 영국·미국·독일·프랑스·러시아·일본·이탈리아·오스트리아의 팔국 연합군은 여덟 명의 스승인 셈인데, 우리는 누구나 그들에게 배웠습니다. 보잘것없는 것을 배운 것이 아니라 무기와 장비에서 제도와 훈련에 이르기까지 전면적으로 철저하게 배웠습니다. 전반적인 서구화에서 군사 부문이 가장 두드러집니다.

최근 출판된 『케임브리지 전쟁사Cambridge History of Warfare』에서는 서양의 전쟁 방식이 전 세계를 지배하는 군사 전통이라고 했습니다. 그 내용은 다음과 같습니다.[23]

발전이나 재앙을 따질 것 없이 서구화된 전쟁 방식은 이미 온 세상을 이끌고 있다. 19세기와 20세기, 중국을 포함해 유구한 문화로 유명한 몇몇 나라들은 오랜 기간 동안 줄기차게 서방의 무장에 대한 저항을 견지했는데,

전쟁은 속임수다

일본 같은 소수의 나라는 신중하게 따라하면서 적응해서 일반적인 성공을 거두었다. 20세기의 마지막 10년은 좋은 쪽으로나 나쁜 쪽으로의 발전에 상관없이 기원전 5세기 이래 이미 서방 사회의 전쟁 기술이 섞여 들어와 모든 경쟁자들이 서로 비교해 부족함이 드러나게 되었다. 이처럼 전통의 형상과 발전을 주도하고 성공의 비밀을 더할 수 있었던 것에 대해 진지하게 고찰하고 분석할 가치가 있는 것으로 보인다.

여기서 저자는 일본은 좋은 학생이고, 중국은 자격이 없다고 분명히 말하고 있습니다.

일본은 먼저 시작해서 강자가 되었지만, 중국은 뒤에 시작해서 재앙을 만났습니다. 남을 때리는 쪽이 좋은 학생이며, 얻어맞는 쪽은 자격 미달입니다. 근대 중국과 근대 일본의 차이점은 주로 여기에 있습니다. 그러나 중국은 지금까지 서양을 배우기를 거부한 적은 없습니다. 다른 것은 배우지 않아도 먼저 이것을 배워야 했습니다. 왜냐하면 중국의 가장 큰 문제는 첫째 외세의 침입이며, 둘째는 굶주림이었기 때문입니다. 외세의 침입은 굶주림보다 더 심각합니다. 틀에 박힌 표현으로 '허리띠를 졸라매고도 호신용 몽둥이를 들고 다닌다'라고 합니다. 문제가 어느 정도로 심각한 지경이었는지는 중국군사박물관에 가서 보면 명백하게 알 수 있습니다. 중국 군대는 군장軍裝에서 무기까지 시대적 특징이 매우 뚜렷한데, 모든 열강에게서 돌아가며 배운 것입니다. 단지 잘 배우지 못해서 남을 때릴 수 있는 수준에 이르지는 못했을 뿐이고, 열강도 결코 우리가 그런 수준에 이르도록 허용하지 않았던 것입니다. 전쟁 이전에 일본의 사관학교에서는 선생이 학생을 때리고, 상급생이 하급생을 때리는 일이 예사였습니다. 중국은 바로 하급생이 되어 선생이 다 때리고 난 뒤 상급생이 때리기를 기다리는 처지였던 것입니다.

일본도 우리에게 최소한 반쪽 스승이라 할 것입니다.

일본은 중국을 때리면서 줄곧 자신들이 중국을 서양 놈들의 통치에서 해방시켜준 구세주라고 말했습니다. 이처럼 때리면서도 구한다는 말을 중국 사람들은 이해할 수 없었지만 서양 사람들은 이해했습니다.

일본의 선택은 누구를 먼저 때리고 누구를 나중에 때릴지 정하는 것이었습니다. 러시아·미국·중국 가운데 먼저 때려야 할 상대는 당연히 중국이었습니다. 먼저 러시아를 때리거나 미국을 때리면 재수 없는 일이 될 수 있었습니다. 그러나 중국은 말랑말랑한 연시와 같았으니, 일본이 중국동맹회와 펑톈奉天의 군벌 장쭤린張作霖 그리고 만주국滿洲國을 돕고 심지어 루쉰의 국민성 비판을 선전에 이용하기까지 한 것은 모두 중국을 때리기 위한 일이었습니다. 두 차례의 세계대전에서 중국은 모두 승전국이었지만 승리가 떳떳하지 않았기 때문에 열강(일본을 포함한)은 여전히 중국을 대수롭지 않게 여겼습니다.

중국의 선택은 누구에게 맞을 것인가였지 맞지 않으려는 것이 아니었습니다. 중국 혁명의 지도자인 쑨원이 러시아 공산주의와 연합한 일이나 장제스蔣介石가 적의 동맹을 분쇄하기 위해 독일·이탈리아·미국에 사람을 보내 설득한 일은 모두 얻어맞지 않거나 조금 얻어맞기 위한 것이었습니다.

남보다 앞서야 얻어맞지 않고 남을 때릴 수 있다는 것이 일본의 국제주의입니다.

나는 앞섰고, 너는 뒤처졌으니 앞선 내가 마땅히 뒤처진 너를 때려야 한다는 것이 일본의 민족주의입니다.

이 두 가지는 결코 모순된 것이 아니라 국제 표준에 완전히 부합합니다.

서양의 전쟁 방식은 첫째, 다른 나라에 가서 싸우면서 무력으로 상업을 개방하게 하고 문화와 종교를 전파하며, 둘째, 실력과 무기를 중시하고 돈과 기술에 의존하며, 셋째, 제도와 훈련을 중시합니다.

일본은 우리 중국에 비해 잘 배웠습니다.

중국의 전통은 전략을 세워 수세를 취하고, 모략을 숭상하고 기술을 경시하며, 겉으로만 그럴싸하고 실전에서는 쓸모없는 것이 비교적 많습니다.

서양의 전통은 독성을 없애는 해독제와 같습니다.

7. 『손자병법』과 전반적 서구화

중국이 서양으로부터 가장 먼저 배운 것은 서양 총과 서양 대포입니다. 총과 대포는 본래 중국이 발명한 것이지만 오히려 중국이 그들에게 배우게 되었습니다. 불랑기佛郎機는 포르투갈 대포이며, 홍이대포紅夷大砲는 네덜란드 대포인데, 모두 명나라 때 배워서 만들었습니다. 크루프대포克虜伯大砲는 독일 대포로 청나라 때 이미 도입되었습니다. 청나라 말기에 위안스카이袁世凱의 북양군벌은 모두 서양식으로 무장했습니다. 북양신군北洋新軍과 북양해군北洋海軍 그리고 뒷날 국민당國民黨과 공산당共産黨도 모두 서양을 배웠습니다. 중국 근현대에 3대 육군 군사학교가 있었는데, 바로 우베이학당武備學堂, 바오딩군사학교保定軍校, 황푸군사학교黃埔軍校입니다. 우베이학당은 청 말의 정치가인 이홍장李鴻章이 황제에게 설립할 것을 주청했고, 바오딩군사학교는 장팡전蔣方震(1882~1938)이 교장을 지냈으며, 황푸군사학교는 장제스가 교장을 지냈으니 어느 곳인들 외국을 배우지 않았겠습니까? 10년 내전의 시기에 홍군紅軍의 고문

은 코민테른에서 파견한 독일 사람 오토 브라운Otto Braun(중국 이름은 리
더李德)이었습니다. 오토 브라운은 노동자 출신이었습니다. 국민당이 초
청한 5명의 고문도 모두 독일 장군입니다. 첫째 고문은 독일의 퇴역한 육
군참모총장이었고, 마지막 고문은 알렉산더 폰 팔켄하우젠Alexander von
Falkenhausen이었습니다. 장제스는 독일을 매우 좋아해 히틀러를 칭찬했
습니다. 독일은 중국의 텅스텐이 필요했고, 중국과의 관계도 중시했습니
다. 중국과 독일이 단교한 것은 어쩔 수 없었기 때문입니다. 그때 쿵샹시
孔祥熙가 히틀러를 설득했지만 성과 없이 돌아왔고, 쑹메이링宋美齡은 미
국을 설득했지만 눈물을 흘리며 돌아왔습니다. 장제스는 상하이에서 떨
쳐 일어나기만 하면 열강이 중국을 도와줄 것으로 생각했지만 그것은 착
각이었습니다. 어느 누구도 도와주려 하지 않았고, 미국은 도리어 일본
에 계속 무기를 팔았습니다. 그들은 모두 일본이 가장 아시아를 대표할
자격이 있으며, 또한 소련을 억제할 수 있다고 여겼습니다. 그때 팔켄하
우젠 장군은 남아서 중국을 도와 일본과 싸워야 한다고 생각했지만 독
일은 동의하지 않았습니다. 그는 "그렇다면 중국에 귀화해서 개인 신분
으로 중국에 남겠다"라고 했지만 독일이 응답도 하지 않아 귀국할 수밖
에 없었습니다. 나의 좋은 벗 로타르Lothar 교수는 팔켄하우젠 장군과 같
은 집안입니다. 북벌北伐 때 남군과 북군이 모두 챙이 큰 대첨모大檐帽를
썼고, 10년 내전 동안 홍군은 '레닌 모자'로 알려진 팔각모를 쓰고 소련을
흉내냈으며, 백군白軍은 독일의 철모를 썼습니다.(1937년 상하이사변에서
도 독일의 철모를 썼습니다.) 항일 전쟁은 국민당도 잘 싸웠고, 공산당도 잘
싸웠지만, 모자는 모두 체코의 작가 야로슬라프 하셰크Jaroslav Hašek가
쓴 소설 『착한 병사 슈베이크Osudy dobrého vojáka Švejka za světovéválky』
에서처럼 혼란스러워서 1941년 윈난-버마 항일 전쟁 때 처음에는 영국

전쟁은 속임수다

식 철모를 쓰다가 나중에는 미국식 철모를 썼습니다. 제2차 세계대전 후 국민당 군대는 미국식으로 장비를 갖추었고, 해방 후에 중국인민해방군은 소련식 장비로 바꾸었습니다.

모자 하나, 철모 하나에 불과하지만 역사의 변화를 반영하는 것입니다. 이것이 중국의 서구화입니다.

8. 『손자병법』과 현대 중국

중국이 있는 힘을 다해 서양을 배우는 동안 『손자병법』은 어디에 두었을까요? 이것은 큰 문제입니다. 우리는 서구화의 큰 물줄기가 용솟음치자 모두들 뒤를 돌아보지 못했던 것을 보았습니다. 서구화의 과정에서 중국의 보물은 먼저 한쪽으로 밀려나 구색 맞추기로 쓰이는 것을 흔히 보게됩니다. 옛것을 보존하고 회복하려면 천천히 도모할 수밖에 없습니다.

어떤 사람은 전통문화를 잘 보살펴야 현대화도 비로소 잘 할 수 있으니 일본이 그 본보기라고 말합니다. 그러나 이것은 반대로 말한 것입니다. 사실 일본은 서구화의 압력을 일찍 벗어났기 때문에 옛것을 보존하고 회복할 수 있었습니다. 서양도 마찬가지입니다. 중국의 결점은 본체와 작용이 낡아서 현실에 맞지 않는 것입니다.

민국 원년 이래로 장팡전과 루다제가 『손자』를 연구했습니다. 장팡전은 자가 백리百里인데 저장성 하이닝海寧 사람이며, '중국 미사일의 아버지'로 불리는 첸쉐썬錢學森의 장인이기도 합니다. 그는 청나라에서 일본에 파견해서 군사학을 배우게 한 유학생으로서 일본사관학교 보병과에서 일등을 했으며, 독일에서 견습 장교를 지냈습니다. 청나라 말기에 그는 성경盛京(지금의 선양瀋陽)에서 금위군 관대管帶를 지냈고, 동삼성東三省

(헤이룽장성黑龍江省·지린성吉林省·랴오둥성遼東省) 독련공소督練公所의 총참의總參議로 자오얼쉰趙爾巽의 밑에서 일했습니다. 중화민국 수립 후 바오딩군사학교의 초대 교장이 되었고, 사망하기 전까지 육군대학을 장악해 북양계北洋系와 국민당 양쪽의 군 계통에서 모두 유명하며, 사후에는 상장上將으로 추증된 삼조三朝의 원로입니다. 그의 책은 원래 『손자신석孫子新釋』이라는 제목으로 량치차오粱啓超가 창간한 잡지 『용언庸言』 제5호 (1914)에 실렸는데, 뒤에 류방지劉邦驥와 함께 옛 주석을 참고하고 종합해 『손자천설孫子淺說』(1915)을 펴냈습니다. 이 책은 중화민국에서 새로 쓴 첫째 작품입니다. 루다제는 하이난성 원창文昌 사람으로 항일 전쟁 때 충칭重慶 군훈부軍訓部 군학편역처軍學編譯處에서 일했습니다. 그는 중국 고대 병서를 조사 연구해서 『손자병법서목휘편孫子兵法書目彙編』(군훈부군학편역처, 1939)과 『손자고孫子考』(충칭군용도서사重慶軍用圖書社, 1940)를 썼습니다. 이 두 권은 문헌 정리에 크게 공헌했는데, 내가 『손자』를 읽을 때 가장 먼저 이용한 것이 바로 그의 책입니다. 해방 후 루다제는 『마오쩌둥 선집毛澤東選集』 색인을 엮었습니다.

또 다른 책으로 첸지보錢基博가 쓴 『(증정 신전사례增訂 新戰史例) 손자장구훈의孫子章句訓義』(상무인서관, 1947)가 있습니다. 1980년대에 중국사회과학원 고고학연구소에 있을 때 나는 그 책을 읽었습니다. 매우 두꺼운 이 책은 자료를 넓게 인용해 증거로 삼았는데, 두 차례의 세계대전에서 나타난 '새로운 전쟁 사례新戰史例'를 빌려 중국의 고전을 설명했다는 점에서 매우 의미가 큽니다. 첸지보는 바로 저명한 작가 첸중수錢鍾書의 아버지입니다. 그의 책과 장팡전의 책은 모두 『전쟁론』이나 『손자』와 비교하면 새로운 경향을 대표할 만합니다. 일군의 이러한 책들이 있기는 하지만, 『손자』의 지위는 이전과 비교할 수 없고 서양의 군사학과도 비교할 수 없을 정도로 높습니다.

9. 마오쩌둥과 『손자병법』

『손자』는 매우 중요하며, 특히 세계 군사 문화에서 놓인 위치는 더욱 두드러집니다. 그러나 두 차례의 세계대전에서는 그 소리가 매우 작았고, 중요시된 것은 오히려 냉전시대였습니다.

『손자병법』의 영역본은 미국의 중국 전문가이자 해군 제독을 지낸 새뮤얼 그리피스Samuel B. Griffith가 번역했고, 앞쪽의 서문은 영국의 전략가로 명성이 높은 배질 리들 하트가 썼습니다. 나는 하트의 서문을 중국어로 번역하고 '손자로 돌아가다回到孫子'라는 제목을 붙였습니다.[24]

하트가 말하기를 "『손자』는 뛰어난 작품으로 서양에서는 오직 클라우제비츠의 『전쟁론』 하나만 견줄 수 있는데, 『손자』가 더욱 현명하고 더욱 깊이가 있다. 『손자』는 『전쟁론』보다 2000여 년이나 앞서 쓰였지만 『전쟁론』보다 더욱 젊다고 할 수 있으니, 『전쟁론』이 무한한 폭력을 강조한 것과는 달리 더욱 절제하는 것처럼 보인다. 만약 더 일찍 『손자』를 읽었더라면 두 차례의 세계대전이 그렇게 참혹하지는 않았을 것이다"라고 했습니다. 하트는 1927년 덩컨Duncan 장군의 편지를 통해 『손자』를 알게 되었다고 했습니다. 1942년 장제스의 제자가 하트를 여러 차례 찾아 왔습니다. 이 군관이 하트에게 "당신의 글과 파울러Fowler 장군의 글은 중국의 군사학교에서 반드시 읽어야 하는 책입니다"라고 말하자, 하트는 "그러면 『손자』는 어떻게 하지?"라고 물었습니다. 이 군관이 "비록 『손자』가 경전이긴 하지만 대다수의 군관들은 기계 무기를 사용하는 시대에는 근본적으로 읽을 가치가 없다고 생각합니다"라고 대답하자, 하트는 "그렇지 않네. 바로 지금 우리는 손자로 돌아가야 하네"라고 말했습니다. 내가 이 글을 번역하고 「손자로 돌아가다」라는 제목을 붙인 것은 바로 이 말에서 따온 것입니다.

하트의 서문에서 우리가 주의할 것은 "손자로 돌아가다"라는 말이 마오쩌둥과 관련이 있다는 점입니다. 새뮤얼 그리피스가 영어로 번역한 『손자』의 앞부분에는 마오쩌둥이 유격전을 논한 논문이 편역되어 있습니다. 하트는 "핵무기 시대, 바로 마오쩌둥이 이끄는 중국이 군사 대국으로 우뚝 서는 시대에 우리는 비로소 더욱 『손자』가 필요하고, 손자의 '싸우지 않고 적을 굴복시키는不戰而屈人之兵' 병법이 필요하다"라고 말했습니다.

나는 하트의 말을 즐겨 듣지만 합당한 이유를 잊어버리지는 않습니다. 『손자』가 매우 유명해진 것은 역시 시류와 추세를 잘 탄 것이고, 그것이 마오쩌둥의 군사 업적과 뗄 수 없는 관계임을 알아야 합니다. 『손자』는 마오쩌둥의 덕을 보았지만, 마오쩌둥은 실천을 중시했지 『손자』를 중시한 것은 결코 아닙니다.

서양에서 『손자』를 중시한 것은 마오쩌둥 때문입니다.

역시 이 말은 적이 가장 좋은 스승이라는 뜻입니다.

항일 전쟁 이후 미국은 장제스를 도왔지만, 장제스는 마오쩌둥에게 패해 산이 무너지듯 한순간에 패퇴하고 말았습니다. 한국 전쟁과 베트남 전쟁에서 미국이 손해를 본 것은 뒤에 마오쩌둥이 있었기 때문입니다. 마오쩌둥이 유명해지자 『손자』도 같이 유명해졌습니다.

군인은 적수에 대해 매우 겸허하게 탄복하는데, 『수호전』에 나오는 백의수사白衣秀士 왕륜王倫[25] 같은 문인과는 전혀 다른 점입니다. 누군가 대단한 사람이 있다면 바로 그 사람을 배웁니다.

전쟁은 속임수다

마오쩌둥은 본래 후난제일사범학교湖南第一師範學校의 학생으로 전문적인 군사 훈련을 받은 적이 없이 공부만 한 사람이었지만 군대를 귀신같이 부렸다는 것은 말할 필요가 없습니다. 지난날 나는 미국에 있을 때 타이완 사람이 쓴 『마오쩌둥병법毛澤東兵法』을 읽은 적이 있는데, 저자와 출판사, 출판 날짜는 정확히 기억나지 않습니다. 그 책에서 저자는 "정치 관점이 어떠한가를 따질 것 없이 동서양의 모든 사람은 마오쩌둥이 훌륭한 군사가임을 인정한다"라고 했습니다. 그는 특히 "일단 전쟁터에 나가면 병법은 완전히 잊어라"라는 마오쩌둥의 명언을 언급했습니다.

마오쩌둥은 실천을 중시하고 책을 경시했으며, 교조주의를 반대해 돼지를 도살하는 일이 책 읽는 것보다 어렵다고 했지만, 그가 책을 읽지 않았던 것도 아니고 고대의 명장들처럼 책을 쓰지 않은 것도 아닙니다.

마오쩌둥의 군사 관련 저서는 크게 6편인데, 『중국 혁명전쟁의 전략 문제中國革命戰爭的戰略問題』『항일유격전쟁의 전략문제抗日游擊戰爭的戰略問題』『지구전을 논함論持久戰』『전쟁과 전략 문제戰爭和戰略問題』『우세한 군사력을 집중해 적을 각개 섬멸하자集中優勢兵力, 各個殲滅敵人』『지금의 국제 정세와 우리의 할 일目前形勢和我們的任務』등이 그것입니다.[26] 이것을 모아 함께 엮은 단행본이 17개 언어로 번역됐습니다.[27]

중국의 10대 원수元帥와 10대 군사가는 군사를 거느리고 싸웠지만 병서를 쓴 사람은 드뭅니다. 마오쩌둥은 용병에 능했을 뿐 아니라 병법을 논하는 데에도 능했으므로 서양에서 그를 중시한 것도 이상한 일은 아닙니다. 내 기억에 리쭝런李宗仁(1891~1969)이 미국으로 망명했다가 중국에 돌아온 뒤 마오쩌둥에게 "정규 군사교육을 받은 우리가 촌사람들을 이기지 못한 것은 무엇 때문일까요? 당신은 『손자병법』에 따라 싸운 것이 아닙니까?"라고 물었는데, 마오쩌둥은 그 말을 인정하지 않았습니다.(기억은 이렇지만 대조 확인하지는 못했습니다.)

마오쩌둥의 병법과 『손자병법』은 무슨 관계가 있을까요? 학자들이 이를 고증한 적이 있습니다. 징강산井岡山²⁸ 시기에 다섯 차례에 걸쳐 포위 공격을 받아 앞의 네 번을 모두 승리함으로써 마오쩌둥의 명성이 크게 떨쳐졌습니다. 그러나 모스크바에서 돌아온 왕밍王明 등은 마오쩌둥을 '시골뜨기'라고 매우 깔보면서 "두메산골에서는 마르크스주의가 나올 수 없다"라고 했으며, 그를 거세게 비판하면서 그 죄목으로 사상이 진부하고 머릿속에 봉건사상이 가득해서 『손자병법』『증호치병어록曾胡治兵語錄』 그리고 『삼국지연의』에 의지해 싸운다는 점 등을 들었습니다. 마오쩌둥은 후난성 출신으로 증국번曾國藩(1811~1872)이나 호임익胡林翼(1812~1861)에 대해 물론 잘 압니다. 『삼국지연의』도 그가 즐겨 읽는 책이었으나 『손자병법』에 대해서는 인정하지 않았습니다.

10년 내전 기간에 마오쩌둥은 『손자병법』을 읽었을까요? 오늘날 어떤 사람의 조사에 따르면 마오쩌둥은 젊은 시절 약간 접한 적이 있다고 합니다. 그 이유는 다음과 같습니다. 첫째, 마오쩌둥은 청나라 말기에 정관잉鄭觀應(1842~1922)이 중국 근대화를 논술한 『성세위언盛世危言』을 읽은 적이 있는데, 이 책에 "손자가 말하기를 '적을 알고 나를 알면 백 번 싸워 백 번 이긴다知彼知己, 百戰百勝'라고 했다"는 구절이 있습니다. 이 말은 비록 짧지만 뜻하는 바는 매우 큽니다. 둘째, 그가 후난제일사범학교에서 위안중첸袁仲謙이 위원魏源의 『손자집주』를 강의하는 것을 듣고 기록했는데, 그 가운데 "손무는 전쟁을 마지못해 하는 것이라 여겼다孫武子以兵爲不得已"라는 내용이 있습니다.

마오쩌둥은 젊은 시절에 『손자병법』을 조금 읽었을뿐, 자세히 읽어서 깊은 인상을 남긴 것은 아닌 것으로 보이니 읽은 적이 없다고 해도 크게

전쟁은 속임수다

잘못된 것은 아닌 셈입니다. 그러나 1936년 그가 옌안延安에서 『중국 혁명전쟁의 전략문제』를 쓸 때는 상황이 다릅니다. 그는 급하게 참고할 책을 찾으려고 예젠잉葉劍英을 국민당 통치 구역인 백구白區로 보내 책을 사오게 한 적이 있는데, 거기에 『손자병법』이 있었습니다. 마오쩌둥은 이 글에서 『손자병법』을 여러 차례 언급했습니다.[29] 그가 가장 좋아한 것은 젊은 시절 정관잉에게 들었던 "적을 알고 나를 알아야 백 번 싸워도 위태롭지 않다知彼知己, 百戰不殆"는 구절입니다. 해방 후 남에게 제자題字를 써줄 때도 이 두 구절을 즐겨 썼습니다. 마오쩌둥이 읽은 『손자』가 어떤 판본이며, 누구의 주석인지는 확실하지 않지만 그의 시를 통해 분석해보면, 그가 읽은 것은 조본학이 주석한 『손자』일 가능성이 큽니다. 마오쩌둥의 칠언율시 「인민해방군이 난징을 점령하다人民解放軍占領南京」[30]에 "마땅히 남은 군사를 거느리고 궁지에 몰린 적을 추격해야지, 명예를 얻기 위해 항우를 배워서는 안 된다宜將剩勇追窮寇, 不可沽名學霸王"라는 구절이 있습니다. 여기서 '추궁구追窮寇'는 『손자』 「군쟁軍爭」 편에서 유래한 것으로 여러 주석가의 책에는 모두 "궁지에 몰린 적을 핍박해서는 안 된다窮寇勿迫"로 되어 있는데, 조본학의 주석본에만 "궁지에 몰린 적을 쫓아서는 안 된다窮寇勿追"로 되어 있습니다.

마오쩌둥의 병법은 전법戰法 외에 심법心法도 있습니다. 그의 시 속에는 심법이 있습니다. 내가 중학교에 다닐 때 홍콩에서 어떤 책이 출판되었습니다. 지은이의 이름은 잊었지만, 마오쩌둥이 당나라 시인 두목杜牧의 「제오강정題烏江亭」을 좋아해서 항상 다른 사람들에게 이 시를 적어주었다는 내용이 있었습니다. 내가 기억하기로 장스자오章士釗가 그의 '벗'은 큰일을 이룰 수 있어 이 시에 부합한다고 했습니다.[31](전체적인 뜻은 『유문지요柳文指要』에 있는데, 기억은 이렇지만 대조 확인하지는 못했습니다.)

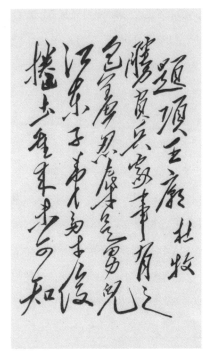

마오쩌둥이 쓴 「제항왕묘」의 내용은 「제오강정」과 세 글자가 다르게 기록되었는데, 외우고 있던 시를 쓰는 과정에서 잘못 쓴 것인 듯하다. '오강정' 근처에 '항왕'의 사당이 있는데, 역시 시를 쓸 때 갑자기 기억이 나지 않아 「제항왕묘」리 쓴 것으로 추정된다. ― 옮긴이

두목은 『제오강정』에서 "이기고 지는 것은 전쟁에서 기약하지 못하니, 부끄러움을 안고 참을 줄 아는 것이 사나이라네. 강동의 젊은이 중에는 뛰어난 인물도 많은데 땅을 휘말아 다시 쳐들어왔다면 어찌 되었을까勝敗兵家事不期 包羞忍恥 是男兒 江東子弟多才俊 捲土重來未可知"라고 읊었습니다. '포수인치包羞忍恥'는 '참는 것忍'이며, '권토중래捲土重來'는 '마음을 모질게 다잡는 것狠'입니다. 속담에 대장부는 굽히고 펼 줄 알고 호걸은 눈앞의 실수에 연연하지 않으며, 대장부의 복수는 10년이 걸려도 늦지 않으며, 도량이 작으면 군자가 아니고 독하지 않으면 사나이가 아니라고 했습니다. 이것은 백성들의 병법입니다. 참아야 할 때는 참으면서도 기죽어서는 안 되며, 마음을 다잡아야 할 때는 모질게 하여 우유부단해서는 안 됩니다.

마오쩌둥은 결코 『손자』를 맹신하지 않았지만, 『손자』의 명성을 한껏 드높였습니다.

전쟁은 속임수다

10. 궈화뤄郭化若와 『손자병법』

또 한 가지 일도 공산당과 관련이 있습니다. 내가 류칭劉慶에게 들으니, 옌안 시기에 마오쩌둥은 『중국 혁명전쟁의 전략문제』 같은 글을 쓰기 위해 독서 모임인 『전쟁론』연구회를 조직한 적이 있다고 했습니다. 『전쟁론』은 청나라 말에 이미 번역본이 있었습니다. 마오쩌둥은 허쓰징何思敬을 초청해서 홍군 고급장교들에게 『전쟁론』과 엥겔스의 군사 저작을 강의하도록 부탁했습니다. 허쓰징은 독일에서 유학했기 때문에 원문을 볼 수 있었습니다. 내가 기억하기로, 문화대혁명 이전에 헌책방에 가면 그가 번역한 『마르크스·엥겔스의 군사론馬克思恩格斯論軍事』을 볼 수 있었습니다.(기억은 이렇지만 대조 확인하지는 못했습니다.) 해방 후 그는 중국런민대학 교수가 되었는데, 나는 어렸을 때 그를 만난 적이 있습니다. 그는 우리 아버지와 장기를 두었는데, 그가 지면 화를 냈기 때문에 아버지가 일부러 져주곤 했습니다.

옌안 시절 궈화뤄는 『전쟁론』연구회의 회원이었습니다. 그는 『손자병법초보연구孫子兵法之初步研究』(『팔로군군정잡지八路軍軍政雜誌』 제1권 11·12기와 제2권 1기, 1939년 11월~1940년 1월)와 구어체로 풀이한 『백화역해손자병법白話譯解孫子兵法』(팔로군군정잡지사, 1944)을 저술했습니다.

해방 후 그는 군사과학원 부원장이자 중장中將이 되어 현대 중국어로 번역해 새로 엮은 『금역신편손자병법今譯新編孫子兵法』을 출간했습니다. 이 책은 인민출판사 1957년 판본과 중화서국 상하이편집소上海編輯所 1962년 판본이 있습니다. 나는 중학생 때 산 1962년 판본을 아직도 가지고 있습니다. 그의 현대 중국어 번역본은 『손자병법』 보급에 크게 기여했는데, 새로 엮은 것도 여전히 13편이지만 장절章節이 전혀 달라서 혼란해졌습니다. 각편의 제목은 「전쟁을 논함論戰爭」 「진공전進攻戰」 「속결전

速決戰」「운동전運動戰」「주동성主動性」「영활성靈活性」「지형地形」「용간用間」「정황판단情況判斷」「화공火攻」「관리교육管理教育」「지휘관계指揮關係」「장수수양將帥修養」입니다. 이런 개편은 매우 흥미로운 것인데, 나도 그의 이런 관심을 배웠지만 원서와는 관계가 없습니다. 뒤에 궈화뤄 스스로 그 방식을 포기했습니다.

앞에서 『손자』는 두 종류의 판본, 곧 『무경칠서』본과 『십일가주』본이 있다고 말한 바 있습니다. 송나라 이래로 『무경칠서』본이 더 유행했습니다. 『십일가주』는 청나라 때도 여전히 있었지만 수량이 적고 왕실과 장서가들의 손에 있어서 일반인은 볼 수 없었습니다. 손성연이 명나라 때의 화음 『도장』에서 이런 유형의 판본을 발견하고는 마치 보배를 얻은 것처럼 귀하게 여겨 서둘러 인쇄했습니다. 그러나 그는 송나라 판본은 보지 못했습니다. 1961년 중화서국 상하이편집소에서 상하이도서관에 소장된 송나라 판본을 영인해서 출판했습니다. 앞에는 궈화뤄 장군의 대서代序가 있고, 뒤에는 그의 번역이 있습니다(원문과 주석 그리고 번역문 포함). 이 판본에는 중국 외교부장 등을 지낸 천이陳毅가 쓴 제첨題簽이 표지에 붙어 있는데, 1만 부를 인쇄했습니다. 그 이듬해에 다시 활자본 1만 부를 출판했습니다. 이로부터 『십일가주』가 크게 유행해 오늘날에는 세산에서 『십일가주』가 있다는 것만 알 뿐, 오히려 『무경칠서』가 있는 줄은 모릅니다. 이렇게 된 것은 궈화뤄와 밀접한 관련이 있습니다.

궈화뤄는 영인본의 대서와 번역을 덧붙였으며, 이 책은 문화대혁명 직후인 1977년 『손자금역孫子今譯』(상하이인민출판사)이라는 제목의 단행본으로 나왔고, 1984년 다시 개역본 『손자역주孫子譯注』(상하이고적출판사)가 나왔습니다. 이 책은 군사과학원의 『손자병법신주孫子兵法新注』(중화서국, 1977)와 함께 『손자』를 보급하는 데 큰 작용을 했습니다.

오늘날 『손자』는 이미 세계적 경전이 되었습니다. 내가 외국의 서점에 가 보니 군사에 관련된 책이 매우 많았는데, 특히 병기와 두 차례의 세계 대전에 관한 책이 많았습니다. 『손자』는 대부분 한학漢學 서적류에 놓여 있었습니다. 둘 사이에는 여전히 시간적 거리와 공간적 거리가 남아 있습니다. 어떻게 중국의 경험과 세계의 경험을 결합할 것이며, 어떻게 철학적인 것과 실용적인 것을 결합할 것인가 하는 점이 여전히 커다란 난제로 남아 있습니다.

나 또한 배워야 할 문제를 가지고 있지만, 『손자』에 한해서만 여러분들을 위해 봉사하고자 합니다. 어떻게 사용할 것인지는 여러분 자신의 몫입니다.

◉ 제3강 ◉

제1편

(시始)계計

이제 본 이야기로 들어갑니다. 앞으로 각 강講에서 한 편씩 『손자』 13편을 모두 읽을 것입니다.

　우선 나는 금본今本 『손자』의 구성에 대해 이야기하려 합니다. 『손자』의 특징은 말은 간단하지만 뜻이 완전해 이치가 깊으며, 문장 사이의 나누어짐이나 편 사이의 배열이 질서정연합니다. 위 무제 조조는 많은 병서와 전략을 보았지만 이치가 매우 깊다고 말할 수 있는 것은 『손자』뿐이라고 했습니다(『손자약해』 서序). 송나라 구양수도 "그 말이 매우 질서가 있다其言甚有次序"(『손자후서孫子後序』)라고 했습니다. 그러나 여러분이 알아야 할 것은 선진시대의 고서는 후대의 고서와 달리 대부분 한두 마디의 짤막한 말이나 단편적인 장구章句 등을 두루 모아서 만든 것이어서 원래의 말은 문화대혁명 시기의 최고 지도자의 말이나 내가 이렇게 강의하는 것처럼 조리가 없고 기록한 것도 두서가 없는 탓에 정리하지 않으면 읽을 수 없으며, 정리를 잘 해야 조리가 조금 두드러지고 정리를 잘 못하면 조리가 더 미약해집니다. 그런데 『손자』는 오늘날 우리가 글을 쓸 때 그러하듯이 자기 손으로 생각하면서 글을 쓰고 다시 고친 것이 아니라 기승전결에 맞추어 단숨에 써 내려간 글입니다. 『손자』 고본古本의 내용은 금본 13편과 비슷하지만 훨씬 일찍 만들어졌을 것입니다. 인췌산에서 출토된 한나라 죽간본은 금본과 크게 다르지 않으며, 사마천도 『손자』 13편을 언급한 바 있습니다(『사기』 「손자오기열전」). 인췌산 한나라 죽간본과 송나라 이후의 판본은 편 사이의 순서가 동일하지 않습니다. 금본의 차례 배열이 이렇게 질서정연한 것은 틀림없이 후대 사람들이 조금씩 정리한 결과일 것이며, 나는 바로 조조가 정리한 결과라고 생각합니다. 왜냐하면 금본의 근원을 거슬러 올라가 보면 가장 이른 것이 바로 조조의 주석본이기 때문입니다. 조조의 주석본은 이미 이런 순서로 되어 있었습니다. 물론 이 말도 단언할 수는 없습니다. 확실하지는 않지만 조조의 주석본 이전에도 여러 종류의 배열이 있었으니 금본처럼 배열된 것도 이미 있었을 가능성도 있습니다.

금본 『손자』와 죽간본 『손자』는 편의 순서와 배열이 같지 않은데, 그렇다면 어느 것이 더 이른 것일까요? 당연히 죽간본이 더 이르지만, 어느 것이 더 조리가 있느냐를 말한다면 역시 금본입니다. 지난날 교감힉校勘學을 연구하는 사람들은 흔히 좋은 판본이란 마땅히 여러 판본을 모아서 다른 점을 교열하고 좋은 것을 선택해 따르는 것이라 했습니다. 그러나 이런 생각은 결코 옳지 않습니다. 왜냐하면 많은 사람이 말하는 좋고 나쁨은 주로 문장의 조리에 대한 것이기 때문입니다. 실제로 좋고 나쁨과 이르고 늦음은 완전히 다른 문제입니다. 문장의 조리를 말하면 금본이 고본에 비해 훨씬 낫습니다.

이번 강의에서는 금본을 중점적으로 말하려고 하니 당연히 금본의

전쟁은 속임수다

순서를 따를 것입니다. 나는 이 순서가 인췌산 죽간본보다 좋은 점도 많고 더욱 조리도 있다고 생각합니다.

인췌산 죽간본은 상·하 두 부분으로 나눌 수 있는데, 제목이 새겨진 목판으로 보면 앞의 여섯 편이 '상'에 해당하고, 뒤의 일곱 편이 '하'에 해당하는 것 같습니다. 나는 배열된 상황에 따라 「계計」 「작전作戰」 「세勢」 「형形」 「모공謀攻」 「행군行軍」을 한 부문으로 나누고, 「군쟁軍爭」 「허실虛實」 「구변九變」 「지형地形」 「구지九地」 「용간用間」 「화공火攻」을 한 부문으로 나눌 수 있다고 봅니다. 고서 저술 가운데 세상에 전하는 『손자병법』으로는 조조가 주석한 1권본과 2권본 그리고 3권본이 있습니다. 1권본은 권을 나누지 않았고, 2권본은 반으로 나누었으며, 3권본은 세 부분으로 나누었습니다. 그밖에 여러 주석가들의 책들도 이 세 가지 중 하나에 속합니다. 인췌산 죽간본은 2권본이라 할 수 있으며, 금본의 3대 판본은 모두 3권본입니다.

옛사람들은 책을 엮을 때 항상 이치가 가장 깊고 내용이 가장 중요한 부분을 내편內篇으로 엮고, 그밖에는 외편外篇이나 잡편雜篇으로 엮었습니다. 나는 『손자』를 내편과 외편으로 나누는데, 앞의 2권본을 참고해서 두 부분으로 나누고 각 부분마다 다시 두 부문으로 나눕니다.

내편

(1) 권모權謀 부문 : 「계」 「작전」 「모공」 3편 포함.

(2) 형세形勢 부문 : 「형」 「세」 「허실」 3편 포함.

외편

(1) 군쟁軍爭 부문 : 「군쟁」 「구변」 「행군」 「지형」 「구지」 5편 포함.

(2) 기타 : 「화공」 「용간」 2편 포함.

이것은 내용에 따라 나눈 것이지 편폭의 많고 적음에 따라 넷으로 나눈 것은 아닙니다. 편폭으로 말하자면 군쟁 부문이 가장 많습니다.

위에서 나눈 네 부문에서 내편 두 부문은 군사 이론에 치중하는데, 권모 부문은 전략을 위주로 하고 형세 부문은 전술을 위주로 합니다. 외편 두 부문은 응용과 기술에 치중하는데, 군쟁 부문은 어떻게 군대를 이끌고 적국에 들어가는가 하는 여러 가지 구체적인 문제, 곧 협동이나 지형 등의 문제를 이야기하며, 기타 부문은 내편과 외편에 넣을 수 없는 것들로 잡편이라 할 수 있습니다.

먼저 첫째 부문에 대해 이야기하겠습니다.

이 부문은 권모를 이야기한 것으로, 병서 네 종류 가운데 첫째 종류에 해당합니다. 권모는 전략의 관점에서 전체 판세를 총괄적으로 보는 것으로 군대의 일 가운데 가장 중대한 대원칙을 말합니다. 첫째 부문의 세 편에 들어 있는 대원칙은 개념에서 시작해서 개념으로 끝나는 것이 아니라 비교적 직관적인 것을 뽑아서 묘사했는데, 바로 '전쟁 삼부곡三部曲'이라 부를 수 있습니다. 먼저 묘산廟算(전쟁에 앞서 종묘에 모여 세우는 계책)을 이야기하고, 다음으로 야전野戰을 이야기하고, 그다음으로 공성攻城(성을 공격함)을 이야기하는 방식으로 과정을 묘사하면서 생각을 전개해 나갑니다. 묘산은 군대를 싸움터로 내보내기 전의 일이고, 야전과 공성은 군대를 내보낸 뒤의 일입니다. 군대가 적국에 들어가면 먼저 야전을 하고 나서 공성에 돌입합니다. 이것이 전체 과정입니다.

첫째 부문은 권모와 관련이 있으므로 먼저 권모의 개념에 대해 말해 보겠습니다.

전쟁은 속임수다

반고班固는 『한서』「지리지·병서략」에서 다음과 같이 풀이했습니다.

(1) "올바름으로 나라를 다스리고, 기이함으로 군대를 부린다以正治國, 以奇用兵."

이 말은 『노자』 제57장에 나옵니다. 나라를 다스릴 때, 정당한 수단을 사용해야 하고 음모나 계략을 꾸미면 안 됩니다. 그럼 어떤 일이라야 비상수단을 사용하는 것일까요? 당연히 전쟁의 용병입니다. 이것이 노자가 하려는 말입니다. 여기에는 전쟁의 가장 본질적인 것, 바로 클라우제비츠가 정의한 "전쟁은 정치의 연속"[1]이라는 의미가 담겨 있습니다. 전쟁은 정치를 전제로 합니다. 정치는 '올바름正'이며, 전쟁은 '기이함奇'입니다. '기이함'은 '올바름'을 전제로 하는 것으로 "올바름이 뜻을 얻지 못하면正不獲意" 비로소 형편에 맞추어 일을 하는 '권도權道'를 쓰게 되니(『사마법』「인본仁本」) '권도'가 바로 '기이함'입니다. 전쟁의 뒤에 있는 정치의 의도는 모두 자기의 의향을 남에게 강제하는 것입니다. 싸워서 남을 굴복시키는 병사나 싸우지 않고 남을 굴복시키는 병사나 모두 상대를 괴롭히려 합니다. 굴복은 당연히 마음속으로 달가워하고 바라는 것일 수 없습니다. 끝까지 말로 하려 하지만 좋은 말이든 나쁜 말이든 전혀 듣지 않아서 하는 수 없이 거친 방법을 쓰는 것이니, 먼저 예를 갖추지만 뒤에는 전쟁을 일으켜 칼로써 붓을 대신합니다. 이것이 첫째입니다.

(2) "먼저 계획을 세운 뒤에 싸운다先計而後戰."

이 말은 『손자』의 내용을 개괄한 것입니다. 앞에서 『손자』 첫째 부문의 '전쟁 삼부곡'을 이야기했는데, 계책이 야전과 공성보다 먼저입니다. 「병서략」은 권모를 첫째로 하고, 권모류는 『오손자吳孫子』를 첫째로 하며, 『오손자』는 「계」 편을 첫째로 합니다. 「계」 편의 뒤에 「작전」과 「모공」이 이어지는 것은 바로 이렇게 안배한 것입니다. 이것이 둘째입니다.

(3) "형세를 아우르고 음양을 포함해서 기술을 쓰는 것이다兼形勢, 包陰陽, 用技巧者也."

이는 곧 권모류의 종합성을 말한 것으로서 『손자』의 특징 가운데 하나이기도 합니다. 병서의 네 종류 가운데 권모가 첫째인데, 권모는 큰 전략을 이야기할 뿐 아니라 또한 전술 응용과 군사 기술까지 이야기하기 때문에 이론적이면서 종합적입니다. 나머지 세 종류인 형세·음양·기교도 『손자』에 모두 있습니다. 『손자』 13편 가운데 「계」 「작전」 「모공」은 권모를 이야기하고, 「형」 「세」 「허실」은 형세를, 「군쟁」 「구변」 「행군」 「지형」 「구지」는 지형을 이야기하며, 「화공」은 때를 이야기한 것으로 음양과 관계가 있습니다. 『손자』에서 빠진 편과 손빈의 병법에도 이 네 가지 내용이 모두 있습니다.

『한서』 「예문지」에 적힌 병서는 네 종류인데, 권모류의 책이 가장 많고 나머지 세 종류는 대부분 산실되었습니다. 『손자』는 권모류의 대표적인 책입니다. 권모를 배우려면 『손자』를 읽어야 하고, 형세를 배우려 해도 『손자』를 읽어야 합니다. 음양과 기교도 『손자』에서 다루고 있습니다.

계計에 대하 이 세 조목의 개념은 핵심 중의 핵심입니다. 계 자체가 바로 권모이고, 바로 '올바름으로 나라를 다스리고, 기이함으로 군대를 부린다'는 '이정치국, 이기용병以正治國, 以奇用兵'의 구현이며, 바로 병서의 네 가지 개념을 포괄하는 것입니다.

계는 전체이면서 부분이기도 하고, 시작인 동시에 끝이며, 이론이면서 실제 응용이기도 합니다.

계는 전쟁의 전 과정을 꿰뚫고 있습니다. 『손자』의 모든 편에는 계산이 꿰뚫고 있습니다.

권모와 형세는 다릅니다. 이 둘은 모두 병략兵略에 속하고 모두 계모計

전쟁은 속임수다

謀를 이야기하지만, 계에는 큰 계략과 작은 계략이 있습니다. 권모는 큰 계략이며, 형세는 작은 계략입니다. 앞의 것은 전략이며, 뒤의 것은 전술입니다. 의학 서적에 비유하면 권모는 의학 경전이며, 형세는 치료 방법이라 할 수 있습니다. 의학 경전에는 이론 체계가 있으니, 머리가 아프면 머리를 치료하고 다리가 아프면 다리를 치료하는 식으로 증상에 따라 약을 주고 처방전을 내는 것이 아니라 혈맥·경락·골수와 음양·표리·허실에 따라 "온갖 병의 근본과 생사의 분기점百病之本, 死生之分"을 말하는 것으로, 생리와 질병의 원리를 중요하게 여기지만 여러 가지 치료 방법도 포함하고 있습니다(『한서』 「예문지·방기략方技略」).

이 단락을 시작하면서 구체적으로 「계」 편 각 장의 내용을 살펴보겠습니다.

먼저 「계」 편의 제목을 풀이해 보도록 하지요.

고서에서 각 편의 제목은 두 종류로 나눌 수 있습니다. 하나는 해당하는 편의 첫 글자를 따오는 것으로, 문장의 첫머리에 있는 한두 글자를 사용해서 제목으로 삼는 것인데, 여기서 제목은 기호일 뿐 내용과는 전혀 관계가 없습니다. 다른 하나는 내용을 개괄해 주제로 제목을 정하는 것입니다. 『손자』 각 편의 제목은 후자에 해당합니다.

앞에서 이미 금본『손자』가 크게 두 가지 계통의 세 가지 판본이 있다고 말했습니다. 영송본『위무제주손자』와 송본『무경칠서』는 같은 계열이며, 송본『십일가주손자』는 또 다른 계열입니다. 아래에서 나는 첫째 판본을 저본底本으로 삼아 분명히 잘못된 글자에 한해 고쳤는데, '( )'를 써서 원래 잘못된 글자를 넣고 크기를 작게 했으며, 바르게 고친 글자나 보충해 넣은 글자는 '[ ]'안에 넣어서 뒤에 놓았습니다. 제3강의 제목인 「(시始)계計」는 이런 방식으로 표시한 것입니다. 이것은 중화서국에서 출간한 『이십오사二十五史』 표점본標點本의 체제인데, 나는 두 가지 이상의 독음을 가진 글자가 보편적인 독음 이외의 독음으로 읽히는 경우도 '( )' 안에 넣었지만 글자를 작게 하지는 않았으니 주의하기 바랍니다. 『손자』의 각 편 제목인 「계」 「형」 「세」의 경우 위에서 언급한 세 종류의 책이 조금씩 다릅니다. 송본 『십일가주손자』는 한 글자로 되어 있는데, 실제로 고본古本의 원래 모습입니다. 영송본 『위무제주손자』와 송본 『무경칠서』는 「계」가 「시계始計」로, 「형」이 「병형兵形」으로, 「세」가 「병세兵勢」로 되어 있는데, 각 편의 앞 글자는 모두 후세 사람이 덧붙인 것입니다.

'계計'는 글자의 뜻으로 말하자면, 우리가 오늘날 말하는 '계산計算'입니다. 그것은 이미 계산하는 행위 자체를 가리키는 동사로 사용되며, 또 계산의 결과인 모략을 가리키는 명사로도 사용됩니다. 더욱 확실하게 말하자면, 그것이 가리키는 것은 이 편의 결론에서 말하는 묘산廟算입니다. '묘廟'는 곧 묘당廟堂으로서 「구지」 편에서는 '낭묘廊廟'라고 하는데, 임금이 나랏일을 의논하는 곳입니다. '산算'은 묘당에서 진행하는 계산을 가리킵니다. 고대의 묘산은 '산가지'를 뜻하는 '산算'이라고 부르는 도구를 사용해서 계산했습니다. '산'은 전문적으로 계산하기 위해 대나무나 뼈로 만든 작은 막대입니다. 이런 작은 막대를 주籌 또는 책策(모두 산가지를 뜻함)이라고도 부릅니다. 『한서』 「율력지律曆志」에 산주算籌는 길이 6촌에 너비 1푼이라 했으니, 대략 길이 13.8센티미터에 너비 0.23센티미터입니다. 지금까지 출토된 전국시대와 전한시대의 산주는 '한나라의 자漢尺'로 5촌쯤 되는 12~13센티미터로 비교적 길이가 짧은 편인데, 대략 젓가락 절반의 길이지만 젓가락만큼 굵지는 않습니다. 사마천이 유방의 '획책신劃策臣'이라고 불렀던 장량은 이런 작은 막대기를 써서 유방을 위해 계책을 세웠는데, 한번은 정식 산가지가 없어 젓가락을 가지고 유방에게 보

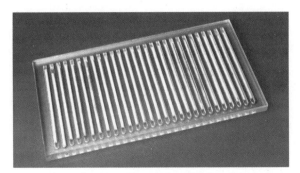

산시성 첸양干陽의 전한시대 무덤에서 출토된 뼈 산가지.

여주었다고 합니다(『사기』「유후세가留侯世家」). 그밖에 출토된 실물 가운
데는 날짜를 전문적으로 계산하는 산가지가 있는데, 학자들이 간지주干
支籌라고 부르는 것으로서 전국시대와 전한시대에도 모두 있었습니다. 이
런 산가지는 허베이성河北省 바이샹柏鄉 둥샤오징東小京의 전국시대 묘지
에서 출토되었는데, 얇은 판 모양으로 길이 12.8센티미터, 너비 2센티미
터, 두께 0.5센티미터이며, 앞면에 숫자와 간지가 새겨져 있습니다.[2] 산가
지로 계산하는 것은 중국의 가장 원시적인 계산 방법인데, 주판은 바로
이 산가지를 기초로 해서 발전한 것입니다. 중국 고대의 숫자는 대부분
획을 그어서 글자를 만든 것으로서 글자의 모양에 아직도 산가지의 의미
가 남아 있습니다. 뒷날 장사꾼들이 사용한 소주마자蘇州碼子[3]도 이와 같
은 것입니다. 한나라의 학자 허신許愼은 '籌'과 '算'은 서로 다른 별개의 글
자로 '籌'은 산가지의 뜻이며, '算'은 계산한다는 뜻이라고 했습니다(『설문
해자說文解字』「죽부竹部」). 그러나 고서에는 흔히 통용해서 이런 구별이
전혀 없기 때문에 일반적으로 모두 '籌' 자로 씁니다. 이 글에서도 이후로
는 원문을 제외하고 계산한다는 뜻이거나 산가지라는 뜻에 관계없이 모
두 '籌' 자를 쓸 것입니다. 오늘날에 사용하는 '정계定計(미리 계책을 세움)'

허베이성 바이샹 둥샤오징의 전국시대 무덤에서 출토된 간지 산가지.

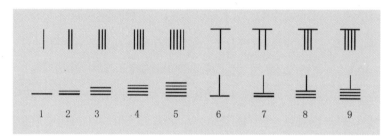

획을 그어 만든 숫자들.

'결책決策(책략을 결정하다)' '운주運籌(책략을 세우다)' 등의 용어는 모두 고서에서 나온 말로서 원래는 이런 계산 활동을 가리키는 것이었습니다.

나는 「계」 편을 네 장으로 나누어 말하려 합니다.

제1장은 병사兵事의 중요성을 말하고 있는데, 이는 백성의 생사와 국가의 존망에 관련되기 때문에 자세하게 비교하고 상세하게 계산하지 않을 수 없습니다.

제2장은 정계定計에 관한 것으로, 출병하기 전에 아군과 적군을 '오사칠계五事七計'에 따라 비교하고, 쌍방의 실력의 우위를 계산해 결과적으로 아군에게 유리한지의 여부를 살피고 아군에게 유리한 계획이 철저하

전쟁은 속임수다

게 시행되고 있는지를 계산하는 것입니다. 아군에게 유리한 계획이 철저하게 시행되고 있어야 비로소 국경으로 병사를 보낼 수 있습니다.

제3장은 용계用計(계략을 씀)를 말하는 것인데, 출병한 뒤에 어떻게 계획의 우세함을 발휘하는가는 전쟁터의 임기응변에 달려 있습니다.

제4장은 어떻게 승패를 알 수 있는가를 말하고 있는데, 그 답은 계산이 승부를 결정한다는 것입니다.

이 네 장은 매우 조리가 있으며, 처음과 끝은 짧지만 가운데 두 장은 깁니다. 첫머리에서는 병사兵事가 중요하기 때문에 살피지 않을 수 없음을 말하고, 결말에서는 계산해서 승패를 결정하기 위해서는 먼저 묘산에서 이겨야 한다고 말하고 있어 첫머리와 결말이 상응합니다.

여러분은 「계」 뒤의 네 편과 비교해 볼 수 있는데, 먼저 「작전」「모공」과 비교하고 다시 「형」「세」와 비교해 보십시오. 정계는 야전이나 공성 이전의 묘산을 말하는 것이며, 용계는 야전이나 공성 그 자체를 말하는 것입니다. 정계는 「형」에 해당하고, 용계는 「세」에 해당합니다. 이 편은 묘산에 대해 말한 것이지만, 묘산 후의 시행 과정도 언급하고 있으므로 실제로는 전 과정을 묘사하고 있습니다.

이제 한 장씩 소개하겠습니다.

【 1-1 】

손자가 말했다.

군사軍事는 나라의 큰일이다. 생사와 관련된 상황이고 존망과 관련된 도이니 살피지 않을 수 없다.[4]

孫子曰：

兵者, 國之大事. 死生之地, 存亡之道, 不可不察也.

『손자』는 편마다 첫머리에 모두 "손자왈孫子曰"이라는 세 글자가 있습니다. 이 점을 소홀히 지나쳐서는 안 됩니다. 선진시대의 제자서는 대부분 모두 말한 것을 기록한 작품들인데, 스승이 어떤 말을 하면 제자가 그것을 기록하는 방식입니다. 앞의 세 글자는 제자가 그것을 정리한 것이지 스승이 직접 쓴 것은 아님을 설명해줍니다. 똑같은 예로 『묵자』도 첫머리가 "자묵자왈子墨子曰"로 시작합니다. 이것은 "우리 선생님께서 이렇게 말씀하셨다"라고 말하는 것과 같습니다.

그다음 말은 군대 일軍事의 중요성을 강조함으로써 읽는 사람들로 하여금 전쟁이 아이들 장난이 아니라 사람의 목숨이 달린 중대한 일임을 알게 하려는 것입니다.

'병兵'의 본뜻은 무기인데 병사兵士[5]와 융사戎事로 뜻이 넓어졌습니다. 융사는 '군대의 일軍旅之事' 또는 '군사軍事'라고도 합니다. 현대 중국어의 '군사軍事'는 일본어에서 중국 고어古語[6]를 차용해 서양의 '밀리터리 어페어스military affairs'를 번역한 것입니다. 전쟁이 무엇입니까? 조직을 갖추고 목적을 위해 사람을 죽이는 것입니다. 병법은 무엇입니까? 사람을 죽

전쟁은 속임수다

이는 기술입니다. 군인은 무엇입니까? 전문적인 살인자입니다. 전쟁이란 일은 '마주보고 죽이기'입니다. 어떤 사람이 남을 죽이고자 한다면 어떤 사람은 목숨을 지키려 할 것이며, 목숨을 지키려는 사람이 반대로 남을 죽이려는 사람을 죽이게 되니 당연히 사람의 목숨이 달린 중대한 일입니다.

나는 여러분에게 영국의 역사학자 조애너 버크Joanna Bourke의 『친숙한 살인의 역사An Intimate History of Killing : Face-to-Face Killing in Twentieth Century Warfare』[7]를 추천합니다. 이 책을 읽고 나면 전쟁이 얼마나 잔혹한 일인지를 알게 될 것입니다.

'나라의 큰일國之大事'에 대해 살펴보면, 옛사람들은 "나라의 큰일은 제사와 전쟁國之大事, 在祀與戎"(『좌전』 성공成公 13년)이라고 했는데, 여기서 '융戎'은 바로 '병兵'과 같은 뜻입니다. 나라의 큰일은 두 가지이니, 하나는 제사이고 하나는 군사입니다. 제사는 혈통을 계승하기 위한 것으로서 생명과 관련이 있습니다. 군사는 국가의 안전을 위한 것으로서 역시 생명과 관련이 있습니다. 공자는 군대와 관련된 일은 배운 적이 없다고 했습니다(『논어』 「위 영공衛靈公」). 그러나 자공子貢이 정치에 대해 묻자, 식량이 넉넉할 것, 군대가 넉넉할 것, 백성들에게 믿음을 얻을 것, 이 세 조목을 이야기했습니다(『논어』 「안연顔淵」). 그 가운데도 여전히 군대가 있습니다. 조조가 『손자약해』의 서문을 쓸 때, 경전을 인용하면서 특별히 공자가 말한 "군대가 넉넉할 것足兵"이라는 구절을 언급했습니다. 그러나 공자는 공자 나름대로의 논리가 있었으니, 그의 관점에서 보자면 이 세 가지 조목 가운데 믿음이 가장 중요하고, 그다음이 식량이며, 마지막이 군대입니다. 세 가지 가운데 만약 선택해서 어떤 것은 버리고 어떤 것은 남겨두어야 한다면, 공자는 가장 먼저 군대를 버리고 그다음은 식량입니다. 무장을 하고 사람을 죽이지 않더라도 먹지 않으면 사람은 죽게 됩니다. 그러나 식량을 없애고 군대를 없애면 다만 죽을 뿐이니 예로부터 사람이 죽는 것은 항상 있는 일이지만 믿음이 없으면 안 됩니다. 공자는 이렇게 말했습니다. 공자는 믿음을 더욱 강조했습니다. 중국이 현대화하면서 많은 사람이 먼저 나라를 부유하게 하고 군대를 강하게 해야 한다고 말하는데, 나라를 부유하게 하는 것은 식량 문제를 해결하는 것이며 군대를 강하게 하는 것은 다른 나라의 침략에 대한 문제를 해결하는 것입니다. 우리는 먼저 침략을 해결하고 나서 굶주림을 해결해야 합니다. 허리띠를 졸라매더라도 개를 때려잡을 수 있는 몽둥이가 있어야 합니다. 이것은 부득이한 것으로 매우 슬픈 일입니다. 그러나 군대를 식량보다 앞에 둔 것은 그 당시의 확고한 이치였습니다. 춘추전국시대는 전쟁이 자주 일어났기 때문에 손에 사람을 죽이는 칼이 없다면 어떻게 하겠습니까? 전국시대 말기에는 더욱 잔혹해서 100만 명 이상이 죽임을 당했습니다. 『할관자』「근질近迭」편에서 하늘天과 땅地과 사람人을 말하면서 하늘과 땅은 멀고 사람의 도人道는 가까우니 세 가지 가운데 사람이 가장 중요하고, 사람의 도 가운데 또 군사를 가장 중요하게 여겨 "사람의 도는 군사가 우선이다人道先兵"라고 했습니다.

"사생지지死生之地, 존망지도存亡之道"는 전쟁이란 병사의 생사, 국가의 존망과 관련된 큰일임을 분명하게 말하고 있습니다. '사생지지'에 대해서는 지난날 다른 해석이 있었는데, 나는 '사지死地'와 '생지生地'를 합한 말로 해석합니다. 『손자』의 「행군」편에 사지四地가 있고, 「지형」편에는 육지六地가 있으며, 「구지」편에는 구지九地가 있는 등 매우 여러 가지 유형이 있습니다. 사람의 처지와 관련된 가장 큰 유형은 사지와 생지입니다 (「구지」편 참조). '사생지지'는 바로 전쟁터입니다. 전쟁터에서 생사는 국가

전쟁은 속임수다

의 존망과 관련되어 있으며, 군사軍事의 배후에는 정치가 있습니다. 이것은 생사와 존망이 걸린 큰일이어서 마땅히 중시해야 하기 때문에 "살피지 않을 수 없다不可不察也"라고 한 것입니다. 『손자』에서는 삼군三軍의 장수는 하늘에서 사람의 생사를 관리하도록 정한 신神, 곧 '사명司命(인간의 수명을 주관하는 궁중의 작은 신)'이라고 두 차례나 언급했습니다. 그는 아군의 목숨을 주관하는 사명(「작전」)일 뿐만 아니라 적군의 목숨도 주관하는 사명(「허실」)입니다. 『손자』 첫째 편은 전체의 요지를 설명한 것인데, 시작하면서 이와 같이 말한 것은 군사를 쓰는 자에 대한 경고입니다. 『손자』는 곳곳이 모두 경고하는 말입니다. 이것이 이 책의 특징입니다.

그래서 다섯 가지 일로 비교의 항목으로 삼고 계책을 비교하며 그 정황을 분명히 찾아야 한다. 첫째는 도의道義이며, 둘째는 천시天時이며, 셋째는 지리地利이며, 넷째는 장령將領이며, 다섯째는 법규法規이다. 도의는 백성들로 하여금 임금과 뜻을 같이하여 함께 죽거나 함께 살면서도 배신하지 않는 것을 가리키며, 천시는 음양의 움직임과 날씨의 춥고 더움과 사계절의 변화를 가리키며, 지리는 지형의 멀고 가까움과 험하고 평탄함과 넓고 좁음과 죽고 삶을 가리키며, 장령은 지휘관의 지혜와 미더움과 어짊과 용감함과 엄격하고 명확함을 가리키며, 법규는 군대의 편제와 관리를 위임하여 파견함과 비용을 주관하는 것을 가리킨다. 무릇 이 다섯 가지에 대해 장령은 자세히 듣지 않을 수 없으니 이것을 아는 자는 이기고 알지 못하는 자는 이기지 못한다. 계책을 비교하며 그 정황을 분명히 찾고 나면 다음과 같이 물어야 한다. 임금은 어느 쪽이 도가 있는가? 장령은 어느 쪽이 재능이 있는가? 천시와 지리는 어느 쪽이 장악할 수 있는가? 법규와 명령은 어느 쪽이 집행할 수 있는가? 군대는 어느 쪽이 강대한가? 병사는 어느 쪽이 정예병인가? 상과 벌은 어느 쪽이 엄격하고 명확한가? 나는 이것으로 승패를 알 수 있다. 만약 나의 계략을 따라서 사용한다면 반드시 이길 것이니 그를 유임하고, 만약 나의 계략을 따르지 않고 마음대로 사용한다면 반드시 질 것이니 그를 물리친다.

故經之以五事, 校之以計, 而索其情: 一曰道, 二曰天, 三曰地, 四曰將, 五曰法. 道者, 令民與上同意, 可與之死, 可與之生, 而不(畏)危也; 天者, 陰陽·寒暑·時制也; 地者, 遠近·險易·廣狹·死生也; 將者, 智·信·仁·勇·嚴也; 法者, 曲制·官道·主用也. 凡此五者, 將莫不聞, 知之者勝, 不知者不勝. 故校

之以計, 而索其情, 曰 : 主孰有道? 將孰有能? 天地孰得? 法令孰行? 兵衆

孰強? 士卒孰練? 賞罰孰明? 吾以此知勝負矣. 將聽吾計, 用之必勝, 留之 ;

將不聽吾計, 用之必敗, 去之.

이 장에서는 정계定計를 말하는데, '오사칠계五事七計'가 중요합니다.

'오사五事'는 죽간본에는 '사事' 자가 없습니다. 지금 판본에는 '事' 자를
첨가해 뜻이 비교적 분명합니다. '경지經之'는 이 다섯 가지를 사용해 비교
의 항목으로 삼는 것을 말합니다. '교지이계校之以計'는 죽간본에는 '효지
이계效之以計'로 되어 있습니다. '효效'와 '교校'는 통용할 수 있습니다. '효效'
는 효과나 효험의 뜻 외에 검사나 대조의 뜻도 있습니다. 후베이성 윈멍雲
夢 수이후디睡虎地에서 출토된 진秦나라 죽간에 나타난 진나라 법률秦律에
는 효율效律이라고 부르는 법률이 있는데, 바로 기준에 맞는지의 여부를
검사하는 것입니다. '교지이계'는 적의 다섯 가지와 우리 편의 다섯 가지
를 비교해 작은 막대기를 늘어놓고 누가 더 많은 막대기를 가졌는지를 살
피는 것을 말합니다. 아래는 '오사'와 '칠계'의 관계입니다.

오사五事(비교 항목)	칠계七計(비교 결과)
도道	주숙유도主孰有道
천天	천지숙득天地孰得
지地	천지숙득天地孰得
장將	장숙유능將孰有能
법法	법령숙행法令孰行 병중숙강兵衆孰強 사졸숙련士卒孰練 상벌숙명賞罰孰明

위의 다섯 가지 가운데 '도의道'가 가장 중요합니다. 도의는 민심의 향배입니다. 인심을 얻는 사람은 천하를 얻고, 인심을 잃는 사람은 천하를 잃습니다. 도의를 얻으면 돕는 사람이 많고, 도의를 잃으면 돕는 사람이 적습니다. '외畏'는 잘못 들어간 글자입니다. '불위不危'는 죽간본에는 '불궤不詭'로 되어 있는데, 어기지 않는다는 뜻으로 전통적 해석을 바로잡을 수 있습니다. 이것은 백성과 통치자가 한마음이 되어 생사를 같이하고 어려움을 함께하면서도 결코 어기거나 배신하지 않음을 말하는 것입니다. 뒷사람들이 이 말을 이해하지 못해 '위危'를 의심한다는 뜻으로 생각하고 또 근거 없이 '외畏' 자를 더해 두려워하지도 않고 의심하지도 않는다는 뜻으로 변했는데, 뜻은 통하지만 본래의 모습은 아닙니다. 공자는 "예로부터 사람은 모두 죽지만 백성은 믿음이 없으면 스스로 서지 못한다自古皆有死 民無信不立"(『논어』 「안연」)라고 했으니, 백성의 믿음이 위에서 말한 것과 같은 뜻입니다. 맹자는 "하늘이 준 기회는 지리적 이로움보다 못하고, 지리적 이로움은 사람의 화합보다 못하다天時不如地利 地利不如人和"(『맹자』 「공손추 하公孫丑下」)라고 했는데, 사람의 화합이 바로 백성이 배신하지 않는 것입니다. 도의가 바로 백성의 믿음이며, 이것이 바로 사람의 화합이라고 말할 수도 있습니다.

도의 다음으로 중요한 두 가지는 천시天時와 지리地利입니다. 제갈량은 위로 천문을 알고 아래로 지리를 알아 미래를 예견할 수 있었으니, 바로 하늘을 알고 땅을 안 것입니다. 하늘과 땅을 어떻게 알까요? 이것은 병음양兵陰陽에 속합니다. 병음양은 수술數術의 학문을 군사에 응용한 것입니다. 현대의 군사기상학과 군사지리학을 고대의 개념으로 살펴보면 바로 병음양에 속합니다. 『손자』도 병음양을 말하고 있지만 하늘을 말한 것은 적고 땅을 말한 것은 많습니다. 하늘을 말한 것은 주로 「화공」

편에 있으며, 땅을 말한 것은 주로 「행군」, 「지형」, 「구지」 편에 있습니다. 손자가 살았던 시대에는 아직 공군이 없었으며, 클라우제비츠가 살았던 시대에도 없었기 때문에 그들은 모두 땅을 위주로 설명했습니다.

'하늘天'에 대해 살펴보면, 병음양에서 하늘을 말할 때 가장 중요한 것은 식법式法으로, 식반式盤[8]을 사용해 길흉을 정합니다. 둘째로 중요한 것은 선택으로, 역서曆書를 사용해 길흉을 정합니다. 이밖에도 별을 관찰하거나觀星, 구름을 바라보거나望雲, 기후를 살피거나省氣, 바람으로 점을 치거나風角, 소리로 점을 치거나五音, 새로 점을 치는 것鳥情 등이 있습니다. 여기에서 강조하는 것은 음과 양, 추위와 더위, 시간 조절입니다. 죽간본에는 또한 "따르고 거스르는 것順逆, 병력이 우세한 것兵勝"이 더 있습니다. 순역順逆은 음양의 향배로 금기를 삼는 것이며, 병승兵勝은 오행상생으로 금기를 삼는 것입니다. 무엇을 음양이라 할까요? 음양은 맑고 흐림이나 차고 따뜻함처럼 어떤 구체적인 개념이 아니라 사용되지 않는 곳이 없는 추상적인 개념입니다. 음양은 일종의 이원화를 표현하는 것인데, 중국의 수술數術이나 방기方技의 각 부문의 기술이 모두 음양오행 이론과 서로 표리가 되어 곳곳에 모두 이 개념이 관통하고 있습니다. 그러나 음양오행설에 관한 경전은 없습니다. 우리가 이 이론을 이해하려고 한다면 수나라 소길蕭吉의 『오행대의五行大義』를 참고할 수 있습니다. 중국의 고대 전통에서 장수는 병음양을 배워야 했습니다. 예를 들어 식법은 장수가 반드시 배워야 했는데, 전국시대와 신한 때부터 송·원·명·청에 이르기까지 줄곧 마찬가지였습니다. 병음양의 이면에는 이미 과학도 있었고 미신도 있었습니다. 지난날 철학사나 사상사를 연구한 사람들은 모두들 손자가 위대한 유물주의자이기 때문에 결코 미신을 말하지 않았다고 말하기를 좋아했습니다. 이것은 사실이 아닙니다. 그렇게 말한다면 고대의 사상적 환경에서 벗어나고 또 중국의 군사 전통과도 어긋납니다. 우리는 다만 손자는 비교적 사실에 힘써서 미신적인 부분은 그렇게 많지 않다고 말할 수 있을 뿐입니다. 여기에서 말하는 천天은 주로 계절을 말합니다. 천(기후)에는 추위와 더위 두 가지 기운이 있는데 음과 양이 성장 소멸하면서 사계절로 나뉩니다. 사계절이 만들어지는 것을 시제時制라 하고 또 시령時令이라고도 합니다. 시령에는 두 가지가 있는데, 하나는 사계절로 봄 여름 가을 겨울이 각 90일이며 24절기에 배합됩니다. 다른 하나는 오행 시령으로 금목수화토金木水火土가 각 72이며 30절기에 배합됩니다.

'땅地'에는 무인지지無人之地(사람이 없는 땅)와 유인지지有人之地(사람이 있는 땅)가 있습니다. 무인지지는 객관적으로 존재하는 지형의 모양이며, 유인지지는 전세戰勢에 따라 구획한 것입니다. 지地에는 삼유三維가 있는데 원근遠近은 길이, 광협廣狹은 넓이, 고하高下는 높이를 말합니다. 삼유 외에도 험이險易가 있는데, 경사도를 말합니다. 지세가 험준해 경사가 90도에 가까운 것을 '험險'이라 하고, 경사가 평탄해 0도에 가까운 것을 '이易'라고 합니다. 금본에는 '원근, 험이, 광협'만 있고 '고하'는 없는데, 죽간본에는 있기 때문에 더욱 완전합니다. 전세는 여러 가지로 분류할 수 있는데, '사지死地'와 '생지生地'가 가장 중요합니다. 안전지대를 '생지'라 하고, 위험지대를 '사지'라 합니다. 「구지」 편에서 '사지'에 대해 말하면서 "빠른 속도로 싸우면 생존할 수 있고, 빠르게 싸우지 않으면 멸망하는 곳疾戰則存, 不疾戰則亡"이라고 풀이했는데, 이와 반대인 것이 생지입니다.

'천天' '지地'의 뒤에 '장수將'와 '군법法'이 있습니다. '장수'와 '군법'은 사람의 일입니다.

장수에게는 오덕五德이 있는데, 첫째가 지혜智이고, 둘째는 믿음信이며, 셋째가 비로소 인자함仁입니다. 장수에게는 지혜와 믿음이 가장 중요합니다. 병법은 심리로 싸우는 학문이기 때문에 가장 중요한 것이 지혜입니다. 믿음도 매우 중요한데 성실함뿐 아니라 위엄과 신망을 갖추어 명령하면 실행하고, 금지하는 것은 반드시 멈추게 하는 권위가 있어야 합니다. 윗사람이 아랫사람을 대할 때는 자기가 한 말에 책임을 지고, 아랫사람이 윗사람을 대할 때는 절대 복종해야 서로가 신뢰할 수 있습니다. 사마천은 한나라 장수 이광李廣에 대해 "그는 충실하고 마음으로부터 정성을 다해 사대부들에게 믿음을 얻었다彼其忠實心誠 信於士大夫也"(『사기』「이장군열전李將軍列傳」)라고 평했는데, 이런 것을 믿음이라고 합니다. 인자함과 용기 중에서는 인자함이 용기보다 위에 있습니다. 공자는 "인자한 사람은 반드시 용감하지만, 용감한 사람이라고 해서 반드시 인자한 것은 아니다仁者必有勇, 勇者不必有仁"(『논어』「헌문憲問」)라고 했고, 또 "용감하지만 예의가 없으면 난폭하며勇而無禮則亂"(『논어』「태백泰伯」) "의로운 일을 보고도 실천하지 않으면 용기가 없는 것이다見義不爲, 無勇也"(『논어』「위정爲政」)라고 말했습니다. 마음이 여린 것은 여성들의 인자함이며 진정한 용기라고 할 수 없습니다. 용기를 좋아해서 심하게 경쟁하는 것은 필부匹夫의 용기이며 진정한 용기라고 할 수 없습니다. 인자함은 병사를 자식처럼 사랑해 병사들의 사랑과 존경을 받는 것입니다. 용기는 용감히 적을 무찌르고 공을 세워 적들이 매우 두려워하게 만드는 것입니다. 안영晏嬰이 사마양저司馬穰苴에 대해 평하기를 "문장은 대중을 따르게 할 수 있으며, 힘으로는 적을 위협할 수 있다文能附衆, 武能威敵"(『사기』「사마양저열전司馬穰苴列傳」)라고 했는데, 바로 이 두 글자에 대한 가장 좋은 해석입니다. 엄격함嚴은 아래의 군법法과 관계가 있는데, 중요한 것은 엄격하게 관리하고 엄격하게 법을 집행하는 것입니다.

'법法'은 일반적인 법이 아닌 군대를 관리하는 법으로, 고대에 군법軍
法이라 불렀습니다. 중국 고대 국가의 법들은 그 가운데 반드시 군법을
포함하고 있습니다. 예를 들면, 『사마법』은 제나라의 오래된 군법입니
다. 군법에는 다양한 내용이 담기는데, "천 일 동안 병사를 양성하는 것
은 긴급할 때 쓰기 위함이다養兵千日, 用兵一時"라는 속담이 말하듯이, 군
대를 조직하고 물자를 공급하며, 군대를 배치하고 훈련시키는 등 군대와
관련된 모든 일이 군법에 속합니다. 군법이라고 하면 군법에 따라 참수斬
首하는 것만 생각해서는 안 됩니다. 물론 여러 가지 상벌 규정과 기강 규
정도 군법의 내용입니다.

'곡제曲制'는 군대의 편제를 가리킵니다. 이 단어는 『관자』「칠법七法」
편에도 보입니다. 『관자』「치미侈靡」 편에도 '곡정曲政'이라는 말이 보이는
데 옛 주석들은 대부분 부곡部曲으로 설명했습니다. 한나라의 군제에 부
部와 곡曲이 있는데, 곡은 200명, 부는 400명입니다. '부곡'이라는 단어는
확실히 '곡제'와 관련이 있을 수 있지만, '곡제'는 선진시대만의 고유한 군
사 용어입니다. 나는 '곡제'는 바로 '곡절曲折'이며, 진법陣法의 요구에 따라
설계해서 "굽고 꺾인 길을 서로 따라가며 각자 맡은 부분이 있다曲折相從,
各有分部"(『울요자』「병교兵敎 하」)는 뜻임을 고증한 바 있습니다.[9] '관도官道'
는 '곡제'와 서로 짝이 되는데, 관직을 설치하는 제도와 규정을 말합니다.
군단에는 군단장軍將이 있고, 여단旅團에는 여단장旅帥이 있고, 졸卒에는
졸장卒長이 있고, 오伍에는 오장伍長이 있습니다.

'주용主用'은 수레와 말·무기·소지품·양식 등에 사용되는 각종 경비
로서 군사 장비와 후방 근무의 안전장치에 속하는 것입니다. 저자가 예
로 든 것은 오로지 이 세 조목입니다. 즉 '군대는 어느 쪽이 강대한지兵衆
孰強' '병사는 어느 쪽이 정예병인지士卒孰練' '상벌은 어느 쪽이 엄격하고

전쟁은 속임수다

명확한지賞罰孰明'에 대한 것이며, '오사五事' 이외에 초과해서 비교한 것은 아닙니다. 하나의 군대에서 사병이 전투력이 있는가, 평상시 훈련은 잘 되었는가, 상벌은 마땅한가 하는 것들은 모두 군법의 범주에 속합니다.

여기에서 말하는 '오사칠계'는 클라우제비츠의 설명을 빌리면 바로 전략 요소입니다.[10]

위에서 제시한 비교와 계산을 거친 뒤에 원문에서는 "나는 이것으로 승부를 알 수 있다吾以此知勝負矣"라고 했습니다. 이것이 바로 계책을 확정하는 것定計입니다.

정계定計는 다만 '이길 것인지를 짐작하는 것知勝'일 뿐 여전히 진정한 승리는 아닙니다. 진정한 승리는 오히려 전쟁터에서 "먼저 전투에 투입된 뒤라야 비로소 분명하게 알 수 있다"고 할 수 있습니다. 이것은 나폴레옹의 명언입니다.

승리를 짐작하는 것에서 승리하기까지 좋은 계획을 세워 현실에 실천할 수 있는 것은 모두 사람에게 달렸습니다. 첫째는 자기편에 달려 있으니, 각급 장교와 병사들이 철저하게 헤아려서 계획을 집행해야 합니다. 최선을 다해 철저하게 집행하지 못하면 헛일이 됩니다. 둘째는 적에게 달려 있으니, 적이 계략에 빠지는가, 속임수에 빠지는가, 통제할 수 있는가, 코를 꿰어 고분고분하게 끌고 갈 수 있는가 하는 것입니다. 이 점이 더욱 중요합니다. 일방적으로 원하기만 하고 적이 호응하지 않는다면 또한 헛일입니다. 자기편에도 좋고 적에게도 좋아야 '수용미학receptive esthetics'이 됩니다.

이어지는 마지막 구절에서 '듣는다聽'는 표현이 두 번 나오는데, 모두 수용을 이야기하는 것입니다. 그러나 이 문장에서 주어가 누구이며, 듣는다는 표현 앞의 '장將' 자를 어떻게 해석할 것인가 하는 점이 줄곧 논쟁거리였습니다. 한 가지 해석은 이 단락이 손자가 오왕吳王에게 말한 것이므로 "만약 임금께서 저의 계책을 수용한다면 저는 머무를 것이며, 저의 계책을 수용하지 않는다면 저는 떠나겠습니다"라고 풀이합니다. 이때의 '장將'은 허사虛詞로서 일어날 수 있는 일을 가정해 나타낸 것입니다. 만약 이와 같다면 협박하는 어감이 있습니다. 다른 해석은 이 문장을 임금이 장수에게 말한 것이거나 사령관이 부관에게 말한 것으로 간주해서 "만약 장수나 부관이 나의 계획을 집행하려 하면 나는 그를 계속 기용하겠지만, 나의 계획을 집행하려 하지 않는다면 그를 물리치겠다"로 풀이합니다. 이때의 '장將'은 실사實詞로서 장수나 부장을 가리킵니다. 이밖에 또 한 가지 가능한 해석은 적이 계책에 빠지는가의 여부에 관한 것으로, "적이 계책에 빠지면 남아서 적과 싸울 것이며, 계책에 빠지지 않으면 서둘러 철수한다"라고 풀이하는 것입니다. 이 세 가지 해석은 어느 것이든 모두 계책을 수용하고 실현하는 것과 관련이 있습니다. 둘째 해석이 가능성이 비교적 큽니다. 앞에서 묘산廟算 뒤에 장수를 임명하고 명령을 전달한다고 말했는데, 이런 연결 고리가 바로 '듣는다聽'는 것을 구체적으로 실현하는 것입니다.

이 장의 내용은 매우 중요합니다. 왜냐하면 정계定計와 용계用計가 어떻게 전환하는지는 이것을 매개로 하기 때문입니다. 탁상공론과 실제 적용이 앞뒤로 어떻게 맞물리든 '이로움利'만 따져서는 안 되고 '듣기聽'도 해야 합니다. 앞에서 말했듯이 계책이 실현되려면 자기편이 수용해야 할 뿐 아니라 적도 수용해야 합니다. '이利'는 다만 계산상의 우세일 뿐이며, 계산의 우세만으로는 반드시 진정한 승리를 거두지 못합니다. 예를 들면, 미국은 다양한 첨단 무기를 보유하고 있습니다. 모두들 알다시피 이런 무기는 매우 강력합니다. 그러나 그것을 전쟁에 동원하려면 먼저 국

전쟁은 속임수다

민의 지지를 얻어야 합니다. 그다음으로 제2차 세계대전 때 독일을 폭격하고 일본 히로시마와 나가사키에 원자폭탄을 투하한 미국은 종전 후 대규모 보복과 핵무기의 위협을 특히 맹목적으로 믿었지만, 단지 위협만 할 뿐 민첩하게 대응하지도 못하고 효과를 거두지도 못했습니다. 전쟁은 살아 있는 사람끼리의 대결로, 전투력뿐만 아니라 의지의 대결이며 지혜의 대결이기 때문에 변수가 많습니다. 만약 상대방이 죽음을 두려워하지 않고 특히 완고하다면 투항하지 않고 어떤 방법을 써서라도 대응할 것이기 때문에 전쟁은 피할 방법이 없습니다. 오늘날 강대국은 얼마나 대단합니까? 그들은 지구조차도 파괴해버릴 능력을 가지고 있지만 여전히 계산에만 의지할 수는 없습니다. 여러분은 각국이 컴퓨터로 계산을 끝낸 뒤 전화를 걸어 상대방에게 너는 적수가 못된다고 알린다면 문제가 바로 해결될 것이라는 순진한 생각을 해서는 안 됩니다. 클라우제비츠는 "전쟁이 계산 놀음이라고 해서 숫자를 늘어놓기만 하면 곧 문제를 해결할 수 있다고 생각해서는 안 된다"[11]라고 했습니다. 예로부터 많은 전쟁이 실력에서는 현저한 차이가 있어도 여전히 맞붙어 싸웠습니다. 상대방은 사람이니 "삼군에서 장수를 빼앗을 수는 있지만 필부에게서 뜻을 빼앗을 수는 없다三軍可奪帥也, 匹夫不可奪志也"(『논어』 「자한子罕」)는 말을 경시해서는 안 됩니다. 물론 공격하기만 하면 실력으로 의지를 굴복시킬 수 있다고 믿는 사람도 있습니다. 그러나 설령 그렇다 하더라도 의지는 여전히 소홀히 할 수 없습니다. 진심으로 믿고 따라야 비로소 궁극적으로 문제를 해결할 수 있습니다.

【 1-3 】

이로움을 헤아려 들어주어야 세를 만들어서 외국에서의 작전을 도울
수 있다. 세라는 것은 이로움을 통해 변화를 제어하는 것이다. 전쟁
은 속이는 도이다. 그렇기 때문에 능력이 있어도 능력이 없는 듯 보이
고, 사용하면서도 사용하지 않는 듯 보이고, 가까이 있으면서도 멀리
있는 듯 보이고, 멀리 있으면서도 가까이 있는 듯 보인다. 적이 이로움
을 탐하면 유혹하고, 적이 혼란하면 공격해 빼앗고, 적이 내실을 갖추
고 있으면 대비하고, 적이 강하면 피하고, 적이 화내면 소란스럽게 하
고, 적이 비겁하면 교만하게 만들고, 적이 편안하면 수고롭게 만들고,
적이 친밀하면 이간질하고, 적이 방비하지 않는 곳으로 공격하고, 적
이 생각하지 못한 곳으로 출동한다. 이것이 병가의 이기는 방법이니
사전에 알려져서는 안 된다.

計利以聽, 乃爲之勢, 以佐其外. 勢者, 因利而制權也. 兵者, 詭道也. 故能
而示之不能, 用而示之不用, 近而示之遠, 遠而示之近. 利而誘之, 亂而取之,
實而備之, 強而避之, 怒而撓之, 卑而驕之, 佚而勞之, 親而離之. 攻其無備,
出其不意, 此兵家之勝, 不可先傳也.

'계리이청計利以聽'은 앞 장을 총결하는 말입니다. 앞 장을 이어서 말하
는 것으로, 그 뜻은 '계산상의 우세함이 있을 뿐만 아니라 집행하는 사
람이 수용해주어야 한다'는 것입니다. 이것은 조건문입니다. 아래 두 구
절에서는 이 전제가 있어야 '세勢'를 만들고 외국에서 싸우는 일을 도울
수 있음을 말하고 있습니다. '외外'는 '내內'와 상대되는 말로서 '내'는 국내

이고, '외'는 국외입니다. 묘산廟算은 국내에서 하고, 전쟁은 국외에서 합니다. 옛사람이 말하기를, "계책이 반드시 안에서 결정된 뒤라야 병사가 국경으로 나간다計必先定於內, 然後兵出乎境"(『관자』「칠법」)라고 했습니다. 군대가 하루아침에 국경을 넘어 실제 전투에 투입되면 계산의 우세에 의지할 수만은 없으므로 '세'에 의지해야 합니다. '세'는 무엇일까요? 뒤의 「세」편에서 자세히 설명하기로 하고 여기서는 간단하게 말하겠습니다. 『손자』라는 책에서 '형'과 '세'의 개념은 매우 중요합니다. 이 두 글자는 함께 말할 때조차도 함의가 비교적 모호해서 어떠한 군사상의 태세라도 가리킬 수 있습니다. 태세는 병력의 분배와 부서에 따라 이루어집니다. 그러나 『손자』는 그것을 두 가지 개념으로 나누었습니다. '형'은 정적인 태세이며, '세'는 동적인 태세입니다. '형'은 볼 수 있는 것이며, '세'는 볼 수 없는 것입니다. 볼 수 없는 것은 바로 '무형無形'이기도 합니다. 그것들의 관계는 권법으로 비유하면 기본자세와 실제 싸움입니다. 장기의 경우, 가는 길을 따라 말을 움직일 때 어떤 곳은 갈 수 있지만 상대방이 함정을 파둔 곳은 환경의 제약을 받기 때문에 가면 곧 죽게 됩니다. 이런 환경의 제약이 또한 '세'입니다. 여러분이 볼 수 있는 것은 '형'이며, 볼 수 없는 것이 '세'입니다. 정계定計는 '형'에 의지하며, 용계用計는 '세'에 의지합니다.

'세'에 관해서는 뒤에 다시 이야기하겠습니다. 여기서는 "세라는 것은 이로움을 통해 변화를 제어하는 것勢者, 因利而制權也"이라고만 말하겠습니다. '이로움'은 앞에서 말한 '계리計利'이며, 바로 계산상의 우세를 뜻합니다. '권權'은 본래 저울추를 가리키는데, 옛사람들이 말한 권형權衡에서 '권'은 저울추, '형衡'은 저울대를 뜻하고, 동사로 쓰면 무게를 잰다는 뜻입니다. '권'은 임기응변을 가리키는데, 저울추를 더해 균형을 잡고 역량을 조정해서 분배한다는 함의에서 발전한 것입니다. 그 뜻은 우세함을 발휘해서 임기응변한다는 것입니다. '세'의 변화는 모두 적의 상황에 대처해 때와 장소에 따라 조절해서 고정된 내용이 없는 것이 '형'과 다른 점입니다.

다음으로 저자는 "전쟁은 속이는 도이다兵者, 詭道也"라고 말했습니다. 이것은 매우 핵심이 되는 말입니다. '궤도詭道'는 '세'의 특징일 뿐만 아니라 '병兵'의 특징이기도 합니다. '전쟁에서는 속임수도 꺼리지 않는다'는 뜻의 병불염사兵不厭詐는 전형적인 동양의 지혜입니다. 그러나 속이는 것이 결코 동양만의 특허는 아닙니다. 클라우제비츠는 전략이라는 말의 어원을 풀이하면서 그것이 본래 속이는 것과 관련이 있음을 인정했습니다.[12]

서양의 군사 전통은 중국에 비해 귀족적인 느낌이 있지만, 전쟁은 귀족의 결투처럼 맨손으로 싸우는 것도 아니고 루쉰이 말한 페어플레이 fair play도 아닙니다. 오늘날 미국이나 영국 등의 정치가들은 테러리스트들이 겁쟁이라서 감히 정정당당하게 군대를 조직해 그들과 싸우지 못한다고 말합니다. 나는 농담으로 받아들입니다. 테러리스트들이 목숨을 내놓고 자살 테러를 감행하는데 어떻게 겁쟁이라 할 수 있겠습니까? 타이완 작가인 리아오李敖는 다윗이 골리앗을 이길 때 암살 무기(돌팔매)를 사용했다고 했습니다.

사실 병법의 발생은 '병불염사'와 직접 관련이 있습니다. 약한 사람이 수단을 가리지 않고 거칠게 덤비는 것은 전술이지 도덕이 아닙니다. 병법이 무엇입니까? 바로 항우項羽가 배우고자 했던 '만인적萬人敵', 곧 많은 사람을 대적하는 방법입니다(『사기』「항우본기項羽本紀」). '만인적'은 결투도 아니고 패싸움도 아니며, 정치집단 사이의 결사적인 싸움입니다. 이런 전술의 발생에서 전제되어야 할 것은 바로 귀족 전통을 타파하는 것입니다. 어떤 수단이라도 부릴 수 있으며, 어떤 도덕도 관여할 수 없습니다.

전쟁은 속임수다

중국의 귀족 전통은 매우 일찍 붕괴되었는데 기본적으로는 2000여 년 이전입니다. 중국의 병법은 바로 이 시대에 발생했습니다. 『좌전』을 예로 들면, 범례에 "모두 진을 갖춘 것을 전쟁이라 한다皆陣曰戰"라고 했는데, 쌍방이 모두 진영을 다 갖추고 난 뒤에 전투하는 것이라야 비로소 '전戰'이라 부른다는 말입니다. 만약 적이 진영을 제대로 갖추지 못했다면, 다만 "아무개의 군대를 격파했다敗某師"라고 말할 수 있을 뿐 '전'이라 부를 수 없습니다. "권모술수나 속임수權謀變詐"를 사용하지 않고 "견고하게 준비를 해서 모든 것이 있어야 할 곳에 있어야 하니 이기고 지는 것은 지혜와 힘에 달린 것堅而有備, 各得其所, 成敗決於志力"(『좌전』 장공莊公 11년, 희공僖公 22년과 그 주소注疏)입니다. 이것이 바로 귀족식 전법戰法입니다.

귀족의 전법으로는 춘추시대 송나라 양공襄公의 사례가 전형적입니다. 그는 상왕商王의 후손으로서 명실상부한 귀족입니다. 송나라가 초나라와 홍수泓水에서 싸울 때 초나라 군사는 많고 송나라 군사는 적었습니다. 사마司馬 자어子魚가 양공에게 초나라 군대가 강을 건너오는 도중과 진영을 다 갖추지 못한 틈을 타서 공격하기를 권했으나 듣지 않았습니다. 초나라 군대가 강을 반쯤 건넜을 때도 싸우지 못하게 하고, 진영을 다 갖추기 전에도 싸우지 못하게 한 결과, 초나라 군대가 강기슭에 올라와 진영을 갖춘 뒤에 다시 싸우기를 기다린 것이 아니라 얻어맞으려고 기다린 꼴이 되고 말았습니다. 결국 양공은 넓적다리가 적의 도끼에 찍혀 큰 부상을 입은 뒤 죽고 전쟁에서도 패해 천하의 웃음거리가 되었습니다. 양공이 사마 자어의 말을 듣지 않은 이유는 "군자는 상처 난 사람을 거듭 해치지 않으며 반백의 노인을 사로잡지 않는다. 옛날의 군대는 적이 곤란한 상황을 이용하지 않았다. 내가 비록 망한 나라의 후손이지만 대열을 갖추지도 않은 적을 공격하지는 않는다君子不重傷, 不禽二毛. 古之爲軍也, 不以阻隘也. 寡人雖亡國之餘, 不鼓不成列"(『좌전』 희공 22년)는 것이었습니다. 이런 도리는 사실 귀족의 낡은 예절입니다. 예를 들면 『사마법』 「인본」에 "옛날 사마병법에古者司馬兵法"(『사기』 「사마양저열전」)라는 표현이 있는데, 거기서 말하는 "대열을 갖춘 뒤에 공격하는 것은 그 믿음을 분명히 하려는 이유이다成列而鼓, 是以明其信也"라는 것은 사실상 "대열을 갖추지도 않은 적을 공격하지는 않는다不鼓不成列"는 뜻입니다. 그리고 "나이가 많거나 너무 어린 사람을 보면 돌려보내 다치지 않게 하고, 비록 젊은 사람을 만나더라도 덤비지 않으면 대적하지 않으며, 적이 만약 다쳤다면 치료해서 돌려보낸다見其老幼, 奉歸勿傷；雖遇壯者, 不校勿敵；敵若傷之, 醫藥歸之"는 것은 사실상 "군자는 상처 난 사람을 거듭 해치지 않으며 반백의 노인을 사로잡지 않는다君子不重傷, 不禽二毛"는 뜻입니다. 비교문학 연구자들은 이를 두고 "중국의 돈키호테"라고 했고, 마오쩌둥은 "어리석은 돼지 같은 인의도덕"[13]이라 했습니다.

송 양공과 사마 자어의 논쟁은 당시의 흐름을 나타내는 논쟁입니다. 『순자』 「의병」 편에 순자가 임무군과 조나라 효성왕 앞에서 변론한 것을 기록하고 있는데, 바로 이 문제에 대한 논쟁입니다. 순자가 가장 존숭한 것은 하·은·주 삼대의 '왕자의 군대王者之兵'였고, 그다음은 춘추시대 제 환공이나 진 문공晉文公으로 대변되는 '패자의 군대霸者之兵'였으며, 가장 못하다고 여긴 것이 전국시대의 도병盜兵이었습니다. 이에 비해 임무군이 추존한 것은 '공격해 빼앗고 변화로 속이는 군대攻奪變詐之兵'였으니, 예를 들면 제나라의 '기격技擊', 위魏나라의 '무졸武卒', 진秦나라의 '예사銳士' 같은 것이었습니다. 그러나 순자가 반대한 것은 바로 당시의 조류이자 후세 병법의 정통입니다. 도덕과 병법은 서로 정반대여서 도덕적으로 가장 못한 것이 병법으로는 가장 훌륭한 것이 되기도 합니다.

한비는 순자의 제자로서 역시 이 문제에 맞닥뜨리게 됩니다. 그의 책에 다음과 같은 내용이 있습니다. 성복城濮 전투[14]가 일어나기 전에 구범舅犯(구범咎犯)은 속임수를 쓸 것을 주장했지만 옹계雍季(공자 옹公子雍)는 속임수를 반대했습니다. 진 문공은 구범의 계책을 사용해서 초나라를 무찌르고 돌아와서 논공행상을 펼 때는 옹계를 구범보다 위에 두었습니다. 구범은 "예를 중시하는 군자는 충성과 신의를 꺼려서는 안 되지만 전쟁에서는 속임수도 꺼리지 말아야 합니다繁禮君子, 不厭忠信 ; 戰陣之間, 不厭詐僞"(『한비자』 「난일難一」)라고 했습니다. 전국시대의 병가兵家는 모두 공통된 인식이 있었는데, 조정에서는 예의바른 군자였으나 전쟁에서는 도리어 속임수를 쓰는 것도 꺼리지 않았습니다. 당시에는 규범에 맞지 않았지만 지금은 오히려 규범이 되었습니다. 이 단락의 말이 바로 '병불염사兵不厭詐'라는 말의 출전이 될 수 있는데, 『사기』 「전단열전田單列傳」에 대한 사마정司馬貞의 『사기색은史記索隱』과 『북제서北齊書』 「고융지전高隆之傳」에도 이미 이 단어가 사용되었고 명·청 시대의 소설에는 더욱 자주 보이며, 오늘날에는 성어가 되었습니다. 춘추전국시대에는 예악이 붕괴되고 귀족 전통도 크게 무너져 원래 의미의 귀족은 진시황이 마지막이라고 할 수 있습니다. 진나라 말기에 농민 반란을 주도한 진승陳勝은 "왕후장상이 씨가 따로 있겠느냐王侯將相, 寧有種乎"고 주창했는데, 이것이 중국 역사의 신기원이 되었습니다. 항우는 귀족이고 유방은 건달이었는데, 유방이 해하垓下에서 항우를 물리치자 비로소 귀족 전통은 종지부를 찍었습니다.

『손자』는 속임수를 숭상해 이 구절 외에 「군쟁」 편에도 "군대는 속임수로 일어난다兵以詐立"라는 말이 있습니다. 앞에서 송 양공은 '강을 반

쯤 건널 때 공격하는 것을 반대했다고 말했지만, 후대의 병가의 견해는
이와 상반됩니다. 『손자』「군쟁」 편에서는 "강을 반쯤 건너게 해서 공격
하는 것이 유리하다令半渡而擊之利"고 했으며, 『오자』「요적料敵」 편에도
"강을 반쯤 건널 때가 공격할 만하다涉水半渡可擊"라고 했습니다. '병불염
사'는 군사학의 대혁명입니다.

다음으로 말할 것은 모두 '궤도詭道'에 관한 내용입니다.

'형'은 볼 수 있는 것이며, '세'는 볼 수 없는 것이라고 말했지만, 그것들
은 결코 각자 독립되어 전혀 상관없는 것은 아닙니다. '형'은 앞에 드러나
있는 것이며, '세'는 뒤에 감추어져 있는 것입니다. 앞에 드러난 것은 형체
가 있어 볼 수 있습니다. 예를 들어 이 장에서 말한 "능력이 있어도 능력
이 없는 듯 보이고, 사용하면서도 사용하지 않는 듯 보이고, 가까이 있으
면서도 먼 듯이 보이고, 멀리 있으면서도 가까이 있는 듯 보인다能而示之
不能, 用而示之不用, 近而示之遠, 遠而示之近"는 구절에 대해 마오쩌둥은 '시형
示形'[15]이라고 했습니다. '시형'은 바로 거짓 형상을 만들어 내는 것입니다.
그것은 '세'를 드러낸 것입니다. 드러내 늘어놓은 모습은 위장입니다. 위
장도 하나의 '형'입니다.

"적이 이로움을 탐하면 유혹하고, 적이 혼란하면 공격해 빼앗고, 적
이 내실을 갖추고 있으면 대비하고, 적이 강하면 피하고, 적이 화내면 소
란스럽게 하고, 적이 비겁하면 교만하게 만들고, 적이 편안하면 수고롭
게 만들고, 적이 친밀하면 이간질한다利而誘之, 亂而取之, 實而備之, 強而避
之, 怒而撓之, 卑而驕之, 佚而勞之, 親而离之"는 구절에서 우리는 "적이 공격하
면 우리는 후퇴하고, 적이 주둔하면 우리는 소란스럽게 하고, 적이 지치
면 우리는 공격하고, 적이 물러나면 우리는 추격한다敵進我退, 敵駐我擾, 敵
疲我打, 敵退我追"[16]고 한 마오쩌둥의 16자 비결을 매우 쉽게 떠올릴 수 있

전쟁은 속임수다

습니다. 춘추시대 말기에 오나라가 비슷한 전법을 채용했는데, "자주 어지럽게 하여 지치게 만들고 여러 방법으로 착각하게 만들어驅肆以罷之, 多方以誤之"(『좌전』소공昭公 13년) 초나라를 우롱했습니다. '극사이파지驅肆以罷之'는 적이 준비되지 않았을 때를 틈타서 끊임없이 어지럽게 하는 것을 말합니다. 상대방이 정신을 못 차리면 다가가고, 상대방이 조심하면 물러납니다. 이 일을 되풀이하면서 적을 속여 분주하게 움직여 피곤하게 만드는 것입니다. '다방이오지多方以誤之'는 온갖 계책을 다 생각해내서 적이 잘못을 범하도록 유도한다는 말입니다. 춘추시대 말기에 남방의 여러 나라 가운데 초나라가 강대국이었습니다. 오자서伍子胥는 초나라에서 달아나 오나라를 위해 묘책을 내서 세 무리의 군대를 파견하도록 했습니다. 오나라 군대는 번갈아 초나라를 교란시켜 괴롭혔고, 결국은 초나라 군대를 격파하고 수도인 영郢으로 진격했습니다. 이런 전술은 약자가 강자를 상대할 때 더욱 효과가 있는데, 마치 파리나 모기가 대낮이나 한밤중에 사람을 괴롭히는 것과 매우 비슷합니다.

"적이 방비하지 않는 곳으로 공격하고, 적이 생각하지 못한 곳으로 출동한다攻其無備, 出其不意"는 말도 명언입니다. 그것의 특징은 바로 곳곳에서 적을 괴롭히고 수단과 방법을 모두 동원해 적을 기분 나쁘게 만드는 것입니다. 전쟁이라는 것은 바로 일부러 적을 귀찮게 해서 적들이 불편해 하도록 하고, 특히 적이 예상하지 못한 곳이나 예상하지 못한 시간에 있는 힘을 다해 적을 해치우는 것입니다. 여기서 '무비無備'와 '불의不意'가 매우 중요합니다. 왜냐하면 아무리 좋은 계책이라도 상대방에게 달려 있기 때문입니다.

끝으로 저자는 "이것이 병가의 이기는 방법이니 사전에 알려져서는 안 된다此兵家之勝, 不可先傳也"라고 했습니다. 이 구절은 경험에서 나온 말입니다. 묘산의 결과는 비록 정해진 것이지만 계책을 사용하는 것은 도리어 정해진 방법이 없기 때문에 모두 상황에 따라 임기응변으로 대처해야 합니다. 임기응변이란 것은 당연히 사전에 알려져서는 안 됩니다. 전쟁은 역량과 지혜, 의지의 종합적 비교입니다. 전쟁터에서의 일은 순식간에 다양하게 변하기 때문에 조금이라도 생각한 것이 잘못되면 결과가 전혀 다르게 바뀔 수 있습니다. 마치 축구 경기를 매우 예측하기 어려운 것과 같습니다. 군사가들은 '전쟁은 도박과 가장 비슷하다'[17]는 클라우제비츠의 말이 사실이라고 인정합니다. 마오쩌둥은 일단 전쟁터에 나서면 병법은 완전히 잊어버렸다고 말했습니다. 군사軍事에서 설명할 수 있고 배울 수 있는 것은 모두 탁상공론일 뿐이며, 정말 유용한 것은 또 설명할 방법도 배울 방법도 없습니다. 꼭 탁상공론을 해야 한다면 원칙적인 것을 말할 수밖에 없습니다. 설령 변화를 말하더라도 변화 속에서도 변하지 않는 것을 말해야 합니다.

앞의 두 단락은 서로 대비되는 것을 함께 두어 흥미를 끄는데, 정계定計는 확정적인 것이며 용계用計는 불확정적인 것입니다. 우리가 도대체 무엇을 확정할 수 있는가 하는 것이 마지막 장에서 말하고자 하는 문제입니다. 『손자』라는 책은 특히 예측할 수 없는 변화나 유동적이어서 멈추지 않는 것을 관찰하지만 결국은 변하지 않는 것을 우선시하고 변하는 것을 뒤로 하며, 바른 것正을 우선시하고 기이한 것奇을 뒤로 하기 때문에 아래에서는 역시 묘산으로 되돌아가 가장 확실히 정할 필요가 있는 것을 먼저 확정합니다.

전쟁은 속임수다

【1-4】

무릇 싸우기 전에 묘산에서 이기는 것은 계산하는 것이 많기 때문이
며, 싸우기 전에 묘산에서 이기지 못하는 것은 계산하는 것이 적기
때문이다. 계산하는 것이 많은 쪽이 계산하는 것이 적은 쪽을 이기는
데, 어떻게 계산하지 않을 수 있겠는가! 나는 이런 점을 보기 때문에
승부를 명확히 알 수 있다.

夫未戰而廟算勝者, 得算多也 ; 未戰而廟算不勝者, 得算少也. 多算勝少算
(不勝), 而況於無算乎! 吾以此觀之, 勝負見矣.

'묘산廟算'은 묘산廟算과 같은 것으로, '계計'의 뜻입니다. 묘산의 '산算'은
'계산한다計算'는 뜻이며, '득산得算' '다산多算' '소산少算' '무산無算'의 '산算'
은 '산가지算籌'를 뜻합니다. 원문에서 설명한 것은 매우 분명한데, 묘산
은 전쟁하기 이전에 하는 것으로, '먼저 계산한 뒤에 싸운다先計而後戰'는
뜻입니다. 전쟁하기 전에 해야 할 많은 일 가운데 첫째는 병역兵役을 징
집하는 일徵兵인데, 병사를 모집하고 수레와 말을 징집하며 양식과 꼴을
거두는 일련의 제도를 옛사람들은 '군부軍賦'라 불렀습니다. 둘째는 군대
를 조직하는 일建軍인데, 군대를 경영하고 진을 치는 필요에 따라 모집한
병사들을 군軍·여旅·졸卒·오伍 등 각급 편제에 나누며, 직분을 나누어주
고 각급 군리에게 분배해서 장수의 통솔을 받게 합니다.(이 두 조목은 한
조목으로 취급할 수도 있습니다.) 셋째는 병사를 기르는 일養兵인데, 병사들
에게 옷을 입히고 음식을 먹으며 후방 근무의 여러 가지 보호책을 마련
해줍니다. 넷째는 병사를 다스리는 일治兵인데, 징과 북, 깃발, 휘장 등을

사용해서 지휘 연락 계통을 세우며, 농한기를 이용하고 사냥꾼의 도움을 받으며, 병사들을 사열하고 백성들에게 전쟁을 가르칩니다. 이 네 조목은 장기전을 준비하는 것에 속합니다.

전쟁에 임해서도 네 가지 일이 있습니다. 첫째는 묘산인데, 산가지로 적과 아군을 비교해 승부를 예측합니다. 둘째는 전쟁을 점치는 것으로, 거북이나 죽간을 이용해 길흉을 점쳐서 머뭇거리지 않고 결심하는 것입니다. 셋째는 장수 임명인데, 장수를 선택해 명령을 내리고 전쟁을 맡깁니다. 넷째는 갑옷과 병기를 나누어주는 것으로, 국가의 무기고에 있는 수레와 말, 병장기를 군대에 보내줍니다. 이 네 가지는 긴급히 동원해야 하는 일에 속합니다. 여기서는 묘산에 대해서만 말하겠습니다.

묘산은 계산計하는 일이며, 도모謀하는 일이기도 합니다. 고대의 도모에는 몇 단계가 있습니다. 나라를 다스리는 것과 병사를 부리는 것을 함께 이야기하는데, 이런 도모가 가장 중요합니다. 예를 들어 『육도』는 이 두 가지를 모두 설명하면서 '음모陰謀'라고 부르기도 했습니다. 그다음이 묘산입니다. 묘산의 도모는 '권모權謀'입니다. 권모는 병사를 부릴 때의 도모이며, 전략적 차원의 도모입니다. 또 한 가지가 있는데, 실제 전투에 사용되는 형세가形勢家의 도모입니다. 『손자』「모공」편에서 "가장 좋은 용병술은 계책으로 치는 것이며, 그다음은 외교로 치는 것이며, 그다음은 군대로 치는 것이며, 가장 나쁜 것은 성을 공격하는 것이다上兵伐謀, 其次伐交, 其次伐兵, 其下攻城"라고 했습니다. 묘산이 끝나고, 야전과 공성을 하기 전에 또 외교전이 있습니다. 오늘날도 마찬가지입니다. 미국이 이라크에 군대를 파견할 때 미국 국방부에서는 먼저 묘산을 진행해 의견을 확정한 뒤 왕복외교를 펼쳐 강대국 및 연합국과 결탁했습니다. 옛사람들은 묘산으로 승리를 결정하는 것을 '묘승廟勝'이라 불렀습니다. '묘승에 대

전쟁은 속임수다

한 논의廟勝之論'는 '명을 받음에 대한 논의受命之論' '국경을 넘어감에 대한 논의逾垠之論' '도랑을 깊이 파고 보루를 높이 쌓음에 대한 논의深溝高壘之論' '진을 치고 형세를 갖춤에 대한 논의擧陳加刑之論'(『울요자』「전위戰威」「전권戰權」)에 우선하니, 곧 장수를 임명해 명을 내리는 것보다 우선하고, 군대를 거느리고 국경을 넘는 것보다 우선하고, 건축 공사보다 우선하고, 진을 치고 교전하는 것보다 우선한다는 말입니다. 어떤 전쟁이라도 모두 승리를 위한 것입니다. 어떤 승리라도 모두 작은 승리가 모여서 큰 승리가 됩니다. 묘승은 바로 가상의 큰 승리이며, 이것이 첫걸음입니다. 묘승이 끝난 뒤라야 나머지 각 단계를 진행합니다.

「계」편의 주제는 묘산입니다. 정계는 묘산 그 자체이며, 용계는 묘산의 확장입니다. 마지막 장은 결론 부분으로서 이 주제를 긴밀하게 드러내고 있습니다. 묘산은 매우 간단하지만 실력을 모두 다 볼 수 있습니다. 일반적으로 '계산을 많이 한 쪽이 계산을 적게 한 쪽을 반드시 이긴다'라고 말하는데, 이는 명백한 사실입니다.

『전쟁론』의 구성과 명언명구

『손자』와 비교하여 살피다

카를 폰 클라우제비츠Carl von Clausewitz가 쓴 『전쟁론Vom Kriege』의 특징은 이론이 강하다는 점입니다. 예전 사람들은 이 책을 군사철학軍事哲學의 고전이라 여겼습니다. 이 책은 19세기의 특징과 독일 사람의 특징을 겸비하고 있습니다. 헤겔은 1770년 8월 27일에 태어나 1831년 11월 14일에 죽었습니다. 클라우제비츠는 1780년 6월 1일에 태어나 1831년 11월 16일에 죽었습니다. 그는 헤겔에 비해 10살이나 적지만 같은 해 같은 달, 헤겔보다 이틀 뒤에 죽었습니다. 그때 많은 유명 인사들이 콜레라에 걸려 죽었습니다. 두 사람은 같은 시대에 살았던 사람입니다. 20세기는 그때와 달리 학술의 전문화가 주류를 이루어 모든 것을 아우르는 '큰 체계(거시적 학문)'는 쇠퇴한 탓에 후세의 독자들은 그들의 철학사상을 그다지 중시하지 않게 되었습니다.

병서의 독자는 군인입니다. 군인은 철학에 대해 흥미를 느끼지 못하며, 군사軍事에 대한 구체적 논술에 흥미를 느낍니다. 전쟁은 개연성과 우연성이 허다한 영역이어서 군인들은 빠른 반응과 판단력에 의지합니다. 그들은 표면적으로 규칙인 듯한 모든 것을 그다지 믿지 않고, 불확실한 것을 확실한 것이라 말하는 것은 근본적으로 불가능하며, 설사 가능하다 하더라도 또한 갖가지 규칙이 손발을 얽어맨다고 생각합니다. 이 때문에 많은 사람이 결코 병서를 읽지도 않고 쓰지도 않습니다. 클라우제비츠는 전쟁 현상 가운데 규칙성이 있는 것들을 최대한 실생활에 적용하려는 자세로 최대한 명확한 문장을 사용해 분석하고 표현했습니다. 그러나 그는 책을 완성하지 못하고 일찍 세상을 떠났습니다. 죽기 전에 그는 이 책이 끊임없이 오해받고 비판받을 것이라고 예언했습니다. 사실 헬무트 폰 몰트케 이래 사람들이 『전쟁론』에서 줄곧 중시한 것은 절대전쟁, 순수한 군사 요인에 대한 숭배, 무기와 실력, 철저한 파괴, 무한한 폭력에 대한 강조 등이었습니다.

『손자』와 『전쟁론』의 배경이 되는 군사 전통은 다르지만, 두 책은 모두 서로에게 해독제 역할을 합니다.

1. 내용 개괄

이 책은 미완성인데 8편으로 나누어져 있습니다. 클라우제비츠는 이 8편 가운데 단지 제1편 1장만 확정된 원고일 뿐 나머지는 모두 수정이 필요하다고 했습니다. 특히 마지막 두 편은 여전히 초고입니다. 저자의 고충은 전쟁은 불확실성이 가득한데 명확한 언어로 이런 불확실한 요소를 설명해야 하는 것이었습니다. 그것은 필요하지만 매우 어려운 일입니다.

(1) 앞의 두 편은 서론의 성격을 띤 한 그룹인데, 논의가 비교적 거시적이면서 추상적입니다.

제1편 「전쟁의 성격을 논함」은 전쟁에 대해 이야기하고 있습니다. 첫 1장의 내용이 가장 중요한데, 주로 전쟁과 정치의 관계를 이야기합니다. 클라우제비츠는 "전쟁은 싸움이 확대된 것으로 폭력을 수단으로 하며 자기의 의지를 적에게 강요하는 것이 목적"이라고 정의했습니다. 그는 전쟁을 두 종류로 나누었는데, 하나는 절대전쟁이며 다른 하나는 현실전쟁입니다. 절대전쟁은 이상적인 전쟁으로, 정치적 노력과 외교적 노력이 전혀 효과가 없으며 국제법도 관여할 수 없습니다. 감정적으로 일을 처리하고 폭력은 끝이 없으며 양쪽의 충돌이 끊임없이 깊어져 마치 고삐 풀린 야생마와 같습니다. 그러나 전쟁은 정치의 연속이므로 현실에서는 정해진 목표를 이루기 위해서 폭력의 수위를 낮춥니다. 절대전쟁의 목표는 철저하게 적을 제거하는 것입니다. 현실전쟁은 물러나 부차적인 것을 구하는데 그것이 바로 여러 가지 정해진 목표입니다. 클라우제비츠는 탁상 논의가 실제의 전투를 대체할 수 있다고 믿지 않고 철저하게 적을 제거해야만 비로소 근본적으로 문제를 해결할 수 있다고 생각했습니다. 이런 관점의 배경에는 서양 전통이 있습니다. 『손자』는 이와 정반대로 '싸우지 않고 적을 굴복시키는 것不戰而屈人之兵'을 이상으로 삼았고, 나라를 파괴하고 군대를 격파하는 것은 부득이한 경우로 현실에 들어가서야 비로소 점점 단계를 높여야 한다고 생각했습니다. 전쟁에 대한 이해가 이처럼 상반됩니다. 손자는 예를 앞세우고 전쟁을 뒤로 하여 상대가 복종하지 않을 때 비로소 전쟁을 하되 점차 단계를 높이는 반면, 클라우제비츠는 전쟁을 앞세우고 예를 뒤로 하여 무력으로 상대를 굴복시킨 뒤에야 비로소 대화를 하고 점차 단계를 낮춥니다. 전자는 후자에 비해 더욱 정치적이며, 후자는 전자에 비해 더욱 군사적입니다. 전쟁과 정치는 돌아가면서 나타나는 변주곡입니다. '싸우지 않고 적의 병사를 굴복시키는

것은 전쟁의 처음과 끝입니다. 전쟁을 하기 전에 외교 관계를 맺어 '싸우지 않고 적을 굴복시키든지不戰而屈人之兵', 아니면 이미 '적을 굴복시킨屈人之兵' 뒤에 싸우는 것과 비슷하게 앉아서 담판을 해서 어떻게 전쟁을 중단할 것인가를 연구하기 때문에 '싸우지 않는不戰' 것입니다. 사실 일단 전쟁이 시작되면 '싸우지 않고 적을 굴복시킨다'는 말은 할 수 없습니다. 손자는 '싸우기 전未戰'과 '싸움이 끝난 뒤已戰'를 이상적 상태로 보았지만, 클라우제비츠는 앞뒤를 잘라버리고 중간 단계를 이상적 상태로 보았습니다. 이 두 가지는 겉으로는 상반된 것처럼 보이지만 사실은 단지 치중하는 점이 다르고 말하는 각도가 다를 뿐입니다. 『손자』의 말을 사람들은 오독하기도 하고 남용하기도 해서 격렬한 전쟁에서 정말로 '싸우지 않고 적을 굴복시킬 수 있다'고 생각하는 사람이 적지 않은데, 이는 큰 잘못입니다. 이미 전쟁이 시작되었는데 어떻게 '싸우지 않을' 수 있습니까? 클라우제비츠는 "전쟁이란 위험과 고생, 불확정성과 우연성이 가득하고 정보를 판단하기 어려우며 여러 가지 저항 요소를 예측하기 어려워 도박과 매우 비슷하다. 군사 천재가 지혜와 용기를 모두 갖추고 항상 의지해야 할 것은 심사숙고가 아니라 특수한 지혜와 용기, 곧 어둠 속에서 희미한 빛을 발하는 안목과 그 빛을 따라 전진하는 과감함이다"라고 말했습니다. 『손자』「계」 편에서는 장수에 대해 논하면서 지혜를 가장 우선시하고 용기는 오덕五德에서 넷째에 두었지만, 『전쟁론』에서는 오히려 용기를 지혜보다 앞에 두었습니다.

제2편 「전쟁 이론을 논함」은 병법에 대해 이야기합니다. 병법은 군사 예술입니다. 군사예술은 두 종류로 나뉘는데, 넓은 의미의 군사예술은 군대를 조직하고 배치하는 것과 군대를 훈련하는 기술로서 중국의 군법軍法과 비슷하며, 좁은 의미의 군사예술은 군대를 사용하고 병력을 배치

하는 것과 전투에서 실행하는 기술로서 중국의 병법과 비슷합니다. 좁은 의미의 군사예술은 전략과 전술로 나뉘는데, 전술은 전투에서 실행하는 기술이며, 전략은 조직적으로 싸우는 기술입니다. 클라우제비츠는 병법이 매우 특수한 것이어서 과학도 아니고 기술도 아니며 심지어 예술도 아니라고 생각합니다. 과학은 지식에 의존하고, 기술은 능력에 의존하며, 예술은 규칙을 지키지 않습니다. 전쟁 이론은 그것들과 모두 구별되지만, 이미 지식에 의존하고 능력에도 의지하며 또 결코 규칙을 이야기하지 않을 수도 없어서 어쩔 수 없이 군사예술이라 부릅니다. 철학의 가장 핵심적 연구가 바로 이런 문제입니다.

(2) 제3편에서 제7편까지 다섯 편이 한 조를 이루는데, 구체적 문제를 다루고 있습니다. 클라우제비츠의 설명은 간단하면서도 매우 실용적입니다.

제3편 「전략 개론」은 주로 전략 요소를 이야기합니다. 클라우제비츠가 말하는 전략 요소는 다섯 가지 요소, 곧 정신 요소, 물질 요소, 수학數學 요소, 지리 요소, 통계 요소를 포함합니다. 정신 요소는 군대의 용감성과 통수권자의 재능 그리고 정부의 지혜를 말하는 것으로, 이 편의 3장에서 7장에 걸쳐 언급하고 있는데 저자가 특히 중시하는 것은 담대함과 꿋꿋함입니다. 물질 요소는 군대의 병력 배치를 말하며, 이 편의 8장과 18장, 제5편의 1장에서 8장에 걸쳐 보입니다. 수학 요소는 병력 배치의 몇 가지 형식인데, 이 편의 15장에 보입니다. 지리 요소는 지형과 지역, 높은 지대에서 적의 동태를 관측하는 감제고지瞰制高地와 전략적 요충지를 포괄하는 것으로, 제5편의 17~18장과 제6편의 15~23장, 제7편의 8장, 11장, 14장에 보입니다. 통계 요소는 보급품과 관련이 있으며 행군·숙영·작전기지 그리고 통신선을 포함하는 것으로, 제5편의 9장에

전쟁은 속임수다

서 16장에 걸쳐 보입니다. 모든 논술이 비교적 어지러워서 어떤 것은 이 편에 보이고 어떤 것들은 뒤의 네 편에 보이는 것으로 미루어 확실히 미 완성 원고임을 알 수 있습니다. 이런 요소는 대체로 『손자』 「계」 편의 '오 사칠계'에 해당합니다. 저자가 물질 요소와 몇 가지 요소를 설명한 내용 은 『손자』의 둘째 조(「형」 「세」 「허실」)에 비교적 근접한 것으로, 군대의 조 직과 지휘, 진법과 병력 배치에 대해 말하기도 하고, 수량의 우세와 불시 의 공격, 속임수, 병력 집중을 강조하기도 했습니다. 중국의 전통은 권모 를 숭상하고 힘을 경시해서 『손자』도 속임수를 중시했지만, 클라우제비 츠는 오히려 유보하는 입장이었습니다. 그는 간단한 행동을 더 강조했고, 거짓 정보나 양동작전처럼 저렴한 비용으로 모험을 거는 속임수는 별 효 과가 없다고 생각했습니다. 그는 병력이 적으면 적을수록 더욱 속임수를 중시한다고 말했는데, 이런 견해는 매우 중요합니다.

제4편 「전투」의 전투는 진짜 칼과 총으로 싸우는 실전이며 철저하게 적을 제거하는 것이 목적으로, 전술 연구의 대상입니다. 전투 후에 또 추 격과 퇴각도 매우 중요합니다. 클라우제비츠는 진공하는 데도 정점이 있 고 승리하는 데도 정점이 있기 때문에 승패가 이미 갈렸는데도 서로 싸 운다면 사상자가 더욱 많아지고 피로를 견딜 수 없을 것이며, 이기고 있 는데도 추격하지 않아 막판에 실수로 일을 그르친다면 이것이 가장 유 감스러운 일이라고 강조했습니다. 이긴 쪽은 승리를 틈타 추격하는 것이 승리하는 것보다 더 중요하며, 진 쪽은 조직적으로 후퇴하는 것이 실패 를 보완하는 것입니다. 이런 후속 과정이 때로는 전투 자체보다 더 중요 합니다. 가장 큰 승리나 가장 큰 패배는 흔히 여기에서 결정됩니다. 최대 한 적을 제거하고 최대한 자신을 보존하는 것이 무엇보다 더욱 중요합니 다. 위험한 환경에서 복잡한 계획은 간단한 행동보다 못하며, 때로는 용

기가 지혜보다 더 중요합니다. 『손자』「군쟁」 편에 "궁지에 몰린 적을 핍박하지 말라窮寇勿迫"는 말은 있지만, 추격해야 하는지에 대한 말은 없습니다. 『사마법』「인본」 편에서는 "달아나는 적을 추격할 때는 백 보를 넘지 않으며, 퇴각하는 적을 뒤따를 때는 삼 사를 넘지 않는다逐奔不過百步, 縱綏不過三舍"라고 했는데, 달아나는 적을 추격할 때는 139미터를 넘지 말아야 하고, 퇴각하는 적을 뒤쫓을 때는 41.5킬로미터를 넘지 말아야 한다는 뜻입니다. 지나치게 맹렬히 적을 뒤쫓다가는 스스로 진형을 흩뜨려 적에게 틈을 보여서 도리어 반격을 당할 수 있기 때문에 추격을 반대하고 제한한 것입니다.

제5편은 「군대」인데, 군대는 전투를 실시하는 주체이며 전술의 핵심입니다. 여기서는 주로 다섯 가지 문제를 말하고 있습니다. 첫째는 군대와 전투공간·전투태세에 대한 대응 관계(곧 군사 지역, 군단과 전세의 관계)이며, 둘째는 병력의 분배와 전투 대형, 셋째는 행군·숙영宿營·보급품, 넷째는 셋째와 관련된 작전 기지와 통신선, 다섯째는 지형과 풍토의 관계입니다. 병력의 분배는 3대 병과인 보병·기병·포병의 비율을 포괄합니다. 보병은 전투의 주력이며, 기병과 포병은 보조 병과입니다. 기병은 '민첩함疌'에 장점이 있으며, 포병은 '타격打'에 장점이 있기 때문에 기동성과 타격성의 역량을 더할 수 있습니다. 당시의 비율은 보병 5명에 기병 1명 꼴이며, 보병 1000명에 화포 2대(또는 그 이상)꼴로 배치했습니다. 숙영은 야외에서 머무르는 야영野營과 병영에서 머무르는 사영舍營을 포괄합니다. 보급품은 네 종류로 나뉘는데, 첫째 마을 사람들의 공급에 의지하는 것, 둘째 강제 징수에 의지하는 것, 셋째 정식 세금에 의지하는 것, 넷째 창고 비축분에 의지하는 것 등입니다. 신속성이 있는 것은 앞의 두 가지이고, 지속성이 있는 것은 뒤의 두 가지입니다. 나폴레옹은 적에게서 빼

앗아 양식을 충당할 것을 주장했고 손자도 마찬가지였지만, 클라우제비츠는 완전히 찬성하지 않고 방어하는 쪽의 입장을 더 이해했습니다.

제6편은 「방어」입니다. 전투는 두 부분로 나뉘는데 하나는 공격, 하나는 수비입니다. 전략적 공격은 밖에서 안으로 공격하는 것이며, 전략적 방어는 안에서 밖으로 공격하는 것인데, 클라우제비츠는 이것을 '구심성'과 '원심성'이라 불렀습니다. 중국의 병서에서는 '주객主客'(본서 「구지」 편에서도 이렇게 말했습니다.)이라 하는데, 공격하는 쪽이 객客이고 방어하는 쪽이 주主입니다. 클라우제비츠는 많은 분량을 통해 먼저 방어에 대해 이야기했습니다. 여기에는 많은 전쟁사의 경험이 담겨 있는데, 특히 나폴레옹이 러시아를 공격할 때 쌍방의 성공과 실패에 관한 것들입니다. 클라우제비츠는 절대전쟁을 이야기할 때 전쟁의 양극화와 점진적 심화를 언급하면서 세력의 균형과 대칭을 출발점으로 삼고 현실전쟁에서 그것을 수정했는데, 가장 두드러진 것이 공격과 방어입니다. 쌍방의 공수 세력이 다른 관건은 역량이 대칭을 이루지 못하기 때문입니다. 일반적으로 방어하는 쪽은 약하고 소극적이며, 공격하는 쪽은 강하고 적극적이기 때문에 공격이 전쟁의 주류라고 생각합니다. 그러나 클라우제비츠는 방어가 공격보다 더 강력하고 수단이 더 많으며 체계도 더 복잡하다고 생각했습니다. 방어는 요새(성이나 성으로 둘러싸인 도시를 포함)·진지·진영과 각종 지형을 이용해서 공격하는 쪽에게 아주 큰 대가를 치르게 하고, 시간·국토·백성도 방어하는 쪽에 더 유리합니다. 『손자』는 공격하는 입장에서 말했고, 『묵자』는 방어하는 입장에서 말했습니다. 묵자의 방어와 손자의 공격은 각자 치우친 면이 있습니다. 클라우제비츠는 양면을 모두 이야기했지만 그래도 방어를 말한 분량이 가장 많습니다.

제7편 「공격」은 초고입니다. 클라우제비츠는 방어하는 입장에서 공

격을 이야기했습니다. 그는 공격 가운데 방어가 있고 방어 가운데 공격이 있으며, 공격에 관한 많은 말을 앞에서 이미 했지만, 공격만이 가지고 있는 문제점들도 있다고 말했습니다. 이 부분은 분량이 매우 적어 각 장과 절을 제6편과 대응해서 봐야 합니다.

(3) 마지막 편은 결론입니다.

제8편 「전쟁계획」도 초고입니다. 이 편은 1편과 호응합니다. 여기서 클라우제비츠는 1편의 주제인 절대전쟁과 현실전쟁의 관계, 전쟁과 정치의 관계로 되돌아갔습니다. 그는 전쟁 계획은 심사숙고한 결과를 말하는 것보다 위급한 상황에서 지혜를 발휘하는 판단력을 말하는 것이 낫다고 했습니다. 그는 전쟁의 두 가지 목적으로 유한 목적과 궁극 목적을 강조했습니다. 유한 목적은 매우 많은데 예를 들면 적의 영토를 점령하는 것이 여기에 속하며, 궁극 목적은 적을 쳐부수는 것으로 사람이 가장 중요합니다.

『손자』는 먼저 계획을 세우고 나서 전쟁을 해야 한다고 하여 계획을 앞세운 데 비해 『전쟁론』은 계획을 가장 뒤에 두었습니다.

2. 클라우제비츠의 전쟁론

(1) 책 앞머리의 「일러두기」에서 발췌

전쟁은 단지 다른 수단을 통한 국가 정치의 계속일 뿐이다. 곳곳에서 모두 이 관점을 견지하면 우리의 연구가 일치해서 모든 문제도 좀더 쉽게 풀릴 것이다. 비록 이 관점은 주로 제8편에 가서야 비로소 작용을 발휘하지만, 제1편에서 반드시 투철하게 천명할 뿐 아니라 앞의 6편을 고쳐 쓸 때도 작

전쟁은 속임수다

용을 발휘하게 해야 한다. (11쪽)

행동할 때 사람들은 언제나 판단에 따라 행동하며 또 판단만 따르더라도 충분할 것이다. 하지만 만약 스스로 행동하는 게 아니라 토론 가운데서 다른 사람들을 설득하는 것이라면 반드시 전쟁에 관한 분명한 개념과 사물의 내적 관계를 드러내야 한다. (14쪽)

방어는 소극적 목적을 가지고 있지만 오히려 강하고 힘 있는 전투 형태이며, 공격은 적극적 목적을 가지고 있지만 오히려 좀더 약한 전투 형태이다. (14쪽)

양동작전은 실제 공격보다 좀더 약한 병력 운용이기 때문에 특별한 조건에서만 쓸 수 있다. (14쪽)

모든 면에서 우세하거나 연락선과 퇴각선 방면이 적들보다 우세한 경우에만 우회작전을 생각해볼 수 있다. (15쪽)

덧붙이자면, 이 부분은 클라우제비츠가 남긴 수정 의견으로서 마치 유언과도 같습니다.

(2) 제1편 1장 「전쟁이란 무엇인가」에서 발췌

전쟁이란 다만 규모가 커진 싸움일 뿐이다. 만약 우리가 전쟁을 이루는 수많은 싸움을 하나의 단위라고 생각하려 한다면 씨우는 두 사람의 상황을 떠올리는 것이 가장 좋다. 두 사람은 모두 온몸의 힘을 다해 강제로 상대방을 자신의 뜻에 복종시키려 한다. 그의 직접적인 목적은 적을 쓰러뜨려서 상대방이 다시는 어떠한 저항도 할 수 없게 만드는 것이다.

따라서 전쟁은 강제로 적을 우리의 의지에 복종하게 하는 일종의 폭력 행

위이다. (23쪽)

만약 문명 민족 사이의 전쟁을 순수하게 정부 사이의 이성적 행위라고 말하거나 전쟁이 점점 모든 격정의 영향에서 벗어나서 마지막에는 실제로 더이상 군대와 같은 물리적 전투력을 사용할 필요가 없이 다만 양쪽의 병력대비만 계산하고, 전쟁 행동의 진행에 대해 대수학代數學으로 계산하면 된다고 생각한다면, 이보다 더 큰 잘못은 없다. (25~26쪽)

전쟁은 결코 살아 있는 세력이 죽은 물질에 대해 취하는 행동이 아니다. 그것은 결국 살아 있는 두 세력의 충돌이기 때문에 한쪽이 절대적으로 참는다면 전쟁이 일어날 수 없다. 무저항은 전쟁이라고 할 수 없기 때문이다. 전쟁은 언제나 살아 있는 두 세력 간의 충돌이다. (27쪽)

군사예술에서는 수학에서 말하는 절대치가 아예 존재할 바탕이 없다. 전쟁에는 다만 여러 가지의 가능성과 개연성, 행운과 불운이 있을 뿐이다. 그것들은 직물의 씨실과 날실처럼 전쟁에 짜여서 전쟁을 인간의 여러 가지활동 가운데 도박과 가장 비슷한 것으로 만든다. (41쪽)

전쟁은 단지 다른 수단을 통한 정치의 계속일 뿐이다. (43쪽)

(3) 제3편 10장 「궤사詭詐」에서 발췌

속임수는 자신의 의도를 숨기는 것이 전제되어야 한다.……
언뜻 보면 전략이라는 명칭이 속임수에서 나왔다는 말은 이치에 맞지 않는듯하다. 비록 고대 그리스 이래 전쟁은 많은 방면에서 진정하고 표면적인변화가 생겼지만 전략이라는 이 말은 여전히 본래부터 가지고 있던 속임수라는 본질을 나타내는 것 같다.
(…)

전쟁은 속임수다

…… 정확하고 확실한 안목은 속임수보다 더 필요하고 더 유용하다.

…… 전략에 지배를 받는 병력이 적을수록 속임수를 쓸 필요성이 커진다. 병력이 매우 약해서 어떤 신중하고 지혜로운 기술이라도 해결할 수 없고 모든 방법으로도 힘을 쓸 수 없을 때, 속임수가 마지막 수단이 된다. (216~218쪽)

덧붙이자면, 독일어로 '전략'은 '스트라테지strategie'이고, '속임수詭詐'는 '리스트list'입니다. 독일어 Strategie는 영어의 스트래티지strategy에 해당합니다. 영어의 strategy와 스트래터점stratagem은 서로 관련이 있는 어휘입니다. 앞의 것은 전략으로 전술tactics과 구별되며, 어원은 그리스어의 스트라테지아strategia입니다. 뒤의 것은 의미가 더욱 넓어서 전략만 가리키는 것이 아니라 일반적인 계책, 특히 교묘한 술책과 속임수를 가리키며, 어원은 그리스어의 스트라테게마strategema입니다. 클라우제비츠는 약자는 강자에 비해 더욱 속임수를 중시한다고 지적했는데, 이 점은 매우 중요합니다. 강자는 강함을 믿고 약자를 업신여기며 흔히 실력을 중시하지만, 그 상대방은 실력이 없기 때문에 당연히 머리를 써서 여러 가지 술수를 부리게 되는 것입니다.

◉ 제4강 ◉

제2편

작전 作戰

지금부터 이야기할 「작전」은 '전쟁 삼부곡'의 둘째 단계로서 '먼저 계획을 세운 뒤에 싸운다先計而後戰'고 할 때의 '싸움戰'에 해당합니다.

먼저 제목부터 살펴보도록 하겠습니다. '작作'은 '시작한다'는 뜻입니다. '전戰'은 고서에서 넓은 의미와 좁은 의미의 두 가지 경우로 사용됩니다. 넓은 의미에서는 모든 전쟁·전역戰役·전투를 두루 지칭하고, 좁은 의미에서는 다만 야전野戰을 가리키며 그 중에서도 특히 진을 치고 서로 싸우는 야전을 뜻합니다. 고대 중국에는 국야제國野制라도 제도가 있는데, 여기서 국國은 도시이며, 야野는 시골을 가리킵니다. 야전은 성을 공격하기 전에 도시 밖인 시골의 들판이나 황야에서 서로 싸우는 것을 말합니다. 전쟁이 시작되면 가장 먼저 진행되는 것은 반드시 야전입니다. 춘추시대의 야전은 대부분 두 나라의 국경이 맞닿은 넓은 곳에서 펼쳐졌는데, 이런 지대를 '강역疆場'이라 부릅니다. 양쪽이 모두 진을 완전히 갖춘 뒤에 대결했으므로 이것을 가리켜 "모두 진을 갖춘 것을 전쟁이라 한다皆陣曰戰"라고 했습니다. 상황은 흔히 깃발을 펄럭이며 한 번 격돌하면 전투가 곧 끝나서 시간이 매우 짧았습니다. 짧은 경우에는 "이들을 물리치고 아침을 먹겠다滅此而朝食"(『좌전』 성공成公 2년)라고 했으니, 곧 전투를 끝내고 나서야 아침을 먹는다는 것으로 밥 한 끼 먹을 시간이 걸릴 뿐입니다. 긴 경우도 하루를 넘기지 않았는데, 동이 틀 때 시작해서 날이 어두워지면 철수했습니다(『좌전』 성공 16년). 설령 행진하는 거리를 더하더라도 한 달이 넘는 경우는 드물었습니다. 고대 중원의 황허강 유역의 국가는 야전에서 전차전을 위주로 하여 보병을 전차에 부속되게 했고, 전차와 보병을 함께 편제해서 진을 치고 싸웠습니다. 『주례周禮』「하관夏官·사궁시司弓矢」에는 "당궁과 대궁은 전차전과 야전에 유리하다唐(唐弓)·大(大弓)利車戰·野戰"라고 했으니, 전차전은 야전과 같은 것은 아닙니다. 그러나 춘추시대 전체를 보면 전차전이 도리어 야전의 주체였습니다. 춘추시대 중기와 말기에는 보병이 크게 발달했습니다. 전국시기 말기에야 비로소 기병이 나타났습니다. 전차와 기병, 보병을 함께 사용하는 것은 후대의 야전 방식입니다. 란융위藍永蔚 선생은 『춘추시대의 보병春秋時期的步兵』(중화서국, 1979)이라는 책을 썼는데, 그 내용은 중국의 전쟁 방식에서 혁명을 일으킨 보병에 관한 것입니다. 전쟁과 사냥은 관련이 있으며, 동물을 기르는 것은 육식과 관련이 있습니다. 중국은 병법이 발달한 데 대해 주변 민족들에게 감사해야 합니다. 그들과 동물의 관계는 우리 중국 사람에 비해 더 가깝습니다. 예를 들어 말과 마차를 길들이고 청동검을 사용한 것은 바로 초원 지역에서 발명한 것입니다. 전차병과 기병뿐 아니라 보병에 대해서도 그들에게 감사해야 합니다. "진나라 제후가 삼군을 설치했다晉侯作三行"(『좌전』 희공 28년)거나 "수레를 부수고 행군했다毁車而爲行"(『좌전』 소공 원년)라는 표현이 있는데, 독립적으로 조직된 보병의 출현은 산지山地 유격전에 강한 오랑캐의 보병에 대응하기 위한 것이었습니다. 수군水軍도 오나라와 초나라 등의 국학國學에서 유래했습니다. 적이 가장 좋은 스승입니다. 고대 중국은 전차전을 중시했는데, 전차는 속도가 빠르고 기동성이 뛰어나 적에게 큰 충격을 줄 수 있기 때문입니다. 이것이 장점입니다. 그러나 전차전에도 약점은 있는데, 빨리 달리다 보면 전차가 매우 쉽게 넘어질 수 있으며, 지형 조건에 따라 적응력이 차이가 나기도 합니다. 산지에도 습지에도 적당하지 않으며, 진군하려면 평탄하고 넓은 길이 있어야 합니다. 고대의 도로와 관개수로는 대부분 묘향畝向으로 났습니다. 묘향은 바로 밭이랑의 방향을 말합니다. 제나라의 묘향은 남북 방향이어서 도로와 관개수로도 남북 방향이었고, 진晉나라의 묘향은 동서 방향이어서 도로와 도랑도 동서 방향이었습니다. 앞의 것을 '남묘南畝'라 하고 뒤의 것을 '동묘東畝'라 합니다(『시경』「국풍國風·빈풍豳風」, 『좌전』 성공 2년). 전차가 진군할 때는 묘향을 따라갑니다. 지금의 산둥성 지난濟南 서북쪽에 있던 안鞌 땅의 전투에서 제나라에 승리한 진나라는 남묘를 동묘로 고치도록 요구했는데(『좌전』 성공 2년), 이는 전차가 진군하기 편리하도록 하기 위한 것입니다. 야전에서 전차와 보병의 편제는 진법에 따르며, 전차와 기병과 보병의 편제도 진법에 따릅니다. 따라서 진법이 매우 중요한데, 이것이 고대 작전의 특징입니다.

야전과 공성은 고서에서 항상 함께 서술됩니다. 어휘는 병렬 구조인데, 옛사람들의 독음 습관은 일반적으로 모두 평성平聲을 앞에 두고 측성仄聲을 뒤에 두었기 때문에 대부분 '공성야전攻城野戰'(『묵자』「겸애兼愛」)이라고 썼습니다. 사실 시간 순서에 따라 말하자면 마땅히 야전을 먼저 하고 공성은 뒤에 하며, 먼 곳에서 가까운 곳으로 접근하고 밖에서 안으로 오는 것입니다. 『상군서商君書』「경내境內」편에 "지금 삼진이 진나라를 이기지 못한 지가 사대나 되었다. 위 양왕 이래로 야전에서는 이기지 못했지만 성을 지킬 때는 반드시 이겼다今三晉不勝秦四世矣. 自魏襄以來, 野戰不勝, 守城必拔"라는 말이 있고, 이 편에서도(2-2) "만약 전쟁을 할 때 지구전으로 이기려 한다면 병력은 둔해지고 예기가 꺾여서 성을 공격하면 아군의 힘이 다하게 된다其用戰也, 勝久則鈍兵挫銳, 攻城則力屈"라고 했습니다. 야전에서 불리한 쪽은 성으로 후퇴해서 지킬 수 있으며, 승리한 쪽은 성 아래까지 쳐들어갈 수 있으니, 마치 베를린 함락 때 그랬던 것과 마찬가지입니다. 이것이 야전과 공성의 관계입니다. 공성은 다음 강의의 내용입니다.

현대 군사 용어의 '야전'은 일본에서 중국 고어를 빌려 서양의 '필드 오퍼레이션field operation'을 번역한 것입니다. 영어의 '필드 아미field army'는 야전군이며, '필드워크fieldwork'는 야전 공사, '필드피스fieldpiece'는 야포野砲, '필드 호스피털field hospital'은 야전병원입니다. '필드field'는 삼림과 건축물 이외의 빈 땅을 가리킵니다. 이것은 중국 고어의 함의와 대체로 일치합니다.

나는 「작전」편을 5장으로 나눕니다.

제1장은 전쟁 비용에 관한 내용입니다.

제2장은 전쟁 기간에 대해 말하고 있습니다.

제3장은 약탈, 곧 적의 이로움을 빼앗아 현지에서 아군의 군수품을 보충하는 내용입니다.

제4장은 속도, 곧 속전속결을 말하고 있습니다.

제5장은 장수에게 경고하는 내용인데, 그 책임이 매우 무거움을 알게 하려는 목적입니다.

전쟁은 속임수다

전체 5장 가운데 앞의 두 장은 '용병의 해로움'에 관한 내용이고, 그 뒤의 두 장에서는 '용병의 이로움'을 말하고 있습니다. '용병의 이로움'은 '용병의 해로움'에 대처하는 대책입니다. 마지막 한 장은 결론입니다.

이제 한 장씩 소개하도록 하겠습니다.

【 2-1 】

손자가 말했다.

무릇 병사를 쓰는 규모는 치거 천 대, 혁거 천 대, 갑옷을 입은 병사 십만 명과 천 리 먼 곳으로 운반할 양식이 필요하다. 국내외의 여러 비용, 즉 국빈 접대, 아교와 옻의 재료, 수레와 갑옷 제공에 드는 비용으로 하루에 천금을 써야 한다. 이런 뒤에 십만의 군사를 거병하는 것이다.

孫子曰 :

凡用兵之法, 馳車千駟, 革車千乘, 帶甲十萬, 千里饋糧, [則]內外之費, 賓客之用, 膠漆之材, 車甲之奉, 日費千金, 然後十萬之師擧矣.

이 장은 전쟁 비용에 대해 말하고 있는데, 이것이 '용병의 해로움'에 대한 첫째 조목입니다.

「작전」 편은 전쟁 동원부터 이야기를 시작합니다. 전쟁 동원이 바로 '작전'이며, 어떻게 전쟁을 일으키는가에 대해 설명하는 것입니다. 진쟁이 일어나면 야전이 가장 먼저입니다.

원문의 '범용병지법凡用兵之法'이라는 말은 『손자』에 여러 차례 나타나는데, 「모공」 「군쟁」 「구변」 「구지」 편의 첫머리에 보이며, 「모공」 「구변」 두 편의 중간과 「군쟁」 편의 끝에도 모두 이 말이 나옵니다. 여기서는 용병의 규모가 일반적으로 매우 큰 것을 말합니다. 일종의 요지를 설명하고 범례를 들어 설명하는 것입니다. 옛사람들이 병서兵書를 '병법'이라 부른 것은 여기서 유래한 것이라고 짐작합니다. 전국시대 이후 병서는 병법

전쟁은 속임수다

으로 불린 경우가 많습니다. 병서는 두 종류로 나뉘는데 하나는 군법(또는 군령)이며, 하나는 병법입니다. 군법은 조례와 규정을 모은 것이며, 병법은 군법을 바탕으로 변한 것이지만 여전히 군법의 몇 가지 특징을 가지고 있습니다. 병법은 '용병지법用兵之法'의 줄임말입니다. 그것은 군법과 관련이 있지만 완전히 같지는 않습니다. 군법에서 이야기하는 것은 '군대를 세우는 법建軍之法'과 '병사를 다스리는 법治兵之法'입니다. 병법에서 이야기하는 것은 '군대를 움직이는 법行師之法'과 '병사를 부리는 법用兵之法'입니다. 당나라 학자 공영달孔穎達은 『주역』「사괘師卦」의 소疏에서 '병법'이라는 용어를 사용해서 왕필王弼이 주석한 '행사지법行師之法'을 풀이했습니다. 여기서 두드러진 것은 바로 '용用' 자입니다. 악비는 "운용의 묘는 마음에 달렸다運用之妙, 存乎一心"(『송사』「악비전」)라고 했습니다. 전국시대의 병서는 비록 군법류의 내용이 있지만 모략을 위주로 합니다. 『손자』는 병법의 대표입니다. 한나라와 당나라의 고서에서는 『손자』를 인용할 때 흔히 간단하게 '병법'이라고 칭했습니다. 고대의 기술 서적은 대부분 비슷한 유형으로 이름을 붙인 것이 특징입니다.

고대 병법을 읽으려면 고대의 군사 지식에 대해 조금 배워야 합니다. 그러나 유감스럽게도 상고시대를 이야기하고 옛사람들이 어떻게 싸웠는가를 이야기하기에는 우리의 지식이 매우 부족하고 세부 사항에 대해 모르는 것이 너무 많습니다. 나는 내가 알고 있는 것들을 중심으로 말하고자 합니다.

먼저 고대의 군종軍種과 병종兵種에 대해 말해보겠습니다.

고대 상商·주周 시기의 야전은 주로 전차전이었습니다. 춘추시대 중기에는 보병이 진晉나라에서 크게 일어났고, 전국시대 말기에는 기병이 조나라에서 크게 일어났는데, 모두 북방 민족의 이동에 대처하기 위한 작전과 관련이 있습니다. 북방 민족의 남하는 닝샤寧夏·간쑤甘肅·산시陝西·산시山西·허베이河北 지방 등 어떤 곳이라도 가능했으며, 특히 산시山西 지방은 중간에 위치한 까닭에 가장 중요했습니다. 양쯔강揚子江 유역과 그 남쪽에는 또한 병선兵船과 수군이 있었습니다. 현대의 군종인 해군·육군·공군에서 공군을 제외하고는 모두 수천 년 전에 이미 존재했습니다. 비행기는 1903년에 발명되었습니다. 공군은 제1차 세계대전의 산물입니다. 1918에 성립된 영국 황실 공군이 독립된 군종으로는 최초라고 합니다. 그러나 육군과 해군의 역사는 매우 오래되었고, 특히 육군이 오래되었습니다. 전차병과 기병, 보병은 고대 육군의 3대 병종입니다. 중국의 장기가 오늘날과 비슷한 장기가 된 것은 송나라 이후부터입니다. 장將(또는 帥), 상相(또는 象), 사士가 구궁九宮에 있는 것은 중군中軍 대막사의 지휘부를 대표하며, 차車·마馬·포砲·졸卒이 주위에 있는 것은 격렬하게 싸우는 쌍방의 각 병종을 대표합니다. 전차車와 말馬, 병졸卒은 오래된 병종이며, 포砲는 새로운 병종입니다. 포砲는 '던진다抛'는 뜻으로 '砲' 자로도 쓰는데, 흔히 혼용해 구별하지 않습니다. 그 원형인 포석기抛石器는 돌탄환石彈을 던질 수도 있고 불덩어리火球를 던질 수도 있기 때문에 의미 부분인 부수는 '석石' 또는 '화火'를 사용하며, '포包'는 음을 나타내는 부분입니다. 송나라 때의 장기 알에는 뒷면에 그림이 그려진 것도 있는데, 포砲에는 송나라 때의『무경총요 전집武經總要前集』에 실린 그림처럼 투석기나 불덩어리가 그려져 있습니다. 포병은 언제 생겨났을까요? 이치상으로는 송나라 때 있었지만, 독립된 병종이 된 것은 명확한 기록이 있기 때문에 학계에서는 대부분 명나라 영락永樂 초기(1409년과 1410년 전후)의 신기영神機營이 중국 최초의 포병이라고 인정합니다. 그러나 중국 최초의 포병은 원나라 말기까지 올라갈 수 있다고 생각하는 학자들도 있습니다.[1] 14세기 몽골인들이 화포를 유럽에 전해주었는데, 어떤 그림 (1326~1327년경 제작)에 우리를 위해 그 모습이 남겨져 있습니다. 유럽의 포병은 1450년 이후에야 생겼고, 프랑스가 가장 이르다고 합니다.(나폴레옹이 바로 포병 출신입니다.)[2]

송나라 때의 장기 알 가운데 포.

먼저 육군에 대해 이야기하겠습니다. 육군은 동서고금을 막론하고 군대의 주체입니다. 서양 사람들이 말하는 '아미army'가 바로 육군이며 또한 군대입니다. 보병과 기병, 포병은 모두 육군의 하위 병종입니다. 1860년 프리드리히 엥겔스는 『미국신백과전서美國新百科全書』에 군사 방면의 항목을 집필했는데, 그 가운데 군대Army·포병Artillery·기병Cavalry·보병Infantry

유럽에서 가장 이른 시기의 화포.

그리고 해군Navy 등의 항목이 있습니다(『마르크스·엥겔스 전집』 중국어판 제14권, 인민출판사, 1964). 이 항목들은 서술이 매우 상세해 참고할 만합니다. 중국어판 『브리태니커백과사전』은 새롭기는 하지만 이런 항목 가운데 없는 것도 있고, 어떤 것은 너무 간략합니다.

보병. 허난성 지시현 산뱌오진山彪鎭 1호묘에서 출토된 청동 거울에 새겨진 그림.

보병은 가장 빨리 출현해 사용 시간도 가장 긴데, 고대든 현대든 모두 보병과 결별할 수 없었던 것은 마찬가지입니다. 보병은 두 종류로 나뉘는데 하나는 전차에 부속된 경우이며, 다른 하나는 독립된 보병입니다. 그리스나 로마의 보병은 후자에 속합니다. 그들은 갑옷을 입고 투구를 썼으며 손에 방패를 들었습니다. 방패와 긴 창을 이용해 인간 울타리를 만들었으며, 궁수도 있었는데 대부분 타이즈(중국에서 호복胡服이라 부르는)를 입은 스키타이 사람이었습니다.[3] 그때 농업민족은 시민 신분의 전사들로 모두 보병이었는데, 북방 야만족(게르만족·켈트족·슬라브족)의 용병들만은 기병으로 사람도 크고 말도 컸습니다. 그들은 겁 많은 놈들만 말을 타고 싸운다고 생각했습니다. 그러나 유럽 북부와 중국 북부에 대규모의 야만족이 침입하자 기병의 작용을 소홀히 볼 수 없었습니다. 중국은 농업민족으로 '기백이 있는 군진과 정열된 군기'를 좋아해서 기마병들이 어지러이 날뛰고 갑자기 습격하는 것을 업신여겼습니다. 이것은 농업민족이 기마민족에 대해 가지는 편견입니다.(미국이 테러리스트들을 겁쟁이라고 말하는 것과 마찬가지입니다.) 중국에서 '보병'이라는 단어는 『육도』

(「용도龍韜·농기農器」「호도虎韜·군용軍用」「견도犬韜·전보戰步」)에 3번 보이는데, 전차병·기병과 병렬됩니다.

전차병은 사실 보병에서 나누어진 것으로, 현대의 장갑부대나 오토바이부대에 해당합니다. 전차병은 말이 끄는 전차에 보병을 배치해서 전투에 투입하는 것인데, 보병이 전차 위에 타는 경우도 있고 마치 지금의 탱크부대에서 보병이 앞에서 소리쳐 길을 열고 뒤를 호위하는 것처럼 전차 밑에 있는 경우도 있습니다. 말을 길들이고 수레를 끌게 하는 일은 중앙아시아에서 가장 먼저 시작되었는데, 6000년 전에 말이 있었고 4000년 전에는 마차가 있었습니다. 말을 길들이고 마차를 발명한 것은 군사 역사에 매우 중요한 일입니다. 상대商代에 군사 장관을 마馬라 했고, 주대周代에는 군사 장관을 사마司馬라 했으며, 고대에 출전하기 전에 지내는 제사를 마제禡祭라고 했으니, 모두 말과 관련이 있습니다. 말의 처음 용도는 수레를 끄는 것이었지 타는 것이 아니었습니다. 말은 군사의 전염병처럼 전 세계로 광범위하게 전파되었고, 중국도 예외는 아니었습니다. 전차는 나라마다 달랐습니다. 서아시아나 이집트 전차는 바퀴살이 적었고(대부분 6개), 바퀴통이 짐 싣는 곳輿 뒤에 있었습니다. 이것은 중국의 수레와 다른 점입니다. 그리스나 로마의 경우는 바퀴통이 짐 싣는 곳 중간에 있지만 수레바퀴가 작고 짐 싣는 곳도 낮으며 바퀴살도 적어서 매우 약했습니다. 이것도 중국의 수레와 다를 뿐 아니라 연대도 늦습니다. 중국의 수레는 바퀴살이 빽빽하고 바퀴통이 수레의 짐 싣는 곳 가운데 있어서 그것과 비슷한 점도 있지만 역시 옛 소련에서 발굴된 중앙아시아 계통의 마차입니다. 마차는 중국 중원 지역에서 상나라 때 비로소 출현했는데, 지금부터 3000여 년 전이며 더 이른 시기의 전차는 없습니다. 학자들은 중앙아시아에서 전래된 것으로 추정합니다.[4] 출토된 전차는 약간의 금속

이집트 투탕카멘의 무덤에서 출토된 나무 상자 위에 새겨진 그림.

아시리아 아슈르바니팔Ashurbanipal 2세의 궁전 벽화.

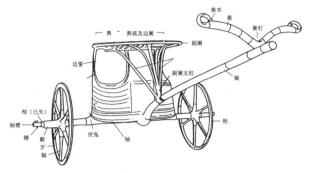

衡末 衡 衡钉
輿 輿底及边闌
副闌
边窗
副闌支柱
辕
轮
棺（已失）
轴臂
辖
蝦牙
辐
伏兔
轴

이집트 투탕카멘의 무덤에서 출토된 마차.

진시황릉 부장 갱도에서 출토된 1호 청동 수레.

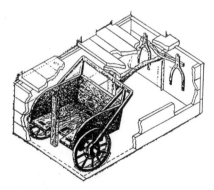

러시아 신타시타Sintashta 무덤 30호에서 출토된 마차(복원도).

구조물과 나무 부분을 제외하고는 모두 이미 진흙이 되어 수레의 대체적인 윤곽만 파악할 수 있을 뿐인데, 좀더 분명한 모습을 보고자 한다면 진시황릉秦始皇陵 1호의 청동수레를 참고해도 무방합니다.

기병은 전차병에 비해 더 늦게 출현했습니다. 중동과 근동에는 기원전 800년 전에 이미 기병이 있었습니다. 예를 들면, 이라크 북부의 아시리아 궁전의 화상석畫像石에도 기병이 있습니다. 엥겔스는 기병을 설명하면서 아라비아·페르시아·소아시아·이집트와 북아프리카의 말이 가장 뛰어나고, 아시리아에서 기병이 가장 먼저 출현했지만 정식 기병이라 할 수 없으며, 이집트의 기병은 매우 늦게 출현했으며, 로마인들은 기마에 능하지 못했지만 알렉산더 대왕의 기병은 매우 강력해서 "그리스인들은 정식 보병의 창건자이면서 정식 기병의 창시자이기도 하다"[5]라고 말했습니다. 고대 폼페이 유적지의 농목신農牧神 '파우누스의 집Casa di Fauno'에 남아 있는 모자이크 그림에는 알렉산더 대왕이 갑옷을 입고 말을 타고 있는 모습으로 묘사되어 있습니다. 또한 중세의 유럽이 '야만화'되는 데는 기병의 작용도 매우 컸습니다. 그러면 중국의 기병은 언제부터 있었을까요? 전통적인 설명은 전국시대 조나라 무령왕武靈王이 백성들에게 호복을 입고 말을 타고 활쏘기를 익히게 한 것을 표지로 삼습

기병
아시리아 아슈르바니팔 2세의 궁선 벽화.

뤄양 진촌金村에서 출토된 것으로 전해지는 청동거울의 기병 그림.

니다. 이런 설명은 학계에서 논란이 있는데, 어떤 사람은 조나라 무령왕 이전에도 중국에서 이미 말을 탔으며, 심지어 상나라 때도 말을 탔다고 합니다. 이런 가능성에 대해 나는 토론하고 싶지 않습니다. 내가 말하고 싶은 것은 유라시아 초원은 세계 역사의 큰 무대이며, 흉노와 동호東胡는 모두 전국시대 말기에야 북방에서 흥기했다는 점입니다. 조나라의 북방 은 지금의 산시성山西省 북쪽 다퉁大同 일대로서 북방 민족이 남하해 곧 바로 뤄양洛陽을 취할 수 있는 요지였으며, 당시에 대代라고 부른 곳이 바 로 조나라의 북쪽 경계에 있었습니다. 조나라 무령왕은 오랑캐들에게 무 엇을 배웠을까요? 중요한 것은 두 가지입니다. 첫째는 앞섶이 길고 소매 가 큰 옷을 버리고 지금의 운동복처럼 몸에 붙는 웃옷과 바지로 바꿔 입 은 것이고, 둘째는 말을 타고 활을 쏘는 법을 배워 오랑캐의 방식으로 오 랑캐의 몸을 제압한 것입니다. 기병이 흥성한 데에는 이러한 배경이 있 습니다. 진·한秦漢 이래 오랑캐 기병이 남하할 때마다 기병은 더욱 중요 해졌습니다. 기병이 쇠퇴한 것은 화포가 발명된 뒤이며, 특히 탱크부대 와 오토바이부대가 생긴 뒤부터입니다. 오늘날 기병은 이미 역사의 무대에서 물러나 기마경찰과 교대했습니다. 그러나 화포가 발명되기 전에는 누구도 한 번 일어난 물결이 잔잔해지기 전에 또 다른 물결이 일어나는 것처럼 몰아치는 기마민족의 습격을 막을 수 없었습니다. 야만족을 부정하고 기병을 부정하면 유럽의 중세기를 설명할 방법이 없고, 이슬람이 크게 번성한 것도 설명할 방법이 없으며, 아시아의 역사를 설명할 방법도 없기 때문에 세계사를 전혀 설명할 방법이 없습니다. 『손자』에도 '기騎' 자가 없으며, 『사마법』과 『울요자』에도 없지만, 『육도』와 『오자』 『손빈병법』에는 있습니다.

보병·전차병 그리고 기병은 중국 고대의 육군입니다.[6]

수군水軍을 가리키는 주사舟師는 후세에 수사水師라고 불렀고, 서양에서는 해군이라 부릅니다. 서양 해군의 전신은 북유럽의 해적이지 그리스나 로마의 해군이 아닙니다. 지중해 연안의 많은 나라가 모두 해군과 큰 배를 보유하고 있었습니다. 예를 들어 페니키아 전선은 바로 당시 매우

페니키아 전선
아시리아 센나케리브Sennacherib 왕의 궁전 벽화.

유명한 전선입니다. 엥겔스가 말하기를 페니키아·카르타고·그리스·로마의 배는 모두 바닥이 평평하고 돛이 비교적 작아서 해상의 거센 폭풍을 감당하기 어려웠기 때문에 서양 해군은 결코 여기서 나온 것이 아니라고 했습니다. 유럽 해군의 진정한 탄생지는 북해(북극해 지역)로, 프리지아족·색슨족·앵글족·덴마크족·스칸디나비아족이 용골龍骨이 우뚝하고 양 끝이 뾰족한 범선(바닥이 뾰족한 배)을 사용했는데, 이런 돛이 높은 큰 배가 현대 함선의 전신이라고 할 수 있습니다.[7] 1880년대에 중국인은 매우 열등감을 가지고 서양 문명은 해양문명이라 말하지 않았으며, 중국은 줄곧 문호를 닫고 외국과 교류하지 않았습니다. 사실 중국은 유럽과 마찬가지로 바다와 닿기만 하면 항해하는 전통이 있습니다. 중국은 줄곧 강과 바다를 동시에 사용하는 주사舟師와 수사水師가 있었는데, 특히 명나라의 환관이자 전략가인 정화鄭和의 함대는 배가 매우 크고 숫자도 많았으며, 항해 범위도 매우 넓어서 수준이 조금도 처지지 않았습니다. 중국 역사상 간혹 시행된 항해 금지海禁(명나라 초기와 말기처럼)를 중국 항해사의 전부로 간주해서는 안 되는데, 유럽도 항해 금지 시기가 있었습니다. 중국의 수전水戰은 남방이 북방보다 발달했습니다. 춘추시대 말기에 초·오·월 삼국이 항상 수군을 이용해 싸운 일이 『좌전』 『오월춘추吳越春秋』 『월절서越絶書』 등에 보입니다. 기원전 485년, 오나라에서 서승徐承을 파견해 수군을 거느리고 바다를 건너 제나라로 들어가게 했는데(『좌전』 애공哀公 2년), 이것은 바로 도해작전입니다.(상륙삭선이라고도 할 수 있습니다.) 남방 사람들은 물에 가까워서 배를 좋아하고 보통 배를 관으로 삼아 장례를 지내곤 했습니다. 『월절서』 권8에 따르면, 월왕越王 윤상允常의 왕릉은 누선樓船의 병졸이 2800명으로 소나무와 측백나무를 베어 뗏목(이 또한 배입니다.)을 만들고 목객대총木客大冢이라 불렀다고 했

습니다. 학자들은 1996년에 발굴된 저장성浙江省 사오싱紹興의 인산대묘
印山大墓가 바로 그 무덤이라고 생각합니다. 그것은 산을 파서 무덤을 만
든 것으로, 안쪽에는 양면에 비탈이 있는 나무 구조물로 된 묘실墓室이
있고 사방은 해자垓字가 둘러져 있습니다. 묘 안의 관은 나무를 깎아 배
를 만들었는데 길이는 6.9미터이며, 지름은 1.15미터입니다. 그것은 노르
웨이의 수도 오슬로에서 보았던 바이킹의 배를 떠올리게 합니다. 바이킹
들도 배로 장례를 지냈는데 갑판 위의 선실 양면에 비탈이 있는 것이 인
산대묘의 묘실과 매우 비슷합니다. 고대 전선의 종류는 다양합니다. 중
국도 여러 층의 큰 배가 있으니, 예를 들면 한나라가 남월南越을 정벌할 때
양복楊僕을 누선장군樓船將軍으로 삼았는데 누선이 바로 이런 배입니다.
정화 함대의 큰 배도 이와 같을뿐더러 학자들은 바닥이 뾰족한 배가 확
실하다고 추정합니다. 『손자』는 수군을 언급하지는 않았지만, "무릇 오
나라와 월나라는 서로 미워하지만, 두 나라 사람이 배를 함께 타고 강을
건너다가 바람을 만난다면, 좌우의 손처럼 단결해 서로를 구하려고 할
것이다夫吳人與越人相惡也, 當其同舟濟而遇風, 其相救也如左右手"(「구지」)라는
구절이 있습니다.

전선

산뱌오진 1호 무덤에서 출토된 청동거울에 새겨진 그림.

전쟁은 속임수다

중국 고대의 병종 가운데 『손자』에 보이는 것은 주로 전차병과 보병입니다. 이제 '전차전'에 대해 더 자세히 살펴보겠습니다.

진·한 이래의 전쟁은 보병과 기병이 중심이지만 전차가 없어진 것은 결코 아니며 그 나름의 용도도 있었습니다. 전차의 한 가지 용도는 수레를 주위에 둘러 진영으로 삼아 기병의 돌진을 막는 것이었으니, 고요함으로 움직임을 제어한다以靜制動는 것입니다. 다른 한 가지 용도는 군수물자를 운반하는 것으로, 치중거輜重車로 쓰였습니다.(화물차가 바로 현대의 마차입니다.) 송나라 증공량曾公亮의 『무경총요 전집』권4에 다음과 같은 내용이 있습니다.

전차전은 하·상·주 삼대부터 사용했지만 진·한 이래로 점점 기병을 편하다고 여겼기 때문에 수레에 대한 제도가 없어져 상세히 아는 사람이 없다. 한나라 위청衛青이 오랑캐를 공격할 때 무강거武剛車로 둥글게 에워싸 진영을 갖추고 기병을 보내 공격하니 선우單于가 달아났다. 이릉李陵이 오랑캐 땅에 깊이 들어갔을 때 뜻밖에 오랑캐와 맞닥뜨렸고 중과부적이었으나, 대거大車로 진영을 갖춘 뒤 병사들을 이끌고 밖에서 석궁으로 집중 공격하니 오랑캐가 흩어져 달아났다. 진晉나라 마융馬隆이 수기능樹機能을 정벌할 때 적들이 험한 지형을 틈타 매복하고 앞뒤를 막자 마융이 팔진도八陣圖에 따라 편상거偏箱車를 만들었다. 땅이 넓으면 녹각거鹿角車로 진영을 갖추고 길이 좁으면 수레 위에 나무 지붕을 실치해 싸우면서 전진한 끝에 마침내 강羌의 무리를 평정했다. 당나라 마수馬燧 또한 전차를 만들어 산예狻猊(전설상의 맹수)의 형상으로 덮고 뒤에는 창을 꽂아 나열했다. 행군할 때는 병장기를 실었고, 머무를 때는 진영을 갖추고 위험한 곳을 막아 적의 공격을 저지하는 데 이용했다. 본조本朝 송宋 함평咸平 연간에 오숙吳淑

이 글을 올려 아뢰기를 "넓은 들에 오랑캐 기병이 갑자기 이르렀을 때, 수레를 연이어 붙여 제지하지 않는다면 어떻게 그들의 돌진을 막을 수 있겠습니까? 그러므로 수레를 이용해 싸우는 전차전이 편리합니다"라고 했다. 이 몇 가지는 모두 수레를 사용해 적을 막는 것을 말한 것인즉 하·은·주 삼대에 수레를 몰고 공격해 싸우는 방법은 아니지만 스스로 적을 막고 승리를 제어하기에는 충분하다. 오직 당나라 때 방관房琯이 안녹산安祿山을 공격할 때 춘추시대 전차전의 방법을 사용해 전차 2000대에 말과 보병을 옆에 두었는데, 적이 바람을 타고 먼지를 일으키며 북을 쳐 시끄럽게 하니 소들이 모두 크게 놀랐다. 이를 틈타 풀을 묶고 불을 지르니 사람과 짐승이 어지러이 패주하고 방관도 마침내 달아났다. 이것 역시 고금의 시간은 다르지만 유리함과 해로움을 잘 이용한 것이다. 전차전의 방법을 알고 있으므로 강한 진영을 짓밟아 무너뜨리거나 돌진해 오는 적을 막고, 행군할 때는 군량과 기계를 싣고 멈추어 있을 때는 주위에 진영의 방어막으로 삼는데, 그 쓰임은 같지만 그 제도는 반드시 모두 같을 필요는 없다. 땅의 이로운 바와 적의 해로운 바를 취하여 따르기도 하고 고치기도 하면서 사용하기 편하게 하면 될 뿐이다.

車戰, 三代用之, 秦漢而下, 寖以騎兵爲便, 故車制湮滅, 世莫得詳. 至漢衛靑擊胡, 以武剛車自環爲營, 縱騎兵出擊, 單于於是遁走. 李陵深入胡地, 猝與虜遇, 衆寡不敵, 陵以(大軍)[大車]爲營, 引士於外, 千弩俱發, 虜乃解去. 晉馬隆討樹機能, 賊乘險設伏, 遏截隆前後, 隆依八陣圖作偏箱車, 地廣則以鹿角車營, 路狹則爲木屋施于車上, 且戰且前, 遂平羌衆. 唐馬燧亦造戰車, 蒙以狻猊象, 列戟於後, 行則載兵甲, 止則爲營陣, 或塞險以遏奔衝. 本朝宋咸平中, 吳淑上議, 復謂平原廣野, 胡騎焱至, 苟非連車以制之, 則何以禦其奔突? 故用車戰爲便. 此數者, 皆謂以車爲衛, 則非三代馳車擊戰之法, 然自足以禦敵制勝也. 惟唐房琯擊安

　　　　　　　　　전쟁은 속임수다

祿山, 用春秋車戰之法, 以車二千乘, 夾以馬步, 賊順風揚塵鼓噪, 牛皆震駭, 因

縛芻縱火焚之, 人畜撓敗, 珀遂遁走. 此亦古今殊時, 而用有利害也. 則知車戰之

法, 所以躪轢強陣, 止禦奔衝, 行則負載糧械, 止則環作營衛, 其用一也, 其制則

不必盡同. 取地之所利, 與敵人之所害, 或因或改, 便於施用而已.

　"치거 천 대, 혁거 천 대, 갑옷을 입은 병사 십만 명馳車千駟, 革車千乘, 帶
甲十萬"은 전차와 병사의 수를 말하는 것입니다. '사駟'는 말 네 마리가 수
레 한 대를 끄는 것을 말합니다. 춘추시대의 전쟁은 규모가 어땠을까요?
큰 나라와 작은 나라가 같지 않으며, 초기와 말기도 다릅니다. 그 가운
데 지표로 삼는 것은 주로 전차의 수량과 병력의 규모입니다. 지금이라면
핵무기 보유량이나 군대의 규모를 살필 것이며, 제2차 세계대전 때는 전
투기와 탱크, 군대의 규모로 따졌습니다. 전하는 말로는 무왕武王이 상
나라를 정벌할 때 "혁거 삼백 대와 용감한 병사 3000명革車三百兩, 虎賁
三千人"(『맹자』「진심盡心 하」)을 거느렸다고 하는데, 전차 300대에는 병사
3000명이 배치되기 때문에 규모가 매우 작습니다. 춘추시대의 일반적 제
후국은 모두 전차 1000대를 보유했는데, 예를 들어 노魯나라가 처음 취
푸曲阜에 봉해졌을 때는 "혁거 천 대革車千乘"(『시경』「노송魯頌·민궁閟宮」)
과 『예기』「명당위明堂位」)를 보유했습니다. 당시 대국의 조건을 갖춘 제나
라·진秦나라·진晉나라·초나라는 모두 1000대 이상의 전차를 가지고 있
었기 때문에 습관적으로 "천승지국千乘之國"(『좌전』애공 14년)이라 칭했
습니다. 그러나 실전에서 실제로 출동할 수 있는 전차는 대개 수백 대이
며, 가장 많이 동원된 기록은 800대입니다. 성복城濮 전투에서 진晉나라
군대는 700대를 출동시켰으며(『좌전』희공 28년, 성공 2년), 안筆 전투[8]에서
는 진나라 군대가 800대를 출동시켰으며(『좌전』성공 2년), 애릉艾陵 전

투[9]에서 제나라 군대는 800대를 출동시켰으며(『좌전』 애공 11년), 자산子産이 진陳나라를 칠 때 정나라 군대는 700대를 출동시켰습니다(『좌전』 애공 25년). 당시 전차에 병사를 배치하던 방식을 이른바 '승법乘法'이라 하는데, 대부분 10인제로 전차 1대에 무장한 병사 10명을 배치했으니 '천승지국'은 무장한 병사가 단지 1만 명일 뿐이고, 설사 『사마법』 일문逸文의 규정(뒤에서 상세하게 설명함)에 따라 다시 2배를 더하더라도 3만 명에 불과합니다. 서주西周의 군제軍制는 사師가 최고 편성 단위였습니다(은나라는 8사, 서주는 6사로 편성). 춘추시대의 최고 편성 단위는 군軍이었는데, 『주례』「하관夏官·서관敍官」에 "왕은 육군이며, 대국은 삼군이며, 그 다음 나라는 이군이며, 작은 나라는 일군이다王六軍, 大國三軍, 次國二軍, 小國一軍"라고 했습니다. '천승千乘'과 '삼군三軍'은 대체로 상응하는 개념입니다. 춘추시대의 군제를 연구하는 사람들은 일반적으로 진晉나라를 예로 듭니다. 진나라는 기원전 678년(곡옥曲沃이 진나라를 병합한 초기) 무공武公 때는 1군만 보유했을 뿐이고(『좌전』 장공莊公 16년), 기원전 661년 헌공獻公 때는 상·하 2군을 설치했으며(『좌전』 민공閔公 원년), 기원전 632년 문공文公 때는 이미 상·중·하 3군이 있었으며, 기원전 588년 경공景公 때 6군을 창설했습니다(『좌전』 성공 3년). 그밖에 진나라는 보병도 매우 빨리 창설해서 성복 전투 이전에 이미 있었으며(『좌전』 희공 10년 조목에 이미 "좌행 공화와 우행 가화左行共華 右行賈華"라는 구절이 보입니다.), 성복 전투 이후에는 상·중·하 3행三行을 증강했습니다. 3군에 3행을 더한 것이 바로 6군이니, 천자의 제도를 본받은 것입니다. 만약 『주례』의 '1만 2500명을 1군으로 삼는다'는 말에 근거해 계산하면 6군은 7만5000명입니다. 예전 사람들은 춘추시대의 전쟁 규모는 단지 수만 명에 불과할 것이라고 추정했는데, 대체로 믿을 만한 견해입니다. 그러나 춘추시대 말

전쟁은 속임수다

기에는 비교적 큰 변화가 있습니다. 당시의 양대 강국은 전차가 더 많이 늘어났습니다. 진晉나라의 경우, 49개의 현縣을 두었는데, 현마다 바퀴통이 긴 장곡거長轂車 100대를 내서 모두 4900대가 있었습니다(『좌전』 소공 5년). 초나라는 이보다 더 많아서 진陳·채蔡·동불갱東不羹·서불갱西不羹 등 변방의 큰 현 4곳에서만 "각각 1000대씩을 부과했다賦各千乘"(『좌전』 소공 3년)라고 했으니, 모두 합하면 4000대입니다. 초나라의 전차 보유량은 결코 진나라에 뒤지지 않았습니다.

여기서 말하는 규모는 당연히 일반적인 수량입니다. 그것은 춘추시대 말기의 전쟁 규모를 반영하는 것으로, 전차는 두 종류에 각각 1000대씩이며, 병사는 모두 무장하고 10만 명이 있었습니다. 이런 숫자는 춘추시대 전기와 중기의 전차 1000대나 병사 3군(약 3만7500명)에 비하면 당연히 큰 것이며, 전차가 배가 되어 병력도 훨씬 더 늘어났습니다. 과거에 위작을 가려내는 변위학자辨僞學者들은 춘추시대에는 2000대의 전차와 10만 명의 병력을 보유하는 일이 불가능했다고 말했는데, 아마 당시의 수준을 과소평가한 듯합니다. 『손자』의 말은 결코 과장이 아닙니다.

병법을 말할 때 이러한 배경 지식이 매우 중요하기 때문에 몇 마디 더 하고자 합니다.

중국 고대의 전쟁을 연구할 때, 전쟁 규모는 매우 중요합니다. 우리는 18세기 이전의 유럽은 적어도 10만 명 이상이 전쟁에 참가했다는 것을 알고 있습니다. 중국은 그와 달리 춘추시대 말기에 이미 10만의 숫자로는 계산할 수 없는 것이 평균 수준입니다. 전국시대의 규모는 더욱 큽니다. 당시의 제자서諸子書에는 '만승지주萬乘之主, 천승지군千乘之君'이라는 말이 종종 보입니다(『장자』 「어부漁父」, 『한비자』 「애신愛臣」 「비내備內」 편). 전국시대 초기에 대해 우리는 명확히 알 수 없지만, 춘추시대 말기와 비숫하게 많은 나라들의 병력이 여전히 10만 명 이하일 것이라고 추정합니다. 예를 들어 한韓·위魏·조趙 삼가三家가 진晉나라를 분할한 뒤의 위나라는 전국시대 초기의 최강국이었는데, 위나라 문후文侯와 무후武侯를 섬긴 명장 오기吳起가 바란 이상적 군대는 "오만의 병력을 죽기로 각오한 도적처럼 만드는以五萬之衆, 而爲一死賊"(『오자』 「여사勵士」) 것이었습니다. 그러나 전국시대 중기 이후 특히 말기에는 상황이 크게 변했습니다. 기원전 303년에서 기원전 301년 사이에 제나라·위나라·한나라가 초나라를 공격해 수사垂沙에서 격파했습니다. 기원전 300년에서 기원전 296년 사이에는 조나라가 중산中山을 공격해서 멸망시켰습니다. 이 두 전쟁에서 모두 20만 명이 동원되었습니다. 당시 7대국은 모두 수십만의 군대를 보유하고 있었으며, 진秦나라의 경우 적어도 100만 명 이상의 병사가 있었습니다. 기원전 293년 이궐伊闕 전투에서 백기白起는 한나라와 위나라를 격파하고 24만 명을 참수했으며, 기원전 279년의 언鄢 전투에서 백기는 물을 끌어와 성을 잠기게 함으로써 초나라 군민 수십만 명을 익사시켰습니다. 또 기원전 273년 화양華陽 전투에서 백기는 조나라와 위나라를 격파하고 15만 명을 참수했으며, 기원전 260년 장평長平 전투에서 백기는 조나라의 항복한 병사 40만 명을 생매장했습니다. 단지 이 네 차례의 큰 전투에서만 죽은 사람이 100만 명이 넘습니다. 우리는 산둥 지방의 여섯 나라가 보유한 병력은 진秦나라만 못하지만 평균 수준은 50만 명 정도라고 추정합니다. 전부 합하면 대략 400만 명입니다. 당시의 중국 영토는 지금처럼 크지 않았고 인구도 지금처럼 많지 않았지만 군대는 오히려 이처럼 방대하고 사상자도 이처럼 참혹해서 완전히 세계대전 수준입니다. 중국의 병법이 발달한 데에는 이러한 기본 배경이 있습니다.

병법은 유혈의 경험을 변환한 것입니다.

위 단락의 이 말은 약간의 해석이 필요합니다. 먼저 『손자』에 나타난 전차 제도와 승법乘法에 대해 살펴보겠습니다. 여기서는 두 종류의 전차를 제시했습니다. '치거馳車'라는 용어는 고서에는 잘 보이지 않으며 단지 『관자』「칠신칠주七臣七主」편과 『손자』 일문(『통전通典』권159의 "오왕손무구지문吳王孫武九地問" 일문 인용)과 『오자』「여사」편에만 보입니다. 글자의 뜻으로 보자면, 비교적 가볍고 편리해 빠르게 달리며 공격하는 데 유리한 전차입니다. '혁거革車'는 고서에 자주 보이는데, 『좌전』『공양전公羊傳』『주례』『예기』『맹자』『한비자』『여씨춘추』 등 많은 고서에 모두 이 단어가 있습니다. 한나라와 당나라 때의 주석에는 모두 혁거를 병거兵車라고 했는데 틀리지 않을 것입니다. 맹자의 말에 따르면, 무왕이 상나라를 정벌할 때 바로 이 전차를 사용했습니다(『맹자』「진심 하」). 글자의 뜻으로 보자면, 혁거는 가죽을 덮은 전차일 가능성이 있습니다. 예를 들어, 곽박郭璞은 혁거를 피헌皮軒이라 생각했는데, 호랑이 가죽을 덮은 전차라는 뜻입니다(『사기』「사마상여열전司馬相如列傳」집해集解 인용). 이 두 종류의 전차 가운데 혁거의 명칭이 더욱 오래되었기 때문에 마땅히 본래 의미의 전차이지만, 한나라 때는 크게 알려지지 않았고, 송나라 이래의 혁거는 옛것을 회복해 만든 것으로 이것과는 무관합니다. 치거는 바퀴가 큰 장곡거長轂車로서 개량한 신형 전차입니다. 치거는 가볍고 편리해 공격에 유리하고, 혁거는 무겁고 둔해 수비에 유리한 것으로 각각의 용도가 다릅니다.

이 단락에 대한 조조의 해석은 결코 맞지 않습니다. 그가 해석한 이 단락은 영송본 『위무제주』와 송본 『십일가주』가 서로 다르며, 고서에 인용된 내용도 같지 않고 잘못된 글자들도 있어서 내가 『손자고본연구』에서 정리한 바 있습니다. 조조는 치거는 경거輕車이고, 혁거는 중거重車라고 했습니다. 만약 앞의 것이 경량의 전차이고, 뒤의 것이 중량의 전차라는 뜻이라면 이 설명을 받아들일 수 있습니다. 그러나 조조의 말은 이런 뜻이 아닙니다. 그의 설명은 『사마법』에 근거하는데, 금본今本『사마법』이 아니라 일문의 내용입니다. 그는 치거를 『사마법』의 '경거'로 보았으며, 혁거를 『사마법』의 '중거'로 보았습니다. '경거'는 고서에 많이 보이는데, 『좌전』 『주례』 『관자』 『사마법』 『육도』 같은 책에도 모두 이 단어가 있으며, 『손자』 「행군」 편과 인췌산에서 출토된 한나라 죽간본 『손빈병법』에도 있으며, 한나라 또는 더 늦은 시기에도 여전히 사용되었습니다. '중거'는 치거輜車인데 줄여서 치輜 또는 중重이라 부릅니다. 치거輜車·치중輜重 또는 치輜·중重이라는 단어는 고서에 많이 보이는데, 한나라 또는 더 늦은 시기에도 여전히 사용되었습니다. 우리가 소홀히 해서는 안 될 것은 『사마법』의 수레에서 경거는 전차이고, 중거는 치중거輜重車라는 점인데, 후자는 '치련輜輦'(줄여서 '련輦'이라 부르는데, 한나라에서는 '여거余車'라 하고, 은나라에서는 '호노거胡奴車'라고 칭했습니다.)이라고도 합니다. 고서의 치거·경거·혁거는 모두 말이 끄는 전차로서 사람을 태우는 것이며, 중거는 소가 끄는 치중거로서 병기와 군장, 식량을 싣는 것입니다. 혁거는 결코 중거가 아닙니다.

중국 고대의 군용 수레는 두 종류가 있습니다. 하나는 마차이고, 다른 하나는 우차牛車입니다. 마차는 일반적으로 말 네 마리가 끄는 것으로서 말 네 마리가 수레 하나에 멍에를 매기 때문에 일사一駟 또는 일승一乘이라 하며, 단지 사람만 태우고 짐을 끌지 않기 때문에 빨리 달릴 수 있습니다. 이 장에서 말하는 '치거천사馳車千駟' '혁거천승革車千乘' 같은 표현에서는 모두 말이 끄는 전차를 뜻합니다. 우차는 일반적으로 소 한 마리가 끄는 것으로서 오로지 무거운 짐만 싣고 사람을 태우지 않기 때문에 속도가 매우 느립니다. 이 편의 뒤에 나오는 '구우대거丘牛大車'가 바로 후자에 속합니다. 앞의 것은 소거小車라 하고 뒤의 것은 대거大車라 합니다. 『논어』「위정」편에 "큰 수레에 끌채 마구리가 없고 작은 수레에 멍에막이가 없다大車無輗 小車無軏"라는 구절이 있는데, 포함包咸은 주석에서 "대거는 우차이다大車, 牛車"라 하고 "소거는 말 네 마리가 끄는 수레이다小車, 駟馬車也"라고 풀이했으며, 형병邢昺은 소疏에서 "소거사마차小車駟馬車'라고 한 것은 『고공기考工記』에 병거·전거·승거는 모두 말 네 마리에 멍에를 씌운다고 했기 때문에 '말 네 마리가 끄는 수레'라고 한 것이다云小車駟馬車者, 考工記兵車田車乘車也, 皆駕駟馬, 故曰駟馬車也"라고 풀이했습니다. 말 네 마리가 끄는 사마차駟馬車는 전차에 국한된 것이 아닙니다. 사냥하는 수레나 평소 타고 다니는 수레도 사마차일 수 있습니다. 옛사람들은 소를 부리고 말을 탔는데, 이 두 가지 동물을 길들여 수레를 끌게 한 것이 어느 시대에 시작되었는가 하는 점은 고고학자들이 열중하는 큰 문제인 동시에 군사사軍事史의 큰 문제이기도 합니다. 수레의 발명에서 관건은 바퀴입니다. 수레를 끄는 일은 소나 말 또는 다른 동물의 힘에 의지합니다. 소를 길들인 것이 시기적으로 빠르며, 말을 길들인 것은 그 뒤의 일입니다. 우차가 마차보다 더 빨리 발명되었습니다. 영어에서는 일반적으로 짐승을 이용한 수레를 그냥 '카트cart'라고 하고, 우차는 '옥스 카트ox cart'라고 하며, 전투용 마차를 비로소 전차라는 뜻의 '채리엇chariot'이라고 하게 되었습니다. 마차의 중요성은 그것의 속도·기동성·충격력에 있습니다. 그것의 군사적 응용은 대단히 중요합니다. 길들인 말과 마차가 가장 먼저 출현한 곳은 중앙아시아입니다. 전차는 서아시아·이집트·그리스·로마에 모두 있었습니다. 모든 사람이 전차시대를 거쳤습니다. 기병이 크게 발달한 것은 후대입니다. 중국 문헌에서 전하는 바

간쑤성 우웨이武威 레이타이雷臺의 한나라 무덤에서 출토된 우차 모형.

에 따르면, 설薛나라의 선조인 해중奚仲이 수레를 발명했고, 상나라의 선
조가 말타기를 발명했으며, 왕해王亥가 소 부리는 것을 발명했다고 하는
데(『세본世本』「작편作篇」), 시기적으로는 모두 하나라 때 일입니다. 그러
나 고고학적 발견으로 가장 이른 마차는 상나라 말기의 수레이고, 더 이
른 시기의 것은 아직 발
견되지 않았으며, 우차
의 상황은 자세하지 않
습니다. 허난성에서 발
견된 하나라의 옌스상청
偃師商城 유적에 수레바
퀴 자국이 남아 있는데,
이것이 마차가 머물렀던
흔적이라고 생각하는
사람도 있지만 우차, 곧
전거軒車(바퀴살이 없는
바퀴가 달린 수레)가 머물

사동정 명문
둘째 줄에서 셋째 줄에 걸쳐 "거마 다섯 대와 큰 수레 20대車
馬五乘, 大車二十"라는 문장이 보인다.

전쟁은 속임수다

렀던 흔적이라고 생각하는 사람도 있습니다.[10] 이 문제를 연구하는 데 주의해야 할 청동기 유물이 있는데, 바로 서주 말기의 사동정師同鼎입니다. 여기에 새겨진 명문銘文은 주나라와 융호戎胡 사이의 전투를 기록한 것입니다. 그 가운데 주나라 군관을 칭하는 사동師同이 노획물로 마차와 우차 두 종류의 수레를 얻었다는 내용이 있는데, 마차는 '마차馬車'라 하고 우차는 '대거大車'라 했습니다. 이는 마차와 우차가 모두 전쟁에 사용되었다는 좋은 예입니다. 지난날 나는 논문을 통해 이 명문을 연구한 바 있습니다.[11]

뒤에 언급되는 '파거피마破車罷馬'는 마차를 말한 것이고, '구우대거丘牛大車'는 우차를 말한 것입니다.

고대 전차는 일반적으로 모두 한 대당 말 네 마리에 사람 세 명이 배치되었습니다. 그러나 예외적으로 한 명, 두 명 또는 네 명이 배치된 경우도 있습니다. 보통의 병거에서 왼쪽에 있는 사람을 '거좌車左', 가운데 있는 사람을 '거어車御', 오른쪽에 있는 사람을 '거우車右'라 불렀습니다. '거좌'는 활과 화살을 담당했고, '거어'는 말고삐를 잡았으며, '거우'는 창을 담당했습니다. 세 사람은 갑옷을 입고 있어서 '갑사甲士'라 부르며, 갑사의 우두머리를 '갑수甲首'라 칭합니다. 군수軍師의 전차는 거어가 왼쪽에 있고, 군수가 가운데 있으면서 북채와 북을 잡았으며, 거우는 오른쪽에 있었습니다. 이것이 거병車兵입니다. 거병의 일반적인 명칭은 '사士'입니다. 사에는 전차 아래에 딸린 갑사 7명도 포함됩니다. 갑사 10명에는 갑옷을 입은 보병이 포함됩니다. 이들 전투 인력은 모두 귀족 무사입니다. 또 한 종류의 보병이 있는데, 일반적으로 '도徒'라고 부릅니다. '도'는 본래 천역賤役을 지칭하는 말입니다. 그들은 갑사를 따라 전쟁에 나가서 주로 소몰이꾼이나 마부가 되었는데, 옛사람들은 '시도廝徒' '시어廝馭' '도어徒御'

라고 불렀고, 조조의 주석에는 '시양厮養'이라 했으며, 오늘날에는 사육사飼養員라고 부릅니다. 그밖의 허드렛일도 분담했는데, 조조의 주석에 물을 긷고 나무하는 보직을 '초급樵汲'이라 했고, 지금의 취사병에 해당하는 불을 때고 밥을 하는 보직을 '취가자炊家子'라 했으며, 피복을 관리하는 보직을 '고수의장固守衣裝'이라 했습니다. 이런 사람들은 비전투 인원으로 각종 허드렛일을 담당하며 지위가 낮았습니다. 비슷한 명칭으로 '졸卒'이 있는데, 전차 뒤에서 귀족들을 수행하며 시중을 들었습니다. 그들을 '보졸步卒' 또는 '도졸徒卒'이라 부르기도 하고 때로는 '도병徒兵' 또는 '보병'이라고도 불렀습니다.

'대갑帶甲'은 갑옷을 입고 투구를 쓴 거병車兵과 보병입니다. 갑옷은 몸을 보호하는 것이며, 투구는 머리를 보호하는 것입니다.

초기의 승법에서는 사士와 도徒가 섞여 편제되어 항상 함께 불렸지만, 사는 귀족 무사이며, 도는 천역이기 때문에 완전히 종류가 다릅니다. 사는 거병(거상車上과 거하車下 포함)과 갑옷을 입은 보병입니다. 도는 갑사 이외의 예속된 보병으로서 갑옷과 투구를 착용하지 않았습니다. 후자는 전문적인 군사 훈련을 받은 적이 없는, '정졸正卒' 이외의 '선졸羨卒'에 속하며, 전투 보조 인원이자 잡무를 맡은 비전투 인원에 불과하기 때문에 고서에서는 '백도白徒'(최근 발표된 상하이박물관의 초나라 죽간 『조말지진曹沫之陳』에도 이 단어가 있습니다.)라고 불렀습니다. 춘추시대 말기의 군사 변화는 사회 변화를 동반했습니다. 도·졸의 숫자가 급격히 증가함으로써 중요성이 높아져 독립된 병종이 되었으며, 원래 신분이 낮았던 사람도 신분이 상승해 정규 사병이 되었습니다. 이런 사병도 갑옷과 투구를 착용했으며, 비록 여전히 도·졸이라고 불렸지만 그 성격은 이전과 현저하게 다릅니다.

전쟁은 속임수다

후베이성 쑤이저우隨州 증후을묘曾侯乙墓에서 출토된 가죽 투구와 가죽 갑옷(예시).

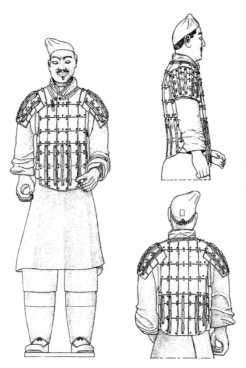

진시황릉 병마용갱 1호갱에서 출토된 무사 인형.

고서에 나오는 '도徒'의 기본적 함의는 '걸어간다步行也'는 뜻이며, 확장된 의미는 '보졸步卒' '보병' 또는 '수레를 따르는 사람從車者' '연자輦者' '걸어서 수레를 끈다步挽輦車(치중거輜重車)' 등입니다.¹² '졸卒'은 '의衣' 자와 어원이 같으며, 기본적 함의는 '노예 가운데 잡일을 맡아 보는 사람隸人給事者', 곧 도례徒隸입니다. 또 이런 사람들이 입는 옷이라는 해석도 있습니다(『설문해자』 「의부衣部」). 군사학적 함의에서 '졸'과 '도'는 비슷해서 '보졸步卒' '종거자從車者'라고 할 수 있을 뿐 아니라 함께 붙여서 '도졸徒卒'이라고 칭할 수도 있습니다. 그러나 '졸'은 '도'와는 조금 달라서 군대 편제의 단위를 가리키기도 합니다. 이런 '졸'은 '중衆'으로 풀이하는데, '졸倅'의 가차자일 가능성이 있습니다. '倅'은 보좌한다는 뜻으로 예속 관계를 나타내며, '췌萃' 자로 쓸 수도 있습니다. 나라를 보좌하는 사람을 '졸卒'이라 칭할 수 있고, 수레를 보좌하는 사람도 '졸'이라 칭할 수 있으며, 남을 보좌하는 사람도 '졸'이라 칭할 수 있습니다. '췌萃'는 모은다는 뜻이 있는데, '도徒'를 '중衆(무리)'으로 풀이하는 경우와 비슷합니다.¹³

고대의 승법은 주로 크게 두 가지로 나뉩니다. 하나는 초기의 10인제이며, 다른 하나는 말기의 100인제입니다. 10인제는 십오什伍의 편제로서 10명이 '십什'이 되고, 5명이 '오伍'가 되어 하나의 '什'에 2개의 '伍'가 포함됩니다. 이런 제도는 매우 오랜 시간 사용되었는데, 서주시대 전체와 춘추시대 전기가 주로 이런 승법이었을 것입니다. 후대의 군제에서 '십오'는 가장 낮은 편제 단위입니다. 100인제는 졸량卒兩의 편제로서 100명이 '졸'이 되고, 25명이 '양兩'이 되어 하나의 '졸'에 네 개의 '양'이 포함됩니다. '양兩'은 수레를 뜻하는 '양輛'의 본자本字입니다. 후대의 군제에서 '졸량'은 '십오'보다 2단계 높은 편제 단위입니다. 『사마법』 일문에 두 가지 승법이 언급되었는데, 첫째는 정井·통通·성成·종終·동同·봉封·기畿의 제도

에 따라 군역을 징발한 것으로, '혁거 1대에 사 10명, 도 20명革車一乘, 士

十人, 徒二十人'을 편성하는 것이 규정이었습니다. 이런 제도에서는 도졸徒

卒을 계산하지 않고 다만 갑사甲士만 계산하므로 10인제에 속합니다. 도

졸을 더해도 30명일 뿐입니다. 이것은 비교적 오래된 제도입니다. 둘째는

정井·읍邑·구丘·전甸·현縣·도都의 제도에 따라 군역을 징발한 것으로,

수레도 두 가지로 나뉘는데 하나는 '융마戎馬'에 멍에를 씌운 '경거輕車'로

서 '장곡長轂'이라고도 하며 전차에 속합니다. 다른 하나는 '구우丘牛'에 멍

에를 씌운 '중거重車'로서 치중거輜重車에 속합니다(제6강 「형形」 편의 마지

막 장 참고). 경거에는 전사 75명을 배치하는데, 수레 위의 갑사甲士 3명과

수레 아래의 보졸 72명입니다. 중거에는 잡무를 맡은 비전투 인원 25명

을 배치하는데, 취가자炊家子(취사병) 10명, 군수 관리병 5명, 시양廝養(짐

승 사육병) 5명, 초급樵汲(나무 하고 물 긷는 병사) 5명이 포함됩니다. 전투

인원만 계산한다면 75인제이며, 비전투 인원을 더하면 100인제입니다.

100인제는 비교적 새로운 제도입니다. 4개 '량兩'의 배치 방식은 조조의

『신서新書』 일문(뒤에 자세히 설명)을 참고하면, 전후좌우의 각 방면에 1개

씩 배치하되 직접 전투에 참여하는 3개의 '량'을 전차의 앞과 좌우에 배

치하고, 잡무를 맡은 비전투 인원을 배치한 '량'은 치중거의 뒤를 따르게

한 것으로 추정됩니다.

조조의 주석은 『사마법』의 10인제를 인용해 설명한 것입니다. 조조에

따르면, 치서는 마차로서 전투 인원(보병) 10명과 비전투 인원 5명을 배치

하며, 혁거는 우차로서 비전투 인원 3명을 배치한다고 했습니다. 이 숫

자에 1000을 곱하면 1만8000명에 불과해 10만이라는 숫자에 크게 못

미치기 때문에 틀린 것이 분명합니다. 그러나 송나라 장예張預는 조조의

『신서』를 주석하면서 『사마법』의 100인제를 인용해 달리 해석했습니다.

장예는 치거를 공거攻車, 혁거를 수거守車, 양兩을 대隊라 불렀으며, 공거의 앞과 좌우에 각각 1대를 배치해 모두 75명이고 수거의 뒤에 25명이 있다고 설명했습니다. 이 숫자에 1000을 곱하면 10만이라는 숫자에 부합하기 때문에 비교적 합리적입니다. 그러나 앞에서 말했듯이 혁거는 치중거가 아닙니다. 만약 치중거가 아니라면 여기서의 '갑옷을 입은 병사 십만 명帶甲十萬'은 당연히 수레 2000대에 배치된 것입니다. 실제 상황은 두 종류의 전차, 곧 치거가 앞에 있고, 혁거가 뒤에 있으며, 두 전차의 전후와 좌우에 각각 1량을 배치하되 여기에 치중거는 결코 포함되지 않았을 것입니다. 치중거는 큰 부대의 뒤를 따라갑니다. 제나라의 군제軍制는 관중管仲이 창설했는데, 이른바 '소융小戎'이란 것이 있습니다(『국어』「제어齊語」, 『관자』「소광小匡」). 소융은 병거의 다른 이름입니다. 이런 소융은 50명으로 편성되므로 2량에 해당합니다. 나는 여기의 100인제는 전차 두 대에 각각 50명씩, 곧 전차 1대에 하나의 소융을 배치한 것일 가능성도 있다고 생각합니다.

"천리궤량千里饋糧"은 아주 멀리 있는 10만 명을 먹일 식량을 보내는 것이니 중대한 일입니다. 이것은 군대가 출병한 뒤의 물자 보급에 대한 것으로, 아래 문장에서 말하는 '운수運輸'에 속합니다. 아래 문장에서 말한 '용병의 해로움用兵之害'의 첫째 조목이 바로 이 문제를 말하는 것입니다.

"내외지비內外之費"에서 '내內'는 국내이며, '외外'는 국외를 말합니다. 아래의 모든 비용을 포함합니다.

"빈객지용賓客之用"에서 '빈객'은 외교사절입니다. 여기서는 간첩과 외교에 사용되는 많은 비용을 가리킵니다. 둘 다 국내외를 왕래하며 활동합니다. 예로부터 외교와 간첩은 뗄 수 없는 인연이 있습니다. 이것이 첫째 비용입니다.

전쟁은 속임수다

"교칠지재膠漆之材"에서 교칠은 전차·병기의 자루와 활·쇠뇌를 수리하는 데 필요한 중요한 재료입니다. 이것이 둘째 비용입니다.

"거갑지봉車甲之奉"은 전차와 갑옷·투구를 끊임없이 보충하는 것을 말합니다. 이것이 셋째 비용입니다.

『고공기』에 언급된 고대의 공예는 5부류에 30종이 있는데, 그 가운데 3분의 1이 군사와 직접 관련이 있습니다. 예를 들면, 나무를 다루는 장인 가운데 윤인輪人·여인輿人·주인輈人·궁인弓人·여인廬人·거인車人·재인梓人(주인輈人은 매우 많습니다.), 쇠붙이를 다루는 장인 가운데 야씨冶氏·도씨桃氏, 가죽을 다루는 장인 가운데 함인函人, 깎고 가는 장인 가운데 시인矢人 등이 그렇습니다. 윤인·여인輿人·주인·거인은 전차를 만드는 일과 관련이 있는데, 윤인은 수레바퀴를 만들고, 여인은 거상車箱(수레에서 사람이 타는 곳)을 만들고, 주인은 수레 끌채를 만들고, 거인은 수레의 전체 조립을 책임졌습니다. 야씨·여인廬人은 과戈·수殳·극戟·모矛를 만드는 일과 관련이 있는데, 야씨는 인刃(청동검)을 주조하고, 여인은 비柲(대나무를 포갠 손잡이)를 만들었습니다. 도씨는 검劍(큰 칼) 만드는 일을 관장했습니다. 궁인·야씨·시인·재인은 활과 화살 만드는 일과 관련이 있는데, 궁인은 활을 만들고, 야씨는 화살을 주조하고, 시인은 화살을 갈아서 가공하는 일을 책임지고, 재인은 후侯(활쏘기 연습 과녁)를 만들었습니다. 함인은 갑옷을 만들었습니다. 이 가운데 투구와 방패는 언급되지 않았습니다.

고대의 공예 가공 작업 가운데 전차가 가장 복잡해서 "하나의 기구를 만들 때 장인들이 여럿 모이는데, 수레가 가장 많다一器而工聚焉, 車爲多"라고 했습니다. 『사마법』 일문에 말하기를, 고대의 치련輜輦(치중거)에는 부斧·근斤·착鑿·이枑(또는 사耜)·서鋤·판版·축築 등을 싣고 다녔다고 했는데, 바로 수레를 수리하거나 땅을 파기 위한 용도입니다.

"일비천금日費千金"은 또 제13편 「용간」에도 보이는데, 하루의 비용을 말합니다. 내가 계산해 보니 당시의 '천금'은 374킬로그램의 구리입니다. 옛사람들은 항상 '천금'이란 표현으로 가치가 매우 높음을 형용했는데, 한번 승낙한 약속은 천금과 같다는 뜻으로 약속을 중히 여김을 비유하는 말인 '일낙천금一諾千金'이나 훗날 부귀한 집안의 딸을 '천금'이라 한 것이 그런 예입니다. 여기서는 매우 많음을 말한 것일 뿐 결코 정확한 숫자는 아닙니다.

"이런 뒤에 십만의 군사를 거병하는 것이다然後十萬之師擧矣"라는 말은 군대가 출발해 병사들이 국경을 넘어가는 것을 말합니다. 앞의 「계」 편은 묘산을 이야기했습니다. 묘산은 정부의 결정을 대표합니다. 계책이 묘당에서 결정된 뒤의 일이 바로 군대를 출동시켜 국경을 넘어 적국으로 들어가는 것입니다. 당시의 전쟁도 현대의 제국주의 전쟁과 마찬가지로 모두 다른 나라로 가서 싸웠습니다. 반드시 다른 나라로 가서 싸우는 것은 자기 나라의 안전을 위해서입니다. 「화공」 편에서는 "나라를 안전하게 하고, 군대를 온전하게 하는 길安國全軍之道"이라고 했습니다. 굶주린 사람의 큰 문제는 밥을 먹는 것이며, 부유한 사람의 큰 문제는 안전입니다. 미국은 매우 부유하기 때문에 안전 문제가 가중 중요합니다. 미국에는 12척의 항공모함 전투단과 700개가 넘는 군사기지가 있으며, 군사비는 전 세계 군사비 총지출의 47퍼센트를 차지합니다.

국내에서 국외까지, 묘당에서 전쟁터까지의 모든 전략 결정은 전투에 투입되어야 비로소 분명해집니다. 각 단계마다 그에 맞는 계산이 있습니다. 묘산은 단지 미리 계산하는 것일 뿐입니다. 장부에 또박또박 계산해야 합니다. 결산은 뒤에 합니다. 앞에서 이미 묘산 이전과 이후의 전쟁

전쟁은 속임수다

준비에는 매우 많은 부분이 있다고 말한 바 있는데, 『손자』에서는 설명하지 않았지만 우리는 이를 헤아려 보아야 합니다.

묘산 이전에 가장 중요한 것은 고대의 전쟁에 필요한 군부軍賦(군사상의 세금이나 부역) 제도와 군사훈련입니다. 전자는 '토지를 계산해서 병졸을 징집하는 법算地出卒之法'입니다. 한 나라가 토지가 얼마나 되고, 얼만큼의 양식을 거두고, 얼마나 되는 사람을 먹여야 하고, 병사를 얼마나 모을 수 있는지 등에 관한 내용이 「형」 편에서 말하고자 하는 문제입니다. 이 장에서 말하는 수레와 병졸을 징집하는 제도는 바로 이 문제와 관련이 있습니다. 옛날의 전쟁은 주로 진법陣法에 의존했습니다. 이른바 훈련이란 주로 사냥을 통해서 진법을 연습하는 것이었습니다. 사냥이란 야수를 가상의 적으로 간주하는 것입니다. 전쟁은 사냥과 밀접한 관련이 있습니다. 사냥꾼은 모두 남자이며, 전쟁도 남자들이 하는 일입니다. 이런 훈련을 옛사람들은 '수수蒐狩'라고 불렀고, '대열大閱' 또는 '교열校閱'이라고도 불렀습니다. 한나라와 당나라 이후에는 '교렵校獵'이라 불렀습니다. 그 내용은 주로 병사들에게 앉고 일어나며 나아가고 물러나는 것을 훈련시키고, 깃발과 북소리 그리고 각종 군령을 숙지하도록 하는 것이었습니다. 오늘날 세계 각국이 선진국이든 아니든 군인이 되면 모두 '차렷' '쉬어' '우로 나란히' '앞으로 가' 등을 훈련하는 것은 바로 이런 연습과 훈련의 제도적 유산이며 정신적 상징입니다. 『공양전』 환공桓公 6년 조목에 노나라의 대열大閱에 대한 기록이 있는데, 하휴何休가 여기에 주석을 붙여 "보병의 훈련은 해마다 한 번 하고, 전차병의 훈련은 3년에 한 번 하며, 보병과 전차병이 협동해서 전쟁 연습은 하는 것은 5년에 한 번이다"라고 풀이했습니다. 그 당시의 군대 훈련에는 많은 시간이 필요했기 때문에 5년 동안 실시하지 않은 경우도 있는데, 공자는 심지어 7년이 필요하다고 했습니다(『논어』「자로子路」). 전쟁 준비는 시간의 준비이며, 장기간의 준비였음을 알 수 있습니다. 공자는 훈련하지 않은 군대로 전쟁하는 것은 병사를 죽음으로 모는 것과 같다고 말했습니다(『논어』「자로」).

묘산을 마친 뒤에 해야 할 중요한 일은 장수를 임명해 계책을 하달하고 무기와 병사를 내주는 것입니다. 출병하기 전에는 전쟁신에게 마제禡祭를 지내고 병사들을 모아 결의를 다지고 전투 의지를 북돋았습니다. 『육도』「용도龍韜·입장立將」편과 『회남자淮南子』「병략兵略」편 그리고 『태백음경太白陰經』권3의 「잡의雜儀·수월授鉞」과 권7의 「제문祭文」편 등에서 이와 관련된 내용을 볼 수 있습니다. 이 가운데 장수를 선택하는 일이 가장 중요합니다. 「계」편의 "이로움을 헤아려 들어준다計利以聽"는 구절에서 '들어준다聽'의 관건은 장수입니다.

또 묘산 이전과 이후에 해야 할 일로 벌교伐交가 있는데, 바로 외교전입니다. 외교는 매우 중요합니다. 벌교가 성공하면 약소국도 다른 나라의 힘을 빌려 전쟁의 재앙을 없앨 수 있으며, 강대국은 다른 나라에 통지해 원조를 끊어버리고 연합해서 제재하고 포위해 적을 고립시킬 수 있습니다. 전국시대 종횡가들이 바로 이런 일에 전문적으로 종사했으며, 『전국책戰國策』은 바로 이런 일을 전문적으로 기록한 책입니다. 최근 미국은 몇 차례의 전쟁을 치렀는데, 전쟁하기 전에 모두 왕복외교를 펼쳤습니다. 정치가와 외교관들이 온 세계를 어지러이 뛰어다니며 유엔에 가서 안건을 내고 투표해 결정하는 것을 보기만 하면 전운이 짙게 뒤덮여서 곧 전쟁이 벌어지리라는 것을 알 수 있습니다. 전쟁 기간과 전쟁 종결 이전에도 모두 외교 활동이 이루어집니다.

이 편은 야전을 이야기하지만 야전이 어떻게 진행되는지에 대한 구체적인 설명은 없으며, 전쟁 동원을 말하는 것에 중점을 두고 방금 말한

전쟁은 속임수다

제도를 전제로 하고 있습니다.

'용병의 해로움'의 첫째 조목은 돈을 쓰는 것, 바로 비전費錢입니다.

비전은 간단한 표현이지만 사실은 각종 자원의 소모를 말합니다. 첫째는 인적 자원의 소모인데, 병사는 전방에서 목숨을 바쳐 싸우고 백성들은 국내에서 농사 짓고 군수 물자를 수송하는 데 전력을 다합니다. 둘째는 물적 자원의 소모인데, 식량의 소모, 병기의 소모, 외교에 필요한 지출, 간첩의 활동비 같은 것들이 포함됩니다. 고대의 재정에서 관리와 병사를 먹여 살리는 데는 주로 양식에 의존(일부 돈도 포함)했으며, 나머지는 주로 돈에 의존했습니다. 간첩을 매수하고 손님을 초대하며 병기를 수리하는 일은 모두 돈에 의존했습니다. 『한서』「식화지食貨志」의 '식화食貨(식량과 재화)'는 고대 재정의 양대 지출인데, 뒤에서 말하는 '국용國用'이 바로 이 두 가지입니다. 경제학의 측면에서 말하자면 양식도 돈으로 바꿀 수 있습니다. 그 지출은 얼마나 될까요? 앞에서 "일비천금日費千金"이라고 말한 바 있습니다.

병력의 배경은 국력이기 때문에 돈이 없으면 싸울 수 없습니다. 이것이 전쟁 경제학입니다. 전쟁에서 재정 지원은 설령 오늘날이라 하더라도 또한 가장 중요한 일입니다.

【2-2】

만약 전쟁을 할 때 지구전으로 이기려 한다면 병력은 둔해지고 예기가 꺾여서 성을 공격하면 아군의 힘이 다하게 된다. 오랫동안 군사를 국외에 두면 국가의 재정이 부족해진다. 병력이 둔해지고 사기가 꺾이며, 군대의 힘이 다하고 재화가 다하게 되면 다른 제후들이 그 피폐함을 틈타 일어나기 때문에 비록 지혜가 있는 사람이라도 그 뒤처리를 잘할 수 없다. 그런 까닭으로 전쟁을 간단하게 빨리 끝내야 한다는 것은 들어보았지만 기교를 부리며 오래 끄는 것은 본 적이 없다. 대저 전쟁을 오래 하여 국가에 이로웠던 적은 아직 없었다.

其用戰也, 勝久則鈍兵挫銳, 攻城則力屈. 久暴師則國用不足. 夫鈍兵挫銳, 屈力殫貨, 則諸侯乘其弊而起, 雖有智者, 不能善其後矣. 故兵聞拙速, 未睹巧之久也. 夫兵久而國利者, 未之有也.

이 장에서는 시간의 소모에 대해 말하고 있습니다. 이것이 '용병의 해로움'의 둘째 조목입니다.

"기용전야, 승구즉둔병좌예其用戰也, 勝久則鈍兵挫銳"라는 구절에서 주의해야 할 점은 '승勝' 자를 앞 구절에 붙여 "기용전야승其用戰也勝"으로 해석해서는 안 된다는 것인데, '승구勝久'는 하나의 단어로 지구전을 펼쳐 승리를 취한다는 뜻입니다.

"굴력탄화屈力殫貨"에서 '굴屈'은 소모한다는 뜻이며, '탄殫'도 소모한다는 뜻입니다.

"수유지자雖有智者"는 죽간본에 "수지자雖知者"로 되어 있습니다. '지자

전쟁은 속임수다

知者'는 '유지자有智者'와 같습니다. "수유지자雖有智者"는 "비록 지혜로운 사람이 있더라도"의 뜻이 아니라 "비록 지혜가 있는 사람이라도"라는 뜻입니다.

　춘추시대의 야전은 모두 속전속결로 하루 안에 승패가 분명해졌는데, 시간을 끄는 전쟁도 적었고 성을 공격하는 경우도 드물었으며, 때로는 포위하고도 공격하지 않았습니다. 기원전 595년에서 기원전 594년에 초나라가 송나라를 포위하고 9개월이 지나자 송나라 사람들은 식량이 떨어지고 땔감도 없어서 "서로 자식을 바꿔 잡아먹고 장작 대신 시체의 해골을 쪼개 밥을 지었다易子而食, 析骸以爨"(『좌전』 선공宣公 15년)라고 했으니 시간이 매우 오래 걸린 예입니다. 그러나 전국시대에는 이런 예가 많아졌습니다. 제나라·위魏나라·한韓나라가 초나라를 격파한 수사垂沙 전투와 조나라가 중산中山을 멸한 전투의 경우 전자는 3년, 후자는 5년이었습니다. 『손자』에서 말하는 전쟁이 과연 얼마나 긴 것인지 「작전」 편에서는 언급하지 않았지만, 「용간」 편에 "서로 수년간 버티는 것은 하루의 승리를 얻으려는 것相守數年, 以爭一日之勝"이라고 한 것으로 미루어 매우 긴 시간이었음을 알 수 있습니다. 이렇게 오래 전쟁한 것은 춘추시대에는 아직 없었던 것 같고 비교적 나중에 생긴 특징, 특히 전국시대의 특징인 것 같습니다. 선진시대의 고서는 대부분 후세 사람들이 정리한 것이니 이런 상황은 이상한 일이 아닙니다.

　야전에서 속전속결이 아니고 시간을 끌게 된다면 야진 자체에 불리할 뿐만 아니라 다음 단계인 공성에도 영향을 미치게 됩니다. 성을 공격할 때 역량이 충분하지 않고, 오랫동안 결판이 나지 않아 군대를 밖에 오래 둠에 따라 국가 내부도 재정이 붕괴됩니다. 전쟁과 돈을 쓰는 것은 관련이 있습니다. 전쟁은 돈을 가장 많이 쓰는 일이기 때문에 경제 장부를 계산해야 합니다. "둔병좌예鈍兵挫銳"에서 소모하는 것은 다만 시간뿐 아니라 인력과 금전도 포함됩니다. "굴력탄화屈力殫貨"의 '역力'은 인력이며, '화貨'는 금전입니다. 인력이 모두 소모되고 금전도 다 쓰게 되면 사방의 이웃 나라들이 모두 몰래 즐거워하며 장차 "그 피폐함을 틈타 일어나게乘其弊而起" 되니 아무리 총명한 사람이라도 뒤처리를 잘할 방법이 없습니다.

　저자의 결론은 매우 간단해서 "전쟁을 간단하게 빨리 끝내야 한다는 것은 들어보았지만 기교를 부리며 오래 끄는 것은 본 적이 없다兵聞拙速, 未睹巧之久也"라고 했으니, 군사상 진정으로 효과적인 것은 성실한 빠름일 뿐이지 총명한 느림이 아니라는 것입니다.

·

전쟁은 속임수다

그런 까닭으로 용병의 해로움을 다 알지 못하는 자는 용병의 이로움
도 다 알지 못한다. 용병을 잘하는 자는, 군역을 두 번 징집하지 않
고, 군량미를 세 번 보내지 않으며, 먼저 국내에서 군수품을 모으고
다시 적에게서 식량을 빼앗아 보충하는 까닭으로 군량이 넉넉할 수
있다. 군사로 인해 국가의 재정이 약해지는 것은 원거리의 수송 때문
이니 원거리에 수송하면 백성들이 빈곤해진다. 군대가 주둔한 근처에
는 매물이 귀해지고, 매물이 귀해지면 백성들의 재산이 고갈되며, 재
산이 고갈되면 군역과 세금을 재촉한다. 중원에서는 군대의 힘이 소
모되고 나라 안은 집집마다 텅 비게 된다. 백성들은 비용으로 십 분
의 육을 쓰고, 공가의 비용도 파손된 수레와 피폐한 말, 갑옷과 화살
과 활, 창과 방패, 소와 큰 수레 등에 십분의 칠을 쓰게 된다. 그런 까
닭으로 지혜로운 장군은 적에게서 식량을 구하니, 적군의 식량 1종을
먹는 것은 아군의 식량 20종에 해당하며, 적의 사료 1섬은 아군의 사
료 20섬에 해당한다. 그런 까닭으로 적을 죽이는 것은 적에 대한 분
노 때문이며, 적의 이득을 빼앗는 것은 재화로 상을 주기 때문이다.
전차전에서 적의 전차 열 대 이상을 빼앗으면 먼저 빼앗은 자에게 상
을 주고 수레 위의 깃발을 바꾸어 꽂게 한다. 빼앗은 수레는 섞어서
함께 타며, 사로잡은 병사들은 잘 대우해서 먹이니, 이것이 적을 이기
고 우리도 더욱 강해진다는 것이다.

故不盡知用兵之害者, 則不能盡知用兵之利也. 善用兵者, 役不再籍, 糧不三
載, 取用於國, 因糧於敵, 故軍食可足也. 國之貧於師者遠輸, 遠輸則百姓貧
; 近師者貴賣, 貴賣則百姓財竭, 財竭則急於丘役. (力屈)[屈力](財殫)中原,
內虛於家. 百姓之費, 十去其(七)[六] ; 公家之費, 破車罷馬, 甲冑矢弩, 戟楯

矛櫓, 丘牛大車, 十去其(六)[七]. 故智將務食於敵, 食敵一鍾, 當吾二十鍾；
萁秆一石, 當我二十石. 故殺敵者, 怒也；取敵之利者, 貨也. 車戰, 得車十
乘以上, 賞其先得者而更其旌旗. 車雜而乘之, 卒善而養之, 是謂勝敵而益强.

이 장과 다음 장은 '용병의 이로움用兵之利'에 대해 말하고 있습니다.
주로 두 조목의 대책이 있는데, 한 조목은 약탈이며, 다른 한 조목은 속
도입니다. 여기서는 먼저 첫째 조목인 약탈에 대해 말해보겠습니다. 약
탈은 그다지 듣기 좋은 표현은 아닌데, 사실상 적의 이익을 빼앗아 현지
에서 보충하는 것을 말합니다.

전쟁은 가장 소모적인 일이어서 사람과 소·말은 식량을 먹어야 하고,
마차와 우차, 갑옷과 투구, 활과 화살, 창 등도 부족하기는 마찬가지입니
다. 모든 보급 물자를 자신의 나라에서 가져온다면 지출이 매우 큽니다.
그러면 어떻게 해야 할까요?『손자』에서는 국내에서 징발하는 것은 바람
직하지 않으며 설령 징발한다 하더라도 먼 길에 수송하는 것도 문제라고
합니다. 가장 좋은 방법은 역시 적에게서 빼앗는 것입니다. 병역과 식량
을 징발할 때 한 번에 문제를 해결하는 것이 최선이며, 두 번 세 번 징발
하지 않아야 합니다. 징발하지 않는 것은 수송하지 않는 것이기도 합니
다. 일단 적지에 진격하면 어떤 것이라도 모두 현지에서 해결할 수 있는
데, 식량이 없거나 무기가 없어도 "저절로 적들이 보내줍니다."

클라우제비츠는 보급을 네 종류로 나누었습니다. 첫째는 민가에 식
사를 배정하는 것으로 '집주인이 제공하거나 마을에서 제공하는 것'이라
부르는데, 단지 아쉬운 대로 며칠은 버틸 수 있습니다. 둘째는 '군대에서

강제로 징발하는 것'으로, 한 끼 정도만 먹을 수 있습니다. 셋째는 '정규 징수'로 버티는 시간이 더 길고, 기간이 더 길어지면 넷째로 '창고 공급'에 의지해야 합니다.[14] 첫째 경우는 춘추시대에 일반적으로 사용한 방법인데, 전쟁 시간이 매우 짧아서 전쟁을 마친 뒤에 밥을 먹었으며, 당시에는 이를 '관곡館穀'이라 불렀습니다(『좌전』 희공 28년). 이 장에서 말하는 방법은 둘째와 셋째에 해당합니다. 나폴레옹은 앞의 세 가지 방법을 사용했습니다. 프랑스 혁명으로 국고에 식량이 텅 비게 되어 현지에서 보급 문제를 해결할 수밖에 없었습니다. 나폴레옹의 방법은 오히려 혁명적이고 성공적인 방법이 되었습니다. 이런 방법의 장점은 속전속결이며, 단점은 전쟁은 할 수 있되 오래 끌 수 없다는 점인데, 러시아를 공격할 때 이런 단점이 드러났습니다.

(1) 먼저 군량軍糧에 대해 살펴보겠습니다.

전쟁에서 사람은 양식을 먹어야 하며, 말과 소는 꼴을 먹어야 합니다. 병사와 말이 도달하기 전에 군량이 먼저 갑니다. 이것은 매우 중요합니다.

고대의 군부軍賦에서 병사와 거마는 주요 징집 대상이었습니다. 예를 들면, 『사마법』 일문에서 말한 두 가지 출군出軍 제도가 바로 그런 경우입니다. 거기서는 군량을 언급하지 않았습니다. 그러나 춘추시대 말기 이래로 전쟁의 규모가 커지고 기간도 길어졌기 때문에 식량에 대한 문제가 더욱 중요해졌습니다.

"군역을 두 번 징집하지 않고, 군량미를 세 번 보내지 않는다役不再籍, 糧不三載"라는 구절은 바로 군부를 말하는 것입니다. '역役'은 인력을 징발하는 것이며, '적籍'은 호적부에 등록하는 것입니다. 고대의 백성들은 호적부에 등록을 해야 했으며, 사병士兵도 병적부에 등록을 해야 했습니다. 사병은 관례에 따라 성명과 본적을 등록하고 어느 마을에서 온 누구인지를 기록했는데, 이것을 '오적伍籍'이라 합니다. '역부재적役不再籍'은 국내에서 징발한 병사의 숫자가 얼마가 되었든지 간에 또다시 병사를 뽑지 말라는 것입니다. '양불삼재糧不三載'는 양식을 재차 수송하지 말라는 것입니다. 여기서 '재再'와 '삼三'은 실제 숫자가 아니라 여러 차례 징발하지 말라는 것을 나타낼 뿐입니다.

춘추시대 말기 노나라에서 중대한 일이 일어났습니다. 기원전 484년 계손씨季孫氏가 노나라에 전부田賦라는 토지세를 시행하고자 했는데, 바로 밭을 징발 단위로 삼아 군부를 징수하는 것으로 세금이 비교적 무거웠습니다. 밭田은 900묘畝를 1정井으로 구획한 것입니다. 이 일을 시행하기 전에 계손씨는 그의 관리인인 공자의 제자 염유冉有를 파견해서 공자의 의견을 구했습니다. 공자는 불만스러워하며 날카롭게 비판했습니다. 공자의 말은 두 가지 기록, 곧 『춘추좌전』 애공 11년 조목과 『국어』 「제어齊語」 편에 남아 있는데 내용이 똑같지는 않습니다. 후자의 기록이 전자의 기록보다 더 중요한데, 그것은 군량의 징발을 직접 언급했기 때문입니다. 그 원문을 보면, "선왕께서 토지를 제정할 때 백성들의 노동력에 따라 공전을 분배하되 원근에까지 미쳤으며, 마을에서 세금을 거두어들이되 그 유무를 헤아렸으며, 장정에게 노역을 맡기되 노유老幼를 따졌다. 이에 홀아비·과부·고아·병자의 경우도 군대가 출동할 일이 있으면 뽑았으나 전쟁이 없으면 면제해주었다. 전쟁이 있는 해는 토지 1정에 종화稷禾·병추秉芻·부미缶米를 내게 하고 이 양을 넘기지 않았다. 선왕은 이것도 만족하게 여겼다. 그런데 만약 네가 모시고 있는 계손씨가 법대로 하고자 한다면 주공의 토지법이 있으며, 만약 법을 어기고자 한다면 마음대로 거두면 되지 또 어찌 나를 찾아왔느냐?先王制土, 籍田以力, 而砥其遠邇; 賦里以入, 而量其有無; 任力以夫, 而議其老幼. 於是乎有鰥寡孤疾, 有軍旅之出則

徵之, 無則已. 其歲, 收田一井, 出稯禾·秉芻·缶米, 不是過也. 先王以爲足. 若子季孫欲
其法也, 則有周公之籍矣；若欲犯法, 則苟而賦, 又何訪焉?"라고 했습니다. 공자가
말한 선왕지법先王之法은 당연히 당시에 여전히 남아 있던 '주공지전周公
之典'에서 나온 것입니다(『좌전』 애공 11년에 보임). 공자는 '주공의 토지법
周公之籍'은 능력을 가늠해 세금을 징수하는 것으로, 원근遠近·유무有無·
노유老幼·환과鰥寡(홀아비와 과부)·고독孤獨(고아와 자식 없는 노인)·병약病
弱의 사정을 헤아려 적절히 시행하되, 전쟁을 하면 징수하고 전쟁을 하
지 않으면 징수하지 않았다고 말했습니다. 징수하는 세금도 다만 정井에
서 나오는 종화·병추·부미에 불과했습니다. 정井은 아홉 사람이 사는
곳으로 전田이라고도 부르는데, 면적은 사방 1리(1리×1리)로 900묘입니
다. 화禾는 소와 말을 먹이는 볏짚입니다. 추芻는 불을 지펴 밥을 하는 땔
감으로 추고芻藁라고도 합니다. 미米는 사람이 먹는 미곡인데, 찧지 않은
것을 속粟이라 하며, 껍질을 벗긴 것을 미米라고 합니다. 그 양은 어떤 개
념일까요? 종화稯禾는 볏짚 40단, 병추秉芻는 땔나무 1단, 부미缶米는 쌀
16되라고 할 수 있습니다.

가축을 먹이는 여물은 제쳐 두고 병사들이 먹는 밥에 대해서만 말해
보겠습니다. 정井에서 나오는 쌀 16되는 무슨 개념일까요?

먼저 고대의 '산지출졸지법算地出卒之法(토지를 바탕으로 병사 징집을 계
산하는 법)'에 대해 알아야 하는데, 1정井에 거주하는 남자는 9명으로,
10가구에서 병사 1명을 내는 것과 관계없이 7,68집에서 병사 1명을 내야
합니다(모두 『사마법』 일문에 보임). 1정에서 최대로 병사 1명을 내니, 쌀
16되는 아마 병사 1명이 지닐 수 있는 최대량의 군량일 것입니다.

다음으로 『묵자』「잡수雜守」에 따르면, 고대의 사병들은 매끼의 표준을
5등급으로 나누어 반식半食은 쌀 반 되, 삼식參食은 3분의 1되, 사식四食은

4분의 1되, 오식五食은 5분의 1되, 육식六食은 6분의 1되를 먹었습니다.

당시의 사병은 매일 두 끼를 먹었습니다. 사병 가운데 정량이 가장 많은 경우는 하루에 쌀 1되를 먹었고, 가장 적은 경우는 하루에 3분의 1되를 먹었습니다. 쌀 16되는 최대 48일, 최소 16일을 먹을 수 있기 때문에 평균을 내면 한 달의 식량에 해당합니다.

서주시대와 춘추시대 전기·중기는 전쟁의 규모가 작고 시간이 짧았기 때문에 이 정도의 양식으로도 충분했습니다. 그러나 『손자』에서 말한 '범용병지법凡用兵之法'에 따라 병사 10만 명의 밥을 먹이고 말 8000마리(소는 계산하지 않음)의 꼴을 먹이는 일은 아마 불가능할 것입니다. 그래서 이듬해 봄이 되자 계손씨는 생각해온 대로 노나라에서 토지에 따라 세금을 부과하는 제도를 시행했습니다(『춘추』 애공 12년, 『좌전』 애공 12년).

여기서 '구역丘役'이 제시됩니다. 구역은 바로 '구부丘賦'입니다(『좌전』 소공 4년). 앞에서 『사마법』 일문에서 군부軍賦를 말할 때 두 가지 세금을 거두는 법이 있다고 했는데, 모두 '산지출졸지법'입니다. 한 가지는 정井·통通·성成·종終·동同·봉封·기畿에 따라 세금을 거두는 것으로 십진제十進制에 속하며, 다른 한 가지는 정井·읍邑·구丘·전甸·현縣·도都에 따라 세금을 거두는 것으로 사진제四進制에 속합니다. 구부는 사진제의 한 가지입니다. 그것은 구丘에서 소와 말을 내고, 전甸에서 수레와 병사를 내는 것인데, 갑옷·방패·창 등의 무기도 포함됩니다. 구에서 징수한 소와 말을 '필마구우匹馬丘牛'라고 했습니다(『사마법』 일문). 구부 제도는 언제 시작되었을까요? 지금까지 그리 명확하지는 않지만, 적어도 춘추시대 중기의 말엽에는 이미 있었습니다. 『사마법』에도 이런 제도가 있으며, 『손자』에도 이런 제도가 있습니다. 이 점에 대해서는 다음 강의에서 다시 말하겠습니다. 이것은 제나라의 제도입니다. 기원전 590년 노나라가 "구갑을 만들고作丘甲"(『춘추』 성공 원년), 기원전 538년 "정나라 자산이 구부를 만들었다鄭子産作丘賦"(『좌전』 소공 4년)라는 것도 이런 제도입니다.

다음으로 두 몫의 회계가 있으니, 하나는 국가의 경비이고, 또 하나는 백성의 경비입니다.

국가가 곤궁하게 되는 것은 '원수遠輸'와 '귀매貴賣' 라는 두 가지 일에 기인합니다. '원수'는 앞에서 말한 '먼 곳으로 양식을 보내는 千里饋糧' 일이며, '귀매'는 식량의 가격이 높게 오른 것을 말합니다. '근사자귀매近師者貴賣'는 군시軍市를 말합니다. 군시는 군대가 주둔한 곳에 설치합니다. 군대가 주둔한 곳은 양식

혜갑반 명문
여덟째 줄에 "차次(시장 업무를 맡아보는 관청)에 가고 시장에 가서 ……않을 수 없다毋敢不即餗(次)即市……"라 는 문장이 나온다.

의 가격이 오를 수 있습니다. 이 두 가지 일은 국가를 빈곤에 빠지게 할 뿐 아니라 백성들도 가산을 탕진하게 만듭니다.

서주시대의 동기銅器 혜갑반兮甲盤[15]에 이미 "군시"가 언급되었습니다.

왕이 혜갑[윤길보]에게 명하여 주나라 사방의 공물 바치던 나라를 정벌하고 다스려 남쪽의 회이에까지 이르도록 했다. 회이는 옛날 우리에게 비단과 수확물을 바치던 사람들로 감히 비단과 수확물과 인력을 바치지 않을 수 없으며, 장사꾼은 차次(시장 업무를 맡아보는 관청)에 가고 시장에 가서 세

금을 내지 않을 수 없다. 감히 명령을 듣지 않으면 형벌에 따라 정벌한다. 그들이 비록 제후의 백성이라도 그 장사꾼은 시장에 가지 않을 수 없는데, 감히 시장에 가지 않거나 남쪽 오랑캐 땅으로 들어가면 장사꾼도 벌한다.

王命甲, 政司成周四方積, 至於南淮夷. 淮夷舊我帛畝人, 毋敢不出其帛·其積·其進人; 其賈, 毋敢不次即市. 敢不用命, 則即刑撲伐. 其雖我諸侯百姓, 厥賈毋不即市, 毋敢或入蠻宄, 賈則亦刑. (해석문은 고문자를 쓰지 않고 현행 통용자를 쓰는 '관식'을 채용했다. 積의 원자는 責, 帛의 원자는 貝, 刑의 원자는 井, 雖의 원자는 隹.)

『상군서商君書』「간령墾令」편에도 '군시'를 언급하고 있습니다.

군부대 안의 시장에 여자가 있어 그 장사를 맡게 해서는 안 되고, 사람들에게 명해 병기와 갑옷을 마련해 전쟁 때처럼 여기게 해야 한다. 또한 군부대 안의 시장에서 개인적으로 식량이 수송되는 일이 없도록 하면 간교한 수단을 동원하더라도 그것들을 감춰둘 곳이 없게 된다. 몰래 양식을 훔쳐 운반하더라도 사적으로 그것을 놓아둘 곳을 찾지 못하고, 경박하고 게으른 사람들이 군부대 안의 시장을 돌아다닐 수 없게 되면 식량을 도둑질하더라도 그것을 팔 곳이 없을 것이다. 식량이 개인적으로 운송되는 일이 없고 경박하고 게으른 사람들이 군부대 내의 시장을 돌아다니지 못하게 되면 농민들 마음이 흔들리거나 국가의 곡물이 낭비되는 일이 없게 될 것이다. 그렇게 되면 황무지는 반드시 개간된다.

令軍市無有女子, 而命其商, 令人自給甲兵, 使視軍興. 又使軍市無得私輸糧者, 則奸謀無所於伏, 盜輸糧者不私稽, 輕惰之民不游軍市. 盜糧者無所售, 送糧者不私[稽], 輕惰之民不游軍市, 則農民不淫, 國粟不勞, 則草必墾矣.

전쟁은 속임수다

'굴력중원屈力中原'에 대해 나는 조금 교감校勘을 했습니다. '중원'은 넓은 벌판의 가운데를 말하는 것이지 '중원 국가'의 '중원'을 말하는 것은 아닙니다. '공가公家'는 '백성'과 대비해서 말한 것입니다. 옛사람들이 말하는 '공가'는 모두 관청을 가리키는데, 예를 들면 '공전公田'은 바로 국유지이며, '공량公量'은 국가에서 통일한 정량을 말합니다. 인류가 사유제私有制를 갖게 되면서 '공公'은 모두 관청이며, '사私'는 모두 백성이니, 이른바 '대공무사大公無私'라는 말은 언제나 "관리는 방화도 할 수 있지만, 백성에게는 등불을 켜는 것조차 허락하지 않는다只許官家放火, 不許百姓點燈"는 말과 같은 것입니다. '십거기륙十去其六'과 '십거기칠十去其七'은 죽간본과 금본이 완전히 서로 반대인데, 여기서는 죽간본을 따랐습니다. 국가가 백성에 비해 지출하는 것이 더욱 많기 때문입니다.

손자는 "군역을 두 번 징집하지 않고, 군량미를 세 번 보내지 않는다役不再籍, 糧不三載"라고 했는데, 국내에서 병사를 징집하지 않고, 국내에서 양식을 운반하지 않으면 어떻게 할까요? 현지에서 조달할 수밖에 없습니다. 과거에는 약탈이라는 말을 입에 올리려 하지 않았습니다. 많은 사람은 손자처럼 위대한 사람이 어떻게 약탈할 수 있을까라고 말합니다. 송나라 유학자들은 손자를 헐뜯으며 진秦나라 사람들과 똑같이 호랑이와 이리처럼 잔악무도한 군대가 아니냐고 비난했습니다. 우리는 『손자』를 읽고 감탄하지만 이 조목을 부정할 수는 없습니다. 이 조목을 부정하려도 뒤에 또 나옵니다. 일본이 중국을 침략할 때 모두 죽이고, 모두 불태우고, 모두 빼앗아가는 '삼광정책三光政策'을 시행했습니다. 불태워 죽이고 빼앗으며 여성을 강간하는 것이 본래 의미의 전쟁입니다. 영어 'rape(강간)'의 본뜻은 빼앗는 것으로, 돈을 빼앗고 물건을 빼앗고 사람을 빼앗는 것입니다. 현대의 강대국도 모두 다른 나라를 약탈했는데, 빼앗지 않으면 강하지 않은 것입니다. 화교 출신의 재미 작가인 장춘루張純如가 쓴 『난징 대학살南京大屠殺』의 영문 제목은 *The Rape of Nanking*으로, 바로 이 단어를 사용했습니다. 손자의 시대에도 다른 나라에서 싸우면 약탈하는 것이 일상적인 일이었으며 약탈하지 않는 것이 오히려 이상한 일입니다. 맹자와 순자는 왕자王者의 군대와 패자霸者의 병사에 대해 말하기를 좋아했지만 그것은 이상일 뿐 현실이 아닙니다. 송나라 유학자들은 『손자』를 헐뜯었으나 그들도 이 점에 대해서는 알고 있었습니다. 『손자』는 적에게서 빼앗아 식량을 공급할 것을 주장했는데, 이것은 명백한 사실입니다. 「군쟁」 편에 "침략은 불과 같이 하고侵掠如火"와 "마을에서 빼앗은 것은 병사에게 나누어주고掠鄕分衆"라는 표현이 있으며, 「구지」 편에는 "중지에는 습격하여 빼앗아야 하며重地則掠"와 "풍요로운 마을의 들에서 빼앗아서掠於饒野"라는 표현이 있는데, 여기에 쓰인 4개의 '약掠'자가 이 문제를 설명할 수 있습니다. '약掠'은 당연히 약탈입니다. 약탈이 아니면 무엇이겠습니까? 손자는 "적에게서 식량을 구하라務食於敵"고 주장했는데, 그 장점은 운송 비용이 들지 않고 공짜라는 점입니다. 옛사람들의 식사에서 서黍는 기장, 직稷은 메기장, 도稻는 논벼, 맥麥은 밀, 숙菽은 콩인데, 진정한 중국 본토의 작물은 기장·메기장·논벼이며, 북방은 주로 기장입니다. 기장의 껍질을 벗기지 않은 것을 속粟이라 하고 껍질을 벗긴 것을 미米라고 합니다. 당시의 주된 식량은 좁쌀입니다. '기간萁稈'은 소나 말을 먹이는 꼴입니다. '기萁'는 콩대이고 '간稈'은 볏짚(기장의 줄기)입니다. 손자는 적의 양식 1종鍾을 먹는 것은 국내의 20종에 해당하며, 적의 꼴 한 섬을 쓰는 것은 국내의 20섬과 같다고 했으니, 수송 비용이 최고 20배에 달할 만큼 매우 높은 것을 알 수 있습니다. '종鍾'은 제나라의 계량기量器 가운데 가장 높은 단위인데, 강제姜齊과 전제田齊의 '종'이 다릅니다. 강제의 계량 제도는 사진제四進制를 취해 4되升가 1말斗, 4말이 1부釜, 10부가 1종鍾이 되는데, 계량 단위가 비교적 작은 편입니다. 이에 비해 전제의 계량 제도는 사진제에 한 단위를 더해 오진제五進制로 변했습니다. 강제에서 사용한 사진제 계량의 장점은 등분하고 또 등분할 수 있다는 점인데, 네모난 되는 사등분해서 똑같이 나누기 편리합니다. 전제는 계량 제도를 오진제로 바꾸었는데, 십진제로 환산하기에 편리하도록 하기 위한 것이었습니다. 이 두 가지 계량 제도에서 모두 '종'이 가장 높은 단위입니다. 고대에는 관리가 되면 녹봉을 쌀로 받는 녹미제祿米制가 시행되었는데, 녹미를 나누어줄 때 주로 계량기를 사용했습니다. 군인의 식량, 곧 후세의 이른바 군량도 이렇게 배급했습니다. 가축의 꼴은 계량기를 사용하는 것이 불편하기 때문에 형기衡器를 사용했습니다. '섬石'은 무게를 재는 단위로 120근(지금의 30킬로그램)입니다.

(2) 그다음은 장비입니다.

국가 비용은 식량을 제외하고도 또 무기와 장비가 있습니다.

한 가지는 수레입니다.

① '파거피마破車罷馬'. 마차를 말한 것으로, 앞에서 말한 치거와 혁거를 포함합니다.

② '구우대거丘牛大車'. 구丘에서 징발한 것으로 소를 이용해 끄는 치중거입니다.

이 두 가지 수레에 대해서는 앞에서 이미 설명했습니다.

다른 한 가지는 병사 개인이 사용하는 각종 무기와 보호 장구입니다(뒤의 부록 참고).

① '갑주시궁甲冑矢弓'.

② '극순모로戟楯矛櫓'. 순楯은 순盾과 같으며, 노櫓는 몸을 가릴 수 있

는 방패입니다.

갑甲(갑옷)·주冑(투구)·순盾(방패)·노櫓(큰 방패)는 한 부류로 모두 방어용 장비입니다. 갑은 몸을 보호하는 것이며, 주는 머리를 보호하는 것이며, 순과 노는 몸을 가리는 것으로 특히 화살과 돌을 막기 위한 것입니다. '모로矛櫓'는 『십일가주』 판본에는 '폐로蔽櫓'라고 되어 있는데, '노櫓'나 '폐로蔽櫓'는 모두 몸을 가릴 수 있는 큰 방패를 가리킵니다.

극戟(갈라진 창)·모矛(찌르는 창)·궁弓(활)·시矢(화살)는 또 다른 한 부류로 모두 살상용 무기입니다. 극은 과戈(갈고리 창)에 모矛를 덧붙인 것으로 쯸 수도 있고 찌를 수도 있으며, 모는 찌를 수만 있습니다. 궁시弓矢는 멀리서 적을 쏘아 죽일 수 있습니다. '궁시弓矢'는 『십일가주』 판본에는 '시노矢弩'라고 되어 있는데, 노弩는 쇠뇌를 이용해 줄을 잡아 당겨 쏘는 도구로서 살상력이 일반적인 활과 화살에 비해 더욱 큽니다.

고대의 병기는 어디에서 징발했을까요? 『사마법』에서 언급한 둘째 군부軍賦인 구부丘賦에서 구전丘甸은 수레·말·병사를 낼 뿐 아니라 창과 방패도 낸다고 했습니다. 『춘추』에는 노나라에서 "구갑을 만들었다作丘甲"고 했으니, 갑옷甲도 있습니다.

전국시대 이래, 전쟁 동원은 전면적으로 시행되어 남녀노소가 모두 전쟁에 나가 싸웠으며, 특히 성을 지킬 때는 죄수도 동원되어 전투에 투입되었을 뿐 아니라 성을 쌓고 곡식을 찧으며 무기를 만드는 일에도 이용되었습니다. 전국시대의 무기는 대부분 사구司寇의 감독하에 만들어졌는데(이를 증명하는 명문銘文이 있습니다.), 사구는 바로 죄수를 감독하는 직책입니다. 당시 대부분의 나라에 돈이나 물건 또는 노역으로 죄를 대신하는 제도가 있었습니다. 당시에 죄를 대속하는 물건은 일반적으로 군사 장비였는데, 후베이성 원명 수이후디睡虎地에서 출토된 죽간의 진율秦律

에 갑옷이나 방패로 대속한 예가 있습니다.

앞에서 말한 장비 가운데 수레가 가장 비쌉니다. 손자는 적을 죽이는 일은 두 가지에 의존한다고 했는데, 하나는 적에 대한 분노이며 다른 하나는 물질적 격려입니다. 적의 전차를 빼앗으면 반드시 이를 장려해서 "전차전에서 적의 전차 열 대 이상을 빼앗으면 먼저 빼앗은 자에게 상을 주고 수레 위의 깃발을 바꾸어 꽂게 한다車戰, 得車十乘以上, 賞其先得者而更其旌旗"라고 했습니다.

(3) 그리고 병사가 있습니다.

고대의 전쟁은 약탈하지 않으면 죽였습니다. 대부분의 전쟁이 모두 화근을 철저히 없애느라 남자는 모두 죽이고 여자는 모두 강간했으며, 노인과 어린이도 놓아주지 않았습니다. 서주시대의 금문金文에 새겨진 "노소도 남겨두지 마라勿遺壽幼"라는 구절이 그 예라고 할 수 있습니다. 죽이지 않고 붙잡아 와서 노예로 부리는 것은 비교적 총명한 편입니다. 진秦나라는 적의 목을 벤 공을 으뜸으로 쳐서 사람을 모두 죽여 성을 텅 비게 만들고 땅을 공터로 만들어 땅을 얻어도 사람은 얻지 못했으므로 상앙商鞅은 이를 해결하기 위해 동쪽에서 백성을 이주시키는 것도 한 방법이라고 말한 바 있습니다(『상군서』「내민徠民」). 이런 것은 모두 어리석은 방법입니다. 전쟁에서 사람을 죽이지 않는 일은 불가능하지만 살생을 줄이는 것도 안 되는 일일까요? 이것이 큰 문제입니다.

고대의 전쟁에는 종족·종교·문화 문제가 있

우정禹鼎 명문 가운데 있는
"노소도 남겨 두지 마라
勿遺壽幼."(모사본)

습니다. 적이 쳐들어와서는 사람만 죽인 것이 아니라 조상의 무덤까지 파헤쳤습니다. 정복당한 사람들은 목숨을 걸고 싸우며 투항하지 않았고, 일단 항복해도 나중에 배반했습니다. 포로를 처리한 방법은 일반적으로 생매장하는 것이었습니다. 장평長平 전투에서 진秦나라 백기白起는 조나라 병사 40만을 포로로 잡았는데 어린아이 240명만 돌려보내고 나머지는 전부 산 채로 묻었습니다(『사기』「백기왕전열전白起王翦列傳」). 한나라 장수로 많은 공을 세운 이광李廣이 제후에 봉해지기 어려웠던 까닭은 역술가 왕삭王朔의 말에 따르면 항복한 병졸 800명을 속여서 죽였기 때문입니다(『사기』「이장군열전」).

"빼앗은 수레는 섞어서 함께 타며, 사로잡은 병사들은 잘 대우해서 먹인다車雜而乘之, 卒善而養之"에서 뒷구절의 말은 쉽지 않은 일입니다. 고대의 전쟁은 흔히 피가 흘러 절굿공이가 떠내려갈 정도인데, 포로를 우대하고 포로를 아군으로 재편성하는 문제를 쉽게 말할 수 있겠습니까? 오늘날 포로를 죽이는 것은 제네바 협정을 위반하는 행위로 매우 잔인하다고 생각되지만 포로가 너무 많으면 지금이라도 곤란한 문제입니다. 수십만 명의 의식주와 병원 치료를 어떻게 해결하겠습니까? 더욱이 백기가 "조나라 병사들이 다시 쳐들어올 것이니 다 죽이지 않는다면 아마 난을 일으킬 것이다趙卒反覆. 非盡殺之, 恐爲亂"라고 말한 것처럼 현대인들도 같은 문제를 두려워합니다. 스탈린주의 작가이자 소련 작가동맹 의장이었던 알렉산드르 파데예프Aleksandr Fadeyev의 소설 『괴멸Razgrom』에서 메치크Mechik는 한밤중에 잠을 이루지 못하다가 정치 위원과 의사가 부상병을 이송하기 불편하니 독침으로 처치하는 것이 상책이라고 의논하는 말을 엿듣게 됩니다. 아군의 부상병도 모두 이렇게 처리하는데 적의 포로야 말할 것이 있겠습니까? 손자는 병사조차도 소모품이기 때문에 적의 포로로 보충할 수 있다고 생각한 것입니다. 이 말은 쉽지 않습니다.

양식도 현지에서 보충하고 무기도 현지에서 보충하며 병사도 현지에서 보충합니다. 이런 것들이 더해져서 "적을 이기고 우리도 더욱 강해진다勝敵而益強"는 것입니다.

【 2-4 】

그런 까닭으로 전쟁은 승리를 귀하게 여기고, 오래 끄는 것을 귀하게 여기지 않는다.

故兵貴勝, 不貴久.

이 장에서 말하는 것은 '용병의 이로움用兵之利'의 둘째 조목인 속도快입니다. 속도는 바로 속전속결을 말합니다.

전쟁의 목적은 이기는 것이지 오래하는 것이 아닙니다. 이긴다는 것은 적을 물리쳐 복종시키고 상대방을 자신의 뜻에 굴복시키는 것입니다. 소모하는 것도 목적이 아니고, 시간을 끄는 것도 목적이 아닙니다. 침략은 멀리 가서 싸우는 것이어서 빨리 결판내는 것이 유리하며, 시간을 끌어 싸우다 피로해지면 반드시 불리해집니다. 제2차 세계대전에서 독일은 전격전電擊戰을 펼쳐 빨랐기 때문에 유리했습니다. 유럽과 싸울 때는 빨랐기 때문에 손쉽게 이겼지만, 소련에 들어가서는 시간을 끌었기 때문에 불리했습니다. 나폴레옹이 운이 나빴던 것은 러시아의 겨울 날씨 때문이었고, 히틀러도 마찬가지였으니 같은 실수를 되풀이한 것입니다. 마오쩌둥은 『지구전持久戰』을 썼는데, 지구持久란 날카롭게 대립하는 것으로 반격의 계책에 속합니다. 강자가 약자를 억누를 때는 빠른 속도로 힘껏 공격하고 공세를 늦추지 않아야 합니다. 약자가 강자에게 저항할 때는 당연히 이와 반대로 해야 합니다. 마오쩌둥의 지구전에서 강조하는 것은 전략적인 지구전입니다. 전술은 여전히 속결전입니다.

이 장은 원문이 다만 일곱 글자뿐으로 간단명료합니다.

전쟁은 속임수다

【 2-5 】

그런 까닭으로 군대의 운용을 잘 아는 장군은 백성의 생명을 맡고,
국가의 안위를 주재하는 사람이다.

故知兵之將, 民之司命, 國家安危之主也.

이 말은 곧 「계」 편 첫머리의 말과 대비할 수 있습니다. 장수가 된 사
람은 백성들의 생사를 쥐고 있을 뿐 아니라 국가의 운명도 쥐고 있습니
다. 사명司命은 하늘에 있는 별의 이름입니다. 『사기』 「천관서天官序」에 따르
면, 하늘의 문창궁文昌宮에 여섯 개의 별이 있는데 그 가운데 넷째가 바
로 사명입니다. 사명은 사람의 생사와 수명을 결정하는 신입니다. 문창
의 여섯 개 별 가운데 다섯째인 사중司中은 사과司過 또는 사화司禍라고도
부르는데, 사람의 죄과를 따져서 수명을 결정하는 신입니다. 전자는 대사
명大司命이며, 후자는 소사명少司命입니다. 하늘의 별 하나가 지상의 많은
목숨을 관장합니다. 군사는 상서롭지 못한 것으로 많은 사람의 목숨이
장군 한 사람의 손에 달려 있기 때문에 신중하지 않을 수 없습니다. 장군
은 이러한 신과 같습니다. 이것이 이 편의 마무리입니다.

장군은 사람을 죽이고, 의사는 사람의 목숨을 구하니 모두 사명司命
입니다. 외과外科 의술은 군사에서 비롯했으니, 한편으로는 죽이고 다른
한편으로는 목숨을 구했습니다. 장군의 살인은 적의 목숨으로 자신의
목숨을 바꾸는 것일 뿐 아니라 한 무리의 목숨으로 다른 한 무리의 목숨
을 바꾸는 일이기도 하니 "한 사람의 장수가 공을 이루려면 모든 병사의
뼈가 마른다—將功成萬骨枯"는 말은 과장이 아닙니다. 고대에는 사람을 죽

인 뒤 그 머리를 쌓아두고 '경관京觀' 또는 '촉루대髑髏臺'라고 불렀습니다. 이런 전통은 역사서에 끊임없이 나오며, 근대에도 있었습니다.

일본에는 이총耳塚(귀무덤)·비총鼻塚(코무덤)이란 지명이 매우 많습니다. 그 가운데 가장 유명한 이총은 교토京都에 있습니다. 도요토미 히데요시豊臣秀吉(1537~1598)가 조선 사람을 죽이고 자른 귀를 쌓아서 만든 무덤이 바로 도요토미 히데요시의 신사神社 옆에 있습니다. 무덤 옆에 세운 비석에는 그가 『좌전』에 나오는 '경관'을 본떠 이것을 만들어 죽은 사람을 위해 재계하고 불경을 외며 혼령을 위해 기도했다고 새겨져 있습니다. 일본 학자들이 나를 데리고 이곳을 참관한 적이 있는데, 그때 한 무리의 한국 사람들과 마주쳤습니다. 통솔자는 승려였으며, 그들은 큰 소리로 구호를 외쳤습니다. 원래 이곳은 한국의 애국주의 교육의 터전입니다.

러시아의 화가 바실리 베레샤긴Vasily Vasilyevich Vereshchagin (1842~1904)은 러시아─튀르크전쟁(1877~1878)에 참가했고, 러일 전쟁

이총耳塚.

전쟁은 속임수다

바실리 베레샤긴의 「전쟁의 화신」.

에서 전사했습니다. 전쟁 장면을 전문적으로 그린 그는 투르키스탄 연작 그림을 남겼는데, 그 가운데 해골탑을 그린 「전쟁의 화신The Apotheosis of War」(1871)이라는 작품이 있습니다. 그는 이 그림에 "과거와 현재와 미래의 위대한 정복자에게 바침"이라는, 매우 의미 있는 제사題詞를 붙였고, 이 때문에 러시아 차르Tsar 정부는 그가 적을 동정한다며 비난했습니다. 이것은 19세기의 '경관'입니다.

전쟁에 아름다운 느낌이란 없습니다. 진정으로 전쟁을 겪고 나서 인성이 아직 남아 있는 사람이라면 전쟁을 좋아할 리가 없습니다.

춘추전국시대의 무기

무기는 살상용과 방어용으로 나눌 수 있습니다. 춘추전국시대에 살상용 무기로는 주로 과戈·모矛·검劍·극戟·궁시弓矢가 쓰였고, 수殳·피鈹·노弩도 사용되었습니다. 방어용 무기로는 주로 갑주甲冑와 방패가 사용되었습니다.

무기에는 길고 짧은 것이 있는데, 검은 짧은 무기에 속하고, 과·모·극·수는 긴 병기에 속합니다. 긴 무기 중에도 또 길고 짧은 것이 있습니다. 짧은 것은 1미터 정도의 길이로 사람의 키 높이에도 못 미치며, 긴 것은 사람 키의 1배 반에서 2~3배에 이르는데, 특히 전차병이 사용하는 것은 길이가 반드시 말보다 길어야 비로소 효과를 낼 수 있습니다. 그러나 긴 무기라도 사람 키의 3배를 넘는 것은 거의 없습니다. 사람 키의 3배를 넘으면 사용하기 불편하기 때문입니다. 이것은 접근전에 사용하는 무기입니다.

궁시와 노는 원거리에 사용하는 무기입니다.

이제부터 간략하게 소개하겠습니다.

1. 접근전에 사용한 살상용 무기

(1) 검劍 : 초기의 비수匕首 모양의 단검은 북방의 초원 지역에서 유래한 것으로 고기를 먹기 위한 주방 도구인 동시에 호신용 무기였습니다. 검과 도刀는 같은 부류로, 날이 한쪽만 있는 것을 도, 양날인 것을 검으로 구분할 뿐입니다. 옛사람들이 말하는 '경려輕呂'나 '경로徑路'는 모두 이런 류의 도검입니다. 춘추시대 말기에 비로소 장검이 유행하기 시작했습니다. 장검은 특히 재질이 훌륭한 보검으로 오히려 남방에서 나왔는데 주로 오나라와 월나라 그리고 초나라입니다. 장검이 나왔지만 단검도 없어지지는 않았습니다. 장검은 전투에 편리하고, 단검은 호신용으로 편리하며 또한 공포감을 일으키고 암살하는 데 유용한 것으로 모두 몸에 지니고 사용하기에 편리한 무기입니다. 그래서 전국시대와 진나라와 한나라의 무사들은 보통 몸에 도검을 차고 다녔습니다.

(2) 과戈 : 과는 갈고리가 달린 무기로서 농기구 가운데 긴 낫과 비슷합니다. 상나라의 과는 창 부분이 한 일一 자 모양인데, '원

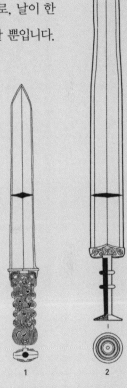

1. 전국시대 초기 선우鮮虞의 무덤에서 출토된 단검.
2. 장릉江陵 왕산望山의 초나라 무덤 2호에서 출토된 장검.

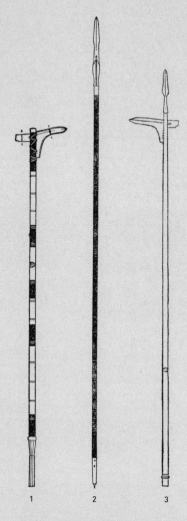

**과戈(갈고리 창)와 모矛(찌르는 창)와
극戟(갈라진 창)**

1. 바오산包山 초나라 무덤 2호에서
출토된 과.

2. 증후을묘에서 출토된 모.

3. 난징南京 루허구六合區 청차오程橋의 오
나라 무덤에서 출토된 극.

援'이라 부르는 앞부분은 뾰족하고
아래쪽에도 칼날이 있으며, 뒷부분
은 '내內'라고 부르는 자루가 있어 단
도와 비슷합니다. 주나라의 과는 정
丁자 모양으로 묶거나 고정하기 편
리하도록 아래쪽으로 드리워진, 호
胡라고 부르는 부분이 있습니다.

(3) 모矛 : 모는 찌르는 무기로서
짧은 것은 연鋋, 긴 것은 담鋔이라 부
르며, 길이가 장팔丈八(1장 8척)인 것
은 삭矟이라 부르는데, 바로 조조가
삭槊을 비스듬히 들고 시를 지었다
고 할 때의 그 삭입니다. 모의 끝부
분은 모양의 변화가 다양한데 화살
촉과 비슷하기 때문에 비교해서 연
구할 수 있습니다. 모의 자루와 과
의 자루는 모두 비柲라고 부르지만
서로 다른데, 과는 휘둘러서 공격하
는 것이어서 도끼 자루와 마찬가지
로 납작하게 만든 것이라야 공격하
는 방향으로 날카로운 날을 통제하
기 편리하며, 모는 찌르는 용도로만
사용하기 때문에 자루가 둥근 것이
라야 편리합니다.

전쟁은 속임수다

(4)극戟 : 극은 과와 모가 결합된 형태의 무기입니다. 과와 모는 따로 주조할 수도 있고 합쳐서 주조할 수도 있으며, 또 하나의 자루에 여러 개의 과두戈頭를 장착한 예도 있습니다. 극모戟矛는 자刺라고 부릅니다. 전국시대 말기에 극의 창 부분戈部의 원援과 내內의 좌우 휘두르는 곳에 모두 칼날이 있는 것을 사용했는데, 이를 계명극鷄鳴戟이라 부릅니다. 과와 극은 전차전에 딱 알맞은 것으로 매우 중국적인 특징이 있지만, 전차전이 점점 소멸함에 따라 함께 사라져서 『무경총요 전집』에는 이런 무기가 보이지 않습니다.

(5) 수殳 : 몽둥이 종류에 속하는 것으로, 후세에는 봉棒이라 불렀습니다(『무경총요 전집』 권13). 수는 세 종류로 나뉘는데, 첫째는 저울추 모양의 구리 테두리를 두르고 그 위에 찌르는 창矛刺이 있는 것입니다. 둘째는 이 두 가지를 갖추고 저울추 모양의 구리 테두리에 뾰족한 가시 같은 것들이 솟아 있는 것으로서 송나라 때의 낭아봉狼牙棒과 비슷합니다. 셋째는 앞의 두 종류와 전혀 다른 것으로서 끝부분에 관管 모양의 구리만 달려 있고 찌르는 무기는 없는데, 증후을묘曾侯乙墓의 견책遣册에는 이를 '진수晉殳'라고 불렀습니다.

(6) 피鈹 : 피는 단검을 긴 자루 위에 장착한 것으로서 오늘날의 자도刺刀와 비슷하며 후세에는 창槍이라 불렀습니다(『무경총요 전집』 권13). 이것은 전국시대에 유행해 남방과 북방에서 모두 사용했는데, 특히 조나라와 진秦나라의 유적에서 발굴된 것이 가장 많습니다. 발굴된 것들 가운데 조나라의 피는 심鐔이라고 하는, 칼날과 칼자루 사이에 끼워 손을 보호하는 용도의 날밑이 없고, 진나라의 피는 날밑이 있는데, 옛사람들은 날밑이 있는 피를 쇄鎩라고 불렀습니다.

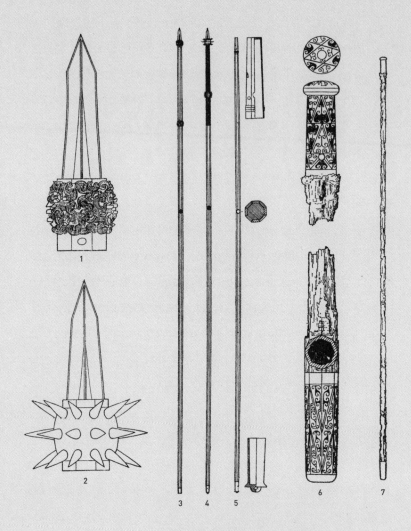

수삭(몽둥이)

1. 증후을묘 출토(날은 있으나 가시는 없음).
2. 증후을묘 출토(날도 있고 가시도 있음).
3. 증후을묘 출토(1의 완전한 모습).
4. 증후을묘 출토(2의 완전한 모습).
5. 증후을묘 출토(날이 없음).
6. 전국시대 중산왕中山王 무덤 1호 대묘 출토(날이 없음).
7. 전국시대 중산왕 무덤 1호 대묘 출토(6의 완전한 모습).

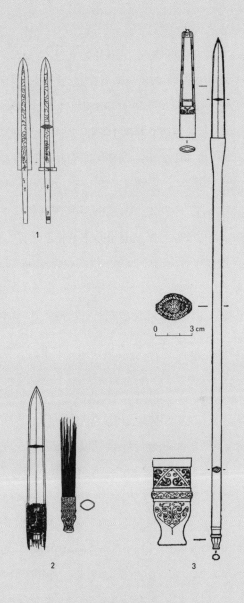

피鈹(긴 창)

1. 진시황릉 병마용갱 1호갱 출토.
2. 후난성 창사長沙 초나라 무덤 315호 출토.
3. 바오산 초나라 무덤 2호 출토.

2. 원거리에 사용한 살상용 무기

(1) 궁시弓矢 : 옛사람들이 '장병長兵'이라고 부른 것은 먼 거리에서 살상할 수 있는 무기를 말합니다. 활弓과 화살矢은 가장 오래된 것으로 구석기시대에도 있었습니다. 나무와 돌은 가장 오래된 무기이며, 활과 화살도 돌·나무가 함께 사용되었습니다.(물론 더욱 원시적인 화살은 나무 화살입니다.) 화살을 담는 도구를 복箙(전동)이라 부르며, 활을 담는 도구를 도韜(활집)라 부릅니다.

(2) 노弩 : 보통 쇠뇌라고 부르는 노는 기묘한 발명품인데, 학자들은 짐승을 잡는 도구에서 영감을 받아 만들어졌을 가능성이 있다고 생각합니다. 중국에서는 기원전 4세기에 쇠뇌가 이미 유행했습니다. 이런 무기의 발생지는 아시아 대륙, 특히 양쯔강 이남일 가능성이 있습니다. 유럽에서 쇠뇌를 사용한 연대는 비교적 늦은 편인데 학자들은 아시아에서 전해진 것의 초기 단서는 명확하지 않으며, 확실히 고증할 수 있는 것은 대략 10~11세기에 사용된 쇠뇌라고 생각합니다. 이처럼 늦은 시기의 쇠뇌는 아라비아에서 전해졌을 가능성이 있습니다. 쇠뇌는 활과 달리 쇠뇌자루弩臂에 화살을 놓고 쇠뇌틀弩機에 줄을 당겨 가늠쇠 역할을 하는 망산望山으로 조준합니다. 과거에는 무과 시험에 활시위를 당기는 팔의 힘을 시험했습니다. 그러나 강노強弩는 발로 밟아 버티며 시위가 벌어지도록 잡아당기는데(이른바 궐장蹶張입니다.) 사람의 힘으로 잡아당기기 어렵기 때문에 권양기捲揚機

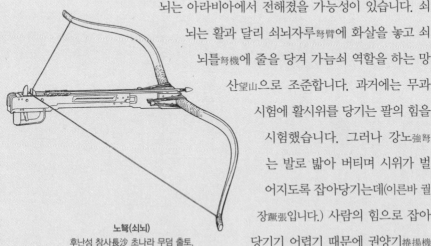

노弩(쇠뇌)
후난성 창사長沙 초나라 무덤 출토.

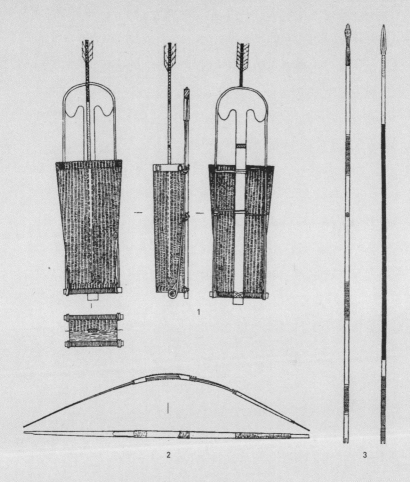

궁시弓矢(활과 화살)

1. 진시황릉 병마용갱 1호갱에서 출토된 화살집.
2. 바오산 초나라 무덤 2호에서 출토된 활.
3. 증후을묘에서 출토된 화살.

가 달린 수레의 노상弩床(화살을 올려놓는 틀)을 사용합니다. 노상은 하나의 쇠뇌틀에 여러 개의 쇠뇌를 당길 수 있기 때문에 연노連弩라고 부릅니다. 연노는 사정거리가 멀고 표적의 각도가 높아서 기마부대인 북방 민족의 공격을 막는 데 특히 효과적이었습니다. 현대의 총은 쇠뇌의 후예라고 할 수 있는데, 가늠쇠는 망산과 같고 방아쇠는 구아鉤牙(쇠뇌의 방아쇠)와 같습니다.[16] 화기火器가 등장하자 기마병은 쇠퇴하였으니 새로운 무기는 끊임없이 만들어지는 것입니다.

(3) 촉鏃 : 화살 앞부분의 화살촉을 말하는데, 석기시대의 이른바 잔석기細石器라는 것은 대부분 돌화살촉입니다. 청동기시대에는 청동화살촉을 사용했습니다. 뒤에는 철화살촉도 나왔습니다. 화살촉의 모양은 다양해서 우는살鳴鏑이 있는 것, 작은 창이 있는 것, 깃털이 있는 것, 깃털이 없는 것, 양쪽에 날이 있는 것, 세모인 것, 네모인 것, 모난 것, 둥근 것, 두터운 것, 얇은 것 등이 있는데 각각의 용도가 있습니다. 연습용 화살은 앞을 뭉툭하게 만들었는데, 송나라 때는 이를 박두전撲頭箭이라 불렀습니다.

3. 방어용 무기

(1) 갑옷甲 : 고대에는 각 나라에 모두 자기들의 갑옷과 투구가 있었는데 대동소이합니다. 그리스와 로마의 보병은 중장重裝 보병과 경장輕裝 보병으로 나뉩니다. 중장 보병은 상반신에 앞뒤 두 조각으로 된 구리銅 갑옷을 입었는데 앞쪽의 흉갑胸甲과 뒤쪽의 배갑背甲이 마치 거북의 껍질 같았으며, 종아리에는 경갑脛甲(정강이 가리개)을 차서 비교적 둔하고 무거운 차림이었습니다. 경장 보병의 갑옷은 구리 조각을 엮어서 만든

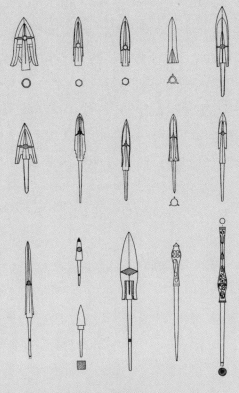

화살촉

증후을묘와 허난성 신차이新蔡 거링葛陵의 초나라 무덤에서 출토.

것으로서 비교적 가볍고 편했습니다. 이 두 종류가 가장 기본적입니다. 로마 사람들은 또 쇄자갑鎖子甲(철사로 만든 작은 고리들을 꿰어 엮은 갑옷)을 사용했는데 일반적으로 이런 갑옷은 켈트족에서 유래했으며, 더 이른 시기의 근원은 스키타이족이라고 생각합니다.[17] 이것은 앞서 말한 경장 보병의 갑옷보다 더 가볍고 편하며 몸에도 잘 맞았습니다. 중세 초기에는 유럽에서 쇄자갑이 유행했는데, 이것은 오랑캐풍의 갑옷으로서 가볍고 편한 것이 특징입니다. 14~15세기에는 상황이 변해서 기사들은 또

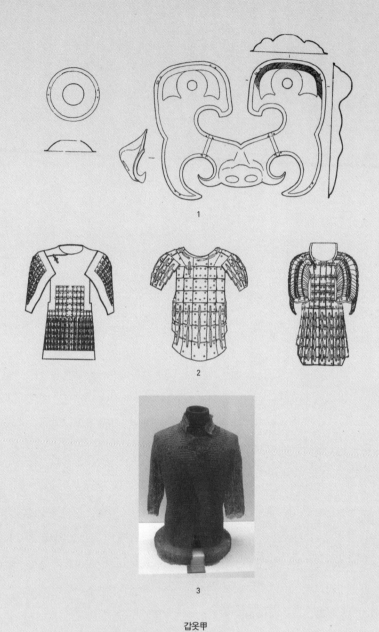

갑옷甲

1. 산둥성 자오저우胶州 시옌西奄의 서주 시기 거마갱에서 출토된 흉갑과 배갑.
2. 진시황릉 병마용갱 1호갱에서 출토된 도자기인형의 갑옷.
3. 청대의 쇄자갑.

둔하고 무거운 회갑盔甲(투구와 갑옷)으로 바꾸어 입게 되었으며, 각종 철제 회갑(흑회갑黑盔甲과 백회갑白盔甲)으로 온몸을 덮어서 모든 부위를 가렸습니다.[18] 중국에도 이와 같은 갑옷이 세 종류 있습니다. 첫째는 양당개兩當鎧라 부르는데, 가장 오래된 견본은 서주시대의 것입니다. 둘째는 학자들이 찰갑札甲(비늘 갑옷)이라 부르는 것으로서 발견된 것이 가장 많습니다. 전국시대와 진·한秦漢 대에 출토된 것은 주로 증曾나라와 초나라의 피갑皮甲(가죽 갑옷)입니다. 가죽은 고대의 보호 장구 가운데 가장 중요한 재료로서 사람과 말에 사용하고, 수레에도 사용했습니다. 한나라 때 금실로 옥을 꿰어 만든 금루옥의金縷玉衣를 옛사람들은 옥갑玉匣 또는 옥합玉柙이라 불렀는데, 실제로는 옥갑玉甲(옥으로 만든 갑옷)입니다. 철갑옷은 현갑玄甲이라고도 부르는데 서양의 흑회갑黑盔甲과 비슷합니다. 쇄자갑이 전해진 것은 매우 일러서 삼국시대에 환쇄갑環鎖甲이라 부른 것은 서방에서 전해진 것으로 짐작되며, 당나라 때 쇄자갑이라 부른 것은 페르시아계 소그드인Sogdian이 공물로 바친 것입니다. 그밖에 목갑木甲·포갑布甲·지갑紙甲이 있는데, 남방은 철갑옷이 녹슬기 쉽기 때문에 이런 갑옷들을 사용했습니다.[19] 옛사람들은 베나 종이를 여러 겹으로 함께 꿰매거나 압축해서 형태를 만들었는데, 원리는 대략 방탄복과 같습니다. 방탄복은 단단한 것으로 단단한 것을 치는 것이 아니라 부드러운 것으로 강한 것을 이기는 것이 가장 좋은 것입니다. 수제 화기인 총이 나타남으로써 17세기 이후로 갑옷과 투구는 유럽에서 전차 도대되었으나, 제1차 세계대전에서 철모helmet가 발명되고 제2차 세계대전에서 방탄조끼bulletproof vest가 발명된 것은 역시 갑옷과 투구armor의 유산입니다.

(2) 투구胄 : 후대의 헬멧[20]에 해당하는데, 구리투구·가죽투구·쇠투구가 있습니다. 출토된 투구 가운데 가죽투구나 쇠투구는 비늘 조각을

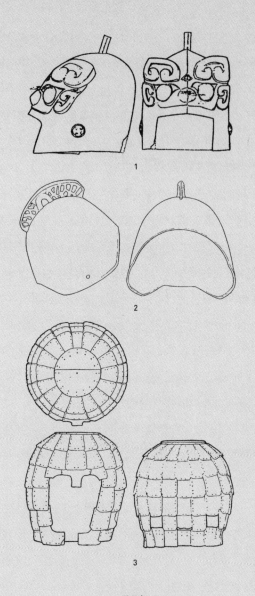

투구冑

1. 허난성 은허殷墟 허우자좡侯家莊 1004호 대묘에서 출토된 청동투구.
2. 베이징 창핑昌平 바이푸촌白浮村 2호 무덤에서 출토된 청동투구.
3. 옌샤두燕下都(지금의 허베이성 이현易縣 경내) 44호 무덤에서 출토된 쇠투구.

엮어서 만든 것도 있습니다. 투구는 두무兜鍪라고도 부릅니다. 학자들은 두무가 돌궐 계통의 외래어라고 생각합니다.[21]

(3) 방패盾 : 작은 것은 팔만 보호할 수 있고, 큰 것은 몸을 가릴 수 있습니다. 몸을 덮을 만큼 큰 방패를 옛사람들은 노櫓라고 불렀습니다. 이런 노는 다음 강의에서 말할 누거樓車·소거巢車의 노와 다르며, 옛사람들은 폐로蔽櫓라고 불렀습니다(『육도』「용도龍韜·농기農器」). 성을 공격해 쏟아지는 화살과 돌을 무릅쓰고 올라갈 때는 작은 방패가 좋고, 진을 치고 싸울 때는 큰 방패가 좋습니다. 방패는 초나라 무덤에서 발굴된 것이 비교적 많은데, 예를 들면 후베이성湖北省 징먼荊門의 바오산包山 2호 묘에서 발굴된 것은 두 종류입니다.

하나는 높이 92센티미터 정도인 나무방패인데, 송나라의 보병들이 사용한 방패旁牌와 비슷하지만 그만큼 크지는 않습니다. 다른 하나는 가죽방패인데 높이는 앞의 것의 절반 정도입니다. 몸을 가릴 만큼 큰 방패는 아직 발견되지 않았지만 고대 아시리아 궁전의 화상석에서 볼 수 있습니다. 방패를 한나라 때는 팽배彭排(『석명釋名』「석병釋兵」)라고도 불렀으며, 한나라의 구

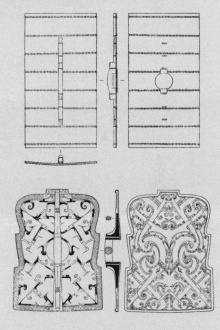

방패盾
위. 바오산 초나라 무덤 2호에서 출토된 나무방패.
아래. 바오산 초나라 무덤 2호에서 출토된 가죽방패.

아시리아 센나케리브 왕 궁전 벽화의 큰 방패.

리거울에는 '사방四方'을 '사팽四彭' 또는 '사방四旁'이라 썼는데, 원나라의 호삼성胡三省이 『자치통감資治通鑑』 「진기삼십팔晉紀三十八」의 주석에서 이 미 지적했듯이 팽배彭排는 바로 송나라의 방배旁排입니다. 송나라의 방 패는 두 종류인데, 하나는 몸을 덮을 만큼 길어서 땅에 곧게 세우는 것 으로서 '보병 방패'라고 부르며, 다른 하나는 팔뚝에 매는 것으로서 '기병 방패'라고 부릅니다(『무경총요 전집』 권13, 23쪽). 방패旁牌와 방배旁排는 같은 것입니다. 지금 사람들은 방패盾를 순패盾牌라 부르는데, 순盾과 패 牌를 합쳐서 만든 단어입니다. 순패는 지금은 이미 역사의 무대에서 사라 졌지만, 오늘날 폭력을 진압하는 경찰들이 아직도 사용하고 있는데, 방 탄유리로 만들어서 그 뒤에 숨어서도 앞을 볼 수 있습니다.

(4) 기타 : 아직 많은 무기가 남아 있지만 여기서 모두 소개할 수는 없 습니다. 특히 주의할 만한 것은 고대 무기 가운데 의장용으로 사용된 것

전쟁은 속임수다

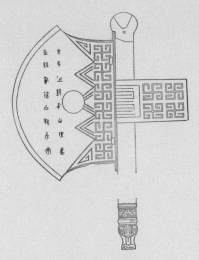

정벌과 권력의 상징
중산왕 무덤 1호 대무덤 2호 거마갱에서 출토된 도끼.

은 실용 무기와는 다르다는 점입니다. 서양의 권력 상징물이 곤봉 모양
의 지팡이mace라면, 중국의 권력 상징물은 월鉞입니다. 월은 큰 도끼大斧
인데, 본래 죄인의 머리를 베거나 허리를 베는 데 사용한 형벌 도구이지
병기가 아닙니다. 고대에는 군사軍事와 형벌이 하나여서 흔히 큰 도끼로
정벌의 권력을 상징했는데, 그것을 『수호전』의 이규李逵가 휘두르던 날
이 평평하고 넓은 판부板斧 같은 것이라고 생각해서는 안 됩니다.

　『손자』에서는 검劍을 말하지 않았고, 과戈·수殳·피鈹도 언급하지 않
았습니다.

제3편

모공 謀攻

전쟁 삼부곡에서 야전이 끝난 뒤에는 성을 공격합니다. 『시경』 「대아
大雅·탕湯」에서 "시작하지 않는 사람은 없지만 잘 끝마치는 사람은 드물
다靡不有初 鮮克有終"라고 했듯이 잘 시작해서 끝까지 잘 마치는 것은 쉽
지 않습니다. 성을 공격하는 일, 곧 공성攻城은 전쟁 삼부곡에서 가장 마
지막 단계입니다. 어떻게 최소의 희생으로 최대의 승리를 이루는가 하는
것은 지휘관에게 가장 큰 시험입니다. 앞에서 말했듯이 실전에서 첫 단
계는 도시 밖에서 싸우는 야전입니다. 야전에서 이기지 못하면 수비하
는 쪽은 후퇴해 도시를 지켜야 하고, 공격하는 쪽은 승기를 타고 추격해
성 아래까지 이르러 사방으로 포위할 수 있습니다. 일단 공성을 시작하
면 마지막 고비에 이르게 됩니다. 전쟁이 치열해지고 감정이 매우 격해져
서 단 한 단계 차이로 문제를 해결하지 못하게 되면 당연히 원통한 일입
니다. 이런 고비에는 지혜가 가장 필요하기 때문에 손자는 계획을 세워
성을 공격하도록 힘주어 말했습니다.

『손자』는 계획을 숭상해서 '싸우지 않고 적을 굴복시키는 것不戰而屈人之兵'이 최선이므로 먼저 묘산廟算에서 상대를 이겨야 하고, 먼저 실력의 대비에서도 우세해야 한다고 생각했습니다. 이것은 이상적 상태입니다. 『손자』 첫 편인 「계」편에서 계획을 언급해 시작부터 계획에 대해 말했습니다. 재미있는 것은 공성은 전쟁의 규모가 확대되면서 벌어지는 가장 마지막 단계여서 '싸우지 않고 적을 굴복시키는 것'과는 너무 거리가 멀다는 점입니다. 방어하는 쪽에서 험준한 지형에 의지해 완강히 저항하면서 최후까지 목숨 걸고 싸우면 전쟁은 가장 격렬해집니다. 그러나 격렬함이 점점 고조되어 절정에 이른 뒤에는 결국 내려오게 되는데 산을 내려오듯이 점차 단계가 낮아집니다. 고조가 있으면 반드시 퇴조가 있기 마련이고, 불응기不應期는 연속된 자극에 일시적으로 반응을 나타내지 않을 뿐 아주 굳어진 경직기硬直期는 아닌 것입니다. 처음에는 강경하게 하고 나중에는 부드럽게 하는 것이 바로 규칙입니다. 모공謀攻, 곧 공격을 계획한다는 것은 공세의 단계를 낮추는 것을 안배하고 퇴조를 맞이하는 것입니다. 이런 과정은 계획에서부터 시작해 계획으로 끝나며, 정치에서 시작해서 정치로 끝나는데, 마치 권법을 배울 때 무술 동작에 따라 공격 자세를 취하며 좌우로 돌다가 결국은 제자리로 돌아오는 것과 같습니다.

이 편은 전쟁의 수단인 군대 배치를 말하고 있는데, 가장 평화로운 수단을 맨 앞에 두고 가장 폭력적인 방법을 맨 뒤에 두어 예의를 우선하고 전쟁을 뒤로 하고 있습니다. 벌모伐謀, 곧 적의 계획을 깨뜨리는 것이 첫째이며, 벌교伐交, 곧 적의 외교를 깨뜨리는 것이 둘째이며, 벌병伐兵, 곧 적의 병사를 깨뜨리는 것이 셋째이며, 공성攻城, 곧 성을 공격하는 것은 가장 마지막 단계라는 것입니다. 묘산廟算에서 이기는 것이 가장 좋지만 후퇴하면 차선책을 구해 외교에 의지하고, 외교가 뜻대로 되지 않으면 비

전쟁은 속임수다

로소 야전을 치르며, 야전이 뜻대로 되지 않으면 비로소 성을 공격합니다. 성을 공격하는 것은 어쩔 수 없는 경우이니 가장 낮은 계책에 속합니다. 『손자』는 계획을 첫째에 두고 "가장 좋은 병법은 적의 계획을 깨뜨리는 것上兵伐謀"이라 했습니다. 이 말은 예로부터 통속적인 표현으로 전해져 왔으니, 바로 "상대의 마음을 공략하는 것이 상책이다攻心爲上"라는 것입니다. 예를 들면, 삼국시대 촉나라 장수인 마속馬謖은 "무릇 전쟁의 방법은 적의 마음을 공격하는 것이 상책이고 성을 공격하는 것은 하책이며, 심리전이 상책이고 병력으로 싸우는 전투는 하책이다"(『삼국지』「촉서·마량전馬良傳」의 『양양기襄陽記』 인용 내용)라고 했습니다. 당나라 때 조유趙蕤가 쓴 『장단경長短經』「공심攻心」 편에서는 아예 "심리전이 최선이고 성을 공격하는 것이 최하이다"라는 말을 직접 『손자』의 말이라고 인용했습니다. 전쟁의 특징은 '힘으로 남을 복종시키는 것'인데, 몸을 때려야만 비로소 마음을 아프게 할 수 있습니다. 심리전만 사용해도 안 되고 힘으로만 싸워도 안 됩니다. 전쟁은 힘과 지혜, 의지가 종합적으로 비교되기 때문에 적의 힘을 없애는 것만으로는 부족하고, 적의 계책을 깨뜨리는 것만으로도 부족하며, 관건은 적의 의지를 굴복시키는 것입니다. 결론적으로 말하면 적의 저항 의지를 무너뜨려야 하는 것입니다.

모공은 심리전에 속하기 때문에 이미 적의 계획을 공격했다면 또한 그들의 의지를 빼앗아야 합니다. 적의 강경함이 극에 이르면 도리어 약해질 수 있습니다. 담판을 짓거나 강화를 맺는 것은 보통 예상 밖의 일입니다.

여기서는 『모공』 편을 다섯 장으로 나눕니다.

제1장은 완전하게 승리할 수 있는 원칙을 말하고 있습니다. 최소의 희생으로 최대의 승리를 거두는 것이 바로 모공의 기본 원칙입니다.

제2장은 모공의 방법을 말하고 있습니다. 곧 여러 가지 방법으로 부질

없는 전투와 억지 공격을 피하고, 성을 파괴하고 사람을 모두 죽이는 것이 아니라 온전히 탈취하되 신속하고도 철저하게 문제를 해결하는 것입니다.

제3장은 실력의 비교를 말하고 있습니다. 계책으로 성을 공격하고, 싸우지 않고 적을 굴복시키는 병법의 관건은 적과 아군을 비교해서 절대적인 우세에 있어야 합니다.

제4장은 중어지환中御之患에 대해 말하고 있습니다. 가장 중요한 시점에 장수는 상황에 맞추어 일을 진행해야 하며 임금의 원거리 명령이나 간섭을 받지 않아야 합니다.

제5장은 두 단계로 나뉩니다. 하나는 승리를 알 수 있는知勝 다섯 가지 원칙을 말하고 있는데, 그 가운데 "장수의 능력이 뛰어나고 임금이 간섭하지 않으면 승리한다將能而君不御者勝"는 것도 포함됩니다. 다른 하나는 적을 알고 나를 아는 것知彼知己의 중요성을 말하고 있습니다.

이제부터 한 장씩 소개하기로 하겠습니다.

전쟁은 속임수다

【 3-1 】

손자가 말했다.

무릇 용병의 방법은 적국을 온전하게 두고 이기는 것이 가장 좋고, 적
국을 격파하는 것은 그다음이다. 적군을 온전하게 두고 이기는 것이
가장 좋고, 적군을 격파하는 것은 그다음이다. 적의 여단을 온전하게
두고 이기는 것이 가장 좋고, 적의 여단을 격파하여 이기는 것은 그다
음이다. 적의 병졸을 온전하게 두고 이기는 것이 가장 좋고, 적의 병
졸을 격파하여 이기는 것은 그다음이다. 최소 조직인 오를 온전하게
두고 이기는 것이 가장 좋고, 오를 격파하여 이기는 것은 그다음이다.

孫子曰 :

凡用兵之法, 全國爲上, 破國次之 ; 全軍爲上, 破軍次之 ; 全旅爲上, 破旅
次之 ; 全卒爲上, 破卒次之 ; 全伍爲上, 破伍次之.

이 장에서는 완전하게 승리하는 원칙을 말하고 있습니다. 이 원칙은
최소한의 희생으로 최대의 승리를 얻는 것입니다. 경제학의 원리로 말하
자면 최소의 비용으로 최대의 효과를 거두는 것입니다.

　서양의 전쟁은 강대국이 약소국을 능멸하는 것으로, 마치 운동경기에
서 직업선수들만 경기장에 나갈 뿐 관중은 아무 일도 없는 깃처럼 습관
적으로 전쟁은 직업군인의 일이며 백성들과는 상관없는 일이라고 생각
합니다. 이것은 그들의 놀이 규칙입니다. 그러나 적들이 만약 군인과 백
성을 가리지 않고 모든 백성이 함께 적개심을 가진다면 어떻게 할까요?
모두 제거하는 수밖에 없습니다. 클라우제비츠는 전쟁의 목적이 적을 제

거하는 것이라고 했습니다. 어떻게 제거할까요? 대규모 살상 무기를 사용해서 대규모 살상을 진행해서 일반인들까지도 모두 죽이는 것이 한 가지 방법입니다. 미국이 전략 폭격기로 독일을 폭격한 일이나 원자폭탄을 사용해 일본 히로시마廣島와 나가사키長崎를 폭격한 것이 전형적인 예입니다. 또 제2차 세계대전 이후 한국 전쟁과 베트남 전쟁에서 원자폭탄을 제외하고는 다른 모든 수단이 동원되었으며, 거기에 세균무기와 화학무기가 포함된 것도 마찬가지입니다. 이런 공격은 모조리 파괴하고 죽이는 것이어서 군사적 비용이 많이 들고 도덕적 비용도 많이 듭니다. 다른 한 가지 방법은 "활을 쏘려면 마땅히 강궁을 쏘고 화살은 마땅히 긴 것을 써라. 사람을 쏠 때 먼저 말을 쏘고 적을 잡으려면 먼저 왕을 잡아라. 사람을 죽이는 데도 한계가 있고 여러 나라는 스스로 경계가 있으니, 진실로 적의 침입만 막을 수 있다면 어찌 많은 살상이 필요하랴挽弓當挽強, 用箭當用長. 射人先射馬, 擒寇先擒王. 殺人亦有限, 列國自有疆. 苟能制侵陵, 豈在多殺傷 (두보杜甫 「전출새9수前出塞九首」의 제6수)"라는 것입니다. 예를 들면, 이스라엘의 정보기관인 모사드Mossad가 행하는 목표 타격targeted liquidation 같은 것이 바로 이런 공격법입니다. 그 특징은 공격면을 축소하는 것으로서 비교적 영리한 방법이지만, 이는 비용을 계산한 깃일 뿐 자비심을 베푼 것은 아닙니다. 미국은 테러에 반대하면서, 테러리즘의 특징은 일반인을 살해하는 것이며, 자신들에게는 목표를 정밀 타격하는 스마트폭탄이 있어 전쟁이 부드러워질 수 있다고 하는데 허튼 소리입니다. 그들이 비군사적 수단으로 취하는 경제 제재 같은 것도 여전히 대규모 살상을 초래할 수 있으며, 더욱이 의식적이든 무의식적이든 잘못 공격해 잘못 죽는 사람이 너무 많기 때문에 일반인도 요행히 재난을 피하기는 어렵습니다. 그들의 상대는 누구일까요? 바로 그들의 그림자입니다. 빈 라덴과

사담 후세인은 그들의 자본 조력과 그들의 무기, 그들의 훈련을 통해서 나타났습니다. 오늘날 전 세계에 무기가 확산된 데에는 그들이 가장 중요한 판매상 역할을 했습니다. 테러에 대해 말하자면 그들이야말로 모든 근원인 것입니다. 오늘날 정치와 군사, 전쟁과 평화, 군인과 민간인, 병법과 도덕은 그 경계가 모호하고 여러 가지 수단이 뒤섞여 있으니, 이것이 바로 무제한 전쟁, 곧 초한전超限戰이 아니겠습니까?

군사비용은 군사비용일 뿐 도덕으로 설명하지 않으면 힘이 없습니다.

여기서는 '온전히 해야 할 다섯 가지와 파괴할 다섯 가지五全五破'를 제시합니다. 이를 해석해보고자 합니다.

먼저 '국國'에 대해 살펴보겠습니다.

세상에 전해지는 고서에서 언급된 '국國'은 두 가지 가능성이 있습니다. 하나는 본래부터 '나라國'를 기록했을 가능성이 있으며, 다른 하나는 '방邦' 자를 피휘避諱해서 고쳐 쓴 것일 가능성이 있습니다. 한나라 고조의 이름이 유방劉邦이기 때문에 한나라의 고서는 그의 이름을 직접 언급하는 것을 피해서 '방邦' 자를 '국國' 자로 바꾸었습니다. 예를 들면, 국가國家는 원래 방가邦家였으며, 재상을 가리키는 상국相國도 원래는 상방相邦이었습니다. 선진시대에 돌이나 금속에 새겨진 문장 자료에는 모두 이렇게 적혀 있으니, 지금의 명칭은 한나라 이후에야 생겨난 것입니다. 그러나 고서에 쓰인 '국國'이 모두 피휘해서 고친 글자는 아닙니다. 예를 들어 '중국中國'은 본래부터 그렇게 불렀으며, 결코 '중방中邦'이라 부르지는 않았습니다. 여기서의 '국國'은 무엇일까요? 아무래도 '전국위상全國爲上'이 '전방위상全邦爲上'이라고는 수긍할 수 없습니다. '방邦'과 '국國'은 무엇이 다를까요? '방'은 국토의 봉역封域이며, '국'은 이 봉역의 중심으로서 곧 국가의 수도입니다. 고대에는 항상 수도로 국가를 대신해서 가리키곤 했습니다. 그것이 국가를 대표할 수는 있지만 국가와 완전히 일치하는 것은 아닙니다. '국'은 도시이지만 일반적인 도시가 아니라 중심 도시입니다. 그다음 등급의 도시를 고대에는 '도都'나 '현縣'이라 불렀습니다. '국'은 여러 개일 수 없는데, 개념으로 설명하자면 하나뿐이지만 수도를 옮긴 뒤에는 수도首都·유도留都·배도陪都 등으로 구분되어 두세 개가 될 수도 있습니다. 그러나 '도'나 '현'은 매우 많아서 수십 개에서 백여 개까지 있을 수 있습니다. 서주西周 성왕成王 때의 청동 술잔인 하준何尊의 명문銘文에 '중국'이 보입니다. 명문에는 '택자중국宅玆中國'이라 새겨져 있는데 뤄양洛陽에 수도를 정한다는 뜻입니다. 뤄양은 수도로서 천하의 중심인데, 서양 속담의 "모든 길은 로마로 통한다"는 말처럼 도시를 가리키는 것이지 나라를 가리키는 것은 아닙니다. 한나라 때는 '중국'으로 '외국'과 구별했습니다.(전국시대에 이미 이런 용법이 있었습니다.) 예를 들면, 당시의 오성점五星占에 "다섯 개의 별이 하늘 가운데 흩어져 있는데 동쪽으로 몰리면 중국이 유리하고, 서쪽으로 몰리면 외국에서 병사를 쓰는 자가 유리하다五星分天之中, 積於東方, 中國利 ; 積於西方, 外國用兵者利"(『사기』「천궁서天宮書」와 『한서』「천문지天文志」에는 '외국'이 '이적夷狄'으로 적혀 있습니다)라는 말이 있습니다. 여기서 '중국'은 한漢 왕조이며, '외국'은 주변의 오랑캐와 변방 민족을 가리킵니다. 여기서 말하는 '국國'이 과연 국가인지 수도인지는 단정할 수 없습니다. 어떤 것이든 뒤에 나오는 네 가지 등급보다는 더 큰 개념입니다.

뒤에 나오는 네 가지 등급은 군대 편제의 네 가지 등급입니다. 고대 군대가 결코 네 가지 등급만 있었던 것은 아닌데, 『손자』에서는 왜 이 네 가지만 선택해서 말했을까요? 우리는 이 문제도 해석해봐야 합니다. 이것은 고대 군제의 작은 상식입니다.

아래는 선진시대 병제에 대한 간략한 표인데, 한대의 병제와 비교해

　　　　　　　전쟁은 속임수다

보았습니다.

졸오卒伍 제도	군려軍旅 제도
오伍(5명) : 한대와 같음	여旅(500명) : 대체로 한대의 부部(400명)에 상응함
십什(10명) : 한대와 같음	대려大旅(2000명) : 대체로 한대의 교校·영營(800명 또는 2000명)에 상응함
양兩(25명) : 한대와 같음	사師(2500명) : 한대에는 없음
대隊·소융小戎(50명) : 한대에는 대隊 또는 둔屯이라 칭함	–
졸卒(100명) : 한대에는 졸 또는 관官이라 칭함	군軍(1만 명) : 한대의 군은 규모가 조금 작음 (3200명 또는 4000명)
대졸大卒(200명) : 한대에는 곡曲이라 칭함	대군大軍(1만2500명) : 한대에는 이렇게 큰 군대가 없음

중국 고대의 군대 편제는 십진제를 위주로 했습니다. 십진제의 아래는 오진제입니다. 가장 기본적인 것은 십오什伍 제도입니다. 오伍는 다섯 명이고, 십什은 열 명입니다. '오'는 가장 기본입니다. 앞에서 말했듯이 군인의 등기부를 '오적伍籍'이라 합니다. '오'는 세포와 같은 것으로 각종 대열 형식을 대표할 수 있습니다. '오'의 다섯 명은 왼쪽·가운데·오른쪽에 배열할 수 있고, 앞·가운데·뒤에 배열할 수도 있으며, 또 왼쪽·앞·가운데·오른쪽·뒤에 배열할 수도 있는데 작은 방진方陣을 이룹니다. '오' 이상에서 '졸'도 중요한 등급입니다. 군역을 징발할 때 '졸'이 기초 단위입니다. 선진시대의 '오'와 '졸' 사이에는 몇 가지 등급이 있는데, '오'가 둘이면 '십什'이 되고, '오'가 다섯이면 '양兩'을 이루며, '오'가 열이면 '대隊'를 이룹니다. '대'가 둘이거나 '양'이 넷 또는 '십'이 열이면 하나의 '졸'을 이룹니다. '졸'은 100명입니다. 100명의 '졸'은 보통의 '졸'일 뿐입니다. 당시에는

200명으로 이루어진 '대졸大卒'도 있었습니다. '졸'은 본래 전차에 배치된, 전차병을 구성하는 단위였습니다. 앞의 강의에서 '졸'에는 보좌한다는 뜻이 있으며, 주로 예속된 보병을 가리킨다고 말한 바 있습니다.

'졸'보다 큰 기초 단위는 '여旅'입니다. 상나라와 서주 시기의 군대는 귀족의 자제가 병사였습니다. 이 자제병子弟兵을 당시에 '여'라 불렀고, '여'의 한 등급 위는 주둔한다는 뜻으로 '사師'라 불렀습니다. '여'의 우두머리를 '아려亞旅', '사'의 우두머리를 '사씨師氏'라 칭했습니다. '여'는 전차 편제의 단위입니다. '여'는 5개의 '졸'이 모인 것으로 5대의 전차 조직인데, 졸오卒伍 제도의 '오'와 비슷합니다. '사'는 5개의 '여'가 모인 것으로 25대의 전차 조직인데, 졸오 제도의 '양'과 비슷합니다. 동주 시기의 최고 단위는 '군軍'인데, '군'도 주둔의 뜻이 있으며 졸오 제도의 '졸'에 해당합니다. 이 세 등급도 처음과 끝을 따서 군려軍旅 제도라고 약칭합니다.

십진제는 세계에서 매우 보편적으로 사용되어 백부장百夫長·천부장千夫長은 그리스와 로마에도 있었고 중국에도 있었으며, 한족에도 있고 북방 민족에도 있었습니다. 전 세계에서 고대에 신분이 있는 사람은 첫째가 군인이었습니다. 그들이 군대에 편입될 때 보통 십진제가 사용되었습니다. 나의 은사이신 장정랑張政烺 선생이 1950년대에 「고대 중국의 십진제 씨족 조직古代中國的十進制氏族組織」[1]에서 이 문제에 대해 매우 잘 논의했기 때문에 참고할 만합니다. 나도 「중국 고대 거주민 조직의 양대 유형과 다른 기원中國古代居民組織的兩大類型及其不同來源」[2]이라는 논문을 써서 장정랑 선생의 연구에서 진일보한 견해를 밝힌 바 있습니다.

선진시대의 군제는 한나라에 이르러 변화가 생겼습니다. 그러나 졸오 제도는 크게 변하지 않았습니다. 변화가 큰 것은 주로 '졸' 이상의 단위입니다. 한나라 때 '졸' 위로는 부部·곡曲·교校·군軍이 있었습니다. '부'는 선진시대의 대졸大卒에, '곡'은 선진시대의 '여'에, '교'는 선진시대의 '대려'에 해당하며, '군'은 규모가 선진시대의 '사'보다는 크고 '군'보다는 작습니다. 중국의 현대 군제인 군軍·사師·여旅·단團·영營·연連·배排·반班은 민국이 성립된 뒤에 비로소 생겼으며,³ 계급인 원수元帥·장군將軍·교校·위尉 등도 모두 서방에서 도입된 것입니다. 그것들은 모두 중국의 어휘를 사용해서 외래어를 번역한 것으로서 군·사·여는 선진시대에도 있었으며, 원수·장將·교·위·사士도 선진시대에 있었습니다. '단'은 수·당 시대에도 있었습니다. '영'은 한나라에도 있었지만 주로 명·청 시대에 사용되었습니다. 연·배·반은 무엇에 근거해서 번역했는지 분명하지 않습니다.

고대의 병사 징집은 주로 두 등급으로 나뉩니다. 졸오의 각 단위는 리里에서 징발해서 리에서 편제를 확정했고, 군려의 각 단위는 리 이상에서 징발하고 교郊에서 편제를 확정했습니다(『관자』와 『국어』 「제어齊語」 편).

나는 「중국 고대 거주민 조직의 양대 유형과 다른 기원」에서 『국어』 『관자』 『주례』 등의 고서에 보이는 거주민 조직의 양대 유형을 제시했는데, 하나는 국인國人 조직이고 다른 하나는 야인野人 조직입니다. 국인은 국도國都와 국도의 사교四郊에 살며 향수鄉遂에 편입됩니다. 야인은 도都·현縣(2급 도시로서 왕신王臣과 왕자제王子弟의 봉읍封邑)과 주위의 향촌에 살며 도비都鄙에 편입됩니다. 전자는 혈연조직이요 군사조직이기 때문에 사람으로 지역을 정하며, 십진제로 호적을 등록하고 십진제로 병사를 징집했습니다. 이른바 십진제는 사실 오진제를 기초로 합니다(예컨대 5×5×4×5×5의 형식을 채용). 후자는 지연조직이요 농업조직이기 때문에 토지로 사람을 정하며, 토지 면적을 계산한 리 제도里制(사진제 또는 십진제로 나눔)에 따라 호적을 등록했는데 그 기초는 리 또는 정井입니다. 처음에는 국인들만 병사가 되고 야인은 병사가 될 수 없었습니다. 국인은 십진제에 따라 호적을 등록하고 십진제에 따라 병사를 징집했으니, 사실 상 군사조직입니다. 야인은 본래 농민으로서 전쟁은 그들과 상관없는 일 이었습니다. 설령 징집되어 군대를 따라 출정하더라도 보조병으로서 마 소를 키우거나 나무를 하고 물을 긷거나 취사 등의 각종 허드렛일을 했 으며, 간혹 인원 결손이 심각한 상황에서는 보충대원이 되었습니다. 그 러나 춘추시대, 특히 중기와 후기에는 야인들도 병사가 될 수 있었는데, 『사마법』에서 언급한 두 가지 징집제도는 모두 야인이 군인이 되는 것에 해당합니다.

고대의 징병제도는 주로 다음의 세 가지입니다.

(1) 국인을 징집하는 국제國制(십진제) : 여러 종류가 있지만 여기서는 『주례』(「지관地官」의 '서관序官' 및 '대사도大司徒' 편과 「하관夏官」의 '서관' 편) 를 예로 듭니다.

비比(5가구) : 오伍(5명) 징집

여閭(25가구) : 양兩(25명) 징집

족族(100가구) : 졸卒(100명) 징집

당黨(500가구) : 여旅(500명) 징집

주州(2500가구) : 사師(2500명) 징집

향鄕(1만2500가구) : 군軍(1만2500명) 징집

(2) 야인을 징집하는 야제野制 갑종甲種(십진제의 리제里制) : 『사마법』 일문(『주례』「지관·소사마小司馬」 주의 인용문)을 예로 듭니다.

정井(9가구, 1평방리) : 3가구에서 말 1/10필, 사士 1/10명, 도徒 1/5명 징집

통通(90명, 10평방리) : 30가구에서 말 1필, 사 1명, 도 2명 징집

성成(900명, 100평방리) : 300가구에서 수레 1대, 사 10명, 도 20명 징집

전쟁은 속임수다

종終(9000명, 1000평방리) : 3000가구에서 수레 10대, 사 100명, 도 200명 징집

동同(9만 명, 1만 평방리) : 3만 가구에서 수레 100대, 사 1000명, 도 2000명 징집

봉封(90만 명, 10만 평방리) : 30만 가구에서 수레 1000대, 사 1만 명, 도 2만 명 징집

기畿(900만 명, 100만 평방리) : 300만 가구에서 수레 1만 대, 사 10만 명, 도 20만 명 징집

(3) 야제 을종乙種(사진제의 리제) : 『사마법』 일문(『좌전』 성공 원년 소疏의 인용문)을 예로 듭니다.

정井(9가구, 1평방리) : 말 1/16필, 소 3/16두

읍邑(36가구, 4평방리) : 말 1/4필, 소 3/4두

구丘(144가구, 16평방리) : 말 1필, 소 3두

전甸(576가구, 64평방리) : 수레 1대, 말 4필, 소 12두, 갑사甲士 3명, 보졸步卒 72명

현縣(2304가구, 256평방리) : 수레 4대, 말 16필, 소 48두, 갑사 12명, 보졸 288명

도都(9216 가구, 1024평방리) : 수레 16대, 말 64필, 소 192두, 갑사 48명, 보졸 1152명

『좌전』에서 말하는 '구갑丘甲'과 '구부丘賦', 『손자』에서 말하는 '구역丘役'은 모두 야제에 속하지만, 야제 가운데 십진제가 아니라 사진제에 속하기 때문에 위에서 말한 제도 가운데 둘째에 해당합니다. 뒤의 「용간用間」 편에서 말한 군부軍賦 제도도 이 제도입니다. 『손자』에서 언급된 군

부 제도는 사실상 모두 이 제도입니다.

　지난날 사학계에서 고대사의 시기 구분을 할 때 정전제井田制가 가장 불명확한 부분이었는데, 정전井田이 방전方田이라고도 하고, 정전이 농촌 공동사회라고도 하고, 정전은 맹자가 등滕나라에서 시행한 실험적 토지제도라고도 하는 등 말하면 할수록 더욱 혼란스러웠습니다. 사실 정전은 매우 간단한데, 고대의 주석에서 매우 분명하게 설명하고 있습니다. 그것은 도비都鄙에서 시행한 것이며 향수鄕遂에서는 시행하지 않았는데, 야제와 국제가 서로 다릅니다. 국인이 받은 밭은 천맥제阡陌制이며, 야인이 받은 밭이 정전제입니다. 천맥제는 100묘와 1000묘를 단위로 하며, 정전제는 정井을 단위로 합니다. 1정은 사방 1리로 300걸음 곱하기 300걸음입니다. 고대의 토지 계산과 지도 제작은 이것을 기본 단위로 합니다. 1정의 밭은 합계 900묘로 9명의 농부에게 나누어주었는데, 서주 금문金文에서는 이를 '일전一田'이라 했습니다. 정전은 농민에게 나누어주는 것입니다. 정전을 이야기하면서 세금 징수를 이야기하는데, 그것은 한 가지일 뿐 전부는 아닙니다. 나는 세 편의 논문에서 이 문제를 논의한 바 있는데, 한 편은 앞에서 언급한 「중국 고대 거주민 조직의 양대 유형과 다른 기원」이고, 나머지 두 편은 「서주 금문의 토지제도西周金文中的土地制度」(『리링자선집』, 85~111쪽)와 「진나라 토지제인 천맥제도의 복원과 그 형성 과정을 논함論秦田阡陌制度的復原及其形成線索」(앞의 책, 169~183쪽)입니다. 나는 고문헌과 고문자 설명을 통해 사학계의 오해에 대해 분명히 밝혔습니다. 『손자』에 대한 연구를 위해서는 이 문제를 반드시 명확히 해야 하며 도외시할 수 없습니다.

　이 장에서 말하는 '전리全利'의 근거는 매우 간단합니다. 아주 좋은 나라에 아주 좋은 도시가 있다면 그것을 파괴하고 빼앗는 것이 좋겠습니까, 아니면 완전무결하게 얻는 것이 좋겠습니까? 그 사람들을 모두 죽여서 남녀노소 하나도 남기지 않는 것이 좋겠습니까, 아니면 땅도 얻고 사람도 얻는 것이 좋겠습니까? 이것이 아래에서 말하려는 공성 방법의 전제조건입니다.

전쟁의 본래 의미는 원수를 갚아 치욕을 씻고 피비린내 나는 살육에 열중하는 것입니다. 이런 야만적인 특징은 비록 현대의 전쟁이라도 전혀 줄어들지 않습니다. 군인은 의사가 아닙니다. 사람을 죽이지 않는 전쟁은 현재까지 없습니다. 『손자』에서 말하는 '싸우지 않고 적을 굴복시키는 것'은 탁상공론의 게임 이론이 아닙니다. 『손자』는 『전쟁론』과 달리 계산적인 전쟁을 맹신하지 않고, 전쟁에 대해 이상적 상태에서 이상적이지 않은 상태까지 이해의 순서가 매우 다릅니다. 클라우제비츠는 끝없는 폭력을 이상적 상태로 여겨 먼저 공격한 뒤에 예를 차리고, 먼저 강경하게 억누른 뒤에 부드러운 태도를 취하며, 공격해서 굴복시킨 뒤에야 비로소 상대방과 조건을 논의합니다. 그 배경에는 서양의 군사 전통이 있습니다. 제2차 세계대전에서 미국은 대규모 보복으로 단맛을 보았습니다. 독일을 이기는 데는 전략적 폭격에 의존했고, 일본을 투항하게 하는 데는 원자폭탄 두 대에 의존했는데, 돈과 힘을 써서 죽은 사람이 적지 않았습니다. 미국은 제2차세계대전사를 쓰면서 이 두 가지 일을 가장 자랑스러워했습니다. 이 때문에 전쟁이 끝난 뒤 한동안 그들이 말한 것은 이른바 '대규모 보복 전쟁'이었습니다. 미국이 한국 전쟁에서 여러 번 좌절을 겪은 뒤에 맥아더Douglas MacArthur(1880~1964) 사령관은 중국에 원자폭탄을 투하할 것을 주장했지만 미국 정부는 그의 의견을 받아들이지 않고 물러나 쉬도록 했습니다. 뒤에 맥스웰 대븐포트 테일러Maxwell Davenport Taylor(1901~1987) 장군은 『불확실한 트럼펫The Uncertain Trumpet』에서 이런 전략을 반성했습니다. 그는 "신속하게 전략에 반응할 것"을 주장했는데, 상대방이 어떻게 하면 그대로 되갚아주겠다고 하면서 걸핏하면 핵무기를 사용하겠다고 위협하지만 끝내 진짜로 실천하지는 못합니다. 그들은 결국 큰 나라는 큰 나라 나름의 어려움이 있다는 것을 알고 있습니다. 베트남 전쟁에서 미국이 "점차 전략의 단계를 높이겠다"라고 말한 것도 일종의 반성입니다. 일단 시작하면 폭력은 끝이 없게 되어 호랑이 등에 올라탄 것처럼 중간에 그만둘 수 없다는 것을 그들은 깨닫기 시작했습니다. 나는 미국 버지니아 주에 있는 알링턴국립묘지에 두 번 가 본 적이 있습니다. 그곳의 묘지에 묻힌 많은 사람은 두 차례의 세계대전에서 전사한 장군과 병사들입니다. 이곳의 교훈은 무엇일까요? 바로 단숨에 공격할 수 없으면 폭력은 끝이 없다는 것입니다. 그러나 그들의 군사 전통은 고정된 사고에서 출발해 다른 면은 나중에 생각하는 것이어서 '대규모 보복'을 여전히 떨쳐버리지 못합니다.

『손자』는 점점 단계를 높일 것도 말했고, 점점 단계를 낮출 것도 말했지만 이상적인 것은 '싸우지 않고 적을 굴복시키는 것'이며 부득이한 경우라야 '대규모 보복'을 합니다. 이것이 서양의 전통과 다른 점입니다.

전쟁의 직접 목적은 무엇입니까? 최대한 적을 섬멸하고 최대한 아군을 보존하는 것입니다. 이런 이치는 누구나 다 압니다. 그러나 야전은 고기를 먹는 것과 같고, 공성은 뼈에 붙은 살을 뜯어 먹는 것과 같습니다. 고대에 공성의 어려움은 성이 높고 못이 깊어 지키기는 쉽고 공격하기는 어려운 데 있을 뿐 아니라 또 하나의 커다란 벽이 있으니 바로 적의 심리적 장벽입니다. 적군이 야전에서 패해 성으로 후퇴하게 되면 싸워도 죽고 싸우지 않아도 죽는다는 절박한 느낌을 갖게 됩니다. 결국 죽음을 두려워하면 할수록 더욱 절망하게 되어 저항이 더욱 거세집니다. 성을 공

전쟁은 속임수다

격하는 쪽은 성을 방어하는 쪽의 심리를 이해해서 궁지에 몰린 짐승이 어디에 약점이 있는지를 알아야 합니다.

중국 고대의 도시城市는 성城과 시市가 함께 있고, 성과 궁宮이 함께 있고, 성과 묘당廟堂이 함께 있으며, 무덤도 성의 안팎에 있었습니다. 그곳은 부의 중심이고 권력의 중심이며 또한 종교의 중심이기도 합니다. 성이 함락되면 공격하는 쪽은 마음속의 분노를 억누르지만 때로는 성안의 사람들을 잔인하게 죽이고 강간하고 약탈해서 살아 있는 사람은 죽음을 면하기 어려울 뿐 아니라 조상의 무덤을 파헤치고 사직을 훼손함으로써 지키는 쪽의 조상을 모욕합니다. 지키는 쪽에서 목숨을 걸고 저항하는 이유가 바로 여기에 있습니다.

옛사람들의 유명한 말이 있어 아래에 옮겨봅니다.

무릇 백성들이 싸움터를 지키다가 죽더라도 그 윗사람에게 덕을 베풀었다고 여기지 않는 것은 몇 가지 지극한 이유가 있다. 크게는 친척의 무덤이 있는 것이며 밭과 집이 있어 넉넉하게 살 수 있는 곳이기 때문이다. 그렇지 않으면 마을사람과 종족들이 즐겁게 살 수 있기 때문이다. 그렇지 않으면 윗사람의 교화와 습속이 백성들을 사랑함이 두터워 다른 어느 곳에 가도 얻을 수 없기 때문이다. 그렇지 않으면 산림과 늪지와 계곡의 이로움이 살기에 만족하기 때문이다. 그렇지 않으면 지형이 험해서 지키기는 쉽고 공격하기는 어렵기 때문이다. 그렇지 않으면 형벌이 엄해 두려워할 만하기 때문이다. 그렇지 않으면 상이 확실해 권장할 수 있기 때문이다. 그렇지 않으면 적에게 깊은 원한이 있기 때문이다. 그렇지 않으면 윗사람에게 큰 공이 있기 때문이다. 이것이 바로 백성들이 싸움터를 지키다가 죽더라도 그 윗사람에게 덕을 베풀었다고 여기지 않는 이유이다.

凡民之所以守戰至死而不德其上者, 有數以至焉. 曰：大者, 親戚墳墓之所在也, 田宅富厚足居也. 不然, 則州縣鄉黨與宗族足懷樂也. 不然, 則上之教訓習俗慈愛之於民也厚, 無所往而得之. 不然, 則山林澤谷之利足生也. 不然, 則地形險阻, 易守而難攻也. 不然, 則罰嚴而可畏也. 不然, 則賞明而足勸也. 不然, 則有深怨於敵人也. 不然, 則有厚功於上也, 此民之所以守戰至死而不德其上者也.

(『관자』「구변」)

무릇 성을 수비하는 방법은 성은 두텁고 높으며, 해자나 못은 깊고 넓으며, 망루가 잘 수리되고 지킬 기구들이 잘 수리되어 있으며, 땔감과 식량은 석 달 이상을 버티기에 넉넉하며, 군사는 많으면서 잘 갖추어져 있고 관리와 백성들이 잘 어울리며, 대신들은 군주에게 공로가 있는 대신들이 많으며, 군주는 신의가 있으며, 백성들은 무한히 즐거워야 한다. 그렇지 않으면 부모의 무덤이 있으면 좋다. 그렇지 않으면 산과 숲과 들과 못에서 풍부한 산물이 나면 좋다. 그렇지 않으면 지형이 공격하기는 어렵고 지키기는 쉬우면 좋다. 그렇지 않으면 곧 적에게 깊은 원한이 있거나 임금에게 큰 공이 있으면 좋다. 그렇지 않으면 곧 상이 분명해 믿을 수 있고 형벌이 엄해 두려워할 만하면 좋다. 이상의 열네 가지가 갖추어져 있으면 백성들도 그 윗사람을 의심하지 않을 것이며 그런 다음에 성을 지킬 수가 있다. 열네 가지 가운데 하나라도 갖추어져 있지 않으면 아무리 훌륭한 사람이라도 성을 견고히 지킬 수 없을 것이다.

凡守圍城之法, 厚以高, 壕池深以廣, 樓撕揞, 守備繕利, 薪食足以支三月以上, 人衆以選, 吏民和, 大臣有功勞於上者多, 主信以義, 萬民樂之無窮. 不然, 父母墳墓在焉. 不然, 山林草澤之饒足利. 不然, 地形之難攻而易守也. 不然, 則有深怨於適, 而有大功於上. 不然, 則賞明可信, 而罰嚴足畏也. 此十四者具, 則民亦不宜上矣. 然后城可

전쟁은 속임수다

守. 十四者無一, 則雖善者不能守矣.

(『묵자』「비성문備城門」)

이 책들에서 모두 무덤을 언급했습니다. 오자서伍子胥가 초나라를 격파하고 수도인 영郢으로 들어가서 제일 먼저 한 일이 원수의 무덤을 파헤쳐 시신에 채찍질한 것입니다.[4] 무덤은 옛사람들에게 매우 중요했습니다.

공성에서 두 나라 사이의 심리는 매우 미묘합니다. 고대의 전쟁은 폭력이 끝이 없었습니다. 공성에서 오랫동안 공격해 함락시킨 경우에는 보통 대량 학살로 이어져서 성을 파괴하고 남자는 모두 죽이고 여자는 모두 강간했으며, 설령 죽이지 않더라도 집으로 끌고 가서 노예로 삼았습니다. 남아 있는 텅 빈 성과 밭은 어떻게 할까요? 백성을 이주시켜 채울 수밖에 없습니다. 이런 것은 모두 어리석은 방법입니다. 어리석은 방법의 배경은 두려움 때문이니, 두 나라가 모두 두려워합니다. 대범하고 지혜로운 훌륭한 군사가라야 비로소 형세를 이용할 줄 알아 각종 방법(실력으로 위협하거나 외교적으로 담판을 짓는 것과 같은)을 사용해서 이로움을 알려주고 의로움으로 깨우치며 마음으로 감동시켜 상대방에게 저항을 포기하도록 권유합니다. 저항을 포기하는 조건으로 상대방 군민軍民의 생명과 안전을 보장하면, 자신도 보존하고 상대방도 보존하며, 성도 보존하고 사람도 보존할 수 있기 때문에 완전하게 승리할 수 있습니다.

이것이 가장 이상적인 공성의 방법입니다.

그러면 이상적이지 않은 공성의 방법은 무엇일까요? 아래에서 설명합니다.

【 3-2 】

이런 까닭으로 백 번 싸워 백 번 이기는 것이 잘 하는 것 중의 잘 하는 것이 아니며, 싸우지 않고 적을 굴복시키는 것이 잘 하는 것 중의 잘 하는 것이다. 그런 까닭으로 가장 좋은 용병술은 계책으로 치는 것이며, 그다음은 외교로 치는 것이며, 그다음은 군대로 치는 것이며, 가장 낮은 수단이 성을 공격하는 것이다. 성을 공격하는 방법은 어쩔 수 없기 때문이다. '노'와 '분온'을 수리하고 여러 가지 무기를 갖추는 데 석 달이 걸려야 완성할 수 있으며, '거인'도 석 달이 걸려야 완성할 수 있다. 장수가 분노를 이기지 못하고 병사들을 개미 떼처럼 성벽을 타고 올라가 공격하게 하고, 목숨을 바친 사졸이 삼분의 일이나 되는데도 성을 빼앗지 못한다면, 이것은 무모한 공격의 재앙이다. 그런 까닭으로 용병을 잘하는 자는 적병을 굴복시키되 싸움에 의한 것이 아니며, 적의 성을 빼앗되 공격에 의한 것이 아니며, 적국을 무너뜨리되 오래 끌지 않는다. 반드시 완전하게 승리하는 것으로 천하를 다투기 때문에 병력을 소모하지 않고도 승리를 완전하게 할 수 있으니 이것이 모공의 방법이다.

是故百戰百勝, 非善之善者也 ； 不戰而屈人之兵, 善之善者也. 故上兵伐謀, 其次伐交, 其次伐兵, 其下攻城. 攻城之法, 爲不得已. 修櫓轒轀, 具器械, 三月而後成 ； 距闉, 又三月而後已. 將不勝其忿而蟻附之, 殺士卒三分之一, 而城不拔者, 此攻之災也. 故善用兵者, 屈人之兵而非戰也, 拔人之城而非攻也, 毁人之國而非久也. 必以全爭於天下, 故兵不頓而利可全, 此謀攻之法也.

전쟁은 속임수다

이 단락은 세 층의 의미를 포함하고 있는데, 한 층은 앞 단락을 이어서 '전리全利'의 중요성을 말하고 있으며, 또 한 층은 일반적인 '공성의 방법'을 말하고 있으며, 다른 한 층은 '모공의 방법'을 말하고 있습니다. '공성의 방법'은 '전리'에 어긋나는 것으로, 가장 엉망인 공성 방법입니다. '모공의 방법'은 전리에 부합하는 것으로, 가장 현명한 공성 방법입니다.

공성에 대해 말하기 전에 약간의 관련 지식을 언급할 필요가 있습니다.

먼저 성을 쌓은 역사, 곧 축성사築城史에 대한 지식입니다.

성시城市는 정착 농민이 발명한 것입니다. 농경민족과 기마민족은 서로 대치해 이웃에 살았습니다. 중국의 군사문화는 담문화입니다. 흙 담도 담이며 벽돌 담도 담이며 진을 치고 싸울 때의 사람 울타리도 담입니다. 중국 국가國歌에 "우리의 피와 살로, 우리의 새 (만리)장성을 쌓자!把我們的血肉, 築成我們新的長城!"라는 구절이 있는데, 장성은 확실히 중국 문화의 상징입니다. 유럽에도 로마시대에 북방 야만족의 침략에 대비하기 위해 쌓은 하드리아누스 방벽Hadrian's Wal[5] 같은 장성이 있지만, 중국과는 비교가 안 됩니다. 기마민족은 동적인 것으로 정적인 것을 격파하고, 농경민족은 정적인 것으로 동적인 것을 제어했습니다. 담을 높이 쌓는 것은 줄곧 중국의 특징이었습니다.[6]

성시는 어디에서 유래했을까요? 집단 거주지인 취락聚落에서 나왔습니다. 고대의 취락은 모두 작은 마을, 곧 소촌小村과 소진小鎭인데 통틀어서 읍邑이라 부릅니다. 큰 것으로는 국國(수도)·도都(큰 현大縣)가 있고, 작은 것으로는 현縣이 있는데 흔히 성벽으로 둘러쌉니다. 이런 담이 본래 의미의 성城입니다. 취락에는 구수溝樹(도랑을 파고 나무를 심음) 또는 봉수封樹(땅을 돋우고 나무를 심음) 제도가 있습니다. 전묘田畝에서 시작되는 도랑溝을 견畎이라 하며 흙이 쌓인 밭두둑을 묘畝라 하는데, 이것이 바로 구수·봉수의 최초 모습입니다. 마을은 높은 지대에 세우고 주위에 도랑을 둘렀는데, 고고학자들이 환호취락環壕聚落이라 부르는 것도 한쪽은 높고 한쪽은 낮습니다. 밭의 경계와 마을의 경계에는 범위를 표시하는 봉토封土가 있고, 봉토 위에 나무를 심어야 했습니다. 밭에 봉수封樹가 있고 마을에도 봉수가 있으며 도로의 양옆에도 나무를 심었습니다. 홰나무槐를 심은 것을 괴수장槐樹莊이라 하고 버드나무를 심은 것을 유림둔柳林屯이라 합니다. 고대와 지금이 같은 이치입니다. 예를 들어 진秦나라 사람 저리질樗里疾은 가죽나무樗를 심은 마을에서 살았습니다. 성시는 바로 이런 것에서 발전한 것입니다. 장성은 산을 의지해서 요새로 삼고 강을 해자垓字 삼아 방어하는 것인데, 아직도 이런 방법을 사용합니다.

중국의 성시는 사방이 바둑판 형식으로 펼쳐져 있는 것이 특징인데, 궁침宮寢·종묘宗廟·사직社稷·능묘陵墓가 모두 한곳에 집중해 있습니다. 잘 이해가 안 된다면 베이징성을 한 번 보십시오. 초기와 말기가 같은 이치였습니다. 5000년 전에서 4000년 전(6000년 전의 것도 있습니다.)의 초기 성시는 어떤 것은 원형이고 어떤 것은 타원형으로 불규칙한 형태지만 하·은·주 삼대 이후의 성은 대부분 정사각형입니다. 가끔 원형의 성도 있지만 주류는 아닙니다. 청나라는 1700여 개의 부府·청廳·주州·현縣에 각각 성이 있었는데, 해방 후에 모두 허물었습니다. 기원전 215년 진시황은 「갈석각사碣石刻辭」에서 자신의 위대한 공적 가운데 하나를 "성곽을 부순 것"이라 했는데, 오늘날 중국의 현대화는 그보다 더욱 극심합니다.

서양의 성시는 중국과 다릅니다. 중국은 부·청·주·현의 크고 작은 성시에 모두 시市와 성城이 있었습니다. 영어권 국가에서 시티city는 시市이며, 타운town은 시市보다 규모가 작은 진鎭에 해당하며, 시보다 큰 카운티county는 군郡이나 현縣으로 번역할 수 있으며, 더 큰 단위로 스테이

전쟁은 속임수다

트state가 있는데 바로 주州에 해당합니다. 이런 거주 지역에 반드시 성이 있었던 것은 아닙니다. 성이 있는 경우의 하나는 귀족의 성castle이며, 다른 하나는 군사적 거점fort입니다. 그들은 산 정상에 성을 쌓는 것을 선호했는데, 중국에는 거의 없는 경우입니다. 성은 모두 높은 산 아래와 넓은 내 위에 쌓았습니다. 다만 서북 지역의 경우 백성들이 전쟁을 피하기 위해 항상 산꼭대기에 흙담을 둘러쌓았는데, 그곳 사람들은 이를 '마을堡子'이라고 불렀습니다. 서양에서 말하는 성은 주로 요새를 뜻하는 '포트fort'를 가리킵니다. 클라우제비츠는 방어를 설명하면서 두 장에 걸쳐 요새를 언급했는데,[7] 독일어 원문의 페스퉁겐festungen은 영어의 fort에 해당합니다. fort는 성벽이 있는 보루나 보루를 쌓은 성시인데, 영구적 축성과 야전 축성으로 나뉩니다. 영구적 축성은 장기간 사용하는 성이며, 야전 축성은 임시로 세운 방어용 공사입니다. 나는 미국 군사 기지에 가본 적이 있는데, 대부분 여전히 fort라 불렸지만 근본적으로 성은 없었습니다. 이런 방어 시설을 중국에서는 장새障塞라 합니다. 장새는 일반적인 성시와 달리 국경 지역이나 전략적 요충지의 병참이나 초소에 설치합니다. 엥겔스가 『미국신백과전서』에 집필한 항목 가운데 '축성Fortification'[8]도 요새를 설명한 것입니다.

어떤 전쟁이든 방어 수단도 매우 중요합니다. 가장 간단한 방어 수단은 무엇일까요? 갑옷과 방패로 몸을 보호하는 사람 울타리입니다. 예를 들면 로마 군단은 갑옷과 방패가 유명한데, 그들이 사용한 진법은 거북이 머리를 껍질 속에 움츠려 몸을 보호하는 것과 같은 귀진龜陣이었습니다. 갑옷과 투구와 방패는 전사에게 거북의 껍질과 같은 것입니다. 그다음은 토목공사로서 흙담으로 보루를 쌓고 해자에 물을 끌어오는데, 이것을 고대에는 '구루溝壘'라 했습니다. 고대에 군대가 숙영할 때 바로 이

구루에 의지해 막사를 치고 진지를 구축했습니다. 오늘날 참호를 파는 것도 바로 이런 관습입니다. 구루가 없으면 수레로 둘러싸고 야영했습니다. 성시는 이런 것보다 복잡한데, 고대에는 더욱 중요한 방어 수단이었습니다.

고대에 성을 방어할 때 주로 세 가지에 의지했으니 첫째는 성벽이고, 둘째는 성의 해자이며, 셋째는 성의 누각입니다. 고대의 성은 성문에 문루門樓가 있고 사방 모퉁이에 각루角樓가 있으며 마면馬面⁹에는 적루敵樓가 있는데 모두 감시하는 데 사용할 수 있으며, 성안에는 높은 누대와 높은 탑이 있어 또한 적을 살필 수 있습니다. 한나라 때 방어용 작은 성채인 오벽塢壁에는 대부분 망루望樓가 있는데(한나라 때 도자기로 만든 누대 모형이 있습니다.) 그것의 축소 형태입니다. 『묵자』에서 언급한 대성臺城은 고정된 망루이며, 행성行城은 움직이는 망루입니다. 유럽의 성보城堡, 곧 보루 형태의 작은 성에도 망루가 있었습니다. 성보는 감옥과 관련이 있는데, 그들의 감옥은 대부분 옛 성보를 이용한 것입니다. 오늘날의 감옥에 높은 담과 감시탑이 있는 것도 이런 특징을 간직하고 있습니다. 그러나 감옥과 성보는 사용 목적이 다른데, 성보는 밖에 있는 사람이 안으로 들어오지 못하도록 막는 것이며, 감옥은 안에 있는 사람이 밖으로 나가지 못하도록 막는 것이라는 차이가 있습니다.

다음으로 고대의 공성과 수성에 대해 살펴보겠습니다.

고대의 군사는 공성 기술과 수성 기술이 최고 수준에 도달했습니다. 병서의 네 종류 가운데 넷째를 기교라 하는데, 바로 이 공성 기술과 수성 기술이 주류를 이룹니다.

병서의 네 종류 가운데 권모와 형세는 모략을 이야기하고, 음양과 기교는 기술을 이야기합니다. 두 가지는 모략이고, 두 가지는 기술입니다.

280　　　　　　　　　　　　　　　　　　　　　　전쟁은 속임수다

공성과 수성
이집트 람세스 2세 장례사원인 라메세움Ramesseum의 벽화.

음양은 천문지리와 음양의 향배를 위주로 하는 것으로 '소프트 과학soft science'에 속하며(당연히 오늘날의 안목으로 본다면 대부분 그리 과학적이지 않아서 미신으로 간주될 수 있습니다.), 기교는 무기·무술·군사훈련·군사 체육을 위주로 하는 것으로 '자연과학'에 속합니다. 『한서』 「병서략」에서 기교에 대해 "손과 발의 기술을 익히고 기계를 편하게 다루며 기관에 대한 기술을 축적해 공격과 수비에 승리를 취하는 것習手足, 便器械, 積機關, 以立攻守之勝"이라고 정의했는데, 여기서 '공수攻守' 두 글자를 음미해볼 가치가 있습니다. 『무경총요 전집』을 읽어보면 공성과 수성이 수준 높은 과학기술이라는 점에는 조금도 의문이 없습니다. 당시 최첨단 기술의 대부분이 공성과 수성에 사용되었습니다. 그러나 「병서략」의 기교 부문에서 세 종류는 분명하지 않고(『오자서伍子胥』는 수전水戰을 언급했을 가능성

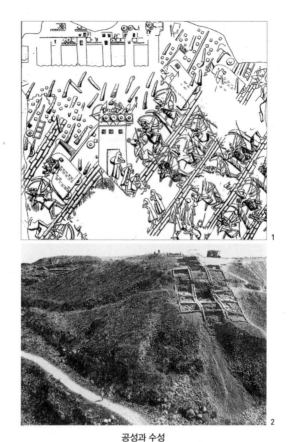

공성과 수성
1. 아시리아 센나케리브 왕 궁전 벽화(아시리아가 라키시Lachish 성을 포위해 공격함).
2. 고고학으로 발견된 라키시 성(성을 공격하는 흙산을 볼 수 있다).

이 있습니다.), 여덟 종류는 활 쏘는 법을 말했고, 한 종류는 검도劍道를, 한 종류는 맨손 격투기를, 한 종류는 축구足球를 말했는데 공성과 수성에 관한 책은 없는 것 같습니다. 어째서 없을까요? 원래 유흠의 『칠략』에는 『묵자』의 성수城守 각편이 있었는데, 『제자략』의 『묵자』에도 이 편들이 있었기 때문에 반고班固가 삭제해버린 것입니다. 사실 이것이 바로 고

전쟁은 속임수다

대 기교가技巧家의 말 가운데 대표작이며, 유흠의 『칠략』에만 남아 있는 기교서技巧書입니다.

공성 기술과 수성 기술은 『묵자』의 성수 각편에서 상세하게 다루고 있습니다. 1948년 천중몐岑仲勉이 『묵자 성수 각편 간주墨子城守各篇簡注』(중화서국, 1987)를 지어 그 내용을 논의했지만, 중국의 학자들은 이에 대해 흥미를 보이지 않았습니다. 1980년 로빈 예이츠Robin D. S. Yates 교수가 『성수城守』[10]라는 제목의 책을 썼는데, 이것은 그의 박사학위 논문으로 출판되지는 않았습니다. 그러나 1994년 그는 조지프 니덤이 주편한 『중국의 과학과 문명』 제5권 제6분책에 『초기 공성과 수성의 기술 ; 묵가에서 송나라까지早期攻守城技術 ; 從墨家到宋』(과학출판사, 상하이고적출판사, 2002)를 썼으니 찾아서 읽어볼 수 있습니다.

묵자가 성을 지키는 일에 대해 설명하면서 "땔감과 식량이 삼 개월 이상을 버틸 수 있어야 한다薪食足以支三月以上"(『묵자』 「비성문」)라고 한 것은 3개월은 지켜야 한다는 말입니다. 그러나 여기서 말한 공성은 준비 작업만 6개월이 걸리는데, 공성 기계를 준비하는 데 3개월, 거인距堙 곧 성을 공격하기 위해 흙으로 쌓은 산 등의 공사를 하는데 또 3개월입니다. 반년이 지나 "장수가 분노를 이기지 못하고 병사들을 개미 떼처럼 성벽을 타고 올라가 공격하게 한다將不勝其忿而蟻附之"고 했습니다. 개미처럼 성벽을 오른 결과가 "목숨을 바친 사졸이 삼분의 일殺士卒三分之一"이며, 사졸의 삼분의 일이 목숨을 바치고도 "성을 빼앗지 못했기而城不拔" 때문에 이것은 당연히 재앙입니다.

공성은 고대에 가장 어려운 일이었습니다. 호메로스Homeros(기원전 800?~기원전 750)의 서사시 『일리아드Iliad』와 『오디세이Odyssey』에는 트로이 전쟁에서 10년 동안 성을 포위했다고 하는데 믿기 어려운 일입니다.

공성과 수성
산뱌오진 1호 무덤에서 출토된 청동 거울 위의 그림.

춘추시대에 가장 오랫동안 성을 포위한 것은 9개월이었습니다. 그때 초나라가 송나라의 성을 포위했는데, 기원전 595년 가을의 9월에서 이듬해인 기원전 594년 여름의 9월까지였습니다. 그 당시 성을 포위했을 때의 상황은 어느 정도까지 이르렀을까요? 먹을 것이 없어 사람을 먹을 수밖에 없었는데, 자기 아이는 먹지 못하고 서로 바꾸어 먹었으며, 땔감이 없어 죽은 사람의 뼈로 불을 피워 밥을 지었습니다. 바로 "서로 자식을 바꿔 잡아먹고 해골을 쪼개 밥을 지었다易子而食, 析骸而爨"(『좌전』선공 14~15년)는 말입니다. 『여씨춘추』「신세愼勢」편에 초나라가 송나라 성을 세 차례 포위했다고 했고, 『묵자』「공수公輸」편에 "장왕이 송나라를 아홉 달 동안 포위했고, 강왕은 송나라를 다섯 달 동안 포위했으며, 성왕은 송나라를 열 달 동안 포위했다莊王圍宋九月, 康王圍宋五月, 聲王圍宋十月"라고 했는데, 묵자가 공수반公輸盤과 지략으로 싸운 것은 셋째로 성을 포위한 전쟁에서였습니다. 초나라는 공성의 부호로 바꾸었고 송나라는 수성의 부호로 바꾸었습니다.

전쟁은 속임수다

'분온輟輼'은 가죽으로 보호한 병사 수송 수레를 가리킵니다.

'거인距堙'은 성을 공격하기 위해 흙으로 쌓은 산을 말합니다.

'살사졸삼분지일殺士卒三分之一'은 죽간본에는 '살사삼분지일殺士三分之一'로 되어 있습니다. '살사殺士', 곧 '목숨을 바치는 병사'는 하나의 성어로서 『손빈병법』「살사殺士」 편과 『울요자』「병령 하兵令下」 편에 보입니다. '살사'에 대해서는 리쥔밍李均明과 리제민李解民 두 사람이 이미 병사들이 능동적으로 목숨을 바친 것이며, 자살도 아니고 적에게 살해된 것도 아님을 밝힌 바 있습니다. 그렇지 않다면 『울요자』「병령 하」 편에서 "가장 좋은 것은 살사가 반이 되는 것이며, 그다음은 십분의 삼이 되는 것이며, 그다음은 십분의 일이 되는 것이다. 살사가 반이 될 수 있는 자는 그 위엄이 해내에 두루 미치며, 십분의 삼이 되는 자는 그 힘이 제후에게 미치며, 십분의 일이 되는 사람은 명령이 사졸들에게 시행된다能殺士卒之半, 其次殺其十三, 其下殺其十一. 能殺其半者, 威加海內 ; 殺十三者, 力加諸侯 ; 殺十一者, 令行士卒"라고 했는데, 어떻게 살사가 많을수록 용병술이 더 뛰어나다고 할 수 있겠습니까?[11]

고대의 공성은 매우 어려워 어떤 사람은 머리를 쓰기 시작했는데, 강공이 통하지 않으면 성을 포위하되 싸우지 않거나, 성을 포위하고 적의 지원군을 공격하거나, 위나라를 포위해 조나라를 구하는圍魏救趙 식으로 자기편을 구하는 데 이용하기도 했습니다. 이런 것은 비교적 현명한 방법입니다. 그러나 더욱 현명한 방법은 무엇일까요? 적에게 사상 공작을 펴는 것입니다. 공작을 펴기 가장 좋은 사람은 적의 주변 인물이나 적이 신임하는 사람입니다. 예를 들면, 베이핑北平(지금의 베이징)의 평화해방 때 사상 공작을 편 사람은 국민당 푸쭤이傅作義의 딸인 공산당원이었습니다.[12]

공자는 "삼군의 장수는 빼앗을 수 있으나 필부의 뜻은 빼앗을 수 없다 三軍可奪帥也, 匹夫不可奪志也"(『논어』 「자한子罕」)라고 했습니다. 아무리 많은 군사가 있다 하더라도 굴복하지 않는다면 함락해야 합니다. 공격자는 적의 심리적 최후 방어선이 어디이며, 그들의 마지노선이 어디인가를 깊이 생각해야 합니다.

【3-3】

그런 까닭으로 용병의 방법은, 적보다 열 배 많으면 포위하고, 다섯 배 많으면 공격하며, 두 배 많으면 흩어지게 하고, 비슷하면 싸우지만, 너무 적으면 달아나며, 조금 다르면 피한다. 그래서 약한 적이 군세어지면 강한 적도 사로잡힐 수 있다.

故用兵之法, 十則圍之, 五則攻之, 倍則分之, 敵則能戰之, 少則能逃之, 不若則能避之. 故小敵之堅, 大敵之擒也.

이 장에서는 실력 대비를 말하고 있습니다. 실력이 다르면 대책도 다릅니다.

우세	대등	열세
포위圍(포위만 하고 공격하지 않음) : 10배	전쟁戰 : 형세가 비슷하고 실력이 만만함	달아남逃 : 소소(열세가 큼)
공격攻 : 5배		피함避 : 불약不若(열세가 작음)
분산分(흩어지게 한 뒤 섬멸함) : 2배		

앞에서 야전을 이야기할 때는 두 나라의 군대가 진을 마주하고 있거나 보루를 마주하고 있으며, 형세가 비슷하고 실력이 맞설 만하거나 세력이 대등해야 비로소 '전쟁戰'이라 할 수 있었습니다. 실력이 같지 않더라도 쌍방이 싸우는 방법은 결국 같습니다. 그러나 공성의 경우는 이와 달라서 의지할 만한 험준한 지형이 있고 지킬 만한 성이 있기 때문에 요구

하는 실력이 완전히 다릅니다. 성을 포위하고 공격하거나 적을 흩어지게 하기 위해서는 병력이 적보다 2배는 되어야 합니다. 쌍방의 형세도 서로 다른데, 수비는 성안에서 지키고 공격은 밖에서 공격하기 때문에 한쪽은 안에 있고 한쪽은 밖에 있으며, 한쪽은 정적이고 한쪽은 동적으로 공수의 형세가 다릅니다.

마오쩌둥은 우세한 병력을 집중해서 적을 섬멸하기 위해서는 적어도 적보다 두세 배는 많아야 하며, 가장 좋은 것은 적보다 대여섯 배가 많은 것이라 했습니다.[13]

이전에 청나라 말기의 정치가 섭명침葉名琛(1807~1859)이 광저우廣州를 지킬 때, 세상 사람들은 그를 두고 "싸우지도 않고 화친하지도 않으며, 항복하지도 않고 달아나지도 않는다不戰不和, 不降不走"라고 비웃으며 병가의 큰 금기를 범했다고 했습니다. 병법에서는 전투戰·화친和·항복降·도주走 가운데 반드시 선택해야 합니다. 여기에도 단계를 높이거나 낮추는 것과 관계가 있는데, 관건은 실력의 대비를 관찰하는 것입니다. 간단한 원칙은 바로 마오쩌둥이 말한 "싸워서 이길 만하면 싸우고, 싸워서 이길 수 없으면 달아난다打得贏就打, 打不贏就走"는 것입니다.[14]

고대의 공성과 관련해 성은 얼마나 크고, 사람 수는 얼마나 되었는지를 대략 추정해보겠습니다.

문헌에 따르면, 중국 고대의 천자天子의 성城(수도)은 사방 9리(『고공기』), 대도大都는 사방 3리, 중도中都는 사방 1과 4/5리, 소도小都는 사방 1리입니다(『좌전』 은공隱公 원년). 한·당漢唐 시대의 주소注疏를 토대로 추론해보면, 공작公爵의 성은 사방 7리, 후작侯爵과 백작伯爵의 성은 사방 5리, 자작子爵과 남작男爵의 성은 사방 3리입니다. 고대에 '사방 몇 리'라는 말은 모두 각 변의 길이가 몇 리인가를 말한 것으로 지금의 몇 평방리를

전쟁은 속임수다

말한 것은 아닙니다. 예를 들면 사방 100리는 100리×100리의 의미입니다. 고대의 1리는 300보步이며, 1보는 6척尺이며, 1척은 0.231미터입니다.

아래는 당시 성의 너비를 지금의 도량형으로 환산한 수치입니다.

사방 9리 : 너비 3742.2미터

사방 8리 : 너비 3326.4미터

사방 7리 : 너비 2910.6미터

사방 6리 : 너비 2494.8미터

사방 5리 : 너비 2079미터

사방 4리 : 너비 1663.2미터

사방 3리 : 너비 1247.4미터

사방 2리 : 너비 831.6미터

사방 1리 : 너비 415.8미터

성벽의 높이는 『고공기』에 따르면, 천자의 성은 외성外城의 모퉁이 높이가 9치雉이며, 궁성의 모퉁이는 높이가 7치이며, 성문은 높이 5치입니다. 제후의 성은 높이가 7치이며, 도성都城의 높이는 5치입니다. 이전 사람들이 말하기를, 비록 가장 낮은 성이라도 높이가 3치 이하인 경우는 없다고 했습니다. 치는 판축版築의 단위입니다. 각 판은 길이가 1장丈이며, 너비는 2척입니다. 5개의 판을 위에서부터 아래로 배열한 것이 1도堵입니다. 1도는 길이와 너비가 각각 1장입니다. 3개의 도를 가로로 배열하면 길이 3장, 높이 1장이 되는데 이것이 1치雉입니다.

아래는 당시 성의 높이를 지금의 도량형으로 환산한 수치입니다.

높이 9치 : 높이 20.79미터

높이 8치 : 높이 18.48미터

높이 7치 : 높이 16.17미터

높이 6치 : 높이 13.86미터

높이 5치 : 높이 11.55미터

높이 4치 : 높이 9.24미터

높이 3치 : 높이 6.39미터

중국의 고성 가운데 초기의 고성(기원전 3000~기원전 2000)은 비교적 규모가 커서 대부분 사방 1리에서 사방 2리에 이르는 거대한 성에 속합니다. 상·주商周 시기의 고성 가운데 옌스偃師의 상나라 성이나 정저우鄭州의 상나라 성은 사방 4리에 이르는 거대한 성입니다. 동주 시기의 고성은 보통 사방 4리가 넘었고 큰 것은 사방 9리가 넘었습니다. 연燕나라 하도성下都城이나 제나라 린쯔성臨淄城, 초나라 기남성紀南城, 중산中山의 영수성靈壽城은 모두 사방 9리가 넘었습니다.

동주 시기에 성을 공격하고 수비하는 문제가 가장 두드러집니다. 많은 사람이 인용하는 말이 있는데, 바로 전국시대 말기 연나라 장수 전단田單과 조나라 장수 조사趙奢의 대화로 『전국책』 「조책3趙策三」에 나옵니다.

여기에 따르면, 전단이 조사에게 "내가 들으니 옛날 제왕帝王의 병사는 사용한 것이 삼만 명에 불과했지만 천하가 복종하였소. 지금 장군은 반드시 십만 또는 이십만 병사를 쓰려고 하니 이것이 내가 복종하지 못하는 까닭입니다"라고 말했습니다. 그러자 조사는 "그대가 말하는 옛날은 성이 크더라도 삼백 장丈에 불과했고, 사람이 많더라도 삼천 가구에 불과했기 때문에 삼만의 군사로 공격해도 어렵지 않았습니다. 그러나 지

전쟁은 속임수다

금의 성은 모두 일천 장이나 되고 성읍에는 일만 가구가 살고 있습니다. 만약 삼만의 병사만 쓴다면 성의 한 모퉁이조차도 포위할 수 없을 것입니다"라는 말로 반박했습니다.

전단이 말한 '제왕의 병사'는 대개 춘추시대나 춘추시대 이전의 용병으로 전군이 삼만 명에 불과했으니 이는 당시 일반 제후들이 거느린 군대입니다. 당시의 큰 성은 곧 '300장'의 성이니 길이나 너비가 693미터로 사방 1리보다는 크지만 사방 2리에는 미치지 못합니다. '일천 장이나 되는 성'은 길이나 너비가 2310미터로 사방 5리보다는 크고 사방 6리에는 미치지 못합니다. 『맹자』「공손추 하」에 "삼 리의 성, 칠 리의 곽郭(외성)"이라 했는데 삼 리의 성은 길이가 1247.4미터이며, 칠 리의 곽은 길이가 2910.6미터입니다.

고대의 성에는 몇 명이나 살았을까요? 이것도 중요한 문제입니다.

중국 고대의 도시에는 인구가 많았는데, 중요한 것은 저변이 넓고 정착 농민이 매우 많았다는 점입니다. 전한 평제平帝 원시元始 2년(서기 2)에 중국 총인구는 5959만4978명으로 거의 6000만 명에 근접했습니다(『한서』「지리지」). 서기 2년 이전은 근거로 삼을 자료가 없습니다. 그러나 전쟁의 규모를 통해 참고 자료를 제공할 수 있습니다.

여기 매우 중요한 두 개의 숫자가 있습니다. 그 하나는 춘추시대 중기의 인구 수준을 반영할 수 있는 것으로 『국어』「제어」 편과 『관자』「소광小匡」 편에 나옵니다. 관중이 군대를 조직할 때 제나라의 정착민 가구 수는 66만이었는데, 다섯 식구를 기준으로 계산하면 약 330만 명입니다. 군대에 갈 수 있는 사람이 3만 명이므로 대략 100명 가운데 1명이 군인입니다. 다른 숫자 하나는 전국시대 중기의 인구 수준을 반영할 수 있는 것으로 『상군서』의 「산지算地」와 「내민徠民」 편에 보입니다. 당시 진秦나라의 농경지는 1000리×1000리×2로 매우 컸으며, 대략 농민 540만 가구를 먹여 살릴 수 있는 규모였습니다. 다섯 식구를 기준으로 계산하면 대략 2700만 명입니다. 이런 거주민들 가운데 전쟁에 나갈 수 있는 병졸이 100만 명에는 부족하지만 대략 27명 가운데 1명이 군인입니다.[15] 앞의 강의에서 전국시대 말기와 진나라 때의 군대는 100만 명이 넘으며, 그밖의 여러 나라도 수십만 명은 될 것이라고 추정한 바 있습니다. 전국시대의 인구는 전한 시기와 비슷해 6000만 명 정도이며, 전국시대 7국 군대의 총병력은 400만 명이 안 될 것이라고 추정합니다. 그 당시의 성은 대부분 '1만 가구가 사는 마을萬戶之邑'입니다. '1만 가구가 사는 마을'의 인구는 대략 5만 명입니다.

한나라의 성은 『한서』 「백관공경표百官公卿表」에 따르면, 일반적으로 동同의 대소가 있을 뿐입니다. 동은 사방 100리이며, 길이와 너비가 41.58킬로미터로 대략 1728.9제곱킬로미터입니다. 인구는 대현大縣이 1만 가구 이상이고, 소현小縣은 1만 가구 이하로 5만 명 안팎입니다. 그러나 한나라의 큰 성인 장안성長安城 같은 경우 『한서』 「예문지」에 따르면 인구가 24만6200명이었습니다.

공성에는 사람이 많아야 하는 것이 필수입니다.

『묵자』 「비성문」에는 성을 지키는 방법을 알면 소수로도 다수를 이길 수 있다고 했습니다. 그 당시에 성을 지키는 데는 남녀노소가 모두 동원되었습니다. 10만 명의 적군이 사방에서 공격한다면 공격 형태에서 가장 넓은 것은 500보로 1과 2/3리가 되므로 4000명이면 대응할 수 있습니다. 나머지 세 방면은 이렇게 많은 사람이 필요 없기 때문에 대략 1만 명 정도면 충분합니다. 적군과 아군의 비율이 대략 10 대 1입니다. 성을 지키는 데는 한 사람이 열 사람을 감당할 수 있습니다.

전쟁은 속임수다

성을 공격할 때 어떤 방법을 선택할 것인지의 관건은 실력을 살펴야 한다는 것입니다. 손자는 만약 아군의 병력이 적보다 10배가 많지 않으면 성을 포위해서는 안 되고(다만 포위만 하고 공격해서는 안 됩니다.), 적보다 5배가 많지 않으면 성을 공격해서는 안 된다고 했습니다. 이것은 공성에 대한 이야기입니다. 야전에서는 병력이 조금 적을 수도 있지만 우세를 점하는 것도 매우 중요합니다. 적보다 2배가 많으면 적을 분산시켜 각각 공격할 수 있습니다. 마치 커다란 케이크를 먹을 때 한 조각씩 잘라서 먹는 것과 같은 경우라고 할 수 있습니다. 병력이 비슷해도 한 번 싸워볼 만합니다. 병력이 적보다 못하다면 결코 싸워서는 안 됩니다. 실력이 조금 차이나면 물러나고 차이가 너무 크면 달아나는 것에 아무런 부끄러움도 없습니다. 도발할 수 없으면 피하고, 피할 수 없으면 달아나는 것이 바로 병법입니다. 달아나는 것이 목숨을 구하는 묘책이란 것은 동물들도 모두 알고 있습니다.

"고소적지견, 대적지금야故小敵之堅, 大敵之擒也"에 대한 전통적인 해석은, 약한 쪽은 강한 적에게 완강하게 저항하지만 결국은 적의 포로가 된다는 것입니다. 그러나 나는 이런 해석에 동의하지 않습니다. 『순자』「의병」편에 "이것은 일이 작고 적이 약하다면 억지로라도 사용할 수 있지만, 일이 크고 적이 견고하면 병사들이 흩어져 달아난다是事小敵毳(脆)則偸可用也, 事大敵堅則渙焉離耳"라고 했는데, '소적小敵'은 약한 상대이고 '대적大敵'은 강한 상대이니, 상대가 취약하면 유리하고, 상대가 강하고 굳세면 부딪치자마자 결판납니다. '견堅'은 나쁜 말이 아닙니다. 「의병」편을 참고하면 "고소적지견, 대적지금야故小敵之堅, 大敵之擒也"라는 구절은 만약 약한 쪽이 우세한 병력을 집중할 수 있어서 비록 작더라도 굳세게 되면 강대한 상대방이라도 사로잡을 수 있다는 뜻으로 이해됩니다.

이것은 실력 대비의 의미를 말한 것입니다.

전쟁에서는 어떤 상황도 발생할 수 있습니다. 사실 피하고 달아나는 것뿐만 아니라 항복하는 것도 병법입니다. 병가의 선택은 도덕을 고려하는 것이 아니며, 관건은 실력 대비를 살피는 것입니다. 축구 경기에서 실력이 비슷해야 재미있지 현저하게 차이나면 볼 만하지 않습니다. 그러나 전쟁은 그와 달리 세력이 약하면 대등한 전쟁이 아니기 때문에 어떤 거친 수단도 사용할 수 있습니다. 이것이 규칙 위반이라고 말할 수 없습니다. '병불염사兵不厭詐'의 의미가 바로 규칙이 없는 것이 유일한 규칙이라는 것입니다. 옛사람의 말 가운데 이 뜻을 잘 표현한 것이 있으니 "정당하게 뜻을 얻지 못하면 권도를 쓴다. 권도는 전쟁에서 나오며 충과 인에서 나오지 않는다正不獲意則權. 權出於戰, 不出於中(忠)人(仁)"(『사마법』 「인본」)라는 말입니다. 충인忠仁은 바로 충신忠信입니다.(진秦나라 죽간에 인仁을 신信의 뜻으로 사용한 예가 있습니다.) 전쟁은 상대방이 죽어야 내가 살기 때문에 근본적으로 도덕을 가지고 말할 수 없습니다. 전쟁에는 또 재판관이 없는데, 무엇이 바른 수단이고 무엇이 나쁜 수단인지, 누가 말할 수 있겠습니까? 전쟁에서는 적이 무서워하는 것이 좋은 것이며, 적이 생각하지 못한 것이 옳은 것입니다.

공수의 형세가 다름을 말할 때 무기도 공격형 무기와 방어형 무기의 두 가지로 나뉩니다. 한자어의 '모순矛盾'은 바로 이 두 가지 무기의 관계를 말하는 것입니다.

디스커버리 채널Discovery Channel의 프로그램 가운데 「고대의 발명품들Ancient inventions」이 있는데 매우 재미있습니다. 이 프로그램에 따르면, 현대 인류와 옛사람의 뇌 용량은 큰 변화가 없고 옛사람이 조금도 어리석지 않으며, 현대 무기의 거의 모든 것이 고대에 발명된 것의 연속

전쟁은 속임수다

이거나 변종이며, 유도탄이나 비행기, 원자탄, 생화학 무기도 이미 그들의 상상 속에 이미 내포되어 성숙되고 있었습니다. 이 프로그램에서 말한 이치는 매우 심각합니다. 이 프로그램은 인류 최대의 이상은 바로 천하무적의 '최종무기終極武器'를 발명하는 것이며, '최종무기'가 생기면 전쟁을 영원히 없앨 수 있다고 합니다. 작가는 이것이 근본적으로 불가능하며, 어떤 무기든 모두 사람이 만든 것이기 때문에 결국 그것을 능가하는 발명품이 나오기 마련이라고 합니다. 핵무기가 최종무기일까요? 어떤 사람은 그렇다고 말합니다. 이런 무기는 근본적으로 막을 방법이 없기 때문에 반격하는 것이 바로 멸망이기 때문입니다.[16] 그러나 이런 무기조차도 전쟁을 없앨 수는 없습니다. 원자폭탄뿐만 아니라 그밖의 대규모 살상 무기가 아직까지 발명되고 있으며, 핵무기 보유 국가는 증가하고(최근의 예로 북한과 이란의 핵 문제가 있습니다.) 일반 무기조차 조금도 줄어들지 않아 큰 칼과 돌맹이도 모두 아직까지 사용되고 있습니다. 만약 진정으로 전쟁을 없애고 싶다면 가장 좋은 방법은 이런 발명의 업그레이드를 멈추는 것입니다. 무기가 인류를 멸망시키는 것이 아니라 인류가 무기를 가지고 멸망하는 것입니다. 무기가 없는 세상이라야 가장 좋은 세상입니다.

중국 역사상 무기 가운데 첨단 기술의 무기는 먼저 공성과 수성에 사용되었습니다. 공수攻守의 기계가 서로 제어한 것이 가장 두드러집니다.

【3-4】

장군은 나라를 보좌하는 사람이다. 보좌가 주도면밀하면 나라는 반
드시 강해지고, 보좌가 틈이 생기면 나라는 반드시 약해진다. 그런
까닭으로 임금이 군대에 해를 가져오는 것이 세 가지가 있다. 군대가
진격할 수 없다는 것을 모르면서 돌진을 명령하는 것, 군대가 퇴각할
수 없다는 것을 모르면서 후퇴를 명령하는 것, 이것을 '군대를 옭아맴'
이라 한다. 임금이 삼군의 사정을 모르면서 군대의 행정에 동참하면
군사들은 헷갈릴 것이다. 임금이 군대의 사정을 모르고 군대의 임명
에 동참하면 군사들은 의심할 것이다. 삼군이 이미 헷갈리고 의심한
다면 이웃 제후들이 침략에 이를 것이니, 이것이 아군을 혼란하게 만
들어 적이 승리하게 이끈다는 것이다.

夫將者, 國之輔也, 輔周則國必強, 輔隙則國必弱. 故君之所以患於軍者三 ：
不知軍之不可以進而謂之進, 不知軍之不可以退而謂之退, 是謂縻軍 ； 不知
三軍之事而同三軍之政, 則軍士惑矣 ； 不知三軍之權而同三軍之任, 則軍士
疑矣. 三軍旣惑且疑, 則諸侯之難至矣, 是謂亂軍引勝.

이 단락은 죽간본에서는 매우 심하게 손상되었지만, 신장웨이우얼자
치구의 투위거우土峪溝에서 출토된 육조시대의 초본抄本에 마침 이 단락
이 있습니다. 그 요지는 임금에게 경고하는 것이니, 임금에게 집안에 앉
아서 제멋대로 지휘해 국외에서 전쟁하는 장군에게 간여하지 말라는 것
입니다. 이런 간여는 장군의 행동을 구속해 자신의 군대를 혼란에 빠뜨
림으로써 적에게 승리를 제공할 수 있는데, 옛사람들은 이를 '중어지환

전쟁은 속임수다

中御之患'이라 했습니다.

나는 이 단락을 통해서 그 배경이 되는 제도 문제를 해석하고 설명하고자 합니다. 『좌전』에 기록된 전쟁은 임금이 흔히 직접 출정하는 초기의 특징을 여전히 가지고 있는데, 직접 전쟁을 지휘할 뿐 아니라 직접 전투에 참가했다는 것을 우리 모두 알고 있습니다. 제 환공과 진 문공, 송 양공, 초 장왕楚莊王 등 많은 나라의 군주가 모두 그러했습니다. 임금이 출정하지 않으면 대부분은 집정執政 대신大臣이 군대를 이끌었습니다. 태자는 반대로 직접 출정할 수 없었습니다. 진 헌공晉獻公이 태자 신생申生을 보내 동산東山의 고락씨皐落氏[17]를 치게 하자 이극李克이 반대한 것이 그 예입니다. 그가 반대한 이유는 군대에서는 명령에 복종하고 지휘에 따라야 하는데, 태자가 만약 '품명稟命(명령을 받음)'해서 일마다 모두 그 아버지의 명령을 듣는다면 권위가 서지 않을 수 있고, 만약 '전명專命(명령을 마음대로 내림)'해서 어떤 일도 모두 상황에 맞게 처리하고 뜻대로 결정한다면 또 효도에 어긋나기 때문입니다. 이런 일은 임금과 집정 대신의 일이기 때문에 태자가 간여할 수 없었습니다(『좌전』 민공 2년). 그 당시 '품명'과 '전명'의 모순이 벌써 존재했습니다. 춘추시대 말기에 임금이 직접 출정하는 일이 점점 줄어들면서 전문 장군이 나타나기 시작했습니다. 예를 들어 진晉나라의 육경六卿은 육장군六將軍이라고도 하는데, 바로 이런 장군입니다. 옛사람들이 장수를 임명하고 명령을 내리는 것을 이야기할 때 가장 중요한 조목이 바로 장군에게 명령을 내리는 것인데, 장군이 외지에 있으면 임금의 명도 듣지 않는 경우가 있습니다. 예를 들어 『육도』 「용도龍韜·입장立將」 편과 『울요자』 「병담兵談」 「무의武議」 편 그리고 『회남자淮南子』 「병략兵略」 편, 『사마법』의 일문, 『한서』 「풍당전馮唐傳」 등 많은 고서에서 모두 이 점을 언급했습니다. 전쟁터에서는 장수가 경우에 따라서는 "임금의 명령도 듣지 않을 수 있다君命有所不受"는 말은 『손자』 「구변」 편에도 보입니다. 『사기』 「손자오기열전」에는 "장수가 군에 있을 때는 임금의 명령도 듣지 않을 수 있다將在軍, 君命有所不受"라고 했으며, 『수서』 「후막전侯莫傳」에도 "장수가 외지에 있을 때는 임금의 명령도 실행하지 않을 수 있다將在外, 君命有所不行"라고 했습니다. 이것은 고대 병가의 통설입니다. 고대에는 전화가 없어서 임금과 직접 연락할 방법이 없었기 때문에 역마를 이용해 급한 소식을 전하려 해도 시간에 맞출 수 없었습니다. 고서에는 임금이 장수를 임명해 명령을 내릴 때 월鉞이라는 도끼 한 자루를 주면서 "위에 하늘이 없고, 아래에 땅이 없으며, 앞에는 적이 없고 뒤에는 임금이 없다無天於上, 無地於下, 無主於後, 無敵於前"는 말과 함께 지휘의 전권을 주어 제한을 받지 않게 했습니다. 예전에 홍군紅軍에 편입된 토비土匪의 우두머리를 주인공으로 한 「독립대대獨立大隊」[18]라는 영화가 있었는데, 여기서 주인공은 "나는 하늘·땅·사람 이 셋이 간섭할 수 없는 독립대대"라고 말합니다. 장군이 상황에 따라 판단하고 행동하는 것은 하늘·땅·사람 이 셋이 간섭할 수 없는 영역에 속한다는 말입니다. 임금이 간여하면 세 가지 큰 재앙인 '미군縻軍' '혹군惑軍' '의군疑軍'이 생깁니다. 이런 문제가 바로 '중어지환'입니다. 송나라의 군인들은 정부의 간섭을 받았으며, 장수가 전쟁터에 나선 뒤에야 비로소 금낭묘계錦囊妙計, 곧 비단 주머니 속에 묘책을 넣어 하달했기 때문에 항상 전쟁에서 졌으며, 명나라도 환관의 우두머리인 태감太監이 군대를 감독했으니, 이런 것들이 모두 중어지환입니다.

전쟁은 속임수다

【 3-5 】

그런 까닭으로 승리를 알 수 있는 다섯 가지가 있다. 전쟁을 할 수 있
는지 전쟁을 할 수 없는지 아는 자는 승리한다. 많고 적은 병사를 운
용할 줄 아는 자는 승리한다. 윗사람과 아랫사람의 욕망이 같은 자는
승리한다. 준비된 상태에서 준비되지 않은 상대를 맞이하면 승리한
다. 장수의 능력이 뛰어나고 임금이 간섭하지 않으면 승리한다. 이 다
섯 가지가 승리를 아는 방법이다. 그런 까닭으로 이렇게 말한다. "적
을 알고 나를 알아야 백 번 싸워도 위태롭지 않다. 적을 모르고 나만
알고 있다면 한 번은 승리하고 한 번은 패한다. 적도 모르고 나도 모
르면 싸울 때마다 반드시 위태롭다."

故知勝有五 : 知可以(與戰)[戰與]不可以(與)戰者勝, 識衆寡之用者勝, 上下同欲
者勝, 以虞待不虞者勝, 將能而君不御者勝. 此五者, 知勝之道也. 故曰 : 知
彼知己, 百戰不殆 ; 不知彼而知己, 一勝一負 ; 不知彼, 不知己, 每戰必敗.

이것은 전체 글의 결론입니다. 내용은 두 층으로 나눕니다.

첫째 층은 '지승知勝', 곧 승리를 알 수 있는 것을 다섯 조목으로 귀납
했습니다. 앞의 세 조목, 곧 "전쟁을 할 수 있는지 전쟁을 할 수 없는지 아
는 자는 승리한다知可以戰與不可以戰者勝", "많고 적은 병사를 운용할 줄 아
는 자는 승리한다識衆寡之用者勝", "윗사람과 아랫사람의 욕망이 같은 자
는 승리한다上下同欲者勝"는 것은 모두 아군을 말한 것으로 '지기知己', 곧
자신을 아는 것에 속합니다. "준비된 상태에서 준비되지 않은 상대를 맞
이하면 승리한다以虞待不虞者勝"는 조목은 적과 응전을 말하는 것으로 '지

피지기知彼知己', 곧 적을 알고 나를 아는 것에 속합니다. "장수의 능력이 뛰어나고 임금이 간섭하지 않으면 승리한다將能而君不御者勝"는 조목은 앞의 3~4장과 호응하는데, 아군을 말한 것으로 역시 '지기'에 속합니다.

둘째 층은 승률에 대한 추측을 말하는 것으로, "적을 알고 나를 알아야 백 번 싸워도 위태롭지 않다知彼知己, 百戰不殆"는 승률이 100퍼센트이며, "적을 모르고 나만 알고 있다면 한 번은 승리하고 한 번은 패한다不知彼而知己, 一勝一負"는 승률이 50퍼센트이며, "적도 모르고 나도 모르면 싸울 때마다 반드시 위태롭다不知彼, 不知己, 每戰必敗"는 승률이 0퍼센트입니다.

이런 것은 모두 매우 사실적인 말입니다.

『손자』가 '지승'을 말한 곳은 주로 세 군데입니다. 「계」 편에서는 '오사칠계五事七計'에 의거해 누구의 계책이 더 많은지를 살핍니다. 이 편에서는 위의 다섯 조목에 의거합니다. 뒤의 「지형」 편에는 '지피지기' 외에 '지천지지知天知地'가 더 있습니다.

'지피지기 백전불태'는 마오쩌둥이 가장 좋아한 말입니다.**19**

제3편을 마치면서 일단락을 고합니다. 끝으로 「계」 「작전」 「모공」의 세 편은 저작상 어떤 특징이 있는지에 대해 말하고자 합니다.

이 세 편의 중점은 권모權謀입니다. 권모는 전략입니다. 전략은 전체 국면에 대한 문제입니다. 이치에 따라 말하자면, 큰 문제는 큰 도리로 설명해야 하기 때문에 이론으로 분석하고 추상적으로 묘사하는 것이 절대 부족해서는 안 되지만 손자는 그렇게 말하지 않습니다. 클라우제비츠가 그렇게 말한 것과는 달리 철학적 말투로 말했습니다. 손자는 조감도의 방식으로 설명하고, 전개하는 방식으로 설명해서, 두보가 「망악望嶽」이라는 시에서 "반드시 정상에 올라 뭇 산들의 작은 모습을 보리라會當凌絶

전쟁은 속임수다

頂 一覽衆山小"라고 읊은 것처럼, 전경이 눈앞에 드러나게 했습니다. '묘산' 과 '야전'과 '공성'을 차례로 이야기하는데, 한 단계씩 발전하면서 일의 경과 내력을 모두 설명하고 있습니다. 전경에 대해 설명할 뿐만 아니라 전 과정에 대해서도 설명하고 있습니다. 그는 붓을 정밀하게 단련해 결코 일의 대소를 가리지 않고 아무 일이나 다 말하지는 않았습니다. 많은 세부 사항을 그는 의도적으로 말하지 않았습니다. 말한 내용은 다만 몇 가지 기본 원칙뿐입니다. 묘산에서는 계산을 많이 할 것을 강조했고, 야전에서는 속전속결을 강조했으며, 공성에서는 전리全利를 강조했습니다. 사람들에게 주는 느낌은 중요하고 번거롭지 않으며, 간단하고 명백합니다. 모두 더해야 겨우 1100자 남짓입니다. 이것은 뒷부분과 대조됩니다. 뒷부분에서는 전술 문제를 이야기합니다. 전술 문제는 변화가 많으며, 매우 구체적이고 매우 융통성 있기 때문에 학자들이 있는 그대로 논하기 쉽습니다. 예를 들면, 많은 병서들이 마치 증상에 따라 약을 처방하듯이 문답식으로 이런 문제를 말하고 있지만, 손자는 그렇게 하지 않고 오히려 직관을 버리고 추상적 방법을 선택했는데, 개념에서 시작해 추상적 묘사를 선택했기 때문에 사람들에게 매우 철학적인 맛을 느끼게 합니다.

부록

『묵자』의 '열두 가지 공격十二攻'

『묵자』의 성수城守 각편은 묵자와 그의 제자 금활리禽滑釐의 문답 형식으로 서술되었는데, 원래는 17편이었으나 6편은 전하지 않고 지금은 11편만 남아 있습니다. 묵자는 '비공非攻', 곧 전쟁을 반대해 공격하지 말 것을 주장한, 고대의 유명한 반전주의자입니다. 그는 약자를 동정해 강대함을 믿고 약자를 괴롭히거나 속이는 것을 반대했는데, 매우 고귀한 정신입니다. 한나라의 백성들은 영원히 죽지 않고 인간 세상에서 살 것이라고 믿었습니다(『신선전神仙傳』 권4). '비공'의 방법은 무엇일까요? 사람들이 작은 나라를 지키고 자신을 보호해서 큰 나라의 괴롭힘을 받지 않도록 하는 것입니다. 묵자의 후학들은 이런 기술을 전해주었는데 보배로운 유산으로 남아 있습니다. 옛사람들은 수성守城에 대해 이야기할 때 묵자를 창시자라고 말했습니다. 『묵자』를 읽지 않으면 수성에 대해 알수 없습니다. 『묵자』에서 말하는 지킴守은 공격을 겨냥한 것입니다. 공수攻守의 지식이 모두 이 책에 담겨 있습니다. 당시의 공성 수단에는 임臨·

구鉤·충衝·제제梯·인인堙·수水·혈穴·돌突·공동空洞·의부蟻傅·분온轒轀·헌거軒車가 있는데(『묵자』「비성문」), 이것이 이른바 '열두 가지 공격十二攻'입니다.

이제 하나씩 설명하겠습니다.

⑴ 임臨 : 성을 공격하는 탑루塔樓의 한 가지로서 융隆이라고도 합니다. 『묵자』「비고림備高臨」 편은 '비고備高'와 '비림備臨' 두 가지 일을 논한 것인데, '비고'는 양검羊黔을 대비하는 것이고 '비림'이 바로 임거臨車를 대비하는 것입니다. 양검은 성을 공격하기 위한 흙비탈로서 아래의 인堙과 비슷합니다. 임거는 이동할 수 있는 탑루로서 아래의 헌거軒車와 비슷합니다. 양검에 대비하는 주요 수단은 고정된 망루인 대성臺城과 움직이는 망루인 행성行城입니다. 임거에 대비하는 주요 수단은 연노連弩입니다. 임거는 높은 곳에서 아래로 공격할 수 있는 수단이기 때문에 양검과 비슷하지만, 양검은 흙을 높이 쌓아 올리는 것이고 임거는 높이 올라갈 수 있는 수레입니다. 성을 공격하는 수레 가운데 높은 곳에서 아래로 공격할 수 있는 것은 두 가지인데, 하나는 중루식重樓式이고 하나는 조소식鳥巢式입니다. 로빈 예이츠 교수는 '임'이 중루식이며, 『무비지』의 '임충여공거臨衝呂公車'와 비슷하다고 추측했습니다.[20] 이런 수레는 5층으로 되어 있는데, 위에 11명이 있고 아래에 3명

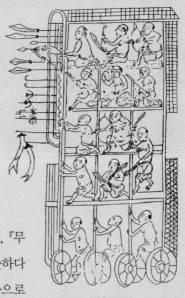

임충여공거
『무비지』권109, 25쪽 뒷면.

이 있습니다.(동력을 일으키는 장치가 없기 때문에 오직 사람의 힘에 의지하는데 어떻게 밀었는지는 정확하지 않습니다.)

(2) 구鉤 : 『묵자』「비구備鉤」편은 '구'를 방비하는 것에 관한 내용인데, 아쉽게도 지금은 전하지 않습니다. 고대에 '구'와 관련된 공성 기계로는 구승鉤繩·구제鉤梯·구거鉤車의 세 가지가 있습니다. '구승'은 오늘날 등산할 때 사용하는 갈고리 줄과 비슷한데, 앞은 갈고리이고 뒤는 긴 줄로 되어 있어 위를 향해 던져 사람들이 잡고 성벽을 오를 수 있습니다. 『무경총요 전집』 권12의 21쪽에 '비구飛鉤'가 나오는데, 성 아래의 적을 갈고리로 잡아채는 수성 도구입니다. 이 비구는 성벽을 오르는 데 사용될 수도 있지만 공성의 도구로 취급하기에는 너무 간단하기 때문에 임·충衝과 나란히 거론할 수는 없습니다. '구제'는 갈고리가 달린 운제雲梯(아래의 4조 '제'에서 설명)와 겹칩니다. 나는 여기의 '구'는 오히려 '구거'와 더 비슷하다고 생각합니다. '구거'는 긴 팔에 갈고리 손톱이 달린 형태로 이것을 흔들어 휘두르며 성벽을 찍는 데 사용할 수 있습니다. 『무경총요 전집』에 '탑천거搭天車'와 '탑거搭車'가 나오는데, 당연히 이런 수레일 것입니다. 같은 책의 '아골거鵝鶻車'는 도끼를 변형해 찍개로 만든 것인데, 또한 이런 수레입니다. 이것들은 화포와 비슷하며, 두레박식 기계이기도 합니다. '구거'는 아래의 '충'과 비슷하며, 성벽을 파괴하는 데 사용되기도 합니다. 권투에 비유하면 '충'은 팔을 직선으로 뻗어 가격하는 스트레이트, '구'는 팔을 구부려 가격하는 훅에 해당합니다.

(3) 충衝 : 성벽을 파괴하는 데 사용하는 수레이며 성문을 파괴하는 데도 사용합니다. 『무경총요 전집』에 나오는 '당거撞車'는 수레 위에 대들보가 있고 당목撞木을 매단 형태인데, 충은 바로 이런 종류의 수레입니다. 성에 부딪치는 수레는 다른 나라에도 있었습니다. 아시리아 궁전의 화상

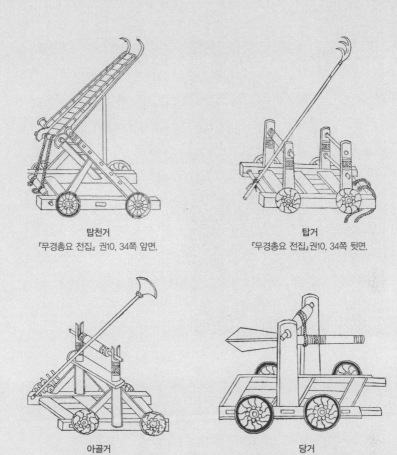

탑천거
『무경총요 전집』 권10, 34쪽 앞면.

탑거
『무경총요 전집』 권10, 34쪽 뒷면.

아골거
『무경총요 전집』 권10, 35쪽 앞면.

당거
『무경총요 전집』 권12, 32쪽 앞면.

석에도 이런 수레가 보입니다. 수레의 본체 아래에는 네 개의 바퀴가 있고 앞에는 긴 송곳이 있으며, 겉면은 가죽으로 덮여 있고 안에는 병사가 타고 있으며, 위에는 입구가 있어 정찰하기 위해 몸을 밖으로 내밀 수 있으며, 한 사람은 방패로 가려 엄호하고 한 사람은 활을 당겨 화살을 쏘는 것인데, 서양 사람들은 이를 '시즈 엔진siege engine'이라 부릅니다. 이런 수레에 달린 긴 송곳을 서양 사람들은 '배터링 램battering ram'이라 하며, 일반적으로 '당성퇴撞城槌'로 번역하는데 바로 성벽을 파괴하는 데 사용하는 것입니다. 이것이 탱크의 원형이라고 보는 사람들도 있습니다. 수레의 본체는 탱크의 본체와 같고 당성퇴는 탱크의 포신砲身과 같지만 성을 공격할 때는 오히려 보병들이 앞에서 길을 열고 뒤에서 호위합니다. 그러나 그것은 탱크와 달리 성벽을 파괴하는 것이 주요 기능입니다. 화상석

아시리아 아슈르바니팔 2세 궁전 벽화의 당성거.

의 그림에서는 이런 수레와 사병들이 성을 공격하기 위해 만든 언덕, 곧 공성사파攻城斜坡(아래의 '인'에서 설명)를 따라 공격합니다. 수비하는 쪽이 그들을 저지하는 방법은 불을 이용해 수레를 불사르는 것입니다. 공격하는 쪽은 불을 끄는 설비를 가지고 있어 물을 뿜으며 불을 끕니다. 이 전투 장면은 매우 격렬한 느낌을 줍니다. 나는 대영박물관에서 이 그림을 참 재미있게 보았지만 이렇게 무거운 기계가 엔진도 없이 어떻게 언덕을 올라가는지 이해되지 않았는데, 아무래도 동력이 가장 큰 문제였을 것입니다. 『묵자』「비충備衝」편은 충거衝車에 대비하는 내용인데, 아쉽게도 지금은 전하지 않습니다. 『태평어람』권336에 『묵자』일문을 인용해 '충거'에 대비하는 방법을 언급했는데, 바로 '충거' 위에 병사를 내려보내 당목을 찍어 끊어버리는 것입니다.

전쟁은 속임수다

(4) 제梯 : 세 가지가 있습니다. 하나는 보통의 사다리로서 사다리만 있고 수레는 없는 형태인데, 『무경총요 전집』에 실린 '비제飛梯' 같은 것입니다. 또 하나는 수레 위에 비스듬한 사다리를 싣고 있는 것으로 모양은 비행기나 배의 출입구에 붙이는 사다리차와 같은데, 『무경총요 전집』의 '행천교行天橋'나 '파거杷車' 같은 것입니다. 나머지 하나는 수레 위에 사다리를 싣고 있지만 앞에서 말한 비스듬한 사다리가 아니고 꺾어서 접었다가 펼 수 있는 것으로 앞의 것보다 더 긴 운제雲梯입니다. 『묵자』「비제

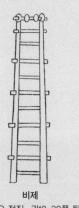

비제
『무경총요 전집』 권10, 30쪽 뒷면.

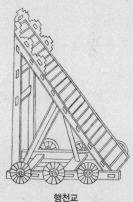

행천교
『무경총요 전집』 권10, 30쪽 앞면.

파거
『무경총요 전집』 권10, 30쪽 뒷면.

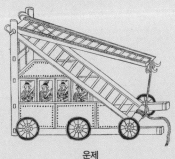

운제
『무경총요 전집』 권10, 17쪽 앞면.

備梯」에 나오는 '운제'가 바로 이런 사다리로, 앞쪽 끝에 한 쌍의 갈고리가 있습니다. 현대의 소방차의 운제도 한 마디씩 접을 수 있지만, 연장하도록 개량한 것은 사다리 위에 다른 사다리를 펼 수 있습니다.

(5) 인堙 : 거인距堙이라고도 하는데, 성을 공격하기 위해 흙으로 쌓은 산을 말합니다. 『묵자』 「비인備堙」 편은 거인에 대비하는 내용인데, 아쉽게도 지금은 전하지 않습니다. 고대의 성벽은 아래에 성을 보호하는 해자護城壕나 강護城河이 있습니다. 따라서 성을 공격할 때는 흙을 쌓아 언덕을 만들고 개미처럼 성 앞으로 기어오르는데 가장 먼저 하는 일이 해자를 메우는 것입니다. '인堙' 자의 의미는 본래 흙으로 메우는 것입니다. 로빈 예이츠 교수는 이 명칭이 해자를 메우는 것과 관련이 있다고 하는데 매우 일리가 있습니다.[21] 앞에 '거距' 자를 붙인 것도 아마 메워서 평평하게 만든 해자의 위나 앞에서 이런 공사 하는 것을 가리키는 것인 듯합니다. 이런 흙산이 어떤 모습인지 알 수 있는 적당한 그림은 없습니다. 『무경총요 전집』에 '거인距堙'이 있지만, 이 그림은 어색하게 생긴 것이 전혀 공성 수단 같지 않고 오히려 쑤저우원림蘇州園林의 인공산 위에 세운 작은 정자처럼 보입니다. 『묵자』에서 말하는 성을 공격하는 흙산은 두 종류인데, 하나는 '양검'이며 다른 하나는 '거인'입니다. 그런데 양검과 거인의 차이점을 설명하지 않았기 때문에 마음대로 추측하기 어렵습니다.

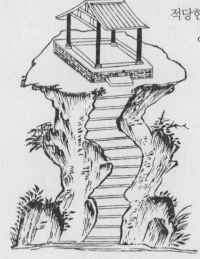

거인
『무경총요 전집』, 권10, 4쪽 앞면.

전쟁은 속임수다

성을 공격하는 흙산은 외국에도 있었습니다. 아시리아 왕 센나케리브 Sennacherib(?~기원전 681, 별칭은 산헤리브)의 궁전 네 벽면에 새겨진 화상석은 기원전 701년 아시리아가 라키시Lachish[22]를 공격하는 전투 장면을 그린 것인데, 위쪽에 성을 공격하는 흙산이 있습니다.(282쪽 위 그림) 뒷날 고고학자들이 이 고성을 발굴했을 때 그림에 묘사된 것과 똑같았습니다.(282쪽 아래 그림) 흙산을 성벽에 붙여 비스듬한 언덕을 올라가는 것인데, 전국시대 청동기에 새겨진 「수륙공전도水陸攻戰圖」에서도 이와 같은 흙산을 볼 수 있습니다.(284쪽 그림)

(6) 수水 : 이것은 물을 성에 흘려보내는 공격입니다. 중국의 고대 도시는 대부분 도로가 서로 교차하는 곳을 선택했는데, 도로 곁에는 대부분 계곡이 있고, 계곡은 대부분 산등성에 의지하고 있어 흔히 산을 두르고 강을 두르기 때문에 성에 물을 흘려보낸 일이 역사 기록에 끊이지 않습니다. 예를 들면, 전국시대 진秦나라 장수 백기白起가 언鄢을 함락한 뒤 곧장 물을 성에 흘려보낸 일이 있습니다. 『삼국지연의』에도 관우가 칠군七軍을 물에 잠기게 한 내용이 있습니다. 『묵자』「비수備水」편은 수공水攻에 대처하는 두 가지 방책을 설명하고 있습니다. 하나는 성안에 우물이나 도랑을 파서 안으로 물을 흘려보내는 것이며, 다른 하나는 배를 함께 묶어 수상水上 임거臨車와 수상 분온轒轀을 이용해 병사를 운송해 갑자기 포위하고 성 밖의 둑을 터뜨려 밖에서 물이 스며들게 하는 것입니다.

(7) 혈穴 : 『묵자』「비성문」편의 '열두 가지 공격十二攻'에서는 이 순서와 같이 일곱째에 있지만, 금본「비혈備穴」편에는 이와 달리 '돌突'의 뒤에 있습니다. 「비혈」은 지하 땅굴을 파는 것에 대비하는 내용으로, 사실은 공동空洞에 대비하는 것이므로 이 조목은 본래 뒤에 오는 것이 마땅하고 금본의 위치 또한 그러하여 결코 '수' 뒤에 있지 않습니다. 이것은 우

연한 잘못이 아닙니다. 『무경총요 전집』을 읽어보면 '공성법攻城法'과 '수성守城' 사이에 '화공'과 '수공'이 있습니다. 역대 공성은 물과 불이 모두 주요 수단이었는데, 불이 물보다 더 중요합니다.(뒤의 「화공」 편에서도 이렇게 이야기합니다.) 『묵자』의 '열두 가지 공격'에는 수공만 있고 화공은 없는데, 이해하기 어려운 일입니다. 나는 여기서 말하는 '혈穴'이 '화火'의 오자일 가능성이 있으며, 아래의 '공동'이 바로 땅굴에 대비하는 내용이기 때문에 문자가 잘못 쓰인 것이 틀림없다고 생각합니다. 안타까운 점은 우리가 생각하는 「비화備火」 편이 전하지 않는다는 사실입니다. 『무경총요 전집』에 언급된 화공의 수단은 매우 다양해서 화금火禽·화수火獸·화거火炬(햇불)·화전火箭(불화살)·화구火球 외에 화포火砲도 있습니다. 당시의 포砲는 대부분 포석기로서 공성과 수성에 모두 사용되었지만 수성에서 더 많이 사용했습니다. 이런 포들은 이미 화약을 사용했는데, 예를 들면 '화포' '화약법' '포루砲樓'가 그런 것들입니다. 화포는 여전히 투석기

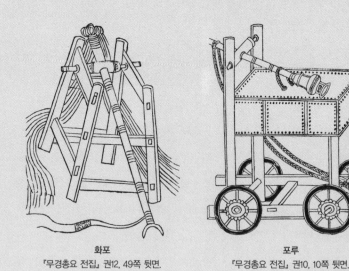

화포
『무경총요 전집』 권12, 49쪽 뒷면.

포루
『무경총요 전집』 권10, 10쪽 뒷면.

전쟁은 속임수다

모양이지만 '포루'는 오히려 대롱 모양의 화기로서 확실히 투석기류의 포와는 다릅니다. 학자들은 화포의 역사를 이야기할 때 모두 대롱 모양의 화기는 원나라 때 비로소 생겼다고 하니 이 그림은 주의할 가치가 있습니다.

(8) 돌突 :『육도』「표도豹韜·돌전突戰」편에 따르면, 적군의 돌파를 넓게 지칭하는 것이며, 공성의 땅굴을 말하는 것은 아닙니다.『묵자』「비돌備突」편은 성에 구멍을 뚫고 공격하는 '돌' 공격에 대비하는 내용인데, 주로 성벽의 사방에 100보마다 하나씩 돌문突門을 팝니다. 돌문은 고서에 많이 보이는데, 안에서 열기 때문에 밖에서는 결코 통과할 수 없으며, 필요할 때만 통과하는 문입니다. 수성은 일반적으로 성안으로 피해서 수동적으로 공격을 당하는 것이기 때문에 돌문이 있어야 능동적으로 공격할 수 있습니다. 지금 전하는 「비돌」편은 매우 짧은데, 아마도 손상되고 남은 편일 것입니다. 이 편은 다만 돌문의 한 가지 용법, 곧 돌문에서 연기를 피워 적을 질식시키는 것을 말하고 있습니다. 구체적인 방법은 각 돌문에 모두 부뚜막을 설치하고 땔감을 준비해서 적군이 돌파하기를 기다려 궐문을 열고 문을 막는 색문거塞門車로 막은 뒤 불을 피우고 풀무를 이용해 적군을 연기에 질식하게 하는 것입니다.『무경총요 전집』에 '색문도거塞門刀車'가 있는데, 바로 색문거입니다.

(9) 공동空洞 : 땅굴이나 지도地道, 곧 지하통로를 파는 것

색문도거
『무경총요 전집』권12, 18쪽 앞면.

을 가리킵니다. 금활리가 말한 '열두 가지 공격'의 순서(『묵자』 「비성문」)에 따르면, 『묵자』 「비돌」 편의 뒤에는 마땅히 「비공동備空洞」이 와야 하는데 이상하게도 지금은 오히려 「비혈」이 있습니다. 『사기』 「대원열전大宛列傳」에 "원의 왕성에는 우물이 없어서 모두 성 밖에서 흐르는 물을 길어왔다. 이에 수도공을 보내 그 성 아래로 물길을 옮기기 위해 성에 굴을 팠다宛王城中無井, 皆汲城外流水, 於是乃遣水工徙其城下水空, 以空其城"라고 했고, 이 구절의 집해集解에 서광徐廣의 말을 인용해 "공은 혈로도 쓴다空, 一作穴"라고 했으며, 『한서』 「이광열전李廣列傳」에도 같은 말이 있는데 둘째 '공空' 자는 또한 '혈穴' 자로 썼습니다. 청나라 말기의 학자 손이양孫詒讓은 "이 공동은 마땅히 또한 혈돌穴突의 종류로 보아야 한다(그는 돌突을 지도地道로 이해했는데, 틀렸습니다.)"라고 지적했습니다. 나는 지금의 「비혈」이 사실은 「비공동」일 것이라고 생각합니다. '혈穴' 자와 '공空' 자는 모양이 비슷해서 잘못 쓰기 쉽습니다. 고대에 성에 구멍을 낸 주요 방법은 "흙을 파고 들어가 기둥을 세우고 불을 질러 우리 성을 파괴하는 것穴土而入, 縛柱施火, 以壞吾城", 곧 성벽에 구멍을 파고 안에 들보를 사용해 지탱한 뒤 기름을 기둥에 묻혀 불을 질렀습니다. 기둥이 무너지면 성 또한 무너집니다. 땅굴 파는 것에 대비하는 방법은 주로 두 가지가 있는데, 하나는 눈으로 자세히 살피는 것으로, 높은 곳에서 아래를 내려다보면서 땅에 어떤 흔적이 없는가를 살폈습니다. 다른 하나는 귀로 듣는 것으로, 성의 안쪽을 따라가면서 5보마다 우물을 파서 큰 옹기를 우물 안에 엎어놓고 사람이 그 안에 쪼그리고 앉아 소리를 듣게 하며, 적군이 지도地道를 파는 소리가 들린 지점에 불을 피워 연기에 질식하게 만들고 물을 쏟아 부어 공격했습니다. 묵자 시대의 방법은 후대에도 계속 사용되었습니다. 일본 침략기에 중국에 지도전地道戰이 있었습니다. 여기서 '지도地道'

전쟁은 속임수다

는 바로 고서의 표현입니다. 국
공내전國共內戰 당시 산시성山西
省 린펀臨汾에서 싸울 때도 국민
당과 공산당 양쪽이 여전히 이런
방법을 사용했습니다. 로빈 예이
츠 교수는 이런 기술이 고대의 우
물 파는 지식을 이용한 것이라고 했는

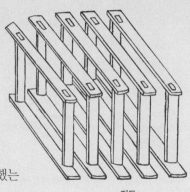

지도
『무경총요 전집』 권10, 30쪽 앞면.

데, 옳은 말입니다.[23] 『무경총요 전집』에
혈성穴城, 곧 성에 구멍을 뚫는 것에 대한 내용
이 있는데, 그 주요 수단은 '지도地道'라 불리는 장치입니다. 사실 이것은
갱도를 지탱하는 나무 구조물로서 하나하나 연결해서 파고 들어가는 정
도에 따라 끊임없이 안쪽에 설치하는 방식입니다. 각 구조물은 모두 위
쪽에 엄량罨梁이라고 하는 횡목이 있고 아래쪽에도 지복地栿이라 부르는
횡목이 있으며, 좌우에는 배사주排沙柱라 부르는 두 개의 기둥이 있습니
다. 좀더 복잡한 것은 이런 구조물을 함께 고정시켜 일정한 거리마다 즐
비하게 막을 세우는 것입니다. 더욱더 복잡한 것은 이런 막 아래에 수레
바퀴를 달아 갱도차坑道車를 만들고 기차처럼 마디마디 연결합니다. 맨
앞의 수레를 '두차頭車'라 하고 뒤의 수레를 '서붕緒棚'이라 합니다. 두차의
꼭대기 부분에 위아래의 창문(천창天窓)을 내고 앞부분에는 화살을 쏘는
구멍이 있는 병풍(두패목頭牌木)이 갖춰져 있습니다. 두차의 앞면을 보호
하기 위해 가끔 어떤 부분을 덧붙이기도 하는데, 앞면과 좌우 양면에 모
두 가리개(병풍 모양의 방패와 좌우 마개)가 있습니다. 심지어 '포루'로 엄호
해 앞에서 길을 열어주기도 합니다. 서붕은 앞뒤가 서로 통하는데 안에
는 꼰 줄을 설치하고 '조차捘車(교차絞車)'를 이용해 흙을 밖으로 끌어내는

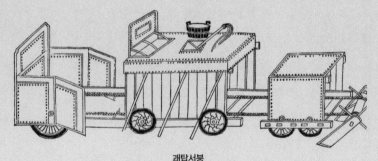

괘탑서붕
두차와 서붕, 『무경총요 전집』 권10, 9쪽 앞면에서 10쪽 앞면까지.

것이 마치 오늘날의 컨베이어와 같습니다. 성에 굴을 파는 이런 장치들이 서로 연결된 것을 '괘탑서붕挂搭緒棚'이라 하고 서로 연결되지 않은 것을 '불괘탑서붕不挂搭緒棚'이라 하며, 가죽 덮개를 만들어 보호하는 것을 '배탑서붕排搭緒棚'이라 하고 덮개가 없는 것을 '불배탑서붕不排搭緒棚'이라 합니다. 갱도차는 포석砲石과 불을 가장 무서워하기 때문에 가죽 덮개(위를 덮는 것과 옆에 드리운 것으로 나뉨)로 보호하는 것 외에도 진흙통(삼에 진흙을 섞어 겉에 바르면 불을 막을 수 있음)과 물주머니(양가죽으로 만들어 불을 끌 수 있음)를 휴대합니다. 얼마 전 나는 후베이성湖北省에 갔다가 퉁뤼산銅綠山의 옛 광정鑛井을 본 적이 있는데, 수평 갱도도 있고 수직 갱도도 있었습니다. 수평 갱도는 『무경총요 전집』의 '지도地道'와 매우 비슷했습니다. 로빈 예이츠 교수도 이미 이런 점을 지적했습니다.[24]

(10) 아부蛾傅 : 이것은 보병이 빽빽이 모여 거세게 공격하는 것입니다. '아부'는 이 편에서 말한 '의부蟻附'입니다. '아蛾'는 '의蟻'과 같고 '부傅'는 '부附'와 통합니다. 이는 개미가 담을 따라 떼 지어 가는 모습으로 인해 전술을 비유한 것입니다. 전국시대 청동기에 새겨진 수륙공전도에 '의부'를 묘사했는데, 병사들이 공성용 흙산과 운제를 오르며 성을 공격합니

전쟁은 속임수다

다.(284쪽 그림 참조) 『묵자』「비아부備
蛾傅」 편에 '의부'의 대비책을 설명했
는데, 주요 수단은 탑루인 '임'과 화
살, 돌, 끓는 물, 불을 사용하는 것입
니다.

(11) 분온賁輼 : 이것은 병사를 수
송하는 장갑차에 해당합니다. 후한
後漢의 응소應劭는 '분온'을 흉노의 수
레라고 했습니다.(『한서』「양웅전揚雄傅」
안사고顔師古의 주석 인용) 한족은 성
을 지키는 데 뛰어났으며, 공성 기계
를 반드시 한족이 발명한 것은 아닙
니다. 흉노는 한족의 영토를 침입해
야전은 물론 성도 공격해야 했기 때
문에 이런 수레는 흉노와 관련이 있
으며, 응소의 말이 맞을 가능성이 없
는 것도 아닙니다. 이것은 가죽을 사
용해서 서까래 모양의 수레 상자를
만들고 앞쪽은 막았기 때문에 병사
들은 뒤쪽에서 들어갑니다. 『무경총
요 전집』의 '분온거賁輼車'가 바로 이
런 수레입니다. 이 수레가 하는 일은
주로 병사를 수송하거나 해자를 메
우는 것입니다. 『무경총요 전집』에

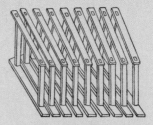

불괘탑서붕
『무경총요 전집』 권10, 8쪽 앞면.

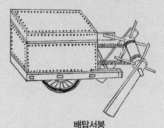

배탑서붕
『무경총요 전집』 권10, 6쪽 앞면.

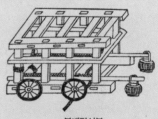

불배탑서붕
『무경총요 전집』 권10, 5쪽 앞면.

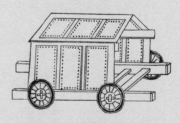

분온거
『무경총요 전집』 권10, 20쪽 뒷면.

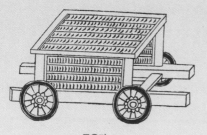

목우거
『무경총요 전집』 권10, 21쪽 앞면.

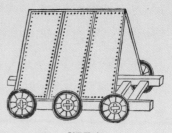

첨두목려
『무경총요 전집』 권10, 21쪽 뒷면.

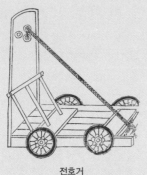

전호거
『무경총요 전집』 권10, 32쪽 앞면.

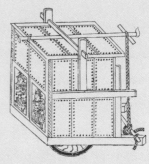

전호피거
『무경총요 전집』 권10, 32쪽 뒷면.

'목우거木牛車' '첨두목려尖頭木驢' '전호거塡壕車' '전호피거塡壕皮車' 등이 있는데 모두 비슷한 수레입니다. 그 가운데 '첨두목려'는 지붕을 삼각형으로 만들어 화살과 돌에 맞아도 곧 굴러떨어집니다. 이밖에도 『무경총요 전집』에 '호교壕橋'와 '절첩교折疊橋'(권10, 15~16쪽)가 나오는데, 성의 해자를 뛰어넘을 때 사용하는 것으로서 '분온'과 관련이 있는 기계입니다.

(12) 헌거軒車 : 『묵자』「비헌거備軒車」편은 헌거에 대비하는 내용인데, 아쉽게도 지금은 전하지 않습니다. 헌거는 고서에 나오는 누거樓車와 소거巢車일 가능성이 있습니다. 이것은 수레 위에 기둥을 세우고 기둥에 집

전쟁은 속임수다

을 붙여서 자동으로 오르내릴 수 있게 만든 탑루로서 공중에 매달린 누각이나 나무 위의 새둥지와 비슷합니다. 고대에 성을 방어할 때 높은 지점을 차지하는 것이 매우 중요했는데, 성루城樓에 의지하면 높은 곳에서 아래를 내려다볼 수 있습니다. 누거와 소거는 반대로 조치하는 것입니다. 이런 수레는 노櫓 또는 누로樓櫓라고 하는데, 「모공」 편에 언급한 '노'가 바로 이런 종류의 노입니다. 이것은 제4강의 부록에서 언급한 노와는 다릅니다. 거기서 말한 노는 몸을 가리는 방패로서 땅 위에 세울 수 있는 큰 방패입니다. 고대의 전쟁 수단 가운데 대부분은 이미 골동품이 되었습니다. 방패를 세우고 진을 치는 것과 기마병은 경찰로 이어졌고, 헌거와 운제는 소방대로 이어졌습니다. 오늘날 소화 장비 가운데 고대의 유산은 사다리 외에 또 액체 압력 승강기가 있습니다. 액체 압력 승강기가 바로 헌거류의 설비인데 가로등으로도 사용됩니다. 『무경총요 전집』에 '망루거望樓車'와 '소거巢車'가 있는데, 바로 이런 수레입니다. 이것들은 모두 공격하는 쪽의 망루입니다. 이런 망루는 움직이는 것도 있고 고정

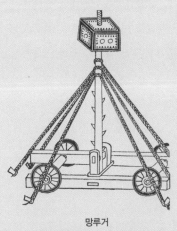

망루거
『무경총요 전집』 권10, 23쪽 앞면.

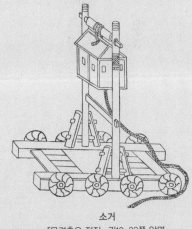

소거
『무경총요 전집』 권10, 33쪽 앞면.

된 것도 있는데, 『무경총요 전집』의 '망루望樓'는 땅 위에 고정한 것입니다.

『묵자』에서 말한 '열두 가지 공격'은 세 부류로 나눌 수 있습니다. 하나는 공성 기계로서 예를 들면 '임거'와 '헌거'는 높은 곳에 올라갈 수 있고, '분온'은 병사를 수송하거나 해자를 메울 수 있고, '충거'와 '구거'는 성벽을 부술 수 있고, '운제'는 성에 오를 수 있습니다. 「모공」 편의 "노와 분온을 수리하고, 여러 가지 무기를 갖추는 데 석 달이 걸려야 완성할 수 있다修櫓轒輼, 具器械, 三月而後成"라는 구절은 바로 이런 부류를 말한 것입니다. 다른 하나는 공성과 관련된 토목공사로서 '공동'은 땅굴을 파는 것이며, '거인'은 흙을 쌓아 언덕을 만드는 것입니다.(사실 다리를 놓아 해자를 건너거나 흙을 옮겨 해자를 메우는 것도 포함해야 합니다.) 「모공」 편의 "거인도 석 달이 걸려야 완성할 수 있다距堙, 又三月而後已"라는 구절은 바로 이런 부류를 말한 것입니다. 마지막 하나는 공성 그 자체로서 '수공'과 '화공' '돌突' '의부' 같은 것이 있습니다. 「모공」 편의 "장수가 분노를 이기지 못하고 병사들을 개미 떼처럼 성벽을 타고 올라가 공격하게 한다將不勝其忿而蟻附之"라는 구절은 바로 이런 부류를 말한 것입니다.

망루
『무경총요 전집』 권13, 25쪽 앞면.

전쟁은 속임수다

● 제6강 ●

제4편

(군軍)형形

'전쟁 삼부곡'을 끝내고 이제 둘째 부문인 형세形勢로 들어갑니다.

　이 부문은 앞 부문과 다른데, 앞 부문은 전쟁 과정에 따라 이야기하고 원인과 결과에 따라 이야기했지만, 이 부문은 병력 부서의 수리數理 관계에서 이야기합니다. 앞의 것은 비교적 직관적이고 뒤의 것은 비교적 추상적입니다. 이 부문을 읽을 때 철학 수업을 듣는 것 같아서 무미건조하게 느낄 것입니다. 그러나 이론이란 것은 의미심장해서 자세히 음미할 가치가 있는데, 좋은 차는 천천히 음미해야 그 맛을 제대로 느낄 수 있는 것과 같습니다. 특히 알아두어야 할 것은 우리가 말하는 형세 또는 형形·세勢는 매우 중요한 개념으로서 군사뿐 아니라 정치·철학·사상과도 관련이 있다는 점입니다.

　이 단락은 형세 부문에 대한 서론으로 소개하는 것입니다. 여기서 몇 마디 더 덧붙이고자 하는데, 그렇지 않으면 아래의 내용을 이해하는 데 문제가 생길 것입니다.

이 부문에는 분량이 같은 세 편, 곧 「형」「세」「허실」이 있습니다. 이 세 편은 모두 병력의 배치에 대해 설명하고 있습니다. 앞의 「계」 편에서 는 수량을 말한 것이 비교적 추상적이었으나, 여기서는 구체적으로 전개 합니다. 나는 이 부문을 '병력의 배합 방법'이라고 명명합니다.

배합 방법은 영어로는 '레시피recipe'라고 하는데, 병을 치료하기 위한 처방, 음식을 먹거나 다이어트를 위한 처방, 음식을 만드는 조리법 등의 의미가 있습니다. 사실 인공으로 만들어진 많은 것들은 모두 자기만의 배합 방법이 있습니다. 단약丹藥을 만드는 데는 단약을 만드는 배합 방법 丹方이 있는 것과 같습니다.

송나라 이후의 병서는 의약 처방으로 병법에 비유하는 일이 잦았습니 다. 예를 들면, 남송의 시인이자 애국지사인 화악華岳의 『치안약석治安藥 石』(그의 문집 『취미선생북정록翠微先生北征錄』에 수록)에 이와 같은 표현이 있습니다. 또 명·청시대의 병서인 『구명서救命書』『병벽백금방洴澼百金方』 『의시육언醫時六言』 같은 경우는 책 이름만 보면 오히려 의학 서적으로 생 각됩니다. 의사는 사람을 구하고, 병사는 사람을 죽이기 때문에 당연히 서로 다릅니다. 그러나 병사를 주둔하고 진을 치는 것이 마치 약을 처방 하는 것과 같기 때문에 이 비유는 매우 구체적입니다.

중국 고대에 운용의 묘는 주로 병력의 배합 방법에서 구체화됩니다.

'병력의 배합 방법'에는 두 가지가 있습니다. 하나는 미리 조제해 놓은 약과 비슷한 것으로서 약을 잘 배합해서 약국에 두고 직접 고를 수 있게 하는 것인데, 옛사람들은 이를 '형形'이라 불렀습니다. 다른 하나는 처방 전과 비슷한 것으로서 경험 있는 의사가 병의 증세와 기운의 허실에 따 라 환자에게 처방을 내리는 것인데, 용량을 짐작해 그 맛을 조절할 수 있 어 옛사람들은 이를 '세勢'라 불렀습니다.

전쟁은 속임수다

이 두 개념은 나누어서 사용할 수도 있고 합해서 사용할 수도 있습니다. 합해서 사용한 개념이 바로 '형세'입니다.

'형'은 잠재된 '세'이며, '세'는 변화된 '형'이기 때문에 둘은 같은 일에 대한 다른 관점이며 서로 보충하고 협력하는 관계입니다. '형'이 있으면 '세'가 없고, '세'가 있으면 '형'이 없다는 말은 결코 아닙니다.

형세는 나눌 수도 있고 합할 수도 있는 개념입니다.

형세는 합성어로서 옛사람들도 어떤 종류의 병서를 가리켰습니다. 형세는 네 종류의 병서 가운데 둘째로서 그 지위는 권모의 다음입니다.

『손자』에서 형세를 말할 때는 두 가지 표현 방식이 있는데, 비교적 추상적인 것과 비교적 구체적인 것, 이론에 편중한 것과 실용에 편중한 것이 그것입니다. 『손자』의 둘째 부문을 형세 부문이라 하고, 셋째 부문을 군쟁軍爭 부문이라 합니다. 이 두 부문은 모두 형세를 이야기하는데, 형세 부문은 추상적이고 이론에 편중한 표현 방식이고 군쟁 부문은 구체적이고 실용에 편중한 표현 방식에 해당합니다.

형세류에 관한 『한서』「병서략」의 해석은 다음과 같습니다.

① "번개처럼 움직이고 바람처럼 행동한다雷動風擧."

이 말은 『손자』「군쟁」편에 나옵니다. 「군쟁」에서는 여섯 구절로 군사 행동의 은폐성, 민첩성, 빠르고 변화가 많음을 강조하면서 "빠르기는 바람과 같고, 느리기는 숲과 같고, 침략은 불과 같고, 움직이지 않는 것은 산과 같고, 알기 어렵게 하는 것은 그늘과 같고, 움직임은 우레와 같아야 한다其疾如風, 其徐如林, 侵掠如火, 不動如山, 難知如陰, 動如雷震"라고 했는데, 정적인 것과 동적인 것, 빠름과 느림의 차이가 매우 큽니다. 앞의 네 구절은 간략하게 풍風·임林·화火·산山이라 줄일 수 있습니다. 일본 전국시대의 명장 다케다 신겐武田信玄은 이 네 글자를 가장 좋아해서 자신의 군대 깃발에 늘 써 놓았습니다. 여기서의 '뇌동雷動'은 마지막 구절에서, '풍거風擧'는 첫 구절에서 따온 것입니다.

②"뒤에 출발하고도 먼저 도착한다後發而先至."

이 말도 『손자』 「군쟁」 편에 나옵니다. 「군쟁」에서 "적보다 늦게 출발하여도 적보다 먼저 이를 수 있다後人發, 先人至"라고 했는데, 이것은 두 나라의 군대가 승리를 다투는 관건입니다. 전국시대 말기에 순자와 임무군은 조나라 효성왕 앞에서 군사를 변론했습니다. 효성왕이 병요兵要, 곧 군사에서 무엇이 가장 중요한지를 묻자 임무군은 "적보다 늦게 출발해도 적보다 먼저 도착하는 것後人發, 先人至"이 바로 '군사의 요체兵要'라고 대답했습니다. 이것은 『손자』의 명언입니다.

③"이합과 향배는 변화를 예측할 수 없다離合背向, 變化無常."

이 말은 병력이 모이고 흩어짐과 나뉘고 합함, 행군 노선과 운동 방향은 변화가 심해 종잡을 수 없다는 뜻입니다. 「군쟁」 편에도 이와 비슷한 표현이 있는데, 예를 들면 "그런 까닭으로 군대는 속임수로 일어나고 이익으로 움직이며 분산과 집합을 변화로 삼는 것이다故兵以詐立, 以利動, 以分合爲變者也" 같은 구절입니다.

④"간편하고 신속함으로 적을 제어하는 것이다以輕疾制敵者也."

'경輕'은 가벼움이며 '질疾'은 신속함인데, 모두 적들보다 앞서 나가기 위한 것입니다. 「군쟁」에서는 두 군대가 승리를 다투어 빨리 뛰는 것을 말하면서 "급하게 갑옷을 거두어 빨리 떠나며, 밤낮으로 멈추지 않고 배로 행군한다卷甲而趨, 日夜不處, 倍道兼行"라고 했는데, 이것이 가볍기는 하지만 속도를 다투기 위해서는 군수물자를 모두 버려야 하니 매우 위험한 일이며, 군수물자를 가져가지 않으면 현지에서 보충해야 합니다. 이 말도 「군쟁」과 관련이 있습니다. 「구지」에서도 이런 특징을 말했는데, 바로

전쟁은 속임수다

"전쟁의 정황은 신속함을 주로 하니 적이 아직 이르지 못한 때를 틈타고 적이 생각지 못한 길로 나오며, 적이 경계하지 못한 곳을 공격한다兵之情 主速, 乘人之不及, 由不虞之道, 攻其所不戒也"는 것입니다.

뒤에 나오는 셋째 부문인 「군형」 「구변」 「행군」 「지형」 「구지」 편들도 형세를 말하고 있는데, 특히 형세의 개념에 대한 운용을 말합니다. 형세가形勢家의 특징은 몰래 달아났다가 갑자기 공격하는 것으로, 민첩하고 기동성 있으며 빠르고 변화무쌍합니다.

형세라는 개념은 매우 추상적이지만 형세의 운용은 가장 융통성이 있습니다. 『손자』에서 형세를 말할 때, 먼저 개념을 말하고 뒤에 응용을 말했습니다. 「병서략」은 응용에 대해서만 말했습니다.

저자는 먼저 본질을 말하고 나서 현상을 말하며, 먼저 원인을 말하고 나서 결과를 말하도록 안배한 것입니다.

형세를 연구할 때 철저하게 따져서 이론을 토론하려면 반드시 형세 부문을 읽어야 합니다. 이 부문을 읽지 않으면 무엇을 형세라 부를지 명확히 알 수 없습니다. 형세를 전문적으로 언급한 편篇이나 장章이 있는 다른 병서는 한권도 없기 때문입니다.

형세란 무엇일까요? 바로 배치의 결과인데, 그것은 의서의 조제법이나 증상에 따라 처방하거나 배합해 약을 만드는 것과 같습니다. 인췌산 한나라 죽간의 『기정奇正』에 "여유가 있는 것도 있고 부족한 것도 있는 것은 형과 세가 그러하다有所有餘, 有所不足, 形勢時也"라고 했는데, 이 표현이 가장 간단명료합니다.

간단하게 말해서, 형세의 뜻은 병력을 투입할 때 이곳은 많이 하고 저곳은 적게 하며, 이곳은 긴밀하게 하고 저곳은 느슨하게 하는 것으로, 마치 장기에서 말을 움직이는 것과 같습니다.

병력의 배치 방식을 모두 형세라고 할 수 있습니다. 그러나 '형'과 '세'는 나누어서 말할 수도 있습니다. 나누어 말할 때, 형이 무슨 의미이고 세가 무슨 의미인지는 뒤에 다시 구체적으로 논의하고 반복해서 비교할 것입니다. 비교적 간단하고 개괄적으로 말하자면 형은 '대체적 득실의 수大體得失之數'이며, 세는 '때에 따라 나아가고 물러나는 상황臨時進退之機'입니다. 이것은 한나라 순열苟悅의 표현(『전한기前漢紀』 「고조황제기高祖皇帝紀」)인데, 비교적 맞는 말입니다. 나는 그 말을 여러분에게 소개해 먼저 어떤 인상을 갖도록 하고 뒤에서 다시 말하도록 하겠습니다. '형'과 '세'에 대한 해석은 이 편에도 있고 다음 편에도 있습니다. 여기서 말할 수 있는 것은, '형'이란 아군이 평소 준비해 쉽게 보고 쉽게 알 수 있는 국면이며, '세'는 적으로 인해 '형'의 뒷면에 설치하거나 감추어 두는 것으로서 적과 아군의 상황에 제약을 받기 때문에 겉으로는 볼 수 없는 국면이라는 것입니다.

이제부터 「형」 편의 내용에 따라 논의를 시작하겠습니다.

오늘날 우리가 사용하는 책은 조조가 주석한 『위무제주』 본입니다. 「형」 편의 '형'은 『위무제주』 본과 『무경칠서』 본에는 앞에 모두 '군軍' 자가 있으나, 죽간본과 『십일가주』 본에는 없습니다. 이 '군' 자는 후세 사람들이 가지런히 정리하기 위해서 획일적으로 덧붙인 것이기 때문에 삭제해야 합니다.

「형」 편에서 말하는 '형'은 주로 실력의 강약을 말하는 것으로, 이른바 '형승形勝'입니다. '형승'이라는 단어는 『손자』에서 직접 언급되지는 않았지만 개념은 있습니다. 이 편을 읽으면서 인췌산 한나라 죽간 『기정』의 한 단락을 참고할 수 있습니다.

전쟁은 속임수다

그런 까닭으로 형세가 있는 무리는 이름을 붙일 수 없는 것이 없고, 이름이 있는 무리는 이기지 못할 것이 없다. 그런 까닭으로 성인은 만물의 장점으로 만물을 이기기 때문에 끊임없이 이길 수 있다. 전쟁이란 형세로 이기는 것이다. 형세로 이기지 못할 것이 없지만 이길 수 있는 형세를 아는 사람은 없다. 형세로 이기는 것의 변화는 천지가 서로 가린 것과 같아서 다함이 없다. 형세로 이기는 것은 초나라와 월나라의 많은 대나무로도 다 쓸 수 없을 정도로 많다. 형세는 그 장점으로 이기는 것이다. 한 가지 형세의 장점으로 모든 형세를 이기는 것은 불가능하다. 형세를 제어하는 것은 하나이지만 이기는 것은 한 가지일 수 없다. 그런 까닭으로 싸움을 잘하는 사람은 적의 장점을 보면 적의 단점을 알 수 있고, 적의 부족한 점을 보면 적의 넉넉한 바를 알 수 있다. 승리를 보는 것이 해나 달을 보는 것처럼 명확하다. 승리를 위해 조치하는 것이 물로 불을 끄듯 확실하다. 형세를 드러내 형세에 대응하는 것은 정正이며, 형세가 없이 형세를 제어하는 것은 기奇이다. 기와 정이 다함이 없는 것은 분分이다. 기의 수술로 나누고 오행으로 제어하며 [형][명]으로 싸운다. 나누어짐이 정해지면 형세가 드러나며 형세가 정해지면 이름이 있다.

故有形之徒, 莫不可名. 有名之徒, 莫不可勝. 故聖人以萬物之勝勝萬物, 故其勝不屈. 戰者, 以形相勝者也. 形莫不可以勝, 而莫知其所以勝之形. 形勝之變, 與天地相敝而不窮. 形勝, 以楚越之竹書之而不足. 形進皆以其勝勝者也. 以一形之勝勝萬形, 不可. 所以制形一也, 所以勝不可一也. 故善戰者, 見敵之所長, 則知其所短 ; 見敵之所不足, 則知其所有餘. 見勝如見日月. 其錯勝也, 如以水勝火. 形以應形, 正也 ; 無形而制形, 奇也. 奇正無窮, 分也. 分之以奇數, 制之以五行, 鬪之以[形][名]. 分定則有形矣, 形定則有名[矣].

윗글에서 '형승'은 '형'으로 승리하는 것을 말하는데, 이런 승리는 해와 달을 보는 것처럼 명백합니다. 그것은 '형명形名'의 개념과 관련이 있는데 뒤에 다시 언급하겠습니다.

'형승'하는 쪽은 실력이 강한 쪽입니다. 실력은 승리의 기초입니다. 그러나 실력이 있느냐 없느냐와 그 실력을 사용할 수 있느냐 없느냐는 별개의 문제입니다. 여기서는 다만 전자에 대해서만 언급하고 후자의 경우는 말하지 않습니다. 후자는 다음 편의 중점 내용으로 '세'에 속합니다.

「형」 편 전체에서 저자가 '형'의 개념을 정의한 적은 없습니다. 심지어 '형'이라는 글자 자체도 단지 이 편의 말미에 한 번 나올 뿐이며, 그것도 비유하는 것으로 해설은 없어서 다음 편과 대조해야 비로소 그 함의를 이해할 수 있습니다.

나는 「형」 편을 네 장으로 나눕니다.

제1장에서는 '형승'은 자신에게 달린 것이지 적에게 달린 것이 아니며, 강약은 미리 정해진 수數라고 말합니다.

제2장에서는 '형승'은 쉽게 보고 쉽게 알 수 있으며, 강약이 명백히 드러나는 일이라고 말합니다.

제3장에서는 '승리를 알 수 있는 다섯 가지知勝有五'에 대해 말합니다. 이는 적과 아군의 실력을 어떻게 판단하는가에 대한 것으로, 첫째는 밭의 수를 아는 것知度이며, 둘째는 밭의 수를 바탕으로 양식의 수량을 아는 것知量이며, 셋째는 양식의 수량을 바탕으로 병사의 수를 아는 것知數이며, 넷째는 병사의 수를 바탕으로 서로 비교할 줄 아는 것知稱이며, 다섯째는 병사 수의 비교를 바탕으로 승리할 수 있는지를 짐작하는 것知勝입니다. 저자는 강약은 토지 면적에 따라 군인을 징발하는 제도인 군부軍賦에서 결정된다고 믿습니다. 다시 말해 토지가 넓으면 밭이 많고, 밭

전쟁은 속임수다

이 많으면 양식이 넉넉하며, 양식이 넉넉하면 병사가 많기 때문에 적과 아군을 비교해서 병사가 많으면 이길 수 있다는 것입니다.

제4장에서는 형승은 높은 산에서 물을 방류하는 것처럼 쌓아두면 깊어진다는 것을 비유해서 말합니다.

이제부터 한 장씩 소개하고자 합니다.

【 4-1 】

손자가 말했다.

옛날에 전쟁을 잘하는 장군은 먼저 자신을 이길 수 없는 상황을 만들고 난 뒤 적을 이길 수 있을 때까지 기다렸다. 적이 나를 이길 수 없게 하는 조건은 나에게 있고, 내가 적을 이길 수 있는 조건은 적에게 있다. 그런 까닭으로 전쟁을 잘하는 자는 아군을 이길 수 없게 할 수는 있지만, 적을 반드시 이길 수 있게 할 수는 없다. 그런 까닭으로 승리를 미리 알 수는 있지만, 억지로 만들 수는 없다고 한다. 이길 수 없는 쪽은 방어하고, 이길 수 있는 쪽은 공격한다. 방어하는 것은 부족하기 때문이며, 공격하는 것은 여유가 있기 때문이다. 방어를 잘하는 사람은 '구지'의 아래에 숨은 것과 같고, 공격을 잘하는 사람은 '구천'의 위에서 움직이는 것과 같으니, 그런 까닭으로 자신을 보호하면서 완전하게 승리한다.

孫子曰 :

昔之善戰者, 先爲不可勝, 以待敵之可勝. 不可勝在己, 可勝在敵. 故善戰者, 能爲不可勝, 不能使敵之必可勝. 故曰 : 勝可知, 而不可爲. 不可勝者, 守也 ; 可勝者, 攻也. 守則不足, 攻則有餘. 善守者, 藏於九地之下 ; 善攻者, 動於九天之上, 故能自保而全勝也.

이 편에서 우리는 비로소 본격적으로 '형'에 대해 논의합니다. 그러나 '형'의 개념은 여기서 처음 나타난 것이 아니라 사실은 앞의 「계」 편에서 이미 그 개념을 접한 바 있습니다. 「계」 편에서 말한 '계'는 '오사칠계五事

七計'로 비교하는 '계'였으며, 본래의 의미는 실력을 계산하는 것입니다. 이런 계산이 바로 '형'입니다. 저자는 '오사칠계'를 설명하고 나서 "이로움을 헤아려 들어주어야 세를 만들어서 외국에서의 작전을 도울 수 있다. 세라는 것은 이로움을 통해 변화를 제어하는 것이다計利以聽, 乃爲之勢, 以佐其外；勢者, 因利而制權也"라고 했는데, '이로움을 통해 변화를 제어한다因利制權'에서 '이로움利'이 바로 '형'이며, '변화權'가 바로 '세'입니다. '형'과 '세'는 어떻게 구별할까요? 매우 분명한 것은 '형'은 '세'의 기초이며, '세'는 '형'이 발휘된 것이라는 점입니다.

이 장의 요점은 '자신에게 달린 것을 형이라 한다在己曰形'라는 것입니다. 곧, 먼저 적이 자신을 이길 수 없는 상황을 조성해서 스스로 불패의 경지에 서야 비로소 '형'이 되는 것입니다. '형'은 자신에게 달린 것이지 적에게 달린 것이 아니기 때문에 해서는 안 되는 일을 알 수 있습니다. 이와 반대로 적으로 인해 승리를 제어하는 것은 '세'에 속하는데, '형'은 미리 정해진 수數가 있으며 '세'는 미리 전해서는 안 됩니다.

"옛날에 전쟁을 잘하는 장군은 먼저 자신을 이길 수 없는 상황을 만들고 난 뒤 적을 이길 수 있을 때까지 기다렸다. 적이 나를 이길 수 없게 하는 조건은 나에게 있고, 내가 적을 이길 수 있는 조건은 적에게 있다昔之善戰者, 先爲不可勝, 以待敵之可勝, 不可勝在己, 可勝在敵"라는 말에는 두 가지 요점이 있는데, 첫째는 '먼저先'이며 둘째는 '자신己'입니다. '먼저 자신을 이길 수 없는 상황을 만든다先爲不可勝'는 말은 먼저 실력을 갖추고 있다는 뜻이고, '적이 나를 이길 수 없게 하는 조건은 나에게 있다不可勝在己'라는 말은 자신이 실력을 갖추고 있다는 것으로 '형'에 속합니다. 이와 반대로 '적을 이길 수 있을 때까지 기다린다待敵之可勝'는 말은 기회를 기다려 우세함을 발휘하되 이 기회는 적에게 달린 것이지 우리에게 달린 것이 아니라는 뜻입니다. 발휘된 우세는 이미 '세'입니다.

"그런 까닭으로 전쟁을 잘하는 자는 아군을 이길 수 없게 할 수는 있지만, 적을 반드시 이길 수 있게 할 수는 없다故善戰者, 能爲不可勝, 不能使敵必可勝"라는 말도 '형승'이 자기에게 달린 것이지 적에게 달린 것이 아니라는 뜻입니다. 금본今本에는 '선전자善戰者'라고 했지만, 간본簡本에는 흔히 줄여서 '선자善者'라고 했습니다. '이길 수 없게 할 수 있다能爲不可勝'는 단지 '형'일 뿐 '세'는 아니며, '세'가 되어야 적을 이길 수 있습니다. 이는 전쟁 준비의 각도에서 말하자면, 우리는 다만 자기가 실력을 갖추는 것에 희망을 걸 수 있을 뿐이며, 적이 잘못을 저지르는 데 희망을 걸어서는 안 된다는 것입니다. 상대방이 만약 잘못을 저지르지 않는다면 아군이 충분히 준비한 것과는 상관없이 결국 승리할 수 없습니다. 적이 잘못을 저지르지 않으면 우리는 온갖 방법을 생각해서 적이 잘못을 저지르도록 유도해야 하는데, 이것은 '세'에 속하는 문제이기 때문에 여기서는 지금은 말하지 않겠습니다. 전쟁 준비의 문제에서 우리는 다만 아군을 관리할 수 있을 뿐 상대방을 관리할 수는 없습니다. 당연히 전쟁 준비도 상대성이 있기 때문에 결코 완전히 겉으로 드러나지 않게 할 수는 없는데, 여기서는 다만 원칙에 따라 말할 뿐입니다.

"그런 까닭으로 '승리를 미리 알 수는 있지만, 억지로 만들 수는 없다'고 한다故曰 : 勝可知, 而不可爲"는 말은 '형승'을 알 수는 있으나 어떻게 할 수 없음을 강조한 것입니다. 이 말은 「허실」 편의 말과 정반대입니다. 「허실」 편에서는 "그러므로 승리를 이룰 수 있다고 한다故曰 : 勝可爲也"라고 했습니다. 이 두 구절이 겉으로는 모순이지만 사실은 결코 모순이 아니라 각자 문제의 한쪽 면만 강조한 것입니다. "승리를 미리 알 수는 있지만, 억지로 만들 수는 없다"는 말은 실력의 강약이 미리 정해진 수數가

전쟁은 속임수다

있어서 사전에 계산할 수 있다는 것이지 임시로 만들어낼 수 있는 것은 아니라는 뜻이며, "승리를 이룰 수 있다勝可爲也"는 의미는 전투에 투입되어야 비로소 분명하게 알 수 있기 때문에 실제 전투에서 실력 발휘는 오히려 여지가 많음을 말한 것입니다.

"이길 수 없는 쪽은 방어하고, 이길 수 있는 쪽은 공격한다. 방어하는 것은 부족하기 때문이며, 공격하는 것은 여유가 있기 때문이다不可勝者, 守也 ; 可勝者, 攻也. 守則不足, 攻則有餘"라는 구절은 실력으로 공수의 '세'를 세운다는 것으로, 적을 이길 수 없으면 수세守勢를 취하고, 이길 수 있으면 공세攻勢를 취한다는 뜻입니다. 수비하는 것은 아군의 실력이 적보다 약하기 때문이며, 공격하는 것은 아군의 실력이 적보다 뛰어나기 때문입니다. 그러나 원문의 "방어하는 것은 부족하기 때문이며, 공격하는 것은 여유가 있기 때문守則不足, 攻則有餘"이라는 구절은 간본에는 "공격하는 것은 부족하기 때문이며, 방어하는 것은 여유가 있기 때문攻則不足, 守則有餘"이라고 되어 있어 정반대입니다. 이 두 가지 표기는 한나라 고본古本에 모두 있습니다. 나는 간본의 '불가승不可勝'과 '가승可勝'을 윗문장의 '불가승'과 '가승'에 대응해서 분석해보았습니다. 윗문장에서 '이길 수 없는不可勝' 쪽은 아군이며, '이길 수 있는可勝' 쪽은 적입니다. 그것은 아군이 수세를 취하는 것은 충분한 실력을 갖추고 있기 때문이며, 적이 공세를 취하는 것은 실력이 아군보다 못하기 때문이니, 사실은 공격이 수비보다 못해서 수비하는 쪽이 강세이고 공격하는 쪽이 약세임을 말하는 것입니다. 이런 표현은 비교적 이상하지만 어느 정도 일리도 있습니다. 왜냐하면, 방어하는 각도에서 말하자면 공격하는 쪽은 방어하는 쪽에 비해 소모가 커서 방어하는 쪽은 넉넉해 보이고 공격하는 쪽은 부족해 보일 수 있는데, 많은 군사가들이 이런 경험이 있다고 말했습니다. 예를 들면, 클라우제비츠는 "일반적으로 공격하는 자는 강하고 수비하는 자는 약하다고 생각하지만 사실은 반대이다"라고 말했습니다.[1] 금본의 표현은 『한서』 「조충국전趙充國傳」과 『후한서』 「풍이전馮異傳」, 『잠부론潛夫論』 「구변救邊」 등의 인용문에 보입니다. 나는 "수즉부족 공즉유여守則不足, 攻則有餘"가 더 이치에 합당하다고 생각합니다.

"방어를 잘하는 사람은 '구지'의 아래에 숨은 것과 같고, 공격을 잘하는 사람은 '구천'의 위에서 움직이는 것과 같으니, 그런 까닭으로 자신을 보호하면서 완전하게 승리한다善守者, 藏於九地之下 ; 善攻者, 動於九天之上, 故能自保而全勝也"라는 구절도 간본과 다른데, 간본에는 수비하는 쪽을 강조해 '공격을 잘하는 사람善攻者'이 없습니다. 간본에서는 수비를 잘하는 사람은 구지의 아래에 숨은 연후에 또 구천의 위에서 움직인다고 했습니다. '구천九天'과 '구지九地'는 많은 사람이 구중천九重天(아홉 방위의 하늘)과 구층지九層地라고 생각합니다. 예전에 나는 고증하는 글을 통해 이런 표현에 대해 분명하게 밝힌 바 있습니다. 나는 '구천' '구지'는 고서에서 흔히 말하는 '구천'과 '구야九野'라고 지적했는데, 구천은 지극히 높음을, 구지는 지극히 낮음을 말한 것으로 그것들은 모두 평면 구궁격九宮格이며, 상하가 거울에 반사되는 것과 같은 관계입니다. 이런 개념은 둔갑식遁甲式에도 보이는데 고대 우주론의 한 가지 상상이며, 옛 주석으로는 이전李筌과 가림賈林만이 올바르게 설명했습니다.[2] "자신을 보호하면서 완전하게 승리한다能自保而全勝"는 말도 자신의 관점에서 말한 것입니다. 요컨대 '형승'은 실력파의 철학입니다.

전쟁은 속임수다

【 4-2 】

승리를 미리 아는 능력이 남들이 알고 있는 수준을 뛰어넘지 못한다면 최고 중의 최고가 아니며, 전쟁에서 승리해 천하의 모든 사람이 잘했다고 하더라도 최고 중의 최고는 아니다. 그런 까닭으로 가벼운 털을 든다고 힘이 세다고는 하지 않으며, 밝은 해와 달을 본다고 눈이 밝다고는 하지 않으며, 천둥소리를 듣는다고 귀가 밝다고는 하지 않는다. 옛날에 이른바 전쟁을 잘한다는 사람은 쉽게 이길 수 있는 적을 이긴 것이다. 그런 까닭으로 전쟁을 잘하는 사람의 승리에는 지혜로운 명성도 없고 용맹한 공적도 없으며, 그런 까닭으로 그가 전쟁에서 이긴 것은 잘못이 없었기 때문이다. 잘못이 없다는 것은 그들이 조치한 것이 반드시 승리할 상황이었기 때문에 이미 패할 수밖에 없는 적을 이긴 것이다. 그런 까닭으로 전쟁을 잘하는 자는 패배하지 않는 입장에 서서 적이 패하게 되는 기회를 잃지 않는 것이다. 그런 까닭으로 승리하는 군대는 먼저 승리할 수 있는 상황을 만들어놓은 뒤에 전쟁을 하려 하며, 패배하는 군대는 먼저 전쟁을 일으킨 뒤에 요행으로 승리하기를 바란다. 용병을 잘하는 자는 도를 닦아 법을 보전하니, 그런 까닭으로 승패의 결정권을 쓸 수 있다.

見勝不過衆人之所知, 非善之善者也 ; 戰勝而天下曰善, 非善之善者也. 故擧秋毫不爲多力, 見日月不爲明目, 聞雷霆不爲聰耳. 古之所謂善戰者, 勝於易勝者也. 故善戰者之勝也, 無智名, 無勇功, 故其戰勝不忒. 不忒者, 其所措勝, 勝已敗者也. 故善戰者, 立於不敗之地, 而不失敵之敗也. 是故勝兵先勝而後求戰, 敗兵先戰而後求勝. 善用兵者, 修道而保法, 故能爲勝敗之政.

여기서 말하는 전쟁은 모두 큰 나라 사이의 전쟁이며, 국가가 지지하는 전쟁입니다. 이런 전쟁은 실력이 가장 중요합니다. 강약의 '형'이 결정되면 승부의 나눔이 분명합니다. 약소국가는 무장할 방법이 없어서 테러리스트가 생겨나는데, 그들은 실력을 쓸 방법이 없고 전략상 실력을 쓸 방법도 없기 때문에 다른 방법으로 바꾸어 쓰는 것입니다. 예를 들면 지구전이나 유격전으로 끌어들인 뒤 다시 공격하거나 여러 가지 테러 전술을 사용합니다. 이 장에서는 주로 '형승'을 알 수 있는 성격과 쉽게 아는 성격에 대해 이야기합니다.

"승리를 미리 아는 능력이 남들이 알고 있는 수준을 뛰어넘지 못한다면 최고 중의 최고가 아니며, 전쟁에서 승리해 천하의 모든 사람이 잘했다고 하더라도 최고 중의 최고는 아니다. 그런 까닭으로 가벼운 털을 든다고 힘이 세다고는 하지 않으며, 밝은 해와 달을 본다고 눈이 밝다고는 하지 않으며, 천둥소리를 듣는다고 귀가 밝다고는 하지 않는다. 옛날의 이른바 전쟁을 잘한다는 사람은 쉽게 이길 수 있는 적을 이긴 것이다見勝不過衆人之所知, 非善之善者也. 戰勝, 而天下曰善, 非善之善者也. 故擧秋毫, 不爲多力 ; 見日月, 不爲明目 ; 聞雷霆, 不爲聰耳. 古之所謂善戰者, 勝於易勝者也"라는 구절은 「계」편의 내용과 비슷합니다. "가벼운 털을 든다擧秋毫"거나 "밝은 해와 달을 본다見日月"거나 "천둥소리를 듣는다聞雷霆"와 같은 비유는 모두 실력에 따라 아주 분명하게 승패가 정해진 일을 말합니다. '형승'의 의의는 바로 "옛날에 이른바 전쟁을 잘한다는 사람은 쉽게 이길 수 있는 적을 이긴 것이다古之所謂善戰者, 勝於易勝者也"라는 구절에 있습니다.

"그런 까닭으로 전쟁을 잘하는 사람의 승리에는 지혜로운 명성도 없고 용맹한 공적도 없으며, 그런 까닭으로 그가 전쟁에서 이긴 것은 잘못이 없었기 때문이다. 잘못이 없다는 것은 그들이 조치한 것이 반드시 승

전쟁은 속임수다

리할 상황이었기 때문에 이미 패할 수밖에 없는 적을 이긴 것이다故善戰者之勝也, 無智名, 無勇功. 故其戰勝不忒, 不忒者, 其措必勝, 勝已敗者也"에서 '특忒'은 실수나 잘못이라는 뜻입니다. 전쟁 준비의 각도에서 말하자면, 우리는 다만 자기편이 잘못을 저지르지 않기를 요구할 수 있을 뿐입니다.

"그런 까닭으로 전쟁을 잘하는 자는 패배하지 않는 입장에 서서 적이 패하게 되는 기회를 잃지 않는 것이다故善戰者, 立於不敗之地, 而不失敵之敗也"에서 "패배하지 않는 입장에 선다立於不敗之地"는 것은 '형'에 속하며 "적이 패하게 되는 기회를 잃지 않는다而不失敵之敗也"는 것은 '세'에 속합니다. 아군이 실수를 범하지 않으면 이것이 성공할 수 있지만, 적의 실수 여부가 매우 큰 변수여서 '세'의 범위에 두고 고려해야만 비로소 의미가 있습니다.

【4-3】

병법에서 첫째는 '토지의 면적', 둘째는 '양식', 셋째는 '인구', 넷째는 '비교', 다섯째는 '승리'이다. 토지에서 '토지의 면적'이 생기고, 토지의 면적은 '식량의 양'을 결정하고, '식량의 양'은 '인구 수'와 관계되고, '인구 수'는 적국과의 역량을 비교할 수 있고, '비교'는 '승리'를 결정한다. 그런 까닭으로 승리하는 군대는 큰 단위인 '일'로 작은 단위인 '수'를 저울질하는 것과 같고, 패배하는 군대는 작은 단위인 '수'로 큰 단위인 '일'을 저울질하는 것과 같다.

兵法 : 一曰度, 二曰量, 三曰數, 四曰稱, 五曰勝. 地生度, 度生量, 量生數, 數生稱, 稱生勝. 故勝兵若以鎰稱銖, 敗兵若以銖稱鎰.

실력의 개념에 대해 「계」 편에서 다섯 가지 지표를 제시했습니다. 다섯 가지 지표 가운데 중요한 것은 정치 지표와 군사 지표인데, 여기서는 전쟁이 물질적 기초와 경제 지표에 대해 말하겠습니다. 그 제도를 지탱하는 것은 군부軍賦 제도입니다.

군부 제도는 옛날에는 토지를 헤아리거나 계산해서 병사를 징집한다는 뜻에서 요지출졸지법料地出卒之法 또는 산지출졸지법算地出卒之法이라고도 불렀습니다. 그것은 다섯 단계로 나뉘는데, 회계장부라 할 수 있습니다.

① 도度 : 도는 길이의 단위로서 주로 토지를 잴 때 사용했습니다. 고대의 길이 단위에는 분分·촌寸·척尺·장丈·인引 등이 있습니다. 토지를 재는 도구는 시대마다 다른데, 후대로 내려올수록 커지는 추세를 보입니

다. 예를 들면, 척의 경우에는 10센티미터가 늘어났습니다. 고대에 토지를 잴 때는 항상 보법步法을 사용했는데, 6척이 1보이고, 100보가 1묘畝(100보×1보), 100묘가 1경頃(100보×100보), 9경이 1정井이나 1리里(300보×300보)입니다. 대략적으로 잴 때는 보步로 쟀고, 정확하게 잴 때는 보궁步弓을 사용했습니다.[3] 나는 산시성山西省 남부의 허우마侯馬에서 명나라 만력萬曆 연간의 비석을 본 적이 있는데, 현관縣官이 지척地尺을 비석 위에 직접 새겨서 양식을 거두는 데 사용했습니다.

② 양量 : 양은 용량 단위로서 주로 양식을 재는 데 사용했습니다. 고대의 용량 단위에는 약龠·홉合·되升·말斗·곡斛 등이 있습니다. 고대 군대에서 군량미를 지급할 때 배가 가장 큰 병사가 매일 먹는 양식의 표준은 1말이며(『묵자』「잡수雜守」), 관리에게 녹봉을 지급할 때도 두식斗食과 100석, 1000석 같은 표준이 있었습니다. 고대에 양식을 나누어줄 때 주로 용량을 재는 도구를 사용했지만, 수량이 비교적 클 때는 무게를 다는 도구를 사용했는데, 예를 들면 100석, 1000석 같은 것이 바로 무게 단위입니다. 가축의 먹이도 대부분 무게 단위를 사용했습니다.

③ 수數 : 병사를 징집하는 수량입니다. 고대에 수량을 계산할 때는 산가지를 사용했습니다. 다음 편에 나오는 '분수分數'의 수數도 병사를 징집하는 수량입니다. 『상군서』「산지」 편에 "토지 사방 백 리에서 전쟁하는 병사 일만 명을 징집하는 것은 수량이 적다方土百里, 出戰卒萬人者, 數小也"라고 했는데, 이때의 '수'가 바로 병사를 징집하는 '수'입니다.

④ 칭稱 : 본래는 무게를 재는 것과 관련된 용어입니다. 저울 제도를 뜻하는 형제衡制에서 권權은 저울추나 분동分銅을, 형衡은 저울대나 천평天平을 가리키며, 칭은 이런 저울 도구를 사용해서 무게를 다는 것입니다. 여기서는 적과 아군의 병사 수가 많고 적음을 비교하는 것을 말합니다.

⑤ 승勝 : 병력을 비교한 결과입니다.

군부 제도는 군사를 징집하는 제도로서 양식·무기·병사를 포괄합니다. 그러나 여기서 중요한 것은 병사입니다. 그 개념은 밭의 수량에 따라 양식을 징집하며, 양식에 따라 병사를 징집하는 것이기 때문에, 병사 수가 비교되고 비교의 결과가 승부를 결정합니다.

"그런 까닭으로 승리하는 군대는 큰 단위인 '일'로 작은 단위인 '수'를 저울질하는 것과 같고, 패배하는 군대는 작은 단위인 '수'로 큰 단위인 '일'을 저울질하는 것과 같다故勝兵若以鎰稱銖, 敗兵若以銖稱鎰"에서 '일鎰'과 '수銖'는 모두 무게의 단위인데 '수'와 '일'의 비율은 1 대 576이기 때문에 차이가 매우 큽니다.

전쟁은 속임수다

【4-4】

비교에서 승리하는 사람은 백성을 사용해 전쟁하는 것이 천 길 높은 계곡에 모아두었던 물을 터뜨리는 것과 같으니, 이것이 바로 '형'이다.

勝者之戰[民也], 若決積水於千仞之谿者, 形也.

고서를 읽을 때 우리는 옛사람들의 말하는 방식에 주의해야 합니다. 비유를 들어 말하는 것은 옛사람들이 흔히 사용한 수사修辭의 수단입니다. 옛사람들은 비유를 좋아해서 심오한 이치일수록 더욱 비유하기를 좋아했으며, 흔히 비유로 정의내리는 것을 대신하기도 했습니다. 『손자』에도 이런 예가 많습니다.

'형'이 이 편의 주제이지만 이 글자는 마지막에야 비로소 나왔습니다. 마지막의 이 구절은 정의를 내린 것이 아니라 비유한 것입니다. "승자지전민야 약결적수어천인지계자勝者之戰民也, 若決積水於千仞之谿者"는 물을 아주 깊이 저장해서 수위가 매우 높아지게 한 뒤 일순간에 방류하면 그 기세가 반드시 매우 사나운 것을 가리킵니다. 이 비유는 「세」 편의 끝부분과 비슷한데, 물을 방류하거나 돌을 굴리는 것은 모두 위치에너지를 모은 뒤에 방출하는 것으로서 이른바 축세대발蓄勢待發(세를 모아 쏘기를 기다림)입니다. 그러나 이 두 편은 각각 주장하는 바가 다른데 어디에서 구별할 수 있을까요? 깊이 생각해볼 가치가 있습니다. 여기서 물을 방류하는 것을 말하고 있지만 중점은 '적積(저장하는 것)'이지 '결決(방류하는 것)'은 아니라고 나는 생각합니다. 「세」 편에서 말하는 '세'는 이른바 "그 기세는 잡아당긴 활과 같고 그 절도는 발사된 화살과 같다勢如彍

弩, 節如發機"는 것인데, '확노彍弩'는 힘을 모으는 것蓄勢으로 아직 '세'가 아니며, '발기發機'가 비로소 '세'입니다. 물에 비유하자면 물을 저장하는 것은 쇠뇌를 당기는 것과 같고, 물을 방류하는 것은 화살을 쏘는 것과 같습니다. 전자가 '형'이고, 후자가 '세'입니다. 물리학에서 에너지를 이야기하는데, 위치에너지의 의미는 '잠재된 에너지potential energy'입니다. 매우 높은 곳에서 물이나 돌을 내려보내면 위치에너지가 커집니다. 서양의 중국학자 가운데 어떤 사람은 'energy' 또는 'potential energy'를 '세'라고 번역합니다. 그러나 우리는 'potential energy'는 단지 축세蓄勢일 뿐 '세'가 아니며, 'released energy(방출된 에너지)'가 바로 '세'라는 것을 알아야만 합니다. 「세」편의 "세여확노 절여발기勢如彍弩, 節如發機"에서 '세'는 '축세대발'에서 나오는 것으로 중간에 마디가 있는데, 이것이 바로 '절節'이라고 하는 통제물입니다. 물을 가두는 둑이나 수문이 바로 '절'입니다. 수문을 열지 않으면 물은 여전히 일정한 형상이 있기 때문에 아직도 '형'이지만, 일단 수문이 열리고 물이 높은 계곡에서 세차게 흘러내리면 일정한 형상이 없어지는데, 일정한 형상이 없어야 비로소 '세'입니다. 여기서 이것은 단지 한 가지 일에 대한 두 가지 측면일 뿐이라는 것을 알아야 합니다. 다시 말해 동일한 물이지만 방류하지 않으면 '형'이고, 방류하면 '세'가 된다는 것입니다. 이것이 '형'과 '세'의 기본적인 구별입니다.

전쟁은 속임수다

『손자』에 나타난 형세가의 말

앞에서는 책을 가지고 책에 대한 이야기를 했는데, 그 이야기를 마쳤으니 이제 되돌아가서 『손자』에 나타난 형세가의 말만을 전문적으로 논의하고자 합니다. 다음 강의를 위해 약간의 배경을 삼는 것입니다.

1. 형세는 '문제의 해결 방안을 제시하는' 학문이다

병서는 중국의 기술서입니다. 중국의 기술서는 오늘날과 마찬가지로 흔히 이론과 응용으로 구분합니다.

예를 들면, 『한서』「예문지」에서 전한前漢의 책을 여섯 종류로 나누었는데, 앞의 세 종류는 인문人文이며, 뒤의 세 종류는 기술입니다. 기술서는 병서·술수術數·방기方技로 나뉩니다. 술수의 이론은 음양오행의 학설이지만 해당하는 경전이 없으며, 완전히 기술의 분류로 나누면 병서나 방기와는 다릅니다. 병서·방기는 모두 이론이 있고 응용이 있기 때문에 상황이 상당히 다릅니다. 두 가지는 비교할 만합니다.

방기는 네 종류가 있는데, 앞의 두 종류는 의경醫經과 경방經方입니다. 의경과 경방의 구별은 다음과 같습니다.

의경은 사람의 혈맥·경락·골수·음양·표리의 근원을 따져서 온갖 병의 근본과 생사의 구별을 밝히고, 침箴·폄석石·탕약湯·뜸火을 해야 할 곳에 따라 이용하고, 모든 약의 약제 배합의 마땅함을 조절한다. 약제의 이로움은 자석이 쇠를 당기는 것 같아서 서로의 효과를 증진시킨다. 미숙한 사람은 이치를 몰라 나을 수 있는 것을 심해진다 하고, 살 수 있는 사람을 죽인다고 한다.

醫經者, 原人血脈經落骨髓陰陽表裏, 以起百病之本, 死生之分, 而用度箴石湯火所施, 調百藥齊和之所宜. 至齊之得, 猶慈石取鐵, 以物相使. 拙者失理, 以瘉爲劇, 以生爲死.

경방은 초목과 금석의 성질이 차고 따뜻함에 기초하고 병세가 깊고 얕음을 헤아리며, 약맛의 다양한 효능에 의지하고 기의 감응의 마땅함에 따르며, 다섯 가지 쓴 맛과 여섯 가지 매운 맛을 구별하고 수기水氣와 화기火氣가 조화를 이루도록 조제함으로써 막힌 곳을 통하게 하고 맺힌 곳을 풀어서 평안한 상태로 돌아가게 하는 것이다. 그 마땅함을 잃은 사람은 열기로 열기를 더하고 한기로 한기를 더하여 정기가 안에서 상하지만 겉으로 드러나지는 않는데, 이것을 홀로 잃는 것이라고 한다. 그러므로 속담에서 "병이 있어도 치료하지 않으면 항상 중간 수준의 의사를 얻는 것과 같다"라고 하는 것이다.

經方者, 本草石之寒溫, 量疾病之淺深, 假藥味之滋, 因氣感之宜, 辯五苦六辛, 致水

火之齊, 以通閉解結, 反之於平. 及失其宜者, 以熱益熱, 以寒增寒, 精氣內傷, 不見於

外, 是所獨失也. 故諺曰：有病不治, 常得中醫.

의경은 의학 이론을 말한 것으로서 생리生理와 병리病理를 포괄하며,

이론 외에도 종합적 성격이 있으며 치료의 일반 내용도 포함되어 있습니

다. '혈맥·경락·골수·음양·표리血脈經絡骨髓陰陽表裏'는 생리이며, '온갖

병의 근본과 생사의 구별百病之本, 死生之分'은 병리이며, '침·폄석·탕약·

뜸을 해야 할 곳에 이용하고 모든 약의 약제 배합의 마땅함을 조절한다

用度箴石湯火所施, 調百藥齊和之所宜'는 것은 치료에 해당합니다. 그러나 그

치료는 모두 종합적 치료여서 침·폄석·탕약·뜸을 써도 좋고 온갖 약을

써도 좋기 때문에 결코 어떤 한 가지 병에만 적용하는 것이 아닙니다. 경

방은 이와 달리 증세에 따라 약을 처방하는 것이 특징으로, "초목과 금

석의 성질이 차고 따뜻함에 기초하고 병세가 깊고 얕음을 헤아리며, 약

맛의 다양한 효능에 의지하고 기의 감응의 마땅함에 따르며, 다섯 가지

쓴 맛과 여섯 가지 매운 맛을 구별하고 수기와 화기가 조화를 이루도록

조제함으로써 막힌 곳을 통하게 하고 맺힌 곳을 풀어서 평안한 상태로

돌아가게 하는 것本草石之寒溫, 量疾病之淺深, 假藥味之滋, 因氣感之宜, 辯五苦六

辛, 致水火之齊, 以通閉解結, 反之於平"입니다. 어떤 병에 걸리면 어떤 약을 처

방하는데, 몇 돈 몇 냥까지 정확한 용량을 제시해 약을 짓도록 해서 매

우 구체적입니다.

병서도 네 종류가 있는데, 앞의 두 가지는 권모와 형세입니다. 이 두

가지는 의경·의방의 관계와 매우 비슷합니다. 권모는 의경에 해당하고,

형세는 경방에 해당합니다.

의서로 비유하자면 형세는 '약을 처방하는開藥方'의 학문에 속합니다.

2. 형세는 철학적 느낌이 있는 추상적 개념이다

'형세'라는 단어는 나누어 말할 수도 있고 합쳐서 말할 수도 있는데, 함의가 매우 복잡한 단어입니다. 단어를 나누면 '형'과 '세'는 반대가 되며, 합하면 또 하나의 의미에 두 가지를 겸하기 때문에 이중 함의를 가지고 있습니다. 그것은 철학적 느낌을 가진 추상적 개념이기 때문에 중국의 병서와 통치술을 연구하는 데 매우 중요할 뿐 아니라 중국의 철학사와 사상사를 연구하는 데도 매우 중요합니다.

앞에서 이미 선진시대와 양한시대부터 송·원·명·청 시대에 이르기까지 『손자』의 주요 독자는 군인임을 말한 바 있습니다. 근대에 이르러서야 비로소 『손자』를 사상사적 측면에서 연구한 사람이 나왔습니다. 이런 연구를 어떻게 해나갈 것인가에 대해서는 여전히 고증이 필요합니다.

중국이 외국에서 철학사를 받아들이면서 제자학諸子學이 철학사의 영역에 들어오게 된 것은 자연스러운 일이어서 조금도 곤란한 점이 없습니다. 그러나 『손자』는 병서인데, 그 안에도 철학이 담겨 있을까요? 여러분은 감히 생각도 못할 것입니다. 앞에서 말했듯이 펑유란 선생이 『중국철학사』를 쓸 때 서양 기준의 철학 개념으로 중국 학술의 규범을 삼았기 때문에 단지 철학 기준에 부합하는 재료만 논의했고, 기술서는 형이상학적 분위기가 어느 정도 있더라도 언급하지 않았습니다. 그래서 『손자』도 언급하지 않았습니다. 그러나 여러 사람의 고민은 제자학 가운데 진정으로 철학적 느낌이 있는 것은 한계가 있다는 점입니다. 유가·묵가·도가만 말하면 될까요? 이것은 서양의 안목으로 중국의 사료史料를 재단하는 것으로 흔히 있는 일입니다. 각자가 가진 조건에 따라 분류한 결과가 우리는 '아무것도 가진 것이 없다'는 것이니, 가지고 있더라도 매우 가련한 일입니다.

중국철학사에서 『손자』를 받아들인 것은 중국 공산당과 매우 큰 관계가 있으며, 마오쩌둥과도 큰 관계가 있습니다. 『손자』가 중국에서 매우 유명해진 것은 마오쩌둥의 위세를 빌린 것이며, 세계적으로 유명해진 것도 장정長征[4]과 해방 전쟁,[5] 한국 전쟁 그리고 베트남 전쟁 때문입니다. 군인들은 적을 존경할 줄 압니다. 미국의 새뮤얼 그리피스Samuel B. Griffith 장군이 마오쩌둥의 병법을 완역하고 나서 『손자병법』을 번역한 것은 그 근원을 찾으려고 했던 것이 분명합니다. 비록 마오쩌둥 자신은 인정하지 않았지만 많은 사람은 마오쩌둥이 『손자』의 덕을 보았다고 생각합니다. 중국 해방운동 이후 중국철학사 교과서는 모두 『손자』를 기록한 장이 있으며, 앞에서 말했듯이 펑유란 선생이 『신편 중국철학사』를 쓸 때 『손자』에 관한 장을 추가했습니다.

이밖에 병학과 철학의 관계를 언급한 『노자』도 매우 관심을 받았습니다. 문화대혁명[6] 때 마오쩌둥이 "『노자』는 병서이다"라는 말을 한 적이 있는데, 장칭江靑·왕훙원王洪文·장춘차오張春橋·야오원위안姚文元의 4인방이 상하이의 창작반에서 '자이칭翟靑'이라는 필명으로 마오쩌둥의 의견을 특별히 발양한 적이 있습니다.[7] 비록 문화대혁명이 지나간 일이고 지금 생각해도 잘못이지만, 중국의 병법과 철학에 관련된 생각은 여전히 매우 일리가 있는 것이므로 반드시 잘못했다고 생각할 필요는 없습니다. 오랫동안 나는 마오쩌둥의 사상 깊은 곳에는 줄곧 희미한 생각이 한 가지 있다고 생각해왔는데, 그것은 바로 중국의 사상에는 병법에 철학이 담겨 있고, 철학에 병법이 담겨 있어 양자가 서로 스며들어 있다는 것입니다. 리쩌허우李澤厚 선생도 중국의 변증법은 철학적 논변에서 나온 것이 아니라 병법에서 나온 것이라고 말했습니다.[8]

클라우제비츠가 『전쟁론』을 쓴 것은 독일 고전철학 시대이며, 그 자신도 고전철학을 배웠습니다. 그가 전쟁 현상을 분석한 것도 매우 철학적입니다. 『손자』는 비록 그보다 2000년 전에 나왔지만 배경은 비슷합니다.

나는 줄곧 중국의 초기 경전 가운데 가장 지혜로운 두 가지 책은 『노자』와 『손자』라고 생각해왔습니다. 논리적 사고 수준을 말하고자 한다면 이 두 책이 가장 대표작입니다. 중국의 서적이 세계로 나가면서 사서와 오경이 가장 먼저 번역되었지만, 영향력은 이 두 책만 못합니다. 서점에서 번역본도 많고 인기도 매우 높은 것은 항상 이 두 책입니다.(이밖에 『주역』도 있습니다.) 서양 사람의 눈을 빌려 중국의 서적을 보면, 중국의 지혜를 대표하는 것이 무엇인지 어렵지 않게 알 수 있습니다.

『손자』를 연구하는 사람들은 모두 『손자』가 매우 철학적 느낌이 있다고 합니다. 그러나 학자들의 평론은 매우 불분명합니다. 그들은 이것은 유물론이고 저것은 변증법이라고만 말할 뿐 가장 철학적인 것은 어디에 있으며, 가장 철학적인 것은 무엇인지에 대해서는 분명하게 말하지 않습니다. 사실 지금은 매우 분명한데, 『손자』 중에서 가장 철학적 냄새가 나는 것은 모두 이 그룹에 있으며, 가장 철학적인 것은 바로 '형'과 '세'의 개념입니다.

『손자』의 철학에 대한 논문이 있으니 찾아볼 수 있습니다. 이 논문은 시카고대학교의 허빙디何炳棣 교수의 강연용 원고(타이베이臺北 중앙연구원中央研究院 근대사연구소近代史研究所의 샤오궁취안肖公權 학술강좌, 2001년 11월 22일)입니다. 허빙디 교수는 "『노자』의 변증 사상은 『손자병법』에서 유래했다"라고 했습니다. 이런 의견은 리쩌허우 교수에게서 나온 것입니다. 1984년 리쩌허우 교수는 『손자·노자·한비자를 함께 이야기하다孫老韓合說』(그의 『중국고대사상사론中國古代思想史論』, 인민출판사, 1985, 77~105쪽)를 저술했습니다. 이 논문은 중국 고대 사상의 큰 국면을 이

전쟁은 속임수다

야기한 것입니다. 그의 의견은 반드시 모두 증명할 필요도 없고, 반드시 모두 받아들일 필요도 없지만 많은 깨우침을 주었습니다. 허빙디 교수의 강의 원고는 타이완에서 발표되었는데, 나는 그가 보내준 『중국 사상사의 기본적 번안中國思想史上一項基本性的翻案』(중앙연구원 근대사연구소, 2002)을 받은 적이 있습니다. 허빙디 교수의 생각도 모두가 받아들인 것은 아니지만 그의 논문도 많은 깨우침을 주었습니다. 깨우침을 준 것은 어떤 부분일까요? 그것은 그가 '형'과 '세'라는 단어의 중요성에 관심을 가졌고, 도가 사상과 병가가 관계가 있을 가능성에 대해서도 관심을 가졌으며, 중국의 변증 사유辨證思維가 병법에서 도움을 받았을 가능성에 관심을 가졌다는 점입니다. 허빙디 교수가 관심을 가지고 '형'과 '세'에 대해 이야기한 것을 받아들여 나는 『손자고본연구』의 논의에 인용한 바 있습니다. 허빙디 교수는 내가 내린 정의가 매우 합당하다고 했습니다. 허빙디 교수는 '형'과 '세'는 한 쌍의 변증 개념이지만 관계가 이처럼 미묘하고, 눈앞의 자료로는 단지 『손자』에서 이렇게 말한 것만 있기 때문에 이 점에 찬성한다고 했습니다. 그러나 그는 "선진시대 전적의 색인을 두루 조사해보면, '형세形勢'가 하나의 복합어로 사용된 것은 늦은 시기인 『순자』의 「강국强國」 편과 「정론正論」 편에서야 비로소 나타난다"라고 했지만 정확한 것은 아닙니다. 사실 『관자』의 「형세」 「칠법」 「팔관八觀」 「형세해形勢解」 편과 『육도』의 「용도龍蹈·왕익王翼」 편 그리고 『문자文子』의 「상덕上德」 「자연自然」 편에도 이런 단어가 있습니다.

'형'과 '세'의 관계는 확실히 연구할 가치가 있습니다.

3. '형'과 '세'의 변증 관계

'형'과 '세'는 어떻게 구별할까요? 먼저 『손자』에서는 어떻게 말했는지 살펴보겠습니다.

『손자』에서 언급한 세 가지 표현이 '형'과 '세'의 정의에 가깝습니다. 첫째는 "세라는 것은 이로움을 통해 변화를 제어하는 것勢者, 因利而制權也"(「계」)이며, 둘째는 "강함과 허약함은 형에 속한다强弱, 形也"(「세」)이며, 셋째는 "용감함과 비겁함은 세에 속한다勇怯, 勢也"(「세」)입니다. 첫째 표현은 우세함을 이용해서 기회를 만드는 것이 바로 '세'라는 말입니다. 이것으로 우리는 '우세함을 헤아려 수용하는 것計利以聽(「계」)의 '이利'가 바로 '형'임을 추론할 수 있습니다. 둘째 표현은 강약이 '형'에서 결정되는데, 강약은 실력의 비교이기 때문에 누가 우세한가를 결정하는 이런 실력이 바로 '형'이라는 말입니다. 셋째 표현은 용기와 두려움은 '세'에서 결정되는데, 용기와 두려움은 병사들이 전쟁터에서 상황에 따라 나타나는 것이기 때문에 이렇게 상황에 따라 나타나는 것은 전쟁터의 형세와 지리 환경에 의해 결정된다는 말입니다.

'형'은 명사가 될 수도 있고 동사가 될 수도 있는데, 영어의 '셰이프 shape'도 마찬가지입니다. 우리가 '어떤 형상'이나 '어떤 형상을 제공한다'라고 말하는 것이 같은 단어라는 것입니다. '形형'자는 본래 '刑'으로 썼는데 '도刂'가 의미를 나타내고 '형开'이 음을 나타냅니다. '刑'은 '型'의 본래 글자이며, 원래는 청동기를 주조하는 모형을 가리키는 것으로서 본뜻은 칼로 모형을 조각한 뒤에 모형으로 청동기를 주조하는 것입니다. 모模·범範·형型, 이 세 글자는 모두 청동기를 주조하는 모형을 가리키는데, 뜻이 확대되어 '모범' 또는 '본받다'가 되었습니다. 예를 들면, 서주시대의 청동기 명문銘文에 '의형선왕儀刑先王'이라고 새겨져 있는데, 이는 '선왕을 본

전쟁은 속임수다

받다'라는 뜻입니다. 현대 중국어에도 많은 단어들이 이것과 관련이 있는데, 예를 들면 '형상形象'은 '볼 수 있는 물건'이며, '형상形狀'은 일정한 외형이 있는 것이며, '형식形式'은 형상形狀도 있고 양식樣式도 있는 것입니다. '형법刑法'의 '刑'은 본래 뜻이 어떤 사람에게 규범을 주어 그 사람이 본받도록 하는 것입니다. 영어에도 이와 매우 밀접하게 관련된 단어가 있는데, '셰이프shape' '몰드mold' '모델model' '폼form'(명사 형식과 동사 형식을 포괄) 같은 것들입니다. 권투에 비유하면, '형'은 선수의 신장과 체중 그리고 체계적 동작에 해당합니다. 장기에 비유하면, '형'은 말이 가는 길의 규칙과 기보棋譜에 해당합니다. 권법을 익힐 때 덩치가 큰 사람과 깡마른 사람은 차이가 있으며, 강약의 '형'이 다릅니다. 권법을 익힐 때는 기본자세가 있어서 그것에 따라 연습하지만 그것에 따라 싸울 수는 없습니다. 진정한 싸움은 막무가내로 싸우는 것이기 때문에 무술 영화와는 전혀 다르고 마치 바보 권법 같아서 조금도 멋있지 않습니다. 장기 두는 것도 이와 같아서 기보를 외울 수는 있지만 그것만 따라할 수는 없으며, 중요한 것은 상대방보다 빨리 반응해서 한 번씩 말을 움직일 때마다 항상 상대방을 따라잡아야 하고 더 나아가 단지 따라잡는 것뿐 아니라 그보다 몇 수 앞서갈 수 있어야 합니다. 여기서 전자가 '형'이고 후자가 '세'입니다.

'세勢'는 본래 '埶'로 썼는데, 바로 죽간본에 이렇게 표기되어 있습니다. 이 글자는 '藝예' 또는 '蓺예'의 본래 글자로서 사람이 꿇어앉아(옆모습) 손에 풀 한 포기를 들고 심는 모습을 나타낸 것인데, 사실 '심다'의 뜻인 종예種蓺의 예蓺 자이지만 옛날 음이 서로 비슷해서 옛사람들이 '설設' 자로 차용했습니다.[9] '埶' 자는 위에 '초두艹' 변을 붙이고 밑에 '운云'을 붙이면(생략할 수도 있습니다.) 바로 후대의 '예藝' 자가 됩니다. 영어에도 이와 밀접한 관련이 있는 단어가 있는데, 주로 'plant(심다)' 'set up(설치하다)'

'disposition(배치)' 같은 것들입니다. 후대의 '세'는 '태세態勢'나 '국세局勢'의 '세'로서 인위적으로 만든 짜임새입니다. 권법에 비유한다면, 세는 격투기인 '싼다散打'[10]와 같아서 기본자세에서 벗어나 상대방의 양식에 따라 상황에 맞추어야 합니다. 또 장기에 비유한다면, '세'는 상대방의 수를 받아서 상대방의 수를 깨뜨리는 것으로 임기응변해야 합니다. 장기의 형세棋局라 할 때의 형세局가 가장 흥미로운데, 상대방이 어떤 형세를 취했을 때 당신이 그쪽으로 갈 수 없다고 말하는 사람도 없고 그쪽으로 가서는 안 된다는 규정도 없지만, 당신이 그쪽으로 갈 수 없는 것은 그쪽으로 가면 지거나 적어도 큰 낭패를 보기 때문입니다. 행동을 자유로이 할 수 없게 되는 것을 뜻하는 '형격세금形格勢禁'이란 바로 이런 것을 두고 하는 말입니다.

'세'는 정말 없는 곳이 없습니다. 법가의 용어인 법法·술術·세勢의 '세'나 사마천이 거세去勢된 것의 '세'(「보임안서報任安書」)도 모두 이런 '세'입니다.

이제 총결해보겠습니다.

'형'은 형체가 있어 볼 수 있는 것이며, '세'는 볼 수 없는 것입니다.

볼 수 있는 것은 모두 '형'입니다.

'형'은 정태적情態的인 것이며, '세'는 동태적動態的인 것입니다.

'형'은 자기편이 본래부터 갖추고 있는 것이며, '세'는 적으로 인해 마련되는 것입니다.

'형'에도 '세'가 있고, '세'에도 '형'이 있습니다.

합성어가 되면 '형세'는 인위적으로 만든 짜임새입니다.

행동의 자유를 구속한다는 '형격세금'의 '형'과 '세'는 사실은 모두 '세'입니다.

「형」 편의 끝부분에서 "천 길 높은 계곡에서 모아두었던 물을 터뜨리는 것과 같으니 이것이 바로 '형'이다若決積水於千仞之谿者, 形也"라고 했는데, 높은 산에 물을 가두어 많이 저장한 뒤 맹렬하게 방류함을 가리키는 것으로, 그것이 강조하는 것은 '적積'입니다. 높은 산에 물을 가두는 것은 당연히 '잠재된 에너지potential energy'로서 물리학에서 말하는 위치에너지가 바로 이것입니다. 그러나 이것은 '형'이지 '세'가 아니기 때문에 '세'라고 번역하면 반대로 되는 것입니다. 「세」 편의 끝부분에서 "둥근 돌을 천 길 높이의 산에서 굴리는 것과 같은데, 이것이 '세'이다如轉圓石於千仞之山者, 勢也"라고 한 것은 나무와 돌이 굴러가면서 산세에 순응해야 함을 말한 것으로, 적의 '세'를 자신의 '세'가 되게 해야 비로소 '세'임을 비유한 것입니다.

'형'과 '세'는 섞어 말하면 구분이 안 되지만 나누어 말하면 구별이 됩니다. 후한의 순열이 말하기를, "계책을 세워 승리를 결정짓는 방법에는 그 요점이 세 가지가 있다. 첫째는 형이고, 둘째는 세이며, 셋째는 정이다. 형이란 것은 그 대체와 득실의 수를 말하는 것이며, 세라는 것은 때에 따른 마땅함을 말하는 것이니 나아가고 물러날 기회이다. 정情이라는 것은 그 마음과 가능 여부의 뜻을 말한다. 그러므로 계책이 같고 일하는 것이 같더라도 공을 이루는 것이 다른 것은 무엇 때문인가? 세 가지 방법이 다르기 때문이다荀悅曰. 夫立策決勝之術. 其要有三. 一曰形. 二曰勢. 三曰情. 形者言其大體得失之數也. 勢者言其臨時之宜也. 進退之機也. 情者言其心志可否之意也. 故策同事等而功殊者何. 三術不同也"라고 했습니다(『전한기前漢紀』「고조황제기高祖皇帝紀」권2). 송나라의 악비도 말하기를 "운용의 묘는 마음에 달렸다"(『송사』「악비전」)라고 했으니, 형세는 운용의 묘에 속한 것이며, 그 운용은 장군의 마음에 달린 것입니다. 「세」와 「허실」에서 운용하는 바는 동사로서의 '형'이며, '형'으로 씌어진 것('形之' '形人' '形兵')은 '세'가 표현된

'형'입니다. 예를 들면 다음과 같은 것들입니다.

(1) "어떤 형태를 드러내면 적이 반드시 따른다形之, 敵必從之."(「세」)

(2) "그런 까닭으로 적에게 형세를 드러내게 하고 우리는 형세를 드러내지 않는다故形人而我無形."(「허실」)

(3) "형세를 갖추되 생사의 지형을 알아야 한다形之而知死生之地."(「허실」)

(4) "군대를 배치하는 지극함은 형세를 드러내지 않아야 한다形兵之極, 至於無形."(「허실」)

(5) "형세에 의해 병사들에게 승리를 가져다주어도 병사들은 알 수 없다. 사람들은 모두 내가 이길 수 있는 형세를 만든 것은 알지만 내가 이길 수 있는 형세를 어떻게 제어했는지는 알지 못한다. 그런 까닭으로 전쟁에서 승리한 방법은 다시 쓸 수 없는데, 형세를 응용해 다함이 없어야 한다因形而措勝於衆, 衆不能知, 人皆知我所以勝之形, 而莫知吾所以制勝之形 ; 故其戰勝不復, 而應形於無窮."(「허실」)

여기서 '내가 이길 수 있는 형세我所以勝之形'는 외재적 '형'이며, "그러나 내가 이길 수 있는 형세를 어떻게 제어했는지는 알지 못한다而莫知吾所以制勝之形"는 내재적 '형', 바로 '세'입니다. '형'으로 '형'에 대응하는 것이 '세'입니다.

4. '형'과 '세'의 영어 번역

중국의 현대화 또는 서구화는 물질 방면뿐 아니라 사상과 언어 방면에도 나타납니다. 어떤 사람은 언어야말로 본토 문화의 마지막 보루라고 생각하는데, 이런 말은 완전히 지켜지지 못합니다. 우리의 사상은 사실 매우 복잡한 언어를 사용해 표현합니다. 오늘날의 중국어는 그리 순수

전쟁은 속임수다

하지 않은데, 많은 단어가 외래어일 뿐 아니라 어법도 전체적으로 침범을 받았는데, 문언문 중에서도 특히 학술논문의 경우가 그렇습니다. 자연과학과 사회과학의 용어는 거의 전부 외래어에서 들여온 것입니다. 어떤 것은 직접 외국어를 번역한 것이고 어떤 것들은 일본에서 번역한 것인데, 음을 표기한 소수의 단어를 제외하고 대부분은 의역한 용어들이 매우 훌륭한 중국어로 위장하고 있으며, 특히 고대 한문처럼 위장하고 있습니다.(일본어에서 빌려온 단어들이 가장 많습니다.) 오늘날 비록 중국어로 말하고는 있지만 이미 다양한 언어적 사고를 포함하고 있습니다.

이 때문에 '형'과 '세'의 개념을 이해하는 데는 번역도 참고할 만합니다.

번역 자체는 두 언어를 비교한 것이면서도 창조적인 것입니다. 그것은 어떤 문화와 다른 문화를 포함하고 있는 대화입니다. 대화는 오해를 피하기 어렵지만 오해와 오해가 생기면 때로 도움이 필요한데, 아마 제3의 시각이 있을 것입니다.

『손자』의 외국어 번역본은 매우 많습니다. 많은 번역자가 '형'과 '세'를 번역하기 위해 적당한 어휘를 찾고자 노력했지만 너무 어려워서 거의 불가능하다는 것을 알았습니다. 왜 그럴까요?

첫째, 이 두 단어는 반드시 상반되면서도 서로 대조하는 뜻이 있기 때문입니다.

둘째, 이 두 단어는 하나의 합성어가 될 수 있어, 나눌 수도 있고 합할 수도 있기 때문입니다.

서양 학자들이 어떻게 '형'과 '세'를 번역했는지, 몇 가지 예를 들어보겠습니다.

역자	형形	세勢
새뮤얼 그리피스 Samuel B. Griffith	Dispositions 배치	Energy 에너지
로저 에임스 Roger Ames	Strategic Dispositions 전략적 배치	Strategic Advantage 전략적 우세
랠프 D. 소여 Ralph D. Sawyer	Military Dispositions 군사 배치	Strategic Military Power 전략적 군사 역량
존 민퍼드 John Minford	Forms and Dispositions 진형과 배치	Potential Energy 위치에너지

참고 자료

Samuel B. Griffith 번역, *Sun Tzu, the Art of War*, London, Oxford and New York : Oxford University Press, 1963, pp.85~95.

Roger Ames 번역, *Sun-tzu, the Art of Warfare*, New York : Ballantine Brooks, 1993, pp.114~121.

Ralph D. Sawyer 번역, *The Seven Military Classics of Ancient China*, Boulder, San Francisco and Oxford, 1993, pp.163~166.

John Minford 번역, *The Art of War*, Penguin Books, 2003, pp.20~30.

이 네 권의 책은 1960년대 이후 대표적인 『손자』 번역본입니다. 그리피스의 번역서는 유엔UN의 『중국경전 총서』 가운데 하나입니다. 에임스의 번역서는 인췌산 한나라 죽간본을 참고한 것입니다. 소여의 번역서는 『무경칠서』를 번역한 것입니다. 민퍼드의 번역서는 최근에 출판된 것입니다.

이들은 주로 '형'을 'Forms진형' 또는 'Dispositions배치'로 번역했으며, '세'를 'Energy에너지'나 'Power역량' 또는 'Potential Energy위치에너지'로 번역했습니다.

이런 번역은 중국어의 입장에서 보면 모두 문제가 있습니다.

첫째, 선택된 단어가 서로 상반되거나 대응되는 단어가 아닙니다.

둘째, 합성어로 만들 방법이 없습니다.

셋째, 'Forms'는 진형陣形이기 때문에 'formation'이나 'battle formation'으로 쓸 수도 있습니다. 그러나 진형은 '세'의 개념에 더 가까운데, 예를 들면 진형의 기정奇正이 바로 '세'에 속합니다. 원서에서는 「세」 편에 넣어 설명하고 있습니다. 우리는 '형' 자가 들어간 것이 바로 '형'이고, '세' 자가 들어간 것은 바로 세라는 의견을 인정할 수 없습니다. 예를 들면, 우세優勢는 바로 '형'이고, 진형은 바로 '세'이며, 이를 반대로 말할 수는 없습니다. 「형」 편이 '형'을 말하고 있기는 하지만 진법과 관련된 글자는 하나도 없습니다.

넷째, 'dispositions'는 배치입니다. 배치는 형세이기 때문에 '형'과 '세'에 모두 사용할 수 있지만 '세'의 개념에 더욱 가깝습니다.

다섯째, 'energy'나 'power'는 모두 에너지이며, 'potential energy'는 위치에너지이지만 '세'가 아니고 '형'입니다.

'형'과 '세'의 연구에서 우리가 쉽게 범하는 잘못은 바로 그것들을 전혀 관계없는 두 가지 개념으로 생각하는 것입니다. 사실 그것들은 동일한 것의 두 가지 다른 측면일 뿐입니다.

그래서 가장 좋은 방법은 대표적인 합성어인 '형세'를 선택하는 것인데, '형'이면서 '세'이기도 한 개념입니다. 예를 들면, '형'은 'dispositions' 이고 그 '세'도 'dispositions'이며, '세'는 'energy'이며 그 '형'도 'energy' 입니다. 이 두 가지를 구별하기 위한 가장 좋은 방법은 관형어를 사용해 구별하는 것입니다. 예를 들면 아래와 같습니다.

형形	세勢
visible dispositions 가시적 배치	invisible dispositions 비가시적 배치
potential energy 위치에너지	released energy 방출에너지

또한 영어에서 형세와 좀더 유사한 것은 사실은 'situation상황'입니다. '형'과 '세'의 번역은 아직까지 용어를 더 다듬을 필요가 있다고 봅니다.[11]

5. 형세의 구체적 표현

『손자』는 권모를 중시하지만, 권모가 구체적으로 드러난 것이 형세입니다. 『손자』의 대부분 편에서 모두 형세를 말하고 있습니다. 『손자』에서 형세를 말한 것은 주로 「형」 「세」 「허실」 등 세 편이지만, 실제 응용한 것은 「군쟁」 「구변」 「행군」 「지형」 「구지」 등 다섯 편입니다.

형세의 구체적 전개는 주로 어떻게 군대를 이끌고 본국에서 적국으로 진격하고, 적국의 국경에서 적국의 중심부로 이끌고 가서 분산과 집결의 운동 변화를 통해 전투 지점에서 아군은 강하고 적군은 약하며, 아군은 많고 적군은 적으며, 아군은 실하고 적군은 허한 상황을 조성할 것인지를 체현하는 것입니다. 이 내용은 뒤에 다시 논의하겠지만 그에 앞서 미리 약간의 느낌을 제시하고자 합니다. 마오쩌둥은 운동전運動戰[12]에 대해 말하면서 "싸워서 이길 만하면 싸우고, 싸워서 이기지 못하면 달아난다打得贏就打, 打不贏就走"라고 했습니다. 여기서 '달아남走'과 '싸움打'이 바로 형세가 구체적으로 드러난 것입니다. 운동경기에는 개별적으로 경쟁할 수도 있지만 '싸움'과 '달아남'이 이미 함께 존재합니다. 권법을 연마하는 것을 볼 때는 어떻게 주먹을 뻗고 휘두르며 구부리는지 손동작만 볼

전쟁은 속임수다

것이 아니라 발놀림이 어떻게 빠르게 회전하고 솟구치는지 보법步法도 살펴보아야 합니다. 중국 무술 싼다散打는 더욱 손과 발을 함께 사용하는데, 다리는 보법에만 사용하는 것이 아니라 사람을 차는 데도 사용합니다. 무술을 익히는 사람들은 모두가 사람의 몸에 18반 무기가 다 갖추어져서 머리나 엉덩이도 모두 쓸모가 있다고 말합니다.

다음 그룹에서는 '달아남'의 문제가 매우 두드러지는데, '달아남'으로 인해 살아나는 것은 병사를 거느리는 문제와 지형의 문제입니다.

'달아남'은 그냥 도망치는 것만이 아닙니다. 달아나는 것도 하나의 큰 학문입니다. '삼십육계'의 마지막 계책이 바로 '달아나는 것이 가장 좋은 계책走爲上策'입니다. 1998년 나는 미국 시애틀에서 캐나다로 가서 비행기를 타고 베이징으로 돌아왔습니다. 내 옆자리의 승객은 미국 국방부의 관리였는데 『삼십육계』를 읽고 있었습니다. 내가 그에게 이것은 병법의 첫째 계책이라 하니, 그는 깜짝 놀라면서 이것은 마지막 계책이 아니냐고 되물었습니다. 나는 그제야 이 단어를 'first stratagem첫째 전략'으로 번역해서는 안 된다는 것을 알았습니다. '삼십육계 주위상책三十六計 走爲上策'은 하책으로 상책을 삼는 것입니다. 존 휴스턴John Huston이 연출한 미국 영화 「승리의 탈출 Victory」(1981)은 영국과 미국의 전쟁포로들이 나치 독일의 집단 수용소에서 탈출하는 내용입니다. 죽음에서 도망쳐 살아나는 것은 당연히 '승리'입니다. 전쟁터에서는 적이 죽어야 내가 살기 때문에 얼굴을 마주하고 서로를 죽이고, 모두가 호랑이와 이리처럼 강자가 되기를 좋아하며, 자신은 토끼보다 빨리 달아날 수 있다고 말하는 사람은 누구도 없습니다. 그러나 『손자』에서는 오히려 용병을 잘하는 사람은 "처음에는 처녀처럼 조용하고 나중에는 달아나는 토끼처럼 움직인다始如處女, 後如脫兔"(「구지」)라고 했습니다. '뛰어난 인재로는 여포가 있고 뛰어난 말에는 적토마가 있다人中呂布 馬中赤兎'라는 말이 있습니다. 토끼를 훌륭한 말에 비교한다고 해서 무슨 잘못이 있겠습니까?

『한서』 「예문지·병서략」의 형세류에는 『초병법楚兵法』 『치우蚩尤』 『손진孫軫』 『요서縣敍』 『왕손王孫』 『울요尉繚』 『위공자魏公子』 『경자景子』 『이량李良』 『정자丁子』 『항왕項王』 등을 포함한 병서 11종이 있습니다.

『초병법』은 초나라의 병법입니다. 『치우』는 치우의 이름을 빌린 병법입니다. 손진은 진晉나라의 선진先軫이고, 요서는 진秦나라의 유여由余이며, 위공자는 위魏나라의 신릉군信陵君 무기無忌이며, 이량과 정자는 한漢나라 사람이며, 항왕은 항우입니다. 이런 병서는 거의 모두 전하지 않고, 오직 『울요』만 남아 있는데 아마도 지금의 『울요자』와 관련이 있을지 모릅니다.

지금의 『울요자』는 군법과 군령을 위주로 말하고 있기 때문에 "번개처럼 움직이고 바람처럼 행동하며, 뒤에 출발하고도 먼저 도착하며, 이합과 향배는 변화를 예측할 수 없으며, 간편하고 신속함으로 적을 제압한다雷動風擧, 後發而先至, 離合背鄕, 變化無常, 以輕疾制敵者也"(『한서』 「예문지·병서략」)는 것과 같은 표현은 볼 수 없는 것 같습니다. 지금의 『울요자』는 병가의 『울요』가 아니라고 하는 사람도 있지만, 나는 그래도 병가의 『울요』라고 봅니다. 나는 병서 4종류 가운데 군법·군령류는 다른 종류라고 생각하는데, 확실히 일반적으로 모략을 말하는 병서와는 다르니 권모류·형세류는 음양류·기교류와는 더더욱 다릅니다. 『칠략』에서는 군법을 말한 『사마법』을 권모류에 넣고, 군령을 말한 『울요』를 형세류에 넣었는데, 단지 모방해서 그 어려움을 피한 것일 뿐입니다.

『손자』는 형세류의 병서가 아니지만 여전히 형세를 말하고 있습니다. 권모류의 병서는 종합적 성격을 띠고 있기 때문에 형세를 포함할 수 있

전쟁은 속임수다

습니다. 형세를 연구하는 데 『울요자』는 대표성이 없기 때문에 모범적인 표현은 여전히 『손자』의 「형」과 「세」 두 편을 봐야 합니다.

● 제7강 ●

제5편

(병兵) 세勢

'세勢'와 '형形'은 서로 반대입니다. 이 편은 앞의 「형」 편과 대조해서 봐야 합니다.

  '세'는 적으로 인해 마련되는 짜임새로서 볼 수도 만질 수도 없지만 혼이 육체를 떠난 것처럼 결코 '형'을 버리고 존재하는 것이 아니라 '형'의 배경에 숨어서 '형'과 짝을 이루는 것입니다. '형'으로 '형'에 대응하고 무형으로 '형'을 제어하는 것이 '세'이며(「허실」 편에 '형세를 응용해 다함이 없어야 한다應形於無窮'라는 말이 있습니다.), 장형藏形(참모습을 감춤)·시형示形(가짜 모습을 보임)·형인形人(적을 드러나게 함)도 '세'이며(「허실」 편에 "적에게 형세를 드러내게 하고 우리는 형세를 드러내지 않는다形人而我無形"라는 말이 있습니다.), 함정을 만들어 적이 이동하게 함으로써 행동을 자유로이 할 수 없게 하는 것은 더욱 '세'에 속합니다.(「허실」의 대부분이 모두 이런 종류의 학문을 말하고 있습니다.) 옛사람이 "원앙을 수놓은 것을 보게 할 수는 있지만 금침을 남에게 알리지 마오鴛鴦繡了從教看, 莫把金針度與人"(원나라 원호

문원호문好問의 「논시절구論詩絶句」)라고 했는데, 여기서 '형'은 원앙이며, '세'는 금침金針(비결)입니다. 볼 수 있는 것은 모두 '형'이며, 볼 수 없는 것이 바로 '세'입니다.

'세'는 '볼 수 없는 수단'입니다.

나는 「세」 편을 6장으로 나눕니다.

제1장은 병력의 분배와 조합, 곧 병사의 운용과 분합分合의 변화를 말하고 있습니다.

그것은 네 가지 개념으로 나뉩니다.

(1) 병사의 많고 적음을 다스림

① 분수分數 : 많은 사람을 관리하기를 적은 사람을 관리하는 것과 같이 하는 것이니, 군대의 편제와 관직의 설치에 따라 군대를 관리하는 것으로서 제도를 세워 관리하는 것에 속합니다.

② 형명形名 : 많은 사람을 지휘하기를 적은 사람을 지휘하는 것과 같이 하는 것이니, 징과 북, 깃발 등의 명령 계통에 따라 군대를 지휘하는 것으로서 지휘 연락에 속합니다.

(2) 병사의 많고 적음을 운용함

① 기정奇正 : 공격하는 무리의 많고 적음이니 점點에서의 많고 적음, 곧 전투 중의 병력 배치입니다.

② 허실虛實 : 달아나는 무리의 많고 적음이니 면面에서의 많고 적음, 곧 이동 중의 분산과 집결입니다.

제2장은 전세戰勢는 기정에 지나지 않지만 기정은 상생의 효과가 있어 변화가 무궁함을 말하고 있습니다.

제3장은 세험절단勢險節短(기세가 험하고 절도가 짧음)을 말하는데, 세를 모으는 것은 깊어서 헤아릴 수 없거나 높아서 이를 수 없는 은폐성이

전쟁은 속임수다

있어야 하며, 세를 펼 때는 재빠르고 힘이 있어 상대가 알아채지 못하는 돌발성이 있어야 한다는 것입니다. 여기에는 두 가지 비유가 포함되어 있는데, 하나는 세찬 물살과 사나운 새이며, 다른 하나는 활시위를 당기는 것과 화살을 쏘는 것을 들어 말하고 있습니다.

제4장은 수數(곧 분수)와 '형'과 '세'의 구별을 말하고 있습니다.

① 수數 : 치란治亂은 수, 곧 분수에 의지하는 것입니다.

② 형 : 강약은 '형'에 의지하는 것입니다.

③ 세 : 용감함과 두려움은 '세'에 의지하는 것입니다.

제5장은 석인임세釋人任勢(사람을 버리고 '세'에 맡김), 곧 '세'에 의지하고 사람에 의지하지 않음을 말합니다.

제6장은 비유의 방식으로 말하고 있습니다. 나무와 돌을 사람에 비유하고, 높은 산을 '세'에 비유해 '세'에 맡기는 이치를 말하고 있습니다.

이제 한 장씩 살펴보도록 하겠습니다.

【5-1】

손자가 말했다.

많은 병력을 다스리기를 적은 병력을 다스리듯이 할 수 있는 것은 '분수' 때문이며, 많은 병력을 지휘해서 싸울 때 적은 병력을 지휘해서 싸우듯이 할 수 있는 것은 '형명' 때문이며, 삼군의 군대가 반드시 적의 기습공격을 받더라도 패배하지 않을 수 있는 것은 '기정' 때문이며, 병력이 증가되어 숫돌로 계란을 치듯이 할 수 있는 것은 '허실' 때문이다.

孫子曰:

凡治衆如治寡, 分數是也; 鬪衆如鬪寡, 形名是也; 三軍之衆, 可使(必)[畢]受敵而無敗者, 奇正是也; 兵之所加, 如以(瑕)[碬]投卵者, 虛實是也.

이 단락은 매우 중요한데, 네 가지 용어가 연속해서 나옵니다. 이 네 가지 용어는 네 가지 단계를 대표합니다. 이에 대한 이전의 주석은 아주 간략하고 또 그리 정확하지도 않기 때문에 내가 이해한 것으로 말해보겠습니다.

내가 이해하기에 이 네 가지 단어는 모두 병력의 분배와 조합을 말하는 것입니다.

① 분수分數 : 원문에서는 "많은 병력을 다스리기를 적은 병력을 다스리듯이 할 수 있는 것은 '분수' 때문이다治衆如治寡, 分數是也"라고 했습니다. 이것은 군대의 제도와 관리를 말합니다. 조조曹操는 "부곡은 분이고 십오는 수이다部曲爲分, 什伍爲數"라고 주석했습니다. 이 해석은 대체로 맞지만 완전히 맞지는 않습니다. 그 이유는 첫째, 부곡은 한漢나라의 편제

이지 선진시대의 편제는 아닌데, 선진시대의 법法은 '곡제曲制' 또는 '곡정曲政'이라는 것을 앞에서 곡제를 말할 때 이미 언급한 바 있습니다.(제3강)

둘째, 부곡과 십오가 모두 분수이기는 하지만 큰 편제를 '분'이라 하고 작은 편제를 '수'라고 구분해서 말하는 것이 아니기 때문에 옳지 않습니다. 사실 '분'은 분층分層을, '수'는 인원수를 가리키며, 분수는 이 둘이 합쳐진 단어입니다. 분수는 매우 중요한데, 10만 명의 군대를 어떻게 관리할까요? 주로 분층에 따라 등급을 나누고 인원을 정한 뒤에 등급에 따라 각각의 군관軍官을 배치합니다. 예를 들면, 「모공」 편에서 말한 군軍·여旅·졸卒·오伍가 이런 편제에 속하며, 각 등급에는 그 등급에 맞는 군관이 있습니다. 각 등급의 편제와 각 등급의 군관이 있어야만 많은 군사를 한 사람처럼 관리할 수 있습니다. 「형」 편의 끝부분에서 말한 "승리를 알 수 있는 다섯 가지知勝有五"의 '수'와 뒤에 나올(5-4) "다스림과 어지러움은 분수에 속한다治亂, 數也"의 '수'는 모두 이것과 관련이 있습니다. 이것이 첫째 단계입니다.

② 형명形名 : 원문에서는 "많은 병력을 지휘해서 싸울 때 적은 병력을 지휘해서 싸우듯이 할 수 있는 것은 '형명' 때문이다鬪衆如鬪寡, 形名是也"라고 했습니다. 이것은 군대의 지휘 연락을 말합니다. '투중鬪衆'이라는 용어는 『묵자』「호령號令」 편에 보입니다. '투중'은 아군의 많은 병력을 지휘해서 싸우게 하는 것이지 상대방의 많은 병력과 싸우는 것이 아닙니다. 호령이 바로 형명입니다. '형명'에 대해 조조는 "정旌과 기旗를 형形이라 하고, 징과 북을 명名이라 한다旌旗曰形, 金鼓曰名"라고 주석했습니다. 이 해석은 대체로 맞지만 완전히 맞지는 않습니다. 그의 생각에 깃발旌旗은 보는 것이기 때문에 '형'이라 하고 징과 북은 듣는 것이어서 형체가 없기 때문에 '명'이라 한 것 같은데, 두 글자는 위에서와 마찬가지로 나누어

서 말할 수 있습니다. 사실 형명이 바로 신호이기 때문에 보거나 듣는 것에 관계없이 받아들이는 것은 모두 신호입니다. 징이나 북소리는 청각 신호이며, 깃발의 모양은 시각 신호이기 때문에 두 가지 모두 장군의 명령을 전달하는 것이지 하나는 형이고 다른 하나는 명이 아닙니다. 형명形名은 본래 '刑名'으로 썼는데, 법가의 용어이자 병가의 용어이기도 합니다. 법가(법술가)가 말하는 형명은 이름과 개념 및 그것들이 대표하는 실체까지 포함합니다. 그들은 항상 명실名實의 관계에서 행동을 합니다. 명가名家(형명가刑名家 또는 形名家)의 궤변술이 바로 이런 것에서 나왔습니다. 고대의 소송 거간꾼과 법정 서기, 현대의 변호사는 모두 궤변에 뛰어난 전문가입니다. 병가에서 말하는 형명에서 '명'은 호령이며, '형'은 호령이 지시하는 바(군대의 각부各部·무기·양식 등등)입니다. 군대의 신호는 매우 많은 종류가 있지만 가장 흔히 보는 두 가지는 금고金鼓(징과 북)와 정기旌旗(깃발)입니다. 금고와 정기가 있어서 병사의 눈과 귀를 통일시켜야 많은 군사를 마치 한 사람처럼 지휘할 수 있습니다. 금고와 정기 제도에 대한 세부 종목들은 뒤의 「군쟁」 편에서 다시 말하기로 하고 여기서는 먼저 그것의 기본 개념만 언급하겠습니다. 여기서 나는 형명의 '형'과 형세의 '형', 이 두 가지는 밀접한 관계가 있으며, 형명의 기초가 바로 분수임을 일깨우고자 합니다. 예를 들면, 인췌산 한나라 죽간의 『기정奇正』에 "그런 까닭으로 형세가 있는 무리는 이름을 붙일 수 없는 것이 없고, 이름이 있는 무리는 이기지 못할 것이 없다. (…) 형세를 드러내 형세에 대응하는 것은 정이며, 형세가 없이 형세를 제어하는 것은 기이다. 기와 정이 다함이 없는 것은 분이다. 기의 수술로 나누고 오행으로 제어하며 형명으로 싸운다故有形之徒, 莫不可名. 有名之徒, 莫不可勝. 故聖人以萬物之勝勝萬物, 故其勝不屈. 戰者, 以形相勝者也. (…) 形以應形, 正也 ; 無形而制形, 奇也. 奇正無窮, 分也. 分之以

전쟁은 속임수다

奇數, 制之以五行, 鬪之以[形名]. 分定則有形矣, 形定則有名[矣]"라고 했는데, 바로 형명에서 형세를 말하고, 분수에서 형명을 말한 것입니다. 넓은 뜻의 형명은 신호나 부호를 사용해서 만물이 상생상극相生相克하는 변화를 통제하는 것입니다. 금고와 정기는 형세를 통제하는 부호이며, 분수는 형명의 기초이며, 형명은 분수의 응용입니다. '형'에서 '세'로 변하며, '세'에 '형'이 붙어 있기 때문에 형명이 관건입니다. 이것이 둘째 단계입니다.

③ 기정奇正 : 원문에서는 "삼군의 군대가 반드시 적의 기습공격을 받더라도 패배하지 않을 수 있는 것은 '기정' 때문이다三軍之衆, 可使(必)[畢]受敵而無敗者, 奇正是也"라고 했습니다. 그 의미는 적이 어느 곳에서 공격하든지 상관없이 아군은 모두 기정으로 그것을 막아낼 수 있어서 시종 패하지 않는 위치에 선다는 것입니다. 이것은 전투 중의 병력 배치, 곧 진형상의 병력 분배를 말합니다. 예를 들면, 앞뒤 좌우 중간의 어느 방향에 병력을 조금 많이 배치하고 어느 방향에 조금 적게 배치할 것인지, 어떤 병력이 돌격을 맡고 어떤 병력이 계획을 세워 응전할 것인가 등등입니다. 전자를 기奇라 하고, 후자를 정正이라 합니다. 이것이 셋째 단계입니다.

④ 허실虛實 : 원문에서는 "병력이 증가되어 숫돌로 계란을 치듯이 할 수 있는 것은 '허실' 때문이다兵之所加, 如以(碬)[碬]投卵者, 虛實是也"라고 했습니다. 단碬은 칼을 가는 숫돌입니다. 이것은 비유법의 방식으로 말한 것인데, 실實로 허虛를 공격하는 것은 돌로 계란을 치는 것과 같다는 뜻입니다. 허실은 기정과 달리 전역戰役의 병력 배치, 곧 대규모 이동 중의 분산과 집결을 말합니다. 이것은 더욱 큰 범위의 병력 분배입니다. 기정은 점상點上의 분배이며, 허실은 면상面上의 분배입니다. 이것이 넷째 단계입니다.

앞에서 형세는 '병력의 배치'라고 말한 것이 바로 병력의 분배와 조합입니다. 「모공」 편에서 '승리를 알 수 있는 다섯 가지'를 말했는데, 그 가운데 두 가지가 "전쟁을 할 수 있는지 전쟁을 할 수 없는지 아는 자는 승리한다知可以(與戰)[戰與]不可以(與)戰者勝"와 "많고 적은 병사를 운용할 줄 아는 자는 승리한다識衆寡之用者勝"입니다. 전자는 「형」 편의 중점이고, 후자는 「세」 편의 중점입니다.

이 네 가지 단계는 모두 병력의 수와 관련이 있습니다. 분수와 형명은 아군의 숫자에 대해 관리하는 것이며, 기정과 허실은 적군의 병력에 대응하는 배치입니다. 전자는 병사의 수를 관리하는 것으로 '형'에 속하고, 후자는 병사의 수를 운용하는 것으로 '세'에 속합니다.

분수는 「계」 편의 '곡제曲制'나 '관도官道'와 관련이 있는데, 바로 「형」 편 끝부분의 '수數'입니다.

분수는 『손자』에서 전문적으로 언급한 편이 없습니다. 형명도 「군쟁」에서 『군정軍政』을 인용해 말한 구절뿐이며, 전문적으로 언급한 편은 없습니다. 기정은 이 편에서 보이며, 허실은 다음 편에 보입니다. 「세」와 「허실」은 병사의 수에 따른 운용과 분합分合에 따른 변화를 말한 중요한 편입니다.

【 5-2 】

무릇 전쟁은 정직함으로 적과 싸우고 기발함으로 승리한다. 그런 까닭으로 기발함을 잘 쓰는 자는 [작전의 변화가] 천지처럼 다하지 않고 강과 바다처럼 마르지 않는다. 끝난 것 같지만 다시 시작하는 것이 해와 달과 같으며, 죽은 것 같지만 다시 살아나는 것이 사계절의 변화와 같다. 소리의 기본은 다섯 가지에 불과하지만 오성이 변하면 다 들을 수 없을 정도로 많으며, 색의 기본은 다섯 가지에 불과하지만 오색이 변하면 다 볼 수 없을 정도로 많으며, 맛의 기본은 다섯 가지에 불과하지만 오미가 변하면 다 맛볼 수 없을 정도로 많으며, 전세는 기와 정 두 가지에 불과하지만, 기정이 변화하면 다 알 수 없다. 기정은 상생하여 순환하는 것이 끝이 없는 듯하니 누가 다할 수 있겠는가?

凡戰者, 以正合, 以奇勝. 故善出奇者, 無窮如天地, 不竭如江海, 終而復始, 日月是也 ; 死而更生, 四時是也. 聲不過五, 五聲之變, 不可勝聽也 ; 色不過五, 五色之變, 不可勝觀也 ; 味不過五, 五味之變, 不可勝嘗也 ; 戰勢不過奇正, 奇正之變, 不可勝窮也. 奇正相生, 如循環之無端, 孰能窮之哉!

나는 『손자』를 읽으면서 「세」 편이 가장 이해하기 어려웠습니다. 「세」 편에서도 기정이 가장 이해하기 어렵습니다.

기정이란 무엇일까요? 저자가 언급한 것으로 두 단락이 있습니다. 한 단락은 윗장의 "삼군의 군대가 반드시 적의 기습공격을 받더라도 패배하지 않을 수 있는 것은 '기정' 때문이다三軍之衆, 可使(必)[畢]受敵而無敗者, 奇正是也"이며, 다른 한 단락은 이 장의 "무릇 전쟁은 정직함으로 적과 싸우고 기발함으로 승리한다凡戰者, 以正合, 以奇勝"입니다. 전자는 스스로를 보호해서 패하지 않는 것을 말한 것이고, 후자는 적을 이겨 승리하는 것을 말한 것인데, 둘은 서로 보충하는 관계입니다. '합合'은 적을 만났을 때 적이 나를 공격하면 나도 손을 써서 대응하는 것인데, 이것은 장기를 둘 때 정면으로 포를 사용하고 마를 움직이며 차를 쓰고 졸을 움직이는 것이 한 세트를 이루듯이 적군이 쳐들어오면 장수를 보내어 막고 홍수가 밀려오면 흙으로 둑을 쌓아 막는 대등한 행동을 취하는 것입니다. 그러나 정직함正으로 정직함에 대응하면 다만 자신만 보존할 수 있을 뿐 승리할 수는 없습니다. 승리를 취하려면 반드시 기발함奇을 발휘해야 하는데, 기발함으로 정직함을 깨뜨리고 기발함으로 기발함을 깨뜨려서 교착상태와 균형을 깨뜨려야 합니다.

이어지는 글은 주로 기정의 상생과 변화무궁함에 관한 것입니다.

저자는 승리는 기발함의 발휘에 달렸고, 기발함의 발휘는 기정의 상생, 곧 '기'와 '정'이 서로 짝을 이루고 서로 보완하는 데 달려 있다고 생각합니다. 기정의 상생은 바로 천지가 영원히 존재하고 해와 달이 차고 기울며 사계절이 순환하는 것과 같아서 그 변화를 다 알 방법이 없습니다. 그것은 반복해서 진행하는 배열 조합으로 오음五音·오색五色·오미五味의 배열 조합과 같습니다. 음계는 단지 궁宮·상商·각角·치徵·우羽가 있을 뿐입니다. 색깔은 파랑靑·빨강赤·노랑黃·하양白·검정黑이 있을 뿐입니다. 맛은 신맛酸·쓴맛苦·단맛甘·매운맛辛·짠맛鹹이 있을 뿐입니다. 그러나 다섯 가지가 배합해서 조성하는 음악의 선율과 그림의 형상 그리고 음식의 맛은 오히려 변화가 끝이 없습니다. 이와 마찬가지로 전세戰勢는 '기'와 '정' 두 가지 요소가 있을 뿐이지만, '기'를 얼마나 사용하고 '정'을 얼마나 사용하며 어느 방향에 조금 더 많거나 적게 배치하는가에 따

전쟁은 속임수다

라 그 변화가 끝이 없는 것이 마치 동그라미와 같은데, 동그라미를 따라 돌고 돌아도 결국 시작도 없고 끝도 없습니다.

옛사람들의 세계관은 순환하는 것을 좋아했습니다. 추위가 오면 더위가 가고, 가을에 수확하고 겨울에 저장합니다. 그들은 이런 시간과 이런 역사에 익숙했습니다. 오행의 상생과 오행의 상극이 바로 전형적인 순환론입니다. 지난날 중국 사상사를 연구하는 사람들은 모두 오행사상이 특히 뒤늦게 나타났다고 생각했는데, 이런 견해에 대해서는 토론할 만한 가치가 있습니다. 『손자』에서 오음·오색·오미를 말한 단락이 바로 전형적인 오행사상이기 때문입니다.

원문의 "전세불과기정戰勢不過奇正"은 『장단경長短經』 「기정奇正」 편에는 "전승불과기정戰勝不過奇正"으로 되어 있고, 『태평어람』 권282에는 "전수불과기정戰數不過奇正"으로 인용되었지만 『후한서』 「황보숭전皇甫嵩傳」에 딸린 이현李賢의 주석에는 "전세불과기정戰勢不過奇正"이라 했습니다. '세'가 기정의 수數임은 부정할 방법이 없습니다.

'세'에는 두 단계의 개념이 있는데, 기정이 첫째 단계이며, 허실이 둘째 단계입니다. 기정은 '세'의 핵심 개념이며, 허실은 기정이 확대된 것에 불과합니다.

이것이 기정의 일반적 개념입니다.

아래에서 나는 여러분이 접해본 관련 자료를 가지고 관련 화제를 설명하고자 합니다.

1. 인췌산 한나라 죽간 『기정』의 해석

기정을 연구한 자료들을 읽어보기를 권합니다. 이 글은 인췌산 한나라 죽간의 『기정』에 관한 것입니다. 인췌산 한나라 죽간은 산실된 고서를 비교적 완정하게 보존하고 있습니다. 고대의 병서는 전하지 않는 것이 많은데, 제목과 저자의 명성이 매우 높은 것들이 있지만 내용이 반드시 훌륭한 것은 아니어서 후세 사람들에게 도태되었습니다. 그러나 『기정』은 그와 달리 내용이 매우 훌륭한데, 말은 간결하지만 뜻이 포괄적이어서 철학적 느낌이 풍부하기 때문에 『손자』를 제외하고는 어떤 것도 비교할 수 없습니다. 잃어버리고서 되찾지 못했다면 참으로 애석한 일이었을 것입니다. 우리의 행운입니다.

이 편의 원래 제목은 『기정』이지만, 『손자』라고 해석해도 딱 맞습니다. 내용 중에 읽을 만한 중요한 말들을 뽑아서 읽어보겠습니다.

① 하늘과 땅 사이의 이치는 극에 달하면 돌아오는데, 가득 차면 곧 이지러지는 것은 해와 달이 그러하다. 번갈아 가며 흥하고 번갈아 가며 쇠하는 것은 사계절이 그러하다. 이기는 것도 있고 이기지 못하는 것도 있는 것은 오행이 그러하다. 태어나면 죽는 것은 만물이 그러하다. 여유가 있는 것도 있고 부족한 것도 있는 것은 형과 세가 그러하다.

天地之理, 至則反, 盈則敗, 日月是也. 代興代廢, 四時是也. 有勝有不勝, 五行是也. 有生有死, 萬物是也. 有能有不能, 萬生是也. 有所有餘, 有所不足, 形勢是也.

이 글은 『손자』의 내용과 매우 비슷하지만 기정을 말한 것이 아니라 형세를 말한 것입니다. '만물'은 사람 이외의 사물로 생물과 무생물을 포괄합니다. '만생萬生'은 아마도 '만성萬姓'으로 읽어야 될 것으로 생각합니다. 『상서』 「입정立政」 편에 "상나라가 천명을 받아 백성들을 잘 다스렸다式商受命, 奄甸萬姓"라고 했는데, 여기서 '만성萬姓'은 백성을 가리킵니다. 이 글

전쟁은 속임수다

의 저자는 형세를 "여유가 있는 것도 있고 부족한 것도 있는 것有所有餘, 有所不足"이라고 풀이했는데, 그것이 수량의 배치임을 알 수 있습니다.

② 그런 까닭으로 형세가 있는 무리는 이름을 붙일 수 없는 것이 없고, 이름이 있는 무리는 이기지 못할 것이 없다. 그런 까닭으로 성인은 만물의 장점으로 만물을 이기기 때문에 끊임없이 이길 수 있다.

故有形之徒, 莫不可名. 有名之徒, 莫不可勝. 古聖人以萬物之勝勝萬物, 故其勝不屈.

이 글은 '형승形勝'을 말한 것인데, 형체가 있는 물건은 모두 이름을 붙일 수 있으며 이름이 있는 물건은 모두 그것을 이길 방법이 있습니다. 여기서 두 번 나오는 '도徒' 자는 모두 종류 또는 무리를 뜻합니다. 『노자』 제50장에 "태어나면서 죽음으로 들어가니 오래 사는 무리가 열에 셋이요, 일찍 죽는 무리가 열에 셋이요, 쓸데없이 움직이다가 죽는 무리 또한 열에 셋이다出生入死, 生之徒十有三, 死之徒十有三, 人之生, 動之死, 亦十有三"라고 했는데, 마쉬룬馬敍倫은 이에 대해 "도徒는 도途나 도塗의 본자이다徒即途·塗本字也"라고 하면서 마땅히 도로의 도途로 읽어야 한다[1]고 했는데 옳지 않습니다. 『한비자』「해로解老」 편에서는 "속하는 것을 도라 한다屬之謂徒也"라고 했습니다. 또 『노자』 하상공河上公의 주석은 "살거나 죽는 무리가 각각 열에 셋임을 말한다言生死之類各有十三"라고 했는데, 이렇게 해석해야 정확합니다. "만물의 장점으로 만물을 이긴다以萬物之勝勝萬物" 는 말은 뛰는 놈 위에 나는 놈 있다는 뜻으로 각종 사물은 모두 그것을 이길 방법이 있어서 그 상생상극의 이치를 알기만 하면 그것을 이길 수 있다는 것입니다.

③ 전쟁이란 형세로 이기는 것이다. 형세로 이기지 못할 것이 없지만 이길 수 있는 형세를 아는 사람은 없다. 형세로 이기는 것의 변화는 천지가 서로 가린 것과 같아서 다함이 없다. 형세로 이긴 예는 초나라와 월나라의 많은 대나무로도 다 쓸 수 없을 정도로 많다. 형세는 그 장점으로 이기는 것이다. 한 가지 형세의 장점으로 모든 형세를 이기는 것은 불가능하다. 형세를 제어하는 것은 하나이지만 이기는 것은 한 가지일 수 없다. 그런 까닭으로 싸움을 잘하는 사람은 적의 장점을 보면 적의 단점을 알 수 있고, 적의 부족한 점을 보면 적의 넉넉한 바를 알 수 있다. 승리를 보는 것이 해나 달을 보는 것처럼 명확하다. 승리를 위해 조치하는 것이 물로 불을 끄듯 확실하다.

戰者, 以形相勝者也. 形莫不可以勝, 而莫知其所以勝之形. 形勝之變, 與天地相敝而不窮. 形勝, 以楚越之竹書之而不足. 形者, 皆以其勝勝者也. 以一形之勝勝萬形, 不可. 所以制形壹也, 所以勝不可壹也. 故善戰者, 見敵之所長, 則知其所短 ; 見敵之所不足, 則知其所有餘. 見勝如見日月. 其錯勝也, 如以水勝火.

이 단락도 '형승'을 말하고 있습니다. '형승'은 '형세로 이기는 것以形相勝'으로, 이긴 수 있는 상황을 이용해 이기는 것입니다. 이런 '형승'은 '형세를 만들고制形' '승리를 위해 조치하는錯勝' 것으로 모두 '세'임을 알 수 있습니다. '제制'와 '조錯'는 모두 인위적으로 만든다는 뜻이 있는데, 인위적으로 만드는 승리는 모두 '세'에 속합니다. 저자는 "형세를 제어하는 것은 하나이지만 이기는 것은 한 가지일 수 없다所以制形壹也, 所以勝不可壹也"라고 했는데, 인위적으로 만드는 형은 모두 기정에 의한 것이지만 기정의 상생은 오히려 다양하게 변하기 때문에 매번 다르다는 뜻입니다.

④ 형세를 드러내 형세에 대응하는 것은 정이며, 형세가 없이 형세를 제어

전쟁은 속임수다

하는 것은 기이다. 기와 정이 다함이 없는 것은 분이다. 기의 수술로 나누고 오행으로 제어하며 刑名으로 싸운다. 나누어짐이 정해지면 형세가 드러나며 형세가 정해지면 이름이 있다.

形以應形, 正也 ; 無形而制形, 奇也. 奇正無窮, 分也. 分之以奇數, 制之以五行, 鬪之以刑名. 分定則有形矣, 形定則有名[矣].

예전에 기정의 개념에 대한 논쟁이 끊이지 않았는데, 이 단락도 소홀히 할 수 없습니다. "형세를 드러내 형세에 대응한다形以應形"는 것은 볼 수 있는 형세로 볼 수 있는 형세에 대응한다는 의미인데, 이런 형세는 이미 갖추어진 형세입니다. "형세가 없이 형세를 제어한다無形而制形"는 것은 본래 형세가 없는 것인데 적을 대비하기 위해 그것을 특별하게 만든다는 뜻입니다. 전자가 '정'이고, 후자가 '기'입니다. "기의 수술로 나누고 오행으로 제어하며 刑名으로 싸운다. 나누어짐이 정해지면 형세가 드러나며 형세가 정해지면 이름이 있다奇正無窮, 分也. 分之以奇數, 制之以五行, 鬪之以刑名. 分定則有形矣, 形定則有名[矣]"라는 단락은 매우 중요한데, 기정의 분分은 분수分數를 기초로 함을 설명하고 있습니다. 앞에서 이미 이 단락을 인용한 바 있습니다.

⑤ 같은 방법으로는 이길 수 없기 때문에 다른 방법을 기로 삼는다.

同不足以相勝也, 故以異爲奇.

"형이응형形以應形"은 '동同', 곧 같은 방법을 뜻하며, "무형이제형無形而制形"은 '이異' 곧 다른 방법을 뜻합니다. '같은 방법'은 너무 단조로워서 변화를 만들 수 없기 때문에 '다른 방법'이 있어야만 변화를 만들 수 있습니다. 예를 들어 앞에서 말한 오음·오색·오미의 경우처럼 다른 것들을 배열하고 조합해야 비로소 변화가 생깁니다. 만약 노래를 할 때 처음부터 끝까지 한 가지 음으로만 부른다면 누구도 견디지 못할 것입니다. '기'는 영원히 비정상적인 것입니다.

⑥ 이런 까닭으로 고요함은 움직임의 기이며, 편안함은 수고로움의 기이며, 배부름은 배고픔의 기이며, 다스림은 어지러움의 기이며, 많음은 적음의 기이다.

是以靜爲動奇, 佚爲勞奇, 飽爲飢奇, 治爲亂奇, 衆爲寡奇.

이 다섯 구절의 말은 무슨 뜻일까요? 아마 '기'가 바로 '고요함靜' '편안함佚' '배부름飽' '다스림治' '많음衆'이라고 이해할 수는 없을 것입니다. 실제로는 '정正'이 '기'일 수도 있고 '기'가 '정'일 수도 있으며, '형'이 '세'일 수도 있고 '세'가 형일 수도 있으니, 다만 어떤 각도에서 강조하는가를 살필 뿐입니다. 여기서 말하는 '기'에서 중요한 점은 적과 다르다는 것입니다. 앞의 '이異'는 바로 적과 어긋나는 것이니, 곳곳에서 적과 비교해서 우세해야 적을 깨뜨릴 수 있는 방법이 생깁니다.

⑦ 드러내면 정이 되며, 기를 드러내서 적이 응수하지 못하면 이길 수 있다. 여기餘奇가 있는 자는 남들보다 뛰어나게 이길 수 있다.

發而爲正, 奇發而不報, 則勝矣. 有餘奇者, 過勝者也.

전쟁은 '수용미학受容美學'이어서 상대방이 계책에 걸려드는가, 통제에 따르는가 하는 것이 최대의 관건입니다. 오는데도 가지 않으면 예가 아니

전쟁은 속임수다

며, 가는데도 오지 않으면 헛일입니다. 저자는 '기'와 '정'의 구별이 '드러냄發'에 있는 것이 아니라 드러낸 뒤에 상대방의 반응에 있음을 강조합니다. 내가 어떤 수를 둘 때 상대방이 그 수에 대응해서 서로 수를 주고받는 것이 모두 '정'입니다. 상대방이 당해내지 못해서 내가 수를 내도 대응할 방법이 없어야만 비로소 '기'가 됩니다. '기'란 무엇일까요? 바로 비장의 한 수를 남겨두는 것입니다. 권투 시합에서 쌍방이 서로 공격해 여러 차례 주먹을 주고받을 때 한 주먹에 상대를 쓰러뜨릴 수 있다면 최상입니다. 이것을 KO(knock out)라고 합니다. KO 전에 휘두르는 여러 차례의 주먹은 의식적이건 무의식적이건 간에 모두 배경이 되는 것으로 모두 '정'에 해당합니다. 남겨둔 한 주먹, 관건인 이 주먹이 바로 '기'입니다. 저자는 이렇게 승리의 관건인 일격, 약간 우세한 계책을 '여기餘奇'라고 했습니다.

『기정』 편 외에 새롭게 발견한 전통적 이해는 조조의 해석에 따른 것입니다.

2. 조조의 해석

기정에 대한 조조의 해석은 주로 두 가지 자료에 보이는데, 하나는 『손자』에 주석을 붙인 것이고, 다른 하나는 자신의 저작인 『조공신서』입니다. 전자에는 두 조목뿐인데, 하나는 "먼저 나가 적과 싸우는 것이 정이고, 뒤에 나가는 것이 기이다先出合戰爲正, 後出爲奇"라는 것이고, 다른 하나는 "정병은 적과 맞서 싸우고, 기병은 옆에서 따르며 적이 방비하지 않는 곳을 친다正者當敵, 奇兵從旁擊不備"라는 것입니다. 후자에는 한 조목뿐인데 바로 "아군이 둘이고 적은 하나라면 기술 하나는 정으로 하고 기술 하나는 기로 하며, 아군이 다섯이고 적이 하나면 기술 셋은 정으로 하고 기술 둘은 기로 한다己二而敵一, 則一術爲正, 一術爲奇 ; 己五而敵一, 則三術爲正, 二術爲奇”(『당태종이위공문대唐太宗李衛公問對』권상 인용)라는 것입니다. 그의 해석은 매우 통속적이고 간결해서 사람들이 오해하기 쉽습니다. 어떤 사람은 융통성 없이 먼저 나가면 '정'이고 뒤에 나가면 '기'이며, 적과 정당하게 맞서 싸우면 '정'이고 옆에서 공격하면 '기'라고 생각합니다. 또 어떤 사람은 '기'와 '정'의 비례는 변치 않는다고 생각합니다. 이런 이해는 모두 기정의 본질을 파악하지 못한 것입니다. 기정의 본질은 결국 무엇일까요? 무엇이 정상이고 무엇이 비정상인지를 살펴야 합니다. 예를 들면, 이정李靖은 조조에 대해 비판했는데, 기정은 이렇게 간단하게 하나 둘로 분명히 나눌 수 있는 것이 아니라고 생각했기 때문입니다

3. 이정의 해석

조조 이후 기정에 대한 해석으로는 『당태종이위공문대』가 매우 중요합니다. 이 책은 상·중·하 세 권으로 나뉘는데, 상권이 바로 '기정'을 주요 화제로 삼고 있습니다. 이정이 기정을 말한 것은 두 가지 점에서 매우 두드러집니다. 첫째 그는 '기'를 중시하고 '정'을 경시하는 태도를 반대했습니다. 둘째 간단하게 '기'와 '정'을 나누는 것에 대해 반대했습니다.

이정은 정병正兵이 없으면 기병奇兵도 없기 때문에 이 둘은 어느 하나라도 폐지할 수 없다고 생각했습니다. 전쟁은 기묘한 계략을 내는 것, 곧 출기出奇를 중시하지만 상대방이 누구인지 살피지 않고 단순하게 기묘한 계략을 낼 수는 없습니다. 예를 들면, 당나라가 돌궐을 평정할 때는 기병에 의존했고, 고구려를 공격할 때는 정병에 의존한 것이 바로 두 가지

방법을 쓴 것입니다. 정병은 정정당당한 군대를 말하는데, 강력하고 실력 있는 군대가 뒷받침을 하고 대병이 국경까지 공격해 민첩하게 문제를 해결하는 것은 강약의 비례가 맞지 않을 때 흔히 생기는 일입니다. 만약 세력이 비슷하거나 반대로 상대방이 아군보다 훨씬 강대하다면 속임수를 쓰고 기묘한 계략을 발휘하는 것이 특히 더욱 중요합니다. 이정이 말하기를, 정병은 옛사람들이 중시한 것이라 했습니다.(예를 들면 제갈량이나 마용馬隆 같은 사람입니다.) 예로부터 병법에서는 모두 "정상적인 방법을 먼저 쓰고 비정상적인 방법은 나중에 쓰며, 인과 의를 먼저 하고 권도와 속임수는 뒤에 쓴다先正而後奇, 先仁義而後權論"라고 했습니다. 클라우제비츠도 속임수는 약한 상대에게 더욱 중요하다고 했습니다.[2]

'선정후기先正後奇'는 병가에서 반복해 강조한 원칙이며, 정치가들도 반복해 강조한 원칙입니다. 정치가들이 병가보다 더 강조했습니다. 전국시대 이후 병가는 속임수를 숭상해서 정치와 충돌했고, 도덕과도 충돌했습니다. 『노자』에 "정당함으로 나라를 다스리고, 기발함으로 병사를 쓴다以正治國, 以奇用兵"(제57장)라고 했는데, 이 유명한 말은 정치와 군사의 관계, 정치와 군사가 서로 다름을 반영한다고 할 수 있습니다. 많은 사람이 모두 병가에서 비록 '기'를 사용하지만 '기'는 그래도 '정'의 아래에 놓여 '정'의 관리를 받아야 하는 것이 옳다고 말합니다. 그러나 전쟁이란 피를 흘리는 정치이며, 정치는 피를 흘리지 않는 전쟁이기 때문에 둘 사이의 구별에는 사실 한계가 있습니다. 이것이 기정에 대한 이정의 첫째 견해입니다.

둘째로 이정은 기정이 이미 정해진 것이 아니라 상황에 맞추어 제어하는 것이어서 고정된 표준이 없기 때문에 '기'가 '정'이 될 수도 있고 '정'이 다시 '기'가 될 수도 있으며, '기'가 '정'으로 변할 수 있고 '정'도 '기'로 변할 수가 있으므로 상대방이 속는가 속지 않는가, 예상하고 있는가 예상하지 못하는가를 살펴야 한다고 말했습니다. 예상하고 있는 것이 '정'이며, 예상하지 못하는 것이 '기'입니다. 혹시 정정당당하게 공격했는데도 공교롭게 상대방을 속였다면 이것도 '기'입니다. 예전에 나는 병불염사兵不厭詐를 강의할 때 공성계空城計를 예로 들기를 좋아했습니다. 일생토록 주의 깊고 신중했던 제갈량이 성문을 활짝 열어놓은 것은 일반 상식에 반하는 일이므로 출기出奇에 해당하지만, 이것이 과연 '기'인지의 여부는 상대인 사마의司馬懿의 반응을 보아야 합니다. 사마의는 복병이 있을까 두려워하여 감히 들어가지 못했는데, 들어갔다면 '기'가 됩니다. 무엇이 '정'이고 무엇이 '기'인지는 흔히 생각 하나의 차이일 뿐이며 가슴이 두근거리는 일임을 알 수 있습니다. 이정은 조조가 말한 세 가지 조목인 '선출후출先出後出(먼저 나가서 공격하는 것이 '정'이고 뒤에 나가는 것이 '기')' '정격방격正擊旁擊(정당하게 맞서 싸우는 것이 '정'이고 다양한 방법으로 싸우는 것이 '기')' '기술위정 기술위기幾術爲正 幾術爲奇(상황에 따라 몇 가지 방법은 정이 되고 몇 가지 방법은 기가 됨)'는 모두 관건이 아니라고 생각했습니다. 관건은 상대방을 '놀랍고도 기쁘게' 해서 그들이 꿈에도 생각지 못하게 하는 것입니다. 만약 구별을 말하는 것이 아니라 대강을 말하는 것이라면 병력의 대부분을 나누어 적과 싸우게 하면서 견제하는 것이 '정'이고, 장군이 소수 정예 병사를 수중에 두고 기동대를 써서 중요한 공격을 하는 것이 '기'입니다. 마작을 예로 들면, '정'은 일반적인 패이고 '기'는 가장 강한 패입니다. 이정은 "많은 사람이 함께하는 것이 정이고, 장군 혼자 하는 것은 기大衆所合爲正, 將所自出爲奇"라고 정의했습니다.

　이정은 기정을 말하면서 진법과 결합해서 말했습니다. 그가 말한 진법은 황제黃帝 때부터 당나라까지 포괄합니다. 뒤에 진법을 이야기할 때 다시 언급할 것입니다. 여기서 흥미로운 점은 이정은 여전히 오랑캐와 중국의 용병술이 다르다고 말한 것입니다. 당 태종이 그에게 오랑캐 군사가 말에 의지하는 것이 '기'에 해당하는지, 또 한나라 군사가 쇠뇌에 의지하는 것이 '정'에 해당하는지를 물었습니다. 이정은 오랑캐 군대는 말을 잘 다루고, 한나라 군대는 쇠뇌를 잘 다루기 때문에 각자의 기정이 있는 것이라고 답했습니다. 당 태종의 구분법은 단순한 점이 있지만 전혀 이치에 맞지 않는 것은 아닙니다. 오랑캐 군대가 말을 타는 것은 이동 능력이 크고 기습 공격 능력이 커서 한나라 군대에 비해 확실히 '기'의 느낌이 더 있습니다. 군사 대항에서는 어떠한 무기라도 모두 반격할 무기가 있습니다. 말은 초원지대에서 길들인 것이며, 쇠뇌는 남방에서 기원했습니다. 한나라 군대가 쇠뇌로 말에 대항한 것은 일종의 남북 대결입니다. 이정이 흉노의 포위를 뚫을 수 있었던 것도 강한 쇠뇌에 의지했기 때문입니다.

이정의 해석은 매우 융통성이 있습니다.

4. 린뱌오의 일점양면 전술

미국 언론인 에드거 스노Edgar Snow는 『중국의 붉은 별Red Star Over China』에서 린뱌오林彪에 대해 홍군紅軍의 상승장군常勝將軍이라고 말했습니다. 그러나 린뱌오 사건이 발생한 뒤 불난 집에 부채질 하듯이 많은 사람이 그에 대해 전쟁을 전혀 모르는 사람이라고 했는데, 이것은 역사적 사실을 고려하지 않은 것입니다. 선전 효과는 정반대가 되었습니다. 뒤에 10대 군사가에 린뱌오도 포함되었으니, 그렇게 말한 것이 효과가 없었음을 알 수 있습니다. 만일 그가 정말로 전쟁을 할 줄 몰랐다면 그에게 무슨 일을 하라고 원수元帥에 임명했겠습니까? 내가 기억하기로 랴오선

전투遼瀋戰鬪[3]에서 린뱌오가 말한 '일점양면一點兩面' 전술은 주로 성을 포위해서 견고한 방어막을 공격하는 것이었습니다. 그는 '일점一點'이란 타격 역량이 있는 정예부대를 이끌고 기습 공격할 지점을 찾는 것이며, '양면兩面'은 꼭 두 면을 말하는 것이 아니라 삼면三面이나 사면四面이 될 수도 있다고 했습니다. 이런 전술은 사실 고대의 기정입니다. '일점양면' 전술은 중국에도 있고 외국에도 있습니다. 린뱌오는 구 소련에서 군사학을 배웠는데, 구 소련에는 '낫과 망치' 전술이란 것이 있었습니다. 낫과 망치는 본래 소비에트Soviet 대표회의의 상징으로서 근로자와 농민을 대표하는 것이었는데, 전술로 사용되면 낫을 '정'으로 삼고 망치를 '기'로 삼는 것입니다. 낫은 풀을 끌어모아 베는 것으로 정병의 억제와 같고, 망치는 쇠를 단련하는 것으로 기병의 기습 공격과 같습니다.(기억은 이렇지만 대조 확인하지는 못했습니다.)

5. 프랑수아 윌트의 해석

앞에서 말한 것 외에 프랑스 학자의 견해를 소개하고자 합니다. 옛사람의 의견 외에는 이 사람의 의견이 가장 추천할 만하다고 생각합니다. 바로 프랑수아 윌트François Wildt라는 학자입니다. 그는 「손자병법의 수리 논리에 관하여關於孫子兵法中的數理邏輯」라는 논문을 썼는데, 제1회 손자병법국제연구토론회(산둥성 후이민, 1989년 5월 22~25일)에서 발표했습니다. 프랑스어로 쓴 이 논문을 군사과학원의 쉬샤오쥔徐曉軍이 중국어로 번역하고 나도 그를 도와 수정했으며, 회의 논문집인 『손자신탐孫子新探』(해방군출판사, 1990) 122~130쪽에 정식으로 발표되었습니다. 여러분도 읽어볼 수 있기를 바랍니다. 나는 지금까지 기정에 관한 가장 훌륭한

전쟁은 속임수다

해석은 월트의 해석이라고 생각합니다. 그가 어떤 각도에서 논의했는지 매우 주목할 가치가 있습니다. 관련된 실마리로 앞에서 말한 인췌산 한나라 죽간의 『기정』과 조조의 견해, 이정의 견해도 그는 모두 고려했습니다. 그러나 그들보다 더욱 멀리 나아갔고 더욱 깊이 생각했습니다. 그는 '기'는 '여기餘奇'이며, '여기'는 『주역』의 시초를 뽑아 연산하는 방법과 관련이 있다고 했는데, 이런 생각은 매우 중요합니다. 나는 그가 한동안 『산경십서算經十書』에 몰두했던 것을 알고 있습니다. 그는 중국의 수학 전통은 줄곧 '여기'를 중시했다고 했습니다. '대연지수오십大衍之數五十'⁴이라는 말이 있는데, 산가지 하나를 꺼내서 한쪽에 놓으려면 이 가지는 다른 쪽의 풀줄기 위에 놓아야 하는데, 결코 있어도 되고 없어도 되는 것이 아니라 매우 중요한 것입니다. '여기'의 중요성은 어디에 있을까요? 그것이 모든 변화를 만드는 관건이라는 데 있습니다. 모든 짝수에 '기'를 더하면 홀수로 변할 것이고, 모든 홀수에서 '기'를 빼면 모두 짝수가 될 것입니다. 이밖에도 그가 제시한 것은 중국 고대의 통치자들은 스스로 '고孤' '과寡' '여일인余一人'이라고 칭하기를 좋아했다는 점입니다. 이런 고립무원인 사람이나 쓸쓸한 사람 또한 '기'입니다.

중국 고대의 '기'는 또 다른 표현법이 있는데, 바로 '영霙'입니다. 『설문해자』「우부雨部」에서 "영은 남은 비다霙, 餘雨也"라고 풀이했습니다. 고서의 '영霙'은 '령霝'과 관련이 있습니다. 본래 모두 빗방울이라는 뜻입니다. 비는 방울방울 떨어지는 것이기 때문에 뜻이 확대되어 고립이나 분산 등의 뜻을 가지게 되었습니다. 가을날 큰 나무의 잎이 우수수 떨어지는 것을 "끝없이 지는 나뭇잎은 쓸쓸히 떨어지고無邊落木蕭蕭下"(두보 「등고登高」)라고 묘사한 것은 나뭇잎이 조각조각 떨어지는 것이 빗방울 같기 때문입니다. 가난하게 되어 남의 도움 없이 고생한다는 뜻인 '고고영정孤

苦伶仃'의 '伶仃'을 '零丁'이라고도 쓰는데, "황공탄에서 위급하고 황망함을 외치고 영양정에서 외롭고 고독함을 탄식하네惶恐灘頭說惶恐 零丁洋裏嘆零丁"(문천상文天祥의 「과영정양過零丁洋」)라는 구절에서도 쓸쓸하다는 뜻입니다. 중국의 '영零'은 영어에서 기수奇數, 곧 홀수를 뜻하는 오드 넘버 odd number의 원one(1)이지 제로zero(0)가 아닙니다. 이것은 서양의 '영'과 완전히 다릅니다.[5] 서양의 '영'은 무無의 개념으로, 다른 숫자의 뒤에 붙어서 자릿수만 표시합니다. 이런 '영'은 일반적으로 서아시아에서 시작되었다고 추정하는데, 중국의 구설舊說에서는 인도에서 유입되었다고 합니다. 라오쫑이饒宗頤 교수는 중국 고대에도 이런 영이 춘추전국시대에 이미 있었다[6]고 하지만 그 근거에 문제가 있기 때문에 나는 믿지 않습니다. 중국 고대에 자릿수 뒤의 빈 수는 '우又'자를 사용해서 간격을 두거나 빈칸으로 표시했는데, 빈칸은 동그라미로 그릴 수 있지만 이 동그라미가 결코 '영'은 아닙니다. 우리가 말하는 '영'의 본래 의미는 여기餘奇입니다. 예를 들면, 진법을 전문적으로 이야기한 『악기경握奇經』에서 '악기握奇'의 '기'가 바로 '여기'입니다. 당 태종이 이정에게 '악기'의 '기'가 무슨 뜻인지 묻자, 이정은 "여기가 악기입니다. 기는 나머지 수입니다餘奇爲握奇. 奇, 餘零也"라고 답했습니다. 당 태종이 다시 묻자 이정은 "악기진에는 아홉 가지가 있는데, 중심이 흩어진 것은 대장이 장악하며 사방팔방도 모두 그 법을 따릅니다陳數有九, 中心零者, 大將握之, 四面八向, 皆取準焉"라고 설명했습니다(『당 태종이위공문대』 권상). 그들은 모두 장군의 거소를 팔진八陣의 중심인 진에 두는 것을 '영'이라 했습니다. 영진零陣은 비어 있는 진, 곧 공진空陣이 아니라 가장 중요한 진으로서 장기판의 구궁격九宮格과 마찬가지로 장수는 그 안에만 있는 것입니다. '영'이 바로 '여기'임을 알 수 있습니다.

'여기'는 모든 숫자의 중심으로서 천지만물의 성립 근원인 태일太一이

우주의 중심에 있는 것과 같고, 황제가 천하의 중심에 있는 것과 같습니다. 또 모든 숫자의 귀결점은 일천一千의 '일'이나 일만一萬의 '일'처럼 끝없는 자릿수의 '일'은 모두 이 개념에 귀착될 수 있습니다. 그것은 시작이면서 끝이며, 중심이면서도 전체입니다.

기정의 수리에 대한 함의는 월트의 설명이 가장 뛰어납니다.

6. 진법의 기정

진법은 대형隊形을 배열하는 방식입니다. 클라우제비츠의 '기하 요소'가 바로 이것을 가리킵니다. 이것은 옛날뿐 아니라 지금도 연습합니다. 예를 들면, 체육 수업에서 어떤 체조를 하기 전에 먼저 집합해서 '열중쉬어, 차려, 우로나란히, 바로'와 같은 구령을 붙여 정렬하는 것은 진법의 유산입니다.

고대 전투는 진법에 의존했습니다. 기정은 얼굴을 마주보는 전투이기 때문에 진법과 직접 관련이 있습니다.

『손자』 13편에는 진법을 전문적으로 말한 편이 없지만, 뒤에 나오는 "어지럽고 어지러워 전투가 혼란해도 오히려 혼란하지 않으며, 흐릿하고 흐릿하지만 진형이 갖추어져 패하지 않는다紛紛紜紜, 鬪亂而不可亂也. 渾渾沌沌, 形圓而不可敗"라는 구절에 대해 이전 사람들은 모두 진법을 말한 것이라 했습니다.

전투는 귀족의 결투도 아니고 건달들의 패싸움도 아니며, 항우가 배우고자 했던 '많은 사람을 대적하는 것萬人敵'입니다. 대체로 집단의 대항에서 칼로 칼을 상대하고 창으로 창을 상대하며 가까운 거리에서 육박전을 벌일 때도 진형을 갖추는 것과 갖추지 않는 것은 다릅니다. 진법은 동서고금을 막론하고 모두 있었습니다. 농업민족은 걸어 다니며 싸우는 도보전에 강한데, 밀집하게 방진方陣을 구축하기를 선호한 것이 가장 전형적인 도보전입니다. 유목민족은 기마전에 강해서 흩어져 싸우는 유격전을 선호하기 때문에 겉으로 보기에는 진법이 없는 것 같지만 사실은 각자의 진법이 있습니다. 밀집해서 방진을 구축하는 것은 기마병이 맹렬하게 돌진하는 것에 대처한 것인데, 정적인 것으로 동적인 것을 제어하는 것이기 때문에 가끔은 매우 피동적입니다. 권법에서도 알 수 있듯이 힘과 속도가 없으면 결국 곤경에 처하기 쉬운 법입니다.

대형 문예공연이나 체육대회의 개막식과 폐막식의 경우, 무대 연습에 매우 많은 시간을 들이지만 공연과 무대 연습은 근본적으로 같은 일입니다. 그러나 진법은 다릅니다. 작전을 지휘할 때, 진도陣圖를 맹목적으로 답습해서는 물론 안 된다고 옛사람들이 누차 비판했습니다. 그러나 진도가 쓸모없고 완전히 형식적인 것이라고 말하는 것도 옳지 않습니다. 사실 진법은 권법과 같아서 평소에는 기본자세에 따라 연습하지만 실제 싸움에서는 완전히 막무가내로 싸우기 때문에 기본자세는 흩어져버리게 됩니다. 때로는 대형이 완전히 무너져 부대는 부대대로 싸우고 개인은 개인대로 싸울 수밖에 없어서 마치 어떤 대형도 없는 것 같지만 결코 대형이 없는 것은 아닙니다.

고대의 진법은 형식이 매우 많지만 사실은 가로와 세로, 네모와 동그라미, 굽거나 곧음, 성글거나 조밀함을 벗어나지 않고 그 안에서 각각의 형상을 갖추는데, 천지음양天地陰陽, 삼재오행三才五行, 팔괘구궁八卦九宮, 십이진十二辰 등을 배합해서 각각의 이름을 가지고 있습니다. 『삼국지연의』나 『수호전』 같은 소설에서는 진법을 아주 불가사의한 것처럼 말하고 있지만 사실 이치는 매우 간단합니다. 진법을 연구하는 타이완 학자 리쉰샹李訓祥은 매우 훌륭한 논의를 제기했습니다. 나는 그가 보내준 박사논문 『고진신탐古陣新探』(타이완대학교 역사학연구소 박사논문, 1999)을 읽어보았습니다. 여기서 나는 그 논문을 읽은 느낌과 이해한 내용을 언급하려고 하는데, 일치하지 않는 점도 있으니 토론으로 받아들여주기 바랍니다.

다음은 가장 중요한 몇 가지 진陣에 대한 설명입니다.

① 상산사진常山蛇陣은 속칭 '일자장사진一字長蛇陣'이라고도 하는데 '한 일一' 자처럼 길게 늘어선 종대나 횡대를 가리킵니다. 『무경총요 전집』권8에 이 진이 나오는데, 명칭은 『손자』「구지」편에서 유래한 것입니다. 「구지」편에 '솔연率然'이 나오는데, 바로 상산常山 지방의 뱀 이름으로서 머리와 꼬리가 서로 도와준다고 합니다. 이 대형은 머리가 있고 꼬리가 있어서 짐승의 뿔 같은 모양이 되어 스스로 고리를 만들어 서로 도와줍니다. 이 진의 이름은 비록 늦게 생겼지만 이런 대형은 예전부터 있었습니다. 다음의 삼재진은 이 진형에서 변형된 것입니다. 이것은 진법을 훈련하는 기본 대형으로 현대의 열병식도 이 훈련에서 유래한 것입니다.

② 삼재진三才陣은 셋으로 나누어진 대열입니다. 『무경총요 전집』권7과 권8에서 '태공삼재진太公三才陣' 또는 '삼재진'이라 불렀는데, 명칭은 『육도』「호도·삼진三陣」에서 유래한 것입니다. 「삼진」에는 천진天陣·지진地陣·인진人陣이 있는데, 원래는 병사를 이용해 진을 펼치는 것으로, 위로는 천시天時에 응하고 아래로는 지리地利에 따르며, 중간은 인용人用에 합치해야 함을 가리키는 것이지 구체적인 진형은 아닙니다. 삼재진도 이름은 늦게 생겼지만 이런 대형은 예전부터 있었습니다. 진법의 기초는 삼오법參伍法입니다. 삼參은 세 사람이고, 오伍는 다섯 사람입니다. 세 사람은 좌左·중中·우右에 배치되거나 전前·중中·후後에 배치되는데, 이것이

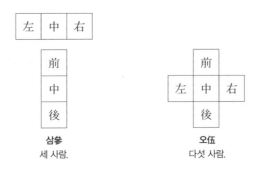

삼參
세 사람.

오伍
다섯 사람.

삼법參法입니다. 다섯 사람은 여기에 두 사람을 더한 것으로 전·후·좌·우·중에 배치됩니다. 당나라의 두우가 편찬한 『통전』 권148에 고대의 군제를 언급하면서 한 사람은 독獨이라 하고, 두 사람은 비比, 세 사람은 삼參이라 한다고 했습니다. 고대의 군제에 오伍는 있고 삼參은 없지만, 오법伍法의 기초는 삼법입니다(아래의 오행진에서 자세히 설명). 삼법은 가장 작은 단위이면서 가장 큰 단위이기도 합니다. 예를 들면, 가장 높은 단계의 군에서 좌·중·우 삼군이나 전·중·후 삼군은 모두 삼법을 이용한 것입니다. 삼법은 종대·횡대의 삼분법입니다. 그것은 진을 변형하는 핵심입니다. 모든 진법에 좌·중·우 또는 전·중·후가 있기만 하면 반드시 삼법이 있습니다. 인췌산 한나라 죽간 『팔진八陣』(『손빈병법』에 수록) 편에는 팔진이 어떤 것인지에 대한 설명은 없지만, '셋으로 나누어 진을 편다'는 뜻의 '용진삼분用陣參分'이라는 구절이 있습니다. 팔진은 가로로 보거나 세로로 보는 것에 관계없이 각각의 줄이 모두 셋으로 나누어지기 때문에 이 진법을 포함합니다. 셋으로 나누는 진법은 또 두 종류로 나누어지는데, 하나는 세 점이 하나의 선을 이루어 직선 형태를 나타내며, 다른 하나는 세 점이 하나의 각을 이루어 삼각형이 됩니다. 직선형은 앞에서 말한 행렬이나 상산사진입니다. 삼각형은 그것의 변형입니다. 삼각형

전쟁은 속임수다

은 또 두 종류로 나뉘는데, 한 사람이 앞으로 돌진하고 두 사람이 뒤따르는 경우는 정삼각형을 이루고, 두 사람이 앞으로 돌진하고 한 사람이 뒤따르는 경우는 역삼각형을 이룹니다. 앞으로 돌진하는 사람을 '봉鋒'이라 하고 뒤따르는 사람은 '후後'라고 하는데, 칼의 앞부분에 칼날이 있고 뒷부분에 칼자루가 있는 것과 같습니다. 인췌산 한나라 죽간 『세비勢備』(『손빈병법』에 수록) 편에서 칼을 진에 비유해서 진형이 칼과 같다고 말했는데, 바로 여기서 가져온 것입니다. 원문은 "싸우는 사람은 하나이고 지키는 사람은 둘인데, 하나가 공격하면 둘은 뒷마무리를 한다鬪一守二, 以一侵, 以二收"라고 했는데, 이는 정삼각형으로 보병의 진형입니다. 전차나 기마병의 경우 "셋으로 나누어 하나는 오른쪽에, 하나는 왼쪽에, 하나는 뒤에 둔다分以爲三, 一在於右, 一在於左, 一在於後"라고 한 것은 역삼각형의 진형입니다.

③ 오행진五行陣은 전·후·좌·우·중을 안배해서 좌·중·우를 전·중·후에 더해 교차시켜서 십자형을 만들고 중이 겹치게 한 것으로, 그 기본은 삼법입니다. 『무경총요 전집』 권7과 권8에서 이 진이 나오는데, '황제오행진黃帝五行陣' 또는 '오행진'이라 불렀습니다. 삼재三才가 오행과 짝을 이루는 것은 고대의 우주론과 관련이 있는데, 삼황오제三皇五帝가 바로 이런 학설에 들어맞는 것입니다. 이 진은 형상으로 이름을 붙인 것입니다. 『무경총요 전집』의 오행진은 직直·예銳·곡曲·방方·원圓의 다섯 가지 진입니다. 직진直陣은 푸른 기를 드는데 목木에 해당하며, 예진銳陣은 붉은 기를 드는데 화火에 해당하며, 곡진曲陣은 검은 기를 드는데 수水에 해당하며, 방진方陣은 흰 기를 드는데 금金에 해당하며, 원진圓陣은 노란 기를 드는데 토土에 해당합니다.(붉은 기'는 권7 『진법총설陣法總說』에 '흰 기'로 잘못 적혀 있으나, 권8 『배자법裵子法』에는 제대로 되어 있습니다.) 이 설명

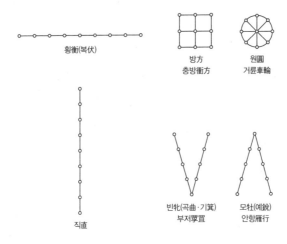

오행진의 구성 요소.

은 『황제현녀병법黃帝玄女兵法』이나 『태공군경요술太公軍鏡要術』 등 고서의 일문佚文과 부합합니다. 『주서周書』 일문에도 오행진이 있는데, 방·원 두 진은 같지만 예는 모牡로, 곡은 빈牝으로, 직은 복伏으로 되어 있습니다. 인췌산 한나라 죽간 『십문十問』에 열 가지 진을 언급했는데, 원·방·예·횡衡·기箕의 다섯 가지 진에서 직이 횡衡으로, 곡이 기箕로 되어 있습니다. 이런 여러 가지 진 가운데 방·원 두 진이 비교적 간단합니다. 빈은 '요凹' 자 모양 또는 역삼각형으로, 좌·우와 뒤가 막혔고 앞은 열려 있습니다. 모는 '철凸' 자 모양 또는 정삼각형으로, 앞과 좌·우가 막혔고 뒤가 열려 있습니다. 곡은 '감凵' 자 모양이고, 기는 곡식을 까불이는 키 모양인데 사실은 바로 빈입니다. 예는 예각삼각형인데 사실은 모입니다. 횡은 오기吳起의 팔진에 따르면 손자의 팔진 가운데 거륜車輪에 해당하며, 제갈량의 팔진에 따르면 손자의 팔진 가운데 안항雁行에 해당합니다. 직은 횡과 반대인데, 오기의 팔진에 따른 것으로 손자의 팔진 가운데 충방衝

전쟁은 속임수다

方에 해당합니다(『무경총요 전집』권7·8). 복진伏陣은 바로 횡진衡陣일 가능성이 있습니다. 이상의 각 진은 방·원·빈·모가 가장 기본입니다. 이정은 "여러 사람의 병법 가운데 오직 오법이 요체이다諸家兵法, 唯伍法爲要"라고 했는데(『당태종이위공문대』권중), 아래의 팔진은 바로 이런 진법에서 변형된 것입니다.

④ 팔진八陣은 실은 구궁진九宮陣입니다. 구궁진은 오행진을 확대한 것으로서 전·후·좌·우·중 외에 네 개의 모서리를 더한 것입니다. 옛날의 진 가운데 팔진이 가장 유명합니다. 전하는 바에 따르면, 황제黃帝는 풍후風后의 팔진이 있고, 서주에는 태공의 팔진이 있고, 춘추전국시대에는 사마양저의 팔진, 손자의 팔진, 오기의 팔진이 있고, 전한에는 공손굉公孫宏이 곽광霍光에게 전수한 팔진이 있고, 후한에는 제갈량의 팔진이 있고, 서진西晉에는 마융의 팔진이 있습니다. 그러나 당나라까지 전해진 것은 주로 두 가지 계통입니다.

하나의 계통은 배서裵緖의 『신령新令』에 전하는 것으로 근원은 손자의 팔진입니다. 『수서』「경적지經籍志」에 「손자팔진도孫子八陣圖」와 「오손자빈모팔변진도吳孫子牝牡八變陣圖」가 있는데 모두 『오손자병법』의 실전된 편들입니다. 그것은 진형으로 이름을 정한 것인데, 방·원·빈·모에 충방·거륜·부저罘罝·안항을 더한 것입니다. 앞의 네 가지는 오행진에서 나온 것이며(중진中陣에 대한 설명은 없지만 직진이나 횡진일 가능성이 있습니다.), 뒤의 네 가지는 그에 부속된 진입니다. 충방은 일종의 방진입니다. 거륜은 중간에 악기握奇와 수레바퀴살이 모인 것 같은 원진圓陣이 있습니다. 부저는 빈牝과 비슷하며, 안항은 모牡와 비슷합니다.

다른 하나의 계통은 풍후風后의 『악기경握奇經』에 전하는 팔진입니다. 이전李筌의 『태백음경太白陰經』과 독고급獨孤及의 『팔진도기八陣圖記』에

方 (兌)	雁行 (乾)	罘罝 (巽)
牡 (離)		牝 (坎)
衝方 (震)	車輪 (坤)	圓 (艮)

(先天卦位)

罘罝 (巽)	牡 (離)	車輪 (坤)
衝方 (震)		方 (兌)
圓 (艮)	牝 (坎)	雁行 (乾)

(後天卦位)

裴緒八陣

虎 (兌)	天 (乾)	風 (巽)
鳥 (離)		蛇 (坎)
龍 (震)	地 (坤)	雲 (艮)

(先天卦位)

風 (巽)	鳥 (離)	地 (坤)
龍 (震)		虎 (兌)
雲 (艮)	蛇 (坎)	天 (乾)

(後天卦位)

握奇八陣

팔진.

모두 이 팔진을 전하고 있습니다. 이러한 팔진은 전하는 바에 따르면 현녀玄女가 풍후風后에게 전해준 것으로 매우 오래되었다고 하는데, 사실은 식법式法을 이야기하는 수술가數術家가 가탁한 것입니다. 왜냐하면 현녀와 풍후는 모두 전설 속에서 식법을 발명한 사람이고, 식법 가운데 태을이나 둔갑술은 구궁도를 사용하기 때문입니다. 그것은 괘의 위치로 이름을 정하는데, 네 가지 정正과 네 가지 기奇가 각자 형식이 있습니다. 천天·지地·풍風·운雲은 건乾·곤坤·감坎·이離와 짝을 이루고, 용龍·호虎·조鳥·사蛇(청룡·백호·주작·현무)는 진震·손巽·간艮·태兌와 짝을 이룹니다. 이 두 가지 팔진은 모두 오행진을 기초로 하는데, 오행진에 중진이 있고 팔진에도 있습니다. 그것들은 모두 중진을 중심으로 삼는데, 중진이 바로 여기餘奇입니다. 이정이 말하기를, "수는 5에서 시작해서 8에서 완성

된다數起於五, 而成於八"(『당태종이위공문대』 권상)라고 했습니다. 아홉 가지 진에는 이미 오행진과 삼재진이 포함되어 있습니다. 인췌산 한나라 죽간의 『팔진』 편은 손무·손빈과 관련된 매우 중요한 발견이지만 안타깝게도 팔진이 어떤 팔진인지에 대한 설명은 없습니다. 학자들은 인췌산 한나라 죽간의 『관일官—』(이것도 손무·손빈과 관련이 있습니다.)에 언급된 색索·운雲·방方·규刲·환圜·안항雁行·추항錐行·부저浮沮가 바로 이런 팔진일 것이라고 짐작합니다. 이 팔진 가운데 방·환·안항·부저浮沮 네 가지는 배서가 전한 손자의 팔진 가운데 방·원·안항·부저罦罝에 해당합니다. 그밖의 네 가지에서 색진索陣은 자세하지 않지만 빈진牝陣일 가능성이 있으며, 운진雲陣은 『육도』 「표도·조운산병鳥雲山兵」의 조운산진鳥雲山陣으로서 모진牡陣일 가능성이 있습니다. 또 규진刲陣은 아마도 오기의 팔진 가운데 괘진卦陣일 것인데, 오기의 팔진 가운데 괘진은 손자의 팔진 가운데 부저진罦罝陣에 해당합니다(『무경총요 전집』 8권). 추항은 인췌산 한나라 죽간 『십진十陣』(이것도 손무·손빈과 관련이 있습니다.)에 보이는데, 예각삼각형일 것으로 짐작합니다. 상쑨자이上孫家寨에서 발굴된 한나라 죽간에도 방·원·모·충방衝方·부저浮苴·태무兌武·종縱·횡橫의 여덟 가지 진이 있습니다. 태무는 아마 예銳가 아니라(예는 모牡이며, 죽간문에 이미 모牡 자가 있습니다.) 오히려 빈牝일 가능성이 있으며, 종은 직直이고 횡은 횡衡입니다. 이 두 종류의 팔진은 모두 앞의 계통에 속합니다.

⑤ 십진十陣은 인췌산 한나라 죽간의 『십진』(『손빈병법』에 수록되어 있습니다.)에 나온 것인데, 두 개의 진이 한 조를 이룬 다섯 개의 조를 합해 십진입니다. 십진은 방枋(方)·원員(圓)·소疏·수數·추항錐行·안항雁行·구항鉤行·현양玄襄·화火·수水입니다. 방·원이 첫째 조이며, 소·수가 둘째 조이며, 추항·안항이 셋째 조이며, 구항·현양이 넷째 조이며, 화·수

가 다섯째 조입니다. 첫째 조는 해석하지 않겠습니다. 둘째 조의 수는 밀집한 진형이며, 소는 분산된 진형입니다. 셋째 조는 모두 삼각형인데, 추항은 예각삼각형이고 안항은 둔각삼각형입니다. 넷째 조는 미로 같은 진입니다. 다섯째 조에 대해서는 『속무경총요』 권8에 따르면 수진은 빈진牝陣, 화진은 모진牡陣입니다.

⑥ 육화진六花陣은 당나라의 이정李靖이 고안한 것입니다(『당태종이위공문대』 권중). 이 진은 여섯 개의 각을 지닌 것으로 유럽의 능보稜堡, bastion(787쪽 아래 그림 참조) 설계와 비슷한 점이 있으며, 매 각과 두 각 사이를 균등하게 나눈 선이 각자 한 자리를 대표합니다. 이치대로 말하자면 1·3·5·7·9는 하나의 서열(홀수의 서열)이며, 1·3·5·9는 옛날 진법에 모두 있는데 유독 7만 없던 것을 이정이 이 진을 더함으로써 다 채워졌습니다. 그러나 그것은 다른 진들과 전혀 다른 것이며, 여섯 줄의 선으로 원을 균등하게 나누어 열두 자리를 대표하도록 했습니다. 이른바 육진은 사실 칠진인데, 팔진이 중진을 더해 실은 구진인 것과 마찬가지입니다. 『무경총요 전집』 권8에서 이런 진법을 소개했는데, 육진은 십이진十二辰에 배합됩니다. 곧 대흑大黑은 자子와, 파적破敵은 축丑과, 좌돌左突은 인寅과, 청사青蛇는 묘卯와, 최흉摧凶은 진辰과, 전충前衝은 사巳와, 대적大赤은 오午와, 선봉先鋒은 미未와, 우격右擊은 신申과, 백운白雲은 유酉와, 결승決勝은 술戌과, 후충後衝은 해亥와 짝을 이루며, 중진은 중황中黃이라 합니다. 대흑은 대적과 마주하고, 파적은 선봉과 마주하고, 좌돌은 우격과 마주하고, 청사는 백운과 마주하고, 최흉은 결승과 마주하고, 전충은 후충과 마주합니다.

이들 진법을 총결하면 다섯 가지 특징이 있습니다.

전쟁은 속임수다

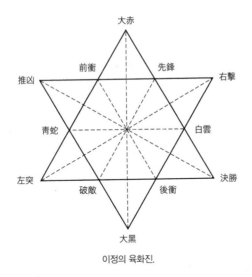

이정의 육화진.

① 앞에서 말한 진형은 대부분 규칙적인 기하 도형, 예컨대 가로줄·세로줄·삼각형·정사각형·육각형·원형 등의 형태를 취하는데, 원을 따라 나누거나 사방에서 힘을 받기 편하기 때문에 역학 구조에 매우 부합합니다. 앞에서 말한 '형원形圓'이 바로 이런 구조를 가리킵니다.

② 앞에서 말한 진형은 고대의 식도式圖와 상응해서 삼재·사상四象·오행·오음·팔괘·팔풍八風·태을구궁太乙九宮·둔갑팔문遁匣八門·십이진과 짝을 이룰 수 있습니다. 고대의 식법式法에서는 태을과 둔갑은 구궁과 짝을 이루고, 육임六壬[7]은 십이진과 짝을 이룹니다. 이런 진형의 해석은 흔히 병음양의 천문·지리에 대한 설명과 관련이 있습니다.

③ 앞에서 말한 진형에는 이른바 토지를 구획하는 방법이 있는데, 어떻게 구획하느냐는 왕왕 구정丘井의 전법田法과 부합하고 정전법井田法이라 불리기도 했습니다.

④ 앞에서 말한 진형은 오법伍法을 기초로 하며 고대 군제와도 관련이 있는데, 예를 들면 다섯 사람을 오伍라 하고, 오가 둘이면 십什이라 하고, 오가 다섯이면 양兩이라 하고, 양이 넷이면 졸卒이라 했습니다. 다섯 사람을 오라 하고, 오가 다섯이면 양이라 한 것은 모두 전·후·좌·우·중에 따라 배치한 것입니다.

⑤ 앞에서 말한 진형 가운데 삼재진·오행진·팔진은 같은 계통입니다. 팔진은 각 변을 셋으로 나누어 좌·중·우와 전·중·후를 포함하는데 오행진이 두 개 있는 것으로 이해할 수 있습니다.(중궁中宮은 중복됩니다.) 육화진은 다른 계통인데 십이진과 짝을 이룹니다.

⑥ 앞에서 말한 진형은 어떤 것을 막론하고 모두 '중진中陣'을 매우 강조합니다. 앞에서 말한 '중진'이 바로 모든 변화를 제어하는 여기餘奇입니다.

7. 오화팔문五花八門

명·청 소설에 '오화팔문'[8]이라는 용어가 보이는데, 이 용어는 진법과 관련이 있습니다. '오화五花'는 바로 '오화진五花陣'이며[9] '팔문八門'은 '팔문진八門陣'입니다.[10] 오화진은 가운데 꽃에 네 개의 꽃을 더한 것으로서 실은 전·후·좌·우·중의 오행진이며[11] 이정의 육화진과는 관련이 없습니다. 팔문진은 바로 팔괘구궁진八卦九宮陣 또는 팔괘진[12]으로서 풍후의 팔진 계통에 속합니다.

명나라 말기의 장수 척계광은 진법을 말하면서 오화진과 팔진도 언급했는데, "무릇 군영에서 진을 치는 방법은 완전히 오와 십의 부대와 보초를 조직하는 즈음에 있다. 계산이 정해지는 것은 군영의 진형보다 앞서는 것이 없는 것 같다. 오와 십의 부대와 보초를 조직하는 법칙은 팔진으

로 하거나 구군·칠군·십이진으로 하는데, 옛사람들의 여러 가지 진법은
모두 오를 조직할 때 이미 결정된다. 일단 깃발을 주어 표시를 세우면 비
록 밭 갈던 사내들이라도 십만의 군대가 되어 북소리 한 번에 줄을 서게
된다. 사람들은 가르쳐 이루기 쉬운 것만 보아서 그 공이 오를 조직하는
데서 나온 것임을 아는 사람은 드물다. 그러므로 군영의 진은 오법의 부
대와 보초를 으뜸으로 삼는다. 그래서 『속오』편을 여러 편보다 앞에 두
어 전체를 꿰뚫게 했으니 차례를 알게 하려는 것이다. 지금의 방법은 긴
방패 하나, 등나무 방패 하나, 창의 한 가지인 낭선 두 자루, 긴 창 네 자
루, 짧은 무기 두 가지, 화병 한 사람을 한 부대로 한다. 네모가 되게 하
면 아홉이 되고 직선이 되게 하면 오가 둘이며, 나누면 삼재가 되고 오화
가 된다夫營陣之法, 全在編派伍什隊哨之際, 計算之定, 若無預於營陣然. 伍什隊哨之
法則, 或爲八陣, 或九軍·七軍·十二辰, 古人各色陣法, 皆在於編伍時已定. 一加旌旗立
表, 則雖畎畝之夫, 十萬之衆一鼓而就列者, 人見其敎成之易, 而知其功出於編伍者, 鮮
矣! 故營陣以伍法隊哨爲首, 乃以束伍貫諸篇, 庶使知次第也. 今法 : 長牌一面·藤牌一
面·狼筅二把·長槍四枝·短兵二件·火兵一名爲一隊. 方而爲九, 直之爲二伍, 分而爲三
才·爲五花"(『기효신서紀效新書』「속오편束伍篇·원속오原束伍」18권본)라고 했습
니다.

8. 기정과 기해술奇駭術

기정의 '기'는 홀수奇數의 개념과 관련이 있을 뿐 아니라, 기괴하고 비
정상적이라는 뜻도 포함하고 있습니다. 기묘한 계략을 써서 승리한다는
뜻의 출기제승出奇制勝은 이 두 가지 함의를 겸하고 있습니다.

고서에 기해술이라는 것이 있는데, 바로 기묘함을 발휘하는 기술을

말합니다.

① 수술數術에 형덕기해술刑德奇賚術이라는 것이 있습니다. 예를 들면, "별자리와 해와 달의 운행, 형덕과 기해의 수술, 향배와 좌우의 편리함에 밝은 것, 이것은 전쟁에 도움이 된다明於星辰日月之運, 刑德奇賚之數, 背鄉左右之便, 此戰之助也"(『회남자』「병략훈兵略訓」)라는 말이 있는데, 여기서 기해奇賚는 기해奇駭입니다. 고유高誘의 주석에 따르면, "기해는 음양의 기이하고 비밀스러운 요체이며 평범하지 않은 술책奇賚, 陰陽奇祕之要, 非常之術"입니다. 둔갑식遁甲式에 삼기팔문三奇八門이 있는데, 기문奇門이라고도 부르는 이 술수는 아마도 기해와 관련이 있을 것입니다.

② 방기方技에 기해술奇咳術이 있습니다. 『사기』「편작창공열전扁鵲倉公列傳」에 "『맥서』 상하경과 『오색진』『기해술』『규도음양외변』『약론』『석신』『접음양금서』 등을 받아 읽고 풀이하고 경험한 것이 거의 1년쯤 되었다受其脈書上下經·五色診·奇咳術·揆度陰陽外變·藥論·石神·接陰陽禁書, 受讀解驗之, 可一年所]"라고 했는데, 여기서 기해奇咳는 기해奇駭입니다. 『사기집해史記集解』에 "奇의 음은 기이며, 咳의 음은 해이다奇音羈, 咳音該"라고 했습니다. 중의학의 맥학脈學에는 12경맥 외에 기경팔맥奇經八脈이 있습니다.

③ 병서에도 오음기해술五音奇胲術이 있습니다. 『한서』「병서략」의 병음양류에 『오음기해용병五音奇胲用兵』 23권이 있는데, 안사고顏師古는 주석에서 허신許慎의 말을 인용해 "해는 군중의 약속이다胲, 軍中約也"라고 했으나 무슨 뜻인지 자세하지 않습니다. 『설문해자』「인부人部」에 "해侅는 기해奇侅이니 평범하지 않음이다侅, 奇侅, 非常也"라고 했는데, 단옥재段玉裁는 이에 대해 "기해奇侅는 지금의 기해奇駭와 음과 뜻이 모두 같다奇侅與今云奇駭音義皆同"라고 주석했습니다.

병가의 술수는 천편일률적이고 고정불변인 것을 가장 꺼리는데, 기정은 상식에 반하는 것으로 승리를 취합니다. 이정의 말이 지극히 옳습니다.

여기까지가 옛사람들의 기정에 대한 해석입니다.

기정의 비례는 일정하지 않습니다. 기정의 개념도 상황에 따라 바뀝니다. 그러나 '정'은 다수로 적들과 접촉하면서 대립과 대치 관계를 이루며, '기'는 소수로 승리를 결정지어서 대치 국면과 곤란한 상황을 타파하는 것입니다. 이것이 기본적인 구별입니다. 인췌산 한나라 죽간 『기정』에 "형세를 드러내 형세에 대응하는 것은 정이며, 형세가 없이 형세를 제어하는 것은 기形以應形, 正也 ; 無形而制形, 奇也"라고 했고, 또 "드러내면 정이되며 드러내지 않으면 기가 된다. 기를 드러내서 적이 응수하지 못하면이길 수 있다. 여기餘奇가 있는 자는 남들보다 뛰어나게 이길 수 있다發而爲正, 其未發者爲奇也. 奇發而不報, 則勝矣. 有餘奇者, 過勝者也"라고 했는데, '기'의 개념은 '여기餘奇'에서 나온 것입니다. 그것은 '정'의 밖에 두거나 '정'의뒤에 감추거나 '정'의 위에서 부리는, 일부러 남겨둔 한 수로서 대립을 만들고 대립을 초월하고 대립을 억제하고 대립을 해제하는 데 사용해서 영원히 상대방으로 하여금 생각도 못한 특별한 역량을 느끼게 해주는 것입니다.

【5-3】

거센 물이 빠르게 흘러 무거운 돌도 떠내려가게 할 수 있는 것이 세이 며, 사나운 새가 빠르게 날아 낚아채는 것이 '절'이다. 그런 까닭으로 전쟁을 잘하는 자는 기세가 험하고 그 절도가 짧다. 그 기세는 잡아 당긴 활과 같고 그 절도는 발사된 화살과 같다.

激水之疾, 至於漂石者, 勢也 ; 鷙鳥之疾, 至於毁折者, 節也. 故善戰者, 其 勢險, 其節短. 勢如彍弩, 節如發機.

이 장은 두 가지 비유를 들고 있는데, 모두 '세험절단勢險節短'을 말한 것입니다.

첫째는 '거센 물激水'과 '사나운 새鷙鳥'로 비유했습니다.

① '격수지질激水之疾'은 급류가 세차게 흘러가는 것을 말합니다. 물을 많이 저장해두었다가 방류하면 그 충격력이 맹렬하다는 것으로 '세험勢 險'을 비유했습니다.

② '지조지질鷙鳥之疾'은 맹금류가 먹이를 낚아채려 빠르게 내려오는 것을 말합니다. 지鷙는 사나운 새입니다. 매가 하늘에서 맴돌다가 쏜살 같이 내려와 공격하는 것으로 '절단節短'을 비유했습니다.

둘째는 '쇠뇌의 시위를 당기는 것張弩'과 '화살을 쏘는 것發矢'으로 비유 했습니다.

① '세여확노勢如彍弩'의 '확彍'은 쇠뇌의 시위를 당기는 것을 말합니다. 쇠뇌의 시위를 당겨 쏘기를 기다리는 것은 높은 산에 물을 가두어둔 것 과 같다는 것으로 '세험'을 비유했습니다.

전쟁은 속임수다

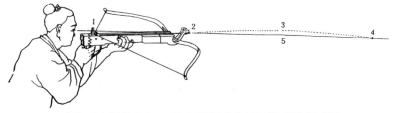

그 기세는 잡아당긴 활과 같고 그 절도는 발사된 화살과 같다勢如彍弩, 節如發機.

② '절여발기節如發機'는 절도가 발사된 화살과 같다는 말입니다. 방아쇠를 당기는 것이 가장 중요한 일격이라는 것으로 '절단'을 비유했습니다.

여기의 '세험절단'에서 '세험'은 자신을 잘 위장하고 잘 은폐해서 역량을 집중해 목표를 따라가면서 놓치지 않고 응시하는 것이 마치 저격수가 수풀 속에 숨어 탄환을 장전하고 가늠쇠로 조준하는 것과 같습니다. '절단'은 '세'를 방출해 빠르고 돌발적이며 예상을 뛰어넘은 방식으로 치명적 타격을 가하는 것입니다. 덧붙여 말하자면, 시한폭탄의 초침이 째깍째깍 돌아가는 것은 '세험'이고, 갑자기 터지는 것은 '절단'에 해당합니다. 홍콩 무협영화의 상상력은 사람을 날아다닐 수 있게 하고, 할리우드 영화의 상상력은 총알이 날아오는 것이나 포탄이 사람을 따라가는 것을 볼 수 있게 합니다. '세험'과 '절단'은 모두 고정된 격식을 거쳐야 비로소 볼 수 있습니다.

축세대발蓄勢待發(세를 모아 쏘기를 기다림)의 '세'는 아직 '형'이며, 방출된 '세'라야 비로소 '세'입니다.

【5-4】

어지럽고 어지러워 전투가 혼란해도 오히려 혼란하지 않으며, 흐릿하고 흐릿하지만 진형이 갖추어져 패하지 않는다. 어지러움은 잘 다스림에서 생기고, 비겁함은 용감함에서 생기며, 허약함은 강함에서 생긴다. 다스림과 어지러움은 '분수'에 속한다. 용감함과 비겁함은 '세'에 속한다. 강함과 허약함은 '형'에 속한다.

紛紛紜紜, 鬪亂而不可亂 ; 渾渾沌沌, 形圓而不可敗. 亂生於治, 怯生於勇, 弱生於強. 治亂, 數也. 勇怯, 勢也. 強弱, 形也.

"어지럽고 어지러워 전투가 혼란해도 오히려 혼란하지 않으며, 흐릿하고 흐릿하지만 진형이 갖추어져 패하지 않는다紛紛紜紜, 鬪亂而不可亂 ; 渾渾沌沌, 形圓而不可敗"는 구절에 대해 이전 사람들은 모두 진형을 말한 것이라고 했습니다. 축구를 보면 이런 경험을 할 수 있는데, 4·3·3, 4·4·2, 3·5·2, 5·3·2 같은 포메이션은 모두 어지러운 가운데서도 구조가 있는 것입니다. "전투가 혼란해도 오히려 혼란하지 않다鬪亂而不可亂"라든가 "진형이 갖추어져 패하지 않는다形圓而不可敗" 같은 상황은 전문가가 아니면 알 수 없습니다.

"다스림과 어지러움은 '분수'에 속한다. 용감함과 비겁함은 '세'에 속한다. 강함과 허약함은 '형'에 속한다治亂, 數也. 勇怯, 勢也. 強弱, 形也"라는 구절은 이 편 첫머리의 중과지수衆寡之數를 말한 것으로, '수'는 분수分數이며, '세'와 '형'은 형세形勢입니다. 그러나 여기서는 '형명'과 '허실'은 언급하지 않았습니다. 이 구절의 의미는 다스림과 어지러움治亂은 분수, 곧 군

전쟁은 속임수다

대의 편제와 관리에 따라 결정되고, 용감함과 비겁함勇怯은 전세, 곧 인위적인 태세와 작전 환경에 따라 결정되며, 강함과 허약함强弱은 병사의 형세, 곧 쌍방의 실력에 따라 결정된다는 것입니다.

'세'는 인위적으로 만든 태세입니다. 이런 태세는 매우 미묘한데, 진형을 갖추어놓으면 볼 수 있는 것은 '형'뿐이고 보이지 않는 것이 바로 '세'인데, 겉으로는 어지럽게 보이지만 사실은 어지럽지 않습니다. 앞의 말은 사마천이 「보임안서」에서 인용한 적이 있습니다. 사람이 받는 모욕 가운데 궁형宮刑이 가장 심합니다. 사마천은 자신이 감옥에서 온갖 치욕을 다 겪었다고 하면서 "옥리만 보아도 머리를 땅에 처박고, 감옥을 지키는 노예만 보아도 마음이 놀라 숨이 멈춰진다見獄吏則頭槍地, 視徒隸則心惕息."라고 했는데, 그 원인은 다름이 아니라 오로지 '세'가 없었기 때문입니다. 이것은 맹호가 깊은 산에 있으면 모든 짐승이 놀라 두려워하는 존재이지만, 우리에 갇혀 있으면 오히려 꼬리를 흔들며 먹을 것을 구하는 것과 같습니다. 사마천은 개탄하면서 말하기를, "이로 말미암아 말하자면 용기와 겁은 세이고 강함과 약함은 형인 것이 확실하니 무엇을 이상히 여기겠는가由此言之, 勇怯, 勢也, 强弱, 形也, 審矣, 何足怪乎"라고 했습니다. 속담에 '개가 주인을 믿고 으르렁댄다狗仗人勢'거나, '여우가 호랑이의 위세를 빌려 호기를 부린다狐假虎威'거나, '호랑이도 평지에 가면 개한테 물린다虎落平陽被犬欺'라는 말이 있는데, 사람도 마찬가지입니다.

태사공太史公 사마천은 궁형을 당했는데, 궁형을 '거세去勢'라고 부릅니다. 이는 남성의 생식기를 잘라 자손을 잇지 못하게 하는 형벌로서 남성의 위신이 땅에 떨어져 가장 체면이 깎이는 일입니다.

무엇이 '세'일까요? 옛사람의 생각을 참고 자료로 소개하겠습니다.

1. 인췌산 한나라 죽간 『손빈병법』의 '세'

『여씨춘추』「불이不二」 편에서 "손빈은 세를 귀하게 여겼다孫臏貴勢"라고 했습니다. 손무와 손빈은 같은 학파이기 때문에 『손빈병법』의 논술은 매우 중요합니다.

① 『손빈병법』은 '권權' '세勢' '모謀' '사詐'를 모두 말하고 있는데(「위왕문威王問」) '세'는 권모나 궤사詭詐와 한 종류이며, 그것들은 모두 승리를 얻는 데 도움이 되는 수단이지만 결코 가장 절박한 것은 아니라고 했습니다.

② 전쟁에서 병사를 선발하는 것이 중요함을 말하면서 "그 교묘함은 세에 있다其巧在于執(勢)"(「찬(선)졸簒(選)卒」)라고 했습니다.

③ 무기를 이용해 비유해서 말하기를, "황제가 검을 만든 것은 진형을 본뜬 것이며, 예가 활을 만든 것은 형세를 본뜬 것이다黃帝作劍, 以陳(陣)象之. 羿(羿)作弓弩, 以執(勢)象之"라고 했는데, 검은 매일 몸에 차고 있는 것이기 때문에 "아침저녁으로 가지고 있지만 반드시 사용하는 것은 아니다旦莫(暮)服之, 未必用也"라고 했습니다. 그러나 활과 쇠뇌는 이와 달리 "어깨 사이에서 쏘아 일백 보 밖에서도 사람을 죽이지만 어디에서 오는지 알지 못한다發於肩膺(膺)之間, 殺人百步之外, 不識其所道至"라고 했습니다. 쇠뇌의 특징은 사정거리가 긴 점인데, 그것을 볼 수 없기 때문에 화살이 어디서 날아오는지 알지도 못하고 맞게 되는 것입니다(「세비勢備」).

2. 『한비자』의 '세'

병가에서 세를 말했고, 법가에서도 세를 말했습니다. 선진시대 법가는 형명과 법술을 설파하는 전문가였습니다. 이 일파의 이론적 기초는 도가 철학으로, 자연에 순응하며 인위적인 간섭 없이 다스리는 것無爲而

治입니다. 무위無爲는 아무 일도 하지 않고 높은 곳에 앉아 도술로 도구를 제어해서 세상의 신하와 백성들로 하여금 가장 합리적인 질서에 따라 각자 그 옳은 일을 실천하도록 하는 것이 아니라, 간섭하지 않고 가만히 그가 이루는 것을 지켜보는 것으로, 마치 자동화 작업장에서 순서에 따라 조작해 두고 전기 스위치만 누르면 어떤 것이라도 모두 움직이는 것과 같습니다. 법가는 고대에 '법술지사法術之士'로 불렸습니다. 가장 주의해야 할 점은 '법法'과 '술術'에도 실은 여전히 '세'가 있다는 것입니다. 결코 잊어서는 안 될 것은 법가의 어떤 일파는 전문적으로 '세'를 설파했다는 사실입니다. 상앙商鞅은 '법'을 중요하게 생각했고, 신불해申不害는 '술'을 중요하게 생각했으며, 신도愼到는 '세'를 중요하게 생각했는데, 이들은 세 유파의 대표적 인물입니다. 신도의 저작은 지금 전하지 않고 편집된 책만 있습니다. 영국의 한학 연구가인 톰슨P. M. Thompson은 『신자일문愼子逸文, The Shen Tzu Fragments』(옥스퍼드대학교출판부, 1979)을 집필했습니다. 상하이박물관에 소장된 초나라 죽간의 어떤 조목에 "신자가 말하기를愼子曰"이라는 표현이 있다고 해서 나는 바로 이 조목을 찾아보고는 매우 흥분했는데 아무리 살펴봐도 법술가의 색채라고는 찾아볼 수 없었습니다. 한비韓非는 법술가의 학문을 집대성한 사람으로, 세 유파의 법·술·세를 종합했습니다. 한비와 이사李斯는 순자의 제자입니다. 이사는 순자에게 제왕지술帝王之術을 배웠는데(『사기』「이사열전」), 한비도 같은 것을 배웠습니다. 그는 제도 문제에 더욱 관심을 가지고, 유가 외에도 도가에 깊이 빠져 노자의 저술에 더욱 마음을 두었습니다. 그의 사상에는 도가적인 면도 있고 유가적인 면도 있습니다. 그는 법·술·세가 모두 중요하며 모두 치술治術의 단서이기 때문에 어느 하나라도 빠지면 안 된다고 생각했습니다.

법·술·세는 모두 각자의 용법이 있습니다.

한비는 신하를 제어하는 데 두 개의 칼자루二柄가 있으니, 하나는 형刑이고 하나는 덕德이라고 했습니다. '형'은 죽이는 것이고, '덕'은 상을 주는 것입니다. 이 두 가지 술수를 한편으로 강하게 하고 한편으로 부드럽게 하는 것이 바로 술術입니다. 나는 「아이는 대범하게 키우고 개는 소심하게 키워라大膽子娃娃小膽子狗」라는 글에서 축생인류학畜生人類學[13]에 대해 말하면서 '길들임馴化'을 매우 강조했습니다. 나는 사람이 코끼리를 길들여 복종시킬 수 있는 것은 몽둥이와 바나나에 의지하기 때문이라고 했는데, 이 두 가지가 바로 코끼리를 길들이는 두 개의 칼자루에 해당합니다. 한비는 호랑이가 개를 제압할 수 있는 것은 발톱과 이빨에 의지하기 때문이라고 했습니다. 만약 호랑이의 발톱과 이빨을 없애고 거꾸로 개에게 쓰도록 한다면 호랑이가 도리어 개에게 제압당할 것입니다. 임금이 두 개의 칼자루를 잃으면 도리어 신하에게 제압당할 수도 있습니다(「이병二柄」).

법과 술은 다른데, 술은 임금이 신하를 제어하는 것이며, 법은 관리가 백성을 제어하는 것입니다. 법이 있어야 세상에 한가한 사람 없이 모두 농사와 전쟁에 힘을 다하게 됩니다(「화씨和氏」).

'세'의 의미도 또 다릅니다. '세'에는 두 가지 의미가 있는데, 하나는 권세이고 다른 하나는 형세지만 실상은 정치 구조입니다. 이것은 국가를 통제하는 것으로서 임금과 관리라 하더라도 또한 그것의 통제를 받아야 합니다. 한비는 나라는 임금의 수레이고 '세'는 임금의 말馬이라고 했습니다. 그것은 국가를 끌고 가서 국가의 흐름을 결정하는 것입니다. '세'가 없는 것은 마차를 타지 않고 내려서 걷는 것과 같아서 매우 어리석은 일입니다(「외저설 우상外儲說右上」).

전쟁은 속임수다

'세'에 관해서 한비는 혜자惠子의 견해를 언급했습니다. 혜자는 만약 원숭이를 우리에 가둔다면 원숭이는 돼지와 같아질 것이라고 했습니다 (「설림 하說林下」). 형세가 변했기 때문에 원숭이는 장난치며 시끄럽게 떠들지 못한다는 것입니다. 이 우리가 바로 형세입니다.

『한비자』의 「난세難勢」 편은 매우 중요합니다. 이 편은 신도의 견해를 중심으로 형세를 논하고 있습니다. 변론의 주제는 형세와 현명함 중에 어느 것이 더 중요한가입니다. 문장은 세 단락으로 이루어져 있는데, 첫째 단락에서 '신자의 말愼子曰'로 변론의 방법을 나타냈고, 둘째 단락에서 '신자의 말에 대응하는 말應愼子曰'로 반대 의견을 나타냈으며, 셋째 단락에서 '다시 대응하는 말復應之曰'로 반대 의견을 반박하는 저자의 의견을 나타냈습니다.

신자, 곧 신도는 형세와 위치는 현명함이나 지혜보다 더 믿을 만하다고 하면서 "현명함과 지혜는 뭇 사람을 복종시킬 수 없지만 형세와 지위는 현명한 사람을 복종시킬 수 있다賢智未足以服衆, 而勢位足以詘賢者也"라고 했으며, "요가 보통 사람이었다면 세 사람도 다스릴 수 없었을 것이지만 걸은 천자가 되었기 때문에 천하를 어지럽힐 수 있었다堯爲匹夫, 不能治三人 而桀爲天子, 能亂天下"라고 했는데, 이것은 '세'를 귀하게 여기는 귀세설貴勢說입니다.

이에 대한 반대 의견은 현명함을 숭상하는 상현설尙賢說입니다. 요와 걸이 모두 천자가 되어 형세와 지위는 같았는데, 어떻게 한 나라는 잘 다스려지고 한 나라는 어지러워져서 다르게 되었는가를 설명하고 있습니다. "현명함을 버리고 오로지 세에 맡긴다釋賢而專任勢"는 것의 본말이 전도되었음을 알 수 있습니다.

끝으로 저자는 상현설에 대해 일부러 말다툼을 일으키고 고의로 현명함과 '세'를 대립한 것이니 역설逆說이라고 말했습니다. 사실 '세'라고 모두 같은 것이 아니어서 자연적 '세'도 있고 인위적 '세'도 있기 때문에 "무릇 세라는 것은 이름은 하나지만 변화는 수도 없는 것이다. 세가 반드시 자연히 생기는 것이라면 세에 대해 말할 것이 없다. 내가 말하는 세는 사람이 만든 세이다夫勢者, 名一而變無數者也. 勢必於自然, 則無爲言於勢矣. 吾所爲言勢者, 言人之所設也"라고 했습니다. 사람도 저마다 다르고, 대호인大好人과 대악인大惡人은 몇천 년 동안 한 사람이 나올지도 확실하지 않기 때문에 "내가 말하는 세는 중간 수준의 것이다. 중간 수준은 위로 요·순에 미치지 못하지만 아래로 역시 걸·주처럼 하지도 않는다吾所以爲言勢者, 中也. 中者, 上不及堯·舜, 而下亦不爲桀·紂"라고 하고 일반적인 상황을 들어 말하면서 "법을 지키면서 세에 처하면 다스려지고, 법을 등지고 세를 없애면 어지러워진다抱法處勢, 則治 背法去勢, 則亂"라고 했으니 역시 진리입니다.

앞에서 말한 "내가 말하는 세는 사람이 만든 세吾所爲言勢者, 言人之所設也"라는 말은 매우 중요합니다. '세勢'와 '설設'은 상고음上古音에서는 독음이 완전히 같았습니다. 앞의 강의(제6강 부록)에서 이미 추시구이裴錫圭 교수의 고증을 통해 고서 가운데 이 두 글자가 이미 통용되었음을 언급한 바 있습니다. 그것은 음이 같으면 뜻이 통하는 음훈音訓의 방법으로 해석한 것입니다. 한비는 '세'가 인위적으로 만든 것임을 강조했는데, 이 점은 매우 중요합니다. 지금까지 '형'은 평소에 준비해둔 고유의 것이며, '세'는 인위적으로 만들어낸 것이라고 강조했는데, 그것은 마치 장기를 둘 때 장기판이 있고 장기짝이 있고 규칙이 있지만 결국 어떻게 두느냐는 자신의 생각에 따라야 하는 것과 같습니다.

『한비자』를 읽으면 곳곳에서 이런 표현들을 볼 수 있습니다.

전쟁은 속임수다

원을 그리면서 그림쇠를 버리고 기교에 맡기며, 백성을 다스리면서 법을 버리고 지혜에 의지하는 것은 미혹되고 어지럽게 하는 도이다釋規而任巧, 釋法而任智, 惑亂之道也.(「식사飾邪」)

법술을 버리고 마음의 다스림에 맡긴다면 요임금이라도 한 나라를 바로잡을 수 없으며⋯⋯.釋法術而任心治, 堯不能正一國⋯⋯.(「용인用人」)

무릇 법치에 매우 밝은 사람은 법술에 맡기고 사람에게 맡기지 않는다. (⋯) 그런 까닭으로 법술이 있는 나라는 말을 물리치고 법술에 맡긴다. (⋯) 사실과 거짓이 드러나더라도 법이 그 헤아림을 그르치게 된다. 그 헤아림을 그르치게 되는 것은 법이 그렇게 한 것이 아니라 법이 정해졌는데도 사람에게 맡기기 때문이다. 법을 버리고 지혜에 맡기면 일을 받은 사람이 어찌 책무를 다할 수 있겠는가?夫治法之至明者, 任數不任人. (⋯) 故有術之國, 去言而任法. (⋯) 故實有所至, 而理失其量, 量之失, 非法使然也, 法定而任慧也. 釋法而任慧者, 則受事者安得其務?(「제분制分」)

한비의 주장은 매우 분명한데, 그는 버려야 할 것은 '교巧' '지智' 심치心治' '언言' '혜慧'이며, 의지해야 할 것은 '규規' '법法' 수數'라고 했습니다. 앞에서 상현설은 귀세설을 반대한다고 했는데, 귀세설은 "현명함을 버리고 오로지 세에 맡기는釋賢而專任勢" 것입니다. 이런 표현은 이 편의 주장과 매우 부합합니다.

한비가 논한 '세'에는 권세의 세(곧 세위勢位의 세와 위세威勢의 세) 또는 형세의 세가 있습니다. 전자는 권력·권위·합법성이며, 후자는 질서·구조·평형(권權에는 평형의 뜻이 있습니다)입니다. 『여씨춘추』 「불이」 편에 "노자는 부드러움을 귀하게 여겼고, 공자는 인을 귀하게 여겼고, 묵자는 청렴함을 귀하게 여겼고, 관윤은 맑음을 귀하게 여겼고, 열자는 허무를 귀하게 여겼고, 진병은 가지런함을 귀하게 여겼고, 양생은 자신을 귀하게 여겼고, 손빈은 세를 귀하게 여겼고, 왕료는 먼저 함을 귀하게 여겼고, 예량은 뒤에 함을 귀하게 여겼다老聃貴柔, 孔子貴仁, 墨翟貴廉, 關尹貴清, 子列子貴虛, 陳駢貴齊, 陽生貴己, 孫臏貴勢, 王廖貴先, 兒良貴後"라고 평했는데, 법가는 '세'를 중시했고 손빈도 '세'를 중시했기 때문에 선후의 개념도 '세'와 관련이 있을 가능성이 있습니다.

법가의 특징은 정情을 버리고 법을 믿는 것이며, 병가의 특징은 사람을 버리고 '세'에 맡기는 것입니다. 이런 생각은 도가의 생각과 더욱 가깝습니다. 유가는 덕으로 나라를 다스릴 것을 제창했지만, 법가와 병가는 결코 덕치德治를 말하지 않았습니다. 덕치를 말하지 않은 것이 도덕을 말하지 않은 것과는 다름에도 불구하고 그들은 사람들에게 왕왕 도덕을 말하지 않았다는 인상을 남겨, 서양의 마키아벨리14를 떠올리게 합니다.

법가는 정직하고 성실한 사람들입니다. 그들의 특징은 사람들이 놀라 펄쩍 뛰어오를 만큼 매우 솔직한 말을 다 한다는 점입니다. 솔직한 말이란 큰 도리로 작은 도리를 관리하는 것이지 작은 도리로 큰 도리를 관리하는 것이 아닙니다. 국가는 방대한 사회 조직이어서 개인이나 가정의 도리로 관리할 수 없습니다. 유가에서 말하는 덕으로 나라를 다스린다는 것도 잘 이루어지지 않고, 예로 나라를 다스린다는 것도 잘 이루어지지 않으며, 나라로 나라를 다스려야 비로소 순리대로 잘 이루어집니다. 법·술·세는 나라의 도리로 나라를 다스리는 것인데, 이는 현대 국가의 이념에 잘 부합합니다.

『손자』와 『노자』는 어떤 관계일까요? 지금은 아직 분명하게 말할 수 없습니다. 한나라 때의 화상석에 손무와 노자가 함께 나타나는 예가 있지만, 두 사람이 한 화면에 함께 있는 것은 아닙니다.

전쟁은 속임수다

1

2

3

한나라 화상석에 그려진 노자와 손자

1. 화상석의 전체 그림.
2. 노자.
3. 손무.

법가의 '세'에 대한 과거의 이해 수준은 빈약한 편인데, 병가의 견해는 중요한 보충자료가 될 수 있습니다. 예를 들면, 여기서 말하는 기정은 치술治術 연구에 큰 의의가 있습니다.

기정은 철학개념입니다. 지난날 마오쩌둥의 군사 저작과 철학 저작은 모두 단행본으로 출판되었는데, 『마오주석 어록毛主席語錄』과 마찬가지로 소홍서小紅書입니다. 그의 철학 저작 가운데 중요한 것은 『실천론實踐論』과 『모순론矛盾論』입니다. 이 두 편은 한 권으로 출판된 그의 옛 저작에서 뽑은 것입니다. 그 책의 제목은 『변증유물론辨證唯物論』(요점 강의)인데, 내가 가지고 있는 것은 화베이신화서점華北新華書店에서 1943년 2월에 출판한 것으로 1500부를 찍었습니다. 그 책은 어느 정도 구 소련의 교과서를 모방했습니다. 후에 마오쩌둥은 이런 글쓰기를 좋아하지 않아서 그 책을 다시 언급하지 않았습니다. 한 권의 책이 두 편의 저작으로 변했는데, 그 내용 자체가 독립적이기 때문입니다. 대중화를 위해 마오쩌둥은 『모순론』을 '일분위이一分爲二(하나가 나누어져 둘이 됨)'의 철학으로 개괄했습니다. 중국은 본래 이런 개념이 있었는데, 예컨대 "태극이 양의를 낳는다太極生兩儀" 같은 것이 바로 '일분위이'입니다. 그러나 문화대혁명 이전에는 '합이이일合二而一(두 개의 대립된 사물이 하나로 융합됨)'을 제시한 적이 있습니다. 최근에는 이른바 '화합학和合學(동서 문화의 융합을 지향하는 학문)'이 제기되어 과거와 반대되는 관점을 주창하고 있습니다. 팡푸龐朴 선생도 『일분위삼一分爲三』(해천출판사, 1995)을 저술했습니다. 그는 중국철학은 일분위삼(하나가 나누어져 셋이 됨)임을 강조했습니다. 사실 내가 보기에 중국철학사의 특징은 양극을 만들고 또 양극을 절충하기를 강조하면서 높은 산에 앉아 호랑이들이 싸우는 것을 구경하는 제삼자가 되기를 좋아하는 것입니다. "고명함을 지극히 하여 중용을 따

전쟁은 속임수다

르게 한다極高明而道中庸"(『예기』「중용」)는 것은 바로 높은 위에 있으면서 아랫사람들을 변화시키고 두루뭉실하게 수습하는 것입니다.

정치가·외교관·군인은 모두 국면을 통제하는 가장 좋은 방법은 바로 모순을 만들어서 모순을 없애고, 모순을 절충해서 모순을 타파하는 것이며, 언제나 둘 위에 있는 하나, 둘의 배후에 있는 하나는 제삼자임을 알고 있습니다. 예를 들면, 범죄 영화에서 흔히 보듯이 경찰이 어떤 깡패를 풀어주어 다른 깡패와 싸우게 한 뒤 그 둘이 치열하게 서로 공격할 때 차례로 응징하는 것과 같습니다. 이란·이라크 전쟁도 그 배후에는 검은 손 미국이 있습니다.

이런 이치와 관련해서 음미해볼 만한 네 문장이 있습니다.

① 강태공의 곧은 낚시에도 스스로 원하는 자는 걸려든다姜太公釣魚 願者上鉤.(스스로 남의 속임수에 걸려들다.)

도가의 특징은 '무위이치無爲而治'이며, 그 전형적인 표현은 "황제가 옷만 드리우고 있어도 천하가 다스려졌다黃帝垂衣而天下治"는 것입니다. 황제黃帝가 그곳에 앉아서 조금도 움직이지 않았다면 무엇에 의지한 것일까요? 전문가에 의지해서 나라를 다스린 것인데, 나는 "큰 바보 하나가 모든 똑똑한 사람을 다스린다"고 비유합니다. 큰 바보가 어떻게 똑똑한 사람들을 동원하고 천하의 모든 사람을 동원할 수 있을까요? 핵심은 인성의 약점을 이용하는 것입니다. 태공서太公書는 지금 『육도』만 남아 있는데 그 첫 편에서 바로 태공이 낚시하는 것으로 도입부를 삼았습니다. 속담에 "강태공의 곧은 낚시에도 스스로 원하는 자는 걸려든다"라는 말은 바로 이 이치를 말하는 것입니다.

사람의 약점은 무엇일까요? 재물을 탐하고 이성을 좋아하며, 명예와 이익을 따르며, 고통과 죽음을 두려워하는 것 등등입니다. 태공이 말하기를, 물고기를 잡는 것과 사람을 낚는 것은 비슷한데, 사람을 낚을 때는 '삼권三權', 곧 세 가지 권도權道에 의존한다고 하면서 "녹봉을 주는 것도 권도로 낚는 것과 같으며, 목숨을 바칠 선비를 구하는 것도 권도로 낚는 것과 같으며, 관직을 주는 것도 권도로 낚는 것과 같다祿等以權, 死等以權, 官等以權"(『육도』「문도文韜·문사文師」)라고 했습니다. 『한서』「예문지·제자략」에서 태공서를 도가에 넣은 것은 매우 일리가 있는 것입니다.

『손자』「구지」편의 "병사를 어리석게 만들어 위험한 곳에 투입한다愚兵投險"라는 말은 바로 병사들이 죽음을 두려워하는 것을 이용해 그들 스스로 사지로 가게 만든다는 것입니다.

② **당신의 창으로 당신의 방패를 찔러라以子之矛 攻子之盾.(상대방의 논거로 상대방을 반박하다.)**

『한비자』에 다음과 같은 이야기가 있습니다.

초나라에 창矛과 방패盾를 파는 사람이 있었는데, 큰 소리로 자신의 창은 가장 예리해서 어떤 방패라도 모두 뚫을 수 있다고 외치다가 또 자신의 방패는 가장 견고해서 어떤 창으로도 뚫을 수 없다고 외쳤습니다. 듣고 있던 어떤 사람이 당신의 창으로 당신의 방패를 찌른다면 결과는 어떻게 되겠냐고 물었습니다. 그러자 그는 대답하지 못했습니다(「난일難一」「난세」). '모순矛盾'이라는 단어는 후에 철학 개념으로 바뀌었지만, 실은 무기의 역사에서 중요한 수단입니다. 무기의 역사는 바로 창과 방패의 역사인데, 어떤 무기라도 모두 그것을 제압할 무기가 생기는 법이어서 어느 정도 성과를 거둔 뒤에는 더 큰 어려움이 닥치게 됩니다. 많은 사람이 줄곧 절대무기가 생기면 모든 무기를 뛰어넘을 수 있고 모든 무기를 대신할 수 있다는 환상을 가져왔습니다. 그러나 실제로 이런 무기는 영원히 환상일 뿐입니다. 이랑신二郎神(물을 다스리는 중국의 민간전설에 나오는 신)과 손오공孫悟空이 도술로 싸울 때 한쪽이 물고기로 변하면 다른 쪽은 황새로 변하고, 한쪽이 뱀으로 변하면 다른 쪽은 매로 변했습니다. 오늘날 가장 무서운 무기는 핵무기지만, 사람을 모두 없애버리지 못하면 핵무기도 절대무기가 아닙니다.

절대무기의 목적은 평형을 깨뜨리는 것입니다. '기'의 개념이 바로 불평형不平衡(영어 odd의 뜻도 불평형입니다)입니다. '출기出奇'는 바로 평형을 깨기 위한 것입니다. 그러나 오래된 평형이 깨지면 또 새로운 평형에 빠져들 수 있습니다.

임시방편보다는 근본적으로 문제를 해결해야 하는데, 무기를 없애는 최선의 방법은 모든 무기를 없애버리는 것입니다.

③ 사마귀가 매미를 잡아먹으려고 하는데, 참새가 그 뒤에 있다螳螂捕蟬 黃雀在後.(이익을 탐해 뒤에 닥칠 위험을 돌아보지 않다.)

동물이 짝짓기를 할 때는 속도가 매우 빠른데, 주변에 항상 몰래 엿보는 것이 있기 때문입니다. 옛사람의 말에 매미 뒤에는 사마귀가 있고, 사마귀 뒤에는 참새가 있고, 참새 뒤에는 활을 든 사람이 있다고 했습니다(『설원說苑』 「정간正諫」). 생물의 먹이사슬에서 사람은 최종 포식자입니다. 누구나 대립 상황을 벗어나려 하겠지만 대립의 뒤에는 또 다른 대립이 있습니다. 상하이박물관에 소장된 초나라 죽간楚簡에 『항선恒先』이 있는데, 거기서 말하는 이치는 모든 대립면에는 반드시 선후先後가 있어 하나가 선이면 다른 하나는 후가 되지만, 선의 이면에 또 선이 있는데 궁극적인 선이 바로 '항선'이며 도道라는 것입니다. 같은 이치로 후의 이면에도 산 너머 산이 있고 누각 밖에 또 누각이 있는 것과 같으니 누가 마지막까지 웃을 수 있고 누가 가장 훌륭하다고 하여 웃을 수 있겠습니까?

④ 도요새와 조개가 서로 버티는 사이에 어부가 이익을 얻는다鷸蚌相持 漁人得利.**(쌍방이 서로 다투는 사이에 제삼자만 이익을 얻는다.)**

또 하나의 이야기는 중국 철학에서 '일一'이 무슨 뜻인지를 반영할 수 있는 것인데, 바로 "휼방상지 어인득리鷸蚌相持 漁人得利"(『전국책』「연책2燕策二」)입니다. 어부지리漁父之利라는 고사성어로도 유명한 이 이야기는 모두가 잘 알고 있을 것입니다. 정치가는 바로 이런 어부입니다.

정치가와 외교가는 모두 '악을 철저하게 제거해서除惡務盡'는 안 되며 영원히 반대당을 남겨두어야 한다는 것을 알고 있습니다. 이것이 정치생태학입니다.

전쟁은 속임수다

【5-5】

그런 까닭으로 적을 잘 움직이는 자는 어떤 형태를 드러내면 적이 반드시 따르며, 좋은 곳을 주면 적이 반드시 가진다. 작은 이익으로 적을 움직이게 하고 병사를 데리고 적을 기다린다. 그런 까닭으로 전쟁을 잘하는 자는 승패를 세에서 구하지 사람에게서 구하지 않기 때문에 사람을 버리고 세에 의지할 수 있다. 세에 의지하는 자는 병사들을 싸우게 하는 것이 통나무나 돌을 굴리는 것과 같다. 통나무나 돌의 성질은 안정된 곳에 두면 조용히 있지만 기울어진 곳에 두면 움직이며, 모난 것은 멈추어 있지만 둥근 것은 굴러간다.

故善動敵者, 形之, 敵必從之 ; 予之, 敵必取之. 以利動之, 以(本)[卒]待之. 故善戰者, 求之於勢, 不責於人, 故能擇(釋)人而任勢. 任勢者, 其戰人也, 如轉木石. 木石之性, 安則靜, 危則動, 方則止, 圓則行.

원문의 "형지形之"는 적에게 형세를 보이는 것으로, 일부러 거짓 모습을 적에게 보여주어 적이 속도록 하는 것입니다. "여지予之"는 미끼를 이용해 적을 유인하고 또 적이 잘못을 저지르게 하는 것입니다. "이리동지, 이(본)[졸]대지以利動之, 以(本)[卒]待之"에서 뒷구절의 둘째 글자는 금본에 두 가지로 표기되어 있습니다. 『위무제주』본과 『무경칠서』본에는 "본本"으로 되어 있고, 『십일가주』본에는 "졸卒"로 되어 있는데, 두 글자는 모양이 비슷합니다. "본"으로 쓴 것은 대개 송나라 사람들이 『당태종이위공문대』 권하에 근거해 글자를 고친 것인데, 사실은 잘못 고친 것입니다. 죽간본과 고서에 인용된 문장과 옛 주석을 통해 "졸"이 본래의 표기임을 증명할 수 있습니다. 원문의 의미는 작은 이익으로 적을 유인하고 막강한 군대로 적을 해치움을 말하는 것이지, 결코 가진 것을 지키면서 작은 이익으로 적을 유인하고 가진 것으로 적을 이김을 말하는 것은 아닙니다. 적에게 형세를 보여 적을 움직이게 하는 것도 '세'에 속합니다.

"구지어세, 불책어인求之於勢, 不責於人"에서 "구求"와 "책責"은 뜻이 같은데, 같은 글자의 반복을 피한 것입니다. '세'를 구하고 사람을 구하지 않는 것은 사람을 버리고 '세'에 의지한다는 뜻입니다.

"고능택(석)인이임세故能擇(釋)人而任勢"는 줄곧 잘못 읽혀 사람을 선택하고 '세'에 적응한다는 뜻으로 생각해왔는데, 적어도 당나라 이래로 잘못 읽어왔습니다. 예를 들면 『당태종이위공문대』 권상에서 당나라 이전李筌 이래의 주석가들이 모두 이렇게 읽었습니다. 이런 잘못을 추시구이 교수가 바로잡았습니다. 그는 "하해불택세류河海不擇細流(강과 바다는 작은 물줄기를 가리지 않는다)"를 "하해불석세류河海不釋細流(강과 바다는 작은 물줄기를 버리지 않는다)"로 읽어야 한다고 했습니다.[15] 이와 마찬가지로 여기의 "택擇" 자도 마땅히 "석釋"으로 읽어야 한다고 했습니다.[16] 이 의견은 매우 정확합니다. "석釋"은 버린다는 뜻으로, 여기서는 사람에 의지하지 않고 '세'에 의지해야 함을 말한 것입니다. 나는 그의 의견을 조금 보충한 적이 있습니다. 첫째는 비슷한 예로 일본 학자 다키가와 가메타로瀧川龜太郎도 같은 의견을 제시했다는 것, 둘째는 사마담司馬談이 쓴 「육가요지六家要旨」에도 이런 말이 있다는 것입니다.[17] 「육가요지」에 "대도의 요점은 건강함을 버리고 총명을 물리쳐야 하니 이것을 버리고 도술에 맡긴다至於大道之要, 去健羨, 絀聰明, 釋此而任術"라고 했는데, 이 구절은 가장 중요하며 도가의 정신을 가장 잘 대표하는 것입니다. "건강함을 버리고 총명함을 물리치는去健羨, 絀聰明" 것은 바로 사람을 버리는 것이며, "임술任術"

전쟁은 속임수다

은 바로 도술을 믿고 사람을 좌우할 수 있는 것이니, 이것이 형명법술의 근본입니다. 『한비자』에도 뛰어난 논술이 많습니다. 한비는 버려야 할 것은 사람의 총명과 지혜, 강함을 다투고 승리를 좋아하는 것이며, 의지해야 할 것은 도·법·술·세라고 했습니다. 『손자』의 "사람을 버리고 세에 맡긴다釋人任勢"는 말은 이런 사상과 일맥상통합니다.

"기전인야其戰人也"와 "전인戰人"은 같은 뜻이며, 이것은 앞 편의 "전민戰民", 곧 백성들로 하여금 싸우게 한다는 뜻과 같습니다. '인人'은 당 태종의 이름(이세민李世民)을 피해서 고친 것으로, 원래는 마땅히 '민民'으로 써야 합니다.

【5-6】

그런 까닭으로 사람들을 잘 싸우게 만드는 형세는 둥근 돌을 천 길 높이의 산에서 굴리는 것과 같은데, 이것이 '세'다.

故善戰人之勢, 如轉圓石於千仞之山者, 勢也.

이 장은 높은 산에서 돌을 굴리는 것으로 비유하여 전체의 결론으로 삼았는데, 앞 편의 형식과 같습니다. "선전인善戰人"과 "전인戰人"은 앞의 장과 마찬가지로 사람으로 하여금 전투에 참가하게 하는 데 뛰어나다는 의미입니다. 앞 장에서 돌 굴리는 것을 말했는데, 돌이라고 모두 같은 돌이 아닙니다. 모난 돌은 멈추기 쉬워서 둥근 돌처럼 쉽게 굴릴 수 없습니다. 임세任勢는 산 아래로 돌을 굴리는 것과 같아서 땅의 형세가 험하면 험할수록 더 잘 굴러갑니다.

여기서 강조하는 것은 산세山勢이지 돌이 아닙니다.

전쟁은 속임수다

◉ 제8강 ◉

제6편

허실 虛實

이번 강의는 형세조組의 마지막 편입니다. 형세는 중과지용衆寡之用, 곧 병력이 많고 적음에 따른 운용에 대해 말한 것인데, 병력이 넉넉한 경우도 있고 부족한 경우도 있습니다. 중과지용은 네 가지, 곧 분수分數·형명形名·기정奇正·허실虛實로 나뉘는데, 허실이 가장 마지막입니다. '형'에서부터 '세'까지는 정적인 것에서 동적인 것에 이르는 것이며, 겉에서 속으로 가는 것입니다. 기정에서 허실까지는 작은 것에서 큰 것으로 가는 것이며, 점點에서 면面으로 가는 것입니다. 허실을 말하는 것이 마지막 단계입니다.

허실은 기정이 확대된 것이니, 분산과 집결을 통해 포위하거나 우회하여 미리 싸울 수 있는 장소에 아군은 많고 적군은 적게, 아군은 충실하고 적군은 허약한 상황을 조성해서 마치 돌로 계란을 깨뜨리듯이 많은 병력으로 적은 병력을 공격하고 충실한 적을 피하고 허약한 적을 공격하는 것입니다. 면面에서는 아군이 적군보다 적을 수도 있지만, 점點에서는 반드시 적보다 몇 배는 많아야 합니다. 이 단계를 말하면서 '세'가 비로소 극점까지 발휘되지만 저자는 도리어 '형'으로 되돌아오는데, 이런 운용의 묘를 '형병形兵'이라 합니다. 인췌산 한나라 죽간의 『기정』에 "전쟁이란 형세로 이기는 것이다. 형세로 이기지 못할 것이 없지만 이길 수 있는 형세를 아는 사람은 없다戰者, 以形相勝者也. 形莫不可以勝, 而莫知其所以勝之形"라고 했는데, 이 편에서도 "사람들은 모두 내가 이길 수 있는 형세를 만든 것은 알지만 내가 이길 수 있는 형세를 어떻게 제어했는지는 알지 못한다人皆知我所以勝之形, 而莫知吾所以制勝之形"라고 했습니다. 여기의 "내가 이길 수 있는 형세我所以勝之形"는 직접 적에게 작용하는 '형'이며 분명한 '형'이기 때문에 쉽고 보고 쉽게 알 수 있으며, "내가 이길 수 있는 형세를 어떻게 제어했는지吾所以制勝之形"는 인위적으로 만든 것이며 '형'의 배후에 숨어 있어서 적들이 볼 수도 없고 만질 수도 없는 '형'입니다. 여기서 말하는 것은 '형'이지만 실은 '세'입니다. 이런 두 가지 '형'이 결합해서 서로 표리가 되어야 비로소 형세라는 단어의 완전한 함의를 갖는 것입니다. '형병'은 형세의 학문이 집중적으로 구현되는 것으로서 모든 운용의 묘가 이 두 글자에 포함됩니다.

앞의 내용을 되새겨보면서 다시 허실을 이야기한다면 비교적 분명해질 것입니다.

기정과 허실은 모두 형세지만, 형세 가운데서도 '세'입니다. 그것의 공통점은 병력을 배치할 때 각 방면을 모두 빈틈없이 배려할 수는 없어서 이곳은 조금 더 많고 저곳은 조금 더 적게 됩니다. 인췌산 한나라 죽간의 『기정』에 "여유가 있는 것도 있고 부족한 것도 있는 것은 형과 세가 그러하다有所有餘, 有所不足, 形勢是也"라고 했지만, 둘의 차이점은 기정은 주로 점에서의 분배이고 허실은 면에서의 분배이기 때문에 범위의 크기가 다

전쟁은 속임수다

르다는 것입니다. 면에서의 허실은 걸어나오는 것이기 때문에 운동과의 관계가 더욱 큽니다.

「허실」 편을 읽으면서 주의해야 할 점들이 있습니다. 죽간본 『손자』 13편의 경우, 제목이 쓰인 목간에 「허실」이 아니라 「실허實虛」로 되어 있습니다. 고대의 어휘는 종종 거꾸로 사용한 경우가 있습니다. '실허'는 실實을 강조한 것으로, 실을 피하고 허를 공격하며, 실로 허를 공격하는 것이기 때문에 '실' 자를 앞에 두었을 것입니다.

허와 실의 관계는 매우 미묘한데, 예를 들면 바둑은 오로지 '허실' 두 글자에서 방책을 강구해서 "넓게 하되 너무 성글어서도 안 되며, 조밀하되 너무 촉급해서도 안 된다闊不可太疏, 密不可太促"(장의張擬 『기경십삼편棋經十三篇』 「합전合戰」)라고 합니다. 마오쩌둥도 바둑에서 집을 내는 것과 돌을 잡는 것으로 내선內線(외부에서 포위, 협공 등의 형태로 공격하는 둘 이상의 적에 대해 중앙에 위치해 상대하는 작전)과 외선外線(포위해 공격하는 작전), 포위와 반포위反包圍(역포위)를 말했습니다.[1] 내선에 있으면 포위당할 수 있지만 포위해도 또 반포위당할 수 있는 것이어서 '실' 속에 '허'가 있고 '허' 속에 '실'이 있는 관계가 매우 미묘합니다. '실'에는 '실'이 쓰이는 곳이 있고, '허'에는 '허'가 쓰이는 곳이 있습니다. 『노자』에서 말하지 않았던가요? "서른 개의 바퀴살이 하나의 바퀴살통에 모여 있는데, 바퀴살통에 공간이 있어서 수레를 쓸 수 있다. 찰흙을 이겨 그릇을 만드는데, 그릇의 공간이 있어서 그릇을 쓸 수 있다. 문과 창을 뚫어 방을 만드는데, 방의 공간이 있어서 방을 쓸 수 있다. 그러므로 있는 것으로 이로움을 삼고 없는 것으로 쓰임을 삼는다三十輻共一轂, 當其無, 有車之用. 埏埴以爲器, 當其無, 有器之用. 鑿戶牖以爲室, 當其無, 有室之用. 故有之以爲利, 無之以爲用"(제11장)라고. 수레바퀴의 바퀴살 사이의 공간이 쓰임이 있으며, 그릇의 텅 빈 부분이 바로 물건을 담는 곳이며, 집에 담만 있고 문과 창문이 없을 수 없으니 문과 창문이 없다면 사람이 드나들 방법이 없습니다. 화가나 서예가들은 모두 '여백'의 의미를 알아서 허실을 적합하게 잘 사용해야 합니다.

허실과 기정은 무슨 관계가 있을까요? 『당태종이위공문대』 권중에 그에 대한 논의가 있습니다.

태종이 말했다.

"내가 여러 병법서를 보았는데, 손무보다 뛰어난 것이 없었소. 손무 13편 가운데 「허실」보다 뛰어난 편이 없었소. 무릇 병사를 씀에 허실의 형세를 알면 이기지 못할 것이 없소. 지금 여러 장수 가운데 다만 실한 곳을 버리고 허한 곳을 공격할 것을 말할 줄만 알 뿐, 적과 마주치게 되면 허실을 아는 사람이 드문 것은 대개 적을 다루지 못하고 도리어 적에게 휘둘리기 때문이오. 어떻게 생각하시오. 그대는 여러 장수들을 위해 요점을 말해주시오."

이정이 말했다.

"먼저 기정이 서로 변하는 방법을 가르쳐준 다음에 허실의 형세를 말하는 것이 옳습니다. 여러 장수들이 대부분 기를 정으로 만들고 정을 기로 만들 줄을 모르는데 어떻게 허가 실이 되고 실이 허가 되는 것을 알겠습니까?"

태종이 말했다.

"'계획을 세워서 득과 실의 계산을 알고, 작전을 세워서 동정의 이치를 알고, 형세를 갖추어 생사의 지형을 알고, 비교하여 남고 부족한 곳을 알아야 한다'고 했는데, 이것은 기정은 나에게 있고 허실은 적에게 있다는 말이오?"

이정이 말했다.

"기정은 적의 허실에 이르게 하는 것입니다. 적이 실하면 우리는 반드시 정공법正을 쓰고, 적이 허점이 있으면 우리는 반드시 변칙奇을 씁니다. 만약 장수가 기정을 알지 못한다면 비록 적의 허실을 알더라도 어떻게 활용할 수 있겠습니까? 신이 조칙을 받들어 다만 여러 장수들에게 기정으로써 가르친 연후에는 허실을 자연히 알게 될 것입니다."

태종이 말했다.

"기를 정으로 삼는다는 것은 적이 변칙을 쓰려 하면 우리는 정공법을 쓰고, 정을 기로 삼는다는 것은 적이 정공법을 쓰려 하면 우리는 변칙으로 공격한다는 것이로군. 적의 형세는 항상 허점이 있게 하되 우리의 형세는 항상 실하게 해야 하겠소. 마땅히 이 방법을 여러 장수들에게 가르쳐 쉽게 알도록 하시오."

이정이 말했다.

"천 마디 문장 만 마디 말이 '적을 우리에게 오게 하고 적에게 가지 않는다'는 것에서 벗어나지 않을 뿐입니다. 신이 마땅히 이것으로 여러 장수들을 가르치겠습니다."

太宗曰 : "朕觀諸兵書, 無出孫武 ; 孫武十三篇, 無出虛實. 夫用兵, 識虛實之勢, 則無不勝焉. 今諸將之中, 但能言背實擊虛, 及其臨敵, 則鮮識虛實者. 蓋不能致人, 而反爲敵所致故也. 如何? 卿悉爲諸將言其要."

靖曰 : "先敎之以奇正相變之術, 然後語之以虛實之形可也. 諸將多不知以奇爲正, 以正爲奇, 且安知虛是實, 實是虛哉?"

太宗曰 : "'策之而知得失之計, 作之而知動靜之理, 形之而知死生之地, 角之而知有餘不足之處.' 此則奇正在我, 虛實在敵歟?"

靖曰 : "奇正者, 所以致敵之虛實也. 敵實, 則我必以正 ; 敵虛, 則我必以奇. 苟將不知奇正, 則雖知敵虛實, 安能致之哉? 臣奉詔, 但敎諸將以奇正, 然後虛實自知焉."

太宗曰 : "以奇爲正者, 敵意其奇, 則吾正擊之 ; 以正爲奇者, 敵意其正, 則吾奇擊之.

使敵勢常虛, 我勢常實. 當以此法授諸將, 使易曉耳."

靖曰: "千章萬句, 不出乎'致人而不致於人'而已. 臣當以此敎諸將."

이정은 기정으로 허실을 찾는다고 생각했는데, 완전히 맞지는 않지만 기정이 허실의 기초이기 때문에 이치는 서로 통합니다. 당 태종이 병서 가운데 『손자』 13편이 가장 뛰어나고, 13편 가운데서도 「허실」이 가장 중요하며, 「허실」의 오묘함은 또 온전히 "적을 우리에게 오게 하고 적에게 가지 않는다致人而不致於人"에 있다고 했는데, 요점 중의 요점을 파악했다고 말할 수 있습니다.

군사상의 진리는 모두 소박합니다. 『노자』에서는 "미더운 말은 아름답지 않고, 아름다운 말은 미덥지 않다. 착한 사람은 변론하지 않으며, 변론하는 사람은 착하지 않다信言不美, 美言不信. 善者不辯, 辯者不善"(제81장)라고 했습니다.

「허실」 편의 이치는 매우 중요하지만, 말해 보면 오히려 맹물 같습니다. 오늘 우리는 여러분에게 맹물을 마시게 하려고 합니다. 옛사람들은 보통의 물을 현주玄酒라고 했는데, 사막에 가본 사람이라야 비로소 좋은 술이라도 마실 수 없고 물이야말로 절대 없어서는 안 된다는 것을 압니다.

나는 「허실」 편을 다섯 장으로 나눕니다.

제1장은 "적을 우리에게 오게 하고 적에게 가지 않는다致人而不致於人"에 대한 내용입니다.

제2장은 "많은 무리로 적은 무리를 공격하며, 실을 피하고 허를 공격한다以衆擊寡, 避實擊虛"는 내용입니다.

제3장은 한 구절의 삽입어인데, 월나라 병사가 비록 많지만 형병을 거

전쟁은 속임수다

치면 총체적으로는 아군이 적보다 열세이더라도 국부적으로는 아군이 적보다 우세해서 해롭지 않음을 말하고 있습니다.

제4장은 허실을 알면 승리할 수 있다는 내용입니다.

제5장은 "전쟁에는 일정한 형세가 없고, 물은 일정한 형상이 없다兵無常勢, 水無常形"는 것을 말하고 있습니다.

이제 한 장씩 소개하겠습니다.

【6-1】

손자가 말했다.

무릇 전쟁터에 먼저 가서 적을 기다리는 군대는 편안하고 전쟁터에 후에 도착하여 전쟁을 맞는 군대는 피로하다. 그런 까닭으로 전쟁을 잘하는 자는 적을 우리에게 오게 하고 적에게 가지 않는다. 적이 스스로 우리에게 오게 할 수 있는 것은 그들이 이롭다고 생각하기 때문이며, 적이 오지 못하게 할 수 있는 것은 그들이 해롭다고 생각하기 때문이다. 그런 까닭으로 적이 편안하면 피로하게 하고 배부르면 굶주리게 하며, 적이 고요하면 움직이게 한다. 적이 반드시 전진할 곳으로 출동하되 적이 생각지 못한 사이에 우리가 전진한다.

孫子曰 :

凡先處戰地而待敵者佚, 後處戰地而趨戰者勞. 故善戰者, 致人而不致於人. 能使敵人自至者, 利之也 ; 能使敵人不得至者, 害之也. 故敵佚能勞之, 飽能飢之, 安能動之. 出其所(不)[必]趨, 趨其所不意.

"무릇 전쟁터에 먼저 가서 적을 기다리는 군대는 편안하고 전쟁터에 후에 도착하여 전쟁을 맞는 군대는 피로하다凡先處戰地而待敵者佚, 後處戰地而趨戰者勞"는 구절에서는 '먼저 함先'과 '뒤에 함後'이 매우 중요합니다. 고대 병법에는 먼저 함을 중시하는貴先 유파와 뒤에 함을 중시하는貴後 두 유파가 있는데, "왕료는 먼저 함을 중시하고, 예량은 뒤에 함을 중시했다王廖貴先, 兒良貴後"(『여씨춘추』 「불이」)라고 한 것이 바로 그것입니다. 전술이 전개되면 '기동走'과 '싸움打'으로 나뉩니다. '기동'에도 '앞서 출발

함先發과 '뒤에 출발함後發'이 있고, '앞서 도착함先至'과 '뒤에 도착함後至'
이 있는데, 앞서 출발하는 것보다 뒤에 출발하는 것이 낫고, 앞서 도착
하는 것보다 뒤에 도착하는 것이 낫습니다. '싸움'에도 누가 먼저 시작하
는가의 문제가 있습니다. 먼저 시작하는 것이 좋을 수도 있고 좋지 않을
수도 있기 때문에 먼저 시작하는 것보다 뒤에 시작하는 것이 반드시 좋
은 것은 아닙니다. 그러나 일반적으로 말하자면 앞서 도착하는 쪽이 결
국 이익을 차지합니다. 장기 두는 것을 다른 말로 '앞을 다투는 기술爭先
術'이라고 합니다. 이 장에서 말하는 '선처전지先處戰地'와 '후처전지後處戰
地'가 바로 전쟁에 유리한 지점에 앞서 도착하는가 아니면 뒤에 도착하는
가 하는 것입니다. 앞서 도착하는 쪽은 편안하게 피로한 적을 기다려서
기선을 잡는 이로움이 있기 때문에 사람들은 모두 뒤질세라 앞을 다툽
니다.

　'선'과 '후'의 문제는 「군쟁」 편의 중요한 화제입니다. 군쟁은 무엇을 다
투는 것일까요? 바로 앞서 도착하거나 뒤에 도착하는 것을 다투는 것입
니다. 아래의 「군쟁」 편에서 다시 말하도록 하겠습니다. 이 두 편은 고리
처럼 단단히 연결되어 있습니다.

　"치인이불치어인致人而不致於人", 곧 "적을 우리에게 오게 하고 적에게
가지 않는다"는 것은 누가 주동主動이고 누가 피동被動인지, 누가 누구를
움직일 수 있는지를 말합니다. 주동이 되는 쪽은 "남을 오게 하고致人",
피동이 되는 쪽은 "남에게 끌려가게 됩니다致於人." '치致'와 '지至'는 같은
글자에서 분화한 것으로, 다른 사람을 오게 하는 것을 '치'라 하고 자기
스스로 오는 것을 '지至'라 하는데, 글자 자체에 주동과 피동의 구분이 있
습니다.

　"적이 스스로 우리에게 오게 할 수 있는 것은 그들이 이롭다고 생각

하기 때문이며, 적이 오지 못하게 할 수 있는 것은 그들이 해롭다고 생각하기 때문이다能使敵人自至者, 利之也 ; 能使敵不得至者, 害之也"라는 구절은 바로 주동과 피동을 만드는 것입니다. 주동과 피동은 불균형의 관계입니다. 평형을 깨뜨려야 비로소 주동과 피동이 생깁니다. '기奇'는 차이를 만들어 평형을 깨는 것입니다. 인췌산 한나라 죽간 『기정』 편에 "같은 방법으로는 이길 수 없기 때문에 다른 방법을 기로 삼는다. 이런 까닭으로 고요함은 움직임의 기이며, 편안함은 수고로움의 기이며, 배부름은 배고픔의 기이며, 다스림은 어지러움의 기이며, 많음은 적음의 기이다同不足以相勝也, 故以異爲奇. 足以靜爲動奇, 佚爲勞奇, 飽爲飢奇, 治爲亂奇, 衆爲寡奇"라고 했습니다. 『손자』에서 "적이 편안하면 피로하게 하고 배부르면 굶주리게 하며, 적이 고요하면 움직이게 한다敵佚能勞之, 飽能飢之, 安能動之"라고 한 것은 바로 피동이 주동으로 변해 이 형세를 뒤집는 것입니다.

　주동과 피동, 평형과 불평형은 역량의 대비 외에도 심리 대결이 있습니다. 당신이 적에 비해 뛰어나다면, 뛰어난 점은 어디에 있습니까? 가장 중요한 것은 바로 남들이 생각하지 못하는 의외성입니다. 당신이 생각할 수 있는 것을 적들은 생각하지 못하는 것입니다. "출기소필추出其所必趨"는 금본에 "출기소불추出其所不趨"라고 되어 있는데 잘못된 것입니다. 당신이 공격하려는 방향은 반드시 적이 가려는 방향이어야 하는데, 적이 가지 않으면 헛일이 아니겠습니까? 죽간본과 고서에 인용된 문장에는 '필추必趨'로 되어 있는데, 이것이 정확한 표기입니다. 후세 사람들이 뒷구절의 '불의不意'를 보고 이 구절도 '불추不趨'로 고쳤는데 사실은 잘못 고친 것입니다. 한 글자의 차이로 의미가 완전히 벗어나게 됩니다.

【6-2】

천 리 길을 행군하면서도 피로하지 않은 것은 적군이 없는 곳으로 행군하기 때문이다. 공격하여 반드시 빼앗을 수 있는 것은 적이 수비하지 않는 곳을 공격하기 때문이다. 수비하여 반드시 굳게 지킬 수 있는 것은 적이 반드시 공격할 곳을 방비하기 때문이다. 그런 까닭으로 공격을 잘하는 자는 적이 수비해야 할 장소를 알지 못하게 하며, 수비를 잘하는 자는 적이 공격해야 할 장소를 알지 못하게 한다. 은미하고 은미하여 형체가 없게 되며, 신기하고 신기하여 소리가 없게 되는 까닭으로 적의 생명을 주관할 수 있다. 진격해도 막을 수 없는 것은 적의 허점을 공격하기 때문이며, 후퇴해도 추격할 수 없는 것은 멀리 달아나 따라올 수 없기 때문이다. 그런 까닭으로 우리가 싸우고자 하면 적이 비록 높이 보루를 쌓고 깊이 구덩이를 파놓았다 하더라도 우리와 싸우지 않을 수 없는 것은 반드시 구원해야 할 곳을 공격하기 때문이다. 우리가 싸우려 하지 않으면 비록 지역을 나누고 수비하더라도 적이 우리와 싸울 수 없는 것은 그들이 가려는 곳과 어긋나기 때문이다. 그런 까닭으로 적에게 형세를 드러내게 하고 우리는 형세를 드러내지 않으면 우리는 역량을 한곳으로 모으고 적은 흩어지게 된다. 우리는 모아서 하나가 되고 적은 흩어져 열이 되면, 이것은 열 배의 병력으로 하나를 공격하는 것이니, 우리는 수가 많고 적은 수가 적은 것이다. 많은 수로 적은 수의 적을 공격하면 우리가 싸울 적은 줄어들게 된다. 우리가 적과 싸우려는 장소를 적이 알 수 없으면 적이 방비해야 할 장소가 많아지며, 적이 방비해야 할 장소가 많아지면 아군이 싸울 적은 적어진다. 그런 까닭으로 앞을 수비하면 뒤는 적어지고 뒤를 수비하면 앞이 적어진다. 왼쪽을 방비하면 오른쪽이 적어지고 오른쪽을 방비하면 왼쪽이 적어진다. 수비하지 않아도 될 장소가 없어지면 부족하지 않은 곳이 없게 된다. 병력이 적은 것은 적을 수비하기 때문이며, 병력이 많은 것은 적에게 우리를 방비하게 만들기 때문이다. 그런 까닭으로 싸울 장소를 알고 싸울 날짜를 알면 천 리 먼 거리라도 가서 싸울 수 있다. 싸울 장소를 알지 못하고 싸울 날짜를 알지 못하면 왼쪽이 오른쪽을 구할 수 없고 오른쪽이 왼쪽을 구할 수 없으며, 앞에서 뒤를 구할 수 없고 뒤에서 앞을 구할 수 없으니, 하물며 멀게는 몇십 리 밖이나, 가까워도 몇 리가 되니 어쩔 수 있겠는가?

行千里而不勞者, 行於無人之地也. 攻而必取者, 攻其所不守也 ; 守而必固者, 守其所(不)[必]攻也. 故善攻者, 敵不知其所守 ; 善守者, 敵不知其所攻. 微乎微乎! 至於無形 ; 神乎神乎! 至於無聲, 故能爲敵之司命. 進而不可禦者, 衝其虛也 ; 退而不可追者, (速)[遠]而不可及也. 故我欲戰, 敵雖高壘深溝, 不得不與我戰者, 攻其所必救也 ; 我不欲戰, 雖畫地而守之, 敵不得與我戰者, 乖其所之也. 故形人而我無形, 則我專而敵分. 我專爲一, 敵分爲十, 是以十攻其一也. 則我衆敵寡, 能以衆擊寡, 則吾之所與戰者約矣. 吾所與戰之地不可知, (不可知)則敵所備者多 ; 敵所備者多, 則吾所與戰者寡矣. 故備前則後寡, 備後則前寡 ; 備左則右寡, 備右則左寡 ; 無所不備, 則無所不寡. 寡者, 備人者也 ; 衆者, 使人備己者也. 故知戰之地, 知戰之日, 則可千里而會戰 ; 不知戰地, 不知戰日, 則左不能救右, 右不能救左, 前不能救後, 後不能救前, 而況遠者數十里, 近者數里乎?

"천 리 길을 행군하면서도 피로하지 않은 것은 적군이 없는 곳으로 행군하기 때문이다. 공격하여 반드시 빼앗을 수 있는 것은 적이 수비하지 않는 곳을 공격하기 때문이다. 수비하여 반드시 굳게 지킬 수 있는 것은 적이 반드시 공격할 곳을 방비하기 때문이다行千里而不勞者, 行於無人之地 也. 攻而必取者, 攻其所不守也 ; 守而必固者, 守其所(不)[必]攻也"라고 했는데, 앞에서 전술의 전개는 두 단어, 곧 '기동走'과 '싸움'을 포괄한다고 말했습니다. 이 구절에서 말하는 '행行'이 바로 '기동'이고, '공攻'과 '수守'가 바로 '싸움'입니다. '기동'과 '싸움'은 같지 않은데, '기동'은 적이 생각하지 못한 길을 선택해서 적이 저지하지 못하게 하는 것이 최선이지만 '싸움'은 이와 다릅니다. 아군이 공격할 때는 반드시 적의 방어가 허술한 곳을 공격해야 하며, 아군이 수비할 때는 반드시 적이 공격하고자 하는 곳을 지켜야 합니다. 공격은 '실'로 '허'를 공격하며, 수비는 '실'로 '허'를 방비하는데, 공격도 좋고 수비도 좋은 경우는 아군이 '실'이고 적이 '허'일 때입니다. 그러나 '허'는 사람이 없다는 뜻은 아닙니다. 만약 사람이 없다면 무엇과 싸우겠습니까? 금본에 "적이 공격하지 않는 곳을 지킨다守其所不攻也"로 되어 있는데 틀린 것입니다. 적이 공격하지 않는다면 무엇 때문에 그곳을 지키겠습니까? 이 구절도 잘못이 있는 것 같습니다. 죽간본과 고서에 인용된 문장에 근거해서 '불不'을 '필必'로 고치고자 합니다. 그렇지 않으면 의미가 완전히 벗어나게 됩니다.

　"그런 까닭으로 공격을 잘 하는 자는 적이 수비해야 할 장소를 알지 못하게 하며, 수비를 잘하는 자는 적이 공격해야 할 장소를 알지 못하게 한다故善攻者, 敵不知其所守 ; 善守者, 敵不知其所攻"는 말은 바로 '허실'의 의미입니다. 전쟁은 산 사람과 산 사람의 전면적 대결이므로 주관적이고 능동적인 것이 가장 중요합니다. 허실에서 관건은 허실의 유무가 아니라 허실을 아는가 모르는가에 달렸습니다.

"은미하고 은미하여 형체가 없게 되며, 신기하고 신기하여 소리가 없게 되는 까닭으로 적의 생명을 주관할 수 있다微乎微乎, 至於無形；神乎神乎！至於無聲, 故能爲敵之司命"고 하고 뒤에서는 "적에게 형세를 드러내게 하고 우리는 형세를 드러내지 않으며形人而我無形" "군대를 배치하는 지극함은 형세를 드러내지 않아야 한다. 형세를 드러내지 않으면 깊게 침투한 간첩이라도 엿볼 수 없으며, 지혜로운 사람이라도 계획을 세울 수 없다形兵之極, 至於無形；無形, 則深間不能窺, 智者不能謀"고 했습니다. 이 편에서는 "무형無形"이라는 말을 여러 차례 했는데, 모두 은폐 의도의 중요성을 말한 것으로, 마치 수놓은 원앙은 보기 좋지만 어떻게 수를 놓는지, 바느질이 빨라서 수놓는 비법을 알 수는 없는 것과 같습니다. '세'는 바로 이러한 은폐 의도이며, 깊이 숨어 드러나지 않고 '형'의 배후에 숨어 있는 것입니다. 적은 허실을 짐작하지 못하고 보는 것은 '형'뿐이지만 약간의 동정動靜도 없기 때문에 당연히 '형체도 없고無形' 소리도 없습니다無聲. 『손자』는 전쟁을 말하면서 사람의 목숨은 하늘에 달려 있음을 강조했는데, 여기서 '사명司命'에 대해 둘째로 언급했습니다. 사명은 하늘의 별이름으로 인간의 생사와 수명을 관장합니다. 「작전」 편에서 "군대의 운용을 잘 아는 장군은 백성의 생명을 맡는다知兵之將, 民之司命"라고 한 것은 자기편의 사명 역할을 하는 것을 말한 것이며, 여기서는 "적의 생명을 주관하는 사명爲敵之司命"을 말합니다. 사명이란 두 글자는 매우 중요한데, 장군이 사람을 죽이고 의사가 사람을 살리는 것은 물론 사명이며 그밖에 많은 일에도 사명이 있습니다. 과거시험에서 시험관을 '문장사명文章司命'이라 했는데, 범진范進의 운명은 주진周進의 손아귀에 달렸습니다(『유림외사』 제3회). 오늘날도 평가선발위원회 위원이 되거나 재판관이 되면 모두 사명입니다. 운동경기를 보면서 가장 아쉬운 것은 불공정한 판정인데,

전쟁은 속임수다

국제경기에서 녹화 영상이 있는데도 감히 엉터리로 판정하고, 오심이 명백한데도 끝까지 잘못을 인정하지 않습니다. 미국이 이라크에 군대를 파견한 상황도 마찬가지로 근거가 거짓임이 명확한데도 유엔은 간여하지 않습니다. 사람의 권리 가운데 가장 으뜸인 것은 생명에 대한 권리입니다. 군인과 문학가는 달라서 문학가는 개개의 구체적인 사람들에게 관심을 두기 때문에 죽음에 대한 느낌도 다릅니다. 남편을 잃은 아내에 대해 말하자면 "그"는 바로 전부입니다. 그러나 장군은 그와 달리 천군만마를 지휘하기 때문에 사람들이 서로 맞붙어 싸워 죽이더라도 냉정하게 숫자만 헤아릴 뿐 절대 우는 경우가 없습니다. 그러나 장군도 사람이고 병사도 사람이며, 아군이든 적이든 많은 사람의 생명이 오로지 이 한 사람의 손에 달렸으니 어찌 어린아이 장난처럼 여길 수 있겠습니까?

"진격해도 막을 수 없는 것進而不可禦者"에서 '어禦'는 죽간본에는 '영迎'으로 되어 있는데, 이 두 글자는 의미도 같고 발음도 비슷한, 초성자가 의疑(우리말 'ㅇ')에 속하는 글자입니다. 『묵자』「영적사迎敵祠」편의 '영적迎敵'이 바로 '어적禦敵(적을 막음)'입니다.

"멀리 달아나 따라올 수 없기 때문이다遠而不可及也"의 '원遠'은 금본에는 '속速'으로 되어 있는데, 이것도 잘못 쓰인 글자이기 때문에 죽간본과 고서의 인용문에 따라 고쳤습니다. '원遠'은 거리의 문제이며, '속速'은 빠르기의 문제이기 때문에 같지 않습니다. 거리는 매우 중요해서 동물들도 '즉시 달아날 수 있는 거리'가 있는데, 사람이 너무 가까이 다가가면 그들은 긴장해서 목숨을 걸고 싸우는 것이 아니라 쏜살같이 달아납니다. 군인도 거리감이 있어서 일정한 거리를 벗어나면 힘이 미치지 못합니다.

"높이 보루를 쌓고 깊이 구덩이를 파는高壘深溝" 것은 고대의 방어 수단 가운데 하나입니다. 이런 수단은 진법陣法, 누법壘法, 수성守城의 방법을 포괄합니다. 진법은 사람 울타리로 담장이 없습니다. 영루營壘는 기본적으로 도랑을 파고 담장을 쌓으며, 목책 같은 것으로 울타리를 치거나 수레로 주위를 둘러싸고 병영을 만듭니다. 고대의 공사에서 가장 간단한 것은 목책으로 주위를 둘러싼 뒤 도랑과 보루를 쌓는 것입니다. 도랑과 보루는 흙을 파내서 위쪽에 쌓는 것입니다. 흙을 파낸 곳이 도랑이고, 흙을 쌓아놓은 곳이 보루입니다. 보루의 본뜻이 바로 흙을 쌓는다는 것입니다. 고대의 농지에는 도랑과 밭두둑이 있는데, 도로와 도랑이 서로 어울리게 한 제도는 바로 도랑과 밭두둑에서 나왔습니다. 고대의 장성長城이 산세를 따라 성을 쌓고 해자를 파서 방어막으로 삼아 자연의 지세를 이용한 것도 이런 방법입니다. 작게는 촌락에서 크게는 성읍에 이르기까지 모두 이런 방법을 이용했습니다. 담牆은 흙덩이(옛날에는 즐墼이라 했음)나 구운 벽돌을 이용할 수도 있고, 땅을 다지는 달구를 이용해 판을 쌓고 흙을 다질 수도 있는데, 속어로는 이런 방식을 '간타루干打壘'[2]라고 합니다. 예전에 내가 네이멍구 자치구의 린허臨河에 머물 때, 그쪽 사람들은 더 편리한 방법을 사용했습니다. 수위水位가 높은 지역에서 롤러를 잔디 위에 굴리기만 하면 바로 물이 빠져서 삽을 땅에 꽂고 세번 밟아 누른 뒤 떠내면 잔디가 붙은 흙벽돌이 되었고, 이것을 햇볕에 말려 담을 쌓으면 아주 튼튼했습니다. 그곳 사람들 표현으로는 "흙덩이로 성벽을 쌓으면 성벽이 무너지지 않는다"고 했습니다. 도랑과 보루는 매우 간단하지만 이런 공사를 가벼이 여겨서는 안 됩니다. 제1차 세계대전 당시 각국은 참호전塹壕戰을 벌였는데, 곳곳에 참호를 파고 참호와 참호가 서로 통하게 만들었습니다. 당시에 기관총이 발명되었기 때문에 각국의 병사들은 마음대로 공격하지 못하고 모두 참호 안에 숨었으며, 앞에는 철조망을 두르고 있었습니다. 박격포는 바로 참호전에 대비하기 위한

전쟁은 속임수다

것으로 위로 쏘아 올린 포탄이 포물선을 그리며 아래로 떨어지기 때문에 수평으로 쏘는 것보다 효율적입니다. 루쉰은 중국에는 몰래 쏘는 화살이 많아서 용감하게 나서는 용사는 목숨을 잃기 쉽기 때문에 제1차 세계대전의 참호전을 배우기를 가장 좋아한다고 했습니다.[3] 이것은 제1차 세계대전의 경험에서 나온 말입니다. 그는 참호를 호참壕塹이라 불렀습니다.

"우리가 싸우려 하지 않으면 비록 지역을 나누고 수비하더라도我不欲戰, 雖畫地而守之"라는 구절과 관련해, 나는 '지역을 구획함畫地'에 대해 고증한 적이 있습니다.[4] '획지畫地'는 중국 고대의 고정된 용어입니다. 도가에서 말하는 '획지'는 일종의 특수한 방어 수단입니다. 『포박자抱朴子』에 도사가 산에 들어가 신선이 되려 할 때 맹수와 귀신요괴를 두려워해 두 가지 호신 수단으로 방비한다고 했습니다. 하나는 조요경照妖鏡[5]인데, 그들은 요괴는 모두 거울에 비추는 것을 무서워해서 한 번 비추면 본모습이 드러난다고 믿었습니다. 다른 하나가 '획지'인데, 『서유기西遊記』에서 손오공이 음식을 구하러 갈 때 먼저 삼장법사를 보호하기 위해 동그라미를 그리고 주문을 외운 것처럼, 이렇게 동그라미를 그리고 주문을 외우는 방법이 바로 '획지'입니다. 다른 예로는 이정이 인용한 『태공서』의 "태공이 지역을 구획한 방법太公畫地之法"이나 『사마법』 일문의 진법도 여기에 속합니다(『당태종이위공문대』 권중). 『태백음경』 권9에도 이전李筌이 지역을 구획한 방법이 있습니다.

"적이 우리와 싸울 수 없는 것은 그들이 가려는 곳과 어긋나기 때문이다敵不得與我戰者, 乖其所之也"에서 원문의 '괴乖'는 죽간본에는 '교膠'로 되어 있는데, '교膠'는 '류謬'와 통하며 어긋난다는 뜻입니다. 그 의미는 아군의 부대 배치를 적군과 어긋나게 해서 적을 언짢게 만드는 것입니다. 적이 동쪽으로 가면 우리는 서쪽으로 가서 적이 어찌할 수 없게 하는 것입니다.

"적에게 형세를 드러내게 하고 우리는 형세를 드러내지 않는다形人而我無形"는 것은 적의 허실은 하나도 남김없이 드러나게 하고 아군의 허실은 적이 보지도 생각하지도 못하게 하는 것으로, 마치 호색한이 선글라스를 끼고 미인을 보지만 미인은 그가 훔쳐보는 눈길을 알아채지 못하는 것과 같습니다. 「계」 편에서 "적에게 형세를 보인다示形於敵"는 것을 말했는데, 이것도 '세'에 속합니다. 적에게 보여주는 것은 모두 거짓입니다.

"우리는 역량을 한곳으로 모으고 적은 흩어지게 된다我專而敵分"에서 원문의 '전專' 자는 『설문해자』에는 '단摶'으로, 죽간본에는 '단槫'으로 되어 있습니다. 이 단어는 우세한 병력을 집중하는 것을 가리킵니다.

"우리는 모아서 하나가 되고 적은 흩어져 열이 되면, 이것은 열 배의 병력으로 하나를 공격하는 것이니, 우리는 수가 많고 적은 수가 적은 것이다我專爲一, 敵分爲十, 是以十攻其一也. 則我衆而敵寡"의 의미는 총체적으로 적과 아군의 역량 대비가 결국 어떠한가에 관계없이 어떤 지점에 있기만 하면 우리는 역량을 하나로 모을 수 있으며, 적은 역량이 흩어져 열로 나누어지기 때문에 아군이 적의 열 배가 된다는 것입니다. 앞의 「모공」 편에 "열 배가 되면 포위한다十則圍之"는 구절이 있는데, 적의 열 배가 되면 적을 포위할 수 있다는 말입니다. 이것은 당연히 "우리는 수가 많고 적은 수가 적은 것我衆敵寡"입니다.

"많은 수로 적은 수의 적을 공격하면能以衆擊寡"에서 "적에게 우리를 방비하게 만들기 때문이다使人備己者也"까지는 많은 군사로 적은 군사를 공격할 수 있다면 적이 대비하는 데 피로하게 만들고, 곳곳을 방비하지만 곳곳에서 군사가 부족해 결국 수동적이 되고 만다는 뜻입니다.

"그런 까닭으로 싸울 장소를 알고故知戰之地"에서 "가까워도 몇 리가

전쟁은 속임수다

되니 어쩔 수 있겠는가近者數里乎"까지는 다른 단계입니다. 앞에서 병력이 많고 적음에 따른 운용, 곧 중과지용에 대해 설명했습니다. 중과지용은 사람을 운용할 줄 아는 것, 곧 지인지용知人之用에 속합니다. 지인지용은 '적을 알고 나를 아는 것', 곧 지피지기知彼知己에 속합니다. 여기서 말하는 "싸울 곳을 알고" "싸울 날짜를 아는 것"은 옛사람의 관념에 따르면 "하늘을 알고 땅을 아는 것知天知地"입니다. 『손자』에서 말한 "승리를 알수 있는 것知勝"은 사지四知를 포함하는데, 뒤의 「지형」 편에서 말한 "그렇기 때문에 적을 알고 나를 알면 이겨서 위태롭지 않으며, 하늘을 알고 땅을 알면 승리를 온전하게 할 수 있다고 한다故曰 : 知彼知己, 勝乃不殆 ; 知天知地, 勝乃可全"는 것이 바로 '사지'입니다.

【6-3】

내 관점에서 헤아려 보면 월나라 병사가 비록 많지만 또한 어찌 전쟁의 승패에 이익이 되겠는가?

以吾度之, 越人之兵雖多, 亦奚益於勝哉?

오나라와 월나라는 오래된 원수입니다. 오자서는 "구천은 백성들과 친하고 베풀기에 힘쓰는데, 베푸는 것은 사람을 잃지 않기 위함이오, 친한 것은 노동력을 잃지 않기 위함입니다. 월나라가 우리와 경계를 함께 하고 있기 때문에 대대로 원수가 되었습니다勾踐能親而務施, 施不失人, 親不棄勞. 與我同壤, 而世爲仇讎"(『좌전』 애공 원년)라고 말했습니다.

이 단락의 말은 매우 중요합니다. 역사적으로 어떤 국가들은 오랜 원수인데, 예를 들면 프랑스와 영국, 독일과 러시아가 그러하며 오늘날의 이스라엘과 팔레스타인도 얽힌 매듭과 같은 관계입니다. 이들 오랜 이웃은 모두 오랜 원수입니다. 중국 춘추시대의 경우, 진晉나라와 초나라, 오나라와 월나라도 오랜 세월 원수지간이었습니다. 『손자』는 오나라를 위해 계책을 제시한 책이기 때문에 월나라를 가상의 적으로 삼고 있으며, 말하는 배경은 춘추시대 말기입니다.

지난날 위작僞作을 가려내는 변위학자辨僞學者들은 『손자』를 의심해서 이 책이 오손자(손무)의 저작이 아니라고 생각했습니다. 그러나 이 책에는 두 곳에서 오나라와 월나라가 원수지간임을 말했는데, 하나는 바로 이 조목이고 다른 하나는 「구지」 편입니다. 이것은 춘추시대 말기의 오나라를 배경을 삼은 것이기 때문에 글이 쓰인 시기나 편찬된 시기가

전쟁은 속임수다

언제이든 간에 말하고 있는 상황은 춘추시대 말기의 일이 틀림없으며, 적어도 춘추시대 말기의 일을 가탁한 것입니다. 춘추시대 말기의 주요 상황은 진晉나라와 초나라가 서로 싸우게 되자 초나라는 진秦나라와 동맹하고(모두 희씨姬氏 국가가 아님), 진晉나라는 오나라·채나라와 동맹했습니다(모두 희씨 국가). 당시의 남방은 갑자기 매우 시끄러워져서 초나라와 오나라와 월나라가 서로 돌아가며 원수를 갚았기 때문에 소설의 줄거리가 되었습니다. 먼저 초나라의 경우, 평왕平王이 오원伍員, 곧 오자서의 아버지 오사伍奢와 형 오상伍尚을 죽이자 오자서는 복수하기 위해 오나라 왕 합려闔閭에게 달아났으며, 나중에 오나라 군사를 거느리고 초나라를 공격해 수도인 영郢까지 진격함으로써 초나라는 한동안 망국亡國이 되었습니다. 오나라의 경우, 월나라 왕 구천勾踐이 추리檇李[6]의 전투에서 오나라를 이겼을 때 오나라 왕 합려는 심한 부상을 치료하지 못하고 죽음에 임박해 아들 부차夫差에게 복수를 당부했고, 2년 뒤에 부차가 월나라를 멸해 원수를 갚았습니다. 끝으로 월나라의 경우, 월나라가 패망한 뒤 구천은 와신상담하며 10년 동안 군사를 모으고 10년 동안 훈련시켜서 반대로 오나라를 멸했으니 더욱 비장합니다. 이 이야기들은 정말 재미있어서 『오월춘추吳越春秋』나 『월절서越絕書』뿐 아니라 둔황변문敦煌變文이나 후세의 소설과 희곡에도 나오며, 초나라 죽간과 사오싱紹興에서 출토된 한나라·진나라의 청동거울漢晉銅鏡에도 이런 내용이 있습니다. 이 이야기들은 전후 관계에 매우 주의할 가치가 있습니다. 오자서·손무가 초나라를 공격해서 수도인 영으로 진격한 것은 기원전 506년입니다. 월나라 왕 윤상允常(구천의 아버지)은 오나라가 초나라를 공격하느라 후방이 빈틈을 타서 오나라를 공격했습니다. 이것이 오·월 전쟁의 서막입니다. 월나라가 추리에서 오나라를 격파한 것은 기원전 496년이고, 오나라가 월나라를 멸한 것은 기원전 494년이며, 다시 월나라가 오나라를 멸한 것은 기원전 473년입니다. 월나라가 강대국으로 변한 것은 주로 기원전 506년 이후인데, 특히 기원전 494년 이후의 사정은 손무가 오나라 왕을 만나고 초나라를 공격해서 영으로 진격한 전쟁에 참여한 것과는 이미 어느 정도의 시간적 거리가 있습니다. 여기서 "내 관점에서 헤아려 보면 월나라 병사가 비록 많지만 또한 어찌 전쟁의 승패에 이익이 되겠는가以吾度之, 越人之兵雖多, 亦奚益於勝哉"라고 말한 것으로 미루어 월나라가 이미 매우 강대해진 것 같은데, 이것은 후대의 일입니다. 그래서 나는 『손자』 13편이 기원전 506년 이전의 작품이 될 수 없다고 믿습니다.

여기서 많고 적음을 말한 것은 전체에서 말한 것이며 계산의 우세에서 말한 것인데, 관점은 '형'입니다. 관점을 바꾸어 '세'에서 말하면 상황은 반대가 될 수 있습니다. 주먹을 펴면 '허'이고, 쥐면 '실'입니다. 상대방의 어디가 '허'이고 어디가 '실'인지 전체를 살펴야 합니다. 예를 들면, 역사적으로 오랑캐와 한족의 전쟁에서 오랑캐는 말 타고 활 쏘는 유리함과 신속함과 기습공격의 유리함에 의지해서 항상 적은 병력으로 많은 병력을 이길 수 있었습니다. 한족은 양성한 병사는 더 많았지만 모두 각지에 흩어져서 강도를 잡고 떠돌이 도둑들을 소탕하느라 집중할 방법이 없었던 것이 불리한 점으로 작용했습니다. 명나라 말기에 만주족은 다만 8만의 철기병鐵騎兵으로 명나라를 멸망시켰습니다. 바둑을 둘 때도 관건은 누가 많은 수의 집을 만들었는가를 보는 것입니다. 많은 수를 만드는 것은 '세'에 속합니다.

전쟁은 속임수다

【6-4】

그런 까닭으로 "승리를 만들 수 있는 것이다"라고 하니 적이 비록 많더라도 싸우지 못하게 만들 수 있다. 그런 까닭으로 계책을 세우되 득실의 계산을 알아야 하고, 정탐하되 적의 동정 이치를 알아야 하고, 형세를 갖추되 생사의 지형을 알아야 하고, 비교하여 남고 부족한 처지를 알아야 한다. 그런 까닭으로 군대를 배치하는 지극함은 형세를 드러내지 않아야 한다. 형세를 드러내지 않으면 깊게 침투한 간첩이라도 엿볼 수 없으며, 지혜로운 사람이라도 계획을 세울 수 없다. 형세에 의해 병사들에게 승리를 가져다주어도 병사들은 알 수 없다. 사람들은 모두 내가 이길 수 있는 형세를 만든 것은 알지만 내가 이길 수 있는 형세를 어떻게 제어했는지는 알지 못한다. 그런 까닭으로 전쟁에서 승리한 방법은 다시 쓸 수 없는데, 형세를 응용해 다함이 없어야 한다.

故曰 : 勝可爲也, 敵雖衆, 可使無鬪. 故策之而知得失之計, (作)[候]之而知動靜之理, 形之而知死生之地, 角之而知有餘不足之處. 故形兵之極, 至於無形. 無形, 則深間不能窺, 智者不能謀. 因形而措勝於衆, 衆不能知, 人皆知我所以勝之形, 而莫知吾所以制勝之形. 故其戰勝不復, 而應形於無窮.

"그런 까닭으로 '승리를 만들 수 있는 것이다'라고 한다故曰 : 勝可爲也"는 말은 매우 중요합니다. 이 편은 '조승措勝'과 '제승制勝'을 말하고 있습니다. 이것들은 모두 인위적으로 만드는 '승리'입니다. 앞에서 후한의 순열荀悅이 말한 "형이란 것은 그 대체와 득실의 수를 말하는 것이며, 세라는 것은 때에 따른 마땅함을 말하는 것이니 나아가고 물러날 기회이다形者言其大體得失之數也. 勢者言其臨時之宜也. 進退之機也(『전한기』 「고조황제기」 권2)라는 구절을 인용한 적이 있습니다. 이와 관련해 「형」 편의 말과 비교해보는 것도 괜찮습니다. 이 말은 표면적으로는 「형」 편과 모순되는 것처럼 보이기도 합니다. 「형」 편에서는 "그런 까닭으로 승리를 미리 알 수는 있지만, 억지로 만들 수는 없다고 한다故曰 : 勝可知, 而不可爲"라고 하여 분명하게 "억지로 만들 수는 없다不可爲"고 말했는데, 어째서 또 "만들 수 있다可爲"고 했는지 혼란을 느낄 수 있습니다. 사실 「형」 편은 '형'을 설명한 것으로, '형'은 자신이 평소 준비한 것이기 때문에 "억지로 만들 수는 없다"고 한 것이며, 여기서는 '세'를 설명한 것으로, '세'는 적으로 인해 마련되는 것이기 때문에 "만들 수 있다"고 한 것이니 결코 모순이 아닙니다.

"그런 까닭으로 계책을 세우되 득실의 계산을 알아야 하고"의 원문인 "고책지이지득실지계故策之而知得失之計"는 죽간본에는 "계지[이지]득실지□計之[而知]得失之□"로 되어 있는데, 아마도 원래는 "계지이득실지책計之而知得失之策"이었을 것입니다.

"정탐하되 적의 동정 이치를 알아야 하고"의 원문인 "㈜[후]지이지동정지리㈜[候]之而知動靜之理"는 금본에는 "작지이지동정지리作之而知動靜之理"로 되어 있고, 죽간본에는 "적지이지동[정지리]績之而知動[靜之理]"로 되어 있는데, 정리한 사람은 '적績' 자는 마땅히 길쌈한다는 뜻인 '적'으로 읽어야 한다고 생각했지만 고서에는 대부분 "후지이지동정지리候之而知動靜之理"라고 인용되었습니다. 나는 죽간본은 마땅히 "척지이지동정지리刺之而知動靜之理"로 읽어야 한다고 생각합니다. '績之적지'는 마땅히 '刺之척지'로 읽어야 하는데, '績'과 '刺'은 모두 '자朿'에서 음이 나온 것이며,[7] 금본의 '작作'은 '후候'의 오자입니다. '후候'는 '사후伺候', 곧 망을 보거나 정찰하는 것을 의미하는 것으로, '척剌'과 같은 뜻입니다. '척후剌候(몰래 살피다)'의 '후候'와 '제후諸侯'의 '후候'는 본래 같은 글자였습니다. 고대 제후의 본뜻은 변방의 관문을 지키는 군사 장관입니다. 한나라 때에도 변방의 초소를 여전히 '후관候官'이라 불렀습니다.

"형세를 갖추되 생사의 지형을 알아야 하고"의 원문인 "형지이지사생지지形之而知死生之地"에서 '형지形之'는 바로 뒷문장에서 말하는 '형병形兵', 곧 병력 배치를 가리킵니다. 병력이 지상에 배치되어야 비로소 사지死地와 생지生地가 생깁니다.

"비교하여 남고 부족한 처지를 알아야 한다"의 원문인 "각지이지유여부족지처角之而知有餘不足之處"의 '각지角之'는 실제 비교를 가리킵니다. 쌍방의 병력 배치에서 어느 곳의 병력이 남고 어느 곳의 병력이 모자라는지는 실제 비교를 통해야만 알 수 있습니다.

"그런 까닭으로 군대를 배치하는 지극함은 형세를 드러내지 않아야 한다. 형세를 드러내지 않으면 깊게 침투한 간첩이라도 엿볼 수 없으며, 지혜로운 사람이라도 계획을 세울 수 없다. 형세에 의해 병사들에게 승리를 가져다주어도 병사들은 알 수 없다. 사람들은 모두 내가 이길 수 있는 형세를 만든 것은 알지만 내가 이길 수 있는 형세를 어떻게 제어했는지는 알지 못한다故形兵之極, 至於無形；無形, 則深間不能窺, 智者不能謀. 因形而措勝於衆, 衆不能知, 人皆知我所以勝之形, 而莫知吾所以制勝之形"라는 구절에서 주의해야 할 것은 '형병形兵'의 '형'은 사람이 인위적으로 만든 '형'이라는 점입니다. 이런 '형'은 볼 수도 없고 생각할 수도 없는 '형'이어서 적이 알지 못하고 그들이 보낸 간첩이나 모사도 알지 못할 뿐 아니라 자기편의 많은 병사들도 알지 못하는 것입니다. 장군과 장군 측근의 핵심 인원 이외에는 어느 누구도 알지 못합니다. 여러 사람이 알고 있는 것은 모두 겉으로 드러난 것일 뿐 그 뒤에 숨어 있는 것을 볼 수 없습니다.

"그런 까닭으로 전쟁에서 승리한 방법은 다시 쓸 수 없는데, 형세를 응용해 다함이 없어야 한다故其戰勝不復, 而應形於無窮"라는 구절은, 전세는 '형'으로 '형'에 대응하고, '형'으로 '형'을 이기는 것이지만, '형'의 배후는 볼 수 없는 '세'이기 때문에 매번 똑같지 않고 변화가 무궁무진하다는 뜻입니다. 인췌산 한나라 죽간 『기정』에 "전쟁이란 형세로 이기는 것이다. 형세로 이기지 못할 것이 없지만 이길 수 있는 형세를 아는 사람은 없다. 형세로 이기는 것의 변화는 천지가 서로 가린 것과 같아서 다함이 없다. 형세로 이기는 것은 초나라와 월나라의 많은 대나무로도 다 쓸 수 없을 정도로 많다. 형세는 그 장점으로 이기는 것이다. 한 가지 형세의 장점으로 모든 형세를 이기는 것은 불가능하다. 형세를 제어하는 것은 하나이지만 이기는 것은 한 가지일 수 없다. 그런 까닭으로 싸움을 잘하는 사람은 적의 장점을 보면 적의 단점을 알 수 있고, 적의 부족한 점을 보면 적의 넉넉한 바를 알 수 있다. 승리를 보는 것이 해나 달을 보는 것처럼 명확하다. 승리를 위해 조치하는 것이 물로 불을 끄듯 확실하다戰者, 以形相勝者也. 形莫不可以勝, 而莫知其所以勝之形. 形勝之變, 與天地相敝而不窮. 形勝, 以楚越之竹書之而不足. 形進皆以其勝勝者也. 以一形之勝勝萬形, 不可. 所以制形一也, 所以勝不可一也. 故善戰者, 見敵之所長, 則知其所短 ; 見敵之所不足, 則知其所有餘. 見勝如見日月. 其錯勝也, 如以水勝火"라고 했습니다.

'세'의 특징은 바로 중복되지 않는 것입니다.

전쟁은 속임수다

【6-5】

군대의 형세는 물과 같으니 물의 흐름은 높은 곳을 피해 아래로 흘러가며, 군대의 형세는 견실한 곳을 피하고 허점을 공격한다. 물은 지형에 따라 가는 곳을 제어하며, 군대도 적에 대응하여 승리를 제어한다. 그런 까닭으로 군대는 일정한 형세가 없으며 물도 일정한 형세가 없다. 적의 변화에 따라 승리를 빼앗는 사람을 '신'이라 한다. 그런 까닭으로 오행에 항상 이기는 것이 없고, 사계절에 일정한 위치가 없으며, 낮은 계절에 따라 짧고 깊이 있고, 달도 차고 기움이 있다.

⒡兵形象水, 水之⒡[行]避高而趨下, 兵之形避實而擊虛 ; 水因地而制⒭[行], 兵因敵而制勝. 故兵無常勢, 水無常形. 能因敵變化而取勝者, 謂之神. 故五行無常勝, 四時無常位, 日有短長, 月有死生.

여기서 말하는 '형'은 '형병形兵'의 '형'이며, 허실의 '형'입니다. "물의 흐름은 높은 곳을 피해 아래로 흘러가며"의 원문 "수지⒡[행]피고이추하水之⒡[行]避高而趨下"는 금본에 '수지형水之形'이라고 되어 있는데, 죽간본과 고서 인용문에 따르면 마땅히 '수지행水之行'으로 써야 합니다. "물은 지형에 따라 가는 곳을 제어하며, 군대도 적에 대응하여 승리를 제어한다"의 원문 "수인지이제⒭[행] 병인적이제승水因地而制⒭[行], 兵因敵而制勝"은 금본에 "류流"자로 되어 있는데, 죽간본과 고서 인용문에 따르면 마땅히 "행行"으로 써야 합니다. '수지행水之行'을 '수지류水之流'로 바꾼 것은 통속화를 위한 것이었습니다.

"적의 변화에 따라 승리를 빼앗는 사람을 '신'이라 한다能因敵變化而取

勝者, 謂之神"라고 했는데, 병사를 귀신처럼 부리는 것은 '세'에 달렸습니다. '세'는 '적의 변화에 따르는' 것이며, 일방적인 것은 '세'라 할 수 없습니다. 이것은 바둑을 두는 것과 마찬가지입니다. 만약 혼자서 두는 것이 아니고 다른 사람과 함께 두는 것이라면 일단 물러나는 것을 바둑의 국면에서는 '세'라고 하는데, 모든 것이 '쌍방의 합작'에 달린 것이기 때문에 승리하면 상대에게 감사해야 합니다.

"오행무상승五行無常勝"은 오행, 곧 금金·목木·수水·화火·토土가 상생 상극하며 하나가 다른 하나를 제압하는 것이 마치 동그라미처럼 시작도 없고 끝도 없기 때문에 "오행에 항상 이기는 것이 없다五行無常勝"라고 했습니다. 이런 수술數術을 군사에서도 응용하는데, 병음양이라 합니다. 『한서』「예문지·병서략」에서 "음양이라는 것은 때에 따라 발생하고 형덕刑德을 미루어 보며 투쟁을 따르고 오승五勝을 따르고 귀신을 빌려 돕는 것이다陰陽者, 順時而發, 推刑德, 隨鬪擊, 因五勝, 假鬼神而爲助者"라고 했습니다. '오승'은 바로 오행이 상승相勝하는 것입니다. 후난성湖南省의 후시산虎溪山에서 발굴된 한나라 죽간 가운데 『염씨오승閻氏五勝』이 있는데, 바로 이런 학문을 말한 글입니다.

"사시무상위四時無常位"의 사시는 봄·여름·가을·겨울이 동·서·남·북에 배합되는 것으로, 하나의 계절이 다른 계절을 대체하는 것이 동쪽에서 남쪽으로 가고 서쪽으로 가고 북쪽으로 가는 것처럼 빙글빙글 돌아서 일정한 방위가 없기 때문에 "사계절에 일정한 위치가 없다四時無常位"라고 한 것입니다.

또 원문에 "일유단장日有短長"이라고 했는데, 고대의 역법曆法에서는 날의 길고 짧음이 달랐습니다. 옛사람들은 하루를 16등분해서 '일석십륙분비日夕十六分比'라고 했는데, '일日'은 낮이고 '석夕'은 밤입니다. 낮과 밤의

전쟁은 속임수다

비율은 11 대 5에서 10 대 6, 9 대 7, 8 대 8, 7 대 9, 6 대 10, 5 대 11, 6 대 10, 7 대 9, 8 대 8, 9 대 7, 10 대 6으로 바뀝니다. 춘분과 추분은 8 대 8로 낮과 밤이 같아서 8분分이며, 하지는 낮이 가장 길어서 낮은 11분이고 밤은 5분이며, 동지는 낮이 가장 짧아 낮은 5분이고 밤은 11분입니다. 이렇게 밤낮의 비율이 매달 달라서 "낮은 계절에 따라 짧고 깊이 있다日有短長'라고 한 것입니다. 고대에 시간을 계산하는 중요한 도구로 해시계와 물시계가 있었는데, 모두 낮의 길이를 계산하는 데 사용했습니다.

마지막으로 "월유사생月有死生"이라고 했는데, 달은 밝았다가 어두워지고 찼다가 기우는 모양으로 또한 순환 왕복하니 이것을 월상月相이라 합니다. 음력으로 매달 초를 삭朔(초하루) 또는 비朏(초하루)라고 하고, 중간을 망望(보름)이라 하며, 끝을 회晦(그믐)라고 하여 1일, 15일, 30일에 해당하는 것으로 나누었습니다. 서주시대의 금석문에서 흔히 볼 수 있는 것은 네 종류의 월상인데, 초길初吉·기생패旣生覇·기망旣望·기사패旣死覇가 그것입니다. 청나라 왕궈웨이王國維의 고증에 따르면, 한 달은 네 개의 월상으로 나누어져 네 단락이 되는 것이 마치 서양 역법의 요일제처럼 한 달에 네 주가 있다고 하면서, 이를 '사분월상설四分月相說'이라 불렀습니다.[8] 그러나 한 달은 네 등분하면 나누어 떨어지지 않습니다. 학자들이 이에 대해 다른 해석을 내놓았는데, 정점설定點說·이분이점설二分二點說·이분일점설二分一點說 같은 것들입니다. 근래에 하·상·주의 시대 구분 전문가들이 여러 설을 절충해 제시한 결론은 다음과 같습니다. 초길은 초하루에서 10일까지이며, 기생패는 초승달이 처음 보일 때부터 보름달까지이며, 기망은 보름달 이후 빛나는 달 표면이 두드러지게 어그러지지 않을 때까지이며, 기사패는 달 표면이 어그러질 때부터 달빛이 사라질 때까지입니다.[9] 이 해석은 지금 보기에도 문제가 있습니다. 앞에서 말한 월상은 문헌에 모두 나오는데, 예를 들면 초길은 『시경』「소아小雅·소명小明」 편에, 기생백既生魄은 『상서』「무성武成」 편에, 기망은 『상서』「소고召誥」 편에, 기사백既死魄은 『일주서逸周書』「세부世俘」 편에 보이고, 다른 점은 '패霸'가 '백魄'으로 적힌 것뿐입니다.('霸'와 '魄'은 통용되는 글자로서 모두 달빛이 빛나는 표면을 가리킵니다.) 그러나 이 네 가지가 전부가 아닙니다. 주의해야 할 것은 세 가지 월상이 더 있다는 점인데, 금석문에는 없지만 문헌에는 있습니다. 재생백哉生魄은 『상서』의 「강고康誥」와 「고명顧命」 편에 보이는데 『한서』「율력지」에는 재생패哉生霸로 되어 있으며, 방생백旁生魄은 『일주서』「세부」 편에 보이며, 방사백旁死魄은 『상서』「무성」 편에 보입니다. 이치대로 말하자면 재생백이 있어야 재사백哉死魄이 있게 됩니다. 그러나 최근 주공묘周公廟에서 출토된 갑골문에 재사백이 있습니다. 이 갑골 조각에 대해 나는 짧은 글을 썼는데 아직 게재하지는 못했습니다.[10] 내 생각에 고대 월상은 삼점육단三點六段입니다. 삭朔·망望·회晦가 삼점三點입니다. 아마도 초길은 초하루朔日(또는 초하루 전후)를, 기망은 보름望日(또는 보름 전후)을 가리키는 것이라고 생각합니다. 초하루와 보름 사이의 15일은 똑같이 세 단으로 나눌 수 있는데, 재생백·방생백·기생백이 각각 5일씩입니다. 보름과 그믐 사이의 15일도 똑같이 세 단으로 나눌 수 있는데, 재사백·방사백·기사백이 각각 5일씩입니다. 이렇게 나누면 열흘 단위로 날짜를 세는 방법과도 서로 배합됩니다. 소동파는 추석에 달을 보고 "사람에게는 슬픔과 기쁨, 이별과 만남이 있고, 달은 어둠과 밝음, 차오름과 이지러짐이 있으니 이 일은 예로부터 완전하기 어렵네 人有悲歡離合, 月有陰晴圓缺, 此事古難全"(「수조가두水調歌頭」)라고 노래했습니다. 이른바 '음청원결陰晴圓缺'은 옛사람들이 '생패' '사패' 또는 '생백' '사백'으로 부르던 것입니다. 이렇게 월상의 변화도 순환 반복하기 때문에 "달

전쟁은 속임수다

도 차고 기움이 있다月有死生"라고 한 것입니다.

이상이 바로 「허실」 편의 대체적 내용입니다. 「허실」에 대한 이야기를 마치면서 형세조도 마무리되었습니다. 「허실」을 「형」 「세」와 함께 잘 음미해보기 바랍니다. 이 이야기를 마치면서 우리의 철학 수업도 끝나기 때문입니다.

형세조를 읽노라면 '형'과 '세'는 이것 속에 저것이 있고 저것 속에 이것이 있어서 개념의 경계가 비교적 모호하고 종잡을 수 없다는 생각이 수시로 생길 수 있는데, 이것은 매우 정상입니다. 동일한 물건도 다른 각도에서 보면 그 결과는 아주 다를 수 있기 때문입니다. 소동파의 시문은 불교적 느낌이 아주 많은데, 예를 들면 "가로로 보면 고개, 세로로 보면 봉우리, 멀고 가까움과 높고 낮음이 제각각이네. 여산의 참모습을 알지 못하는 것은 단지 이 몸이 산속에 있기 때문일세橫看成嶺側成峯, 遠近高低各不同. 不識廬山眞面目, 只緣身在此山中"(「서림사 벽에 쓰다題西林壁」)라고 한 것이나 "그 변하는 것에서 보면 천지가 한순간도 같을 수 없고, 변하지 않는 것에서 보면 사물과 내가 모두 다함이 없는 것이다自其變者而觀之, 則天地曾不能以一瞬；自其不變者觀之, 則物與我皆無盡也"(「전적벽부」)라고 한 것들이 그렇습니다. 형세조에 속하는 세 편의 효과도 이와 같습니다.

『손자』에서 형세를 말할 때, 비유를 즐겼습니다. '형'을 말할 때는 깊은 계곡에 가두어둔 물을 트는 것으로 비유했고, '세'를 말할 때는 높은 산에서 돌을 굴리는 것으로 비유했으며, 기정을 말할 때는 쇠뇌의 시위를 당겨 화살을 쏘는 것으로 비유했고, 허실을 말할 때는 돌로 계란을 치는 것으로 비유했습니다. 돌로 계란을 깨뜨릴 때 치자마자 깨지는데, 이 비유는 매우 생동감이 있습니다.

고서에 나타난 '세'

1. 인췌산 한나라 죽간 『손빈병법』의 '세'

"권權, 세勢, 모謀, 사詐는 전쟁에서 급한 것인가?"

손자가 말했다. "아니다. 권은 무리를 모으는 것이며, 세는 병사들로 하여금 반드시 싸우게 하는 것이며, 모는 적으로 하여금 방비하지 못하게 하는 것이며, 사는 적을 곤란하게 하는 것이다. 승리에 도움이 될 수는 있지만 급한 것은 아니다."

"權·埶(勢)·謀·詐, 兵之急者耶?" 孫子曰 : "非也. 夫權者, 所以聚衆也. 埶(勢)者, 所以令士必鬪也. 謀者, 所以令適(敵)無備也. 詐者, 所以困適(敵)也. 可以益勝, 非其急者也."

「위왕문威王問」

손자가 말했다. "전쟁에서 이기는 것은 병사를 뽑는 데 있다. 그 용감함은

전쟁은 속임수다

제도에 있으며, 그 교묘함은 세에 있으며, 그 날카로움은 믿음에 있으며, 그 덕은 도에 있으며, 그 부유함은 빨리 돌아가는 데 있으며, 그 강함은 백성을 보호하는 데 있으며, 그 상함은 자주 싸우는 데 있다."

孫子曰：“兵之勝在於纂(選)卒, 其勇在於制, 其巧在於執(勢), 其利在於信, 其德在於道, 其富在於亟歸, 其强在於休民, 其傷在於數戰."

「찬(선)졸纂(選)卒」

손자가 말했다. "무릇 날카로운 이빨을 머금고 뿔이 달려 있으며, 앞다리 발톱과 뒷다리의 며느리발톱이 있어 기쁠 때는 모이지만 화가 나면 싸우는 것은 자연의 이치로 말릴 수 없다. 그런 까닭으로 하늘로부터 타고난 무기가 없는 인간은 스스로 대비해야 하는데 옛날 성인이 그런 일을 했다. 황제가 검을 만든 것은 진형을 본뜬 것이며, 예가 활을 만든 것은 세를 본뜬 것이며, 우 임금이 배와 수레를 만든 것은 변화를 본뜬 것이며, 상나라 탕왕과 주나라 무왕이 긴 무기를 만든 것은 권술을 본뜬 것이다. 무릇 이 네 가지는 모두 병사의 쓰임이다. 검이 진형을 본뜬 것인지 어떻게 알 수 있는가? 검은 아침저녁으로 몸에 차고 있지만 반드시 사용하는 것은 아니다. 그런 까닭으로 '군대도 진을 치지만 반드시 싸우는 것은 아니기 때문에 검이 진형이다'라고 하는 것이다. 검에 뾰족한 끝이 없다면 비록 맹분처럼 용감한 사람이라도 감히 □□□하지 못한다. 진형에 날카로운 부분이 없다면 비록 맹분처럼 용감한 사람이라도 감히 검을 잡고 전진하지 못하니, 용병의 지극함을 알지 못하기 때문이다. 검에 만약 손잡이가 없다면 비록 뛰어난 선비라도 □□할 수 없다. 진형에 후원군이 없다면 뛰어난 선비라도 용감히 검을 잡고 전진할 수 없으니, 군대의 사정을 알지 못하기 때문이다. 그런 까닭으로 진에는 선봉이 있고 후원군이 있어서 서로 믿고 흔들리지 않으면 적이 반드시 달아난다. 선봉도 없고 후원군도 없으면, …… 활이나 쇠뇌가 세라는 것을 어떻게 알 수 있는가? 어깨와 가슴 사이에서 쏘아서 백 걸음 밖에 있는 적을 죽이지만 그 화살이 어디서 날아왔는지 알지 못한다. 그러므로 활이나 쇠뇌와 같다고 하는 것이다. [배와 수레가] 변화임을 어떻게 알 수 있는가? (…) 긴 무기가 권술임을 어떻게 알 수 있는가? (…) 그러므로 긴 무기는 권술이라고 한다. 이 네 가지는 (…) 이치에 따라 도를 이룬 것이다. 도를 아는 사람은 전쟁에 공이 있고 주장함에 명성이 있다. □ 사용하면서 그 도를 알지 못하는 자는 [전쟁에] 공이 없다. 무릇 전쟁의 도는 네 가지이니, 곧 진, 세, 변화, 권술이다. 이 네 가지를 살피는 것은 강한 적을 깨뜨리고 용감한 장수를 잡기 위한 것이다. (…) 세라는 것은 대비하지 않는 곳을 공격하고 생각하지 못한 곳으로 나오는 것이다. (…) 보기는 쉽지만 적용하기는 어렵다. 권술이란 것은 낮에는 깃발을 많이 사용하고 밤에는 북을 많이 사용하는 것으로 작전을 지휘하는 것이다. 무릇 이 네 가지는 군대의 쓰임이다. □이 모두 사용하지만 그 도를 환히 아는 사람은 없다.

* * *

……□ 이 네 가지를 얻는 자는 살고, 이 네 가지를 잃는 자는 죽는다. □□□□……

孫子曰: "夫陷(含)齒戴角, 前蚤(爪)後鋸(距), 喜而合, 怒而斬(鬪), 天之道也, 不可止也. 故無天兵者自爲備, 聖人之事也. 黃帝作劍, 以陳(陣)象之. 羿(羿)作弓弩, 以埶(勢)象之. 禹作舟車, 以變象之. 湯·武作長兵, 以權象之. 凡此四者, 兵之用也. 何以知劍之爲陳(陣)也?旦莫(暮)服之, 未必用也. 故曰, 陳(陣)而不戰, 劍之爲陳(陣)也. 劍無封(鋒), 唯(雖)孟賁[之勇]不敢□□□. 陳(陣)無蜂(鋒), 非孟賁之勇也敢將而進者, 不知兵之至也. 劍無首鋋, 唯(雖)巧士不能進[□]□. 陳(陣)無後, 非巧士敢將而進者,不智(知)兵之請(情)者. 故有蜂(鋒)有後, 相信不動, 適(敵)人必走. 無蜂(鋒)無後, (…)
□券不道. 何以知弓奴(弩)之爲埶(勢)也?發於肩應(膺)之間, 殺人百步之外, 不識其所
道至. 故曰, 弓弩也. 何以[知舟車]之爲變也?高則……何以知長兵之權也?擊非高下非
(…) 廬毀肩. 故曰, 長兵權也. 凡此四 (…) 所循以成道也. 知其道者, 兵有功, 主有名.
□用而不知其道者, [兵]無功. 凡兵之道四：曰陣, 曰埶(勢), 曰變, 曰權. 察此四者,
所以破强適(敵), 取孟(猛)將也. (…) 埶(勢)者, 攻無備, 出不意, (…) 中之近 (…) 也,
視之近, 中之遠. 權者, 晝多旗, 夜多鼓, 所以送戰也. 凡此四者, 兵之用也. □皆以爲
用, 而莫劈(徹)其道."

＊ ＊ ＊

……□得四者生, 失四者死□□□□……

「세비勢備」

2. 『한비자』의 '세'

현명한 임금이 그 신하를 제어할 수 있는 것은 두 가지 권력뿐이다. 두 가
지 권력이란 형과 덕이다. 무엇을 형과 덕이라 하는가? 죽이는 것을 형이라
하고 상을 주는 것을 덕이라 한다. 신하 된 사람은 형벌에 죽는 것을 두려
워하고 상을 받는 것을 이롭게 여기기 때문에 임금이 스스로 그 형덕을 쓰
면 여러 신하들이 그 위엄을 두려워하고 그 이익으로 모일 것이다. 그런 까
닭으로 세상의 간사한 신하는 그렇지 않아서 자기가 미워하는 바는 그 임
금에게서 권력을 얻어 벌주고 자기가 사랑하는 바는 그 임금의 권력을 얻
어 상을 준다. 지금 임금이 상벌의 위엄이 자기에게서 나오지 않고 신하의
말을 듣고 상벌을 행한다면 온 나라 백성들이 모두 그 신하는 두려워하지

만 그 임금은 깔보게 되어 그 신하에게 모이고 그 임금을 버린다. 이것은 임금이 형덕을 잃은 근심이다. 무릇 호랑이가 개를 굴복시킬 수 있는 까닭은 발톱과 이빨 때문이다. 만약 호랑이의 발톱과 이빨을 뽑아 개에게 쓰게 한다면 호랑이가 오히려 개에게 굴복할 것이다. 임금이란 형덕으로 신하를 제어하는 사람인데, 지금 임금이 그 형덕을 버리고 신하에게 쓰도록 한다면 임금이 도리어 신하에게 제어될 것이다. 그런 까닭으로 제나라의 전상田常이 위로는 작록을 청하여 여러 신하들에게 베풀고 아래로는 되와 곡을 크게 해서 백성들에게 베풀었다. 이것은 간공簡公이 덕을 잃고 전상이 그것을 마음대로 사용한 것이기 때문에 간공은 시해되었다. 자한子罕이 송나라 임금에게 말하기를, "무릇 상을 주는 것은 백성들이 기뻐하는 바이기 때문에 임금께서 직접 하시고, 죽이거나 형벌을 내리는 것은 백성들이 싫어하는 바이기 때문에 제가 감당하겠습니다"라고 했다. 이에 송나라 임금은 형벌을 잃고 자한이 그것을 사용했기 때문에 송나라 임금이 위협을 당했다. 전상은 다만 덕을 사용했지만 간공은 시해되었고, 자한은 다만 형을 사용했지만 송나라 임금은 위협을 당했다. 그런 까닭으로 지금 세상에 신하 된 자가 형덕을 모두 사용한다면 세상 임금들의 위험이 간공이나 송나라 임금보다 심하다. 그런 까닭으로 위협당하고 시해되거나 주위가 가려진 임금 가운데 형덕을 잃고 신하에게 사용하도록 하면서도 위태롭거나 망하지 않은 자는 아직까지 없다.

明主之所導制其臣者, 二柄而已矣. 二柄者, 刑德也. 何謂刑德? 曰 殺戮之謂刑, 慶賞之謂德. 爲人臣者畏誅罰而利慶賞, 故人主自用其刑德, 則群臣畏其威而歸其利矣. 故世之姦臣則不然 所惡, 則能得之其主而罪之 所愛, 則能得之其主而賞之 今人主非使賞罰之威利出於己也, 聽其臣而行其賞罰, 則一國之人皆畏其臣而易其君, 歸其臣而去其君矣. 此人主失刑德之患也. 夫虎之所以能服狗者, 爪牙也. 使虎釋其爪牙而使狗

전쟁은 속임수다

用之, 則虎反服於狗矣. 人主者, 以刑德制臣者也, 今君人者釋其刑德而使臣用之, 則君反制於臣矣. 故田常上請爵祿而行之群臣, 下大斗斛而施於百姓, 此簡公失德而田常用之也, 故簡公見弑. 子罕謂宋君曰 ; "夫慶賞賜予者, 民之所喜也, 君自行之 殺戮刑罰者, 民之所惡也, 臣請當之." 於是宋君失刑而子罕用之, 故宋君見劫. 田常徒用德而簡公弑. 子罕徒用刑而宋君劫. 故今世爲人臣者兼刑德而用之, 則是世主之危甚於簡公·宋君也, 故劫殺擁蔽之主, 非失刑德而使臣用之, 而不危亡者, 則未嘗有也.

「이병二柄」

임금이 법술을 쓰면 대신들은 국정을 마음대로 할 수 없고 측근들도 감히 임금의 권력을 팔 수 없다. 관청에서 법술을 행하면 떠돌던 민중들은 농사일로 달려올 것이며, 떠돌이 병사들은 전장에서 위험을 무릅쓰고 싸우게 될 것이다. 그렇다면 법술이라는 것은 여러 신하와 선비와 민중에게는 재앙이 되는 것이다. 임금이 대신들의 논의를 어기고 백성들의 비방을 뛰어넘어 오직 법술의 도에 맞는 말만 가려 쓰지는 못할 것이니, 법술의 선비가 비록 죽음에 이르더라도 그들의 도는 결코 논해지지 못할 것이다.

主用術則大臣不得擅斷, 近習不敢賣重 ; 官行法則浮萌趨於耕農, 而遊士危於戰陳 ; 則法術者乃群臣士民之所禍也. 人主非能倍大臣之議, 越民萌之誹, 獨周乎道言也, 則法術之士, 雖至死亡, 道必不論矣.

「화씨和氏」

원을 그리면서 그림쇠를 버리고 기교에 맡기며, 백성을 다스리면서 법을 버리고 지혜에 맡기는 것은 미혹되고 어지럽게 하는 도이다.

釋規而任巧, 釋法而任智, 惑亂之道也.

「식사飾邪」

말을 잘 알아보는 백락이 두 사람에게 뒷발질을 잘하는 말을 가려내는 방법을 가르쳤는데, 두 사람이 함께 조간자趙簡子의 마굿간으로 가서 말을 보게 되었다. 그 가운데 한 사람이 발길질 잘하는 말을 골랐다. 다른 한 사람이 그 말의 뒤쪽에서부터 돌며 말의 엉덩이를 세 번이나 만졌지만 말이 뒷발질을 하지 않았다. 이 때문에 먼저 본 사람은 자기가 잘못 감정했다고 여겼다. 그러자 그 사람이 "자네가 감정하는 데 실수한 것이 아닐세. 이 말은 어깨가 굽었고, 앞무릎에 종기가 났네. 무릇 뒷발질 잘하는 말은 뒷발을 들고 발길질할 때 앞발에 몸을 맡기는데, 앞무릎에 종기가 나서 몸무게를 감당할 수 없기 때문에 뒷다리를 들지 못했네. 자네는 발길질을 잘하는 말을 알아보는 데는 뛰어났지만 무릎의 종기를 찾아내는 데는 서툴렀던 것일세"라고 말했다. 무릇 일에는 반드시 귀결되는 것이 있으니 무릎에 종기가 나면 그 몸을 지탱하지 못하는 것은 오로지 지혜로운 사람만 홀로 아는 것이다. 혜자가 말하기를, "원숭이를 우리 안에 넣어두면 돼지와 같다"라고 했다. 그러므로 형세가 편하지 않으면 그 능력을 드러낼 수 없다.

伯樂敎二人相踶馬, 相與之簡子廐觀馬. 一人擧踶馬. 其一人擧踶馬. 其一人從後而循之, 三撫其尻而馬不踶. 此自以爲失相. 其一人曰；"子非失相也. 此其爲馬也, 踒肩而腫膝. 夫踶馬也者, 擧後而任前, 腫膝不可任也, 故後不擧. 子巧於相踶馬而拙於任腫膝." 夫事有所必歸, 而以有所腫膝而不任, 智者之所獨知也. 惠子曰；"置猿於柙中, 則與豚同." 故勢不便, 非所以逞能也.

「설림 하說林下」

법술을 버리고 마음의 다스림에 맡긴다면 요임금이라도 한 나라를 바로잡을 수 없으며, 그림쇠나 곱자를 버리고 제멋대로 헤아린다면 뛰어난 목수인 해중奚仲도 수레바퀴를 만들 수 없으며, 자를 버리고 길이를 짐작한다

전쟁은 속임수다

면 왕이王爾 같은 장인이라도 한가운데를 반으로 나누지 못할 것이다. 보통의 임금으로 법술을 지키게 하고 못난 목수에게 그림쇠와 자를 쓰게 하면 결코 실수하지 않을 것이다. 임금이 현명하고 교묘한 사람도 잘 하지 못하는 바를 버리고, 못난 사람도 결코 실수하지 않는 바를 지킨다면 사람들의 힘을 다 써서 공명을 세울 것이다.

釋法術而任心治, 堯不能正一國, 去規矩而妄意度, 奚仲不能成一輪 廢尺寸而差短長, 王爾不能半中. 使中主守法術, 拙匠執規矩尺寸, 則萬不失矣. 君人者能去賢巧之所不能, 守中拙之所萬不失, 則人力盡而功名立.

「용인用人」

나라는 임금의 수레이며, 권세는 임금의 말이다. 무릇 그 권세에 있으면서 제멋대로 날뛰는 신하를 처벌하지 않고 반드시 두터운 덕을 베풀어 천하 사람들과 함께 하면서 민심을 얻고자 다투는 것, 이것은 임금의 수레를 타지 않고 말의 이로움을 빌리지 않으면서 수레에서 내려 달려가는 것과 같다.

國者, 君之車也 勢者, 君之馬也. 夫不處勢以禁誅擅愛之臣, 而必德厚以與天下齊行以爭民, 是皆不乘君之車, 不因馬之利, 釋車而下走者也.

「외저설 우상外儲說右上」

말몰이의 명수인 조보造父가 밭을 매고 있을 때, 어떤 부자가 수레를 타고 옆을 지나가는데 말이 놀라 가지 않았다. 그 아들은 수레에서 내려 말을 끌고 아버지는 뒤에서 밀다가 조보에게 자신을 도와 수레를 밀어달라고 부탁했다. 그래서 조보가 농기구를 챙기고 마차에 올라가서 부자를 태운 뒤 채찍을 들고 아직 사용하지 않았는데도 말은 벌써 달리기 시작했다. 만약 조보가 말을 다룰 줄 몰랐더라면 비록 온 힘을 다해 그 부자를 도와 수레를 밀었더라도 말은 가려 하지 않았을 것이다. 그러나 몸을 편안히 하고 마차에 오른 채로 남에게 덕을 베풀 수 있었던 것은 말을 다루는 기술이 있었기 때문이다. 그런 까닭으로 나라는 임금의 수레요, 권세는 임금의 말이라고 할 수 있다. 그러므로 기술도 없이 이를 부린다면 몸은 비록 힘들지만 여전히 어지러움을 벗어나지 못할 것이고, 법술이 있어서 이를 부린다면 편안한 곳에 몸을 두고서도 제왕의 공을 이룰 수 있다.

造父方耨, 得有子父乘車過者, 馬驚而不行, 其子下車牽馬, 父子推車, 請造父助我推車. 造父因收器, 輟而寄載之, 援其子之乘, 乃始檢轡持筴, 未之用也, 而馬轡驚矣. 使造父而不能御, 雖盡力勞身助之推車, 馬猶不肯行也. 今使身佚, 且寄載, 有德於人者, 有術而御之也. 故國者, 君之車也, 勢者, 君之馬也. 無術以御之, 身雖勞, 猶不免亂. 有術以御之, 身處佚樂之地, 又致帝王之功也.

「외저설 우하外儲說右下」

신자愼子가 말했다.

"하늘을 나는 용은 구름을 타며, 하늘로 오르려는 뱀은 안개에서 노닌다. 구름이 걷히고 안개가 개고 나면 용과 뱀은 지렁이나 개미와 같으니 그것은 탈 바를 잃었기 때문이다. 현명한 사람이지만 못난 사람에게 굽히는 것은 자신의 권세가 가볍고 지위가 낮기 때문이다. 못난 사람이지만 현명한 사람을 굴복시킬 수 있는 것은 권세가 무겁고 지위가 높기 때문이다. 성군인 요임금이 일반 백성이었다면 세 사람도 다스리지 못했을 것이다. 폭군인 하나라의 걸왕은 천자였으므로 세상을 어지럽힐 수 있었다. 나는 이로써 권세와 지위는 믿을 수 있어도 현명함과 지혜는 부러워할 것이 못 됨을 알았다. 무릇 쇠뇌는 약하지만 화살이 높게 올라가는 것은 바람의 힘을 탔기 때문이며, 자신은 못났어도 그 명령이 잘 시행되는 것은 많은 사람의 도

전쟁은 속임수다

움을 얻을 수 있기 때문이다. 요임금이 비천한 신분으로 가르칠 때는 백성들이 따르지 않을 것이지만, 천하의 임금이 되어 남쪽을 보고 앉아 천하를 다스릴 때는 명령을 하면 곧 시행되고 금지하면 곧 그쳤다. 이로 미루어 본다면 현명함과 지혜만으로는 많은 사람을 굴복시킬 수 없지만, 권세와 지위로는 현명한 사람도 굴복시킬 수 있다."

누군가 신자의 말에 대응해 이렇게 말했다.

"하늘을 나는 용은 구름을 타고, 오르려는 뱀은 안개 속을 노닌다고 하는데, 나는 용과 뱀이 구름과 안개의 세에 의탁하지 않는다고 여기지는 않는다. 무릇 어진 사람을 제쳐놓고 오로지 권세에만 맡겨도 나라가 잘 다스려질 수가 있겠는가? 나는 아직 그러한 예를 보지 못했다. 무릇 구름과 안개의 세가 있어 그것을 타고 노닐 수 있는 것은 용과 뱀의 자질이 뛰어나기 때문이다. 지금 구름이 성하게 피어올라도 지렁이는 날 수 없으며 안개가 짙어도 개미는 노닐 수 없다. 대저 성대한 구름이나 짙은 안개의 세가 있어도 타고 노닐 수 없는 것은 지렁이와 개미의 자질이 미약하기 때문이다. 걸왕과 주왕이 임금이 되어 천하를 다스릴 때, 천자의 위세를 구름이나 안개로 삼았지만 세상이 어지러움을 면하지 못한 것은, 걸왕과 주왕의 능력이 모자랐기 때문이다. 또한 그 사람[신자]은 요임금이 세로써 천하를 잘 다스렸다고 했는데, 그 세라는 것은 걸왕이 세상을 어지럽게 한 세와 어떻게 다른가? 무릇 세라는 것은 반드시 현명한 사람에게는 이용하게 하고, 못난 사람에게는 이용하지 못하게 하는 것이 아니다. 다만 어진 사람이 사용하면 세상이 다스려지고, 못난 사람이 사용하면 세상이 어지러워지는 것이다. 사람이 타고나는 성정은 어진 사람은 적고 못난 사람이 많다. 만약 위세의 이로움으로 세상을 어지럽힐 못난 사람을 돕는다면 세로써 세상을 어지럽히는 일이 많아지고, 세로써 세상을 다스리는 일은 적어질 것이다. 무릇 세는 나라를 다스리는 데 편리하되 세상을 어지럽히는 데도 이롭게 쓰일 수 있다. 그런 까닭으로 『주서』에 말하기를 '호랑이에게 날개를 달아주지 말라, 장차 마을에 날아들어 사람을 골라 잡아먹을 것이다'라고 했는데, 무릇 못난 사람을 세에 편승하게 하는 것은 호랑이에게 날개를 달아주는 것과 같다. 하나라의 걸왕과 은나라의 주왕은 높은 누각과 깊은 연못을 만드는 데 백성들의 힘을 다하게 했고, 포락[11]이라는 형벌로써 백성의 생명을 상하게 했다. 주왕과 걸왕이 이처럼 제멋대로 할 수 있었던 것은 임금의 세가 날개가 되었기 때문이다. 만약 걸왕과 주왕이 일반 백성이었다면 처음부터 한 가지도 행하지 못하고 오히려 자신들이 형벌을 당해 죽었을 것이다. 세라는 것은 호랑이같이 잔인하고 탐욕스런 마음을 길러주어 난폭한 일을 하게 하는 것이니 이는 곧 천하의 큰 근심에 비유할 수 있다. 세는 다스림과 어지러움에 있어 본래 일정한 자리가 있지 않은데도 신자가 주장하는 말에는 세만이 세상을 다스릴 수 있다고 하니, 그것은 곧 지혜가 얕기 때문이다. 무릇 좋은 말과 튼튼한 수레라도 노예에게 몰게 한다면 남의 웃음거리가 되겠지만, 왕량王良과 같은 명인에게 몰게 한다면 하루에 천 리를 달릴 것이다. 수레와 말은 다르지 않은데 어떤 경우는 천 리를 가고 어떤 경우는 남의 웃음거리가 되는 것은 교묘함과 졸렬함의 차이가 크기 때문이다. 지금 임금 자리를 수레로 삼고 권세를 말로 삼으며, 명령을 고삐로 삼고 형벌을 채찍으로 삼아서 요임금이나 순임금에게 몰게 한다면 세상은 잘 다스려지지만, 걸왕과 주왕에게 몰게 한다면 세상이 어지러워지는 것은 곧 어짊과 못남의 차이가 크기 때문이다. 무릇 빨리 달려 멀리 가려고 하면서도 왕량에게 맡길 줄 모르고, 이로움에 나아가고 해로움을 없애려고 하면서도 어질고 능력 있는 사람에게 맡길 줄 모르니, 이것은 곧 유추할 줄 모르는 근심이다. 대저 요임금이나 순임금도 백성을 다스리는 데 있어서는

전쟁은 속임수다

왕량과 같다."

이에 대해 또 다른 사람이 말했다.

"신자는 세라는 것은 믿고 관리를 다스릴 수 있는 것이라 했다. 앞서 반론을 폈던 객은 '반드시 어진 사람이 나타나기를 기다려야 다스려진다'라고 했으나 그렇지 않다. 무릇 세라는 것은, 이름은 하나지만 그 변화는 셀 수 없이 많다. 세가 자연적인 것이라면 더 이상 말할 필요가 없다. 내가 말하는 세는 사람이 만들어내는 것이다. 지금 요임금과 순임금은 세를 얻어서 잘 다스렸고, 걸왕과 주왕은 세를 얻어서 세상을 어지럽혔다고 말하는데, 나도 요임금이나 걸왕이 그렇지 않았다고 말하는 것은 아니다. 그렇지만 앞의 객이 말한 세는 사람이 만들어낸 세가 아니다. 무릇 요임금과 순임금이 나면서부터 임금의 자리에 있다면 비록 걸왕과 주왕이 열 명이 있더라도 어지럽힐 수 없으니 세로 다스리기 때문이다. 또한 걸왕과 주왕도 나면서부터 임금의 자리에 있다면 비록 요임금과 순임금이 열 명이 있더라도 잘 다스릴 수 없으니 세로 어지럽히기 때문이다. 그런 까닭으로 '세로 다스리면 어지럽힐 수 없고, 세로 어지럽히면 다스릴 수 없다'라고 한다. 이것은 자연적인 세이고 사람이 만든 것이 아니다. 나는 사람이 만들 수 있는 것을 말하려 하고, 사람이 자연적으로 얻는 세에 대해서는 말하지 않을 따름이다. 현명함이 무슨 관계가 있으랴! 어떻게 그렇다는 것을 밝히겠는가? 객이 말하기를, 창과 방패를 파는 자가 있었는데, 그 방패의 단단함을 자랑하면서 어떤 것으로도 뚫을 수 없다고 하고, 곧이어 또 그 창을 자랑하면서 창끝의 예리함은 뚫지 못하는 물건이 없다고 했다. 그러자 다른 사람이 그 창으로 그 방패를 찌른다면 어떻게 되겠냐고 묻자 그 사람이 대답을 하지 못하였다'라고 했는데, 뚫을 수 없는 방패와 뚫지 못할 것이 없는 창은 명목상 양립할 수 없다고 생각된다. 무릇 현명함은 세를 위해 금지할 수 없고, 세는 도를 위해 금지하지 못할 것이 없으니, 금지할 수 없는 현명함과 금지하지 못할 것이 없는 세를 함께 말하는 것은 창과 방패의 논리이다. 무릇 현명함과 세가 서로 받아들여지지 못한다는 것 또한 분명하다.

또한 요임금과 순임금, 걸왕과 주왕은 천년에 한 번 나왔는데도 어깨를 나란히 하고 뒤따라 태어난 것처럼 말하는데, 세상의 통치자들은 대체로 보통 수준이고 내가 말하려는 세도 보통 수준이다. 보통 수준은 위로는 요임금과 순임금에 미치지 못하지만 아래로는 걸왕과 주왕처럼 되지도 않아서 법을 지키고 세를 가지면 다스려지고, 법을 어기고 세를 버리면 어지러워진다. 지금 세를 버리고 법을 어기면서 요임금이나 순임금을 기다려서 요임금이나 순임금이 나타나면 곧 다스려지겠지만 이는 천 년 동안 어지러웠다가 한 번 다스려지는 것이다. 법을 지키고 세를 가지면서 걸왕이나 주왕을 기다려 걸왕이나 주왕이 나타나면 곧 어지러워지겠지만 이는 천 년 동안 다스려졌다가 한 번 어지러워지는 것이다. 또한 천년 동안 다스려졌다가 한 번 어지러워지는 것과 한 번 다스려졌다가 천년 동안 어지러워지는 것은 마치 기驥나 이驪와 같은 준마를 타고 반대 방향으로 달리는 것과 같아 서로의 차이가 또한 크다. 무릇 나무가 휜 것을 바로잡는 도구를 버리고 길이를 재는 자의 치수를 버린다면 해중같이 뛰어난 장인에게 수레를 만들게 하더라도 바퀴 하나 만들 수 없을 것이다. 포상의 권장이나 형벌의 위엄도 없이 세를 놓아두고 법을 버린다면 요임금이나 순임금이 집집마다 설득하고 사람마다 타일러도 세 집도 다스릴 수 없을 것이다. 무릇 세도 쓸 만하다는 것은 또한 분명하되, '반드시 현인을 기다려야 한다'고 말하는 것 또한 옳지 않다.

또한 백 일 동안 먹지 않고 좋은 쌀과 맛있는 고기를 기다리게 한다면 굶주린 사람은 살지 못한다. 만약 요임금이나 순임금 같은 어진 사람을 기다려

전쟁은 속임수다

지금 세상의 백성을 다스리게 한다면 이것은 마치 좋은 쌀과 맛있는 고기를 기다려서 굶주림을 해결한다는 말과 같다. 앞의 객은 '무릇 좋은 말과 튼튼한 수레라도 노예에게 몰게 한다면 남의 웃음거리가 되겠지만 왕량 같은 명인에게 몰게 한다면 하루에 천 리를 달릴 것'이라고 했지만 나는 그렇게 생각하지 않는다. 저 멀리 있는 월나라 사람 가운데 헤엄을 잘 치는 사람을 기다려 중원의 나라에서 물에 빠진 사람을 구하려 한다면 월나라 사람이 헤엄을 잘 친다 하더라도 물에 빠진 사람을 구하지 못할 것이다. 무릇 옛날의 왕량을 기다려서 지금의 말을 부리게 하는 것 역시 월나라 사람에게 중원의 물에 빠진 사람을 구하게 하는 것과 같은 말이니 불가한 일임이 또한 분명하다. 무릇 좋은 말과 튼튼한 수레를 오십 리마다 하나씩 두고 보통의 마부에게 부리게 한다면 빠른 것도 추구하고 먼 곳에 가는 것도 충분히 할 수 있어서 하루에 천 리를 가니 어찌 반드시 옛날의 왕량을 기다릴 필요가 있겠는가? 또한 말을 부리는 데 왕량을 시킬 수 없다면 반드시 노예를 시키게 되어 실패할 것이며, 나라를 다스리는 데 요임금과 순임금을 시킬 수 없다면 반드시 걸왕이나 주왕을 시키게 되어 어지럽게 할 것이라고 한다. 이것은 맛에는 엿과 꿀처럼 달콤한 것이 아니면 반드시 고들빼기나 미나리처럼 쓴 것밖에 없다고 하는 것과 같다. 이것은 말을 거듭 모아 놓은 것으로 논리에서 벗어나 타당성을 잃은 양극단의 논의이다. 어찌 도리에 맞는 말을 비난할 수 있겠는가? 객의 논의는 신자의 논의에 미치지 못한다.

愼子曰：“飛龍乘雲, 騰蛇遊霧, 雲罷霧霽, 而龍蛇與螾螘同矣, 則失其所乘也. 賢人而詘於不肖者, 則權輕位卑也. 不肖而能服於賢者, 則權重位尊也. 堯爲匹夫, 不能治三人. 而桀爲天子, 能亂天下. 吾以此知勢位之足恃而賢智之不足慕也. 夫弩弱而矢高者, 激於風也. 身不肖而令行者, 得助於衆也. 堯敎於隸屬而民不聽, 至於南面而王天下, 令則行, 禁則止. 由此觀之, 賢智未足以服衆, 而勢位足以缶賢者也.”

應愼子曰；"飛龍乘雲, 騰蛇遊霧, 吾不以龍蛇爲不託於雲霧之勢也. 雖然, 夫釋賢而專任勢, 足以爲治乎? 則吾未得見也. 夫有雲霧之勢而能乘遊之者, 龍蛇之材美之也. 今雲盛而蚓弗能乘也, 霧釀而螘不能遊也, 夫有盛雲醲霧之勢而不能乘遊者, 蚓螘之材薄也. 今桀·紂南面而王天下, 以天子之威爲之雲霧, 而天下不免乎大亂者, 桀·紂之材薄也. 且其人以堯之勢以治天下也, 其勢何以異桀之勢也, 亂天下者也. 夫勢者, 非能必使賢者用己, 而不肖者不用己也. 賢者用之則天下治, 不肖者用之則天下亂. 人之情性, 賢者寡而不肖者衆, 而以威勢之利濟亂世之不肖人, 則是以勢亂天下者多矣, 以勢治天下者寡矣. 夫勢者, 便治而利亂者也. 故『周書』曰 毋爲虎傅翼, 將飛入邑, 擇人而食之. 夫乘不肖人於勢, 是爲虎傅翼. 桀·紂爲高臺深池以盡民力, 爲砲烙以傷民性, 桀·紂得乘四行者, 南面之威爲之翼也. 使桀·紂爲匹夫, 未始行一而身在刑戮矣. 勢者, 養虎狼之心而成暴亂之事者也, 比天下之大患也. 勢之於治亂, 本未有位也, 而語專言勢之足以治天下者, 則其智之所至者淺矣. 夫良馬固車, 使臧獲御之則爲人笑, 王良御之而日取千里. 車馬非異也, 或至乎千里, 或爲人笑, 則巧拙相去遠矣. 今以國位爲車, 以勢爲馬, 以號令爲轡, 以刑罰爲鞭筴, 使堯·舜御之則天下治, 桀·紂御之則天下亂, 則賢不肖相去遠矣. 夫欲追速致遠, 不知任王良 欲進利除害, 不知任賢能, 此則不知類之患也. 夫堯·舜亦治民之王良也."

復應之曰；"其人以勢爲足恃以治官 客曰 必待賢乃治, 則不然矣. 夫勢者, 名一而變無數者也. 勢必於自然, 則無爲言於勢矣. 吾所爲言勢者, 言人之所設也. 今曰 堯·舜得勢而治, 桀·紂得勢而亂, 吾非以堯·舜爲不然也. 雖然, 非人之所得設也. 夫堯·舜生而在上位, 雖有十桀·紂不能亂者, 則勢治也 桀·紂亦生而在上位, 雖有十堯·舜而亦不能治者, 則勢亂也. 故曰 勢治者則不可亂, 而勢亂者則不可治也. 此自然之勢也, 非人之所得設也. 若吾所言, 謂人之所得設也. 若吾所言, 謂人之所得勢也而已矣, 賢何事焉? 何以明其然也? 客曰 人有鬻矛與楯者, 譽其楯之堅, '物莫能陷也', 俄而又譽其矛曰 '吾矛之利, 物無不陷也.' 人應之曰 '以子之矛, 陷子之楯, 何如?' 其人弗能應也. 以爲不

可陷之楯, 與無不陷之矛, 爲名不可兩立也. 夫賢之爲勢不可禁, 而勢之爲道也無不禁,
以不可禁之賢與無不禁之勢, 此矛楯之說也. 夫賢勢之不相容亦明矣. 且夫堯·舜, 桀·
紂千世而一出, 是比肩隨踵而生也. 世之治者不絶於中, 吾所以爲言勢者, 中也. 中者,
上不及堯·舜, 而下亦不爲桀·紂. 抱法處勢, 則治 背法去勢, 則亂. 今廢勢背法而待
堯·舜, 堯·舜至乃治, 是千世亂而一治也. 抱法處勢而待桀·紂, 桀·紂至乃亂, 是千世
治而一亂也. 且夫治千而亂一, 與治一而亂千也, 是猶乘驥駬而分馳也, 相去亦遠矣.
夫棄隱栝之法, 去度量之數, 使奚仲爲車, 不能成一輪. 無慶賞之勸, 刑罰之威, 釋勢委
法, 堯·舜戶說而人辯之, 不能治三家. 夫勢之足用亦明矣, 而曰'必待賢', 則亦不然矣.
且夫百日不食以待梁肉, 餓者不活 今待堯·舜之賢乃治當世之民, 是猶待梁肉而救餓之
說也. 夫曰'良馬固車, 臧獲御之則爲人笑, 王良御之則日取乎千里', 吾不以爲然. 夫待
越人之善海游者, 以救中國之溺人, 越人善游矣, 而溺者不濟矣. 夫待古之王良以馭今
之馬, 亦猶越人救溺之說也. 不可亦明矣. 夫良馬固車, 五十里而一置, 使中手御之, 追
速致遠, 可以及也, 而千里可日至也, 何必待古之王良乎! 且御非使王良也, 則必使臧
獲敗之 治非使堯·舜也, 則必使桀·紂亂之. 此味非飴蜜也, 必苦茱·亭歷也. 此則積
辯累辭, 離理失術, 兩未之議也, 奚可以難夫道理之言乎哉? 客議未及此論也."

「난세難勢」

무릇 법치에 매우 밝은 사람은 법술에 맡기고 사람에게 맡기지 않는다. 이
런 까닭으로 법술이 행해지는 나라는 명예를 쓰지 않으니 적이 없으며 나
라 안이 반드시 다스려지는 것은 법술에 맡기기 때문이다. 망하는 나라가
적이 나라 안에서 공공연히 활동해도 포위하여 막지 못하는 것은 사람에
게 맡기고 법술이 없기 때문이다. 스스로 공격하는 것은 사람이며 남을 공
격하는 것은 법술이다. 그런 까닭으로 법술이 있는 나라는 말을 물리치고
법술에 맡긴다. 무릇 부당한 공적 가운데 관례에 따른 것은 알기 어렵고,

허물이 드러난 것도 교묘한 말로 꾸민 것은 알기 어렵기 때문에 상벌이 일관성 없이 헷갈리게 된다. 이른바 관례에 따른 것으로 알기 어려운 것은 간사한 공적이며, 신하의 허물을 알기 어려운 것은 근원이 잘못된 것이다. 도리에 따르더라도 거짓된 공적을 알기 어렵고, 인정을 헤아리면 간사한 근본에 속기 쉬우니 두 가지가 어찌 잘못이 없을 수 있겠는가? 이로써 거짓 공적이 있는 선비는 나라 안에서 명예를 드러내고, 말 잘하는 사람은 나라 밖에서 책략을 꾸민다. 그런 까닭으로 어리석은 사람과 겁쟁이, 용감한 사람과 지혜로운 사람이 서로 이어 공허한 도道로써 세속에 빌붙고 세상에 받아들여진다. 그런 까닭으로 그 법은 쓰이지 않고 형벌도 죄인에게 시행되지 못한다. 이와 같으면 형벌과 상이 어찌 둘로 나누어지지 않을 수 있겠는가? 사실과 거짓이 드러나더라도 법이 그 헤아림을 그르치게 된다. 그 헤아림을 그르치게 되는 것은 법이 그렇게 한 것이 아니라 법이 정해졌는데도 사람에게 맡기기 때문이다. 법을 버리고 지혜에 맡기면 일을 맡은 사람이 어찌 책무를 알 수 있겠는가? 책무와 맡은 일이 서로 일치하지 않으면 법에 어찌 그르침이 없을 수 있으며, 형벌에 어찌 번거로움이 없을 수 있겠는가? 이런 까닭으로 상벌은 어지러워지고, 나라의 다스림은 어긋나고 잘못되니, 형벌과 포상의 구분이 분명하지 않기 때문이다.

夫治法之至明者, 任數不任人. 是以有術之國, 不用譽則毋適, 境內必治, 任數也. 亡國使兵公行乎其地, 而弗能圉禁者, 任人而無數也. 自攻者人也, 攻人者數也. 故有術之國, 去言而任法. 凡畸功之循約者難知, 過刑之於言者難見也, 是以刑賞惑乎貳. 所謂循約難知者, 姦功也 臣過之難見者, 失根也. 循理不見虛功, 度情詭乎姦根, 則二者安得無 兩失也? 是以虛士立名於內, 而談者爲略於外, 故愚·怯·勇·慧相連而以虛道屬俗而容乎世. 故其法不用, 而刑罰不加乎儍人. 如此, 則刑賞安得不容其二? 實故有所至, 而理失其量, 量之失, 非法使然也, 法定而任慧也. 釋法而任慧者, 則受事者安得

전쟁은 속임수다

其務? 務不與事相得, 則法安得無失, 而刑安得無煩? 是以賞罰擾亂, 邦道差誤, 刑賞
之不分白也.

「제분制分」

3. 인췌산 한나라 죽간 『기정』에서 논한 기정

기정奇正.

하늘과 땅 사이의 이치는 극에 달하면 돌아오는데, 가득 차면 곧 이지러지는 것은 해와 달이 그러하다. 번갈아 가며 흥하고 번갈아 가며 쇠하는 것은 사계절이 그러하다. 이기는 것도 있고 이기지 못하는 것도 있는 것은 오행이 그러하다. 태어나면 죽는 것은 만물이 그러하다. 여유가 있는 것도 있고 부족한 것도 있는 것은 형과 세가 그러하다.

그런 까닭으로 형세가 있는 무리는 이름을 붙일 수 없는 것이 없고, 이름이 있는 무리는 이기지 못할 것이 없다. 그런 까닭으로 성인은 만물의 장점으로 만물을 이기기 때문에 끊임없이 이길 수 있다.

전쟁이란 형세로 이기는 것이다. 형세로 이기지 못할 것이 없지만 이길 수 있는 형세를 아는 사람은 없다. 형세로 이기는 것의 변화는 천지가 서로 가린 것과 같아서 다함이 없다. 형세로 이기는 것은 초나라와 월나라의 많은 대나무로도 다 쓸 수 없을 정도로 많다. 형세는 그 장점으로 이기는 것이다. 한 가지 형세의 장점으로 모든 형세를 이기는 것은 불가능하다. 형세를 제어하는 것은 하나이지만 이기는 것은 한 가지일 수 없다. 그런 까닭으로 싸움을 잘하는 사람은 적의 장점을 보면 적의 단점을 알 수 있고, 적의 부족한 점을 보면 적의 넉넉한 바를 알 수 있다. 승리를 보는 것이 해나 달을 보는 것처럼 명확하다. 승리를 위해 조치하는 것이 물로 불을 끄듯 확실하다.

형세를 드러내 형세에 대응하는 것은 정正이며, 형세가 없이 형세를 제어하는 것은 기奇이다. 기와 정이 다함이 없는 것은 분分이다. 기의 수술로 나누고 오행으로 제어하며 [형][명]으로 싸운다. 나누어짐이 정해지면 형세가 드러나며 형세가 정해지면 이름이 있다.

같은 방법으로는 이길 수 없기 때문에 다른 방법을 기로 삼는다.

이런 까닭으로 고요함은 움직임의 기이며, 편안함은 수고로움의 기이며, 배부름은 배고픔의 기이며 다스림은 어지러움의 기이며, 많음은 적음의 기이다.

드러내면 정이 되며 드러내지 않으면 기가 된다. 기를 드러내서 적이 응수하지 못하면 이길 수 있다. 여기餘奇가 있는 자는 남들보다 뛰어나게 이길 수 있다.

그런 까닭으로 관절 하나가 아프면 모든 관절을 쓰지 못하는 것은 한몸이기 때문이며, 먼저 지고 나면 다시 쓰지 못하는 것은 형세가 같기 때문이다. 그런 까닭으로 전쟁의 형세는 큰 진은 [끊][어][지][지] 않고 작은 진은 [흩][어][진][다]. 후원군이 선봉을 타고 넘어서는 안 되며, 선봉이 후원군을 막아서는 안 된다. 전진하는 자는 나아갈 길이 있어야 하며, 물러나는 자는 들어갈 길이 있어야 한다.

상을 주지 않고 벌을 내리지 않아도 백성들이 명령을 듣는 것은, 그 명령을 백성들이 실행할 수 있기 때문이다. 상은 후하고 벌은 약한데도 백성들이 그 명령을 듣지 않는 것은, 그 명령을 백성들이 실행할 수 없기 때문이다. 만약 백성들이 비록 이롭지 못한데도 죽을 곳으로 나아가서 발걸음을 돌리지 않는 것은 맹분孟賁 같은 용감한 사람도 하기 어려운 일인데, 백성들에게 그렇게 하라고 꾸짖는다면 이것은 물을 거꾸로 흐르게 하는 것과 같

전쟁은 속임수다

다, 그런 까닭으로 전쟁의 형세는 이긴 자에게는 이익을 더해 주고 진 자에게는 [장수가] 죄를 대신 받으며, 수고한 자에게는 쉬게 하고 굶주린 자에게는 먹게 한다. 그런 까닭으로 백성들이 적을 보되 죽음을 보지 않으며, 흰 칼날을 밟고서도 발걸음을 돌리지 않는다. 그런 까닭으로 물이 흘러가는 이치를 알면 돌을 띄워 배를 부술 수 있으며, 백성을 부릴 때 그 마음을 얻으면 물처럼 흘러가게 할 수 있다. 487

天地之理, 至則反, 盈則敗, 日月是也. 代興代廢, 四時是也. 有勝有不勝, 五行是也. 有生有死, 萬物是也. 有能有不能, 萬生是也. 有所有餘, 有所不足, 形勢是也.

故有形之徒, 莫不可名. 有名之徒, 莫不可勝. 故聖人以萬物之勝勝萬物, 故其勝不屈.

戰者, 以形相勝者也. 形莫不可以勝, 而莫知其所以勝之形. 形勝之變, 與天地相敝而不窮. 形勝, 以楚越之竹書之而不足. 形進皆以其勝勝者也. 以一形之勝勝萬形, 不可. 所以制形一也, 所以勝不可一也. 故善戰者, 見敵之所長, 則知其所短 ; 見敵之所不足, 則知其所有餘. 見勝如見日月. 其錯勝也, 如以水勝火.

形以應形, 正也 ; 無形而制形, 奇也. 奇正無窮, 分也. 分之以奇數, 制之以五行, 鬪之以刑名. 分定則有形矣, 形定則有名[矣]

同不足以相勝也, 故以異爲奇.

是以靜爲動奇, 佚爲勞奇, 飽爲飢奇, 治爲亂奇, 衆爲寡奇.

發而爲正, 其未發者奇也. 奇發而不報, 則勝矣. 有餘奇者, 過勝者也.

故一節痛, 百節不用, 同體也. 前敗而後不用, 同形也. 故戰勢, 大陣不斷, 小陣乃解.

後不得乘前, 前不得然後, 進者有道出, 退者有道入.

賞未行, 罰未用, 而民聽令者, 其令, 民之所能行也. 賞高罰下, 而民不聽其令者, 其令, 民之所不能行也. 使民雖不利, 進死而不旋踵, 孟賁之所難也, 而責之民, 是使水逆流也. 故戰勢, 勝者益之, 敗者代之, 勞者息之, 飢者食之. 故民見圍人而未見死, 蹈白刃而不旋踵. 故行水得其理, 漂石折舟 ; 用民得其性, 則令行如流. 四百八十七

4. 이정李靖이 논한 기정

태종이 말했다.

"고구려가 자주 신라를 침범해 짐이 사신을 보내 깨우쳐주었으나, 조칙을 받들지 않으므로 장차 토벌하려 하오. 어떻게 생각하시오?"

이정이 말했다.

"탐지해 보았더니 연개소문이 스스로 병법을 잘 아는 것을 믿고 중국이 쳐들어오지 못할 것이라 여기고 있습니다. 그 때문에 우리의 명령을 어기는 것입니다. 신은 군사 삼만 명으로 그를 사로잡기를 청합니다."

태종이 말했다.

"병력은 적고 그 지역은 먼데 어떤 병법으로 대처하려오?"

이정이 말했다.

"신은 정병正兵으로 할 것입니다."

태종이 말했다.

"돌궐을 평정할 때는 기병奇兵을 썼는데 지금 정병으로 하는 것은 무슨 까닭이오?"

이정이 말했다.

"제갈량이 일곱 번 놓아주었다가 다시 일곱 번 사로잡는 방법으로 맹획孟獲을 사로잡았던 것은 다른 방법이 아니라 정병의 방법을 썼을 따름입니다."

태종이 말했다.

"진晉나라의 마융馬隆이 양주를 토벌할 때 또한 팔진도에 따라 편상거를 만들었소. 지역이 넓으면 녹각거을 사용해 군영을 만들고, 길이 좁으면 그 수레 위에 나무로 집을 만들어 싸우면서 앞으로 나아갔소. 정병은 옛사람

전쟁은 속임수다

들이 중히 여기던 바임을 믿을 수 있겠소?"

이정이 말했다.

"신이 돌궐을 토벌할 때 서쪽으로 수천 리를 행군하면서 만약 정병을 쓰지 않았다면 어찌 그 먼 곳까지 갈 수 있었겠습니까! 편상거와 녹각거는 정병의 큰 요체이니 첫째 병력을 다스리고, 둘째 앞을 막으며, 셋째 대오를 단단히 결속하는 이 세 가지를 번갈아 사용하는 것입니다. 마융은 옛 전법을 터득한 바가 심오합니다."

太宗曰："高麗數侵新羅, 朕譴使諭, 不奉詔, 將討之, 如何?" 靖曰："探知蓋蘇文自恃知兵, 謂中國無能討, 故違命. 臣請師三萬擒之." 太宗曰："兵少地遙, 以何術臨之?" 靖曰："臣以正兵." 太宗曰："平突厥時用奇兵, 今言正兵, 何也?" 靖曰："諸葛亮七擒孟獲, 無他道也, 正兵而已矣." 太宗曰："晉馬隆討涼州, 亦是依八陣圖, 作偏箱車. 地廣, 則用鹿角車營；路狹, 則爲木屋施於車上, 且戰且前. 信乎, 正兵古人所重也!" 靖曰："臣討突厥, 西行數千里. 若非正兵, 安能致遠? 偏箱·鹿角, 兵之大要, 一則治力, 一則前拒, 一則束部伍, 三者迭相爲用. 斯馬隆所得古法深矣."

태종이 말했다.

"짐이 송노생宋老生을 깨뜨릴 때 처음 칼날이 부딪치자 우리 군사가 조금 물러났소. 이때 짐이 직접 철기군을 거느리고 남쪽 언덕에서 말을 몰아 옆으로 돌진해 들어갔소. 그리하여 송노생의 군대는 그 후미가 끊어져 크게 무너졌고 드디어 그를 사로잡았소. 이것은 정병이오, 아니면 기병이오?"

이정이 말했다.

"폐하는 하늘에서 성스러운 무공을 내려주었으니 배워서 잘 하시는 것이 아닙니다. 신이 병법을 살펴보았더니 황제黃帝 이래로 정병을 먼저 쓰고 기병은 나중에 썼으며, 인의를 먼저 하고 권모술수는 나중에 했습니다. 또

곽읍霍邑의 전투에서 군사가 정의로 일어선 것은 정병이며, 건성建成[12]이 말에서 떨어지자 우군右軍이 조금 물러난 것은 기병입니다."

태종이 말했다.

"그 당시 조금 물러섰을 때 거의 큰일을 그르칠 뻔했는데 어찌 기병이라 말할 수 있겠소?"

이정이 말했다.

"무릇 병법에서 앞으로 향해 나아가는 것을 정正으로 여기며, 뒤로 물러서는 것을 기奇라 여깁니다. 그리고 우군右軍이 물러서지 않았다면 노생이 어찌 앞으로 나왔겠습니까? 『병법』에 '이롭게 하여 적을 유인하며 적을 혼란스럽게 하여 빼앗는다'고 했으니, 노생은 병법을 모르면서 자신의 용맹만을 믿고 급히 진격해 나오면서 그 후미가 끊어질 줄은 생각지도 못했기에 폐하에게 사로잡힌 것입니다. 이것이 이른바 기로써 정을 삼는다는 것입니다."

태종이 말했다.

"한나라 곽거병霍去病은 저절로 손자나 오자의 병법에 부합하였다고 하더니 진실로 이런 것이 있었구려! 당시 우군右軍이 물러나자 고조께서 얼굴이 하얗게 되었지만 내가 분격하자 도리어 나의 이익이 되었소. 손자와 오자의 병법이 저절로 딱 맞아떨어졌으니 경은 참으로 말뜻을 잘 아는구려."

태종이 말했다.

"무릇 병사가 물러나는 것을 모두 기라 할 수 있소?"

이정이 말했다.

"그렇지 않습니다. 무릇 병사가 물러날 때 깃발이 흔들려 가지런하지 않으며, 북소리가 크고 작아서 응하지 않으며, 명령이 시끄러워도 한결같지 않다면 이것은 진짜로 물러나는 것이지 기가 아닙니다. 만약 깃발이 가지런하고 북소리에 호응하며 명령이 한결같은데도 어지럽게 흩어진다면 비록

전쟁은 속임수다

물러난다고 해도 패주하는 것이 아니라 반드시 기가 있습니다. 『병법』에 '거짓으로 도망가면 뒤쫓지 말라'고 했고 또 '잘할 수 있으면서도 잘하지 못하는 듯 보여라'라고 했으니, 모두 기를 말하는 것입니다."

태종이 말했다.

"곽읍의 전투에서 우군右軍이 조금 물러난 것은 하늘의 뜻이며, 노생이 사로잡힌 것은 사람의 힘이오?"

이정이 말했다.

"만약 정병이 기병으로 변하지 않고 기병이 정병으로 변하지 않았다면 어찌 이길 수 있었겠습니까? 그런 까닭으로 용병을 잘하는 사람은 기정이 사람에게 달렸을 뿐입니다. 변하여 귀신같이 하는 것은 하늘의 뜻을 잘 따랐기 때문입니다."

태종이 머리를 끄덕였다.

太宗曰："朕破宋老生, 初交鋒, 義師少卻. 朕親以鐵騎自南原馳下, 橫突之, 老生兵斷後, 大潰, 遂擒之. 此正兵乎? 奇兵乎?" 靖曰："陛下天縱聖武, 非學而能. 臣按兵法, 自黃帝以來, 先正而後奇, 先仁義而後權譎. 且霍邑之戰, 師以義舉者, 正也；建成墜馬, 右軍少卻者, 奇也." 太宗曰："彼時少卻, 幾敗大事, 曷謂奇邪?" 靖曰："凡兵以前向爲正, 後卻爲奇, 且右軍不卻, 則老生安致之來哉?"『法』曰：'利而誘之, 亂而取之.' 老生不知兵, 恃勇急進, 不意斷後, 見擒於陛下. 此所謂以奇爲正也." 太宗曰："霍去病暗與孫·吳合, 誠有是乎！當右軍之卻也, 高祖失色, 及朕奮擊, 反爲我利, 孫·吳暗合, 卿實知言."

太宗曰："凡兵卻, 皆謂之奇乎?" 靖曰："不然. 夫兵卻, 旗參差而不齊, 鼓大小而不應, 令喧囂而不一, 此眞敗卻也, 非奇也；若旗齊鼓應, 號令如一, 紛紛紜紜, 雖退走, 非敗也, 必有奇也."『法』曰：'佯北勿追', 又曰：'能而示之不能'. 皆奇之謂也." 太宗曰："霍邑之戰, 右軍少卻, 其天乎? 老生被擒, 其人乎?" 靖曰："若非正兵變爲奇, 奇兵變

태종이 말했다.

“기정은 본래 나누어진 것이오? 때에 따라 제어하는 것이오?”

이정이 말했다.

“조조의 『조공신서』를 보니 ‘자신은 둘이고 적은 하나라면 한 가지 기술은 정으로 하고 한 가지 기술은 기로 한다. 자신이 다섯이고 적이 하나라면 세 가지 기술은 정으로 하고 두 가지 기술은 기로 한다’고 했습니다. 이 말은 대략을 말했을 뿐입니다. 오직 손무가 ‘전세는 기와 정 두 가지에 불과하지만, 기정이 변화하면 다 알 수 없다. 기정은 상생하여 순환하는 것이 끝이 없는 듯하니 누가 다할 수 있겠는가’라고 했으니, 이것을 알면 되지 어찌 본래 나누어짐을 따지겠습니까? 만약 병졸들이 아직 나의 방법에 익숙하지 않고 편장과 비장이 나의 명령에 익숙하지 않다면 반드시 두 가지 기술을 마련해야 합니다. 전투를 가르칠 때 각자 깃발의 신호를 알고 번갈아 나누어지고 모이기 때문에 분산과 집합으로 변화를 삼는 것이니 이것은 전쟁을 가르치는 기술일 뿐입니다. 교련과 열병이 이미 끝나고 무리들이 나의 방법을 알고 난 뒤에는 마치 양 떼를 모는 것처럼 장수가 지시하는 바를 따르니 누가 기정의 구별을 나눌 수 있겠습니까? 손무가 ‘적에게 형세를 드러내게 하고 우리는 형세를 드러내지 않는다’라고 했는데, 이것이 바로 기정의 극치입니다. 이런 까닭으로 본래 나누어지는 것은 교련과 열병이며, 때에 맞추어 변화를 제어하는 것은 다함이 없습니다.”

태종이 말했다.

“깊고 깊도다! 조조는 반드시 알고 있었을 것이오. 다만 『신서』는 여러 장수들에게 준 것일 뿐 기정의 본래 법칙은 아니오.”

태종이 또 말했다.

"조조는 '기병은 옆으로 공격한다'고 했는데, 경은 어떻게 생각하시오?"

이정이 말했다.

"신이 조조가 『손자』를 풀이한 것을 보니, '먼저 전술을 내어 함께 싸우는 것이 정이며 뒤에 내는 것이 기'라고 했는데, 이것은 옆으로 공격한다는 말과는 다릅니다. 신의 어리석은 생각으로는 무리가 서로 함께 싸우는 것을 정이라 하고, 장수가 스스로 내는 것을 기라고 하는 듯하니, 어찌 먼저와 나중, 옆으로 공격하는 것에 구애되겠습니까?"

태종이 말했다.

"'나의 정'을 적이 기로 여기도록 하고, '나의 기'를 적이 정으로 여기도록 하는 것이 이른바 '적에게 거짓을 드러내는 것'이오? 기로 정을 삼고, 정으로 기를 삼아 변화를 헤아릴 수 없는 것이 이른바 '형체를 드러내지 않는 것'이오?"

이정이 두 번 절하면서 말했다.

"폐하의 신묘한 지혜는 옛사람들보다 훨씬 뛰어나니 신이 미칠 바가 아닙니다."

太宗曰: "奇正素分之歟? 臨時制之歟?" 靖曰: "按『曹公新書』曰: '己二而敵一, 則一術爲正, 一術爲奇 ; 己五而敵一, 則三術爲正, 二術爲奇.' 此言大略耳. 惟孫武云: '戰勢不過奇正, 奇正之變, 不可勝窮. 奇正相生, 如循環之無端, 孰能窮之?' 斯得之矣, 安有素分之邪? 若士卒未習吾法, 偏裨未熟吾令, 則必爲之二術. 敎戰時, 各認旗鼓, 迭相分合, 故曰分合爲變, 此敎戰之術爾. 敎閱旣成, 重知吾法, 然後如驅群羊, 由將所指, 孰分奇正之別哉? 孫武所謂'形人而我無形', 此乃奇正之極致. 是以素分者, 敎閱也 ; 臨時制變者, 不可勝窮也." 太宗曰: "深乎, 深乎! 曹公必知之矣. 但『新書』所以授諸將而已, 非奇正本法." 太宗曰: "曹公曰: '奇兵旁擊', 卿謂若何?" 靖曰: "臣按曹公注『孫子』曰：'先出合戰爲正, 後出爲奇.' 此與旁擊之說異焉. 臣愚謂大重所合 爲正, 將所自出爲奇, 烏有先後旁擊之說哉?" 太宗曰："吾之正, 使敵視以爲奇；吾之 奇, 使敵視以爲正, 斯所謂'形人者'歟? 以奇爲正, 以正爲奇, 變化莫測, 斯所謂'無形 者'歟?" 靖再拜曰："陛下神聖, 迥出古人, 非臣所及."

태종이 말했다.

"분산과 집합을 변화로 삼는 것에서 기정은 어디에 있소?"

이정이 말했다.

"용병에 뛰어난 사람은 정이 아닌 것도 없고, 기가 아닌 것도 없어 적으로 하여금 헤아릴 수 없도록 합니다. 그러므로 정으로 싸워도 이기고 기로 싸워도 이깁니다. 삼군의 병사들은 오직 이기는 것만 알 뿐 이기게 된 까닭은 알지 못하니 변화하여 통달할 수 있는 사람이 아니면 어찌 이런 경지에 이를 수 있겠습니까? 분산과 집합이 나오는 것은 오직 손무만 할 수 있었고, 오기와 그 이후로는 그에 미칠 수 있는 사람이 없습니다."

태종이 말했다.

"오기의 전술은 어떻소?"

이정이 말했다.

"신이 대략을 말씀드리겠습니다. 위 무후魏武侯가 오기에게 두 군대가 서로 마주 보고 있는 상황을 물었습니다. 오기는 '지위는 낮으나 용감한 사람에게 앞에서 공격하게 한다. 칼날이 막 부딪치면 달아나게 하며, 달아났다고 벌을 주지 않는다. 그리고 적이 오는 것을 관찰하는데 한 번 앉고 다시 일어서는 것이 질서가 있으며 달아나도 뒤쫓지 않으면 적에게 지략 있는 사람이 있는 것이다. 만약 군사들이 모두 달아나는 군대를 뒤쫓으면서 행동이 이리저리 흩어진다면 이는 적에게 재능 있는 자가 없는 것이다. 이때는

전쟁은 속임수다

공격하는 데 의심할 것이 없다'라고 했습니다. 신의 생각에 오기의 전술은
대체로 거의 이런 것으로 손무가 말한 정으로 교전한다는 것에는 미치지
못합니다."

태종이 말했다.

"경의 외삼촌 한금호韓擒虎는 일찍이 그대와 함께 손자와 오기를 논할 수
있다고 했는데, 또한 기와 정을 말한 것이오?"

이정이 말했다.

"한금호가 어찌 기정의 지극함을 알겠습니까? 단지 기를 기로만 알고 정을
정으로만 알 뿐이며, 끝내 기정이 변해서 끝없이 순환함을 알지는 못하는
사람입니다."

太宗曰：“分合爲變者, 奇正安在?” 靖曰：“善用兵者, 無不正, 無不奇, 使敵莫測. 故
正亦勝, 奇亦勝. 三軍之士, 止知其勝, 莫知其所以勝, 非變而能通, 安能至是哉? 分
合所出, 惟孫武能之, 吳起而下, 莫可及焉.” 太宗曰：“吳術若何?” 靖曰：“臣請略言
之. 魏武侯問吳起兩軍相向. 起曰：‘使賤而勇者前擊, 鋒始交而北, 北而勿罰. 觀敵進
取, 一坐一起, 奔北勿追, 則敵有謀矣. 若悉衆追北, 行止縱橫, 此敵人不才, 擊之勿
疑.’ 臣謂吳術大率多此類, 非孫武所謂以正合也.” 太宗曰：“卿舅韓擒虎嘗言, 卿可
與論孫·吳, 亦奇正之謂乎?” 靖曰：“韓擒虎安知奇正之極, 但以奇爲奇, 以正爲正耳.
曾未知奇正相變, 循環無窮者也.”

태종이 말했다.

"옛사람은 전투에 임해 기병을 내어 적이 생각하지 못한 곳을 공격했는데,
이 또한 상변相變의 방법인 것이오?"

이정이 말했다.

"이전의 전투는 주로 작은 전술로 싸웠기 때문에 이기는 데 기술이 필요 없

었으며, 작은 장점으로 싸웠기 때문에 이기는 데 장점도 필요 없었습니다. 그러니 어찌 병법을 논할 수 있겠습니까? 예를 들어 사현謝玄이 부견苻堅을 깨뜨린 것은 사현이 잘한 것이 아니라 부견이 못한 것입니다."

태종이 신하를 돌아보며 『진서』「사현전」을 찾도록 하여 읽어보고 말했다.

"부견은 어떤 점에서 뛰어나지 못한 것이오?"

이정이 말했다.

"신이 『부견재기』를 살펴보니 '전진前秦의 군사들이 모두 죽었는데 오직 모용수慕容垂[13]의 군대만 온전했다. 부견이 기병 천여 명을 이끌고 그에게 가자 모용수의 아들 모용보가 아버지에게 부견을 죽이도록 권했지만 실행하지 않았다'고 했습니다. 이는 부견의 진나라 군대가 혼란스러웠음을 볼 수 있는 것입니다. 모용수의 군대만 온전했다는 것은 부견이 모용수의 함정에 빠졌음이 분명합니다. 무릇 남의 함정에 빠졌으면서 적을 이기고자 한다면 또한 어렵지 않겠습니까? 신은 이런 까닭으로 전술이 없었다고 말한 것이니, 부견의 부류가 그렇습니다."

태종이 말했다.

"『손자』에 '계산을 많이 하면 계산을 적게 한 적을 이긴다'고 했는데, 이로써 조금이라도 계산하는 자가 계산을 하지 않는 자를 이길 수 있음을 알겠으니 모든 일이 다 그렇구려."

太宗曰 : "古人臨陳出奇, 攻人不意, 斯亦相變之法乎?" 靖曰 : "前代戰鬪, 多是以小術而勝無術, 以片善而勝無善, 斯安足以論兵法也? 若謝玄之破苻堅, 非謝玄之善也, 蓋苻堅之不善也." 太宗顧侍臣檢『謝玄傳』, 閱之, 曰 : "苻堅甚處是不善?" 靖曰 : "臣觀『苻堅載記』曰 : '秦諸軍皆潰敗, 惟慕容垂一軍獨全. 堅以千餘騎赴之, 垂子寶勸垂殺堅, 不果.' 此有以見秦師之亂, 慕容垂獨全, 蓋堅爲垂所陷明矣. 夫爲人所陷而欲勝敵, 不亦難乎? 臣故曰無術焉, 苻堅之類是也." 太宗曰 : "『孫子』謂『多算勝少算』, 有以知少算勝無算, 凡事皆然."

태종이 말했다.

"황제의 병법으로 세상에 전하는 『악기문握奇文』은 혹은 『악기문握機文』이라고도 하는데 무엇을 말하는 것이오?"

이정이 말했다.

"기奇와 음이 같아서 기機라고도 전하는데 그 뜻은 같습니다. 그 말을 살펴보면, '네 가지는 정正이 되고 네 가지는 기奇가 되며, 여기餘奇는 악기握奇가 된다'라고 했는데, 기奇는 나머지라는 뜻이기 때문에 음이 기機입니다. 신의 어리석은 생각에는 병법에 기가 아닌 것이 없으니 어찌 악握에만 뜻을 두어 말하겠습니까? 마땅히 여기라고 생각하는 것이 옳습니다. 무릇 정병은 임금에게 받는 것이며, 기병은 장수가 스스로 판단해 내는 것입니다. 『병법』에서 '명령이 한결같이 시행되면 백성들이 복종한다'라고 한 것은 임금에게 받는 것이며, '전쟁에는 말이 미리 정해져 있지 않으니 임금의 명령도 받지 않는 경우가 있다'라는 것은 장수가 스스로 내는 것입니다. 무릇 장수가 정만 쓰고 기를 쓰지 않는다면 이는 지키기만 하는 장수이며, 기만 쓰고 정을 쓰지 않는다면 이는 전투만 하는 장수입니다. 기정을 모두 터득해야 나라를 보필할 수 있습니다. 이런 까닭으로 악기握機와 악기握奇는 본래 두 가지 다른 병법이 아니며, 배우는 자에게 있어 모두 통달해야 할 것일 따름입니다."

太宗曰:"黃帝兵法, 世傳『握奇文』, 或謂爲『握機文』, 何謂也?" 靖曰:"'奇'音'機', 故或傳爲'機', 其義則一. 考其詞云:'四爲正, 四爲奇, 餘奇爲握機.'奇, 餘零也, 因此音機. 臣愚謂兵無不是機, 安在乎握而言? 當爲餘奇則是. 夫正兵受之於君, 奇兵將所自出. 『法』曰:'令素行以敎其民者, 則民服.' 此受之於君者也. 又曰:'兵不豫言, 君命有

所不受', 此將所自出者也. 凡將, 正而無奇, 則守將也 ; 奇而無正, 則鬪將也 ; 奇正皆

得, 國之輔也. 是故握機握奇, 本無二法, 在學者兼通而已."

태종이 말했다.

"악기진에는 아홉 가지가 있는데, 중심에 흩어진 것을 대장이 장악하며 사

방팔방도 모두 그 법을 따르오. 진영 사이에 다시 진영을 포함하며, 부대와

부대 사이에 부대를 포함하오. 앞을 뒤로 삼고 뒤를 앞으로 여기오. 진격할

때도 급히 내닫지 아니하고, 물러설 때도 급히 달아나지 않소. 네 개의 머

리와 여덟 개의 꼬리가 서로 만나는 곳이 머리가 되는데, 적이 그 가운데를

치면 두 머리가 모두 서로 구해주오. 그러나 숫자는 오五에서 시작해 팔八

에서 끝난다고 하는데 이것은 무슨 뜻이오?"

이정이 말했다.

"제갈량은 돌을 가로 세로로 깔아 여덟 줄 형태로 만들었습니다. 방진의

법칙은 바로 이러한 형태의 그림입니다. 신은 일찍이 교련과 열병을 하면서

반드시 이 진법을 먼저 가르쳤습니다. 세상에 전하는 『악기문』은 대체로 그

개략적인 내용만 알아낸 것입니다."

太宗曰 : "陳數有九, 中心零者, 大將握之, 四面八向, 皆取準焉. 陳間容陳, 隊間容隊

; 以前爲後, 以後爲前 ; 進無速奔, 退無遽走 ; 四頭八尾, 觸處爲首 ; 敵衝其中, 兩頭

皆救 ; 數起於五, 而終於八, 此何謂也?" 靖曰 : "諸葛亮以石縱橫布爲八行, 方陳之法

即此圖也. 臣嘗敎閱, 必先此陳. 世所傳『握機文』, 蓋得其粗也."

태종이 말했다.

"천天·지地·풍風·운雲·용龍·호虎·조鳥·사蛇, 이 여덟 가지 진법은 무슨

뜻이오?"

전쟁은 속임수다

이정이 말했다.

"그것을 전한 사람의 잘못입니다. 옛사람이 이 법을 비밀로 숨겨두었기 때문에 억지 궤변으로 이 여덟 가지 이름을 붙였을 뿐입니다. 팔진은 근본은 하나이지만 나누어지면 여덟이 됩니다. 천·지는 깃발의 신호에 근본을 둔 것이며, 풍·운은 깃발의 이름에 근본을 둔 것이며, 용·호·조·사는 대오의 구별에 근본을 둔 것입니다. 후세에 잘못 전해 물건의 상징을 설정한 것이라고 했는데, 어찌 다만 여덟 가지뿐이겠습니까?"

太宗曰 : "天·地·風·雲·龍·虎·鳥·蛇, 斯八陳何義也?" 靖曰 : "傳之者誤也. 古人祕藏此法, 故詭設八名爾. 八陳本一也, 分爲八焉. 若天·地者, 本乎旗號; 風·雲者, 本乎幡名; 龍·虎·鳥·蛇者, 本乎隊伍之別. 後世誤傳, 詭設物象, 何止八而已乎?"

태종이 말했다.

"숫자는 오五에서 시작하여 팔八에서 끝난다는 것은 상징을 설정한 것이 아니라 실제로 옛 제도라고 했소. 경이 시험 삼아 설명해주시오."

이정이 말했다.

"신이 살펴보니, 황제黃帝가 처음 구정丘井의 법을 세우고 그것으로 인해 병법을 제정했습니다. 그래서 네 개의 도道를 아홉 등분으로 나누고 여덟 집이 그곳에 살게 하니 그 모양이 우물 정井 자와 같아 아홉 방위를 열었습니다. 오五는 진법으로 삼고 사四는 그 사이의 토지로 삼았는데, 이것이 이른바 '숫자는 오에서 시작한다'는 것입니다. 그 가운데를 비워 대장이 살게 하고, 그 사방을 돌며 여러 부대가 둘러싸게 하는데, 이것이 이른바 '팔에서 끝난다'는 것입니다. 그 형태를 변화시켜 적을 제압할 때가 되면 서로 흩어져 어지러이 싸우지만 법은 혼란하지 않고, 어지럽게 뒤섞여 형세가 한덩어리가 되지만 세력은 흩어지지 않는데, 이것이 이른바 '흩어져 팔이 되고 다시 모여 일一이 된다'는 것입니다."

태종이 말했다.

"심오하구려, 황제가 병법을 제정한 것이. 후세에 비록 타고난 지혜와 귀신 같은 지략이 있더라도 그 범위에서 벗어날 수 없을 듯한데, 그 뒤에 누가 이어받았소?"

이정이 말했다.

"주나라가 처음 일어날 때 태공이 실로 그 병법을 잘 다스렸는데, 처음 기도岐都에서 정묘법井畝法을 세웠으며, 융거戎車(전쟁용 수레) 300대와 호분虎賁(날랜 군사) 300명으로 군제를 세웠으며, 육보六步와 칠보七步, 육벌六伐과 칠벌七伐로 전투 방법을 가르쳤습니다. 목야牧野에 군대를 주둔할 때 태공은 일백 명의 남자로 사師를 조직하여 무공을 이루고, 사만오천 명으로 주왕의 칠십만 대군을 이겼습니다. 주나라 『사마법』은 본래 태공이 지은 것입니다. 태공이 죽고 나서 제나라 사람이 그가 남긴 병법을 얻었고, 환공桓公에 이르러 천하를 제패할 때 관중管仲을 임용해 태공의 병법을 다시 수정하고 '절제지사節制之師'라 했는데 제후들이 모두 복종했습니다."

太宗曰：“數起於五而終於八, 則非設象, 實古制也. 卿試陳之.” 靖曰：“臣按黃帝始立丘井之法, 因以制兵. 故井分四道, 八家處之, 其形井字, 開方九焉. 五爲陳法, 四爲間地, 此所謂數起於五也. 虛其中, 大將居之, 環其四面, 諸部連繞, 此所謂終於八也. 及乎變化制敵, 則紛紛紜紜, 鬪亂而法不亂；混混沌沌, 形圓而勢不散, 而此謂散而成八, 復而爲一者也.” 太宗曰：“深乎, 黃帝之制兵也！後世雖有天智神略, 莫能出其閫閾, 降此孰有繼之者乎?” 靖曰：“周之始興, 太公實繕其法：始於岐都, 以建井畝；戎車三百輛, 虎賁三百人, 以立軍制；六步七步, 六伐七伐, 以教戰法. 陳師牧野, 太公以百夫制師, 以成武功, 以四萬五千人勝紂七十萬衆. 周『司馬法』, 本太公者也. 太公既沒, 齊人得其遺法. 至桓公霸天下, 任管仲, 復修太公法, 謂之節制之師, 諸侯畢服.”

전쟁은 속임수다

태종이 말했다.

"춘추시대 순오荀吳가 북쪽 오랑캐를 칠 때 수레를 부수고 행군했는데, 이는 정병이오 아니면 기병이오?"

이정이 말했다.

"순오는 수레로 싸우는 법을 사용했을 뿐입니다. 비록 수레를 버렸지만 싸우는 방법은 그 안에 있습니다. 하나는 좌각左角으로 하고 하나는 우각右角으로 하며 하나는 전거前拒로 하여 부대를 셋으로 나누었는데, 이것은 수레 한 대를 배치하는 법입니다. 천 대나 만 대라도 모두 그렇게 합니다. 신이 『조공신서』를 살펴보니, '공격하는 수레는 칠십오 명으로 하며 전거는 한 부대, 좌·우각은 두 부대로 하며, 방어하는 수레 한 부대는 취사병 열 명, 수장守裝 다섯 명, 구양廐養 다섯 명, 초급樵汲 다섯 명으로 모두 스물다섯 명이다. 공격과 방어 두 대에는 모두 백 명이다'라고 했습니다. 십만 병사를 일으킬 때는 천 대의 수레, 곧 경거와 중거 이천 대를 사용합니다. 이것이 대체로 순오가 썼던 옛 방법입니다. 또한 한·위 사이의 군사제도를 보니, 수레 다섯 대를 한 부대로 삼고 복야 한 명을 두며, 수레 열 대를 사로 삼고 솔장 한 명을 두기 때문에 수레 천 대에는 장리가 두 명입니다. 대부분 이렇게 합니다. 제가 지금의 법으로 참고해서 사용해 보면 도탕跳蕩은 기마병이고 전봉대戰鋒隊는 보병과 기마병이 반씩 섞인 것이며, 주대駐隊는 수레를 함께 출동하는 것입니다. 제가 서쪽으로 돌궐을 토벌할 때 험한 곳 수천 리를 넘으면서도 이 제도를 감히 바꾼 적이 없습니다. 대체로 옛 법의 절차와 제도는 참으로 중시할 만하기 때문입니다."

太宗曰："春秋荀吳伐狄, 毀車爲行, 亦正兵歟? 奇兵歟?" 靖曰："荀吳用車法耳. 雖捨車而法在其中焉. 一爲左角, 一爲右角, 一爲前拒, 分爲三隊, 此一乘法也, 千萬乘皆然. 臣案『曹公新書』云：'攻車七十五人, 前拒一隊, 左右角二隊；守車一隊, 炊子十人, 守裝五人, 廐養五人, 樵汲五人, 共二十五人. 攻守二乘, 凡百人.' 興兵十萬, 用車千乘, 輕重二千, 此大率荀吳之舊法也. 又觀漢·魏之間軍制 : 五車爲隊, 僕射一人 ; 十車爲師, 率長一人 ; 凡車千乘, 將吏二人. 多多仿此. 臣以今法參用之, 則跳盪, 騎兵也 ; 戰鋒隊, 步騎相半也 ; 駐隊, 兼車乘而出也. 臣西討突厥, 越險數千里, 此制未嘗敢易. 蓋古法節制, 信可重也."

태종이 영주靈州에 행차한 뒤 돌아와 이정을 불러 앉게 하고 말했다.

"내가 이도종李道宗과 아사나사이阿史那社爾 등에게 설연타薛延陀를 토벌하도록 명했는데 철륵鐵勒의 여러 부족이 한족의 관직을 설치해주기를 바라기에 내가 그들의 청을 모두 들어주었소. 설연타 부족이 서쪽으로 달아났는데, 후환이 될까 두려워 이적李勣을 보내 토벌했소. 지금 북쪽의 거친 지역이 모두 평정되었으나 여러 오랑캐 부족들이 한족과 뒤섞여 살고 있으니 어떤 방법으로 하면 오래토록 경영해도 모두 편안하게 할 수 있겠소?"

이정이 말했다.

"폐하께서 칙령을 내려 돌궐에서 회흘까지의 여러 부락에 예순여섯 개의 역을 설치하시고 척후병들과 소통하도록 한 것은 이미 좋은 계책을 얻은 것입니다. 그러나 신의 어리석은 생각에 한족의 병사는 마땅히 스스로 한 가지 법규만 지키고 오랑캐 부족은 마땅히 스스로 한 가지 법규만 지키며, 가르침과 풍습도 각자 다르기 때문에 뒤섞여 하나가 되게 할 수는 없습니다. 만약 도둑 떼가 오게 되면 몰래 주장에게 칙령을 내려 때에 맞추어 구령을 바꾸고 의복을 바꾸게 한 다음 기병奇兵을 내어 공격하소서."

태종이 말했다.

"무슨 말이오?"

이정이 말했다.

전쟁은 속임수다

"이것이 이른바 '여러 방법으로 적을 착각하게 만든다'는 방법입니다. 오랑캐지만 한족으로 보이게 하고 한족이지만 오랑캐로 보이게 해서 저들이 오랑캐와 한족을 구별하지 못하면 우리가 공격하고 수비하는 계책을 헤아릴 수 없을 것입니다. 용병을 잘하는 사람은 먼저 우리를 헤아릴 수 없도록 하는데, 그렇게 하면 적들은 갈 곳이 어긋나게 됩니다."

태종이 말했다.

"바로 짐의 생각과 같소. 경은 몰래 변방의 장수들을 가르쳐 다만 이것으로 오랑캐와 한족이 기정의 기술을 알도록 하시오."

이정이 절하고 춤추면서 말했다.

"폐하의 생각은 하늘이 내린 것으로 하나를 들으면 열을 아시니 신이 어찌 그 말씀을 다 알 수 있겠습니까?"

太宗幸靈州回, 召靖, 賜坐, 日: "朕命道宗及阿史那社爾等討薛延陀, 而鐵勒諸部乞置漢官, 朕皆從其請. 延陀西走, 恐爲後患, 故遣李勣討之. 今北荒悉平, 然諸部蕃漢雜處, 以何道經久, 使得兩全安之?" 靖曰: "陛下敕自突厥至回紇部落, 凡置驛六十六處, 以通斥候, 斯已得策矣. 然臣愚以爲, 漢戍宜自爲一法, 蕃落宜自爲一法, 教習各異, 勿使混同. 或遇寇至, 則密敕主將, 臨時變號易服, 出奇擊之." 太宗曰: "何道也?" 靖曰: "此所謂'多方以誤之'之術也. 蕃而示之漢, 漢而示之蕃, 彼不知蕃漢之別, 則莫能測我攻守之計矣. 善用兵者, 先爲不可測, 則敵'乖其所之'也." 太宗曰: "正合朕意. 卿可密敎邊將, 只以此蕃漢, 便見奇正之法矣." 靖拜舞曰: "聖慮天縱, 聞一知十, 臣安能極其說哉?"

태종이 말했다.

"오랑캐 병사들은 오직 굳센 말로 치달려 공격하는데, 이것이 기병이오? 우리 한족 병사는 오직 강한 쇠뇌로 적을 공격하는데, 이것이 정병이오?"

이정이 말했다.

"『손자』를 살펴보니 '용병을 잘하는 사람은 승패를 세에서 구하지 사람에게서 구하지 않기 때문에 사람에게서 뽑고 세에 의지할 수 있다'[14]라고 했습니다. 무릇 이른바 '사람에게서 뽑는다'는 것은 각자 오랑캐와 한족이 자신의 장점에 따라 싸운다는 말입니다. 오랑캐는 말을 다루는 데 뛰어나며 말은 빠른 전투에 유리합니다. 한족은 쇠뇌를 쏘는 데 뛰어나며 쇠뇌는 느린 전투에 유리합니다. 이것은 저절로 각자 그들의 형세에 맡긴 것이지 기병과 정병으로 나누어진 것이 아닙니다. 신이 전에 아뢰었던 '오랑캐와 한족이 호령을 바꾸고 의복을 바꾼다'는 말은 바로 기병과 정병이 서로 생겨나게 하는 방법입니다. 기마병에도 정병이 있고 쇠뇌에도 기병이 있으니 어찌 일정한 규칙이 있겠습니까?"

태종이 말했다.

"경은 그 방법을 더욱 자세히 말해주시오."

이정이 말했다.

"먼저 형세를 마련한 뒤 적이 그것을 좇아오게 하는 것이 바로 방법입니다."

태종이 말했다.

"깨달았소. 『손자』에 '군대를 배치하는 지극함은 형세를 드러내지 않아야 한다'고 하고 또 '형세에 의해 병사들에게 승리를 가져다주어도 병사들은 알 수 없다'고 했는데, 이것을 말한 것이구려."

이정이 말했다.

"대단하십니다. 폐하의 뛰어난 생각으로 이미 깨달은 바가 많으십니다."

太宗曰：“蕃兵惟勁馬奔衝, 此奇兵歟? 漢兵惟強弩犄角, 此正兵歟?” 靖曰：“案『孫子』云：'善用兵者, 求之於勢, 不貴於人, 故能擇人而任勢.' 夫所謂擇人者, 各隨蕃漢所長而戰也. 蕃長於馬, 馬利乎速闘；漢長於弩, 弩利乎緩戰. 此自然各任其勢也, 然

전쟁은 속임수다

非奇正所分. 臣前曾部蓄漢必變號易服者, 奇正相生之法也. 馬亦有正, 弩亦有奇, 何常之有哉?" 太宗曰 : "卿更細言其術." 靖曰 : "先形之, 使敵從之, 是其術也." 太宗曰 : "朕悟之矣. 『孫子』曰 : '形兵之極, 至於無形.' 又曰 : '因形而措勝於衆, 衆不能知.' 其此之謂乎?" 靖再拜曰 : "深乎! 陛下聖慮, 已思過半矣."

이상 『당태종이위공문대唐太宗李衛公問對』 권상卷上

5. 고대의 진 대조표

(1) 오행진

오행	『주서周書』 일문	배서裵緖가 전한 황제黃帝의 오행진	인췌산 한나라 죽간 『십문十問』의 오진
금金	방方 : ㅁ 모양	방方 : ㅁ 모양	방方 : ㅁ 모양
토土	원圓 : ㅇ 모양	원圓 : ㅇ 모양	원圓 : ㅇ 모양
수水	빈牝 : ∨ 모양	곡曲 : ∨ 모양	기箕 : ∨ 모양
화火	모牡 : ∧ 모양	예銳 : ∧ 모양	예銳 : ∧ 모양
목木		직直 : ㅣ 모양	
	복伏 : 一 모양		횡衡 : 一 모양

(2) 팔진 갑종(십진 덧붙임)

배서가 전한 손자의 팔진	배서가 전한 오자의 팔진	배서가 전한 제갈량의 팔진	인췌산 한나라 죽간 『관일』의 팔진	상쑨자자이 한나라 죽간의 팔진	인췌산 한나라 죽간 『십진』의 십진
방진方陣 : 금金·태兌·상商·백수白獸	거상진車箱陣	동당진同當陣	방진方陣	방진方陣	방진枋陣

원진圓陣: 토土·간艮·궁宮·구진勾陣	거헌진車軒陣	중황진中黃陣	환진圜陣	원진圓陣	원진員陣
빈진牝陣: 수水·감坎·우羽·현무玄武	곡진曲陣	용등진龍騰陣	색진索陣	태무진兌武陣	수진水陣
모진牡陣: 화火·리離·치徵·주작朱雀, 태공의 조운진 鳥雲陣	예진銳陣	조상진鳥翔陣	운진雲陣	모진牡陣	화진火陣
충방진衝方陣: 목木·진震·각角·청룡靑龍	직진直陣	절충진折衝陣		충방진 또는 종진縱陣	구항진鉤行陣
거륜진車輪陣: 곤坤, 태공의 지진地陣	횡진衡陣	악기진握機陣		횡진橫陣	현양진玄襄陣
부저진罘罝陣: 손巽, 태공의 인진人陣 또는 비익진飛翼陣	괘진卦陣	호익진虎翼陣 (또는 어려진魚麗陣· 어관진魚貫陣)	부저진浮沮陣 규진刲陣	부저진	
안항진雁行陣: 건乾, 태공의 천진天陣	아관진鵝鸛陣	횡진衡陣	안항진		안항진
			추항진錐行陣		추항진
					소진疏陣
					수진數陣

위 표의 여러 명칭 가운데 밑줄을 그은 것은 모두 그 위치를 확정할 수 없는 것으로, 여기서는 다만 추측에 근거해서 일단 그 자리에 배치한 것이기 때문에 참고만 할 뿐 반드시 믿을 수는 없습니다. 또 표의 여러 가지 명칭에는 본래 마땅히 '중진中陣'이 있어야 하지만 각 책이 팔진만 말

전쟁은 속임수다

하고 중진은 언급하지 않았기 때문에 여기서는 생략했습니다.

(3) 팔진 을종

풍후 팔진	선천 괘위	후천 괘위
천진天陣 : 건乾	남	서북
지진地陣 : 곤坤	북	서남
풍진風陣 : 손巽	서남	동남
운진雲陣 : 간艮	서북	동북
용진龍陣 : 진震	동북	동
호진虎陣 : 태兌	동남	서
조진鳥陣 : 리離	동	남
사진蛇陣 : 감坎	서	북

(4) 육화진

자오진子午陣	대흑大黑 : 자子, 대적大赤 : 오午
축미진丑未陣	파적破敵 : 축丑, 선봉先鋒 : 미未
인신진寅申陣	좌돌左突 : 인寅, 우격右擊 : 신申
묘유진卯酉陣	청사靑蛇 : 묘卯, 백운白雲 : 유酉
진술진辰戌陣	최흉摧凶 : 진辰, 결승決勝 : 술戌
사해진巳亥陣	전충前衝 : 사巳, 후충後衝 : 해亥
중진中陣	중황中黃

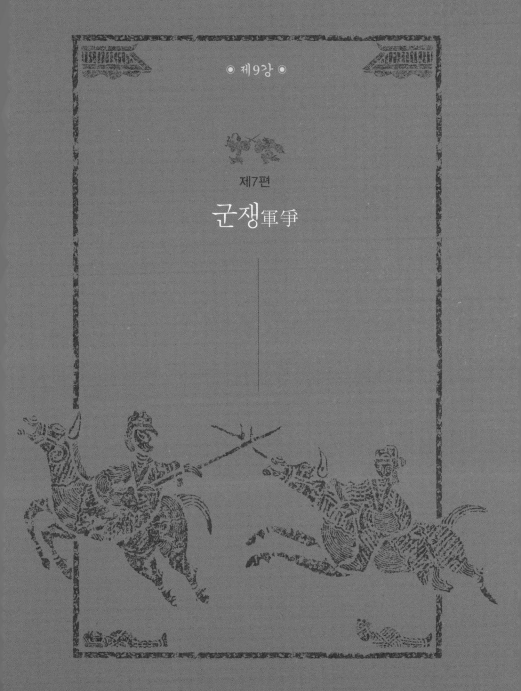

제7편

군쟁軍爭

앞의 여섯 편에 대한 강의를 마치고 이제 다른 단락으로 들어갑니다. 이제부터는 내가 『손자』 외편이라 부르는 부분, 곧 『손자』의 후7편에 대해 이야기할 것입니다.

내6편, 외7편으로 나누는 것은 서술의 편의를 위해서입니다.

후7편에 관해 말해둘 것은 전6편과는 무언가 다른 점이 있다는 것입니다.

과거의 역사서 목록에서는 『손자』에 대한 분권分卷이 일정하지 않아서 1권본과 2권본 그리고 3권본이 있습니다. 1권본은 권을 나누지 않은 것이고, 2권본은 전후 반으로 나눈 것인데, 구체적으로 어떻게 나누었는지는 알 수 없지만 아마도 권상卷上 7편과 권하卷下 6편 또는 권상 6편과 권하 7편일 것입니다. 3권본은 송나라 이후의 판본에 매우 분명히 나타나는데, 권상 5편, 권중 4편, 권하 4편으로 나누거나 권상 4편, 권중 5편, 권하 4편으로 나누었습니다. 2권본이나 3권본은 모두 각 편의 분량에 따라 둘 또는 셋으로 나눈 것이며, 내용의 분류와는 상관없습니다.

인췌산 한나라 죽간본은 각 편의 제목이 적힌 죽간으로 보면 두 부분으로 나뉘는데, 전6편이 한 조이고 후7편이 한 조이기 때문에 겉으로는 2권본과 비슷합니다. 그러나 이 구분은 분량에 따라 구분한 것이 아니라 내용에 따라 분류한 것이라고 할 수 있습니다. 후7편은 금본과 아주 같지는 않고 편차의 배열이 조금 다르지만 수록된 편은 대체로 같습니다. 다른 점은 다만 「행군」이 없고 「실허實許」(곧 「허실虛實」)가 더 있습니다. 여기서 주의할 만한 것은 죽간본의 제목이 적힌 죽간에서 후7편을 '칠세七勢'라고 부른 점입니다. 이것은 이 부분이 '세'와 관련이 있음을 말해줍니다. 앞에서 말한 것처럼 『한서』 「예문지·병서략」의 '형세'에 대한 정의는 실은 「군쟁」에서 나온 것입니다. 이 부분은 확실히 '형세'와 관련이 있으며, 특히 '세'와 관련이 있습니다. 왜냐하면 '세'는 '형'에 비해 더욱 실용적이기 때문입니다. 이것이 후7편의 특징입니다.

금본의 후7편은 죽간본의 후7편에 비해 구성과 배치가 뛰어납니다. 이 책에서는 금본의 순서에 따라 이야기를 진행해 나갈 것입니다.

이 부분은 주로 전술 응용에 관한 내용입니다. 우리는 그것을 형세조의 연장으로 볼 수 있습니다. 형세조는 군대가 진군하고 지상地上에서 전개할 때 융통성 있고 기동력 있으며, 신속하고 변화무쌍해야 한다고 말했습니다. 그러나 앞에서 말한 형세는 '형'과 '세'의 개념과 관계에 대한 것으로, 모든 논의가 서막에서 그쳤을 뿐 개념의 영역에서 비교적 추상적인 것은 유보했습니다. 이제부터 응용에 대한 내용을 이야기해 나가면 융통성 있고 기동력 있으며, 신속하고 변화무쌍한 특징이 비로소 나타날 것입니다.

후7편은 앞의 다섯 편과 뒤의 두 편을 각각 묶어서 두 조로 나눌 수

전쟁은 속임수다

있습니다.

먼저 셋째 조를 말하려고 하는데 후7편의 주체이기도 합니다.

셋째 조의 글이 『손자』에서 차지하는 위치를 이해하기 위해서는 앞의 내용을 조금 되돌아보아야 합니다.

앞에서 우리는 두 조에 대해 이야기했습니다. 첫째 조를 권모조라 불렀고, 둘째 조를 형세조라 불렀습니다. 이 두 조의 내용은 모두 모략에 관한 것입니다. 모략은 곧 계책입니다. 계책에는 큰 것과 작은 것이 있는데, 권모는 큰 계책大計이고 형세는 작은 계책小計으로서 이 둘은 서로 도와서 진행합니다. 송나라 이후의 병서는 병법은 의사의 처방과 같고, 용병用兵은 약을 쓰는 것과 같다고 말하기를 좋아했습니다. 의사는 사람을 살리는 업이고 군인은 사람을 죽이는 업이어서 뒤섞일 수 없습니다. 그러나 군대에 크고 작은 계책이 있는 것은 의학에 의학이론과 의사의 처방이 있는 것과 같은 이치입니다. 병을 치료하는 것에 비유하자면, 큰 계책은 신체검사와 같아서 각 항목의 지표를 모두 조사하고, 생리와 병리를 분석합니다. 작은 계책은 환자의 병세를 보고, 듣고, 묻고, 맥을 짚어보고 증세에 따라 약을 처방하는 임상처리에 해당하며, 훌륭한 의사는 질병을 제거할 수 있습니다. 『한서』「예문지·방기략」에서 의학서를 '방기方技'라고 불렀는데, 그 용어를 사용해서 말하면 전자는 '의경醫經', 후자는 '의방醫方'이라 할 것입니다.

둘째 조의 글들은 작은 계책을 말하는 것으로서 본래 마땅히 '약을 처방하는開藥方' 것에 속하지만, 처방은 없이 먼저 '여러 가지 약을 같이 쓰는 것을 금기하는' 일반적 원리를 말하고 있습니다. 여기서 '형'과 '세'의 개념을 조금 말했을 뿐입니다. '형'과 '세'는 한 조의 개념으로서 다른 각도에서 병력의 분배, 곧 '병력의 처방'을 말합니다. '병력의 처방'에는 여러 가지가 있는데, 「세」편에서는 그것을 분수分數·형명形名·기정奇正·허실虛實의 네 가지로 귀납했습니다. 분수는 편제의 각도에서 말한 것이며, 형명은 지휘의 각도에서 말한 것입니다. 이 두 가지는 '형'에 속합니다. 이것은 실전 투입의 전제 조건입니다. 실전에 투입한 뒤의 병력 분배는 점과 면의 차이가 있습니다. 점은 기정이며, 면은 허실입니다. 전자는 전투의 안배와 배치에 대한 것으로, 다만 '싸움打'만 이야기하고 '기동走'은 말하지 않습니다. 후자는 전역戰役의 안배와 배치에 대한 것으로, 전투 전의 행군은 우회하여 측면을 공격하거나 시간을 빼앗고 지점을 확보하는 것을 포함해서 전투 이후의 추격이나 물러남 등을 모두 고려해야 하며, 모든 군사 배치가 작전에 따라 구체적으로 드러납니다. 이 두 가지의 군사 배치는 모두 '세'에 속합니다. '세'는 정적인 것에서 동적인 것으로 들어가서 진정으로 실전에 투입되는 것입니다. 분수와 형명은 전제 조건이어서 일단 실전에 들어가면 기정이나 허실에 들어가게 되기 때문에 결코 기정이나 허실 이외의 것이 될 수 없습니다. 「세」편의 중점은 기정입니다. 허실은 그다음 편에서 다루었습니다. 『당태종이위공문대』에서 "천 마디 문장 만 마디 말이 '적을 우리에게 오게 하고 적에게 가지 않는다'는 것에서 벗어나지 않을 뿐千章萬句, 不出乎 '致人而不致於人'而已"(권중)이라고 잘 설명했습니다. '적을 우리에게 오게 하고 적에게 가지 않는다致人而不致於人'는 것이 바로 「허실」편의 정수입니다. 허실에 대한 이야기를 마치면서 형세조도 마무리되었습니다. 가장 심도 있는 운용의 묘는 배후의 큰 이치를 응용하는 것임은 이미 다 말한 바 있습니다.

'적을 우리에게 오게 하고 적에게 가지 않는다'는 것은 무슨 뜻일까요? 그것은 바로 전쟁의 주도권을 장악해야 한다는 뜻으로, 자신이 적의 코를 꿰어 끌고 다녀야지 적에게 코가 꿰여 끌려다녀서는 안 된다는 말입

전쟁은 속임수다

니다. 이런 이치는 누구나 알고 있지만 실제로 실천하기는 매우 어렵습니다. 주도권을 어떻게 장악할 수 있을까요? 중요한 것은 '분산과 집합으로 변화를 삼는 것分合爲變'에 따르는 것이니, 어떤 곳은 소수의 병력으로 다수를 견제하고, 어떤 곳은 다수로 소수를 포위하는 것이 마치 바둑을 둘 때 집을 내는 것과 같습니다. 실實이 있으면 반드시 허虛가 있고, 득得이 있으면 반드시 실失이 있습니다. 관건은 작은 손실로 큰 이익과 바꾸며, 작은 고생으로 큰 이득을 얻는 것인데, 마치 가위바위보 놀이와 같습니다. '바위'는 실實에 해당하는 것으로, 손가락 다섯 개를 모두 구부려 주먹을 쥡니다. '가위'는 반실반허半實半虛에 해당하는 것으로, 손가락을 두 개만 펴고 세 개는 쥐고 있습니다. '보'는 허虛에 해당하는 것으로, 손가락 다섯 개를 모두 폅니다. '허'는 '실'을 감쌀 수 있고, '실'은 '허'를 깨뜨릴 수 있습니다. 전쟁은 바로 이렇게 허허실실虛虛實實, 실실허허實實虛虛를 이용해 3판 2승이나 5판 3승으로 한 판 한 판 겨루어 작은 승리가 쌓여서 큰 승리를 거두는 것입니다.

권투에서 주먹을 뻗으면 빈틈이 생기는데, 공격과 수비를 어떻게 조직하고 체력을 어떻게 안배할 것인가에 대한 학문이 매우 깊어서, 심판이 점수를 계산하려면 자신도 마음속으로 수가 있어야 합니다. 미국의 작가 잭 런던Jack London의 「스테이크 한 조각 A Piece of Steak」은 권투를 소재로 한 단편소설입니다. 늙은 권투선수인 주인공은 젊은 선수와 시합을 하게 되는데, 체력이 달려 그동안 쌓은 경험으로 부족한 체력을 보충해서 겨룰 수밖에 없습니다. 그는 주먹을 한 번 뻗을 때마다 얻어맞아서 어딘가 부상을 입고 하체도 잘 쓸 수 없었습니다. 안타깝게도 끝까지 싸웠지만 결국 지고 말았습니다. 무술가들은 "때리는 법을 배우기 전에 먼저 맞는 법을 배워라"라고 말합니다. 맞는 것도 학문입니다. 격투기는 종합적 겨루기여서 지혜와 체력, 의지, 경험이 어느 것 하나도 부족해서는 안 됩니다. 이 편의 제5장에서 치심治心(싸울 의지를 유지함)·치기治氣(심리를 조정함)·치력治力(체력을 아낌)·치변治變(돌발상황에 대응함)에 대해 말하고 있는데, 이것은 바로 이런 종합 겨루기를 구체적으로 드러낸 것입니다. 이 네 가지 다스림四治은 운동선수라면 잘 알고 있는 것들입니다.

이제 우리가 논의하려는 것은 바로 이런 허허실실과 실실허허의 이치이며, 진검으로 싸우는 전쟁터에서 이것들이 어떻게 전개되는지를 살펴볼 것입니다.

요컨대, 이론적인 것들은 모두 전투에 투입해야 비로소 분명하게 드러납니다.

이 조에는 「군쟁」「구변」「행군」「지형」「구지」의 다섯 편이 있습니다. 「허실」에서 말한 '분산과 집합의 변화分合之變'가 이 다섯 편에서 구체적으로 전개됩니다.

이 다섯 편은 각 편이 모두 세 가지, 곧 싸움打과 기동走, 사람人과 땅地, 군대 관리治兵와 병사 운용用兵을 서로 결합하고 있습니다.

하나씩 풀이해보겠습니다.

(1) 싸움과 기동의 결합 : 행군 노선이 우회하거나 변화가 많음을 강조하고, 결전을 벌일 때 먼저 기회를 잡는 유리함을 빼앗을 것을 강조하며, 공격의 돌연성과 의외성을 강조한 것입니다. 모든 병력 배치는 장기를 둘 때 말을 배치하는 것과 같아서 반드시 시작해야 결과를 얻습니다. 싸움과 기동의 관계에 대해 마오쩌둥은 "싸워서 이길 수 있으면 싸우고 싸워서 이길 수 없으면 달아나라"라고 개괄했는데, 한편으로는 '싸우면서' 다른 한편으로는 '달아나는' 것입니다. '싸움'은 섬멸전이며 '기동'은 운동전입니다. '기동'은 싸우기 위해서이며, '싸움'은 '기동'에 의지해야 합니다.

전쟁은 속임수다

'싸움'은 점이고 '기동'은 면입니다. 점은 면의 제약을 받습니다. 그래서 '기동'이 '싸움'보다 더욱 어렵습니다.

(2) 사람과 땅의 결합 : 전쟁터에서 주객의 형세를 강조하고, 전선戰線의 종심縱深¹ 층차層次를 강조하며, 행군과 작전에서 지형地形과 지모地貌를 포괄한 지형적 요구를 강조한 것입니다. '기동'이든 '싸움'이든 모두 지역에 의존해야 합니다. 고대에는 공군이 없어서 하늘에서의 싸움은 신화에서만 나타납니다. 수군水軍은 고대에도 있었지만 『손자』에는 그에 대한 설명이 없습니다. 『손자』에서 말하는 전투는 모두 평면 작전으로 육지에서 진행하는 것이지, 지금의 전쟁처럼 육·해·공 삼차원의 입체적으로 이루어지는 것이 아닙니다. 이 다섯 편은 편마다 모두 지리에 대해 언급하고 있어서 공간 감각이 매우 강합니다.

(3) 군대 관리와 병사 운용의 결합 : 지리적 요소가 병사의 심리에 미치는 작용을 강조하고, '세'로써 감정을 억누르도록(병사의 심리를 전쟁터의 형세 변화에 따라가게 해서 '세'를 따라 느끼게 하는 것입니다.) 강조하며, 장군이 전체의 협동을 제어할 것을 강조한 것입니다. 장군은 병사를 전쟁터에 투입하는데, 관건은 어떻게 그들의 눈과 귀를 우롱해서 부지불식간에 가장 위험한 지역으로 데려가 목숨을 걸고 싸우게 하며, 겁쟁이라도 용감한 용사로 바꿀 수 있는가 하는 데 있습니다. 이것은 매우 큰 학문입니다. 앞에서 말한 협동이란 무엇일까요? 바로 세 가지, 곧 장수가 관리를 얻고, 관리가 병졸을 얻고, 병졸이 땅을 얻는 것을 말합니다.

셋째 조는 「군쟁」이 그 첫째 편입니다. 전국시대의 형세가들은 「군쟁」이 가장 대표성이 있다고 말했습니다. 『손자』의 내용을 선택해서 읽을 때 반드시 읽어야 할 부분입니다. 순자가 임무군과 군사를 변론할 때, 임무군은 "그들보다 뒤에 출발하지만 그들보다 먼저 도착하는後之發, 先之

至" 것은 "병사를 쓰는 중요한 방법用兵之要術"(『순자』 「의병」)이라고 했습니다. 반고가 말한 "번개처럼 움직이고 바람처럼 행동하며, 뒤에 출발하고도 먼저 도착하며, 이합과 향배는 변화를 예측할 수 없으며, 간편하고 신속함으로 적을 제압한다雷動風擧, 後發而先至, 離合背鄕, 變化無常, 以輕疾制敵者也"(『한서』 「예문지·병서략」)는 것도 형세가에 대한 설명입니다. 이런 말들은 모두 「군쟁」에 나옵니다. 셋째 조에서는 「군쟁」이 가장 중요하고 「구지」가 그다음입니다. 「군쟁」이 맨앞에 있고, 이 조를 대표할 수 있기 때문에 나는 이 그룹을 '군쟁조'라 부릅니다.

이제 순서에 따라 먼저 「군쟁」에 대해 이야기하겠습니다.

'군쟁'의 의미는 매우 간단한데, 두 군대가 서로 이로움을 다투어 결전에서 먼저 기회를 잡는 유리함, 곧 유리한 시간이나 유리한 지점을 쟁탈하는 것입니다. 누가 이 지점을 빼앗아 먼저 도착할 수 있고, 유리한 시간에 공격을 시작할 수 있는지를 보아야 합니다. 유리한 시간이란 편안한 상태로 피로한 적을 기다려서 전투에서 승리하기에 가장 좋은 시간입니다. 유리한 지점이란 아군의 우세한 병력을 적군이 취약한 환경에 투입하는 것으로, 아군이 유리한 지형을 차지해 적을 견제할 수 있는 지점입니다. 어떻게 시간을 공간으로 바꾸고 공간을 시간으로 바꾸는가, 속도와 피로함을 어떻게 장악하는가 하는 것이 여기서 가장 중요한 지식입니다.

나는 「군쟁」을 6장으로 나눕니다.

제1장은 용병用兵에서 군쟁보다 어려운 것이 없으며, 군쟁에서 가장 어려운 것은 돌아가는 길을 곧장 가는 길이 되게 하고以迂爲直, 근심거리를 이로움이 되게 하는 것以患爲利이라고 말하고 있습니다.

제2장은 앞의 이우위직以迂爲直과 이환위리以患爲利의 어려움은 도대

전쟁은 속임수다

체 어디에 있는지에 대해 말하고 있습니다. 굽은 것迂으로써 바른 것直이 되게 하는 것은 모순인데, 곧은길로 가면 적에게 가로막히기 쉽고, 굽은 길로 돌아가면 전쟁에서 이길 수 있는 기회를 그르칠 수 있습니다. 근심하는 것으로써 이로움이 되게 하는 것도 모순인데, 군수품을 버려야 빨리 갈 수 있지만 군수품이 없어도 안 되며, 속도가 너무 빠르면 낙오병이 생겨 목적지에 동시에 도착하는 것이 매우 늦어집니다. 관건은 돌아감迂과 바로 감直을 절충하고 이로움과 해로움을 절충해 늦게 출발하지만 먼저 도착하는 것입니다.

제3장은 군쟁의 요구와 특징을 말하고 있는데, 결론은 역시 우직迂直의 계책이 최대의 관건이라는 것입니다.

제4장은 금고金鼓와 정기旌旗의 제도를 말하고 있는데, 바로 '병력의 처방'에서 둘째인 형명에 관한 것입니다. 형명은 행군 작전의 협동에 매우 중요하며, 지휘 연락의 보장에도 매우 중요합니다. 형명이 없으면 군대는 눈이 멀고 귀가 먼 사람과 같습니다.

제5장은 병사를 다스리는 네 가지 요점. 곧 치심治心·치기治氣·치력治力·치변治變에 대해 말하고 있습니다. 병사를 다스리는 것은 협동과 관련이 있기 때문에 앞의 서술과 관련이 있습니다.

제6장은 용병用兵의 여덟 가지 금기, 곧 '고지의 구릉에 있는 적을 향해 공격하지 말라高陵勿向' 등의 여덟 구절을 말하고 있습니다.

이제부터 한 장씩 살펴보겠습니다.

【7-1】

손자가 말했다.

대체로 용병의 방법은 장수가 임금에게 명령을 받아 군사를 합하고 무리를 모으며 양군이 서로 마주보고 보루를 만들어 대치하는 데 군쟁보다 어려운 것이 없다. 군쟁의 어려움은 돌아가는 길을 곧장 가는 길이 되게 하고, 근심거리를 이로움이 되게 하는 것이다.

孫子曰 :

凡用兵之法, 將受命於君, 合軍聚衆, 交和而舍, 莫難於軍爭. 軍爭之難者, 以迂爲直, 以患爲利.

이 단락은 이 편의 서론에 해당하는 것으로, 전쟁에서 군쟁의 중요성과 군쟁의 어려움이 어디에 있는지를 말합니다.

'장수가 임금에게 명령을 받아 군사를 합하고 무리를 모으며 양군이 서로 마주보고 보루를 만들어 대치하는將受命於君, 合軍聚衆, 交和而舍' 것은 하나의 과정인데, '장수가 임금에게 명령을 받아 군사를 합하고 무리를 모으는' 것으로 시작해서 '양군이 서로 마주보고 보루를 만들어 대치하는' 것으로 마무리됩니다. 앞에서도 말했듯이 전쟁의 전 과정은 '기동走'과 '싸움打'(바둑에서 돌을 움직이고 상대편 돌을 잡는 것과 같습니다.) 두 단어에서 벗어나지 않는데, '싸움' 이전에 '장수가 임금에게 명령을 받아 군사를 합하고 무리를 모으며 두 군대가 서로 마주보고 보루를 만들어 대치하는' 과정은 모두 '기동'에 속합니다.

'장수명어군將受命於君'은 임금이 장군을 전쟁터에 파견하는 것을 말하

　　　　　　　　　　　　　전쟁은 속임수다

는데, 이것은 묘산 이후의 첫째 일입니다. '합군취중合軍聚衆'은 장군이 군대를 조직하기 시작해서 출정 준비하는 것을 말하는데, 이것은 묘산 이후의 둘째 일입니다. 이것들은 모두 출정하기 전의 일입니다. 출정한 뒤에는 또 '얕은 곳에서 깊은 곳으로 들어가는由淺入深' 과정이 있지만 여기서는 말하지 않았습니다. 「구지」 편에서 그 과정이 언급됩니다.

'교화이사交和而舍'는 흔히 말하는 양군이 대치하는 상황입니다. 화和는 고대 보루의 정문을 가리킵니다. 천자의 육군六軍은 좌우 두 편으로 나누고, 각 편에 누문壘門이 있는데, 좌삼군左三軍의 누문을 좌화左和라 하고 우삼군右三軍의 누문을 우화右和라 합니다. 제후의 삼군에는 누문이 하나만 있는데, 이 또한 화和라고 부릅니다. '교화이사'는 아군의 누문과 적의 누문이 서로 대치하는 것으로 쌍방이 서로 싸우기 전의 상태입니다.

쌍방이 전쟁을 시작하는 것이 '싸움'입니다. '싸움' 이전은 '기동'입니다. 이런 '기동'은 달리기 경주나 경보와 같아서 누가 먼저 결전 지점에 도착하는지 봐야 하는데, 저자는 이를 '군쟁'이라 했습니다.

양군이 출정한 뒤에 양군이 보루를 마주하고 대치하는 군쟁이 가장 어렵습니다. 군쟁에서 가장 어려운 것은 어떤 점일까요? 중요한 것은 두 가지입니다.

(1) 돌아가는 길을 곧장 가는 길이 되게 한다以迂爲直

앞에서 군쟁은 달리기 경주나 경보와 아주 비슷하다고 했습니다. 그러나 이것은 육상 경기장에서 하는 경기와 달리 쌍방이 같은 경기장에 있지 않고 하루 종일 큰길에서 달리는데 땅도 고르지 않고 공통의 출발선도 없으며 뛰어가는 길도 정해져 있지 않습니다. 그것은 높은 산을 넘어 먼 길을 가는 크로스컨트리와 더욱 비슷합니다.

이런 경기에서는 노선의 문제가 가장 중요합니다. 노선이 정확해야 뒤에 출발해도 먼저 도착할 수 있기 때문입니다.

곧은길을 갈 것인가, 아니면 굽은 길을 돌아갈 것인가? 이것이 가장 어려운 문제입니다.

군쟁에 대한 일반적인 생각은 두 점 사이의 최단거리가 직선이므로 직선으로 가는 것이 확실히 가장 편리하다는 것입니다. 그러나 전쟁터에서 어디에 이렇게 좋은 일이 있겠습니까? 산은 평탄하지 않고 물길은 곧지 않으며 길도 구불구불 돌아갑니다. 적은 바보가 아닙니다. 가까운 길을 선택해서 곧장 목표로 달려가는 것은 의도가 드러나 적에게 저지당하기 쉽습니다.

1966년에 나는 후베이성湖北省·허난성河南省·안후이성安徽省이 맞닿은 곳에 있는 다볘산大別山에서 겨울 한철을 보내면서 직접 체험한 바 있습니다. 첫째, 길을 모를 때는 결코 제멋대로 가지 말아야 합니다. "낯선 사람에게라도 물으면 천 리 먼 길도 쉽게 갈 수 있다"고 했습니다. 둘째, 산이 보인다고 결코 가깝지 않습니다. 산과 산은 가까워 보이지만 가면 갈수록 더욱 구불구불하고 멉니다. 셋째, 산을 돌아가는 길은 길을 따라가는 것이 가장 좋습니다. 결코 계단처럼 생각하고 곧장 위로 올라가서는 안 됩니다. 넷째, 길을 잘못 들었을 때는 돌아오는 것이 가장 좋습니다. 결코 두 지점을 일직선으로 이어 곧장 목표 지점으로 달려가서는 안 됩니다. 직선으로 전진하기 위해 길을 가로질러 간다면 흔히 애만 쓰고 좋은 결과를 얻지 못할뿐더러 매우 위험합니다.(예를 들면 산골 마을에는 사냥꾼이 놓은 덫이 있을 수 있습니다.)

돌아가는 길을 곧장 가는 길이 되게 하는 것을 '이우위직以迂爲直'이라고 합니다.

전쟁은 속임수다

(2) 근심거리를 이로움이 되게 한다以患爲利

이 문제도 두 가지 문제로 나눌 수 있는데, 하나는 군수품이고 다른 하나는 협동입니다.

군수품은 군인들이 휴대하는 군용 물자로서 최소한의 무기 장비, 식량과 의복을 포함합니다. 빨리 가고자 한다면 군수품을 버려야 하고, 군수품을 챙기고자 한다면 속도를 늦춰야 합니다. 속도와 군수품을 어떻게 절충하느냐가 '근심거리를 이로움이 되게 하는' 첫째 조목입니다. 나폴레옹이 러시아를 공격하던 당시에 빠르게 전진하기 위해서 천막을 가져가지 않고 병사들에게 야영하게 했는데, 속도는 빨랐지만 시간이 지날수록 견디지 못해서 행군 도중에 인원의 손실이 매우 컸습니다. 특히 러시아는 영토가 너무 넓은 데다가 겨울 날씨가 춥고 땅이 얼어붙어서 장점이 단점으로 변했습니다. 1812~1814년까지 클라우제비츠는 러시아군에 의탁해서 이 전쟁에 참가했기 때문에 그 이점과 폐단을 깊이 체험했습니다.

'근심거리를 이로움이 되게 하는' 둘째 조목은 협동입니다. 여기에도 모순이 있습니다. 삼군의 무리는 삼만 명이 넘는데, 만약 가장 빠른 속도로 행군한다면 이 군대의 체력이 같지 않기 때문에 반드시 앞쪽과 뒤쪽이 갈라지게 될 것입니다. 속도를 높이려 하면 낙오병이 생길 수 있고, 함께 도착하려 하면 속도가 늦어질 수 있습니다. 어떻게 속도와 협동을 절충하느냐도 '근심거리를 이로움이 되게 하는' 것입니다.

불리한 점을 유리한 점으로 만드는 것을 '이환위리以患爲利'라고 합니다.

【7-2】

그런 까닭으로 그 길을 돌아가면서 이득으로써 적을 유인하면, 적보
다 늦게 출발해도 적보다 먼저 이를 수 있으니, 이것이 돌아가는 것과
곧장 가는 것의 계략을 아는 것이다. 그런 까닭으로 군쟁에는 이익도
있고 위험도 있다. 군수품을 모두 가져가면서 이익을 다툰다면 따라
잡을 수 없으며, 군수품을 버리고 이익을 다툰다면 무거운 짐을 버려
야 한다. 이런 까닭으로 급하게 갑옷을 거두어 빨리 떠나며, 밤낮으로
멈추지 않고 배로 행군하여 백 리의 먼 거리를 가서 이익을 다툰다면,
삼군의 장군은 포로로 잡히게 되고, 굳센 병사는 앞서 가지만 피곤한
병사는 뒤처지니 그 방법으로는 병력의 십분의 일만 도착하게 된다.
오십 리를 가서 이익을 다투고자 한다면 상장군을 잃게 되니 그 방법
으로는 절반만 도착하게 된다. 삼십 리를 가서 이익을 다투고자 한다
면 삼분의 이만 도착하게 된다. 이런 까닭으로 군수품이 없어 망하게
되고, 양식이 없어 망하게 되며, 비축해 둔 물자가 없어 망하게 된다.

故迂其途而誘之以利, 後人發, 先人至, 此知迂直之計者也. 故軍爭爲利, (衆)
[軍]爭爲危. 擧軍而爭利則不及, 委軍而爭利則輜重捐. 是故卷甲而趨, 日夜
不處, 倍道兼行, 百里而爭利, 則擒三將軍, 勁者先, 疲者後, 其法十一而至
; 五十里而爭利, 則蹶上將軍, 其法半至 ; 三十里而爭利, 則三分之二至. 是
故軍無輜重則亡, 無糧食則亡, 無委積則亡.

앞에서 말한 '이우위직以迂爲直'은 어떻게 돌아가는 길을 곧장 가는 길
이 되게 한다는 것일까요? 그 해답은 "그런 까닭으로 그 길을 돌아가면

전쟁은 속임수다

서 이득으로써 적을 유인하면, 적보다 늦게 출발해도 적보다 먼저 이를 수 있다故迂其途而誘之以利, 後人發, 先人至"는 것입니다. 길을 돌아가려는 것에 대해 여기서는 긍정하고 있습니다. 왜냐하면 곧은길은 실제로는 없으며, 있어도 반드시 갈 필요가 없기 때문입니다. 그러나 돌아가는 길은 아주 많은데, 일부러 돌아가서 멀면 멀수록 좋은 것이 아니라 많은 돌아가는 길 가운데 신중하게 고르고 골라서 표면적으로는 굽었으나 사실은 가장 합리적인 노선을 찾는 것이 첫째입니다. 둘째는 앞쪽에 적을 유인하는 목표가 있어 병사들로 하여금 죽을힘을 다하느라 피곤하지만 기꺼이 하게 만드는 것입니다. 마지막 효과는 출발은 늦지만 도착은 빠른 것입니다.

여기서 선후先後에 대해 말해보겠습니다. 선후는 자세히 음미해볼 만한 좋은 문제입니다.

앞에서 군쟁은 마치 달리기 경주나 경보와 같다고 했습니다. 달리기 경주나 경보는 당연히 뒤질세라 앞을 다투는 것으로, 양쪽이 속도를 겨루어 상대보다 먼저 결승점에 도착하려 합니다. 군쟁도 이와 마찬가지로 상대보다 먼저 전쟁에서 유리한 지점에 도착해서 편안하게 피로한 적을 기다리려는 것입니다. 달리기 경주는 장거리와 단거리가 서로 다릅니다. 단거리 경주는 일백 미터를 십 초에 달려야 하기 때문에 출발이 매우 중요하지만, 장거리 경주는 꼭 그렇지는 않아서 앞서 달린 사람이 반드시 결승점에 먼저 들어오는 것도 아니며, 최후의 승리자는 반대로 상대와 함께 뛰는 데 장점이 있어 체력을 남겨두었다가 마지막에 전력으로 질주하는 사람입니다. 군쟁은 장거리 경주에 해당하지만 장거리 경주일 뿐아니라 또 무거운 짐을 진 채 산을 넘고 물을 건너는 철인 삼종 경기와 같습니다. 그것은 스포츠 경기처럼 같은 경기장에서 같은 출발선에 서서 정해진 트랙을 따라 달리는 것이 아닙니다. 스포츠 경기는 공평한 경쟁을 실현하려 하지만 전쟁은 그렇지 않습니다.

전쟁에서 선후를 말할 때, 먼저 출발하는 것이 좋은지 아니면 뒤에 출발하는 것이 좋은지는 일률적으로 말할 수 없습니다. 고대 병법에서 먼저 함을 중시하는貴先 유파와 뒤에 함을 중시하는貴後 두 유파가 있는데 (『여씨춘추』「불이」), 전자는 왕료王廖, 후자는 예량兒良이 대표적 인물입니다.

먼저 함을 중시하는 경우 '선성탈인先聲奪人(먼저 큰소리를 질러 상대의 기세를 꺾음)'은 심리적으로 우세하고, '선발제인先發制人(선수를 써서 상대를 제압함)'은 기선을 잡는 이점이 있습니다. 이 두 구절은 각각 출전이 있습니다. 『좌전』에서 『군지軍志』를 인용해 "상대보다 앞서면 상대의 기세를 빼앗고, 상대보다 뒤지면 그들이 쇠퇴하기를 기다린다先人有奪人之心, 後人有待其衰"(『좌전』 문공 7년, 선공 12년, 소공 21년)라고 한 것이 '선성탈인'의 출전입니다. '선발제인'은 항량項梁에게서 나왔습니다. 항량은 "상대보다 먼저 하면 상대를 제압하지만 나중에 하면 상대에게 제압당한다先發制人, 後發制於人"라고 했는데(『한서』「진승전陳勝傳」), 그 근원은 『손자』「허실」 편의 명언으로 앞에서 말한 "무릇 전쟁터에 먼저 가서 적을 기다리는 군대는 편안하고 전쟁터에 후에 도착하여 전쟁을 맞는 군대는 피로하다凡先處戰地而待敵者佚, 後處戰地而趨戰者勞"는 구절입니다. 일반적으로 모두 '선성탈인'과 '선발제인'이 비교적 유리하다고 생각합니다. 속담에도 "선수를 치면 유리하고, 후수를 두면 피해를 본다先下手爲強, 後下手遭殃"라는 말이 있습니다. 그러나 때로는 상황이 반대가 되는 수도 있어 최후에 웃는 자가 진정한 승자입니다.

전쟁에서 '싸움打'과 '기동走'은 다릅니다. 달리기 경주는 '기동'과 같고,

전쟁은 속임수다

구기 종목은 '싸움'과 같습니다. 구기 종목에서 누가 먼저 공격하는가는 조금은 유용하지만 그리 큰 쓸모가 있는 것은 아닙니다. 먼저 공격하는 쪽은 모두 그 기회를 이용해 단숨에 상대방을 압도하려고 하지만 반드시 뜻대로 되는 것은 아닙니다. 우리가 늘 보는 것은 힘을 조절하고 서로 탐색하느라 누구도 감히 경솔하게 공격하지 않아서 공격이 매우 답답합니다. 군사도 이와 마찬가지입니다. 병가에서 기정을 말할 때, 정병은 정면에서 적과 싸우는 데 사용하고, 기병은 기발함으로 승리를 거두는 데 사용한다고 하는데, 기병은 조조가 "먼저 나가 함께 싸우는 것이 정이고, 뒤에 나가는 것이 기이다先出合戰爲正, 後出爲奇"라고 주석한 것처럼 흔히 가장 나중에 전투에 투입됩니다. 물론, 이정은 기병이 먼저 나가거나 뒤에 나가는 것에 얽매여서는 안 되며 지휘관이 "기를 정으로 만들고, 정을 기로 만들어야以奇爲正, 以正爲奇"(『당태종이위공문대』 권상) 한다고 말한 적이 있지만, "정병은 먼저 함을 중시하고, 기병은 뒤에 함을 중시한다正兵貴先, 奇兵貴後"는 견해가 결국 여전히 다수를 차지합니다. 이것은 카드 게임에서 조커를 먼저 낼 수도 있지만 대부분은 마지막까지 갖고 있다가 결정적 순간에 내는 것과 같습니다. 장기를 두는 것도 이와 같아서 판이 시작되면 먼저 포와 마를 움직이며 국면이 시작되지 않습니다. 국면이 시작되어야 기발함으로 승리를 취하는 것에 대해 말할 수 있습니다. 출발선에서 누가 앞서고 누가 유리함을 차지하는가는 단거리 경주에서는 비교적 두드러지지만 장거리 경주에서는 꼭 그렇지 않습니다. 저자도 먼저 함의 장점이 있음을 알고 있지만 먼저 함을 맹목적으로 숭배하는 것을 타파하고자 한 것입니다. 왜냐하면 군쟁은 장거리 경주이기 때문에 앞에서 공격하고 빨리 달려가서 반드시 먼저 종점에 도착할 필요는 없습니다. 토끼와 거북의 경주에서 예상하지 못했던 거북이 이겼습니다.

이것을 '돌아가는 길을 곧장 가는 길이 되게 하는 것以迂爲直'이라고 합니다.

이제 '근심거리를 이로움이 되게 하는 것以患爲利'에 대해 말해보겠습니다.

왜 '근심거리를 이로움이 되게' 해야 할까요? 세상일은 대부분 이로운 면이 있으면 반드시 해로운 면도 있어서 유리한 것을 온전히 차지할 수 있게 하지 않기 때문입니다. 군쟁도 이와 같습니다. "군쟁에는 이익도 있고 위험도 있다軍爭爲利, 軍爭爲危"라는 말은 양군이 이익을 다투는데, 당연히 좋은 것이 있지만 동시에 위험성도 높다는 뜻입니다. 위험성은 어디에 있을까요? 저자는 두 가지를 들고 있는데, 하나는 군수품의 문제, 곧 "군수품을 모두 가져가면서 이익을 다툰다면 따라잡을 수 없으며, 군수품을 버리고 이익을 다툰다면 무거운 짐을 버려야 한다擧軍而爭利則不及, 委軍而爭利則輜重捐"는 것입니다. 군쟁은 속도가 매우 중요하지만, 속도와 군수품 간에는 모순이 있습니다. 만약 군수품을 모두 가지고 간다면 당연히 작전에는 유리하기 때문에 이것은 '이로움利'이지만, 이로 인해 속도가 느려진다면 이것은 또 '근심거리患'가 됩니다. 만약 밥솥을 부수고 배를 침몰시키고 개인 군장을 버리면 당연히 빨리 달릴 수 있기 때문에 이것은 '이로움'이지만, 군량이 없어 먹고 마시지 못하며 무기가 없어 싸울 수 없다면 이것은 또 '근심거리'가 됩니다. 그래서 군수품은 당연히 휴대해야 하지만 얼마만큼 휴대하느냐가 문제입니다. 나폴레옹은 천막도 휴대하지 않고 속전속결로 싸워서 편리함을 얻었지만 러시아에서는 큰 낭패를 보았습니다. 러시아는 영토가 너무 크고 겨울 날씨는 너무 추웠기 때문입니다.

군수품을 뜻하는 '치중輜重'은 현대 중국어에서도 여전히 사용됩니다.

'치輜'와 '중重'은 본래 모두 치중거輜重車, 곧 치거輜車와 중거重車를 가리킵니다. 앞에서 우리는 전차戰車는 마차馬車이며, 치중거는 우차牛車임을 말한 바 있습니다. 치거와 중거는 후대에도 여전히 의거衣車·병거軿車와 함께 식량·의복·무기 같은 것들을 싣는 데 사용되었습니다. 춘추전국시대에 군수품을 휴대하던 전반적인 추세는 휴대하면 할수록 더욱 많아졌다는 것입니다. 어떻게 전체 양을 줄이면서 필요한 것을 충분히 휴대하는가, 이것을 "근심거리를 이로움이 되게 하는 것以患爲利"이라고 합니다.

이것이 '이환위리以患爲利'의 첫째 조목입니다.

다른 조목은 협동의 문제입니다.

여기서는 세 가지 상황으로 나누었습니다.

(1) "이런 까닭으로 급하게 갑옷을 거두어 빨리 떠나며, 밤낮으로 멈추지 않고 배로 행군하여 백 리의 먼 거리를 가서 이익을 다툰다면, 삼군의 장군은 포로로 잡히게 되고, 굳센 병사는 앞서 가지만 피곤한 병사는 뒤처지니 그 방법으로는 병력의 십분의 일만 도착하게 된다是故卷甲而趨, 日夜不處, 倍道兼行, 百里而爭利, 則擒三將軍, 勁者先, 疲者後, 其法十一而至"고 했는데, 하루에 100리를 행군하면 가장 빠르지만, 빨리 달리는 병사는 앞으로 돌격하고 느린 병사는 뒤에 처져서 병력의 10분의 1만 도착할 수 있고 나머지 10분의 9는 모두 낙오하기 때문에 최악의 상황입니다.

(2) "오십 리를 가서 이익을 다투고자 한다면 상장군을 잃게 되니 그 방법으로는 절반만 도착하게 된다五十里而爭利, 則蹶上將軍, 其法半至." 하루에 50리를 가는 것이 그다음인데, 병력의 2분의 1은 도착하고 2분의 1은 낙오해서 절반의 인원만 도착하는 상황입니다.

(3) "삼십 리를 가서 이익을 다투고자 한다면 삼분의 이만 도착하게 된다三十里而爭利, 則三分之二至." 이는 하루에 30리를 행군하는 것으로, 3분

의 2는 도착하고 3분의 1은 낙오해서 이 상황도 완전하지는 않습니다.

고대의 제후는 일반적으로 삼군을 거느렸습니다. 종대는 상·중·하 삼군으로, 횡대는 좌·중·우 삼군으로 구성되었습니다. 삼군의 우두머리를 모두 '장군將軍'이라 합니다. 위의 첫째 상황은 삼군의 장군이 포로가 되었으니 사실상 전군이 전멸한 것입니다. 둘째 상황은 상장군이 포로가 되었으니 선두 부대가 적에게 함락되고 병력이 절반만 도착한 것입니다. 마지막 상황은 삼군에서 두 부대만 도착하는 것이니 역시 이상적인 것은 아닙니다.

전국시대의 군사 행동은 대규모로 우회해서 포위 공격하거나 먼 거리를 이동해서 기습하는 일이 더욱 두드러졌습니다. 빠른 속도로 강행군하는 것이 일상적인 일이었지만 군사 장비는 이전보다 훨씬 많아졌습니다. 따라서 둘 사이의 모순이 더욱 두드러지게 되었습니다.

『좌전』을 읽다 보면 군사 용어인 '사舍'를 자주 접하게 됩니다. '사'는 군대가 막사를 치고 진지를 구축해 주둔하는 것을 뜻합니다. 당시 행군의 일반적 속도는 '사'를 이용해 계산했습니다. '사'는 30리의 거리를 뜻합니다. 30리를 갈 때마다 숙영했습니다. 고대의 리里는 지금의 리와 마찬가지로 300보(6척尺이 1보)이지만 고대의 1척은 23.1밀리미터이며, 지금의 1척은 33.3밀리미터로 차이가 있습니다. 따라서 고대의 30리는 대략 지금의 25리이며, 50리는 대략 지금의 42리이며, 100리는 대략 지금의 83리입니다. 당시에는 양쪽이 담판을 하려 할 때 반드시 퇴사退舍하여 화평을 구했는데, 곧 1사나 2사 또는 3사의 거리로 군대를 철수했다는 말입니다. 1사는 30리, 2사는 60리, 3사는 90리입니다. 양군이 90리 뒤로 물러나서 사흘을 가야 할 거리를 둠으로써 철저하게 접촉을 끊은 셈입니다.

『좌전』의 '사'는 통상적 속도이지, 파부침주破釜沈舟와 배수일전背水一戰 식으로 목숨을 걸고 달려가는 것은 아닙니다.

전쟁은 가장 동물적인 것입니다. 동물은 거리에 대해 매우 민감합니다. 사람이 동물 주위를 지날 때는 반드시 일정한 거리를 유지해서 매우 안전하다고 느끼게 해야 합니다. 거리가 가까우면 동물은 반응하거나 공격하거나 달아날 수 있습니다. 육식동물은 조그만 움직임에도 추격해서 공격할 가능성이 비교적 크고, 초식동물은 조그만 움직임에도 달아날 가능성이 비교적 큽니다. 우리가 동물에게 접근하고자 할 때는 동물들의 거리감을 알아야 합니다. 동물학자들은 동물에게 접근하려 할 때 천천히 다가가서 먼저 주변의 풀밭에서 자는 척하면서 동물들이 어떤 위험도 느끼지 못하게 한 다음 조금씩 가까이 갑니다.

중이重耳가 초나라로 망명했을 당시, 초나라 왕이 망명을 받아주면 나중에 어떻게 보답하겠느냐고 물었습니다. 이에 중이는 만약 왕의 덕분으로 진晉나라로 돌아갈 수 있다면, 언젠가 불행히도 초나라와 싸우게 되었을 때 "군주를 위해 삼사를 피하겠습니다辟君三舍"라고 대답했습니다 (『좌전』 희공 23년). 이 말은 먼저 3사의 땅을 양보하는 것으로 보답하겠다는 뜻입니다. 이것이 바로 다른 사람에게 양보해 물러나는 것을 비유하는 고사성어 '퇴피삼사退避三舍'의 유래입니다.

이 장에서 말하는 세 가지 속도에서 100리는 3사가 조금 넘고, 50리는 2사에 미치지 못하며, 30리가 바로 1사입니다. 1사는 대략 지금의 12.47킬로미터에 해당합니다. 말하는 김에 한 마디 덧붙이자면 클라우제비츠가 살았던 시기의 일반적 행군 속도는 하루 8시간을 기준으로 하루에 약 22.60킬로미터였습니다.[2]

원문의 '권갑이추卷甲而趨'는 투구와 갑옷을 말아서 행군 배낭을 꾸려 등에 지고 군장을 가볍게 해서 전진하는 것을 말합니다. '일야불처 배도겸행日夜不處, 倍道兼行'은 속도가 빠름을 형용합니다. 그러나 하루에 100리를 행군하면 전멸할 수 있고, 하루에 50리를 가면 절반만 도착할 수 있으며, 하루에 30리를 가면 또한 3분의 2만 도착할 수 있습니다. 이런 속도는 결코 빠른 것이 아니며, 사실상 『좌전』에 나타난 속도에 비해도 여전히 느립니다.

행군할 때의 군수품을 말하면서 달리기 경주와 경보로 비유했습니다. 군쟁은 무엇과 가장 비슷할까요? 나는 짐 지고 경주하는 것과 가장 비슷하다고 말합니다. 이 경기는 100미터 달리기와 달리 야외에서 멀고 구불구불한 길을 매우 많은 물건을 지고 가는 것입니다. 짐 지고 달리기는 체력의 안배가 큰 문제입니다. 개인은 체력 안배가 문제이고, 전군全軍은 더욱 그러합니다.

전국시대 말기 위魏나라에 '무졸武卒'이라 부르는 특수한 병사가 있었습니다. 무졸을 선발하는 심사 기준은 "세 가지 종류의 갑옷을 입고, 열두 섬 무게의 쇠뇌를 들고, 화살 오십 대를 지고 창은 그 뒤에 두며, 투구를 쓰고 칼을 차며, 사흘 먹을 양식을 싸서 하루에 백 리를 달려가는衣三屬之甲, 操十二石之弩, 負服矢五十個, 置戈其上, 冠軸(胄)帶劍, 贏三日之糧, 日中而趨百里"(『순자』「의병」) 것인데, 시험에 응시하는 사람은 '갑옷을 거두어 빨리 떠나는卷甲而趨' 것이 아니라 투구와 갑옷을 모두 입고 손에는 강노強弩(12섬 무게의 쇠뇌)를 들고 등에는 화살 50대를 넣은 화살통을 지고 창을 위쪽에 비스듬히 두고 허리에는 칼을 차고 3일 먹을 양식을 가지고 가야 했습니다. 이런 심사는 반드시 아주 강도 높은 훈련을 겪어야 통과할 수 있는 것입니다. 1960년대 '대비무大比武(각종 겨루기 시합)'에서 군대의 야영 훈련 구호는 "첫째 고통을 두려워하지 않고, 둘째 죽음을 두려워하지

전쟁은 속임수다

않는다"는 것이었습니다. 중국 여자 배구팀은 일본의 다이마쓰 히로부미 大松博文[3]를 초청해서 지옥 훈련을 했는데, 일어나지 못하는 선수들을 향해 계속 공을 보내고 심지어 일부러 공으로 그들을 맞히기까지 했습니다. 그러나 일반 군대는 모두가 이런 기준에 이를 수는 없습니다. 체력이 좋은 사람과 그렇지 않은 사람이 한덩어리가 되어 달리기 때문에 협동의 중요성이 더욱 두드러집니다.

여기서 두 가지 큰 모순을 말했습니다. '돌아감迂'과 '곧장 감直'이 그 하나이며, '근심거리患'과 '이로움利'이 다른 하나의 모순입니다. 둘째 모순은 또 두 개의 모순으로 나뉘는데, 하나는 속도와 군수품의 모순이며, 다른 하나는 속도와 협동의 모순입니다. 이런 모순에 대해 저자는 답변을 마련하지 않았으며 또한 답변을 마련할 수도 없습니다. '이우위직以迂爲直'이나 '이환위리以患爲利'는 결점에 착안한 것으로 장단점을 절충해서 선택하는 것이 가장 좋은 방법입니다. 이것은 원칙에 따른 요구일 뿐 확실한 답은 아닙니다.

【7-3 】

그런 까닭으로 제후의 계획을 알지 못하는 자는 미리 외교를 맺을 수 없고, 산림과 험준한 곳과 늪지의 지형을 알지 못하는 자는 행군할 수 없고, 길 안내자를 이용하지 못하면 지리적 이득을 얻을 수 없다. 그런 까닭으로 군대는 속임수로 일어나고 이익으로 움직이며 분산과 집합을 변화로 삼는 것이다. 그런 까닭으로 빠르기는 바람과 같고, 느리기는 숲과 같고, 침략은 불과 같고, 움직이지 않는 것은 산과 같고, 알기 어렵게 하는 것은 그늘과 같고, 움직임은 우레와 같아야 한다. 마을을 빼앗아 그 무리를 흩어지게 하고, 영토를 넓혔을 때는 그 이득을 나누어주며, 경중을 헤아려 움직이도록 한다. 돌아가고 곧장 가는 계책을 먼저 아는 사람이 승리하니, 이것이 군쟁의 방법이다.

故不知諸侯之謀者, 不能豫交 ; 不知山林·險阻·沮澤之形者, 不能行軍 ; 不能鄕(向)導者, 不能得地利. 故兵以詐立, 以利動, 以分合爲變者也. 故其疾如風, 其徐如林, 侵掠如火, 不動如山, 難知如陰, 動如雷震. 掠鄕分衆, 廓地分利, 懸權而動. 先知迂直之計者勝, 此軍爭之法也.

군쟁조의 다섯 편은 모두 '지地'와 관련이 있지만, 이 편에서는 다만 "그런 까닭으로 제후의 계획을 알지 못하는 자는 미리 외교를 맺을 수 없고, 산림과 험준한 곳과 늪지의 지형을 알지 못하는 자는 행군할 수 없고, 길 안내자를 이용하지 못하면 지리적 이득을 얻을 수 없다故不知諸侯之謀者, 不能豫交 ; 不知山林·險阻·沮澤之形者, 不能行軍 ; 不能鄕(向)導者, 不能得地利"고만 언급했을 뿐, 구체적인 지형·지모와 공간 구획은 말하지 않았으

전쟁은 속임수다

며, 뚜렷하지 않은 개념만 있고 구체적 묘사는 없습니다. 다른 두 구절이 있는데, 바로 이 편의 마지막 구절에 나오는 "고지의 구릉에 있는 적을 향해 공격하지 말고高陵勿向" "언덕을 등지고 있는 적을 공격하지 말라背丘勿逆"는 것입니다. 앞에서 병음양의 특징은 "때에 따라 발생하고 형덕刑德을 미루어 보며 투쟁을 따르고 오승五勝을 따르고 귀신을 빌려 돕는 것順時而發, 推刑德, 隨鬪擊, 因五勝, 假鬼神而爲助者"(『한서』 「예문지·병서략」)이라고 말한 바 있습니다. 이 정의는 천문과 역산曆算을 말한 것이지만, 우리는 병음양이 수술數術의 학문을 군사상에 응용한 것임을 알고 있습니다. 고대 중국에서 천문과 지리는 같은 학문으로서 모두 수술학數術學에 속합니다. 이 학문은 시간에 대해 이야기할 뿐 아니라 공간에 대해서도 이야기합니다. 제갈량이 "위로 천문을 알고 아래로 지리를 안다上知天文, 下知地理"고 한 것도 이 학문에 속합니다. 지형에 대한 연구도 병음양에 속합니다.

병음양에는 미신이 매우 많지만 군사기상학과 군사지리학 같은 것도 주로 이 학문에 집중해 있습니다. 고대의 병학을 연구하려면 이 방면의 지식도 어느 정도 갖추어야 합니다.

고대의 군사지리는 우선 나라와 나라의 지연 관계이며 그다음은 한 나라 안에서의 종심縱深 층차層次이며, 그다음이 바로 구체적인 지형과 지모地貌입니다. 이 편은 이런 문제에 대해 언급하고 있지만 그리 많지는 않습니다. 더욱 자세한 묘사는 뒤의 「구변」 「행군」 「지형」 「구지」 네 편에 있습니다.

"그런 까닭으로 제후의 계획을 알지 못하는 자는 미리 외교를 맺을 수 없다故不知諸侯之謀者, 不能豫交"는 구절은 「구지」의 교지交地·구지衢地와 관련이 있습니다. 교지는 두 나라의 경계 지역이며, 구지는 여러 나라의 접경 지역입니다. 전국시대의 숱한 전쟁은 모두 국제 전쟁이어서 외교 작용이 매우 두드러졌으며, 특히 국경이 서로 뒤얽힌 지역이 그러했습니다. 「구지」에서 교지는 전략 요충지를 제어할 수 있으며, 구지는 이웃 나라와 외교를 좋게 할 수 있다고 했습니다. 여기서도 마찬가지입니다. 저자는 만약 여러 나라의 사전 모의를 이해하지 못하면 사전에 외교 활동을 잘할 방법이 없다고 말합니다. 일단 군대가 출동하면 번거로운 일이 많아집니다. 특히 어떤 경우에는 본국에서 직접 공격하려는 국가로 진군하는 것이 아니라 제삼국에 길을 빌리기도 합니다. 예를 들면, 진晉나라가 우虞나라에 길을 빌려 괵虢나라를 공격할 때 먼저 벌교伐交로써 우나라에 뇌물을 주어 길을 빌려주는 데 동의하도록 하고 괵나라를 멸망시킨 뒤에 다시 우나라를 차지했습니다. 이것이 바로 미리 외교 관계를 맺는 '예교豫交'입니다. 미국이 이라크를 공격할 때 본래 터키에 길을 빌려 이라크 북부의 쿠르드 지역으로 들어가 남북에서 협공을 하려고 했습니다. 그들은 많은 외교 활동을 펼쳤으나 성공하지 못해서 지금까지도 후회하고 있습니다.

"산림과 험준한 곳과 늪지의 지형을 알지 못하는 자는 행군할 수 없다 不知山林·險阻·沮澤之形者, 不能行軍"에서 원문의 '산림·험조·저택지형山林·險阻·沮澤之形'은 모두 행군하기 어려운 지형입니다. '산림'은 산지와 삼림을 말하는데, 높은 산을 넘고 빽빽한 숲을 지나가야 하기 때문에 가기가 어렵습니다. '험조險阻'의 '험'은 90도에 가까운 낭떠러지로 높이의 차이가 매우 큰 지형이며, '조阻'는 길이 나지 않은 지형으로 역시 가기 어렵습니다. '저택沮澤'은 알칼리성 토지나 소택지沼澤地처럼 낮고 습한 지역이어서 사람이나 말이 땅속으로 빠지기 쉽기 때문에 빨리 갈 수 없습니다. 이런 지형은 모두 행군하기 어렵습니다. 「행군」 편에서 군대를 주둔시킬 네 가

전쟁은 속임수다

지 장소로 산지·하천·평지·늪지를 들고 있는데, 그 가운데 행군하기 어려운 지형들이 포함되어 있습니다. 「구지」편에서는 "산림과 험하고 막힌 곳과 늪지처럼 행군하기 어려운 길을 비지라 한다山林·險阻·沮澤, 凡難行之道者, 爲(圯)[氾]地"고 했는데, 이런 지형을 통틀어 '범지氾地'라고 합니다.

"길 안내자를 이용하지 못하면 지리적 이득을 얻을 수 없다不能鄕(向)導者, 不能得地利"고 했는데, 남방 지역에 "낯선 사람에게라도 물으면 천 리 먼 길도 쉽게 갈 수 있다"는 말이 있습니다. 길 안내자의 작용은 매우 중요합니다.

"그런 까닭으로 군대는 속임수로 일어나고 이익으로 움직이며 분산과 집합을 변화로 삼는 것이다故兵以詐立, 以利動, 以分合爲變者也"에서 원문 '병이사립兵以詐立'의 '사詐'는 책략의 기본이며, 「계」편에서는 "전쟁은 속이는 도兵者, 詭道也"라고 했는데 속어로는 '병불염사兵不厭詐'라고 합니다. '이익으로 움직인다以利動'는 것은 「구지」와 「화공」편에 모두 "이익에 부합하면 움직이고, 이익에 부합하지 않으면 멈춘다合於利而動, 不合於利而止"라고 했습니다. '분산과 집합을 변화로 삼는다以分合爲變者也'는 것은 모든 변화는 병력의 배치에 따라서 어떤 곳은 분산시켜야 하고 어떤 곳은 집중해야 한다는 뜻입니다. 『한서』「병서략」에서 형세가를 설명하는 말에 '이합배향離合背向'이라는 구절이 있는데, 바로 이런 뜻을 말한 것입니다. '이합배향'이 바로 '분합위변分合爲變'입니다.

"그런 까닭으로 빠르기는 바람과 같고, 느리기는 숲과 같고, 침략은 불과 같고, 움직이지 않는 것은 산과 같고, 알기 어렵게 하는 것은 그늘과 같고, 움직임은 우레와 같아야 한다故其疾如風, 其徐如林, 侵掠如火, 不動如山, 難知如陰, 動如雷震"에서 원문의 '질疾'과 '서徐'가 상대가 되고 '침략侵掠'과 '부동不動'이 상대가 되며, '난지難知'와 '동動'이 상대가 됩니다. 일본

전국시대의 명장 다케다 신겐은 이 구절을 가장 좋아해서 수하 군대의 깃발에 풍風·임林·화火·산山 네 글자를 썼습니다. 「병서략」에서 형세가를 설명하면서 '번개처럼 움직이고 바람처럼 행동한다雷動風擧'라고 했는데, 바로 여기서 나온 말입니다. 「병서략」에서는 형세가를 설명하면서 정의를 내린 것이 아니라 직관적 인상을 말한 것입니다. 기동성·융통성·속도·변화무쌍이 형세가가 사람들에게 주는 직관적 인상입니다.

"마을을 빼앗아 그 무리를 흩어지게 하고, 영토를 넓혔을 때는 그 이득을 나누어주며, 경중을 헤아려 움직이도록 한다掠鄕分衆, 廓地分利, 懸權而動"에서 '빼앗는' 것은 사람과 물건을 포함합니다. 앞의 「작전」 편에서 이미 후방이 없는 작전에서는 보급품 수송이 가장 큰 문제이기 때문에 모든 것을 현지에서 해결해야 한다고 말했는데, 약탈은 아군의 보급품을 보충하기 위한 것이므로 우리는 고대 사람들을 이해해야 합니다. 원문의 '약향분중掠鄕分衆'은 적국의 농촌을 약탈해 적국의 인력을 흩어지게 하는 것입니다. '곽지분리廓地分利'는 자신의 영토를 넓혀서(적의 영토를 점령함) 적의 물자를 흩어지게 하는 것입니다. 앞 문장에서는 '침략여화侵掠如火'라 했고, 여기서는 '약향분중掠鄕分衆'이라 했으며, 「구지」 편에서는 '중지즉략重地則掠'과 '약어요야 삼군족식掠於饒野, 三軍足食'이라 했습니다. 앞뒤의 것을 모두 더하면 『손자』에는 모두 네 개의 '약掠' 자가 있습니다. 과거에 『손자병법』을 이야기할 때, 이 점에 이르면 모두들 난처해졌습니다. 왕자王者의 군대가 어떻게 물건을 약탈할 수 있느냐는 문제 때문입니다. 송나라 유학자들은 손자를 비판했는데, 이 점이 공격을 당한 이유 가운데 한 가지입니다. 그들은 이 책이 전혀 말 같지 않다고 했는데, 그야말로 호랑이 같은 흉포한 군대라면 진나라 사람들의 소행과 무슨 차이가 있냐는 것입니다. 그러나 다시 생각해 보면, 손자와 그 제자들이 살았던 시대에 이렇게 말하지 않으면 또 어떻게 말하겠습니까? 그때의 군대가 설마 중국 인민해방군이 행동지침으로 정한 3대기율三大紀律[4]과 8항주의八項注意[5] 같은 것을 말할 리는 없겠지요. '현권이동懸權而動'의 '권權'은 저울추를 가리키며, 경중輕重 곧 무게를 재는 데 사용합니다. 전국시대 사람들은 항상 '권'과 '경중'을 사용해 권술權術과 병술兵術의 운용을 설명했으며, 특히 이로움과 해로움을 헤아렸습니다. '현권이동'도 바로 "이익에 부합하면 움직이고, 이익에 부합하지 않으면 멈추는合於利而動, 不合於利而止" 것입니다.

이런 말은 모두 앞의 문장을 보충하는 것입니다. 앞의 문장에서 가장 중요한 것은 무엇일까요? 저자는 무엇보다도 노선 문제, 곧 '우직지계迂直之計'가 우선이라고 말합니다.

【7-4】

『군정』에서 말하기를 "말을 서로 듣지 못하기 때문에 금고를 사용하며, 보려고 해도 서로 볼 수 없기 때문에 깃발을 사용한다"고 했다. 대저 금고와 깃발은 병사의 이목을 모으는 것이다. 병사들이 이미 한 곳에 집중하면 용감한 자라도 홀로 진격하지 않고 겁쟁이라도 홀로 물러나지 않으니, 이것이 용병의 방법이다. 그런 까닭으로 밤 전투에는 금고를 많이 사용하고 낮 전투에서는 깃발을 많이 사용하는 것은 병사의 이목을 그것으로 바꾸기 위해서이다.

『軍政』曰:"言不相聞, 故爲之金鼓;視不相見, 故爲之旌旗." 夫金鼓·旌旗者, 所以一(人)[民]之耳目也. (人)[民]既專一, 則勇者不得獨進, 怯者不得獨退, 此用衆之法也. 故夜戰多(火)[金]鼓, 晝戰多旌旗, 所以變人之耳目也.

『군정軍政』은 고서의 이름입니다. 고대에는 군법이나 군대를 관리하는 것을 '군정軍政'이라 칭했고, 군법을 집행하는 관원도 '군정軍政' 또는 '군정軍正'(한나라 때도 이 직책이 있었습니다.)이라 불렀습니다. 진晉나라 수무자隨武子가 "가능함을 알면 진격하고 어려움을 알면 물러나는 것이 군대의 훌륭한 정치이다. 약한 군사를 모아 미지의 적을 공격하는 것이 무예의 훌륭한 경전이다見可而進, 知難而退, 軍之善政也. 兼弱攻昧, 武之善經也"(『좌전』 선공 12년)라고 말했고, 초나라 왕이 오나라를 칠 때 "군정을 제대로 하지 못하면 공을 세우지 못하고 돌아오게 된다不爲軍政, 無功而還"(『좌전』 양공 24년)라고 말한 것을 그 예로 들 수 있습니다. 여기서 언급된 '군정'이 바로 이런 의미입니다. 이 책은 일찍부터 전하지 않는데, 바로 뒷장에 나오는 "이것이 상황의 변화를 다스리는 것이다此治變者也"라는 구절에 대해 장예張預는 "『군정』에 '가능함을 알면 진격하고 어려움을 알면 물러난다'고 했고 또 '적이 강하면 피한다'고 했다軍政曰, '見可而進, 知難而退' 又曰 : '強而避之'"라고 주석했습니다. 이 단락은 사실『좌전』선공 12년의 내용을 베낀 것으로, 결코 독특한 견해가 있는 것은 아닙니다.

책 제목과 인용된 문장으로 보면 이 책은 군사 법전류의 고서이며, 『사마법』과 비슷한 고서라고 생각됩니다. 비슷한 부류의 책으로『좌전』에서 언급한『군지軍志』가 있습니다. 예를 들면 다음과 같은 내용입니다.

(1) 초자가 말했다. "……『군지』에 '적당하면 돌아오라'고 했고 또 '어려움을 알면 물러나라'고 했으며, 또 '덕이 있는 자는 맞설 수 없다'고 했다.……"

　　楚子曰 : "……軍志曰, '允當則歸.' 又曰, '知難而退.' 又曰, '有德不可敵.'……" (『좌전』 희공 28년)

(2) 손숙이 말했다. "……『군지』에 '적보다 앞서면 적의 마음을 뺏을 수 있다'고 했다.……"

　　孫叔曰 : "…… 軍志曰'先人有奪人之心.'……" (『좌전』 선공 12년)

(3) 요리사인 복이 말했다. "『군지』에 '적보다 앞서면 적의 마음을 뺏을 수 있고, 적보다 뒤지면 그들의 쇠하기를 기다린다'고 했다.……"

　　廚人濮曰, "軍志有之, '先人有奪人之心, 後人有待其衰.'……" (『좌전』 소공 21년)

『황석공삼략』의 「상략」에서『군참軍讖』(24조목)을 인용했고, 「중략」에서『군세軍勢』(5조목)를 인용한 것도 이런 형식을 모방한 것입니다.

이런 책은 매우 중요합니다. 후세의 이른바 병법은 원래는 이런 고서에서 정제되어 나온 것이라고 생각합니다. 군법은 병법의 기초입니다. 중국이나 외국 할 것 없이 용병의 기초는 치병治兵입니다. 군대를 거느린 사람이라면 누구든 조직이 잘되고 장비도 좋고 훈련도 잘된 군대라야 비로소 용병을 말할 수 있습니다. 중국 병법의 장점은 모략이 발달한 것이지만 이것은 또한 결점이 되기도 합니다. 이점이 있으면 반드시 결점도 있기 마련입니다. 중국에서 모략은 옛 법을 사용해 이천여 년이나 변하지 않은 반면에 제도와 기술은 새 법을 사용해 시류를 따라 더욱 새로워졌기 때문에 둘 사이에 엄청난 시간 차이가 생겨 전후가 분리되기 쉽습니다.

"말을 서로 듣지 못하기 때문에 금고를 사용하며, 보려고 해도 서로 볼 수 없기 때문에 깃발을 사용한다言不相聞, 故爲之金鼓 ; 視不相見, 故爲之旌旗"는 구절의 금고정기金鼓旌旗에서 금고는 듣는 것이고 정기, 곧 깃발은 보는 것입니다. 전자는 귀에 의지하고, 후자는 눈에 의지하기 때문에 "병사의 이목을 모으는 것所以一(人)[民]之耳目也"이라고 했습니다. 예를 들면,

금고정기金鼓旌旗
산뱌오진 1호 무덤에서 출토된 청동거울 위의 그림.

전쟁은 속임수다

『주례』「하관·대사마大司馬」에서 사냥 대열을 설명하면서 앉고 나아가고 물러나며 왼쪽으로 돌고 오른쪽으로 도는 것을 말했는데 주로 금고와 정기의 신호에 따랐습니다.

고대의 진영은 무엇과 가장 닮았을까요? 대형 음악·무용의 무대연습과 가장 비슷하다고 할 수 있습니다. 동서고금의 숱한 음악과 무용이 모두 전진戰陣을 모방한 것인데, 예를 들면 남아프리카공화국의 줄루Zulu족의 무용과 주나라 음악인 「대무大武」가 모두 그렇습니다. 장군은 무대연습의 총지휘자입니다. 장군은 전진에 앉아 북鼓을 두드려 공격하게 하고 징金을 울려 후퇴하게 했는데, 모든 동작을 이 두 가지에 따라 지휘했습니다.

'금고'는 『주례』「지관·고인鼓人」에 이른바 '육고사금六鼓四金'이 나옵니다. '육고'는 뇌고雷鼓·영고靈鼓·노고路鼓·분고鼖鼓·고고鼛鼓·진고晉鼓를 가리키고, '사금'은 금순金錞·금탁金鐲·금뇨金鐃·금탁金鐸을 가리킵니다. 『무경총요』와 『무경지』에도 이런 물건이 있어서 참고할 수 있습니다.

'기치旗幟'는 『주례』「춘관·사상司常」에 이른바 '구기九旗'가 나오는데, 모두 붉은색 깃발이며 그림이 있는 것도 있고 없는 것도 있습니다. 그림이 있는 것 가운데 해와 달로 장식한 것을 상常이라 하고, 교룡交龍으로 장식한 것을 기旂, 곰과 호랑이로 장식한 것을 기旗, 새나 매로 장식한 것을 여旟, 거북이나 뱀으로 장식한 것을 조旐라 부릅니다. 이것이 한 부류입니다. 그림이 없는 것 가운데 완전히 붉은 것을 전旜, 붉은 바탕에 흰 테두리가 있는 것을 물物이라 부릅니다. 이것이 또 하나의 부류입니다. 나머지 한 부류는 새의 깃털로 깃발을 만든 것인데, 완전한 깃털로 장식한 것을 수旞, 깃털이 분리된 것으로 장식한 것을 정旌이라 부릅니다. 『좌전』에도 많은 깃발이 나오는데, 정鄭나라 장공莊公은 모호蝥弧라는 기가 있었고(은공 11년), 노魯나라에는 삼진三辰이라는 기가 있었고(환공 2년), 제齊나라 경공景公은 영고피靈姑鉟라는 기가 있었고(소공 10년), 월越나라에는 고멸姑蔑이라는 기가 있었고(정공 12년), 조간자趙簡子에게는 봉기蜂旗가 있었습니다(애공 2년).

고대의 깃발에는 이런 기를 제외하고 전문적인 신호 깃발이 있었습니다. 예를 들면, 『묵자』「기치旗幟」편에서 말한 16가지 깃발이 바로 신호 깃발입니다. 곧 푸른 기는 나무를 대표하고, 붉은 기는 불을 대표하고, 노란 기는 땔나무를 대표하고, 흰 기는 돌을 대표하고, 검은 기는 물을 대표하고, 균기囷旗(원본에는 균기菌旗, 囷은 둥근 모양의 곡식 창고)는 음식을 대표하고, 창응蒼鷹(원본에는 창영倉英)의 기는 결사대를 대표하고, 호기虎旗(원본에는 우기雩旗)은 경사竟士(전투력이 가장 강한 부대)를 대표하고, 쌍토雙兔의 기는 많은 병사(적의 수가 많거나 아군의 지원이 필요함을 가리킴)를 대표하고, 동기童旗는 5척(1.15미터 이하)의 어린아이를 대표하고, 자매姊妹의 기(원본에는 제말지기梯末之旗)는 부녀자를 대표하고, 구기狗旗는 쇠뇌를 대표하고, 정기徂旗(『주례』에서 말한 '정旌'으로 생각됨)는 창을 대표하고, 우기羽旗는 칼과 방패를 대표하고, 용기龍旗는 수레를 대표하고, 조기鳥旗는 기마병을 대표합니다.

깃발의 그림을 옛사람들은 '휘호徽號'나 '휘지徽識' 또는 '휘장徽章'이라고 불렀습니다.

유럽의 문장紋章(coat of arms)도 이와 비슷한데, 그들은 방패 위에 매나 사자 등으로 장식한 가문의 상징을 새기곤 했으며, 이런 방패의 장식을 깃발에도 그렸습니다.

앞에서 협동이 매우 중요하다고 말했습니다. 여기서는 삼군의 작전을 지휘할 때 금고와 기정에 의지하는 것이 바로 협동에 속하는 것임을 말

전쟁은 속임수다

합니다. 그것은 신호를 사용해 지휘하는 것입니다. 금고는 청각 신호이고, 정기는 시각 신호입니다. 두 가지가 모두 신호입니다. 「세」 편의 '형명形名'이 바로 이런 것입니다. 조조는 "정기는 형이고 금고는 명이다旌旗曰形, 金鼓曰名"라고 주석했는데, 그 뜻은 볼 수 있는 것을 형形이라 하고 들을 수 있는 것을 명名이라 한다는 것입니다. 서양의 미술가가 예술 분류를 이야기할 때 기초 분류는 이분법, 곧 예술을 시각예술(회화나 조소)과 청각예술(음악이나 시가)로 구분합니다. 예를 들면, 고트홀트 에프라임 레싱[6]은 그의 저서 『라오콘Laocoon』에서 조각 작품인 라오콘[7]과 시가詩歌 작품인 라오콘을 대비해 분석했습니다. 그러나 조조의 주석이 반드시 옳은 것은 아닙니다. '형명'의 '형'은 볼 수 있는 형체를 대표하는 것으로 볼 수 있는 물건이며, '명'은 그것들의 개념이나 부호를 대표하기 때문입니다. 정기와 금고는 모두 부호 또는 신호입니다.

'형명'은 명가名家 학파의 용어입니다. 명가는 형명가形名家라고도 합니다.

여러분은 형명의 학문이 명실名實 관계만을 연구하는 논리학이라거나 명실 관계로 장난하는 궤변술로 생각해서는 안 됩니다. 이런 이해는 편협한 것입니다. 형명形名은 형명刑名으로도 쓰는데, 본래는 법률과 관련이 있으며 소송을 진행하는 것과도 관련이 있습니다. 논리는 변론에서 생겨났으며, 변론은 소송을 진행하기 위한 것입니다. 이런 학문을 본래 형명학刑名學 또는 형명법술刑名法術의 학문이라고 합니다. 루쉰魯迅의 고향인 사오싱紹興은 특히 형명의 사조師祖가 많이 배출된 지역입니다. 형명이 관리에 사용되는 것이 부호符號 관리입니다. 국가와 군대는 매우 많은 사람으로 구성되는데 어떻게 해야 관리할 수 있을까요? 재미 사학자 황런위黃仁宇는 많은 군사도 수학적으로 정확하게 관리해야 한다고 했습니다. 숫자·개념·부호·신호·명령이 모두 명名에 속합니다. 이런 학문은 통치술과 병법에도 넓게 확대되었습니다.

군대 편제를 확정해 관직을 나누고 관료화해서 관리하는 데는 숫자가 매우 중요합니다. 한나라 문서에 이른바 '오적伍籍'이란 것이 있는데, 여기에 직급마다 몇 사람이 있고 성은 무엇이고 이름은 무엇이며 고향은 어디인지를 모두 기록하도록 했습니다. 이런 인명부가 있어야 "많은 병력을 다스리기를 적은 병력을 다스리듯이 할 수治衆如治寡" 있습니다. 이것을 '분수分數'라고 합니다. '분수'가 있어야 군대가 존재합니다. 다음으로 어떻게 그들을 지휘해서 싸우게 해야만 "많은 병력을 지휘해서 싸울 때 적은 병력을 지휘해서 싸우듯이 할 수鬪衆如鬪寡" 있을까요? 이것을 '형명'이라고 합니다. '형명'은 바로 금고와 정기를 사용해 신호하는 것입니다.

인췌산 한나라 죽간의 『기정』 편에서 다음과 같이 말했습니다.

그런 까닭으로 형세가 있는 무리는 이름을 붙일 수 없는 것이 없고, 이름이 있는 무리는 이기지 못할 것이 없다. 그런 까닭으로 성인은 만물의 장점으로 만물을 이기기 때문에 끊임없이 이길 수 있다.

전쟁이란 형세로 이기는 것이다. 형세로 이기지 못할 것이 없지만 이길 수 있는 형세를 아는 사람은 없다. 형세로 이기는 것의 변화는 천지가 서로 가린 것과 같아서 다함이 없다. 형세로 이기는 것은 초나라와 월나라의 많은 대나무로도 다 쓸 수 없을 정도로 많다. 형세는 그 장점으로 이기는 것이다. 한 가지 형세의 장점으로 모든 형세를 이기는 것은 불가능하다. 형세를 제어하는 것은 하나이지만 이기는 것은 한 가지일 수 없다. 그런 까닭으로 싸움을 잘하는 사람은 적의 장점을 보면 적의 단점을 알 수 있고, 적의 부족한 점을 보면 적의 넉넉한 바를 알 수 있다. 승리를 보는 것이 해나 달을 보

전쟁은 속임수다

는 것처럼 명확하다. 승리를 위해 조치하는 것이 물로 불을 끄듯 확실하다. 형세를 드러내 형세에 대응하는 것은 정이며, 형세가 없이 형세를 제어하는 것은 기이다. 기와 정이 다함이 없는 것은 분이다. 기의 수술로 나누고 오행으로 제어하며 형명으로 싸운다. 나누어짐이 정해지면 형세가 드러나며 형세가 정해지면 이름이 있다.

故有形之徒, 莫不可名. 有名之徒, 莫不可勝. 故聖人以萬物之勝勝萬物, 故其勝不屈. 戰者, 以形相勝者也. 形莫不可以勝, 而莫知其所以勝之形. 形勝之變, 與天地相敝而不窮. 形勝, 以楚越之竹書之而不足. 形進皆以其勝勝者也. 以一形之勝勝萬形, 不可. 所以制形一也, 所以勝不可一也. 故善戰者, 見敵之所長, 則知其所短 ; 見敵之所不足, 則知其所有餘. 見勝如見日月. 其錯勝也, 如以水勝火.

形以應形, 正也 ; 無形而制形, 奇也. 奇正無窮, 分也. 分之以奇數, 制之以五行, 鬪之以刑名. 分定則有形矣, 形定則有名[矣].

이 단락은 바로 병가의 '형명'을 말한 것입니다. 그 의미는 볼 수 있는 물건은 모두 이름이 있고, 이름이 있는 물건은 모두 그것에 대응하는 방법이 있다는 것입니다. 볼 수 있는 물건으로 볼 수 있는 물건에 대응하는 것이 정正이며, 볼 수 없는 물건으로 볼 수 있는 물건을 만드는 것이 기奇입니다. 군대에 사람이 얼마나 있을까요? 어떤 곳에 정상적인 방법正을 쓰고 어떤 곳에 기발한 방법奇을 쓸까요? 어떻게 해야 기와 정을 나누어 그것이 마치 음양의 상생처럼 상대방의 형세를 이길 수 있는가 하는 것은 '분分'에 속합니다. '분'을 '수數'로 나누는 것이 「세」 편에서 말한 '분수'입니다. '분'이 결정되어야 비로소 '형'이 생깁니다. '형'이 결정되어야 비로소 '명'이 생깁니다. "형명으로 싸운다鬪之以形名"는 말은 바로 「세」 편에서 "많은 병력을 지휘해서 싸울 때 적은 병력을 지휘해서 싸우듯이 할 수 있는 것은 형명 때문鬪衆如鬪寡, 形名是也"이라고 한 것과 상통합니다.

형명은 '명'을 이용해 '형'을 제압하는 학문입니다.

고대의 지휘 수단은 주로 깃발과 북旗鼓입니다. 기고상당旗鼓相當이라는 말은 양쪽의 실력이 거의 같다는 뜻이며, 대장기고大張旗鼓는 군대를 일으켜 정벌한다는 뜻이며, 언기식고偃旗息鼓는 깃발을 내리고 북소리를 멈춘다는 것으로 전쟁을 그친다는 뜻입니다. 그러나 고대의 '형명'은 여기에 그치지 않습니다.

전쟁터에서는 사병과 장군의 거리가 멀어 말하는 소리를 들을 수 없고 손 모양도 분명히 볼 수 없기 때문에 징과 북과 깃발金鼓旌旗을 이용해 지휘합니다. 만약 두 부대가 각자 다른 곳에 있다면 지휘 연락의 문제는 매우 중요합니다. 더욱 큰 범위의 지휘 연락의 경우, 고대에는 역마驛馬와 봉수烽燧를 사용했습니다. 역마는 역참의 말을 교대로 타고 군중의 문서를 전하는 것으로, '말을 서로 듣지 못하는 것言不相聞'을 보완합니다. 봉수는 연기를 이용해 신호를 전달하는 것으로, '보려고 해도 서로 볼 수 없는 것視不相見'을 보충합니다. 오늘날 베이징에 있는 중국전신박물관中國電信博物館의 진열품 가운데 이른 시기의 것은 주로 역마나 봉수와 관련된 것들이며, 늦은 시기의 것은 주로 근현대의 우정郵政·전화·전보와 그보다 더 현대적인 위성통신과 관련된 것들입니다.

현대의 지휘 연락 및 신호 계통은 매우 복잡합니다. 간단한 것으로는 깃발 신호와 신호등, 신호총, 신호탄 등이 있습니다. 복잡한 것으로는 전화와 전보, 무선통신, 컴퓨터네트워크 등이 있습니다. 이것들의 전신은 징과 북, 깃발, 역마, 봉수입니다.

고대의 역마 제도에는 두 가지 매우 중요한 물건이 있는데, 부절符節과 문서文書가 그것입니다. 부절은 징표를 맞춰 보는 합범合範과 비슷한

전쟁은 속임수다

데, 예를 들면 신처호부新郪虎符나 양릉호부陽陵虎符 같은 것은 모두 호랑이 모양으로 만들고 가운데를 반으로 나누어 두 쪽이 합쳐져야 비로소 군대를 출동할 수 있었으며, 악군계절鄂君啓節은 대나무통 모양으로 만든 것을 다섯 조각으로 나누어 통행증으로 사용했습니다. 초나라 옥새에 삼합새三合璽라는 것이 있었는데, 원형의 인장을 셋으로 나누고 문서를 저장하는 상자를 봉할 때 사용했습니다. 이런 것들은 모두 부절을 합치는 형식으로 검증한 것입니다.

문서는 종이 대용인 대나무 조각이나 얇은 나무쪽을 가리키는 간독簡牘(또는 비단종이)에 글을 쓰고 검사한 뒤에 겉면에 뚜껑을 덮고 진흙과 새끼줄로 봉한 뒤 인장을 찍었습니다.

이는 모두 비밀을 유지하기 위한 조치입니다. 『육도』「용도」에 「음부陰符」와 「음서陰書」 편이 있는데, 여기서 '음陰'은 비밀 유지를 뜻합니다. 「음부」에서 말하는 부절은 일종의 죽간으로서 길이는 3촌에서 9척까지 8등급이 있었다고 하는데, 그 실물은 아직까지 발견되지 않았습니다. 1990년대 이전에 자전거 보관소에서 사용하던 보관표가 그것과 비슷할 것으로 짐작하는데, 대나무로 만든 패 윗면에 글자를 한 줄 쓰고 두 조각으로 나눈 것으로 지금은 사용하지 않습니다. 음서는 음부와 달리 문자로 써서 비밀 통신에 사용했습니다. 「음서」에서 "병사를 이끌고 제후의 땅 깊숙이 들어갔을 때, 임금과 장군이 병사를 통합해 무궁한 변화의 전술을 실행하고 예측하기 어려운 유리함을 도모하려 한다. 그 일이 번다해서 부절로는 분명하게 할 수 없고 거리가 멀어 말로 전할 수 없다引兵深入諸侯之地, 主將欲合兵, 行無窮之變, 圖不測之利. 其事繁多, 符不能明, 相去遼遠, 言語不通"라고 하여 문서를 사용하고 부절을 사용하지 않는 이유를 설명했습니다.

이밖에 적과 아군을 구분하고 등급을 분별하기 위해서는 군대의 복식도 매우 중요한데, 현대의 군인은 제복과 모표帽標, 옷깃에 다는 금장襟章, 견장肩章 등이 있습니다. 미국 병사들은 목에 이름과 혈액형이 새겨진 작은 패를 겁니다. 전하는 말로는 양복의 넥타이도 군대에서 유래한 것이라고 합니다. 중국의 제도는 어떨까요? 이 문제는 연구해볼 가치가 있습니다. 예를 들면, 진나라 병마갱의 진용秦俑의 복식이 각자 구별되는 것은 무슨 의미가 있으며, 후기의 번호 달린 제복인 호의號衣는 어떻게 변천한 것일까요? 이런 것들을 모두 형명의 개념에 포함해서 연구해볼 수 있습니다.

"그런 까닭으로 밤 전투에는 금고를 많이 사용하고 낮 전투에서는 깃발을 많이 사용하는 것은 병사의 이목을 그것으로 바꾸기 위해서이다故夜戰多(火)[金]鼓, 晝戰多旌旗, 所以變人之耳目也"에서 원문의 '변變'은 서로 교환한다는 뜻으로, 밤에는 주로 귀로 듣는 것에 의존하고 낮에는 주로 눈으로 보는 것에 의존하도록 바꾸어야 한다는 것입니다.

신호는 군대에서 매우 중요합니다. 우리는 동물들이 주로 신호에 의지해 서로 연락한다는 것을 알고 있습니다. 표정이나 동작, 소리만 신호가 아니라 똥을 싸거나 오줌을 싸고, 냄새를 맡는 것 또한 신호입니다.

동물을 길들이는 일은 군대의 훈련에 대해서 일깨워준 바가 있습니다. 동물은 사람의 말을 알아듣지 못하지만 사람이 보내는 신호를 이해할 수 있으며, 심지어 매우 열등한 동물도 모두 이런 '언어'를 이해할 수 있습니다. 이반 페트로비치 파블로프[8]는 조건반사 현상을 발견했는데, 반사가 일어나는 조건은 두 가지, 곧 음식과 채찍입니다. 동물들을 길들여서 먹을 때와 때릴 때를 기억하게 하는 것입니다. 병가에서 말하는 강유상제剛柔相濟(강하고 부드러운 두 가지 수단을 서로 보충해 사용함)와 은위

병시恩威幷施(은혜와 위엄을 함께 베풂)가 바로 이 두 가지 조건의 변형입니다. 군인이 명령에 복종하고 지휘를 듣게 하는 데 필요한 것은 대부분 부호나 신호 같은 것들이지 대단한 이치가 아닙니다.

현대 전쟁에서 정보전情報戰의 원형이 이런 종류입니다.

【 7-5 】

삼군의 기세를 빼앗을 수 있고 장군의 마음을 빼앗을 수 있다. 이런 까닭으로 아침에는 기세가 날카롭고 낮에는 기세가 시들며 저녁에는 기세가 다한다. 용병을 잘하는 자는 기세가 날카로울 때를 피하고 시들어 다할 때에 공격하는데, 이것이 기를 다스리는 것이다. 다스려짐으로 어지러움을 기다리고 고요함으로 시끄러움을 기다리는 것, 이것이 마음을 다스리는 것이다. 가까운 것으로 먼 것을 기다리고, 편안함으로 피로함을 기다리며, 배부름으로 굶주림을 기다리는 것, 이것이 힘을 다스리는 것이다. 정렬된 깃발은 넘보지 말고, 당당한 진영은 공격하지 말 것이니 이것이 상황의 변화를 다스리는 것이다.

三軍可奪氣, 將軍可奪心. 是故朝氣銳, 晝氣惰, 暮氣歸. 善用兵者, 避其銳氣, 擊其惰歸, 此治氣者也. 以治待亂, 以靜待譁, 此治心者也. 以近待遠, 以佚待勞, 以飽待飢, 此治力者也. 無邀正正之旗, 勿擊堂堂之陳, 此治變者也.

이 단락의 주제는 '병사를 다스리는 네 가지 요점治兵四要'이라 할 수 있습니다. '네 가지 요점'은 곧 기氣·심心·역力·변變 네 가지를 다스리는 것입니다. 치기治氣와 치심治心은 서로 다릅니다. 기는 생리의 수준이고, 마음은 심리 상태입니다.

저자는 "삼군의 기세를 빼앗을 수 있고 장군의 마음을 빼앗을 수 있다三軍可奪氣, 將軍可奪心"라고 했는데, 삼군의 사기와 장군의 의지는 갑자기 붕궤되어 적군에 의해 무너질 수 있다는 뜻입니다. 그러나 공자는 "삼군에서 장수를 빼앗을 수는 있지만 필부에게서 뜻을 빼앗을 수는 없다

전쟁은 속임수다

三軍可奪帥也, 匹夫不可奪志也"(『논어』「자한子罕」)라고 했는데, 보통 사람도 의지가 굳세면 때로는 그를 동요하게 만들 수 없다는 말입니다. 이 구절은 예팅葉挺[9] 장군이 가장 좋아했고, 나도 좋아합니다. 생리 수준과 심리 상태는 전쟁에서 매우 중요합니다. 운동 선수들은 모두 경기 전에 신체 상태와 심리 상태의 준비가 매우 중요하다는 것을 압니다. '치기'는 기를 운행하는 사람을 가리키는 행기가行氣家들의 용어입니다. 행기行氣는 지금의 기공氣功에 해당합니다. 옛사람들은 1년 4계절이 계절마다 천지의 기운이 달라서 좋기도 하고 나쁘기도 하다고 했습니다. 이와 마찬가지로 하루 안에도 기운이 일정하지 않습니다. 기를 운행하는 사람들은 어떤 기를 먹을 수 있고 어떤 기를 피해야 하는지를 알아야 하는데, 이것을 '치기'라고 합니다. 나는 논문에서 이 문제를 전문적으로 다룬 적이 있습니다.[10]

"아침에는 기세가 날카롭고 낮에는 기세가 시들며 저녁에는 기세가 다한다朝氣銳, 晝氣惰, 暮氣歸"라고 했는데, 사람은 하루 24시간 동안에 생리 수준이 달라서 아침에는 정신 상태가 가장 좋고 낮에는 점점 내려가며 저녁에는 기가 거의 다 빠지게 됩니다. 장수가 된 사람은 이런 이치를 알아야 합니다. 우리는 장작長勺 전투에서 조귀曹劌가 기운을 다스리는 방법을 이용해 세력이 왕성한 제나라 군대를 패배시킨 일을 알고 있습니다(『좌전』 장공 10년). 당시의 상황은 이렇습니다.

노나라 장공莊公은 조귀와 함께 전차를 타고 장작長勺에서 제나라와 전쟁했다. 장공이 북을 두드려 공격하려 하자 조귀는 "아직 안 됩니다"라고 만류했다. 제나라 군대가 북을 세 번 두드리고 나서야 조귀는 "이제 공격해도 됩니다"라고 했다. 제나라 군대는 패해 달아났다. 장공은 추격하려 했지만 조귀는 "아직 안 됩니다"라고 만류했다. 조귀는 전차에서 내려 제나라 군대의 전차가 지나간 바퀴자국을 자세히 살펴보고, 다시 전차에 올라 수레 앞턱의 가로 나무를 잡고 제나라 군대가 도주하는 상황을 바라보고 나서야 "이제 추격해도 됩니다"라고 했다. 드디어 제나라 군대를 몰아냈다. 이기고 나서 장공이 조귀에게 그 까닭을 묻자, 조귀는 이렇게 말했다. "무릇 전쟁이란 사기土氣에 의존하는 것입니다. 북을 처음 칠 때 사기가 일어나고, 둘째 칠 때면 조금 쇠퇴하며, 셋째 칠 때면 없어집니다. 적군은 북을 세 번 두드려 사기가 없어지고 아군은 사기가 왕성했으므로 이길 수 있었습니다. 제나라와 같은 대국은 그 용병술을 예측하기 어렵기 때문에 매복이 있을까 염려했습니다. 제나라 군대가 도망친 바퀴자국이 어지럽고 깃발도 쓰러진 것을 보았기 때문에 추격한 것입니다."

公與之乘. 戰于長勺. 公將鼓之. 劌曰, "未可." 齊人三鼓. 劌曰, "可矣!" 齊師敗績. 公將馳之. 劌曰, "未可." 下, 視其轍, 登軾而望之, 曰, "可矣!" 遂逐齊師. 既克, 公問其故. 對曰, "夫戰, 勇氣也. 一鼓作氣, 再而衰, 三而竭. 彼竭我盈, 故克之. 夫大國, 難測也, 懼有伏焉. 吾視其轍亂, 望其旗靡, 故逐之."

고대 중국에서 시간을 나눈 방법은 두 가지인데, 하나는 12시간으로 나누었고, 다른 하나는 16시간으로 나누었습니다. 12시간의 경우, 1시간이 지금의 2시간에 해당합니다. 16시간의 경우에는 1시간이 지금의 1시간 30분에 해당합니다. 16시간은 밤낮의 길이를 '조석십육분비朝夕十六分比'로 배합해서 표시한 것입니다. 밤낮의 길이는 1년 4계절이 같지 않습니다. 후대에는 12시간을 사용하고 16시간은 사용하지 않았습니다. 12시간을 넷으로 나누면 아침朝·낮晝·저녁昏(또는 모暮)·밤夕입니다. 아침은 자시子時에서 인시寅時까지(오전 0시~6시), 낮은 묘시卯時에서 사시巳時까지

전쟁은 속임수다

(오전 6시~12시), 저녁은 오시午時에서 신시申時까지(오후 12시~6시), 밤은 유시酉時에서 해시亥時까지(오후 6시~12시)입니다. 여기서 밤은 말하지 않았는데, 사람들이 모두 잠든 동안이기 때문입니다. 과거의 주석에서 '치기'를 말할 때 흔히 몇 시에서 몇 시까지의 기운이 가장 왕성하고, 몇 시에서 몇 시까지는 기운이 거의 없어진다고 했습니다. 그 말이 일리는 있지만 꼭 거기에 얽매일 필요는 없습니다. 만일 누군가 아침 6~7시에 정신 상태가 가장 맑다면 그는 꼭 그 시간에만 싸울 것이고, 상대방이 오후 6~7시에 싸우려 한다면 그는 그렇게 활기가 없는 상태에서는 싸우지 않을 것입니다. 생물학적 시계는 단지 대강 참고할 뿐이고, 사람들은 저마다 차이가 있습니다. 설령 같다 하더라도 조절해야 합니다. 예를 들어 어떤 사람은 낮에는 매복했다가 밤에 나가 싸우기를 좋아하거나 등을 켜고 밤에 싸우는 것을 좋아해서 일찍 자고 일찍 일어나는 사람과 다릅니다. 마오쩌둥은 밤에 일하기를 좋아해서 침대에서 책도 보고 침상에서 업무를 처리하기도 했습니다. 공부하는 사람들도 대부분 밤고양이 같습니다. 나는 지금은 기운이 딸려서 밤샘은 할 수 없지만 이른 새벽, 기운이 가장 예민한 시간에 일어나 글을 쓰고 낮에는 반드시 낮잠을 자며, 오후에 책을 보고 저녁에는 텔레비전을 보다가 9~10시경에 잠자리에 듭니다.

용병을 잘하는 사람은 적의 사기가 가장 왕성한 때를 피하고 그들의 정신이 피로하고 기분이 가라앉으며 생기가 억제될 때를 노려 다시 공격하는데, 이것을 "피기예기 격기타귀避其銳氣 擊其惰歸"라고 합니다.

"다스려짐으로 어지러움을 기다리고 고요함으로 시끄러움을 기다리는 것, 이것이 마음을 다스리는 것이다以治待亂, 以靜待譁, 此治心者也"에서 원문의 '心'은 「구지」 편에서 거듭 강조한 '인정의 이치人情之理'입니다. 사병이 심리적으로 두려움을 느끼는지의 여부는 환경에 따라 변합니다.

"다스려짐으로 어지러움을 기다린다以治待亂"는 것은 질서로 혼란에 대응해서 적은 혼란해도 아군은 혼란하지 않는 것을 말하고, "고요함으로 시끄러움을 기다린다以靜待譁"는 것은 안정으로 시끄러움에 대응해서 상대방이 크고 작은 소리로 시끄럽게 하더라도 아군은 한 마디도 대응하지 않는 것을 말합니다. 예로부터 군대는 의사가 필요한데, 외과 의사뿐 아니라 심리 의사도 필요합니다. 전쟁은 몸을 상하게 할 뿐 아니라 정신에도 심한 손상을 끼칩니다. 그 중에서도 정신의 상처가 더욱 심합니다. 『육도』 「용도·왕익王翼」 편과 『묵자』 「영적사迎敵祠」 편에는 군대에 방사方士와 무의巫醫를 두었다고 하는데, 그들은 병사들의 병을 치료하는 등 미신 행위를 했습니다. 고대의 미신 행위는 주로 심리 치료의 작용이 있습니다. 미국 군대에 목사가 있고, 현재 러시아 군대에도 있는데 붉은 군대의 정치위원을 대체한 것입니다. 목사가 바로 그들의 심리 의사입니다.

"가까운 것으로 먼 것을 기다리고, 편안함으로 피로함을 기다리며, 배부름으로 굶주림을 기다리는 것, 이것이 힘을 다스리는 것以近待遠, 以佚待勞, 以飽待飢, 此治力者也"이라고 했는데, 전쟁은 체력 소모가 매우 심하기 때문에 체력을 유지하는 것도 매우 중요한 일입니다.

"정렬된 깃발은 넘보지 말고, 당당한 진영은 공격하지 말 것이니 이것이 상황의 변화를 다스리는 것이다無邀正正之旗, 勿擊堂堂之陳, 此治變者也"에서 원문의 '진陳'은 '진陣'을 뜻합니다. 양한兩漢 시대에는 '陣'을 본래 '陳'으로 썼으며, '陣'은 서진西晉 이후에야 생겨난 표기법이며, 당나라 때 이렇게 쓰는 것이 성행했습니다. '정정正正'은 죽간본의 표기가 상당히 괴이한데 과연 무슨 글자인지 연구해볼 가치가 있습니다.

【7-6】

그런 까닭으로 용병의 방법은 고지의 구릉에 있는 적을 향해 공격해서는 안 되고, 언덕을 등지고 있는 적을 공격해서는 안 되고, 거짓으로 달아나는 적을 추격해서는 안 되고, 정예부대를 공격해서는 안 되고, 미끼로 유인하는 병사를 공격해서는 안 되고, 집으로 돌아가는 군사를 막아서는 안 되고, 포위된 군사는 반드시 빠져나갈 길을 남겨두어야 하고, 궁지에 몰린 적을 핍박해서는 안 된다. 이것이 용병의 방법이다.

故用兵之法 ： 高陵勿向, 背丘勿逆, 佯北勿從, 銳卒勿攻, 餌兵勿食, 歸師勿遏, 圍師必闕, 窮寇勿迫, 此用兵之法也.

여기서 말한 여덟 구절은 여덟 조목의 금기 사항으로, 일곱 구절에서는 금지를 나타내는 '물勿' 자를 사용했고, 한 구절에서는 반드시 해야 함을 나타내는 '필必' 자를 사용했는데, 모두 장수에게 경고한 것입니다.

앞의 두 구절인 "고지의 구릉에 있는 적을 향해 공격해서는 안 된다高陵勿向"와 "언덕을 등지고 있는 적을 공격해서는 안 된다背丘勿逆"는 같은 부류입니다. 이것은 지형과 관련이 있는데, 지형에는 음양·향배向背·순역順逆이 있습니다. 위에서 아래로 공격하는 것은 형세에 따르는 것順勢이며, 아래에서 위로 공격하는 것은 형세를 거스르는 것逆勢입니다. 이런 이치는 매우 간단합니다. 적이 높은 곳을 차지해서 높은 곳에서 아래를 내려다 보는 것은 물이 낮은 곳으로 흐르는 것과 같아서 아군은 위를 향해 공격해서는 안 됩니다. 위를 향해 공격하는 것은 물의 흐름을 막는 것과 같아서 반드시 물에 빠지게 되기 때문에 '고릉물향高陵勿向'이라고 했습니다. '배구물역背丘勿逆'도 병가에서 중요시하는 것입니다. 병가에서 지형을 말할 때 왼쪽과 앞쪽은 열려 있고 오른쪽과 뒤쪽은 높고 험한 것을 좋아합니다. 좀더 간단하게 두 방향만 말하면, 앞쪽은 출구가 있어야 하고 뒤쪽은 방패막이가 있어야 한다는 것인데, 「행군」 편에서는 "살 곳을 살펴 높은 곳에 처한다視生處高"라고 했습니다. 적이 언덕을 등지고 진을 치는 것은 형세에 순응하는 것이고, 아군이 그들을 대적하는 것은 형세를 거스르는 것입니다. 이것은 지형을 말한 것입니다.

이제 여섯 종류의 적에 대해 말해보겠습니다.

원문의 '양배물종佯北勿從' '예졸물공銳卒勿攻' '이병물식餌兵勿食' 세 가지가 한 부류입니다. 첫째는 거짓으로 도망가는 척하는 적인데, 그들은 일부러 허점을 드러내 상대를 속여 추격하게 하고 뒤에 갑자기 반격하는 기만전술을 쓰기 때문에 속아서는 안 됩니다. '종從'은 군사 용어로 본래 뜻은 뒤따라 추격하는 것입니다. 이런 적은 추격해서는 안 됩니다. 둘째로 정예 군사나 날쌘 병졸과 맞붙어 싸우면 반드시 낭패를 보기 때문에 이 역시 공격해서는 안 됩니다. 마지막으로 적이 소규모 부대를 보내 아군을 끌어들이려고 유인하는 것은 큰 고기를 낚으려고 던진 미끼와 같으니 걸려들어서는 안 됩니다.

이 세 종류는 상대해서는 안 되는 적입니다.

다른 세 종류가 있는데, 목숨을 걸고 싸우기 때문에 상대를 죽이고 자신도 죽는 적입니다. 고대의 전쟁에 참여한 병사들은 모두 고향을 등지고 떠나왔기 때문에 사람의 마음이란 누구나 빨리 집으로 돌아가기를 바라기 마련입니다. 현대 전쟁에서 미국 병사는 잘 먹고 마시며 군사기지에서의 활동이 미국 국내와 마찬가지로 부족한 것 없이 모두 갖추어져

전쟁은 속임수다

있지만 그들도 집을 그리워합니다. 뒤에서 볼 「구지」편에서 저자는 바로 병사들이 고향을 그리워해 막 적의 국경에 들어갔을 때 집과 거리가 아주 가까우면 탈영할 것을 무척이나 우려했습니다. 적이 집으로 돌아가려고 하면 돌아가고픈 마음이 시위를 떠난 화살과 같아서 형세를 막을 수가 없기 때문에 그들을 가로막으면 안 되는데, 이것을 '귀사물알歸師勿遏'이라고 합니다. 적이 포위되어 궁지에 몰린 짐승처럼 싸운다면 반드시 빈틈을 남겨두어 그들로 하여금 달아났다가 다시 싸우도록 해야 하는데, 이것을 '위사필궐圍師必闕'이라고 합니다. 적이 막다른 곳에 몰려 달아날 길이 없다면 죽을힘을 다해 그들을 공격하지 말아야 하는데, 이것을 '궁구물박窮寇勿迫'이라고 합니다. 옛사람들을 이해하지 못하고 고대 전쟁도 이해하지 못하는 사람들은 강경한 적에 대해 결코 동곽선생東郭先生[11]처럼 자비를 베풀 수 없다고 생각합니다. 사실 당시의 환경에서 이런 표현은 그래도 일리가 있습니다.

앞에서 말한 여덟 구절의 마지막 구절이 '궁구물박窮寇勿迫'입니다.

'궁구물박'은 역대의 인용문이 모두 이렇게 표기했고, 송나라 때의 세 종류 판본에도 이렇게 표기되어 있습니다. 오직 하나의 예외가 있는데, 명나라의 조본학이 '박迫' 자가 잘못 쓰인 글자라고 여겨 '추追' 자로 고쳤습니다.

이렇게 고친 것은 어떤 근거도 없이 결국 잘못 수정한 것이지만, 이 수정을 둘러싸고 제시할 만한 사건이 하나 있습니다.

중국의 병서는 명·청 시대에 가장 많이 나왔습니다. 특히 강江에 대한 방어나 해양 수비에 대한 책들이 갑자기 많아졌습니다. 그 배경 가운데 하나는 명나라 말기에 왜倭에 대항하고 청나라에 저항하기 위한 것이며, 다른 하나는 서양의 침입에 대응하기 위한 것입니다. 이런 책들은 대부분 외적의 공격을 당했기 때문에 나온 것입니다. 조본학은 이런 시대의 기인인데, 앞에서 이미 소개한 바 있습니다(제2강 참조).

궁지에 몰린 적을 공격해야 하는가 여부에 대한 『손자』의 답은 아니라는 것입니다.

인민해방군이 난징을 점령했을 때, 마오쩌둥이 시 한 수를 지어 이 전고典故를 반대로 사용한 적이 있음을 우리는 모두 압니다. 그는 "마땅히 남은 군사를 거느리고 궁지에 몰린 적을 추격해야 하지 명예를 얻기 위해 항우를 배워서는 안 된다宜將剩勇追窮寇, 不可沽名學霸王"(「인민해방군이 난징을 점령하다」)라고 했는데, 앞 구절의 '궁구窮寇' 앞에 있는 '추追' 자는 조본학의 주석본과 같습니다.

마오쩌둥의 시는 그가 읽은 『손자병법』이 조본학의 주석본일 가능성을 드러내는 것 같습니다. 왜냐하면 『손자』 고본에는 모두 '궁구물박'으로 되어 있고, 오직 조본학의 주석본에만 '궁구물추'로 되어 있기 때문입니다. '박迫'과 '추追'는 조금 비슷하기 때문에 흔히 혼동하지만 이렇게 잘못 표기된 책은 거의 없습니다. 나는 『손자고본연구』 31쪽에서 『후한서』 「황보밀전皇甫謐傳」에 실린 동탁董卓의 말을 인용했는데, 표점본의 저본에는 "궁지에 몰린 적은 핍박해서는 안 되고 돌아가는 무리는 추격해서는 안 된다窮寇勿迫, 歸衆勿追"라고 되어 있는 것을 표점하는 사람이 고각본古閣本과 전본殿本에 근거해 "궁지에 몰린 적은 추격해서는 안 되고 돌아가는 무리는 핍박해서는 안 된다窮寇勿追, 歸衆勿迫"로 고치고 "아래에서 '돌아가는 무리를 핍박하는 것은 궁지에 몰린 적을 추격하는 것이다是迫歸衆, 追窮寇也'라고 말한 것은 분명히 '궁구물박 귀중물추窮寇勿迫, 歸衆勿追'라고 해야 마땅하다"라고 했습니다. 어떤 학자에 따르면, 이 말은 더 이른 연대에 나온 원굉袁宏의 『후한기後漢紀』 권25에는 "동탁이 말하기를

전쟁은 속임수다

병법에 '궁구물박 귀중물추'라고 했는데, 지금 내가 왕국王國을 추격하는 것은 돌아가는 무리를 추격하고 궁지에 몰린 적을 핍박하는 것이라고 했다卓曰 : 兵法, '窮寇勿迫, 歸衆勿追' 今我追國, 是追歸衆, 迫窮寇也'[12]라고 실려 있다고 한 것으로 보아 표점하는 사람이 잘못 고쳤기 때문에 위아래가 모두 잘못된 것임을 알 수 있습니다. 조본학의 주석본은 일본에 미친 영향이 매우 큽니다. 핫토리 지하루服部千春는 일본의 판본 가운데 하나인 사쿠라다본櫻田本이 아주 오래된 것이라고 했지만, 이 구절이 '궁구물추'로 되어 있어 조본학의 주석본을 베낀 것이므로 사실 그다지 오래된 것은 아닙니다.

우리가 마오쩌둥의 병법에서 알아야 할 것은 그의 마음이 이 두 구절의 시구에 담겨 있다는 점입니다. 그는 역사서를 열심히 읽었습니다. 홍문연鴻門宴[13]에서 항우가 유방을 놓아준 것은, 그가 보기에 큰 잘못이었습니다. 항우의 참모인 범증范增은 항우를 질책하면서 '부녀자의 인婦女之仁'이라고 했습니다. 왜냐하면 유방이 해하垓下에서 항우를 포위했을 때는 결코 인정을 베풀지 않았기 때문입니다. 마오쩌둥은 두목杜牧의 시 「제오강정題烏江亭」을 매우 좋아했습니다. 두목의 시는 항우에 대한 비판을 담고 있습니다. 항우가 유방에게 패해 오강烏江에 이르렀을 때 오강정烏江亭의 정장亭長이 작은 배를 마련하고 그를 맞이했습니다. 그러나 항우는 "하늘이 이미 나를 망하게 하려 하니 내가 다시 강을 건너간들 무엇 하겠는가? 처음에 내가 강동의 젊은이 팔천 명을 거느리고 강을 건너 진나라를 공격했는데, 이제 살아 돌아가는 사람이 한 명도 없다. 강동의 어른들이 나를 불쌍히 여기더라도 내가 무슨 낯으로 그들을 보겠는가?"라고 한탄하며 결국 자결했습니다. 항우가 죽은 것은 안타깝고 비장하지만 마오쩌둥은 이를 좋아하지 않았습니다. 두목은 시에서 "이기고 지는 것은 전쟁에서 기약하지 못하니, 부끄러움을 안고 참을 줄 아는 것이 사나이라네. 강동의 젊은이 중에는 뛰어난 인물도 많은데 땅을 휘말아 다시 쳐들어왔다면 어찌 되었을까勝敗兵家事不期 包羞忍恥是男兒 江東 子弟多才俊 捲土重來未可知"라고 읊었습니다. 두목은 이기고 지는 것은 전쟁에서 흔히 있는 일이기 때문에 항우가 부끄러움을 안고 수치를 참으며 강을 건너갔다가 다시 군대를 모아 싸우러 돌아왔어야지 울컥해서 삶을 가벼이 여긴 것은 잘못이라고 생각했습니다. 마오쩌둥은 참아야 될 때는 참아야 하고 모질어야 할 때는 모질게 해야 비로소 대장부라고 생각했습니다. 홍문연에서 모질지 못했던 것도 잘못이고, 오강에서 참지 못한 것도 잘못입니다. 같은 일을 두고 송나라의 여류시인 이청조李淸照는 「하일절구夏日絕句」라는 시를 지었는데, 그 의미는 정반대입니다. 그녀는 "살아서는 당연히 사람 중의 호걸이고, 죽어서도 또한 귀신들 중 영웅이리라. 지금까지 항우를 그리워함은 강동으로 가려 하지 않았기 때문이네生當作人傑, 死亦爲鬼雄, 至今思項羽, 不肯過江東"라고 읊었습니다. 『패왕별희覇王別姬』[14]의 항우가 바로 '궁지에 몰린 적'입니다. '박迫'의 결과는 항우의 자결입니다. 문학은 실패한 영웅을 좋아합니다. 이청조의 눈에 이것은 비장미의 절정이었습니다. 두목의 시는 병법(두목은 병법에 대해 말하기를 좋아했습니다.)이며, 이청조의 시는 기개(송나라 사람들은 기개를 말하기 좋아했습니다.)입니다. 마오쩌둥은 정치가이자 군사가였기 때문에 당연히 도덕으로 일을 설명하지 않았습니다. 그는 전자를 좋아했고, 후자는 좋아하지 않았습니다.

'박迫'과 '추追'는 의미가 다른데, '박'은 핍박하는 것이며, '추'는 추격하는 것입니다. 클라우제비츠는 특히 추격을 강조했는데, 왜냐하면 많은 전투에서 심하게 부상을 입거나 피로함을 견디지 못해 승리하고서도 추

전쟁은 속임수다

격하지 않아서 성공을 눈앞에 두고 실패했기 때문입니다. 그가 보기에 승세를 몰아 추격해서 전과戰果를 확대하는 것이 전투 자체보다 더욱 중요해서 그 수확이 이전보다 몇 배나 되었습니다. 추격은 매우 큰 학문입니다. 추격할 수 있는가의 여부가 문제이기는 하지만, 전체적 원칙으로 말하자면 클라우제비츠도 '궁지에 몰린 적을 추격하라追窮寇'고 강조했습니다.[15]

이밖에 뒤의 「구변」 편과 관련해 미리 설명해둘 것이 있습니다. 원나라의 장분張賁과 명나라의 조본학은 지금까지 말한 여덟 구절이 원래는 「구변」 편의 일부였으나 「군쟁」 편에 잘못 실린 것이라고 했는데, 이런 말은 믿을 것이 못 되며 뒤에서 다시 논의하기로 하겠습니다.

제10장

제9편

행군 行軍

이번 강의는 본래 「구변」을 말할 차례입니다. 그러나 「구변」은 매우 특수해서 그 내용과 제목이 「구지」와 관련이 있기 때문에 「구지」를 먼저 살펴보지 않으면 이해하기 어렵습니다. 그래서 「구변」은 「구지」 뒤에 강의하도록 하겠습니다.

　여기서 먼저 「행군」을 강의하는 것은 서술의 편의를 위해서이지 원서의 순서가 그런 것은 아닙니다.

　앞의 「군쟁」 편에서 기동전機動戰에서는 '기동走'과 '싸움打'이 더욱 중요하며, 양편이 승리를 다투는 것은 마치 크로스컨트리나 경주와 같아서 노선이 가장 중요하다고 지적한 바 있습니다. 지금 논의하려는 것은 구체적으로 어떻게 '기동하는가' 하는 점입니다. '기동'은 두 방면으로 나뉘는데, 하나는 주위의 지형과 지모가 어떠한가, 다른 하나는 주위의 적이 어떤 상황인가 하는 점입니다.

　『손자』에서 이 조는 '지地'를 말할 때 반드시 '병兵'을 말하고 '병'을 말할 때 반드시 '지'를 말합니다. 거의 모든 편이 '지'와 관련이 있습니다. 저자는 '지'를 말하면서 초점을 꿰뚫어 함께 설명하는 것이 아니라 초점을 흩뜨려 다른 문제에 대해 다른 각도로 이야기하기 때문에 관련된 내용이 각 편에 흩어져 있습니다. 그가 말하는 '지'는 순수한 자연의 '지'가 아니라 사람과 관련된 '지'이며, 군사 행동과 관련된 '지'입니다. 어떤 것은 지형地形이나 지모地貌이고, 어떤 것은 지구地區나 지역地域입니다. 행군에는 행군의 '지'가 있고, 작전에는 작전의 '지'가 있으며, 나라와 나라의 관계에서도 나라 안의 거리에 따라 각각의 '지'가 있습니다.

『손자』를 연구할 때 지리학적 개념은 매우 중요합니다. 제1강의 뒷부분에서 부록을 통해 이와 관련된 배경을 소개한 바 있습니다.

「행군」 편의 중점은 두 가지로 '처군處軍', 곧 '행군할 때의 숙영宿營'과 '상적相敵', 곧 '행군할 때 적의 상황을 정탐하는 일'이 그것입니다.

'처군'은 숙영과 관련된 네 가지 지형, 곧 산山·물水·평지平陸·늪지斥澤를 말하고 있습니다. 네 가지 지형은 비교적 구체적인 지형과 지모입니다.

옛사람들이 말한 지형과 지모는 주로 네 부류인데, 산·물·평원原·습지濕가 그것입니다. 산은 얕은 산과 구릉과 고지高地를 포괄하는데, 바로 여기서 말하는 '산'입니다. 물은 강과 호수를 포괄하는데, 여기서 말하는 '물'입니다. 평원은 황토고원黃土高原의 탁상고원 지역을 포괄하는데, 여기서 말하는 '평륙平陸'에 해당합니다. 습지는 낮고 습한 지역의 총칭으로서 여기의 '척택斥澤'에 해당합니다.

지구는 울퉁불퉁해 평평하지 않습니다. 담사동譚嗣同의 「동관潼關」이란 시에 "황허강이 넓은 들에 흐르면 오히려 끝날까 싫어하고, 산이 동관에 들어가도 평평하지 않다는 것을 아네河流大野猶嫌束, 山入潼關解不平"라는 구절이 있습니다. 산은 저마다 높낮이가 다르고 물은 구불구불 흘

전쟁은 속임수다

러가지만 지도에서는 분명하게 볼 수 있습니다. 지리에 밝은 사람은 두 산 사이에 강과 계곡이 있고, 강이 세차게 흘러 부딪치는 곳에는 평지와 습지가 있을 것이며, 도로는 하천이 흐르는 골짜기와 하천 바닥에 생기 기 때문에 그것이 교차하는 곳에는 일반적으로 마을이나 도시가 있다는 것을 압니다. 옛사람들은 이런 것을 기억해서 지도에 표시했기 때문에 군사작전에 매우 유용했습니다. 1973년 후난성湖南省 창사長沙의 마왕두이馬王堆 한나라 묘墓 3호에서 출토된 고지도 2점이 바로 고대의 군사지도입니다.

『손자』에서는 주로 세 가지 표현 방법으로 지형을 언급하고 있습니다. 하나는 행군과 관련해서 구체적인 지형이나 지모를 언급한 것인데, 이 편의 네 가지 '처군'의 땅이 그 예입니다. 또 하나는 작전과 관련해서 원근遠近·험이險易·광협廣狹·고하高下와 순역順逆·향배向背·사생死生 같은 지리 형세만 언급한 것입니다. 원근 등의 형세는 주로 다음 편에 보입니다. 순역 등의 형세는 주로 이 편에 보이는데, 뒤의 「구지」 편에서도 이 점을 이야기하고 있습니다. 나머지 하나는 국토의 구역개념과 공간개념인데, 「구지」 편에만 보입니다.

'상적'은 적의 상황을 관찰하는 것입니다. 이런 기술은 넓은 의미의 상술相術에 속합니다.

나는 「행군」 편을 세 장으로 나눕니다.

제1장은 행군 중에 숙영하는 '처군'에 대한 내용으로, 산山·물水·평지平陸·습지斥澤의 네 가지 지형을 구분해서 설명하고 있습니다.

제2장은 적의 상황을 정탐하는 '상적'에 대한 내용으로, 서른세 가지 상황을 설명하고 있습니다.

제3장은 '법령 집행'에 대한 내용으로, 각종 약속 규정을 언급하고 있

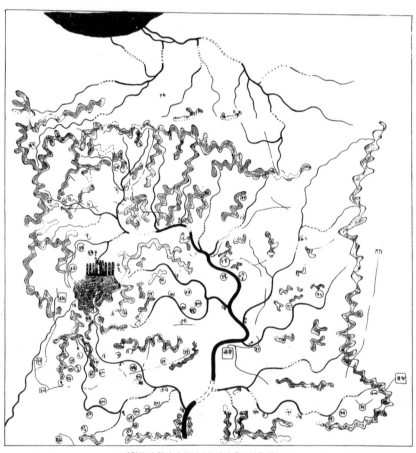

마왕두이 한나라 무덤 3호에서 출토된 「지형도」.

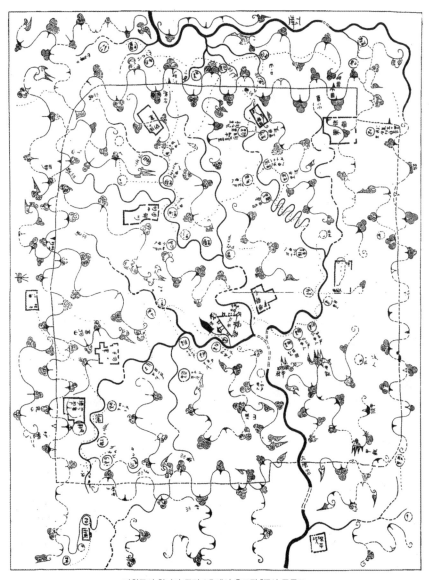

마왕두이 한나라 무덤 3호에서 출토된 「군사 주둔도」.

습니다.

이제 한 장씩 소개하겠습니다.

【 9-1 】

손자가 말했다.

군대를 주둔하고 적의 정황을 살필 때는 다음과 같이 한다. 산을 지나갈 때는 계곡에 의지하며, 남쪽을 향하여 높은 곳에 주둔하며, 높은 곳에서 내려오는 적과 싸울 때는 올라가지 말아야 하니, 이것이 산지에서 군대를 주둔하는 법이다. 강을 건너서는 반드시 물과 멀리 떨어져야 하고, 적이 강을 건너오면 물속에서 맞아 싸우지 말고 적병이 반쯤 건너게 하여 공격하는 것이 이롭다. 싸우고자 한다면 물에 가까이 붙어 적병을 맞아 싸우지 말고, 남쪽을 향해 높은 곳에 주둔하고, 물길에서 적을 맞아 싸우지 않는 것, 이것이 물가에 군대를 주둔하는 법이다. 소금기가 많은 습지를 지날 때는 오직 빨리 떠나고 머무르지 마라. 만약 이런 지형에서 적과 교전할 때는 반드시 수초에 의지하고 숲을 등져야 하니, 이것이 소금기가 많은 습지에 군대를 주둔하는 법이다. 육지에서 평탄한 곳에 주둔할 때는 오른쪽과 뒤쪽은 높은 지대가 있어야 앞쪽은 사지가 되고 뒤쪽은 생지가 되니, 이것이 평평한 육지에서 군대를 주둔하는 법이다. 무릇 이러한 네 가지 군대 주둔의 이로움이 옛날 황제黃帝가 사방의 제후들을 이긴 원인이다. 군대가 주둔할 때는 높은 곳을 좋아하고 낮은 곳을 싫어하며, 양지를 귀하게 여기고 음지를 천하게 여긴다. 생을 기르고 견실한 곳에 주둔하면 군대에 여러 가지 질병이 없어지니 이것을 반드시 이기는 곳이라 한다. 구릉이나 제방에서는 반드시 양지 쪽에 주둔하되 오른쪽과 뒤쪽에 그 양지가 있어야 한다. 이것이 용병의 이로움이며 지형의 도움이다. 상류에 비가 내려 물줄기가 내려올 때 그곳을 건너고자 한다면 안정될 때까지 기다려야 한다. 무릇 지형의 종류에는 절간絶澗, 천정天井,

천뢰天牢, 천라天羅, 천함天陷, 천극天隙 등이 있는데, 이런 곳은 반드시 매우 빨리 떠나야 하며 가까이 가지 말아야 한다. 우리는 그런 곳을 멀리하지만 적은 가까이 가도록 하며, 우리는 그런 곳을 마주하지만 적은 그곳을 등지게 한다. 주둔한 주변에 험조險阻, 황정潢井, 겸가兼葭, 소림小林, 예회翳薈가 있으면, 반드시 세밀하게 거듭 수색해야 하니, 이러한 곳은 매복과 간첩이 있을 만한 곳이기 때문이다.

孫子曰：

凡處軍相敵：絕山依谷, 視生處高, 戰(隆)[降]無登, 此處山之軍也. 絕水必遠水. 客絕水而來, 勿迎之於水內, 令半渡而擊之利；欲戰者, 無附於水而迎客；視生處高, 無迎水流, 此處水上之軍也. 絕斥澤, 惟亟去無留；若交軍於斥澤之中, 必依水草而背衆樹, 此處斥澤之軍也. 平陸處易, 右背高, 前死後生, 此處平陸之軍也. 凡四軍之利, 黃帝之所以勝四帝也. 凡軍好高而惡下, 貴陽而賤陰. 養生處實, 軍無百疾, 是謂必勝. 邱陵堤防, 必處其陽而右背之. 此兵之利, 地之助也. 上雨水, [水](沫)[流]至, 欲涉者, 待其定也. 凡地有絕澗·天井·天牢·天羅·天陷·天隙, 必亟去之, 勿近也. 吾遠之, 敵近之；吾迎之, 敵背之. 軍旁有險阻·潢井·兼葭·(林木)[小林]·翳薈者, 必謹覆索之, 此伏奸之所[處]也.

이 장은 두 단락으로 나눌 수 있는데, 앞 단락에서 군대를 주둔하는 네 가지 지형을 조목조목 나누어 설명하고, 뒷 단락에서는 관련된 요구 사항을 종합해 말하고 있습니다.

먼저 앞 단락을 살펴보겠습니다.

전쟁은 속임수다

원문의 '범처군상적凡處軍相敵'은 전문全文을 제시한 것인데, '처군'이 이 단락이고 '상적'은 뒷단락입니다.

'처군'은 숙영을 말하는데, 여기서는 '산' '물' '평지平陸' '늪지斥澤'의 네 가지 지형을 구분해서 설명하고 있습니다. 각 지형의 앞에는 모두 '절絶' 자를 붙였는데, 그 지형을 지나간다는 뜻입니다.

첫째는 '절산絶山'인데, 산을 지나간다는 것은 산 위를 넘어가는 것이 아니라 골짜기로 지나간다는 뜻입니다. 도로는 모두 산 사이의 골짜기를 따라 나 있기 때문에 "산을 지나갈 때는 계곡에 의지하며絶山依谷"라고 했습니다. 골짜기를 따라가면 첫째는 가기 좋고 둘째는 수초의 유리함이 있지만, 양쪽에 복병이 있을 수 있어 위험하기도 합니다. 만약 이런 곳에서 숙영하려면 반드시 "남쪽을 향하여 높은 곳에 주둔해야視生處高"합니다. 원문의 '시생視生'은 산의 남쪽을 향해 앞쪽에 출구를 마련하고 들이 넓게 펼쳐진 것이 보여야 한다는 뜻이며, '처고處高'는 산의 북쪽을 등져 뒤쪽에 의지할 곳을 마련하고 높은 곳에서 아래를 내려다보아야 한다는 뜻입니다. 이것은 순역·향배·사생의 개념에 속합니다. '시생처고視生處高'는 앞이 낮고 뒤는 높으며, 앞은 사지이고 뒤는 생지이기 때문에 형세에 순응하는 것입니다. 적이 아군을 공격하려면 그들은 형세를 거스르게 됩니다. '전강무등戰降無登'은 그 반대를 이야기한 것입니다. 만약 적이 아군보다 먼저 높은 지형을 차지해 높은 곳에서 아래를 내려다본다면 아군은 산을 오르면서 위로 공격해서는 안 됩니다. 위를 향해 공격하면 모든 위치가 바뀌어 아군이 형세를 거스르고 적은 형세에 순응하게 됩니다. 이 구절은 금본에 '전륭戰隆'으로 잘못되어 있는데, 인췌산 한나라 죽간과 여러 가지 고서의 인용문을 따라 '전강戰降'으로 수정했습니다. 한나라 때는 '강降'과 '융隆'을 혼용했습니다. 마왕두이 백서帛書의 의서醫書에서는 흔히 '느른할 융癃' 자를 '융瘓' 자로 표기했습니다. '전강戰降'은 위에서 아래로 공격하는 적과 싸우는 것을 말합니다. '절산絕山'에서는 높은 곳을 제어하는 것이 가장 중요합니다. 클라우제비츠는 높은 곳을 제어하는 것은 세 가지 큰 이점이 있다고 했는데, 첫째로 진입하는 길을 막아 교통이 편리하고, 둘째로 위에서 아래로 쏘는 것이 아래에서 위로 쏘는 것보다 사정거리가 멀기 때문에 화력을 발휘하는 데 유리하며(고대에는 화기가 없었지만 위에서 아래로 화살을 쏘거나 무거운 물건을 던질 때 중력의 방향과 일치하기 때문에 위가 아래보다 유리합니다.), 셋째로는 높은 곳에서 아래로 향하면 지형을 굽어보고 제어할 수 있어서(산 아래에 가려진 밀림이 없는 것이 가장 좋습니다.) 정찰하는 데 이롭다는 것입니다.[1] '시생처고'는 바로 이런 세 가지 큰 이점을 말합니다. 고대에는 산 정상을 점령하는 것이 바로 적의 활동을 살피기에 적합하도록 주변이 두루 내려다보이는 감제고지瞰制高地를 점령하는 것이었습니다. 오늘날은 이와 달라서 감제고지는 이미 산 정상이 아닙니다. 모두가 쟁탈하려는 제공권은 인공위성의 위치 계통을 제어하는 것으로, 감제고지는 이미 하늘로 올라가 버렸습니다. 그러나 감제고지의 중요성은 여전히 남아 있습니다.

둘째는 '절수絕水', 곧 강을 건너가는 것입니다. 강을 건널 때 가장 두려운 것은 두 가지인데, 하나는 『삼국지연의』에서 관우가 많은 비로 불어난 한수漢水의 물을 막아두었다가 방류해 위나라 우금于禁이 거느린 '칠군을 수장시킨水淹七軍' 것처럼 적군이 상류에서 물을 방류하는 것이며, 또 하나는 물을 반쯤 건넜을 때 적군이 기슭에서 공격하는 것입니다. '원수遠水'는 강을 건너기 전을 말하는데, 물가에서 숙영할 때는 반드시 물에서 멀리 떨어져야 하며 그렇지 않으면 물에 잠기기 쉽습니다. 만약 적군이 한창 강을 건너고 있다면 아군은 물속에서 응전해서는 안 되

566

며 반드시 기슭에서 적군이 반쯤 건너기를 기다렸다가 공격해야 합니다. 만약 적군이 아직 강을 건너지 않았다면 아군은 기슭에서 기다려서는 안 되는데, 그렇게 하면 적군이 강을 건너려 하지 않을 것이기 때문입니다. 적군도 이 두 가지를 다 알고 있습니다. 물은 산과 달라서 산은 높고 물은 낮지만 역시 순역·향배·사생을 중시합니다. 물이 있는 곳에서는 높은 곳에 머물러야 물에 잠기지 않을 수 있기 때문에 역시 '시생처고'를 말했습니다. 물은 낮은 곳으로 흐르기 때문에 낮은 곳에서 물을 맞아서는 안 된다는 것도 '전강무등'과 같은 이치입니다. 물은 비록 낮은 곳에 있지만 강기슭은 감제고지와 같습니다. 여기서 "적병이 반쯤 건너게 하여 공격하는 것이 이롭다令半渡而擊之利"는 구절은 매우 중요합니다. 춘추 시대에는 정규 전법이든 비정규 전법이든 놀이 규칙이 발생하고 변했지만 고풍은 아직 남아 있습니다. 처음에는 양쪽이 진세를 벌여 놓고 스포츠 경기처럼 페어플레이를 펼쳐야 '전쟁'이라 불릴 만했고, 매복을 설치하고 몰래 습격하거나 혼란한 틈을 타서 승리를 취하는 것은 '전쟁'이라 부르지 않고 '붕崩(무너짐)' '패敗(짐)' '극克(이김)' '취取(빼앗음)'라고만 했을 뿐입니다(『좌전』 장공 11년). 홍수泓水의 전쟁에서 송나라가 먼저 기회를 잡은 이로움이 있어서 송나라 군대는 제대로 진영을 갖추고 있었지만 초나라는 아직 강을 건너고 있었습니다. 사마 자어가 "저들은 군사가 많고 우리는 적으니 아직 강을 다 건너기 전에 공격하십시오"라고 했으나 송 양공은 전투를 허락하지 않았습니다. 초나라 군대가 강을 건너왔지만 진영을 아직 갖추지 못했을 때 사마 자어가 다시 공격할 것을 요청했지만 송 양공은 또 허락하지 않았습니다. 결국 초나라 군대가 진영을 갖춘 뒤에야 양쪽이 서로 맞붙어 싸워 송나라가 대패했습니다. 송 양공의 전법은 『사마법』에서 추론한 옛 전법으로, 귀족 결투 방식의 낡은 전법이었습니다. 사마 자어의 전법이 비로소 실제를 강구하고 당시의 흐름을 대표하는 새로운 전법입니다. 송나라가 전쟁에서 진 뒤 백성들이 모두 송 양공을 원망했지만 그는 완고하게 변명하기를, "군자는 상처 난 사람을 거듭 해치지 않으며 반백의 노인을 사로잡지 않는다. 옛날의 군대는 적이 곤란한 상황을 이용하지 않았다. 내가 비록 망한 나라의 후손이지만 대열을 갖추지도 않은 적을 공격하지는 않는다君子不重傷, 不禽二毛. 古之爲軍也, 不以阻隘也. 寡人雖亡國之餘, 不鼓不成列"라고 했습니다. 사마 자어는 지도자가 군사를 전혀 이해하지 못해 완전히 지휘를 망쳤다고 매우 분개했습니다(『좌전』 희공 20년). 사실 이것은 '고대'와 '현대'의 두 가지 다른 전법의 다툼입니다. 『손자』는 이런 낡은 전법을 반대하고 '반도이격半渡而擊', 곧 '반쯤 건너게 하여 공격할 것'을 주장해 송 양공과 완전히 상반됩니다. 후세의 병가들도 모두 『손자』를 따랐습니다. 『오자』에서는 이 말을 두 차례 언급했는데, "강을 반쯤 건넜으면 공격할 수 있다涉水半渡, 可擊"(「요적料敵」)라는 구절과 "적이 만약 강을 건넌다면 반쯤 건넜을 때 공격하라敵若絶水, 半渡而薄之"(「응변應變」)는 구절입니다. 「요적」에는 '공격할 수 있는可擊' 13가지를 말하고 있는데, "강을 반쯤 건넜으면 공격할 수 있다" 외에도 "적이 먼 곳에서 이제 막 도착해서 행렬이 정비되지 않았으면 공격할 수 있다敵人遠來新至, 行列未定, 可擊"라거나 "길이 험하고 도로가 좁으면 공격할 수 있다險道狹路, 可擊" 등이 있습니다. 이런 것은 모두 송 양공의 말과 정반대입니다. 송 양공은 '반쯤 건넜을 때 공격하는 것'은 결코 옛 예법에 맞지 않고 또 군자의 풍모가 없는 일이라고 생각했지만, 그가 무시한 이런 비정규 전법은 후대에 오히려 군사 원칙으로 통용되었습니다. 고대 전쟁에서 물과 불이 매우 넓게 쓰였지만, 『손자』에는 「화공」 편만 있고 「수공」 편은 없습니다. 수공에 대해 언급한 것은 여기 한 곳뿐입니다.

셋째는 '절척택絶斥澤'인데, '척斥'은 소금땅이며 '택澤'은 늪지대로서 모두 낮고 습한 곳입니다. 낮고 습한 지형을 옛사람들은 진펄을 뜻하는 '습隰'이라고 불렀습니다. 중국 북방의 황허강 유역에는 소금 땅이 많습니다. 유엔 식량농업기구FAO는 특별기금을 마련해 이런 소금 땅을 관리합니다. 나는 예전에 허타오河套² 지구에서 머문 적이 있습니다. 그곳은 하천과 도랑이 이리저리 흐르는데 땅이 낮고 수위가 높아서 돌을 굴려 압력을 가하면 물이 넘쳐 곳곳이 흰 꽃 같은 소금 땅 투성이고, 지표는 비스킷처럼 밟으면 바싹바싹 부서집니다. 홍군이 대장정 때 눈산을 오르고 초지草地를 지났는데, 이른바 초지란 대부분이 늪지대입니다. 이런 곳은 모두 걷기 힘든 지형이어서 일단 적에게 발견되면 매우 곤란해지기 때문에 반드시 빠르게 통과해야 하고 그곳에서 머물러서는 안 됩니다. 습지를 지나갈 때는 의지할 만한 것이 없고 오직 "수초에 의지하고 숲을 등지는依水草而背衆樹" 수밖에 없는데, 이것도 '시생처고'에 해당합니다. '수초에 의지하는 것'은 사람과 말이 안전하도록 하는 것이며, '숲을 등지는 것'은 뒤에 의지할 곳을 두는 것입니다. 앞에서 언급한 "산림과 험하고 막힌 곳과 늪지처럼 행군하기 어려운 길山林·險阻·沮澤之形者"에서 '낮고 물기가 많은 늪지沮澤'가 바로 이런 지형입니다.

넷째는 '절평륙絶平陸'인데, 옛사람들은 '평륙平陸'을 '언덕原'이라고도 했으며 여기에는 고원高原의 원原도 포함됩니다. 옛사람들이 '험이險易'라고 말할 때의 '험險'은 산지를, '이易'는 평지를 뜻하며, 물과 습지斥澤는 이보다 더 낮은 지형입니다. 이런 지형에서 요구하는 것은 매우 간단해서 일곱 글자, 곧 '우배고右背高'와 '전사후생前死後生'뿐입니다. 고대의 병음양에서는 왼쪽과 앞左前을 양陽이라 하고 오른쪽과 뒤右背를 음陰이라 했으므로 '우배고'는 양을 등지고 음을 감싸서 왼쪽과 앞은·넓고, 오른쪽과 뒤는 높고 험준하게 한다는 뜻으로, 사실상 '시생처고'에 해당합니다. 그러나 '전사후생'은 이해하기가 꽤 까다롭습니다. '시생처고'는 글자대로 풀이하자면 본래 바라보는 방향으로 '생生'을 삼고, 등지는 방향으로 '사死'를 삼는다는 것인데, 여기서는 어째서 반대로 전사후생이라고 했을까요? 옛날 주석에는 이 때문에 논쟁이 있었습니다. 이전李筌은 "전사는 목숨을 걸고 싸우는 곳이며, 후생은 아군이 머무는 곳이다前死, 致戰之地 ; 後生我自處"라고 풀이했는데, 앞에는 적이 막고 있어서 목숨을 걸고 싸워서 적을 돌파해야 벗어날 수 있기 때문에 '전사'라고 하고, 뒤에 의지할 곳이 있으면 반드시 싸울 필요는 없기 때문에 '후생'이라 한다는 말입니다. 그러나 왕석王晳은 "무릇 병사는 모두 양陽을 향하는데, 이미 뒤에 산을 등지고 있다면 앞은 살 길이고 뒤는 죽을 길이다. 아마 문장이 잘못된 것 같다凡兵皆向陽, 旣後背山, 卽前生後死. 疑文誤也"라고 하여, 원문이 틀림없이 잘못 표기되었으며 본래 '전생후사前生後死'로 써야 마땅하다고 생각했습니다. 왕석의 설명이 매우 이치에 맞는 것 같지만 인췌산 한나라 죽간이 나온 뒤로 우리는 원문도 여전히 '전사후생'임을 발견했습니다. 살펴보면 이전의 해석이 맞습니다. 이전의 주석은 『손자』 자체의 해석에 근거한 것입니다. 「구지」 편에서 '사지死地'를 두 가지로 해석했는데, 하나는 "빠른 속도로 싸우면 생존할 수 있고, 빠르게 싸우지 않으면 멸망하는 곳疾戰則存, 不疾戰則亡"이며, 다른 하나는 "달아날 수 없는 곳無所往者"입니다. 둘째 해석은 죽간본에는 다른 문장으로 되어 있는데, "견고한 곳을 등지고 적과 마주하는 것은 사지이며, 갈 곳이 없는 것은 궁지背固前敵者, 死地也. 無所往者, 窮地也"라고 했습니다. 이 해석은 더욱 분명하게 '전사'가 앞에 적이 막고 있음을 가리킵니다. 따라서 '사생死生'은 전쟁을 해야 하는지의 여부를 가리키는 것임을 알 수 있습니다. 앞에 적이 막고 있어 싸

전쟁은 속임수다

우지 않으면 벗어날 수 없으니 '샤'라고 하고, 뒤에 의지할 곳이 있어 매우 안전해서 싸울 필요가 없으니 '생'이라고 한 것입니다.

여기까지가 앞 단락입니다.

다음 단락에서는 세 개의 '범凡'을 이야기합니다.

(1) 첫째 '범'은 앞 단락을 총결하는 것입니다.

"무릇 이러한 네 가지 군대 주둔의 이로움凡四軍之利"에서 원문의 '사군四軍'은 앞에서 말한 '처군'의 네 가지 지형을 가리킵니다. '군軍'이 동사로 사용되면 그 자체로 군대가 진을 치고 주둔한다는 뜻이 있기 때문에 '처군'과 같은 의미입니다.

"황제가 사방의 제후들을 이긴 원인이다黃帝之所以勝四帝也"라고 한 것은 옛날 황제黃帝의 전설에 의지한 것입니다. 전국시대 이래 진나라와 한나라 때의 술수·방기·병서 등 모든 기술서는 황제에 가탁하기를 좋아했습니다. 고대의 병음양도 마찬가지입니다. 『한서』 「예문지·병서략」에 실린 병음양 목록의 병서 16종 가운데 7종이 황제와 그 신하에 가탁한 것입니다.

『황제黃帝』16편. (도圖 3권)

『봉호封胡』5편. (황제의 신하에 의탁)

『풍후風后』13편. (도圖 2권. 황제의 신하에 의탁)

『역목力牧』15편. (황제의 신하에 의탁)

『겹야자鵊冶子』1편. (도圖 1권.)

『귀용구鬼容區』3편. (도圖 1권. 황제의 신하에 의탁)

『지전地典』6편.

황제의 신하 중에는 이른바 '칠보七輔'와 '육상六相'이 있는데, 위의 풍후·역목·지전은 '칠보'에 속합니다.

'황제가 사방의 제후들을 이겼다黃帝勝四帝'는 것은 황제 전설에 속합니다. 황제 전설은 고대의 제왕 계열의 전설입니다.

고대 제왕의 계열은 두 가지의 다섯 제왕五帝이 있는데, 한 가지는 주나라 계열의 오제, 곧 황제黃帝(헌원軒轅)·전욱顓頊(고양高陽)·제곡帝譽(고신高辛)·당요唐堯·우순虞舜(『대대례大戴禮』 「제계帝繫」)이며, 다른 하나는 진秦나라 계열의 오제, 곧 태호太昊(복희씨伏羲氏)·염제炎帝(신농神農)·황제黃帝·소호少昊(금천金天)·전욱(『여씨춘추』 12기, 『사기』 「봉선서封禪書」)입니다. 뒤의 오제는 다섯 방위를 상징하는 색깔에 맞춰 청제靑帝·적제赤帝·황제黃帝·백제白帝·흑제黑帝라고도 합니다.

중국의 오제는 중국 초기의 '오족공화五族共和'[3]입니다. 옛날에 각 부족은 각자의 조상에게만 제사를 지내고 다른 조상에게는 절대 제사를 지내지 않았으며, 다른 나라를 멸망시키면 곧 그 백성을 죽이고 그 조상의 무덤을 파헤쳤는데, 이것은 어리석은 방법입니다. 나중에 그들은 큰 지역 국가를 건설하려면 부족 개념을 반드시 타파해야 한다는 것을 깨닫고 한 나라에 사는 부족들도 함께 모으고자 했는데, 가장 좋은 방법은 바로 그들의 조상 위패를 모시고 함께 제사를 지내는 것이었습니다. 예를 들면, 중화민국 건국 초기에 오족공화를 말한 것은 바로 이런 생각에 서였습니다. 1925년 쉐두비薛篤弼는 베이징의 제단에 오족공화정五族共和亭을 세우고(지금은 이미 없어졌습니다.) 다섯 지도자, 곧 황제黃帝와 청나라의 창건자 누르하치努爾哈赤, 몽골 부족을 통일해 몽골제국을 세운 칭기즈 칸成吉思汗, 이슬람교를 창시한 마호메트Mahomet, 티베트 라마교 황모파黃帽派의 창시자 총카파宗喀巴의 형상을 걸었습니다.

오색 제왕五色帝은 각자의 방위가 있습니다. 태호 복희씨는 동쪽인데, 그의 후손인 풍씨風氏가 작은 나라를 이루어 지금의 산둥성 취푸曲阜 일대에 모여 살았기 때문입니다. 소호 금천씨는 서쪽인데, 그의 후손인 영씨嬴氏가 세운 여러 나라 가운데 가장 큰 진秦나라가 지금의 산시성陝西省·간쑤성甘肅省 지역에 있었기 때문입니다. 염제는 남쪽인데, 그의 후손인 강씨姜氏의 4대 분파인 제齊·여呂·신申·허許가 지금의 허난성河南省 난양南陽 일대에 살았기 때문입니다. 전욱은 북쪽인데, 그의 후손인 요堯·순舜의 옛터가 지금의 산시성山西省 남부라고 전해지기 때문입니다. 이와 같이 오색 제왕은 다섯 부족의 후손 가운데 가장 유명한 국가의 방향 색깔로 이름을 붙인 것입니다.

여기의 '황제승사제黃帝勝四帝'는 다섯 색을 다섯 방위에 배치한 것입니다. 마왕두이 백서에 "황제는 얼굴이 넷이다黃帝四面"라는 전설이 있습니다(『경經』「입정立政」). 황제가 중앙에 있는 것은 마치 후난성에서 출토된 대화방정大禾方鼎의 네 면에 각각 하나의 얼굴을 새긴 것과 같습니다. 사제四帝는 사방에 있는데, 청제는 동쪽, 적제는 남쪽, 백제는 서쪽, 흑제는 북쪽입니다. 이른바 '황제승사제'는 바로 중앙이 사방을 쳐서 이긴 것을 뜻합니다.

옛사람들의 고질적 관념으로는 '문명' 민족이 애초부터 중심을 차지하고 농업 발전에 적합한 좋은 지방을 차지하는 것이 마땅하고, '야만' 민족은 변방의 황량한 지방으로 내몰아 짐승 도깨비와 함께 살게 하는 것이 마땅했습니다. 요와 순이 같은 성의 혈족 가운데 흉악한 부족 넷을 "사방 끝으로 내몰아서 도깨비를 다스리게 했다投諸四裔, 以御魑魅"(『좌전』 문공 18년)는 말이 전해지는 것은 바로 이런 관념을 반영합니다. 흉악한 네 부족은 일설에는 혼돈渾敦·궁기窮奇·도올檮杌·도철饕餮(『좌전』 문공 18년)

이라고 하고, 일설에는 공공共工·삼묘三苗·백곤伯鯀·환두驩兜(이른바 고문 『상서』에 속하는 「요전舜典」)라고도 하는데 모두 사악함의 화신입니다. 또 '황제승사제'는 자신보다 못한 사람들을 주변화한 일이기도 합니다.

인췌산 한나라 죽간에 『황제벌사제黃帝伐四帝』(원서의 제목이 이렇습니다.)가 있습니다. 여기서 문장의 첫머리를 "손자가 말했다孫子曰"로 시작하는데, 정리한 사람이 『오손자』의 일문으로 생각해서 이 내용을 해석한 것입니다. 황제가 사제를 이긴 것을 말하는 조목마다 모두 '우음右陰·순술順術·배충背衝'이라는 여섯 글자가 있습니다. '우음'은 바로 이 편에서 말한 '우배고右背高'로 서북쪽에 의지하고 남동쪽을 향하는 것을 가리키고, '순술'은 황제가 바라보는 쪽을 따라서 안에서 밖으로 향하는 방향을 말하며, '배충'은 사제가 바라보는 쪽을 거슬러 밖에서 안으로 향하는 방향을 말하는 것으로 생각합니다. 황제가 사제를 정벌해 승리한 것은 음양·순역·향배에 따른 것입니다.

이해를 돕기 위해 그림으로 그려 보았습니다. 오제에서 적제는 위에 있고 남쪽이며, 흑제는 아래에 있고 북쪽이며, 청제는 왼쪽에 있고 동쪽이며, 백제는 오른쪽에 있고 서쪽이며, 황제는 가운데에 있습니다. 이 그림은 위가 남쪽이고 아래가 북쪽이기 때문에 지금의 지도와는 다릅니다. 고대의 지도에도 모두 방향이 있는데, 이른 시기의 지도는 위가 남쪽이고 아래가 북쪽인 것이 많으며, 늦은 시기의 지도는 위가 북쪽이고 아래

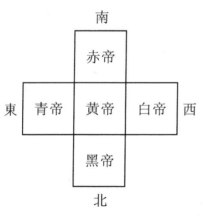

황제가 네 임금을 이기다黃帝勝四帝.

가 남쪽인 것이 많습니다. 여기서 위가 남쪽이고 아래가 북쪽이며, 왼쪽이 동쪽이고 오른쪽이 서쪽으로 그린 것은 중국의 건축 방위 개념을 따른 것입니다. 중국 건축은 정남과 정북을 정하고 네모반듯한 것을 추구하기 때문에 서양처럼 건물 주위에 어지러이 짓는 것과는 다릅니다. 전에 비행기를 타고 미국 도시를 내려다보니 건물 배치가 매우 어지러웠습니다. 옛사람들이 군주는 남쪽을 향하고 신하와 백성은 북쪽을 향해 군주를 섬긴다고 말한 것은 존귀한 사람은 늘 북쪽 건물에 머물기 때문입니다. 우리가 음양·순역이나 전후좌우의 개념을 말할 때도 이것으로 결정합니다. 일반적으로 남쪽이 앞이고 북쪽이 뒤며, 동쪽이 왼쪽이고 서쪽이 오른쪽입니다. 여러분은 북쪽을 못 찾습니까, 아니면 등지는 방향을 못 찾습니까? '북北'자는 두 사람이 서로 등지고 있는 것을 본뜬 글자로, 본뜻은 등지고背 있는 방향입니다.

만약 이런 개념을 자세히 알지 못하고 베이징 지도를 펴도 무방하지만, 당신이 그 당시의 황제가 되어 자금성의 태화전太和殿에 단정히 앉아 있다고 상상해 보십시오. 황제黃帝의 얼굴이 넷이라는 상상은 사실 이런 데서 나온 것입니다.

베이징의 성城은 네모반듯하게 생겼습니다. 어디가 앞이고, 어디가 뒤일까요? 매우 분명하게 정양문正陽門이 남쪽에 있으며, 전문前門이라 부릅니다. 안정문安定門과 덕승문德勝門은 북쪽에 있는데, 두 개의 뒷문입니다. 좌우의 개념도 이렇게 논합니다. 좌안문左安門은 어디에 있을까요? 동쪽에 있습니다. 우안문右安門은 어디에 있을까요? 서쪽에 있습니다. 옛사람들은 좌문우무左文右武라고 했는데, 숭문문崇文門과 문화전文華殿이 동쪽에 있고 선무문宣武門과 무영전武英殿이 서쪽에 있는 것도 모두 이런 방식으로 배치한 것입니다.

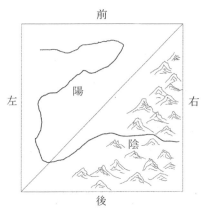

오른쪽과 뒤쪽은 산을 의지하고 앞과 왼쪽은
물을 의지한다右背山陵, 前左水澤.

앞에서 말한 방위는 기본적으로 이런 방식입니다. 고대 병음양은 이런 방위에서 출발해 "오른쪽과 뒤쪽은 산을 의지하고 앞과 왼쪽은 물을 의지한다右背山陵, 前左水澤"고 말하기를 좋아했습니다. 예를 들면, 한신韓信이 징싱井陘에서 싸울 때 일부러 물을 등지고 진을 쳐서 조후趙后를 격파하자 여러 장수들이 모두 축하하면서 한신에게 배수진을 친 것은 "오른쪽과 뒤쪽은 산을 의지하고 앞쪽과 왼쪽은 물을 의지한다右倍山陵, 前左水澤"는 병법을 위반한 것이 아니냐고 물었습니다. 그러자 한신은 자신이 그렇게 한 것도 병법을 따른 것이라며, 병법에 "사지에 빠진 뒤라야 살 수 있고, 망지에 처한 뒤라야 살 수 있다陷之死地而後生, 置之亡地而後存"고 하지 않았느냐고 말했습니다(『사기』 「회음후열전」). 여러 장수들이 물었던 "우배산릉 전좌수택右倍山陵 前左水澤"도 『손자병법』에서 나온 것임을 이제는 알고 있습니다. 인췌산 한나라 죽간의 『오손자』 일편佚篇 가운데 「지형 2地刑(形)二」편에는 이 구절이 "우부(배)산릉 전좌수택右負(背)山陵, 前左水澤"으로 되어 있습니다. 부負와 배倍는 모두 배背의 의미인 '의지하다'로 이해해야 합니다. 수택은 빠져나가야 할 곳이며, 산릉은 의지할 곳입니다. 한쪽은 관념적으로 좋아하는 것이며, 다른 쪽도 실용적으로 의의가 있습니다.

사람들이 왜 오른쪽과 뒤쪽에 의지하려는가 하는 문제는 매우 흥미롭습니다.

전쟁은 속임수다

오른쪽의 문제는 비교적 복잡한데, 오른손잡이나 왼손잡이와 관련이 있을 수 있습니다. 사람은 일반적으로 오른손과 오른발을 사용합니다. 예를 들면, 무사는 일반적으로 오른손으로 칼(또는 다른 무기)을 잡고 왼손에 방패를 쥡니다. 농구 골대를 향해 공을 던질 때 오른손을 사용하고, 공을 찰 때는 오른발을 사용하는 사람들이 절대다수입니다. 그러나 왼쪽을 이용하는 경우도 많습니다. 사람이 길을 걸을 때는 일반적으로 오른쪽을 따라 걷지만 그 반대인 상황도 있습니다. 예를 들면, 에스컬레이터에서 어느 한쪽으로 비켜설 때, 일본의 도쿄東京에서는 오른쪽에서 서서 왼쪽을 비워두고, 교토京都에서는 왼쪽에 서서 오른쪽을 비워두기 때문에 완전히 반대입니다. 중세 유럽에서 행한 결투는 두 사람이 말을 타고 마주 달려오다가 엇갈리면서 상대를 찌르는 방식인데, 일반적으로 오른쪽에서 달려가기 때문에 길을 가는 것과 같습니다. 오늘날의 자동차도 마찬가지입니다. 유럽 대륙을 비롯해 세계 대다수의 나라는 모두 오른쪽으로 운행하지만, 영국·일본·홍콩에서는 이와 반대로 왼쪽으로 운행합니다. 중국에서도 고대에는 왼쪽에서 오른쪽으로 가거나 시계 바늘 방향으로 도는 것(왼쪽으로 다니는 것)을 순행順行이라 하고, 오른쪽에서 왼쪽으로 가거나 시계 바늘 반대 방향으로 도는 것(오른쪽으로 다니는 것)을 역행逆行이라 했습니다. 글자를 쓰는 것도 오른쪽에서 왼쪽으로 쓰는 것을 순행이라 하고, 왼쪽에서 오른쪽으로 쓰는 것을 역행이라 했습니다. 방향을 바꾸거나 돌아갈 때 우리는 습관적으로 시계 바늘 방향으로 가거나 오른쪽에서 왼쪽으로 돌지만, 이와 반대로 하는 사람들도 있습니다. 유럽의 문자나 현대의 한자는 모두 왼쪽에서 오른쪽으로 씁니다. 결론적인 상황은 오른쪽으로 도는 것이 주류이고, 왼쪽으로 도는 것은 예외라는 것입니다. 왼쪽과 앞을 트이게 하고 오른쪽과 뒤에 높은 산을 두는 것은 사실 이것으로 순역順逆을 정하는 것입니다.

뒤쪽의 문제는 주로 사람의 시야와 관련이 있습니다. 사람의 시야는 매우 좁아서 눈 앞쪽만 볼 수 있고, 옆에 있는 것은 매우 보기 힘들며 뒤쪽은 볼 수 없습니다. 이런 점은 사람이 소나 말보다 못하고, 토끼보다 훨씬 못합니다. 말은 서서 자면서 언제든지 달아날 준비를 합니다. 토끼는 겁이 무척 많아서 저녁이 되면 더욱 두려워하며 바람에 풀이 움직이기만 해도 재빨리 달아날 뿐 아니라 달아나면서도 주위를 살피며 항상 적의 상황에 주의합니다. 토끼의 시각은 소나 말보다 커서 360도가 넘습니다. 눈빛이 두뇌에서 교차하기 때문에 어느 쪽에 적이 있더라도 모두 분명하게 볼 수 있습니다. 사람은 그렇지 못해 시각이 130도에 지나지 않기 때문에 옆이나 뒤에서 누군가 몰래 공격하는 것을 가장 두려워합니다.

지난날 많은 사람은 손자를 높이려고 결국 손자는 음양오행 같은 것을 말하지 않았다고 했는데, 틀린 말입니다. 예를 들면, 여기서 말한 '황제승사제'가 바로 전형적인 병음양설에 해당하는 것으로, 음양만 있을 뿐 아니라 오행에도 배합됩니다.

(2) 둘째 '범'은 군사 주둔의 마땅함을 말한 것입니다.

"높은 곳을 좋아하고 낮은 곳을 싫어하며, 양지를 귀하게 여기고 음지를 천하게 여긴다好高而惡下, 貴陽而賤陰"는 구절은 '높은 곳高'과 '양지陽'에 주둔하라는 말입니다. 앞에서 말한 '시생처고視生處高'는 높은 곳에 주둔하는 것이며, '우배고右背高'는 양지에 주둔하는 것입니다. 음양을 방위로 말하면, 왼쪽과 앞은 양이 되고 오른쪽과 뒤는 음이 됩니다. 산의 음양은 해가 비치는 것으로 말할 수 있습니다. 산의 남쪽은 해를 향하기 때문에 양이라 하고, 산의 북쪽은 그늘을 등지기 때문에 음이라 합니다. 물의 음양은 물의 흐름과 관련이 있습니다. 중국의 하천은 대부분 서쪽에서 동쪽으로 흘러가거나 북쪽에서 남쪽으로 흘러갑니다. 물의 서북쪽이 흔히 상류가 되기 때문에 양이라 하고, 물의 동남쪽이 흔히 하류가 되기 때문에 음이라 합니다. 산의 북쪽에 있으면 겨울에 얼기 쉽고, 물의 남쪽에 있으면 물에 잠기기 쉽습니다.

"생을 기르고 견실한 곳에 주둔하면 군대에 여러 가지 질병이 없어지니 이것을 반드시 이기는 곳이라 한다養生處實, 軍無百疾, 是謂必勝"라고 했는데, 행군과 전투는 서로 달라서 전투에서는 무기나 화살이나 돌에 의해 해를 입지만, 행군에서는 진흙땅 등의 지형, 눈비나 폭풍 등의 기후, 식수 부족 등의 음식 문제, 풍찬노숙 등의 주거 조건에 의해 해를 입습니다. 클라우제비츠는 행군이 군대에 입히는 해가 더 큰 경우도 종종 있다고 했습니다. 그는 나폴레옹이 모스크바를 공격한 일을 예로 들었는데, 1812년 프랑스 군대가 처음 네만강Nemen River을 건널 때는 30만1000명이었지만 52일이 지난 뒤에는 환자와 낙오자만으로도 3분의 1에 해당하는 9만5000명을 잃었습니다. 3주 뒤 보로디노 전투[4]에서 14만4000명을 잃었으며(전투 인원 감원 포함), 다시 8일 뒤 모스크바에 도착했을 때는 10만3000명만 남았습니다. 당시 기후나 도로 상황이 모두 나쁘지 않았고, 행군 속도도 빠르지 않아서 하루 평균 11킬로미터를 갔지만, 길게 한 줄로 늘어서서 길에서 떼밀린 탓에 많은 병사들을 행군 도중에 잃게 된 것입니다.[5]

"구릉이나 제방에서는 반드시 양지쪽에 주둔하되 오른쪽과 뒤쪽에 그 양지가 있어야 한다邱陵隄防, 必處其陽而右背之"는 구절도 높은 곳과 양지에 주둔하라는 말입니다. 물을 지나고絕水, 습지를 지나고絕斥澤, 평지를 지나서도絕平陸 의지할 만한 요새가 없다면 또 가능한 한 높은 곳과 양지를 택해야 합니다. 습지나 평지에서는 나무에 의지할 수 있으며, 강이나 호수에서는 제방이나 언덕에 의지할 수 있습니다.

"상류에 비가 내려 물줄기가 내려올 때 그곳을 건너고자 한다면 안정될 때까지 기다려야 한다上雨水, [水](沫)[流]至, 欲涉者, 待其定也"는 구절은 물을 지나갈 때 큰물을 막아야 한다는 말입니다. 금본의 '말沫' 자는 예서와 초서의 서체가 비슷한 데서 비롯된 오자이므로 마땅히 죽간본을 따라 '류流' 자로 고쳐야 합니다.

(3) 셋째 '범'은 군사 주둔의 금기를 말한 것입니다.

이 부분은 두 조목으로 나뉩니다.

① 첫째 조목은 여섯 가지 매우 위험한 지형을 말합니다. '절간絕澗'은 깎아지른 두 산 사이에 물이 흐르는 좁은 계곡입니다. 이런 지형은 매우 무섭습니다. 앞에서 높은 곳을 제어하는 지형에는 세 가지 이점이 있다고 했지만 이런 지형은 이점이 전혀 없고 세 가지 결점만 있습니다. 마릉도馬陵道[6]와 화용도華容道[7]는 길만 좁은 곳이었지만 매우 위험했는데, '절간'은 완전히 계곡 사이에 끼인 형국이라 보려 해도 볼 수 없고 벗어나려 해도 나갈 수 없으며, 싸우려 해도 싸울 방법이 없기 때문에 "말이 좁은 길로 가니, 나는 말을 돌리기 어렵네馬行在夾道內, 我難以回馬"(『착방조捉放曹』[8])라고 한 상황이 이런 것입니다. '절간' 뒤에 '천天' 자로 시작되는 다섯 단어가 있는데, 죽간본의 「행군」 편에는 표기가 다릅니다. 인췌산 한나라 죽간의 『지형 2』(죽간본 『손자병법』 일문)와 『지보地葆[保]』(죽간본 『손빈병법』에 수록)에도 이런 명칭이 있습니다. 이 네 종류 책을 서로 비교해 보겠습니다.

죽간본「행군」	죽간본「지형 2」	죽간본「지보」	금본「행군」
천정天井	천정天井	천정天井	천정天井
천교天窖	천완天宛	천완天宛	천뢰天牢
천리天離	[천]리[天]離	천리天離	천라天羅
천소天魖	——	천소天招	천함天陷
천극天郤	——	천극天垏	천극天隙

위 표의 다섯 가지 지형을 『지보』에서는 '다섯 가지 살지五地之殺' 또는 '다섯 가지 무덤五墓'이라고 표현했는데, 모두 매우 위험한 지형이어서 반드시 재빨리 떠나야 하며 결코 그 주변에 머물지 말아야 한다는 뜻입니다. 만약 피하지 못할 경우, 최선의 상황은 아군은 그곳에서 멀리 떨어지되 적은 그곳에 가까이 있게 하고, 아군은 그곳을 마주보되 적은 그곳을 등지게 하는 것입니다. 앞에서 사람이 가장 두려워하는 것은 누군가 뒤에서 공격하는 것이라 했는데, 앞에는 적이 있고 뒤에는 함정이 있는 것도 매우 두려운 상황입니다.

'천정天井'은 모든 책이 동일한데, 그 뜻은 '우물 정井' 자 모양의 큰 구덩이입니다.

'천뢰天牢'의 경우, '뢰牢' 자가 다른 책의 '교窖' '완宛' 자와 글자 모양이 비슷하기 때문에 혼동해서 쓰이기도 합니다. '교窖'는 네모난 땅굴이며, '완宛'은 네 모퉁이는 높고 가운데가 낮은 곳입니다. '뢰牢'는 외양간이나 사람을 가두는 곳입니다. 이 글자들 가운데 어느 것이 정확한지 아직 결론을 내기는 어렵지만 일종의 커다란 구덩이라고 추정할 수도 있습니다.

'천라天羅'와 '천리天離'는 같은 말입니다. '나羅'는 짐승을 잡는 그물을 말하는데, 대개 숲이 우거진 곳이어서 한번 빠지면 몸을 빼내기 어렵거나 적의 상황을 살피기 어려워서 적병이 매복하기 쉬운 지형입니다.

'천함天陷'의 경우, 다른 책의 '소䧟'나 '소䧟'는 모두 '소臽'와 결합한 글자로서 '소臽'와 '함臽'의 모양이 비슷하기 때문에 어느 책이 더 정확한지 모릅니다. '함陷'은 짐승을 잡는 함정이니, 대개 한번 빠지면 몸을 빼내기 어려운 지형을 말합니다.

'천극天隙'의 경우, 다른 책의 '극郤'과 '극垎' 자는 모두 '극隙'의 음을 빌린 가차자假借字이며, 땅이 크게 갈라진 틈을 말한 것으로 짐작됩니다.

위에서 말한 지형은 주로 구덩이와 땅의 갈라진 틈 두 부류인데, 지질이나 지리를 연구하는 데 매우 흥미로운 사항입니다. 최근 텔레비전에서 이런 과학적 현지 조사에 대해 방송하는 일이 적지 않습니다. 아메리카에도 있고 중국에도 있습니다. 땅의 구덩이는 몇백 미터 깊이까지 들어가는데 그곳에 서식하는 동식물은 오랫동안 햇빛을 보지 못해 빛깔이 하얗습니다. 땅의 갈라진 틈도 매우 깊습니다. 서남부 지역에 이런 지형이 매우 많은데, 일반적으로 사람들이 산에 올라가 약초를 캐면서 발길을 따라가다가 갑자기 이런 구덩이 속으로 떨어지게 됩니다.

이런 지형의 공통점은 깊고 낮다는 것인데, "높은 곳을 좋아하고 낮은 곳을 싫어한다好高而惡下"고 할 때의 '낮은 곳'에 속합니다.

② 둘째 조목은 행군할 때 적의 정찰병이 매복하고 있을 가능성이 있는 '험조險阻, 황정潢井, 겸가蒹葭, 소림小林(林木), 예회翳薈'에 대해 말합니다.

'험조險阻'는 높고 험준한 지형으로서 적이 위에 숨어 있을 수 있습니다.

'황정潢井'의 '황潢'은 물웅덩이나 늪지 같은 지형으로서 적이 옆에 숨어 있을 수 있습니다.

'겸가蒹葭'는 갈대숲을 말합니다.

'소림小林'은 관목 떨기입니다. 죽간본과 『태평어람』 권291에는 이렇게

　　　　　　　　　　　　　전쟁은 속임수다

인용되어 있으며, 금본에는 '임목林木'(『위무제주』와 『무경칠서』) 또는 '산림山林'(『십일가주』)으로 표기되어 있는데 모두 잘못된 것입니다.

'예회翳薈'는 초목이 우거진 곳입니다.

이런 지역은 적이 매복하기 쉽기 때문에 특히 조심해야 합니다.

【9-2】

적이 가까이 있으면서도 조용한 것은 그 지형의 험함을 믿는 것이다. 멀리 떨어져 있는데도 싸움을 거는 것은 아군의 진격을 유도하는 것이다. 그들이 머무는 곳의 지형이 평탄한 것은 이로움 때문이다. 여러 나무들이 움직이는 것은 적이 오는 것이다. 수풀에 장애물을 많다면 의심스러운 것이다. 새가 날아오르면 매복이 있는 것이다. 짐승이 놀라 움직이면 기습이 있는 것이다. 흙먼지가 높고 가늘게 일면 전차가 오는 것이다. 흙먼지가 낮고 넓게 일면 보병이 오는 것이다. 흙먼지가 넓게 흩어져 가지가 뻗는 것 같으면 땔나무를 하는 것이다. 적으면서 왕래한 흔적이 있는 것은 군영을 만드는 것이다. 적의 말이 겸손하지만 더욱 준비하는 것은 진격하려는 것이다. 적의 언행이 강하면서도 억지로 진격하려는 것은 물러나려는 것이다. 경전차가 먼저 그 측면으로 나오는 것은 진을 치는 것이다. 약속 없이 화친을 청하는 것은 음모가 있는 것이다. 분주히 돌아다니며 병사들에게 진을 치게 하는 것은 공격을 기약하는 것이다. 반쯤 진격했다 반쯤 물러나는 것은 유인하려는 것이다. 적이 지팡이를 짚고 선 것은 굶주린 것이다. 물을 길어 먼저 마시는 것은 목마른 것이다. 이익을 보고도 진격하지 않는 것은 피로한 것이다. 새들이 모이는 것은 성이 비었다는 것이다. 밤에 부르는 것은 두렵다는 것이다. 군영이 시끄러운 것은 장군이 위엄이 없는 것이다. 깃발이 어지럽게 움직이는 것은 혼란하다는 것이다. 관리들이 노하는 것은 피곤하다는 것이다. 말을 잡아먹는 것은 군대에 양식이 없다는 것이다. 항아리를 걸어놓고 군영으로 다시 가져가지 않는 것은 궁지에 몰린 적이라는 것이다. 끊임없이 천천히 병사들에게 말하는 것은 병사의 마음을 잃은 것이다. 자주 상을 주는 것은

전쟁은 속임수다

계책이 다했기 때문이다. 자주 벌을 주는 것은 곤궁하기 때문이다. 먼저 포악하게 화를 내고 이후에 병사들을 두려워하는 것은 매우 정밀하지 못한 것이다. 찾아와 예물을 주고 사죄하는 것은 전쟁을 쉬려는 것이다. 적병이 화를 내며 우리를 맞이하여 오래도록 싸우지도 않고 또 떠나지도 않는다면 반드시 꼼꼼히 살펴야 한다.

[敵]近而靜者, 恃其險也. 遠而挑戰者, 欲人之進也. 其所居(易者)[者易], 利也. 衆樹動者, 來也. 衆草多障者, 疑也. 鳥起者, 伏也. 獸駭者, 覆也. 塵高而銳者, 車來也. 卑而廣者, 徒來也. 散而條達者, 樵采也. 少而往來者, 營軍也. 辭卑而益備者, 進也. 辭强而進驅者, 退也. 輕車先出居其側者, 陳也. 無約而請和者, 謀也. 奔走而陳兵者, 期也. 半進半退者, 誘也. 伏而立者, 飢也. 汲而先飮者, 渴也. 見利而不進者, 勞也. 鳥集者, 虛也. 夜呼者, 恐也. 軍擾者, 將不重也. 旌旗動者, 亂也. 吏怒者, 倦也. 殺馬肉食者, 軍無糧也. 懸(瓶)[甄]不返其舍者, 窮寇也. 諄諄諭諭, 徐與人言者, 失衆也. 數賞者, 窘也. 數罰者, 困也. 先暴而後畏其衆者, 不精之至也. 來委謝者, 欲休息也. 兵怒而相迎, 久而不合, 又不相去, 必謹察之.

이 장은 주로 '적을 관찰하는 것相敵'에 대해 말합니다.

'상적相敵'의 '상相'은 바로 '상법相法'이라고 할 때의 '관찰한다'는 뜻입니다. 옛사람들은 두 가지 방법에 의지해 세계를 이해했는데, 하나는 시각이요, 다른 하나는 계산입니다. 전자를 '관찰相'이라 하고, 후자를 '점卜'이라 합니다. 예를 들면, 위로 하늘의 형상을 살피고 아래로 땅의 이치를 살피는 것은 눈으로 관찰하는 것이며, 괘상卦象이나 조상兆象도 눈으로 보는 것입니다. 그러나 고대의 천문은 관찰하거나 유추해 계산하는 것을 막론하고 한 가지 종류로는 상법에 들어맞지 않습니다. 상법은 지형을 살피고, 사람과 가축을 살피며, 도검을 살피는 것을 포함해서 매우 종류가 많지만 가장 중요한 것은 지형을 살피는 것으로, 한나라 때는 이를 '형법形法'이라 했고 후대에는 풍수風水를 본다고 했는데, 집터를 살피고 묘터를 살피는 것도 포함합니다. 이런 것들은 모두 아주 오래된 수술數術입니다.

앞에서 숙영에 대해 말한 적이 있습니다. 고대의 숙영도 지금과 마찬가지로 진영 주위에 초소를 세워 보초를 서게 하고 순라를 돌게 하며, 주위 몇 리 안에는 경계 구역을 설정하고 정찰병을 보내 사방을 살폈습니다. 보초병과 정찰병을 옛사람들은 '척후斥候'라 했습니다. 한나라 명장 이광李廣과 정불식程不識은 지휘 방법이 달랐습니다. 정불식은 초소와 보초 세우는 것을 좋아했지만, 이광은 그렇지 않았습니다. 한 사람은 신중하고 조심스러웠으며, 다른 한 사람은 거칠게 대충대충 했습니다. 훗날 문학가들은 모두 이광을 좋아했지만 군사가들은 오히려 매우 완곡하게 비평하면서 배우려 들지 않았습니다. 『하박사비론何博士備論』에서도 이광에 대해 "군대를 다스림에 기율을 쓰지 않았다治軍不用紀律"고 비판했습니다.

전쟁은 아이들 놀이가 아니기 때문에 조심하는 것이 좋습니다.

이제 이 서른세 가지 '상相'에 어떤 주의할 만한 점이 있는지 살펴보겠습니다.

적의 상황은 대체로 다섯 종류로 나눌 수 있다고 생각합니다.

첫째는 지형과 관련된 것으로, "적이 가까이 있으면서도 조용한 것은 그 지형의 험함을 믿는 것이다. 멀리 떨어져 있는데도 싸움을 거는 것은

전쟁은 속임수다

아군의 진격을 유도하는 것이다. 그들이 머무는 곳의 지형이 평탄한 것은 이로움 때문[敵]近而靜者, 恃其險也. 遠而挑戰者, 欲人之進也. 其所居(易者)[者易], 利也"이라고 했습니다. 이런 지형은 가까운 곳도 있고 먼 곳도 있으며, 험한 곳도 있고 평이한 곳도 있는데, 뒤의 「지형」 편을 참고할 수 있습니다.

둘째는 초목의 움직임이나 새와 짐승의 활동과 관련된 것으로, "여러 나무들이 움직이는 것은 적이 오는 것이다. 수풀에 장애물을 많다면 의심스러운 것이다. 새가 날아오르면 매복이 있는 것이다. 짐승이 놀라 움직이면 기습이 있는 것衆樹動者, 來也. 衆草多障者, 疑也. 鳥起者, 伏也. 獸駭者, 覆也"이라고 했습니다.

셋째는 수레 자국, 말의 흔적, 사람의 자취와 관련된 것으로, "흙먼지가 높고 가늘게 일면 전차가 오는 것이다. 흙먼지가 낮고 넓게 일면 보병이 오는 것이다. 흙먼지가 넓게 흩어져 가지가 뻗는 것 같으면 땔나무를 하는 것이다. 적으면서 왕래한 흔적이 있는 것은 군영을 만드는 것塵高而銳者, 車來也. 卑而廣者, 徒來也. 散而條達者, 樵采也. 少而往來者, 營軍也"이라고 했습니다.

넷째는 상대방 행동의 기미와 관련된 것으로, "적의 말이 겸손하지만 더욱 준비하는 것은 진격하려는 것이다. 적의 언행이 강하면서도 억지로 진격하려는 것은 물러나려는 것이다. 경전차가 먼저 그 측면으로 나오는 것은 진을 치는 것이다. 약속 없이 화친을 청하는 것은 음모가 있는 것이다. 분주히 돌아다니며 병사들에게 진을 치게 하는 것은 공격을 기약하는 것이다. 반쯤 진격했다 반쯤 물러나는 것은 유인하려는 것辭卑而益備者, 進也. 辭强而進驅者, 退也. 輕車先出其側者, 陣也. 無約而請和者, 謀也. 奔走而陳兵者, 期也. 半進半退者, 誘也"이라고 했습니다.

다섯째는 적의 체력·사기·심리 또는 상하 계급과 관련된 것으로, "적이 지팡이를 짚고 선 것은 굶주린 것이다. 물을 길어 먼저 마시는 것은 목마른 것이다. 이익을 보고도 진격하지 않는 것은 피로한 것이다. 새들이 모이는 것은 성이 비었다는 것이다. 밤에 부르는 것은 두렵다는 것이다. 군영이 시끄러운 것은 장군이 위엄이 없는 것이다. 깃발이 어지럽게 움직이는 것은 혼란하다는 것이다. 관리들이 노하는 것은 피곤하다는 것이다. 말을 잡아먹는 것은 군대에 양식이 없다는 것이다. 항아리를 걸어 놓고 군영으로 다시 가져가지 않는 것은 궁지에 몰린 적이라는 것이다. 끊임없이 천천히 병사들에게 말하는 것은 병사의 마음을 잃은 것이다. 자주 상을 주는 것은 계책이 다했기 때문이다. 자주 벌을 주는 것은 곤궁하기 때문이다. 먼저 포악하게 화를 내고 이후에 병사들을 두려워하는 것은 매우 정밀하지 못한 것이다. 찾아와 예물을 주고 사죄하는 것은 전쟁을 쉬려는 것이다. 적병이 화를 내며 우리를 맞이하여 오래도록 싸우지도 않고 또 떠나지도 않는다면 반드시 꼼꼼히 살펴야 한다伏而立者, 飢也. 汲而先飲者, 渴也. 見利而不進者, 勞也. 鳥集者, 虛也. 夜呼者, 恐也. 軍擾者, 將不重也. 旌旗動者, 亂也. 吏怒者, 倦也. 殺馬肉食者, 軍無糧也. 懸(瓵)[甀]不返其舍者, 窮寇也. 諄諄翕翕, 徐與人言者, 失衆也. 數賞者, 窘也. 數罰者, 困也. 先暴而後畏其衆者, 不精之至也. 來委謝者, 欲休息也. 兵怒而相迎, 久而不合, 又不相去, 必謹察之"라고 했습니다. 원문의 '추甀'는 주둥이가 작은 항아리를 말하고, '순순니니諄諄翕翕'는 끊임없이 이어진다는 뜻입니다.

여기서 셋째 항목이 매우 오래된 관찰 방법인데, 하나는 도로를 살피는 것이고 다른 하나는 흔적을 살피는 것입니다. 이것은 동물이 쓰는 뛰어난 방법입니다. 동물의 감각기관은 사람보다 예민합니다. 동물의 여러 가지 재능에 비하면 사람의 재능은 거의 아무것도 아닙니다. 예를 들면, 동물의 시각과 청각은 그들의 야간 시각 능력에 후각도 더해져 참으

전쟁은 속임수다

로 놀랍습니다. 특히 후각이 뛰어난데, 사람은 비교가 되지 않습니다. 원시 인류는 이런 동물 스승과의 관계가 지금의 우리보다 더욱 가깝고, 능력도 우리보다 뛰어나서 사냥을 예로 들면 사냥꾼들은 숲속에서 며칠씩이나 사냥감의 흔적을 쫓았습니다. 그들이 흔적을 관찰하는 능력은 우리가 따라갈 수 없습니다. 예전에 내가 내몽골에 머물 때, 그곳의 많은 사람이 흔적을 뒤쫓을 줄 알아서 도둑맞은 물건을 찾아오곤 했습니다. 한번은 어떤 집에서 월동용 돼지고기를 도둑맞은 일이 있었습니다. 누가 훔쳐갔는지 전혀 짐작도 할 수 없었지만, 그 이튿날 고기를 잃어버린 주인이 어느 집 문을 두드리면서 나쁜 놈이라며, 어째서 우리 집 돼지고기를 훔쳐갔느냐고 소리쳤습니다. 이런 능력이 나중에 일종의 정탐 기술로 발전한 것입니다. 훌륭한 정탐꾼은 발자국만 보고도 범인의 키나 덩치, 심지어 성별까지도 모두 알아낼 수 있습니다. 여기서 도로의 흙먼지가 높으면서 좁게 일어나면 전차부대가 머물렀던 흔적(수레바퀴 자국)이며, 얕으면서 넓게 일어나면 보병이 머물렀던 흔적(발자국)이며, 흩어져서 갈래갈래 일어나면 땔나무 하는 병사가 머물렀던 흔적이며, 발자국이 드문드문 있으면서 왔다 갔다 한 흔적이 있는 것은 진영을 갖추고 숙영하는 것이라고 말한 것은 모두 이 기술에 속합니다. 중국 북방은 건조한 지역이어서 도로가 매우 황량하고 깊은데, 일단 봄이 되면 진창이 되어 매우 질척거립니다. 옛날 황제가 행차할 때는 길을 따라 흙을 메우고 물을 뿌렸습니다. 이 부분의 묘사는 북방 지역을 말한 것 같습니다.

또 저자는 심리적 관찰에 대해서도 매우 자세히 언급했지만 일일이 논의하지 않겠습니다.

【9-3】

용병은 병사가 더 많을수록 좋은 것은 아니니 무력만 믿고 진격해서는 안 되며, 힘을 모으고 적을 헤아릴 줄 알아야 적을 이길 뿐이다. 무릇 오직 아무 생각 없이 적을 쉽게 보는 자는 반드시 적에게 사로잡힐 것이다. 병졸이 아직 장군과 친해지지 않았는데 벌을 주면 복종하지 않으며, 복종하지 않으면 부려 쓰기 어렵다. 병졸이 이미 장군과 친해졌는데 벌이 제대로 시행하지 않으면, 쓸 수 없다. 그런 까닭으로 문덕으로 모으고 무위로 통제해야 하니 이것을 반드시 승리를 취하는 것이라 한다. 명령이 한결같이 시행되어 그 백성을 가르치면 백성들이 복종하지만, 명령이 한결같이 시행되지 않으면서 백성을 가르치면 백성이 복종하지 않는다. 명령이 한결같이 시행된다는 것은 병사들과 친밀함을 얻었다는 것이다.

兵非貴益多, 雖無武進, 足以幷力·料敵·取人而已. 夫唯無慮而易敵者, 必擒於人. 卒未親附而罰之, 則不服, 不服則難用. 卒已親附而罰不行, 則不可用. 故(令)[合]之以文, 齊之以武, 是謂必取. 令素行以敎其民, 則民服;令(不素)[素不]行以敎其民, 則民不服. 令素行者, 與衆相得也.

마지막 장은 저자의 결론입니다.

저자는 병사가 많은 것이 중요한 것이 아니라 잘 운용하는 것이 중요하며, 그 관건은 경거망동하지 않는 것이라고 말합니다. 안목이 낮고 주의가 부족해 적을 가벼이 여기면 결코 결말이 좋지 않아 적에게 사로잡히고 마니 반드시 조심하고 신중해야 합니다.

전쟁은 속임수다

어떻게 조심하고 신중해야 할까요? 저자는 주로 두 가지 일에 힘쓰라고 하는데, 하나는 사람의 마음을 얻고 병사의 마음을 얻어 그들의 신임과 추대를 받는 것이며, 다른 하나는 상과 벌을 분명히 하고 약속을 먼저 정해 법령을 일관되게 시행하는 것法令素行입니다.

이 두 가지 방법 가운데 하나는 유연한 것이고, 하나는 강경한 것입니다.

저자는 '법령을 일관되게 시행하는 것'의 전제로 '병사들과 친밀함을 얻어야與衆相得' 한다고 했는데, 윗사람이 마음대로 행동하면서도 먼저 그들의 신임을 얻을 수는 없습니다. 이것이 유연한 방법입니다. 그러나 신임을 얻은 뒤에는 거듭 분명하게 약속하고 사전에 솔직하게 설명하며 법령에 따라 엄격하게 다스려야 합니다. 이것이 강경한 방법입니다.

법치사회에서는 모두 미리 솔직하게 말하는데, 영어로는 '예방조치'라는 의미의 프리코션precautions이라고 합니다. 미국에 있을 때, 내가 무슨 일을 하던지 간에 그들은 모두 먼저 내게 자료를 보내주었는데, 그 이면에는 이런 '예방조치'가 있는 것입니다. 그 목적은 나중에 소송을 걸어 귀찮게 하면서 미리 말하지 않았다고 하지 말라는 것입니다. 예를 들면, 시애틀의 워싱턴대학교에서 강의할 때 수업을 시작하기 전에 학교 측에서 내게 종이 한 장을 보냈는데, 거기에는 다음과 같은 요지의 글이 적혀 있었습니다.

'당신이 우리 학교에서 강의하게 된 것을 축하드립니다. 당신은 반드시 우리 학교 여학생을 희롱해서는 안 된다는 점을 유의하십시오. 당연히 우리도 이 방면의 당신의 권리를 보호할 것입니다. 만약 누군가 당신을 희롱한다면 어디어디로 전화해주십시오.'

이것이 바로 '법령소행法令素行'입니다.

이번 강의에서는 말이 너무 길어졌습니다.

중국 고대의 군사지리 저술

　지난날 많은 사람이 제갈량에 대해 '위로는 천문에 통달하고, 아래로는 지리에 통달했다上知天文 下知地理'고 했는데, 이것은 『삼국지연의』의 영향입니다. 사실 고대의 병가는 병음양을 배워야 했으며, 이는 전통적으로 많은 수술서數術書에서 용병을 언급했고, 많은 병법서에도 수술에 대한 내용이 있기 때문인데, 병서 목록을 연구하는 사람도 왕왕 이 두 가지를 분명하게 가려내지 못합니다. 천문과 지리는 병가라면 반드시 익혀야 하는 수업 과정이었으며, 제갈량만 사용한 것은 결코 아닙니다.

　'천문'은 본래 하늘에 있는 해와 달, 오성五星, 이십팔수二十八宿를 말하는데, 순서대로 배열된 것이 마치 한 폭의 그림과 같습니다. 『사기』「천관서天官書」를 예로 들면, 하늘의 별은 중앙에 태일太一·삼일三一·북두北斗가 있고, 그 주위에 해와 달·오성·이십팔수가 둘러싸서 중앙을 향하고 있는데 마치 황제가 자금성 안에 있고 그 바깥에 신하들과 백성들이 있는 것과 같습니다. 이런 그림이 바로 옛사람들이 이해하는 '천문'입니다.

성도星圖는 바로 이런 그림입니다.

'지리'도 마찬가지여서 당나라의 이백李白은 "봄은 아름다운 경치로 나를 부르고, 대지는 나에게 문장을 빌려주네況陽春召我以煙景, 大塊假我以文章"(「춘야연도리원서春夜宴桃李園序」)라고 읊었는데, 여기서 '대괴大塊'는 대지大地를 말하며, 대지의 '문장文章'이란 대지에 어떤 글씨가 쓰여 있는 것이 아니라 대지 그 자체의 산과 물이 높고 낮으며 굽이굽이 흐르는 것이 마치 한 폭의 그림 같다는 뜻입니다. 이것은 천문과 대칭되는 개념입니다.

중국 고대의 지리학은 본래 독립된 것이 아니고 성야星野[9]의 개념으로 천문에 대응한 것입니다. 『회남자』에 「천문天文」과 「추형墜(地)形」 편이 있는데, 이 둘은 바로 대응하는 것입니다. 『사기』에는 「천관서天官書」만 있고 「지리서地理書」는 없으며, '땅地'에 대한 내용은 「하거서河渠書」에 있습니다. 『한서』에 비로소 「지리지」가 실려 있지만, 당시에도 지리서는 여전히 독립된 것이 아니었습니다.

'지리'는 가장 경치가 빼어난 산수도이며, 그 구도의 요소는 산과 물입니다.

고대 지리서는 산경山經과 수경水經으로 나뉘는데 각각 중시하는 것이 있습니다. 물을 말할 때는 「우공禹貢」을 근본으로 하며, 산을 말할 때는 『산해경』이 가장 유명합니다.

「우공」은 『상서』의 한 편으로, 본래 하夏나라를 세운 우禹가 홍수를 다스린 일에 대해 말하고 있는데, 『좌전』 양공 4년 조에서는 「우인지잠虞人之箴」을 인용해 "아득한 우의 자취, 구주를 나누었네芒芒(茫茫)禹迹, 畫爲九州"라고 했습니다. 후세에 지리를 말하는 책들은 대부분 『우공』을 시초로 생각합니다. 예전에 구제강顧頡剛(1893~1980) 선생은 우공학회禹貢學會를 창립해서 『우공禹貢』이라는 잡지를 발간했는데, 바로 지리를 연구한 것입니다. 『우공』은 지리 연구 잡지의 상징적 존재입니다. 나는 탕샤오펑唐曉峰 선생과 우공학회가 있던 건물터에 가본 적이 있는데, 바로 베이징대학교 동쪽 담장 밖에서 북쪽으로 멀지 않은 골목에 있습니다. 이 쓰허위안四合院[10] 건물은 전문학자들의 지지를 얻지 못해 일찍 헐리고 말았습니다. 지금 남아 있기는 하지만 마치 우물처럼 사방의 고층 건물에 죽은 듯이 둘러싸여 있습니다. 『우공』은 우가 홍수를 다스린 일을 주 내용을 하기 때문에 당연히 물에 치중합니다. 『사기』 「하거서」와 『한서』 「구혁지溝洫志」도 치수治水에 대한 내용입니다. 유명한 『수경주水經注』도 이 계통에 속합니다.

유수劉秀[11]는 「산해경을 진상하는 표문上山海經表」에서 『산해경』이 「우공」을 근본으로 한 책이라고 했고, 후대에도 『산해경』을 지리서로 간주해왔습니다. 앞에서 나는 한나라 전체를 통해 지리는 여전히 독립하지 못했다고 말했습니다. 그러나 한나라와 위진남북조시대에 당대의 역사와 지리를 서술한 책이 갑자기 많아졌지만, 정통 역사서에는 처음부터 포함되지 않았습니다. 『수서』 「경적지經籍志」는 이런 책들을 분류해서 사부史部로 독립시켰는데, 지리가 사부에 딸려 전해지면서 비로소 지리지만 모은 부류가 생겼습니다. 이 부류에는 본래 「우공」을 첫째 책으로 올려야 마땅하지만 「우공」이 속한 『상서』가 경부經部에 속하기 때문에 그렇게 하지 못하고, 『산해경』이 첫째에 오게 되었습니다. 『산해경』의 내용은 산을 중심으로 하는데, 산은 대륙 판괴板塊를 대표하며 사방에 사해四海와 사황四荒이 있습니다. 이 책은 『한서』 「예문지」의 목록에 이미 수록되어 본래 「수술략數術略」의 형법류形法類에 포함되었는데, 지형을 살피고 집터와 묏자리를 살피는 여러 가지 상술相術 가운데 한 부류로서 신비한 색채를 띠고 있습니다. 사실 고대에 산을 말한 책들은 대부분 신선이 되

전쟁은 속임수다

고자 하고 선약을 구하는 것과 관련이 있기 때문에 본초本草·박물博物·지괴志怪와도 통합니다. 그것이 『수경水經』류의 고서와 다른 점은 주로 여기에 있습니다.

이것이 중국 고대 지리서의 두 가지 계통입니다.

중국 고대에 군사지리를 말한 책은 주로 모두 병서류의 병음양에 보존되어 있지만 애석하게도 『한서』「예문지」의 병음양류는 전해지는 것이 한 권도 없습니다. 다만 『지전地典』은 수천 년 동안 사라졌다가 갑자기 인췌산 한나라 묘지에서 발견되었습니다.

인췌산 한나라 묘지에서 출토된 죽간 중에는 병서가 가장 많습니다. 그 가운데 병음양과 관련된 것은 주로 다음의 네 편입니다.

1. 『황제벌사제黃帝伐四帝』

『손자』「행군」 편에 "무릇 이러한 네 가지 군대 주둔의 이로움이 옛날 황제黃帝가 사방의 제후들을 이긴 원인이다凡四軍之利, 黃帝之所以勝四帝也"라고 했는데, 이 편의 내용이 이 두 구절과 관련이 있어 정리한 사람이 『손자병법』의 일편佚篇에 편입했습니다. 이 편은 황제가 중앙에 있으면서 남쪽으로 적제를 정벌하고, 북쪽으로 흑제를 정벌하고, 서쪽으로 백제를 정벌하고, 동쪽으로 청제를 정벌해 순서대로 사제를 이긴 일을 기록한 것입니다. 황제가 사제를 이긴 것은 '우음右陰·순술順術·배충背衝'에 따른 것이라 합니다. '우음'이란 앞과 왼쪽을 양으로 삼고, 오른쪽과 뒤를 음으로 삼는 것입니다. '순술'은 아마도 북두성을 따라 공격하는 것으로, 북두성이 중앙에 있으면서 사방을 지향하는 것인데, 북두성의 국자가 향하는 바를 따르는 것이 순順이며, 그와 반대되는 방향은 역逆입니다. '배충'의 '충衝'은 바로 역逆이니, '배충'은 바로 등지고 거스른다는 뜻입니다. 이것들은 모두 방향의 수술을 말한 것입니다.

2.『지형 2地形二』

이 편은 손상된 부분이 상당히 많지만 일부는 문장의 의미에 근거해 글자를 보충할 수 있습니다. 그 가운데 어떤 것들은『손자』13편과 동일합니다. 예를 들어 '사지死地'는 「구지」에 보이고, '천리天離·천정天井·천완天宛'은 「행군」에 보이며, '구지지법 인청(정)지리(리)九地之法, 人請(情)之里(理)'[12]는 「구지」에 보입니다. 정리한 사람이 이것을『손자병법』의 일편에 넣은 것도 어느 정도는 이치에 맞습니다. 그러나 어떤 내용들은『손자』 13편에는 전혀 없는 것입니다. 이 편이『손자』의 일편인지의 여부는 아직 의문입니다.

이 편의 첫머리는 지형의 전후좌우를 말하고, 뒷부분도 이것을 위주로 하고 있습니다. 다음의 예를 보겠습니다.

① "무릇 지형은 동쪽을 왼쪽으로 하고 서쪽을 오른쪽으로 하며, [남쪽을 앞으로 하고 북쪽을 뒤로 한다.]凡地刑(形), 東方爲左, 西方爲右, [南方爲前, 北方爲後]."

② "[뒤로 하는 것을] 중리라 하고 앞으로 하는 것을 경수라 하며, 오른쪽으로 하는 것을 천국이라 하고 왼쪽으로 하는 것을 [□□]라 한다.[後之], 是胃(謂)重利. 前之, 是胃(謂)慶守. 右之, 是胃(謂)天國. 左之, 是胃(謂)[□□]."

③ "……왼쪽에 물을 의지하는 것을 □이라 하며, 오른쪽에 물을 의지하는 것을 적이라 한다.……□遂, 左水曰利, 右水曰積."

④ "오른쪽과 뒤는 산을 의지하고, 앞과 왼쪽은 물을 의지한다.右負(背)山陵, 前左水澤."

전쟁은 속임수다

뒤의 두 구절은 바로 『사기』 「회음후열전」에서 인용한 병법입니다. 병음양은 음양·순역·향배를 즐겨 말하는데, 이 구절들은 매우 유명한 말입니다.

3. 『지보地葆(保)』

이 편은 제목과 원문이 비교적 완전하게 보존되어 있습니다. 이 편은 첫머리가 "손자왈孫子曰"로 시작해 정리한 사람은 『손빈병법』에 속한 것이라 생각했습니다. 원문은 '군과 진영軍與陳'에 대해 말하고 있는데, 여기서 '군軍'은 바로 '군대를 주둔하는 것'이며, 이른바 '지보地保'는 군대가 진을 치고 숙영하는 각종 지형적 보호를 가리키는 것으로서 「행군」 편의 '처군處軍'과 같은 일입니다. 이 편의 문장은 다음의 11조목으로 나눌 수 있습니다.

① "무릇 길의 도는 볕이 드는 쪽이 겉이" 되고 그늘이 속이 되며, 세로 방향이 강이 되고 가로 방향이 기가 된다. 기강을 알면 군대를 잘 행군할 수 있으며 진형도 의혹되지 않는다. 세로 길은 완전히 살 수 있고 가로 길은 반쯤 죽는다.凡地之道, 陽爲表, 陰爲裡, 直者爲剛(綱), 術者爲紀. 紀剛(綱)則得, 陳乃不惑. 直者(毛)[屯(純)]產, 術者半死."

② "무릇 전쟁터는 날씨가 가장 중요하니 팔방에서 불어오는 바람의 방향을 결코 잊어서는 안 된다.凡戰地也, 日其精也, 八風將來, 必勿忘也."

③ "강을 건너고, 산등성이를 마주하고, 물길을 거스르고, 살지에 머무르고, 우거진 숲을 마주보는 자는 무거운 것을 든 것과 같다. 이 다섯 가지는 모두 이기지 못한다.絶水·迎陵·逆溜(流)·居殺地·迎衆樹者, 鈞擧也, 五者皆不勝."

④ "남쪽으로 펼쳐진 산은 생산이며, 동쪽으로 펼쳐진 산은 사산이

다. 동쪽으로 흐르는 물은 생수이며, 북쪽으로 흐르는 물은 사수이다. 흐르지 않는 물도 사수이다.南陳之山, 生山也. 東陳之山, 死山也. 東注之水, 生水也. 北注之水, 死水. 不溜(流), 死水也."

⑤ "다섯 가지 지형의 승리라 함은 산은 구릉을 이기고, 구릉은 큰 언덕을 이기고, 큰 언덕은 작은 언덕을 이기고, 작은 언덕은 숲과 평지를 이기는 것을 말한다.五地之勝曰 : 山勝陵, 陵勝阜, 阜勝陳丘, 陳丘勝林平地."

⑥ "다섯 가지 초목의 승리라 함은 울타리·가시나무·거목·띠풀·사초를 말한다.五草之勝曰 : 藩·棘·椐·茅·莎."

⑦ "다섯 가지 토양의 승리라 함은 푸른색은 노란색을 이기고, 노란색은 검은색을 이기고, 검은색은 붉은색을 이기고, 붉은색은 흰색을 이기고, 흰색은 푸른색을 이기는 것을 말한다.五壤之勝 : 青勝黃, 黃勝黑, 黑勝赤, 赤勝白, 白勝青."

⑧ "다섯 가지 지형의 패배라 함은 계곡·시내·늪지·소금땅을 말한다.五地之敗曰 : 谿·川·澤·斥."

⑨ "다섯 가지 지형의 죽음이라 함은 천정·천완·천리·천극·천초를 말한다. 오묘는 살지이니 머물지 말고 □하지 마라.五地之殺曰 : 天井·天宛·天離·天垝(隙)·天柖. 五墓, 殺地也, 勿居也, 勿□也."

⑩ "봄에는 낮은 곳으로 내려오지 말고 가을에는 올라가지 마라.春毋將(降), 秋毋登."

⑪ "군대와 진영은 모두 앞쪽에서 오른쪽으로 돌지 말고, 오른쪽으로 돌고 왼쪽으로 돌지 마라.軍與陳, 皆毋政前右, 右周毋左周."

제1조의 "양위표 음위리陽爲表, 陰爲裡"는 음을 등지고 양을 안는다는 것으로, 왼쪽과 앞은 트이고 오른쪽과 뒤는 높은 산을 의지한다는 뜻이

며, "직자위강 술자위기直者爲剛(綱), 術者爲紀"는 세로 방향으로 강綱, 곧 경經을 삼고 가로 방향으로 기紀, 곧 위緯를 삼는 것입니다. 세로 방향은 남쪽을 바라보고 북쪽을 등져서 완전히 살 수 있는 곳이기 때문에 가장 좋고, 가로 방향은 서쪽에 앉아서 동쪽을 향하는 것이어서 거의 생사를 알 수 없는 상황입니다.

제2조는 팔풍八風의 방향과 맞추어야 한다고 말한 것입니다.

제3조는 다섯 가지 좋지 않은 방향과 위치를 말한 것인데, 첫째는 물이 흐르는 방향과 교차하는 것이며, 둘째는 산 밑에서 위로 공격하는 것이며, 셋째는 물이 흐르는 방향과 마주하는 것이며, 넷째는 밑에서 말할 다섯 가지 살지殺地에 머무르는 것이며, 다섯째는 숲을 등지는 것입니다. 이런 것들은 모두 군대를 주둔할 때 금기해야 할 사항입니다.

제4조는 산과 물의 방향에 대해 말한 것입니다. '남진지산南陳之山'은 세로 방향의 산이며, '동진지산東陳之山'은 가로 방향의 산이며, '동주지수東注之水'는 가로 방향의 물이며, '북주지수北注之水'는 세로 방향의 물입니다. 원문에서는 산은 세로 방향이 좋고 물은 가로 방향이 좋다고 했습니다.

제5조는 험한 지형이 평이한 지형보다 낫다고 말한 것입니다.

제6조는 길게 자란 풀이 작은 풀보다 낫다고 말한 것입니다.

제7조는 다섯 가지 토지 색이 상극을 이룸을 말하고 있습니다.

제8조는 다섯 가지 가장 낮은 지형, 이른바 '하下'를 말하는데 낮은 지형은 평이한 지형보다 못합니다. 원문에서는 네 가지만 말하고 있기 때문에 빠진 내용이 있는 듯합니다.

제9조는 바로 「행군」에서 말한 다섯 가지 가장 위험한 지형에 해당하는 것으로, 여기서는 '오지지살五地之殺' 또는 '오묘五墓' 또는 '살지殺地'라

고 불렀습니다.

제10조는 지기地氣가 상승하는 봄에 낮은 곳으로 내려가는 것은 지기를 거스르는 것이기 때문에 "봄에는 낮은 곳으로 내려오지 마라春毋將(降)"라고 한 것이며, 지기가 내려가는 가을에 높은 곳으로 올라가는 것 또한 지기를 거스르는 것이기 때문에 "가을에는 올라가지 마라秋毋登"라고 한 것입니다.

제11조의 '군여진軍與陳'은 군사를 주둔하고 진을 치는 것을 말합니다. "무정전우毋政前右"는 앞쪽에서 오른쪽으로 돌지 말라는 말입니다. 앞쪽에서 오른쪽으로 도는 것은 왼쪽으로 도는 좌선左旋에 속합니다. "우주무좌주右周毋左周"는 오른쪽으로 돌아야 하고, 왼쪽으로는 돌지 말라는 말입니다. 옛말에 "천도는 왼쪽으로 돌고 지도는 오른쪽으로 돈다天道左旋, 地道右周"라고 했는데, 『일주서』「무순武順」편에서 "길례에서 왼쪽으로 도는 것은 천도를 따라 근본을 이롭게 하기 위함이요, 전쟁의 예에서 오른쪽으로 도는 것은 지도를 따라 전쟁을 이롭게 하기 위함이다吉禮左還, 順天以利本, 武禮右旋, 順地以利兵"라고 하고, 『백호통의白虎通義』「천지天地」편에서 "천도가 왼쪽으로 돌고 지도가 오른 쪽으로 도는 것은 무엇 때문인가? 천지는 움직이지만 구별되지 않고 운행하지만 헤어지지 않기 때문이다. 왼쪽으로 돌고 오른쪽으로 도는 것은 임금과 신하, 음과 양이 서로 대응하는 뜻이다天道所以左旋, 地道所以右周者何? 以爲天地動而不別, 行而不離. 所以左旋右周者, 猶君臣陰陽相對之義"라고 한 것은 바로 이런 생각입니다.

4. 『지전地典』

앞에서 말한 대로 『한서』「예문지」의 목록에는 있으나, 실전되었다가

되찾은 고서입니다. 이 편은 훼손 정도가 매우 심한 편인데, 나는 편집본이 있습니다.[13]

『지전』은 황제黃帝와 지전地典의 대화를 기록한 것으로, 죽간문이 매우 심하게 훼손되어 분명히 알아볼 수 없는 것들도 있지만, 첫머리의 표현부터 살펴보면 주로 "추동위음 춘하위양秋冬爲陰 春夏爲陽" "남북위경 동서위위南北爲經 東西爲緯" "[□□위승 □□위]패[□□爲勝 □□爲]敗" "고승위덕 하사위형高生爲德 下死爲刑" 등을 말한 것 같습니다. "남북위경 동서위위"는 바로 『지보』에서 말한 '강기綱紀'입니다. "고생위덕 하사위형"은 높은 곳이 사는 곳이고 낮은 곳은 죽는 곳이라고 설명할 수 있습니다.

이밖에 마땅히 언급해야 할 것은 『관자』에도 다음과 같이 지형을 말한 편이 있다는 점입니다.

무릇 도읍을 세울 때는 큰 산 아래가 아니면 큰 강가에 세워야 한다. 지대가 높으면 비가 적게 내리는 곳과 가까이하지 않아야 물을 충분히 쓸 수 있고, 지대가 낮으면 물과 가까이하지 않아야 도랑과 제방을 손쉽게 관리할 수 있다. 천연자원에 따라 지리가 편한 곳을 선택해야 하기 때문에 성곽이 반드시 직사각형의 법도에 맞을 필요는 없고 도로가 반드시 평탄하고 곧은 규칙에 맞을 필요는 없다.

凡立國都, 非於大山之下, 必於廣川之上.高毋近旱, 而水用足, 下毋近水, 而溝防省.因天材, 就地利, 故城郭不必中規矩, 道路不必中準繩.(『관자』 「승마乘馬」)

병사를 이끄는 장수는 반드시 먼저 지도를 살펴 알아야 한다. 꼬불꼬불한 험한 산길, 전차를 뜨게 하는 물길, 이름난 산, 큰 계곡, 고원, 구릉이 있는 곳, 마른풀이나 나무·갈대가 무성한 곳, 길의 멀고 가까움, 성곽의 크고 작음, 이름난 읍, 허물어진 읍, 황무지와 경작할 수 있는 땅 등도 반드시 모두 알아야 한다. 지형이 들쑥날쑥 서로 겹치는 것도 마음에 새겨야 한다. 그런 다음에야 군대를 움직여 읍을 습격할 수 있고 행동거지의 선후가 마땅해져 지리의 이점을 잃지 않는다. 이것이 지도의 법도이다.

凡兵主者, 必先審知地圖. 轘轅之險, 濫車之水, 名山·通谷·經川·陵陸·丘阜之所在, 苴草·林木·蒲葦之所茂, 道里之遠近, 城郭之大小, 名邑·廢邑·困殖之地, 必盡知之. 地形之出入相錯者, 盡藏之. 然後可以行軍襲邑, 擧錯知先後, 不失地利. 此地圖之常也.(『관자』 「지도地圖」)

「승마」 편의 몇몇 구절은 중국 축성학築城學의 기본 원칙입니다. 중국의 축성 전통은 유럽과 다른데, 유럽의 성들은 아테네의 아크로폴리스나 중세 귀족의 성들이 모두 그러했던 것처럼 진정한 방어시설로서 흔히 모두 산 위에 축조되었습니다. 산 아래는 백성들이 진짜 거주하는 곳인데, 일반적으로 성벽이 없고 촌락이나 소도시류의 취락이 있을 뿐입니다. 중국의 취락은 아주 이른 시기부터 큰 강 지류의 2급 대지를 택해 형성되었는데, 너무 높지 않은 산 위, 너무 낮지 않은 물가입니다. 너무 높으면 마실 물이 없고, 너무 낮으면 물에 잠길 수 있기 때문입니다. 중국의 성은 흔히 '큰 산 아래'와 '넓은 시냇가'에 있어 사방에서 모여들고 도로가 편리하며 사람이 많은 곳을 선택했으며, 성과 도시, 궁과 사당이 모두 함께 있었습니다. 성 밖에는 성곽도시가 형성되었는데, 그 성곽도시는 대부분 정남과 정북을 향해 반듯하게 지어졌습니다. 그러나 곳곳이 엄격한 규칙에 맞는 것도 아니어서 굽어야 할 곳은 굽게 하고 꺾어져야 할 곳은 꺾어지게 했습니다.

『지도』는 군사 지도의 중요성을 강조했습니다. 앞에서 나열한 항목들

전쟁은 속임수다

은 매우 자세합니다. 마왕두이 한나라 묘지에서 출토된 고지도가 바로 이런 양식의 지도입니다.

「행군」 등의 편을 읽는 데는 출토된 이런 문헌들이 모두 필요한 참고 자료입니다.

제10편

지형地形

이제 「지형」 편을 시작하려고 하는데, 이 편은 비교적 말하기가 편합니다.

　「지형」은 「행군」과 다른데, 「행군」은 '기동走'을 말하지만 「지형」은 '싸움打'을 말합니다. 둘 다 '지地'에 대해 말하고 있지만, 이 둘의 '지地'는 서로 달라서 앞의 '사지四地'는 행군과 관련이 있고 여기서의 '육지六地'는 작전과 관련이 있습니다. 이 둘은 매우 분명하게 구별됩니다.

　이 편은 내용이 비교적 단순해서 주로 두 가지를 빌려 전개하는데, 하나는 땅地(지형地形)이며 다른 하나는 병사兵(치병治兵)입니다. 땅에는 '육지六地'가 있고 병사에는 '육패六敗'가 있음을 제시하고, 이 두 문제를 서로 교차해서 한편으로 땅을 말하면서 다른 한편으로는 병사를 말하고 다시 땅을 말하면서 또 병사를 말하다가 마지막에 결론을 맺는데, 둘을 함께 설명하는 것이 모두 중요한 것이어서 하나도 빠뜨릴 수 없기 때문입니다.

　『손자』에서 지형을 말할 때의 특징은 사람과 땅을 모두 얻어야 한다고 강조한다는 점입니다. 그것은 땅을 가지고 땅을 말하는 것이 아니라 사람을 들어 땅을 말하는데, 특히 땅을 병사를 거느리는 수단으로 간주합니다. 이런 관점은 이 편에만 보이는 것이 아니라 다음 편에서도 반복해서 말하고 있습니다.

나는 「지형」 편을 5장으로 나눕니다.

제1장은 '육지', 곧 통通·괘掛·지支·애隘·험險·원遠을 설명합니다.

제2장은 '육패', 곧 주走·이弛·함陷·붕崩·난亂·배北를 설명합니다.

제3장은 제1장에'대응하는 내용으로 지형의 중요성을 강조합니다.

제4장은 제2장에 대응하는 내용으로 훈련의 중요성을 강조합니다.

제5장은 장군이 알아야 할 '사지四知'를 강조하는데, "적을 알고 나를 알아야知彼知己"(앞에서 말한 바 있습니다.) 할 뿐 아니라 "하늘을 알고 땅을 알아야知天知地" 하며, 이 '사지'를 잘 실천할 수 있어야 비로소 '완전한 승리全勝'를 거둘 수 있기 때문에 사람과 땅이 모두 중요합니다.

이제 한 장씩 소개하겠습니다.

전쟁은 속임수다

【 10-1 】

손자가 말했다.

지형에는 통通·괘掛·지支·애隘·험險·원遠의 여섯 가지가 있다. 아군이 갈 수도 있고 적군이 올 수도 있는 곳을 '통'이라 한다. 통형通形은 지대가 높고 양지바른 쪽을 먼저 차지해 보급로를 잘 이용해 싸우면 이롭다. 갈 수는 있지만 돌아오기 어려운 곳은 '괘'라 한다. 괘형掛形은 적이 방비하지 않으면 출동해 승리할 수 있고, 적이 대비를 하고 있다면 출동해도 승리할 수 없고 돌아오기도 어렵기 때문에 이롭지 못하다. 아군이 출동해도 불리하고, 적군이 출동해도 불리한 곳을 '지'라 한다. 지형支形은 적이 비록 아군을 이롭게 하더라도 출동하지 말아야 하며, 병사를 이끌고 떠나서 적군이 반쯤 출동하게 한 뒤 공격하면 이롭다. 애형隘形은 아군이 먼저 차지하고 반드시 좁은 입구를 막고 적을 기다려야 한다. 만약 적이 먼저 차지해서 입구를 막고 있으면 따라가지 말고, 막지 않으면 따라간다. 험형險形은 아군이 먼저 차지해서 반드시 지대가 높고 양지바른 곳에 주둔해 적을 기다린다. 만약 적이 먼저 차지했다면 군사를 이끌고 떠나며 따라가지 않는다. 원형遠形은 적과 세력이 균등하면 전쟁을 일으키기 어려우며, 싸우면 불리하다. 이 여섯 가지는 지형을 파악하는 방법인데, 장군의 임무가 중대하니 자세히 살피지 않을 수 없다.

孫子曰:

地形有通者, 有掛者, 有支者, 有隘者, 有險者, 有遠者. 我可以往, 彼可以來, 曰通. 通形者, 先居高陽, 利糧道, 以戰則利. 可以往, 難以返, 曰掛. 掛形者, 敵無備, 出而勝之;敵若有備, 出而不勝, 難以返, 不利. 我出而不利, 彼出而不利, 曰支. 支形者, 敵雖利我, 我無出也;引而去之, 令敵半出而擊

之利. 隘形者, 我先居之, 必盈以待敵 ; 若敵先居之, 盈而勿從, 不盈而從

之. 險形者, 我先居之, 必居高陽以待敵 ; 若敵先居之, 引而去之, 勿從也.

遠形者, 勢均, 難以挑戰, 戰而不利. 凡此六者, 地之道也, 將之至任, 不可

不察也.

『손자』의 지형학은 작은 것에서부터 큰 것에 도달하는데 세 층으로
나뉩니다. 한 층은 행군과 관련이 있는데, 가장 구체적인 것은 앞 편의
'사지四地'에서 산·물·습지·평지를 언급하고 지형의 원근·험이·광협·사
생·고하·음양·순역·향배를 언급한 것입니다. 또 하나의 층은 작전과 관
련이 있는 것으로 바로 이 편의 '육지六地'인데, 형세만 말하고 지모地貌는
말하지 않았습니다. 마지막 층은 나라와 나라, 나라 안에서의 깊이와 표
리로 바로 「구지」에서 논의한 것인데, 이는 더욱 넓은 공간 개념으로 구
체적 지형과 지모·형세가 아니라 구역 개념이며, '사지'와 '육지', '기동走'
과 '싸움打'의 모든 문제가 이 안에 담겨 있습니다.

이 장에서는 먼저 여섯 가지 지형의 이름을 말하고 다시 각각에 대해
정의하고 대책을 말했습니다. '육지' 가운데 앞의 세 가지 지형에 대해 먼
저 정의하고 나서 대책을 말했는데, 이 둘은 한덩어리로 결합되어 있습니
다. 뒤의 세 가지 지형에 대해서는 정의하지 않고 대책만 언급했습니다.

이제 먼저 정의부터 내려 보겠습니다.

여기서 '육지'는 여섯 종류의 '지형'이며, 원서에서 '형'이라고 칭한 것은
지리형세에 치중한 것이라는 점에 주의해야 합니다.

'통通'은 막힘없이 원활함을 뜻하는데, 가고 오는 것이 모두 편하고 가

전쟁은 속임수다

장 막힘없이 잘 통하는 상태입니다.

'괘掛'는 막힘을 뜻하는데, 가는 것은 쉽지만 돌아오는 것이 어려워서 그다지 원활하지 않습니다.

'지支'는 피아간에 서로 대치하는 것을 뜻하는데, 나아가기도 어렵고 물러나기도 어려워서 가장 원활하지 않은 상태입니다.

'애隘'는 출구가 좁다는 뜻으로, 넓음을 뜻하는 '광廣'의 반대입니다.

'험險'은 높고 낮음이 뚜렷함을 뜻하는데, 평이함을 뜻하는 '이易'의 반대입니다.

'원遠'은 거리가 멀다는 뜻으로, 가까움을 뜻하는 '근近'의 반대입니다.

앞의 세 종류는 주로 오고 가는 통로와 드나드는 문이 막힘없이 원활한지의 여부를 말합니다. 여기서 주의할 점은 '통형'에 대한 정의가 「구지」의 '교지交地'와 마찬가지로 "아군이 갈 수도 있고 적군이 올 수도 있는 곳我可以往, 彼可以來"이지만 이 둘은 사실 똑같은 것은 아닙니다. '교지'는 나라와 나라가 이웃해 서로 땅을 맞대고 있는 지역이기 때문에 가고 오는 것이 모두 편리합니다. 여기의 '통형'은 단지 가고 오는 것이 모두 편리한 작전 지형일 뿐입니다. '괘'와 '지'는 '통'과 상반되는 것으로, 사실상 통하지 않는 상황을 뜻합니다.

뒤의 세 종류에 대해 원서에서는 정의하지 않았는데, 아마도 저자가 누구나 이 단어의 함의를 잘 알고 있어서 정의할 필요가 없다고 생각한 듯합니다. 우리는 이 단락을 읽으면서 「계」 편을 참고할 수 있습니다. 「계」 편의 '오사五事'는 다섯 가지 항목으로 적과 아군을 비교하는 것인데, 그 가운데 셋째가 '지地'입니다. '지'는 무엇을 가리킬까요? 거기서는 '원근遠近·험이險易·광협廣狹·사생死生'의 네 가지를 말했는데, 죽간본에는 '고하高下'가 포함되어 모두 다섯 조목입니다. 우리는 그 다섯 조목과 여기의 세 조목을 비교해볼 수 있습니다. 여기의 '애隘'는 사실 '광협廣狹'의 '협狹'이며 반의어는 '광廣'입니다. '험險'은 '험이險易'의 '험'이며 반의어는 '이易'입니다. '험'은 산지로서 높낮이의 차가 매우 커서 90도 또는 90도에 가깝습니다. '이'는 평지로서 높낮이의 차가 거의 없거나 0도에 가깝습니다. '원遠'도 '원근'의 '원'과 같으며 반의어는 '근'입니다. 여기서 말하는 세 가지는 사실 모두 불리한 지형입니다. 반대되는 세 가지에 대해서는 원서에서 언급하지 않았습니다.

전쟁터에는, 지금의 아파트나 사무용 건물에도 있는 것처럼, 통로와 문이 있습니다. '통형'은 통로에 문이 없이 완전히 개방되어 있거나 또는 밀어도 열리고 당겨도 열리는 비상구가 있어서 들어오기도 쉽고 나가기도 쉬운 경우에 비유할 수 있습니다. 안전통로에는 다만 이런 문만 있거나 아예 문이 필요 없습니다. 그렇지 않으면 불이 났을 때 사람들이 한곳으로 몰려 서로 짓밟아서 들어가려 해도 들어갈 수 없고 나가려 해도 나갈 수가 없습니다. '괘형'은 통로 가운데 앞으로만 열 수 있는 문이 있어서 앞쪽으로 한 번 밀어서 열게 되면 돌아올 때 다시 밀어도 열 수 없는 경우에 비유할 수 있습니다. 1993년에 나는 미국 워싱턴의 프리어 새클러 미술관Freer and Sackler Gallerys[1]에서 초나라 백서帛書를 정리한 일이 있는데, 이 미술관은 두 개의 미술관이면서도 하나로 연결되어 있습니다. 두 미술관 사이에 직원들이 다닐 수 있는 지하 통로가 있는데 그 출입문이 이런 식입니다. 직원들은 출입용 센서카드가 있고 나는 없기 때문에 만약 데려가는 사람이 없으면 그 안에 갇혀서 나오지 못하는 상황이었습니다. '지형'은 양쪽에서 하나의 문을 지탱하고 있기 때문에 누구도 나갈 수 없습니다. 하나는 완전히 열린 것이고, 또 하나는 반만 열린 것이고, 다른 하나는 열리지 않는 것입니다. 이것이 앞의 세 종류입니다.

612

뒤의 세 종류에 대해서는 삼차원 개념으로 해석할 수 있습니다. 나는 「계」편에서 지형을 말한 것은 삼차원 개념이 있다고 말한 적이 있습니다. '원근'은 길이, '광협'은 넓이, '고하'는 높이, '험이'는 기울기입니다. 여기서는 '고하'를 말하지 않았지만 '험이'에 이미 '고하'가 포함되어 있습니다. '사생'에 대해서는 여기에서 말하지 않고 「구지」에서 말할 것입니다.

이제 전후의 개념을 연결해 보겠습니다.

'육지'의 대책은 매우 간단합니다.

'통형'에서는 먼저 높은 지점과 양陽이 되는 면을 차지해 군량미 수송 도로가 원활하도록 유지해야 유리합니다.

'괘형'에서는 적이 대비하지 못한 틈을 타서 일거에 적을 섬멸해야만 순조롭게 돌아올 수 있습니다. 그렇지 않으면 적이 지형을 이용해 아군을 꼼짝 못하게 해서 돌아오지 못할 수 있습니다.

'지형'에서는 누가 곤경에서 빠져나오거나 곤경에 빠지더라도 아군은 결코 공격해서는 안 되며, 가장 좋은 것은 달아나는 척하면서 적을 유인해 출동하도록 하고 그들이 반쯤 나왔을 때 다시 공격해, 마치 상대방의 허리를 껴안고 그의 목을 누르는 것처럼, 꼼짝 못하게 하는 것입니다.

'애형'에서는 누가 먼저 좁은 입구를 차지하고 입구를 틀어막는지 살펴야 합니다. 아군이 차지했다면 반드시 좁은 입구를 틀어막아야 하고, 적이 먼저 차지했다면 막았는지의 여부를 살펴서 막혔다면 싸우지 말아야 하며, 막히지 않았다면 싸워야 하는데, 이것도 허리를 껴안고 목을 누르는 것처럼 해야 합니다.

'험형'에서는 누가 먼저 높은 지점과 양陽이 되는 면을 차지했는가를 살펴야 하는데, 아군이 먼저 차지했다면 반드시 지형의 우세함을 이용해서 적에 대응해야 하며, 적이 먼저 차지했다면 급히 철수하고 적과 맞서지 말아야 합니다.

'원형'에서는 양쪽의 지형 조건이 같다면 먼저 싸움을 일으키지 말아야 하는데, 먼저 싸움을 일으키면 매우 불리하기 때문입니다. 여기서 '세균勢均'은 양쪽의 지리적 이로움이 같음을 말하는 것이지 양쪽의 병력이 같다는 뜻이 아닙니다. 아래에도 이 말이 나오는데 주의해야 합니다.

이 여섯 조목은 모두 작전 지형을 말한 것입니다. 저자는, 장군 된 사람은 이런 지형상의 이치를 반드시 살펴야 한다고 말합니다.

전쟁은 속임수다

【 10-2 】

그런 까닭으로 군대에는 주走·이弛·함陷·붕崩·난亂·배北가 있다. 이 여섯 가지는 하늘의 재앙이 아니고 장군의 잘못 때문이다. 무릇 세가 균일한데 하나의 힘으로 열을 공격하는 것을 '주'라 한다. 병졸은 강하지만 관리는 약한 것을 '이'라 한다. 관리는 강하지만 병졸은 약한 것을 '함'이라 한다. 대리大吏가 분노해 복종하지 않고 적을 만나 화를 내며 마음대로 싸우는데, 장군이 그 능력을 올바로 알지 못하는 것을 '붕'이라 한다. 장군이 약하고 위엄이 없어 가르침의 도가 밝지 않으며, 관리와 병졸이 법도가 없고 진형이 제멋대로인 것을 '난'이라 한다. 장군이 적을 제대로 헤아리지 못해 적은 병력으로 많은 병력과 싸우고 약한 병력으로 강한 적과 싸우며, 병사 가운데 선봉으로 뽑을 사람이 없는 것을 '배'라 한다. 이 여섯 가지는 패배하는 길인데, 장군의 임무가 중대하니 자세히 살피지 않을 수 없다.

故兵有走者, 有弛者, 有陷者, 有崩者, 有亂者, 有北者. 凡此六者, 非天地之災, 將之過也. 夫勢均, 以一擊十, 曰走 ; 卒强吏弱, 曰弛 ; 吏强卒弱, 曰陷 ; 大吏怒而不服, 遇敵懟而自戰, 將不知其能, 曰崩 ; 將弱不嚴, 敎道(導)不明, 吏卒無常, 陳兵縱橫, 曰亂 ; 將不能料敵, 以少合衆, 以弱擊强, 兵無選鋒, 曰北. 凡此六者, 敗之道也. 將之至任, 不可不察也.

'육지' 다음은 '육패'를 말합니다. '육패'는 전투에 투입해야 비로소 나타나는 혼란스러운 상황이지만, 그 원인은 오히려 대부분이 평소의 훈련과 관리에 달렸습니다. 무엇을 '패敗'라 할까요? 『좌전』에서는 "무릇 전쟁에서 적이 진영을 갖추지 못했다면 '어느 군대를 이겼다'고 하고, 모두 진영을 갖추었다면 '전戰'이라 하고, 크게 무찌르면 '패적敗績'이라 하고, 적의 뛰어난 장수를 잡으면 '극克'이라 하고 매복으로 덮쳐서 이기면 '어느 군대를 빼앗다'라고 하고, 수도의 군대가 패하면 '천자의 군대가 아무개에게 졌다'라고 한다凡師, 敵未陳曰敗某師, 皆陳曰戰, 大崩曰敗績. 得儁曰克, 覆而敗之曰取某師, 京師敗曰王師敗績于某"(『좌전』 장공 11년)라고 설명했습니다. 그 뜻은 양쪽이 진영을 제대로 갖추고 있어야 비로소 '전쟁'이라 말할 수 있다는 것입니다. '패'는 모두 상대방이 제대로 준비하지 못하거나 진세陣勢를 제대로 갖추지 못한 틈을 타서 편리함을 차지하는 것인데, 문제는 진형陣形에서 나오는 것이니 전열이 크게 어지러워지면 끝장입니다. 진형이 어지러운 것이 여기서 말하는 '난亂'이며, 군대가 참패하는 것이 여기서 말하는 '붕崩'이며, 대패해서 엉망이 되는 것을 바로 '패적敗績'이라 합니다. 수도의 군대가 패하는 것을 '왕사패적우모(모지)王師敗績于某(某地)'라고 합니다. 이런 것은 모두 '패'에 속합니다. '패'에는 더욱 초라한 상황이 있는데 자신의 장수들이 모두 적군에게 사로잡히는 것입니다. 이런 상황을 이긴 쪽의 입장에서 '극克'이라 합니다. '극'은 철저하게 쳐부수는 것입니다. 만약 적의 매복에 습격을 당해 아군이 실패하게 되었다면, 이긴 쪽의 입장에서 '취取'라고 합니다. '취'는 수월하게 승리하는 것입니다.

이 부분은 먼저 '육패'의 이름을 나열하고 나서 정의를 내렸는데, 대책은 말하지 않았습니다. 저자는 이 여섯 가지 나쁜 결과에 대해서는 하늘도 땅도 원망하지 말고, 모두 장군을 탓해야 한다고 말합니다.

이제 하나씩 풀이해 보겠습니다.

'주走'는 병사들이 달아나는 것을 말합니다. 달아나는 원인은 양쪽의 지형적 이점은 같지만 장군이 올바르게 지휘하지 못하고 결국 하나로써

전쟁은 속임수다

열을 공격해 스스로 역량을 헤아리지 못하기 때문입니다.

'이弛'는 기강이 해이한 것을 말합니다. 해이한 원인은 사병은 너무 강한데 군관은 너무 약해서 전혀 통제하지 못하기 때문입니다.

'함陷'은 적에게 포위당하는 것을 말합니다. 포위당하는 이유는 군관은 너무 강하고 병사들은 너무 약한데, 지나치게 엄히 관리해서 병사들이 어쩔 줄 모르기 때문입니다.

'붕崩'은 군대가 대패하는 것을 말합니다. '대慧'는 앙숙을 가리킵니다. 대패의 원인은 고급 군관이 지시에 따르지 않고 숙적을 만나 한때의 분을 참지 못해 제멋대로 싸우러 나가기 때문인데, 장군이 그 능력을 제대로 헤아리지 못하고 잘못 기용한 탓입니다.

'난亂'은 진형의 상황이 매우 어지러운 것을 말합니다. 매우 어지러운 이유는 장군이 위엄이라고는 없어 통제가 엄히 이루어지지 못하고 지시도 분명하지 않아서 군관과 병사들이 모두 제멋대로 행동하는 탓에 진형이 혼란해지고 전혀 질서가 없기 때문입니다.

'배北'는 패배, 곧 몸을 돌려 뒤로 달아나는 것을 말합니다. 패배의 원인은 장군이 적의 상황을 파악하지 못해 결국 적은 병력으로 많은 병력과 대적하고 약한 병력으로 강한 적을 공격하며, 또 선봉에 설 정예병이 없기 때문입니다.

이 여섯 가지 상황 가운데 '주'와 '패'는 지휘를 잘못한 탓이며, '이'와 '함'은 관리를 잘못한 탓이며, '붕'과 '난'은 진형이 무너진 탓입니다. 이것들은 모두 넓은 의미에서 '패'에 속합니다.

군대가 평소에 훈련이 부족하고 관리가 제대로 이루어지지 않으면 장군과 군관·병사들이 서로 어긋나서 통제를 잃어 기강이 느슨해지고 마음은 흩어지게 됩니다. 이런 상태에서 갑자기 적으로부터 공격을 당하면 당연히 전투력을 전혀 발휘하지 못하고, 여기에 잘못된 지휘까지 더해지면 반드시 방향을 잃고 달아나게 되어 전열이 크게 혼란해지고 전쟁에서 참패해 수습할 수 없게 됩니다.

지금까지 말한 '육패' 가운데 '붕'이 가장 심합니다. '붕'의 본뜻은 산이 무너지는 것(산 자체가 무너지거나 산사태가 나는 것)인데, 시쳇말로 "군대가 산이 무너지듯 패했다兵敗如山倒"라고 합니다. 예를 들면, 목야전투牧野戰鬪2가 바로 군대가 산이 무너지듯 패한 전형적 사례입니다. 해방 전쟁解放戰爭 시기에 국민당 군대도 산이 무너지듯 패했습니다.

이 여섯 조목은 모두 실패를 말한 것입니다. 저자는, 장군 된 사람은 이런 실패의 이치를 반드시 살펴야 한다고 말합니다.

전쟁은 속임수다

【 10-3 】

무릇 지형은 용병의 보조물이다. 적을 헤아려 승리를 제어하고 지형의 험난함과 위험, 멀고 가까움을 계산하는 것은 상장군의 도리이다. 이것을 잘 알아서 전쟁에 활용하는 자는 반드시 이기고, 이것을 알지 못하면서 전쟁에 활용하는 자는 반드시 진다. 그런 까닭으로 전쟁의 도리상 반드시 이길 수 있다면 임금이 싸우지 말라고 해도 반드시 싸우는 것이 옳으며, 전쟁의 도리상 이기지 못한다면 임금이 싸우라고 해도 싸우지 않는 것이 옳다. 그런 까닭으로 진격할 때 명예를 구하지 않고 후퇴할 때 죄를 피하지 않으며, 오직 병사들을 보존하여 임금을 이롭게 하는 것이 나라의 보배이다.

夫地形者, 兵之助也. 料敵制勝, 計險阨遠近, 上將之道也. 知此而用戰者必勝, 不知此而用戰者必敗. 故戰道必勝, 主曰無戰, 必戰可也 ; 戰道不勝, 主曰必戰, 無戰可也. 故進不求名, 退不避罪, 唯民是保, 而利於主, 國之寶也.

이 장은 주로 지형의 중요성을 강조하고 있습니다. 이 장은 앞의 제1장과 호응합니다. 제1장에서 '지형'을 말했고, 여기서도 '지형'을 말했습니다. "무릇 지형은 용병의 보조물이다夫地形者, 兵之助也"라는 구절은 '지형'이 매우 유용해 '군대'를 도울 수 있다는 말입니다. 『손자』에서 지형은 매우 넓게 작용해서 병사를 운용하는 데 도움이 될 뿐 아니라 병사를 인솔하는 데도 도움이 됩니다. 예를 들면, 「구지」 편은 병사를 다스리는 기술을 전문적으로 말합니다. 이밖에 '지형'은 이미 '용병의 보조'이기 때문에 '병사'가 주가 되고 '지형'이 보조임을 알 수 있습니다. 『손자』 전편을 통해

'지형'은 사람과 동떨어진 것이 아니라 사람을 에워싸고 있는 것으로, 완전히 의인화되었습니다.

"적을 헤아려 승리를 제어함料敵制勝"은 병사를 아는 것知兵에 속하는데, 이것은 상장군의 책임입니다.

"지형의 험난함과 위험, 멀고 가까움을 계산함計險阨遠近"은 지형을 아는 것知地에 속하는데, 이것도 상장군의 책임입니다. '험險'은 앞에서 말한 '험형'이며, '액阨'은 '애隘'와 같은 것으로 앞에서 말한 '애형'이며, '원근遠近'은 '원형'과 관련이 있는데, 여기서는 앞에서 말한 여러 가지 지형을 두루 가리킵니다.

'상장군上將'은 본래 삼군의 통수권자 가운데 상군上軍의 장수를 말하는데, 여기서는 지위가 가장 높은 장수를 가리킵니다. 저자는 병사를 아는 것과 지형을 아는 것, 두 가지 모두 상장군의 책임이라고 지적했습니다. 두 가지를 모두 알면 반드시 이기지만, 두 가지 모두 모른다면 반드시 진다는 것입니다.

다음 구절에서는 장군 된 사람이 만약 병사도 알고 지형도 안다면 반드시 이길 능력을 가진 것이기 때문에 임금이 싸우지 못하게 하더라도 반드시 싸워야 하며, 만약 병사도 모르고 지형도 모른다면 실패를 벗어나기 어렵기 때문에 임금이 싸우라고 하더라도 결코 싸워서는 안 된다고 말합니다.

이것이 책임을 지는 것입니다.

"진격할 때 명예를 구하지 않고, 후퇴할 때 죄를 피하지 않는다進不求名, 退不避罪"는 이 두 구절을 나는 특히 좋아합니다. 앞에서 말한 것처럼 사람의 목숨은 하늘에 달린 것이지 어린아이 장난이 아니기 때문입니다. 사람이 죽는 문제에서 무슨 허명을 도모하고 무슨 처벌을 두려워하겠습

전쟁은 속임수다

니까. "오직 병사들을 보존하고, 임금을 이롭게 하는唯民是保, 而利於主"것
이 위로는 임금에게 떳떳하고 아래로는 백성들에게 떳떳한 일입니다.

【10-4】

병졸을 어린아이처럼 돌보기 때문에 장군과 함께 깊은 계곡까지 들어
갈 수 있으며, 병졸을 사랑하는 자식처럼 여기기 때문에 장군과 함께
죽을 수 있다. 사랑해 명령하지 못하고, 후하게 대우해 부리지 못하
며, 혼란스러워도 다스리지 못한다면, 교만한 자식에 비유할 수 있으
니 쓸모가 없다.

視卒如嬰兒, 故可與之赴深谿 ; 視卒如愛子, 故可與之俱死. 愛而不能令, 厚
而不能使, 亂而不能治, 譬如驕子, 不可用也.

'졸卒'은 보병입니다. 보병은 영어로 '인펀트리infantry'라고 하는데, 어원
은 그리스어로 어린아이를 뜻하는 '인판스infans'입니다. 시쳇말로 '병사
를 자식처럼 사랑한다愛兵如子'고 하는데, 어린아이를 어떻게 통솔하는가
는 매우 큰 공부입니다. 특히 장난기 심한 아이를 잘 거두는 것이 군대의
일 가운데 가장 큰 일입니다.

이 장은 주로 훈련의 중요성을 강조하고 있습니다. 이것은 앞의 제2장
과 호응합니다. 제2장도 '병사'를 말하고 여기서도 '병사'를 말합니다.

「계」 편에서 군법을 말하면서 그 중에 한 조목으로 '사졸숙련士卒孰練
(병사는 어느 쪽이 정예병인가)'을 언급했습니다. 이 '사졸숙련'의 '연練'이 바
로 훈련의 결과입니다. 훈련을 받은 병사를 옛사람들은 '교졸教卒' 또는
'연사練士'라고 불렀고, 훈련을 받지 않은 병사를 '구중驅衆'이나 '백도白徒'
라고 했습니다.(『관자』 「칠법七法」) 공자도 "선인이 백성을 칠 년 동안 가르
치면 전쟁에 내보낼 수 있다善人教民七年, 亦可以卽戎矣" "가르치지 않은 백

전쟁은 속임수다

성으로 싸우게 하면, 이것은 백성을 버리는 것이다以不敎民戰, 是謂棄之"
(『논어』「자로」)라고 말한 적이 있습니다. 보통 백성은 7년 동안 훈련을 받아야 전쟁터에 투입될 수 있는데, 만일 훈련을 받은 적이 없는 백성을 전쟁에 내보내 싸우게 하는 것은 그들을 죽음으로 내모는 것과 다름없는 일입니다.

고대의 작전은 주로 사람과 사람이 직접 싸우는 것인데, 행군할 때는 숙영宿營이 있고 싸울 때는 진영陣營이 있어서 양쪽이 모두 숙영과 진영에 의지해 방어합니다. 일단 진두陣頭가 크게 어지러워지면 전열이 흐트러져서 산이 무너지듯 대패합니다. 그러므로 평소에는 주로 대형隊形 훈련을 하는데, 장수와 군리軍吏와 사병이 협동하는 것이 중요합니다. 오늘날 군대의 실전 대형은 고대와는 다른데, 의장 대열과 분열식은 열병과 환영 의식에 사용되는 것을 제외하고도 여전히 상징적 의미가 있습니다. 대형 훈련은 병사들이 명령에 복종하고 지휘에 따르는 능력을 배양하는 것이기 때문에 조금도 소홀히 할 수 없다는 점에 의의가 있습니다. 지금도 각국의 군대는 여전히 차려, 열중쉬어, 앞으로가 등의 제식훈련을 합니다. 이것은 고대 치병治兵의 유산입니다.

고대의 훈련은 주로 대형 훈련입니다. 훈련 방식은 주로 사냥이며, 전 세계가 모두 그러한데, 영국 귀족은 오늘날에도 여전히 말 타고 사냥하기를 좋아합니다. 청나라 왕조를 세운 만주족은 중국에 들어온 뒤 자제들이 한족 문화에 타락할까 두려워 해마다 가을이면 무란웨이창木蘭圍場[3]에서 만주족 부대와 몽골족 부대를 모아 함께 사냥을 했습니다. 사냥은 무를 숭상하는 정신을 지키는 것입니다. 중국 한족도 본래 그렇게 했습니다.

『주례』「하관·대사마」편에 사계절에 따른 전쟁 교육 방법을 말하고 있는데, 여기서도 사냥 방식을 사용했습니다.

음력 2월인 중춘仲春에는 '진려振旅'를 가르쳤습니다. '진려'는 본래 군대를 거두어 돌아가기 전에 편제를 정비하는 것으로, 실전과 같은 대형을 갖춥니다. 훈련 과목은 주로 '북과 방울, 큰 징과 작은 징의 쓰임을 구분하는 것辨鼓鐸鐲鐃之用'이었는데, 각급 군관이 각자의 악기를 사용해 '앉고 일어남, 나아가고 물러남, 빠르고 느림, 흩어짐과 모임의 절도를 교육敎坐作進退疾徐疏數之節'했습니다. 원문의 '좌坐'는 앉은 자세이며, '작作'은 앉은 자세에서 일어서는 자세로 바꾸는 것입니다. '진퇴進退'는 전진과 후퇴이며, '질서疾徐'는 빠르고 느림이며, '소촉疏數'은 분산과 밀집입니다. 훈련이 끝나면 포위하고 사냥을 해서 사냥감을 제사에 바쳤습니다. 이처럼 포위해 사냥하는 것을 '수전搜田(이른바 춘수春蒐)'이라 합니다.

음력 5월인 중하仲夏에는 '발사茇舍'를 가르쳤습니다. '발사'는 먼저 풀을 제거하고 나서 진을 치는 것으로, 대형은 '진려'와 같습니다. 훈련 과목은 주로 '표지의 쓰임을 구분하는 것辨號名之用'이었으며, 각급 군관이 각자의 인명부와 등기부를 가지고 사람의 수와 보급 물자를 철저히 검사했는데, 각 부서는 그 부서만의 깃발과 번호가 있었습니다. 훈련이 끝나면 포위하고 사냥을 해서 사냥감을 제사에 바쳤습니다. 이처럼 포위해 사냥하는 것을 '묘전苗田(이른바 하묘夏苗)'이라 합니다.

음력 8월인 중추仲秋에는 '치병治兵'을 가르쳤습니다. '치병'은 군대가 출동하기 이전의 편제인데, 대형은 '진려'와 같습니다. 훈련 과목은 주로 '깃발의 쓰임을 구분하는 것辨旗物之用'이었으며, 각급 군관이 각자의 깃발을 이용해 앉고 일어남, 나아가고 물러남을 가르쳤습니다. 훈련이 끝나면 포위하고 사냥을 해서 사냥감을 제사에 바쳤습니다. 이처럼 포위해 사냥하는 것을 '선전獮田(이른바 추선秋獮)'이라 합니다.

음력 11월인 중동仲冬에는 '대열大閱'을 가르쳤습니다. '대열'은 전차병과 보병의 합동 연습입니다. '대열' 이전에 전차병은 전차병에 귀속되고 보병은 보병에 귀속되어 각자 연습하지만, 이때는 함께 모아서 합동 작전을 가르쳤습니다. 훈련의 목적은 주로 대열과 행진입니다. 연습이 시작되기 전에 마당을 설치하고 250보 거리에 표지 네 개를 세우는데, 출발점과 100보마다 하나씩 세우고 50보에 한 개를 세웠습니다. 훈련이 시작되면 시간에 맞추어 집합하는데, 뒤늦게 도착하는 병사는 참수에 처했습니다. 모두 집합한 뒤에는 진형을 갖추고 맹세를 하며 희생을 잡아 제사를 지냈습니다. 그런 뒤에 징·북·깃발로 기호를 삼고 250보마다 표시를 삼아 행진을 연습했습니다. 처음 100보는 첫째 표지에서 달리기 시작해 기립하고 전진하다가 둘째 표지에서 멈추어 꿇어앉는 것이 첫 단계입니다. 그다음 100보는 둘째 표지에서 달리기 시작해 기립하고 전진하다가 셋째 표지에서 멈추어 꿇어앉는 것이 둘째 단계입니다. 마지막 50보는 셋째 표지에서 넷째 표지까지 공격하는 것을 연습하는데, 전차병이 공격하기 시작하면 보병이 앞으로 나가면서 찔러 죽이는 동작을 세 번씩 했습니다. 그리고 다시 처음으로 돌아와서 거듭 물러나는 것을 연습했습니다. 할 때마다 북을 세 번 울리고 방울을 흔들며 깃발을 세워서 기립 신호를 하고, 다시 북을 치고 큰 징을 울려서 전진 신호를 하며, 작은 징을 울려 퇴각 신호를 내렸습니다. 여기서도 마지막에는 포위하고 사냥을 해서 사냥감을 제사에 바쳤습니다. 이처럼 포위해 사냥하는 것을 '수전狩田(이른바 동수冬狩)'이라 합니다.

고대의 '치병'은 기율을 가장 중시했습니다. 손무의 경우 '거듭 군의 약속을 명확히 지시하는 것申明軍約'(『사기』 「율서律書」)으로 명성을 얻었습니다. 사마천이 손무의 행위나 사람됨을 말한 것은 주로 궁녀를 이용해 병사 훈련을 시킨 일을 통해서입니다. 이런 이야기는 인췌산 한나라 죽간에도 나오는데, 정리한 사람이 『오왕을 알현하다見吳王』라는 제목을 붙였습니다. 공자는 '난양론難養論'[4]을 제기했는데, 그가 말한 '난難'은 사실 노예제의 고충입니다. '여자'와 '소인小人'은 원시적 의미의 노예입니다. 지금 세계에는 아직도 2200만 명의 노예가 있는데 주로 어떤 사람들일까요? 신체의 자유가 없는 매춘부와 소년 노동자들입니다. 노예는 일반적으로 모두 신분이 매우 낮지만, 왕의 측근에서 시중드는 사람은 매우 거만합니다. 후궁이나 비빈妃嬪, 내시의 우두머리인 태감太監도 거만합니다. "옛날에 곽씨 집에 종이 있었는데, 성은 풍이요 이름은 자도라네. 장군의 권세를 믿고 술집의 호가를 조소하네昔有霍家奴, 姓馮名子都, 依倚將軍勢, 調笑酒家胡"(『옥대신영』 권1 : 신연년辛延年, 「우림랑시일수羽林郎詩一首」)[5]라고 한 것도 매우 심한 경우입니다. 노예가 지위는 비록 낮지만 권력과 가까웠는데, 대부분은 모두 권력의 중심이었습니다. 그들은 여우가 호랑이의 위세를 빌리거나 개가 주인을 믿고 으르렁대는 격이어서 통제하기 가장 어렵습니다. 송나라 소순蘇洵도 병사를 통솔하는 데 어떤 어려움이 있는 것은 다만 '천한 사내'가 계집종·사내종·첩을 관리하는 것과 같을 뿐이라고 말했는데(『가우집嘉祐集』 「권서 하權書下·손무孫武」), 일리가 있습니다. 그러나 첩이나 남자종은 잘 관리할 수 있을까요? 그렇지도 않습니다. 여기에 상징적 의의가 있는 사례가 있으니, 손무가 여인들을 데리고 병사 훈련을 시킨 일입니다. 손무는 '병사 훈련을 조금 시험하기小試勒兵' 위해 오늘날의 미인선발대회처럼 미인을 뽑았는데, 180명의 아름다운 궁녀를 뽑고 오나라 왕의 총희로 대장을 삼았습니다. 이 여성들은 오나라 왕의 지지를 받아 교만하고 응석을 부리는 습성이 매우 강했는데, 바로 손무가 고치려고 한 대상입니다. 손무는 먼저 그들에게 하나하나 알려준 뒤 앞으로가, 뒤로가, 왼쪽으로가, 오른쪽으로가 등 명령을 내렸지만 궁녀들은 웃기만 할 뿐 전혀 명령에 따라 움직이지 않았습니다. 손무는, 만약 자신이 분명하게 알려주지 않았다면 그것은 자신의 잘못이지만 '거듭해서 알려주었음三令五申'에도 여전히 명령을 듣지 않으니 미안하지만 목을 베어야겠다고 하고는 그 자리에서 두 총희를 죽였습니다. 그 결과 남은 궁녀들은 모두 고분고분해졌습니다.(『사기』 「손자오기열전」) 『사기』에서 사마양저가 장가莊賈를 참수한 일을 말한 것도 이와 같습니다. 장가는 제나라 경공景公의 총신이지만, 소인배가 득세해 무례하게 굴고 감히 군법을 업신여겨 '기한이 지난 뒤에 도착했기期而後至' 때문에 사마양저는 그를 용서하지 않고 죽이는 데 조금도 거리낌이 없었습니다. 손무와 사마양저는 모두 지위가 높고 총애받는 사람을 죽여 위엄을 세웠습니다.

바른 걸음으로 걷는 것은 매우 중요한데, 사람을 기계처럼 훈련시킬 수 있습니다. 예전에 미국의 알링턴국립묘지에 간 적이 있는데, 존 F. 케네디 전 대통령과 한국 전쟁·베트남 전쟁의 전몰장병들이 모두 그곳에 묻혀 있습니다. 무명용사 묘역 앞에는 위병들이 일 년 사시사철 비바람도 아랑곳하지 않고 죽은 영혼을 지키고 있습니다. 위병들이 교대식을 연출할 때는 그 동작이 마치 로봇 같았습니다. 타이베이臺北의 중정탕中正堂 안에도 이런 '로봇 같은 연출'이 있는데, 완전히 미국을 배운 것입니다. 프랑스 철학자 미셸 푸코Michel Foucault의 『감시와 처벌規訓與懲罰』은 내 오랜 벗인 류베이청劉北成과 양위안잉楊遠纓이 중국어로 번역했는데, 이른바 '규훈規訓'이라는 용어는 그들이 만들어낸 번역어로서 사실은 훈련입니다. 푸코는 훈련이 없는 곳이 없어서 감옥, 군대, 학교, 병원 어느 곳이나 있다고 말합니다. 군대가 가장 전형적인 곳인데, 어떤 왜곡된 것, 사특한 것이라도 군대에 들어가기만 하면 모두 그들에게 옳은 것으로 받아들여집니다. 1666년 프랑스 왕 루이 14세가 열병식을 할 때도 이런 '로봇 같은 연출'이 있었습니다. 러시아의 미하일Mikhail 대공이 그 자리에 있었는데, 그는 "훌륭합니다. 그들이 아직 숨은 쉬고 있군요"라고 말했습니다.[6]

'대약진大躍進[7] 시기에 인민공사人民公社[8]의 원래 착상은 사물의 크기가 작아도 있을 것은 다 있다는 것으로 공장·농촌·군인·학생·상인이 오위일체五位一體가 되는 것이었습니다. '문화대혁명' 시기의 5·7도로五七道路와 마오쩌둥 사상 대학교도 이런 착상이었습니다. 다른 점은 다만 그들은 군대를 더욱 강조해서 군대야말로 이런 대학교라고 말한 데 있습니다. 지난날 윗사람이 시키면 아랫사람은 무조건 따라야 한다는 '순종 도구론'를 비판하면서 마르크스주의자인 류사오치劉少奇의 주장이 잘못되었다고 했습니다. 그러나 군인이 순종 도구가 아니라면 무엇입니까?

군사와 동물은 관련이 있는데, 그 가운데 훈련이 가장 두드러집니다. 우리가 훈련을 이야기하면서 결코 잊지 말아야 할 것은 이것이 생물의 가장 본능적인 방법이라는 점입니다. 우리 인류가 가장 긍지를 느끼는 것이 바로 교화입니다. 우리가 교육이라고 말하는 것을 생물학의 관점에서 말하면 바로 길들이는 것입니다. 코끼리 길들이는 것을 예로 들면, 사람은 그렇게 작고 코끼리는 그렇게 큰데, 사람이 어떻게 코끼리를 순하게 길들일 수 있을까요? 바로 바나나와 몽둥이 때문입니다. 사회도 마찬가지인데, 옛날에 이른바 '목민牧民'이란 것은 사실 사람이 사회 전체를 길들이는 것이며, 임금이 바로 양을 기르는 사람입니다. 고고학자들은 대략 일만 년 전에 인류의 생활 방식을 근본적으로 바꾼 대혁명, 곧 농업혁명이 일어났다고 힘주어 말합니다. 농업혁명이란 무엇일까요? 중요한 것은 바로 사람이 길들이는 방법을 습득한 것인데, 육축六畜(말·소·양·닭·개·돼지)이 그 결과일 뿐 아니라 오곡五穀(조·수수·벼·보리·콩)도 마찬가

전쟁은 속임수다

지입니다. 가축은 원래 모두 야생동물이고, 농작물도 원래는 야생초목입니다. 동물이 훈련을 통해 먹고 마실 줄 알게 되고, 명령에 복종하고 지휘를 받는 것을 러시아의 생리학자 이반 페트로비치 파블로프는 '조건 반사'라고 불렀습니다. 우리가 동물을 가르치는 수단으로는 두 가지, 곧 당근과 채찍을 사용해 먹는 것과 맞는 것을 기억하게 합니다. 우리 인간의 표현으로는 부드러움과 강함을 함께 사용한다거나 은혜와 위엄을 동시에 시행한다거나 상과 벌을 병행한다고 말합니다. 우리는 이렇게 하는 것이 정말 대단한 것이어서 동물들은 그렇게 하지 못한다고 생각합니다. 사실 동물도 자기들끼리 교육을 합니다. 예를 들면, 어미 호랑이는 새끼 호랑이에게 야생에서 살아남을 수 있는 능력을 가르칩니다. 동물원에서도 사람이 가르치지 않으면 맹수가 먹이감을 보고도 잡아먹지 못하는데, 어린 사슴이나 송아지를 우리 안에 들여보내도 으르렁거리는 것이 아니라 숨만 크게 쉴 뿐 쫓아가지도 못하거나 쫓아가더라도 어디를 물어야 할 줄 모르고, 심한 경우에는 오히려 무서워서 몸을 덜덜 떨기도합니다. 나는 어떤 영화에서 호랑이 앞에 토끼를 풀어놓자 토끼가 감히 호랑이 앞에서 제멋대로 이리저리 깡충거리면서 뜻밖에도 호랑이를 겁주는 장면을 본 적이 있습니다. 호랑이를 숲속에 놓아준다면 반드시 사람이 길들이는 것과 정반대로 야생훈련을 진행해야 하며, 그렇지 않으면 굶어 죽고 말 것입니다. 노예제도는 인류가 길들여진 표본입니다. 노예가 자유를 되찾아 어떻게 자유인의 생활에 적응하는가도 이와 같은 문제입니다.

교육의 첫걸음은 가정교육입니다. 가정교육에도 부모의 역할이 다릅니다. 중국에서는 '부엄모자父嚴母慈(아버지는 엄격하고 어머니는 자애롭다.)'라고 표현합니다. 엄격함과 자애로움이 조화를 이룬다는 이런 표현은 매우 재미있는데, 아버지와 어머니가 서로 조화를 이루어야 한다는 말과 같습니다. 이것은 가정에서 은혜와 위엄이 함께 시행되는 것입니다. 옛날 중국의 어린이 학습서인 『삼자경三字經』에도 이 문제를 언급했는데, 사람은 어머니가 기르고 아버지가 가르치기 때문에 "기르면서 가르치지 않는 것은 아버지의 잘못이다養不敎, 父之過"라고 했습니다. 병가에서 군사를 거느릴 때 '병사를 자식처럼 사랑한다'는 뜻의 '애병여자愛兵如子'라는 말이 있는데, 오기吳起 같은 사람이 대표적입니다. 송나라 이후로 유교의 개념이 널리 퍼져서 모든 일에 '유儒' 자를 붙이는 현상이 생겼는데, 마치 오늘날 시장에서 사과나 귤을 팔 때 위에다 상표를 붙여 번쩍번쩍 빛나게 하는 것과 같습니다. 의사는 '유의儒醫', 장군은 '유장儒將'이라 했는데, 요즘은 '유상儒商'이라는 말이 유행입니다. 그러나 '유공儒工' '유농儒農' '유병儒兵'이라고 말하는 사람은 아직 없습니다. 사실 유장儒將이라고 한다면 오기 정도라야 그렇게 칭할 만합니다. 그는 증신曾申의 제자로 유생의 차림새를 하고 위魏 문후文侯를 만났습니다. 위 문후는 이극李克에게 오기가 어떤 사람인지 물었습니다. 이극은 그가 재물을 탐하고 여색을 좋아하지만 "병사를 부리는 데는 사마양저도 따라오지 못할 것입니다然用兵, 司馬穰苴不能過也"라고 했습니다. 오기 같은 사람이라야 병사를 자식처럼 사랑했다고 말할 것입니다. 전하는 이야기에 따르면, 오기는 장군이면서도 보통 병사들과 똑같이 입고 먹었으며, 잠잘 때도 자리를 깔지 않고(옛날에는 침대나 의자가 없었기 때문에 땅바닥에 앉고 땅바닥에 누워 잤습니다.) 행군할 때는 말을 타지 않고 병사들과 함께 군량미를 등에 지고 가면서 노고를 나누었습니다. 어떤 병사가 등에 종기가 나자 오기가 직접 입으로 그의 종기를 빨아냈습니다. 그 병사의 어머니가 그 일을 듣고 슬피 울면서 달려왔습니다. 다른 사람이 이를 보고 "당신의 아들은 병사인데 장군이 그의 고름을 빨아주었으니 영광으로 생각해야 마땅하거늘 왜

전쟁은 속임수다

슬피 우는 것이오?"라고 물었습니다. 그러자 그 어머니가 말하기를, "당신들은 모르겠지만, 이전에 오기 장군이 우리 애아버지의 종기도 빨아주었소. 그래서 우리 애아버지는 그 은혜에 감격해서 목숨을 걸고 싸우다가 적에게 죽었소. 이제 오기 장군이 또 우리 애의 종기를 빨아주었으니 그 애가 어디서 죽게 될지 몰라서 슬피 우는 것이오"라고 했습니다.(『사기』「손자오기열전」)

"병졸을 어린아이처럼 돌보기 때문에 장군과 함께 깊은 계곡까지 들어갈 수 있으며, 병졸을 사랑하는 자식처럼 여기기 때문에 장군과 함께 죽을 수 있다視卒如嬰兒, 故可與之赴深谿 ; 視卒如愛子, 故可與之俱死"는 구절은 바로 '애병여자'를 형용하는 말입니다. 그러나 사랑만 해서는 안 되고 반드시 가르쳐야 합니다.

어머니들은 모두 자식을 매우 아낄 줄은 알지만 항상 기를 줄만 알고 가르칠 줄은 몰라서 고대 남권 사회에서는 이를 '부인지인婦人之仁'이라 불렀습니다. 여성들은 남성에 비해 본능적이며, 남성은 여성에 비해 정치적입니다. 응석받이로 키우면 아이는 당연히 좋겠지만 사회에 나가면 집안을 망치는 경우가 많습니다. 옛말에 "좋은 인재는 병사가 되지 않고, 좋은 쇠는 못이 되지 않는다好男不當兵 好鐵不打釘"라는 말이 있는데 누가 병사가 되려 하겠습니까? 대부분의 경우는 가난한 사람의 아들이거나 말을 잘 듣지 않고 말썽을 피우는 인간들입니다. 속담에 "불량한 사람이 병사가 된다無賴子當兵"라고 했습니다. 제대로 가르침을 받지 못한 방탕한 사람이 병사가 되는 일은 확실히 좋은 점이 있는데, 훈련이 그들의 폭력적 환상을 채워줄 수 있고 실전이 그들의 폭력성을 풀어줄 수 있으며, 또한 견고한 규율로 통제하기 때문에 어떤 나쁜 습성이라도 모두 고쳐질 수 있습니다. 바로 군대에서 폭력이 가장 잘 통제되기 때문입니다.

예전에 나는 『독서讀書』 지에 「아이는 대범하게 키우고 개는 소심하게 키워라大營子娃娃小營子狗」[9]라는 글을 실은 적이 있는데, 내용은 내가 농촌에서 기르던 개 이야기입니다. 고향 사람들은 "큰 지방은 아이가 무섭고 작은 마을은 개가 무섭다"고 말합니다. 내가 기르던 개는 "깊은 규방에서 자라 아무도 아는 사람이 없었던 것養在深閨人不識"[10]이 아니라 "돼지우리에서 자라 아무도 아는 사람이 없었고養在猪圈人不識", 그래서 자라서는 사람을 보기만 하면 짖어대고 주인의 말도 전혀 듣지 않았습니다. 이렇게 '소심하게 길러진 개小營子狗'가 바로 "사랑해 명령하지 못하고, 후하게 대우해 부리지 못하며, 혼란스러워도 다스리지 못한다면, 교만한 자식에 비유할 수 있으니 쓸모가 없는愛而不能令, 厚而不能使, 亂而不能治, 譬若驕子, 不可用也" 경우가 아니겠습니까? 나는 이런 학문을 '축생인류학畜生人類學'이라 부릅니다. 동물이 사나운 것은 두려움 때문입니다. 길들여지지 않은 말은 쉽게 놀라지만, 알다시피 훈련된 군마는 앞에서 폭탄이 터져도 동요하지 않습니다.

오늘날 『손자』를 연구하는 절대 다수 사람들의 관심은 모두 관리에 쏠려 있습니다. 앞에서도 말했듯이 이런 관심은 일본의 신화, 곧 "일본이 『손자병법』으로 돈을 벌었다"는 것에서 비롯합니다. 만약 이렇게 관리만 하려 한다면 다른 자원도 많은데 왜 하필 『손자』일까요? 소순의 '천장부賤丈夫'에 대한 학문은 남성 관리학입니다. 『손자』가 병사 통솔을 말한 것도 역시 남성 관리학입니다. 인류 사회는 남성이 줄곧 이끌어왔지만, 누구나 가정이 있고 어머니가 있으므로 적어도 '사람의 처음人之初'은 최소한 가정이며, 누구나 어머니가 이끄는 대로 따르기 때문에 "영원한 여성이 우리를 이끌고 간다"[11]고 말할 수 있습니다. 여성 관리학은 일반적으로 사람들이 관심을 두지 않습니다. 어떤 사람은 『홍루몽』에서 배울 만하다고 말합니다. 『홍루몽』은 명나라 사회의 축소판으로, 주인공 가보옥賈寶玉은 여성스러운 분위기에서 자랐으며 주위 사람들도 모두 여성입니다. 우리가 각자 길들여진 환경은 대부분 남성이 바깥일을 맡고 여성은 집안일을 맡으며, 엄마를 앞세우고 아버지를 나중에 말합니다. 『홍루몽』에서 여성 지도자의 모범은 왕희풍王熙風으로, "높은 벼슬아치 많지만 누가 제대로 나라를 다스렸나, 여인 한둘이 집안을 다스릴 수 있네金紫萬千誰治國, 裙釵一二可齊家"(『홍루몽』 제13회)라고 했습니다. 영녕榮寧 이부二府의 상하 몇백 명의 부인·할머니·여종·노비 등이 크고 작은 일을 할 때마다 전부 그녀가 이끄는 대로 따랐습니다. 그녀는 인재 관리도 했습니다. 고대의 길들임은 스파르타의 교육처럼 대부분 아이들에게 "첫째로 고통을 두려워하지 않고, 둘째로 죽음을 두려워하지 않을 것"을 가르쳐 견디기 어려운 것이었습니다. 『홍루몽』의 길들이는 환경은 이와 정반대로 번화하고 화려하며 온유하고 부귀한 곳입니다. 집안이 지나치게 온화하면 응석받이로 자라서 밖에 나가면 벼슬이나 장사, 전쟁에 당연히 적응하지 못하고 우울해 하거나 아니면 성질이 거칠어지게 마련이어서, 가보옥의 성질은 다른 사람의 골칫거리요 자신에게도 골칫거리입니다. 그러니 쓸모에 대해서는 말할 것도 없습니다.

이것이 바로 "사랑해 명령하지 못하고, 후하게 대우해 부리지 못하며, 혼란스러워도 다스리지 못한다면, 교만한 자식에 비유할 수 있으니 쓸모가 없다"는 이치입니다.

중국 고대의 병서는 주로 병사 운용을 말하지만 병사를 다스리는 것도 매우 중요합니다. 이미 고인이 된 쉬바오린許保林 선생은 중국에서 훈련을 말하는 것은 주로 군사기교가의 책에 있다고 했습니다.[12] 이 말은 어느 정도 일리가 있는데, 기교는 무기와 무술, 군사 체육을 포괄해서 확실히 훈련과 일정한 관련이 있기 때문입니다. 그러나 엄밀히 말하면 기교는 기술이지 훈련이 아닙니다. 중국 역사에서 훈련이라 함은 말을 타고 활을 쏘며 창을 휘두르고 큰 칼을 쓰는 것을 주로 하는 개인 훈련이 아니라 전체 군대의 진법, 곧 대열 훈련을 말합니다. 이런 것은 주로 군법에 남아 있으며, 특히 각 시대의 군사훈련 교본인 조전操典에 남아 있습니다.

근대의 훈련은 서양의 훈련이며, 대열은 화기의 개량에 따라 개선되었습니다. 서양의 조전은, 전하는 말에 따르면 16세기 말로 거슬러 올라가며, 그 대표적 인물은 네덜란드공화국의 세습 총독이었던 마우리츠 판 나사우Maurits van Nassau[13]입니다. 중국의 경우, 이른 시기의 조전은 남아 있는 것이 아주 드물고, 늦은 시기의 것은 주로 『무경총요』와 『무비지』에 있습니다. 또 명나라 척계광의 『속병실기續兵實記』와 『기효신서』도 있습니다. 척계광은 왜구의 침입을 물리친 명장으로 원앙진鴛鴦陣이 매우 유명하며, 훈련을 강조한 대표적 인물입니다.

전쟁은 속임수다

【 10-5 】

아군이 공격할 수 있다는 것을 알지만, 적이 공격할 수 없다는 것을 알지 못하면 승리의 확률은 반이다. 적이 공격할 수 있다는 것을 알지만, 아군이 공격할 수 없다는 것을 알지 못하면 승리의 확률은 반이다. 적이 공격할 수 있다는 것도 알고 아군이 공격할 수 있다는 것도 알지만 지형이 싸울 수 없는 곳임을 알지 못하면 승리의 확률은 반이다. 그런 까닭으로 병법을 아는 자는 군대를 움직일 때 미혹에 빠지지 않고 거행할 때도 변화가 다함이 없다. 그런 까닭으로 "적을 알고 나를 알아야 이겨서 위태롭지 않으며, 하늘을 알고 땅을 알아야 승리를 온전하게 할 수 있다"고 한다.

知吾卒之可以擊, 而不知敵之不可擊, 勝之半也 ; 知敵之可擊, 而不知吾卒之不可以擊, 勝之半也 ; 知敵之可擊, 知吾卒之可以擊, 而不知地形之不可以戰, 勝之半也. 故知兵者, 動而不迷, 擧而不窮. 故曰 : 知彼知己, 勝乃不殆 ; 知天知地, 勝乃可全.

이 마지막 단락은 결론으로서 '지승知勝'에 대해 말하고 있습니다.

'지승'은 네 가지를 아는 것四知, 곧 적을 알고 나를 알며知彼知己, 하늘을 알고 땅을 아는知天知地 것에 달려 있습니다.

"아군이 공격할 수 있다는 것을 알지만, 적이 공격할 수 없다는 것을 알지 못한다知吾卒之可以擊, 而不知敵之不可擊"는 것은 자신에 대해서는 알지만 적에 대해서는 알지 못하는 것이니, 단지 사람을 안다는 점에서만 말하면 승률은 50퍼센트이지만 '사지四知'의 측면에서 말하면 승률은

25퍼센트입니다.

"적이 공격할 수 있다는 것을 알지만, 아군이 공격할 수 없다는 것을 알지 못한다知敵之可擊, 而不知吾卒之不可擊"는 것은 적에 대해서는 알지만 자신에 대해서는 모르는 것이니, 단지 사람을 안다는 점에서만 말하면 승률은 50퍼센트이지만 '사지'의 측면에서 말하면 승률은 25퍼센트입니다.

"적이 공격할 수 있다는 것도 알고 아군이 공격할 수 있다는 것도 알지만 지형이 싸울 수 없는 곳임을 알지 못한다知敵之可擊, 知吾卒之可以擊, 而不知地形之不可以戰"는 것은 적을 알고 나를 아는 것이니, 단지 사람을 안다는 점에서만 말하면 승률은 100퍼센트이지만 '사지'의 측면에서 말하면 50퍼센트입니다.

"적을 알고 나를 알아야 이겨서 위태롭지 않으며, 하늘을 알고 땅을 알아야 승리를 온전하게 할 수 있다知彼知己, 勝乃不殆 ; 知天知地, 勝乃可全"라고 했는데, 앞의 「모공」 편 끝부분에서 저자는 이미 "적을 알고 나를 알아야 백 번 싸워도 위태롭지 않다. 적을 모르고 나만 알고 있다면 한 번은 승리하고 한 번은 패한다. 적도 모르고 나도 모르면 싸울 때마다 반드시 위태롭다知彼知己, 百戰不殆 ; 不知彼而知己, 一勝一負 ; 不知彼, 不知己, 每戰必敗"라고 말한 바 있습니다. 이 장의 "적을 알고 나를 알아야 이겨서 위태롭지 않다知彼知己, 勝乃不殆"는 말은 「모공」 편과 중복되기 때문에 빼더라도 여기에는 "하늘을 알고 땅을 알아야 승리를 온전하게 할 수 있다"는 조목이 더 있습니다. 네 가지 조목이 모두 갖추어져야 승률이 비로소 100퍼센트입니다.

우주에서 하늘天과 땅地, 사람人이 가장 위대하기 때문에 옛사람들은 이를 삼재三才라 불렀습니다. 삼재를 모두 아는 것은 바로 모든 것을 다 아는 것입니다. '지피지기'에 '지천지지知天知地'를 더한 것은 삼재를 모두

전쟁은 속임수다

안다는 것이며, 엄밀히 말하자면 이렇게 해야만 "승리를 온전하게 할 수 있다勝乃可全"는 뜻입니다. 그러나 이 편에서 '땅'에 대해서만 말하고 '하늘'에 대해서는 말하지 않은 것은 강조하려는 중점이 바로 땅이기 때문입니다. '지피지기'는 사람을 알아보는 능력이며, '지천지지'는 사람의 일을 보조하는 것입니다. 이 '사지'가 있어야 비로소 완전하게 이길 수 있습니다.

클라우제비츠『전쟁론』의
행군·숙영·보급품·지형을 논함
『손자』와의 비교를 중심으로

클라우제비츠가 말한 전쟁은 전투 중심입니다. 그러나 어떤 군사행동이든지 줄곧 싸우기만 하는 것이 아니라 싸우다가 멈추기도 하고, 가다가 멈추기도 하며, 그밖에 다른 상황에 처해 간헐적인 경우가 많습니다. 그는 전투 이외에 또 행군과 숙영이 있다고 말합니다. 이것들과 전투의 관계는 칼날과 칼등의 관계와 같습니다.[14] 이것이 간헐적으로 되풀이됩니다.

1. 행군

행군에 대해 클라우제비츠는 세 단계로 나누었습니다. 첫째로 두 가지 전술을 요구하는데, 하나는 무의미한 인명 피해를 줄여야 하고, 다른 하나는 전체가 협동해야 한다는 것인데, 전체가 도달하면 확실히 착오가 없습니다. 둘째는 속도와 군수품의 모순에 대한 것인데, 전쟁의 규모가 클수록 장비는 더욱 좋아야 하고 군수품은 더욱 많아야 하기 때문에 속도가 더욱 늦어집니다. 당시에 나폴레옹은 속도를 가장 강조했지만, 클라우제비츠는 오로지 빨리 가고자 해서 군수품을 소홀히 한다면 매우 위험하다고 생각했습니다. 셋째는 행군 도중에 발생하는 병력 손실을 어떻게 보충할 것인지에 대해서 말하고 있습니다.[15]

『손자』에서 속도와 군수품의 모순을 말한 내용은 「군쟁」 편에 있고, 「행군」 편에는 없습니다. 『손자』에서도 전체의 협동과 속도의 빠름을 강조했지만 군수품을 소홀히 한 것은 아닙니다.

2. 숙영

숙영에 대해 클라우제비츠는 두 단계로 나누었습니다. 첫째는 야영野營이고, 둘째는 사영舍營입니다. 야영은 야외에서 머무는 것인데, 임시로 장막(막영幕營)이나 지붕(창영廠營)을 설치하기 때문에 비교적 고생스럽습니다. 사영은 병영에서 머무는 것이어서 비교적 편안합니다. 장막조차도 설치하지 않는 것을 노영露營이라 합니다. 노영은 야영의 한 가지입니다. 장막을 치는 것은 병사의 건강을 위한 것이며, 장막을 치지 않는 것은 속도를 높이기 위해서입니다. 클라우제비츠는 시간이 짧을 때는 노영이 좋은 점이 있지만 시간이 길거나 행군하지 않을 때는 상황을 살펴서 결정해야 한다고 생각했습니다. 당시에 사영을 버리고 오로지 노영만 택한 것은 나폴레옹이 주장한 방식인데, 그는 이런 전술에 의지해 적지 않은 편리함을 얻었지만 1812년 러시아에서는 오히려 아주 고전했습니다. 클라우제비츠는 이 둘 가운데 어느 하나도 소홀히 할 수 없다고 생각했습니다.[16] 1857년 엥겔스가 『미국신백과전서』에 군사 방면의 항목을 집필했는데, 그 가운데 '야영Camp'과 '노영Bivouac' 두 항목이 있습니다. 엥겔스에 따르면, 사영은 마을에서 머물거나 임시 병영에서 머무는 것이며, 야영은 사영과 구별해서 장막을 설치하거나 노영하는 것이라고 했습니다. 고대의 야영은 항상 수레로 주위를 둘러싸고 진영을 갖추었습니다. 만약 주위에 방어 시설을 쌓는 경우라면 영루營壘라고 합니다. 노영은 장막을 사용하지 않고 모닥불을 피워 놓고 창을 껴안고 야외에서 옷을 입은 채 잠을 잡니다.(적과 거리가 가까우면 불도 피울 수 없습니다.) 이런 방법은 고대에도 있었습니다. 중세의 군대 행군은 매우 힘들어서 일반적으로 성보城堡나 사원寺院에서 머물렀지만, 십자군의 동정東征 때 출정한 오합지졸은 그들의 적과 마찬가지로 항상 노영을 했습니다. 근대에는 정규전에서 장막을 다시 사용했지만 나폴레옹 전쟁 때, 어떤 사람이 속도가 건강보다 더욱 중요하다고 했기 때문에 노영이 유행했습니다. 영국 군대가 간혹 장막을 사용한 것을 제외하고 모든 국가는 장막을 쓸데없는 것으로 보았습니다.[17] 클라우제비츠는 노영에 대해서는 보류하고, 먼저 야영을 말하고 뒤에 사영을 말하면서 사영도 없앨 수 없다고 생각했습니다. 나폴레옹은 노영을 좋아했는데, 엥겔스가 해설한 '비박Bivouac'이란 단어는 본래 프랑스어입니다.

『손자』에서 숙영에 관한 내용은 「행군」 편에 있는데, 주로 숙영의 지형과 지모 그리고 안전하게 경계하는 문제에 대해 언급했습니다.

3. 보급품

숙영과 연관된 것으로 보급품의 문제가 있습니다. 클라우제비츠는 전략 요소를 말하면서 5대 요소를 꼽았는데, 그 다섯째가 통계 요소입니

　　　　　전쟁은 속임수다

다.[18]

통계 요소가 바로 보급 수단입니다. 보급 수단은 네 가지로 나뉘는데, 농민들의 보급, 강제 징수, 정규 징수, 창고 비축분이 그것입니다.[19] 이 네 가지 보급 방식에서 앞의 것에 의지할수록 속도전에 유리하며, 뒤에 것에 의지할수록 지구전에 유리합니다. 나폴레옹은 앞의 두 가지 방식을 좋아해서 현지에서 보충할 것을 강조했으며, 클라우제비츠도 머무르면서 시간이 길어지면 뒤의 두 가지 방식도 없어서는 안 된다고 생각했습니다. 이밖에도 클라우제비츠는 국내외를 막론하고 반드시 작전 기지와 군사 배경의 교통선이 필요함을 강조했는데, 이런 교통선은 보급로인 동시에 퇴각로입니다.[20]

『손자』의 「군쟁」과 「구지」 편에서도 현지에서 보충할 것을 강조했지만 군수품이 필요 없다고 한 것은 아닙니다.

4. 지리

지형 문제는 클라우제비츠도 매우 중시했습니다. 그가 말한 전쟁 요소는 모두 다섯 조목인데, 지리가 넷째입니다.[21] 그가 말하는 지리는 지형(지모도 포함)과 지구地區를 포함합니다. 관련된 논술은 주로 제5·6·7편에 있는데, 산지山地·강하江河·소택沼澤·삼림森林·경지耕地 등을 언급했습니다. 클라우제비츠는 이것들이 군사행동에 미치는 영향을 세 가지, 곧 통행에 방해가 되는가, 적을 관찰하는 데 방해가 되는가, 화력을 방어하는 데 방해가 되는가 여부로 판단했습니다.[22] 산지·강하·소택의 특징은 통행에 방해되고, 삼림의 특징은 관찰에 방해되며, 경지의 상황은 비교적 복잡해서 어떤 것들은 비교적 평탄하고, 어떤 것들은 건물·

도로·도랑 등에 막혀 있어 통행이 불편합니다. 작전 지형의 경우, 클라우제비츠는 특별히 감제고지를 중시했습니다. 감제고지는 세 가지 이점이 있는데, 첫째로 적을 막기 편해서 적이 지나가지 못하게 할 수 있고, 둘째로 내려다보기 편해서 산 아래의 적이 시야에 모두 들어와 한꺼번에 전체를 관찰할 수 있으며(산 아래가 만약 삼림이라면 상황은 반대입니다.), 셋째로 산 아래에서 위로 사격하는 것은 산 위에서 쏜 것보다 사정거리가 짧아서 위에서 아래를 공격하기는 쉽고 아래에서 위를 공격하기는 어렵습니다.[23] 지구地區에 대해서는 자세히 말하지 않았지만 특별히 이른바 '나라의 관문國土鎭鑰'을 강조했습니다. '나라의 관문'이란 '점령하지 않고서는 감히 적국으로 침입하지 못하는 지구'이며, 통상적으로 말하는 전략 요충지이기도 합니다.[24]

『손자』는 지리에 대해 나누어 말했는데, 「군쟁」 편에서는 개괄적으로만 "그런 까닭으로 제후의 계획을 알지 못하는 자는 미리 외교를 맺을 수 없고, 산림·험난함·늪지의 지형을 알지 못하는 자는 행군할 수 없고, 길 안내자를 이용하지 못하면 지리적 이득을 얻을 수 없다故不知諸侯之謀者, 不能豫交; 不知山林·險阻·沮澤之形者, 不能行軍; 不能鄕(向)導者, 不能得地利"라고 했습니다. 구체적으로 지형과 지모에 대해 말한 것은 주로 「행군」 편입니다. 클라우제비츠가 말한 다섯 가지 지형 가운데 산지·강하·소택·경지는 대체로 「행군」 편의 산·물·습지·평지와 같고, 삼림에 대해서는 『손자』에서 전문적으로 말한 것은 없지만 「행군」 편에서 "주둔한 주변에 험조, 황정, 겸가, 소림, 예회가 있으면, 반드시 세밀하게 거듭 수색해야 한다. 이러한 곳은 매복과 간첩이 있을 만한 곳이기 때문이다軍旁有險阻·潢井·蒹葭·(林木)[小林]·翳薈者, 必謹覆索之, 此伏姦之所[處]也"라고 한 것이 삼림과 비슷한 점이 있습니다. 『손자』에서 "남쪽을 향하여 높은 곳에 주둔하며, 높은 곳에서 내려오는 적과 싸울 때는 올라가지 말아야 한다 視生處高, 戰(隆)[降]無登"라고 한 것도 감제고지에 대해 말한 것입니다. 지구는 「구지」편에서 말한 아홉 가지 지형 가운데 '구지衢地'와 비슷합니다. '구지'는 "제후의 땅이 여러 나라에 닿아 있어서 먼저 도착하면 천하의 백성들을 얻는 곳諸侯之地三屬, 先至而得天下之衆者"인데, 이런 지역에서 작전할 때 첫째는 '합교合交(친분을 두터이 함)'해야 하며, 둘째는 전략 요충지를 제어해야 하는데 "수비를 조심하는吾將(固其結)[謹其守]" 것도 '나라의 관문'과 비슷합니다.

클라우제비츠는 군대가 전투에 투입되기 전의 관건은 군대를 보존하는 것이라 했는데, 건강과 안전을 포함합니다. 여기서 다음의 일곱 가지 조목을 반드시 고려해야 합니다.

첫째, 보급품을 얻기가 편리한가.
둘째, 군대 사영이 편리한가.
셋째, 배후가 안전한가.
넷째, 앞이 트인 지형인가.
다섯째, 복잡한 지형에 배치할 수 있는가.
여섯째, 전략적으로 의지할 곳이 있는가.
일곱째, 합리적으로 나누어 배치할 수 있는가.

'배후의 안전'에 대해 클라우제비츠는 "야영할 때 후방에는 자연의 방패막이에 의지하는 것이 유일하게 취할 수 있는 안전장치로 생각된다"고 했지만, 오늘날 '배후의 안전'은 후방의 '교통선'이자 퇴각로이기도 합니다. 측면으로 돌아가거나 뒷길로 질러가서 적의 보급로와 교통선을 끊는 것은 현대전에서도 매우 넓게 응용됩니다.

'앞이 트인 지형'에 대해 클라우제비츠는 관찰과 정탐의 편리를 위한 것이라고 말했습니다.[25]

「행군」 편에서 "군대가 주둔할 때는 높은 곳을 좋아하고 낮은 곳을 싫어하며, 양지를 귀하게 여기고 음지를 천하게 여긴다. 생을 기르고 견실한 곳에 주둔하면 군대에 여러 가지 질병이 없어지니 이것을 반드시 이기는 곳이라 한다凡軍好高而惡下, 貴陽而賤陰, 養生處實, 軍無百疾, 是謂必勝"라고 한 것도 비슷한 생각입니다. "육지에서 평탄한 곳에 주둔할 때는 오른쪽과 뒤쪽은 높은 지대여야 하고 앞쪽은 사지가 되고 뒤쪽은 생지가 된다平陸處易, 右背高, 前死後生"와 "구릉이나 제방에서는 반드시 양지쪽에 주둔하되 오른쪽과 뒤쪽에 그 양지가 있어야 한다邱陵隄防, 必處其陽而右背之"는 것은 사실상 "오른쪽과 뒤쪽은 산을 의지하고 앞쪽과 왼쪽은 물을 의지하는右背山陵, 前左水澤" 것이기도 한데, 여기서 "오른쪽과 뒤쪽은 산을 의지하는右背山陵" 것은 "후방에는 자연의 방패막이에 의지하는 것"에 해당하며, "앞쪽과 왼쪽은 물을 의지하는前左水澤" 것은 "앞이 트인 지형"에 해당합니다.

전쟁은 속임수다

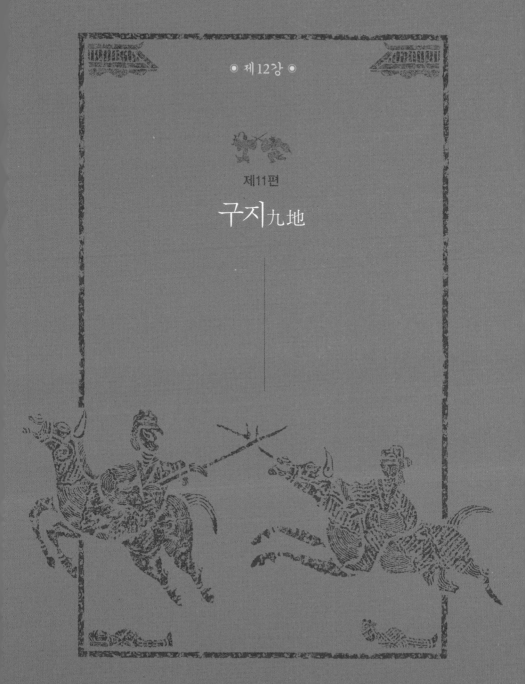

제12강

제11편

구지 九地

이제 우리는 「구지」 편을 말할 텐데 『손자』에서 이 편이 가장 깁니다. 송대 『손자』 판본의 총 글자수는, 중복되는 것을 제외하면 대략 6000자 정도인데(정확히 5967자 또는 5965자 또는 6007자), 「구지」 편이 1000자가 넘어서(정확히 1059자 또는 1070자) 대략 전체의 5분의 1에는 미치지 못하지만 6분의 1은 넘고, 한 편이 두세 편 분량을 차지합니다.

이 편의 문장은 매우 이상한데, 편폭이 길 뿐 아니라 내용도 어지럽습니다. 여러분이 읽어보면 상당히 곤란함을 느낄 겁니다. 나는 여러분을 도와 문장의 맥락을 정리하고 그 층차와 구조를 분석해서 그것이 어떻게 조직되어 있는지를 보여주고자 합니다.

우선 제목에 대해 말하자면, '구지'란 무엇일까요? 바로 산지散地·경지 輕地·쟁지爭地·교지交地·구지衢地·중지重地·범지氾地·위지圍地·사지死地 의 아홉 가지를 말입니다.('범氾'은 원래는 '비圮'로 되어 있습니다.)

이 아홉 가지 지地는 크게 세 가지로 나눌 수 있습니다.

첫째, 구지의 주체와 대다수는 산지·경지·쟁지·교지·구지·중지이며, 이것들은 주객의 개념과 관련이 있고 진군의 개념과 관련이 있습니다. 이 여섯 가지는 모두 지구地區이며, 지형·지모地貌가 아닙니다. 주객은 무엇일까요? 바로 자기 나라에서 싸우는가, 아니면 다른 나라에서 싸우는가를 말합니다. 자기 나라에서 싸우면 자기가 주인이 되고 상대가 객이 되며, 다른 나라에서 싸운다면 자기가 객이 되고 상대가 주인이 됩니다. 이것은 운동경기에서 홈구장과 원정구장으로 나뉘는 것과 같습니다. 경기하는 선수들은 대부분 홈구장을 선호하는데, 홈구장에서는 열렬한 팬들이 큰 소리로 자신들을 응원해주기 때문입니다. 그러나 『손자』는 이와 반대로 원정경기를 지나치게 좋아합니다. 고대의 병음양에서도 주객을 말했는데, 예를 들면 인췌산 한나라 죽간의 『천지팔풍오행객주오음지거天地八風五行客主五音之居』와 그밖에 병음양을 말한 많은 책들이 이른 것이든 늦은 것이든 모두 주객을 나누었습니다. 임충任忠은 "병가에서 객과 주인의 형세가 다름을 말하는데, 객은 속도전을 귀하게 여기고 주인은 신중함을 귀하게 여긴다兵家稱客主異勢, 客貴速戰, 主貴持重"(『진서陳書』「임충전任忠傳」)라고 했습니다. 전쟁은 대등한 행동이지만, 대등이란 말이 형세가 같다는 뜻은 아닙니다. 공격하고 방어하는 양쪽의 실력이 서로 다르고 형세가 서로 달라서 같을 수가 없습니다. 다른 나라인 객지에서 싸우게 되면 모두 속전속결로 전쟁을 끝내고 돌아가고 싶어합니다. 적을 맞는 주인의 입장에서는 그들을 유인해 그렇게 쉽게 가지 못하게 합니다. 이것이 바로 병가에서 말하는 '객이 된 도爲客之道'이며 '객을 대하는 예待客之禮'입니다. 산지는 자신의 땅에서 싸우는 것이니, 내가 주인이 되고 적은 객이 됩니다. 경지와 중지는 다른 나라에서 싸우는 것이니, 내가 객이 되고 적은 주인이 됩니다. 적국에 얕게 들어간 것을 경지라 하

전쟁은 속임수다

고, 적국에 깊이 들어간 것을 중지라 합니다. 깊고 얕음에 관계없이 모두 남의 나라에 간 객이 되는데, 객은 주인이 청하지 않았는데도 스스로 오면서 빈손이 아니라 무기를 들고 와서는 사람을 죽이고 재물을 빼앗습니다. 산지·경지와 중지 사이에는 서로 오고 가면서 쟁탈하는 과도적 성격의 세 가지 지구가 있는데, 쟁지·교지·구지가 그것들입니다. 쟁지는 두 나라가 반드시 싸우는 지구입니다. 교지는 두 나라가 맞닿은 지구입니다. 구지는 여러 나라의 국경이 맞닿은 지구입니다. 이 여섯 가지가 한 부류에 속하는데, 구역의 개념으로 말하면 국토 층차와 지연地緣 정치의 개념으로 상승합니다. 「구지」의 하반부에서 경지·중지를 합해 절지絶地라고 했습니다. 절지는 모든 객지의 통칭입니다. 죽간본에는 사지에서 궁지窮地를 나누었습니다.

둘째, 행군의 각도에서 말하면 또 범지가 있습니다. 범지는 가기 힘든 지역입니다.

셋째, 작전의 각도에서 말하면 또 위지·사지가 있습니다. 위지와 사지는 비슷하지만 완전히 같지는 않습니다. 위지는 입구가 좁고 돌아가는 길은 먼 곳으로, 지형 자체가 그 안에 있는 사람을 곤란하게 만들어 상대방이 포위하고 공격하기 좋습니다. 사지는 험한 지형을 등지고 있어 퇴각로가 없고, 앞쪽의 출구는 적에게 봉쇄된 곳입니다. 하나는 지형이 막아서 나갈 수 없는 곳이며, 다른 하나는 적군이 막아서 나갈 수 없는 곳입니다.

이 아홉 가지 지구는 주로 공간 개념인데, 나라 안은 어떻고 나라 밖은 어떤지, 나라와 나라 사이는 어떤지에 대한 것으로 점이 아니라 면입니다. 저자의 표현은 매우 전면적이지만 중점은 객지입니다. 그가 말하는 객지는 매우 입체감이 있습니다. 이른바 '객이 된 도리', 곧 '위객지도

爲客之道'란 피아 간에 모두 청하지 않았는데도 스스로 와서는 문을 두드리고 문지기의 통보를 기다리는 것이 아니라 문을 부수고 들어가서 담을 넘고 창문을 뛰어넘어 집안으로 쳐들어가는 것이며, 마루에 올라갈 뿐 아니라 방 안까지 들어가 상대방을 이불 속에 틀어막아 버리는 것입니다. 주지主地는 매우 추상적이지만 객지에 비추어 반대로 유추할 수 있습니다. 이런 개념은 매우 범위가 넓어서 이전에 지형을 말한 「군쟁」 「행군」 「지형」 편의 내용을 모두 포함할 수 있습니다. 모든 것을 한덩어리에 넣을 수 있기 때문에 이것은 지형의 세트 요리라고 할 수 있습니다.

「구지」 편을 읽을 때는 먼저 주객이 무엇인지를 분명히 알아야 합니다. 우리는 저자가 좋아하는 것이 원정경기이지 홈경기가 아님을 알고 있습니다. 역사적으로 한족과 오랑캐의 관계에서 한족은 농업민족이고 오랑캐는 유목민족이며, 한족은 이웃집에 놀러가는 것을 좋아하지 않고 오랑캐는 좋아하기 때문에 늘 초대하지 않아도 찾아왔습니다. 프랑스의 역사가 르네 그루세René Grousset(1885~1952)는 이 둘의 관계를 생동감 있게 묘사했습니다.[1] 역사상 정복자는 이와 같고 근현대의 정복자도 이와 같습니다. 청나라의 서건인徐建寅이라는 사람은 광서光緖 연간(1875~1908)에 독일·영국·프랑스에 가서 군사軍事를 시찰한 뒤 깊은 인상을 받았습니다. 그는 이들 국가에는 공통된 특징이 있다고 말했는데, 바로 "예의를 버리고 폭력을 숭상하며, 세력을 믿고 이치를 따지지 않으며, 병력을 중시하고 덕을 존중하지 않으며, 패권을 다투어 강함을 믿고 약한 나라를 업신여기는데, 모두 전쟁에서 이기고 공격해 빼앗는 것을 나라를 튼튼하게 세우는 중요한 계책으로 삼는다"(서건인, 『병학신서兵學新書』 범례)는 것입니다. 이런 인상은 오늘날에도 남아 있습니다. 예를 들면, 제2차 세계대전 이후에 미국은 자국의 안전을 위해 해외에 군대를

전쟁은 속임수다

주둔하고 해외에서 병사를 운용하고 있으며, 5대 작전구역(태평양·유럽·중앙·남부·북부) 사령부를 세워 전 세계를 통제하고 있습니다. 모든 국가의 일이 모두 그들 집안의 일인 셈입니다.

전쟁은 다른 나라에 가서 하는 것이 가장 좋다는 것이 서양의 군사 전통입니다. 『케임브리지 전쟁사』에서는 서양 전쟁 방식의 다섯 가지 장점 가운데 하나가 바로 다른 나라에 가서 싸우는 것이라고 말합니다.[2] 서양이 500년간 진화했지만 이 조목만큼은 변하지 않았고, 미국도 변하지 않았으니, '제 버릇 개 못 준다'는 속담과 같습니다. 아이는 내 아이가 사랑스럽고 아내는 남의 아내가 좋아 보이며, 부족한 물건이 있으면 남의 집에 가서 구하는 것이 가장 좋으며, 싸움은 절대 자기 집에서 하지 않습니다. 싸움이 끝나면 온갖 방법을 강구해서 누가 나를 화나게 했는지 따져서 상대방에게 계산하게 합니다.(마치 1900년 의화단 사건의 배상금인 경자배관庚子賠款과 같습니다.) 『손자』도 이와 마찬가지로 자기 나라에서 싸우는 것을 가장 싫어했고, 다른 나라에 가서 싸우는 것을 가장 좋아했으며, 집에서 멀면 멀수록 더 좋다고 했습니다.

「구지」편에서 객이 되는 것은 하나의 과정입니다. 장수가 자기 병사를 거느리고 자기 나라에서 남의 나라로 들어갈 때 두 나라 또는 여러 나라의 국경 지대를 지나 적국으로 들어가며, 적국의 변방에서 적국의 중심지로 들어간 뒤에 적과 싸우게 되는데, 이것이 기본 과정입니다.

만일 당신이 장수가 되어 침략군을 거느리고 남의 나라에 가서 싸운다면 병사들의 감정이 어떨지 생각해 보십시오. 분명히 두려워할 것입니다. 그러나 저자는 사람의 용기나 비겁함에 관계없이 환경에 따라 변한다고 말합니다. 저자가 사병의 마음에 대해 갖고 있는 기본적인 생각은 자기 나라에서 작전할 때는 마음이 풀어지고, 적국에 깊이 들어가지 않앗을 때는 단결하기가 쉽지 않으며, 다만 그들을 가장 위험한 지경으로 몰아넣어야만 비로소 공포감이 지나쳐 긴장하고 단결하며 용감해진다는 것입니다. 저자는 이를 "죽음의 땅에 던져넣은 뒤라야 살아나며, 죽을 곳에 빠진 뒤라야 살아남게 된다投之亡地然後存, 陷之死地然後生"라는 명언으로 표현했습니다.

병사를 자기 나라에서 이끌고 다른 나라로 들어가기 위해서는 갈수록 집에서 더 멀어지고 적국으로는 더 깊이 들어가게 되어 낯익은 사람이라고는 전혀 찾아볼 수 없고 달아날 길도 없는 지경에 이르러 반드시 목숨을 걸고 싸워야만 비로소 살길이 생기니 매우 어려운 일입니다. 이를 해결하기 위한 저자의 생각은 속임수입니다. 작전 의도를 속이고, 행군 노선도 속이고, 행군 도중에 도사린 위험도 속여야 한다는 것입니다. 어떤 것도 그들이 알게 해서는 안 됩니다.

이것이 바로 「구지」 편의 주요 내용입니다.

앞에서 나는 『손자』의 독자 대부분이 '관리벽管理癖'이 있다고 말한 바 있습니다. 나는 기업 경영인들을 대상으로 강의(베이징대학교 철학과에서 계획한 것입니다.)한 적이 있는데, 그들은 계속해서 『손자』의 관리학이 무엇이냐는 문제에 매달렸습니다. 나는 그들에게 중요한 내용은 「구지」 편에 있다고 알려주었습니다. 「구지」 편에서 말하는 것은 무엇일까요? 요점은 바로 "병사를 어리석게 만들어 위험한 곳에 투입하는愚兵投險" 것이며, 병사를 제어하는 것은 어리석은 병사에 의지해 구슬리는 것이 아니라 속이는 것입니다. 이 말을 듣고 그들은 크게 실망했습니다.

진짜는 사랑스럽지 않으며, 사랑스러운 것은 결코 진짜가 아닙니다.

앞에서 「구지」 편이 읽기 어렵다고 말한 바 있습니다. 어디가 읽기 어려울까요? 두 가지 문제가 있습니다.

전쟁은 속임수다

첫째, 「구지」 자체가 잡다한 구절을 모아서 이루어진 것이라 구조가 느슨하기 때문인데, 이전 사람들 가운데 이미 이 편은 전후가 중복되어 마치 한 편의 문장을 두 가지로 기록한 것처럼 앞에서 말한 것을 뒤에서 다시 중복하고 있다고 지적한 사람이 있습니다. 예를 들면, 명나라 조본학의 『손자교해인류』 「구지」 편과 청나라 등정라鄧廷羅가 지은 『병경삼종兵經三種』의 범례에서 모두 이런 견해를 제시했습니다.

둘째, 「구지」와 「구변」의 관계는 단지 단어와 구절이 중복된 것뿐 아니라 내용도 관련이 있습니다. 옛사람들은 이 두 편에 주석을 달면서 줄곧 곤란을 겪었는데, 원나라의 장분張賁이나 명나라의 유인劉寅·조본학 같은 사람들은 모두 이 편에 '착간錯簡'이 있다고 생각했습니다.

여기서는 첫째 문제만 거론하고, 둘째 문제는 다음 강의에서 말하도록 하겠습니다.

「구지」 편은 전반부와 후반부가 서로 중복됩니다. 나는 이 편을 13장으로 나누는데, 전반부가 7장이고 후반부가 6장입니다.

1. 전반부

제1장은 전후 두 부분으로 나뉘는데, 구지의 명칭과 변화를 나누어 말하고 있습니다.

⑴ 앞부분은 구지의 명칭을 말합니다.

① 주객과 형세에 따라 분류

산지 : 자기 나라에서 싸움(내가 주인이 되고 적이 객이 됨).

경지 : 적국에 들어가 싸움(내가 객이 되고 적이 주인이 됨).

쟁지 : 두 나라가 반드시 싸움(서로 주객이 됨).

교지 : 두 나라가 맞닿은 곳(서로 주객이 됨).

구지 : 여러 나라가 맞닿은 곳(서로 주객이 됨).

중지 : 적국 깊이 들어감(내가 객이 되고 적이 주인이 됨).

② 행군과 관련 있음

범지 : 행군하기 어려움.

③ 작전과 관련 있음

위지 : 출구는 좁고 귀로는 멂.

사지 : 빠르게 싸우면 살고, 빠르게 싸우지 못하면 죽음.

(2) 뒷부분은 구지의 변화(구지의 전술적 요구)를 말하고 있는데, "이런 까닭으로 산지에서는 싸우지 말고是故散地則無戰" 이하의 아홉 구절입니다. 앞의 다섯 구절은 금지를 뜻하는 '무無' 자를 사용했고 뒤의 네 구절은 '즉則' 자를 사용했는데, 주로 부정적인 대책을 말하고 있습니다.

제2장은 적에게 대응하는 방법인데, "적이 아끼는 것을 빼앗으면 말을 듣는다奪愛則聽"로 요약할 수 있습니다.

제3장은 위객지도에 관한 것으로, "적국에 깊이 들어가면 마음을 오로지 하라深入則專"고 합니다.

제4장은 인정의 이치(병사의 심리)를 말하고 있는데, "위험에 깊이 빠지면 두려워하지 않고, 도망갈 곳이 없으면 굳건해지고, 적진 깊숙이 들어가면 구속되고 어쩔 수 없으면 싸운다甚陷則不懼, 無所往則固, 深入則拘, 不得已則鬪"고 했습니다.

제5장에서는 제용지정齊勇之政(모든 병사를 똑같이 용감하게 만드는 방법)을 말하고 있는데, "지형으로 적을 제어하고 형세로 성품을 굴복시키는以地制人, 以勢屈性" 것으로 요약됩니다.

제6장은 장군의 일(장군이 병사를 거느리는 좋은 방법)에 관한 내용인

데, "병사를 어리석게 만들어 위험한 곳에 투입하는 것愚兵投險"으로 요약됩니다.

제7장에서는 앞에서 말한 내용을 세 조목, 곧 제1장에서 말한 '구지의 변화九地之變', 구지의 변화 속에 나타나는 각종 변통이라고 할 수 있는 '굴신지리屈伸之利', 제4장에서 말한 '인정의 이치人情之理'로 귀납하고 있습니다.

2. 후반부

제8장에서는 다시 위객지도와 구지의 명칭에 대해 말하고 있습니다. 위객지도는 적국에 깊이 들어가면 집중하고 얕게 들어가면 마음이 풀어집니다. 구지의 명칭은 앞 문장과 차이가 있는데, 하나가 추가되고 넷은 빠졌습니다.

절지絶地 : 적국에서 싸우는 것으로 경지와 중지를 포함함. 추가.

구지衢地 : 교통이 편리한 곳으로 중복됨.

중지 : 적국에 깊이 들어가는 곳으로 중복됨.

경지 : 적국에 얕게 들어가는 곳으로 중복됨.

위지 : 뒤에 험한 지형을 등지고 앞에 입구가 좁은 곳으로 중복됨.

사지 : 벗어날 길이 없는 곳으로 중복됨.

산지 : 빠짐.

쟁지 : 빠짐.

교지 : 빠짐.

범지 : 빠짐.

제9장은 다시 구지의 변화를 말하는데, "이런 까닭으로 아군은 산지

에서는 그 뜻을 한결같이 하고是故散地吾將一其志" 이하의 아홉 구절에 구절마다 모두 '오장吾將' 두 글자가 있으며, 전반부와는 반대로 적극적 대책을 제시하고 있습니다.

제10장은 다시 인정의 이치를 말해 "포위되면 방어하고, 어쩔 수 없으면 싸우고, 지나치면 명령에 따른다圍則禦, 不得已則鬪, 過則從"고 했습니다.

제11장은 다시 적을 상대하는 방법을 언급해 "천하의 외교를 맺으려고 경쟁하지 않고, 천하의 패권을 받들지 않으며, 오로지 자신의 능력만 믿고 적에게 위압을 가한다不爭天下之交, 不養天下之權, 信己之私, 威加于敵"고 했습니다.

제12장은 다시 장군의 일을 거론해 "죽음의 땅에 던져넣은 뒤라야 살아나며, 죽을 곳에 빠진 뒤라야 살아남게 된다投之亡地然後存, 陷之死地然後生"고 했습니다.

제13장은 적과의 결전을 말하고 있는데, 이 편의 결론입니다.

이제 한 장씩 살펴보도록 하겠습니다.

전쟁은 속임수다

【 11-1 】

손자가 말했다.

용병의 방법에 산지, 경지, 쟁지, 교지, 구지, 중지, 범지, 위지, 사지가
있다. 제후가 스스로 그 땅에서 싸우는 곳을 산지라 한다. 적의 영토
에 들어가지만 깊이 들어가지 않은 곳을 경지라 한다. 아군이 차지하
면 이롭고 적군이 차지해도 이로운 곳을 쟁지라 한다. 아군도 갈 수
있고 적군도 갈 수 있는 곳을 교지라 한다. 제후의 땅이 여러 나라에
닿아 있어서 먼저 도착하면 천하의 백성들을 얻는 곳을 구지라 한다.
적국의 땅에 깊숙이 쳐들어가서 등 뒤에 차지한 성읍이 많은 곳을 중
지라 한다. 산림과 험준한 곳과 늪지처럼 행군하기 어려운 곳을 범지
라 한다. 따라 들어가는 곳은 좁고 되돌아오는 길은 돌아 나와야 하
며, 적군은 적은 군사로 아군의 많은 군사를 공격할 수 있는 곳을 위
지라 한다. 빠른 속도로 싸우면 생존할 수 있고, 빠르게 싸우지 않으
면 멸망하는 곳을 사지라 한다. 이런 까닭으로 산지에서는 싸우지 말
고, 경지에서는 멈추지 말고, 쟁지에서는 공격하지 말고, 교지에서는
행군의 처음과 끝이 끊어지지 않도록 하고, 구지에서는 외교를 잘 맺
어야 하고, 중지에서는 습격해 빼앗아야 하고, 범지에서는 빠르게 지
나가야 하고, 위지에서는 벗어날 계책을 세워야 하고, 사지에서는 오
로지 목숨을 걸고 싸워야 한다.

孫子曰：

用兵之法, 有散地, 有輕地, 有爭地, 有交地, 有衢地, 有重地, 有㈑[氾]地,
有圍地, 有死地. 諸侯自戰其地者, 爲散地. 入人之地而不深者, 爲輕地. 我
得亦利, 彼得亦利者, 爲爭地. 我可以往, 彼可以來者, 爲交地. 諸侯之地三
屬, 先至而得天下之衆者, 爲衢地. 入人之地深, 背城邑多者, 爲重地. 山

林·險阻·沮澤, 凡難行之道者, 爲(妃)[氾]地. 所由入者隘, 所從歸者迂, 彼寡可以擊吾之衆者, 爲圍地. 疾戰則存, 不疾戰則亡者, 爲死地. 是故散地則無戰, 輕地則無止, 爭地則無攻, 交地則無絕, 衢地則合交, 重地則掠, (妃)[氾]地則行, 圍地則謀, 死地則戰.

이 장은 전반부와 후반부로 나뉘는데, 전반부에서는 구지의 명칭을 언급하고, 후반부에서는 구지를 지나가면서 어떻게 해야 할 것인지를 말하고 있습니다.

먼저 전반부를 살피면서 구지의 명칭을 풀이해보도록 하겠습니다.[3]

'산지散地'는 자기 나라에서 작전하는 것인데, 앞에서 저자는 홈경기를 가장 두려워한다고 말한 바 있습니다. 저자는 이런 상황에서 사람의 마음이 가장 풀어진다고 생각합니다. '산散'은 풀어진다는 뜻이며 반의어는 '전專'인데, '전'은 응집력이 있고 '산'은 응집력이 없습니다.

'경지輕地'는 원정경기에 해당하는데, 저자는 경지가 산지보다는 낫다고 여기지만 적국에 깊이 들어가지 않으면 마치 수영할 때 수면에 떠서 너무 가벼운 것과 같은 격입니다.

구지의 예시.

전쟁은 속임수다

'쟁지爭地'는 두 나라가 서로 싸우는 곳으로, 누가 먼저 도착해서 유리함을 선점할 것인지를 다투는 곳입니다.

'교지交地'는 두 나라가 맞닿은 곳으로, 적군이 올 수도 있고 아군이 갈 수도 있습니다.

'구지衢地'는 여러 나라(세 나라 또는 네 나라)의 경계가 맞닿은 곳으로, 사방이 집결하고 인구가 밀집하며 사통팔달의 넓은 도로가 있어서 누구라도 먼저 점령하면 천하의 사람들을 얻을 수 있습니다.

'쟁지' '구지' '교지'는 모두 교통이 편리해 서로 오가며 서로 주객이 되는 곳이며, 전쟁의 재난이 가장 심한 곳이기도 합니다. 특히 심한 곳이 '구지'입니다. 전국시대에 이런 전략 요충지를 '사전지지四戰之地'라고 했습니다. 예를 들면 지금의 허난성 뤄양洛陽은 사방폭주四方輻輳·천하지중天下之中이라 불렸는데, 평화 시기에는 당연히 좋았지만 전쟁 시기에는 가장 불운했습니다. 밖에서 국가를 포위하는 상황은 서로 다릅니다. 예를 들면, 진秦나라가 웨이수이渭水강 유역의 남북쪽과 서쪽을 정벌하면서 거침없이 공격해 관중關中에 쳐들어갈 때는 후방을 걱정할 일이 없었습니다. 제齊나라가 서쪽으로 진격할 때, 초楚나라가 북쪽으로 올라갈 때, 흉노가 남쪽으로 내려올 때의 상황도 비슷했습니다. 그들은 모두 밖에서 안으로 공격했습니다. 서양의 미국·영국·프랑스·독일·오스트리아·이탈리아·러시아는 중국의 전국칠웅戰國七雄에 비길 수 있는데, 독일도 사전지지四戰之地에 있어 영국과 미국이 그 왼쪽을 막고, 러시아가 오른쪽을 막았기 때문에 두 차례의 세계대전에서 매우 참혹했습니다. 미국은 마치 외진 옹주雍州에 자리 잡고 있던 진나라처럼, 지구의 다른 한쪽에 있어 지리적으로 가장 유리합니다.

'문명' 국가는 늘 중심에 자신이 살고, '오랑캐'를 변방으로 물리칩니다.

그러나 이것도 자신을 포위 속으로 빠트리는 것입니다. 뤄양의 본뜻은 '중국'이며 주변의 적지 않은 편의를 차지했지만 적지 않은 고생도 했습니다. 평화로울 때는 많은 사람의 물건이 그곳으로 유입되었지만, 전쟁 때는 다시 약탈하러 왔습니다. 인류가 빈부를 균등히 하는 것이 주로 이런 식이었습니다.

'중지重地'는 '경지輕地'와 반대인데, 남의 나라에 깊이 들어가는 것은 마치 수영할 때 물 속에 깊이 잠긴 것처럼 무게가 매우 무거워 죽기살기로 발로 물을 차서 떠오르지 않으면 돌아올 수 없는 것과 같습니다. 병사들이 중지에 이르면 집에서 멀리 떨어지고 보급선이 길다는 불리함이 있어서 목숨을 걸고 싸우지 않으면 돌아갈 수 없습니다. 그러나 여기서 주의해야 할 점은 중지는 적국의 중심지이므로 뒤에는 아군이 지나온 지역이 많다는 것인데, 이렇게 지나온 여러 성읍을 보급처로 삼을 수 있기 때문에 유리한 점도 있습니다. 인췌산 한나라 죽간의 『지전』에 "마을을 등지고 싸우면 여단의 교위를 잡을 수 있다化(背)邑而戰, 將取尉旅"(0648)라고 했고, "마을을 등지고 싸우면 여단의 주장을 잡을 수 있다化(背)邑而戰, 得其旅主"(0545)라고도 했습니다. 이렇게 본다면, "등 뒤에 차지한 성읍이 많은 것背城邑多"은 좋은 일이기도 합니다.

'범지汜地'의 '범汜'은 송나라 판본에는 '이圯'로 되어 있는데, '圯'는 다리橋(이하圯下의 노인⁴이라 할 때의 '圯')를 뜻합니다. 그러나 옛 주석은 모두 '비圮' 자로 해석했는데, '圮'는 무너진다는 뜻입니다. 가림과 매요신도 모두 물 때문에 무너지는 지형으로 설명했지만, 죽간본에는 '범지泛地'로 되어 있습니다. 우리는 모두 '泛' 자의 다른 표기 방식이 '汜' 자임을 알고 있습니다. 따라서 이 글자는 본래 '汜'으로 표기했는데, 후대에 '圮'나 '圯'로 표기된 상황임을 알 수 있습니다. 범지는 당연히 낮고 습해서 가기 어려운 지구입니다. 산림·험조險阻·저택沮澤은 모두 지나가기 힘든 곳인데, 홍군이 장정 시기에 눈 덮인 산을 넘고 초지를 통과하면서 행군한 지역이 대부분 이런 곳입니다. 산림·험조는 주로 높은 지역이며, 저택은 낮고 습한 지역입니다. 여기서는 낮고 습한 지구로서 행군하기 어려운 모든 지방을 포괄합니다. 「행군」 편에서는 "산림과 험준한 곳과 늪지의 지형을 알지 못하는 자는 행군할 수 없다不知山林·險阻·沮澤之形者, 不能行軍"라고 했습니다.

'위지圍地'는 주로 입구가 좁아서 들어가면 나올 수 없고, 나오려면 반드시 한 바퀴 돌아서 다른 길로 나가야 하는 지형을 말합니다.

'사지死地'는 주로 앞에서는 적이 가로막고 뒤에는 퇴로가 없기 때문에 목숨을 걸고 싸우지 않으면 나갈 수 없는 지형입니다.

여기까지가 전반부의 내용입니다.

후반부는 단지 아홉 구절뿐입니다.

산지에서는 병사의 마음이 풀어져 아예 싸우려 들지 않습니다. 이것이 "산지에서는 싸우지 말라散地則無戰"는 이유입니다.

경지에서는 처음 적의 국경으로 들어가서 병사의 마음이 집중되지 않기 때문에 결코 머무르려 하지 않습니다. 이것이 "경지에서는 멈추지 말라輕地則無止"는 뜻입니다.

쟁지에서는 만약 적이 점령했다면 억지로 공격하지 말고 오히려 돌아서서 피하는 것이 좋습니다. 이것이 "쟁지에서는 공격하지 말라爭地則無攻"는 뜻입니다.

교지는 두 나라가 맞닿은 곳으로 마땅히 재빨리 통과하고 각 부대가 뒤따라야 하며 결코 낙오되어 전후가 떨어지면 안 됩니다. 이것이 "교지에서는 행군의 처음과 끝이 끊어지지 않도록 하라交地則無絕"는 뜻입니다.

구지衢地는 여러 나라의 국경이 맞닿은 곳으로 외교 관계가 매우 중요합니다. 외교를 잘하지 못하면 제삼국이 어부지리를 취할 수 있습니다. 옛말에 "사마귀가 매미를 잡으니, 그 뒤에 참새가 기다리고 있다螳螂捕蟬, 黃雀在後"고 했습니다. 국제관계도 모두 삼각관계 또는 다각관계입니다. 사마귀가 매미를 공격하려 한다면, 참새와 좋은 관계를 맺어 두고 도움을 청할 수는 없어도 중립을 부탁할 수는 있어야 합니다. 먼 곳에 있는 나라와 외교를 맺어야 가까운 나라를 공격할 수 있습니다. 그러나 이런 일은 매우 위험해서 가끔 후환이 있기도 합니다. 이것이 "구지에서는 외교를 잘 맺어야 한다衢地則合交"는 뜻입니다.

중지는 적국의 중심지로서 집에서 매우 멀기 때문에 보급이 가장 큰 문제입니다. 어떻게 군수품을 보급할까요? 배후에 점령한 읍성이나 마을에서 약탈하는 것입니다. 이것이 "중지에서는 습격해 빼앗아야 한다重地則掠"는 뜻입니다.

범지에서는 사영하기가 마땅치 않기 때문에 서둘러 떠나야 합니다. 이것이 "범지에서는 빠르게 지나가야 한다汜地則行"는 뜻입니다.

위지는 지형 때문에 곤란해져 강하게 맞설 수 없는 곳이므로 주의해야 합니다. 이것이 "위지에서는 벗어날 계책을 세워야 한다圍地則謀"는 뜻입니다.

사지는 적에게 출구가 막혀 양보할 여지가 없기 때문에 목숨을 걸고 싸워야 살아 돌아갈 수 있습니다. 이것이 "사지에서는 오로지 목숨을 걸고 싸워야 한다死地則戰"는 뜻입니다.

지금까지 말한 구지九地에 만약 군대를 배치한다면 산지가 가장 가깝고, 중지가 가장 멀며, 경지·쟁지·교지·구지는 모두 중간 정도입니다. 저자는 중지를 가장 좋아하고 산지를 가장 싫어합니다. 범지·위지·사지는 별도의 세 가지입니다. 중지는 적국의 중심지까지 깊이 들어가는 것이어

전쟁은 속임수다

서 만약 싸워서 이기지 못하면 집으로 돌아올 수 없기 때문에 사실은 일종의 위지나 사지에 해당합니다.

【 11-2 】

옛날부터 용병을 잘하는 사람은 적으로 하여금 앞과 뒤가 서로 이어
지지 못하게 하며, 주 병력과 적은 병력이 서로 호응하지 못하게 하며,
신분이 귀하고 천한 사람이 서로 구원하지 못하게 하며, 상급자와 하
급자가 서로 통괄하지 못하게 하며, 병졸들이 흩어져 모이지 못하게
하며, 적이 모이더라도 정돈되지 못하게 한다. 이익에 부합하면 움직
이고, 이익에 부합하지 않으면 멈춘다. 감히 "적이 병사도 많고 정돈되
어 장차 공격해온다면 어떻게 그들을 대비해야 하는가?"라고 물으면,
"먼저 적이 아끼는 것을 빼앗으면 우리 말을 들을 것이다"라고 대답한
다. 전쟁의 정황은 신속함을 주로 하니 적이 아직 이르지 못한 때를
틈타고 적이 생각하지 못한 길로 나오며, 적이 경계하지 못한 곳을 공
격한다.

古之善用兵者, 能使敵人前後不相及, 衆寡不相恃, 貴賤不相救, 上下不相
收, 卒離而不集, 兵合而不齊. 合於利而動, 不合於利而止. 敢問敵衆(整而)[而
整]將來, 待之若何? 曰 : 先奪其所愛則聽矣. 兵之情主速, 乘人之不及, 由
不虞之道, 攻其所不戒也.

이 장은 '대적待敵'에 대해 말하고 있습니다. '대적'이란 적을 기다리는
것입니다. 무엇하러 적을 기다릴까요? 적군보다 먼저 와서 기다리다가 적
과 싸우기 위해서입니다. 적의 진용이 갖추어지고 사람의 수가 많으면 어
떻게 해야 그들을 깨뜨려서 뿔뿔이 흩어지게 할 수 있을까요? 저자는 적
이 가려는 곳에 먼저 가서 유리한 지형을 차지하고 편안하게 피로한 적

전쟁은 속임수다

들을 기다리는 것, 바로 "먼저 적이 아끼는 것을 빼앗는先奪其所愛" 것이 최대의 관건이라고 말합니다. 적보다 먼저 도달하려면 어떻게 해야 할까요? 첫째는 신속함이니, 아주 갑작스럽게 움직여 적이 손쓸 수 없게 합니다. 둘째는 은폐해서 적이 생각하지 못한 길로 가고 적이 생각하지 못한 지점에서 싸우는 것인데, 이는 사실상 "돌아가는 길을 곧장 가는 길이 되게 하고, 근심거리를 이로움이 되게 하며以迂爲直, 以患爲利" "적보다 늦게 출발해도 적보다 먼저 도달하는後人發, 先人至", 「군쟁」 편에서 말한 요령들입니다. "전쟁의 정황은 신속함을 주로 한다兵之情主速"는 말은 바로 "용병은 귀신처럼 신속함을 귀히 여긴다"는 뜻의 고사성어 '병귀신속兵貴神速'과 같은 말입니다.

【 11-3 】

무릇 적지에 들어가 싸우는 방법은 깊이 들어가면 마음을 오로지 하
여 적군이 막을 수 없게 하며, 풍요한 마을의 들에서 빼앗아서 삼군
이 넉넉히 먹을 수 있게 하며, 조심스레 휴양하여 피로하지 않게 하
며, 기운을 높이고 힘을 축적하며, 병력을 운용하는 데 계책을 세워
적이 예측하지 못하게 한다.

凡爲客之道：深入則專, 主人不克 ; 掠於饒野, 三軍足食 ; 謹養而勿勞, 并
氣積力 ; 運兵計謀, 爲不可測.

이 장은 '위객爲客'에 대해 말하고 있습니다. '위객', 곧 객이 된다는 것
은 적국에 가서 싸우는 것을 말합니다. 저자는 적국 깊이 들어가야 응집
력이 있어 적과 싸워 이길 수 있다고 생각합니다. '전專'은 마음과 뜻이 한
결같아 끝까지 변함없는 것입니다. '주인主人'은 적군을 가리킵니다. "풍요
한 마을의 들에서 빼앗아서 삼군이 넉넉히 먹을 수 있게 한다掠於饒野, 三
軍足食"는 것은 적국의 마을에서 식량을 빼앗아 보급품을 보충한다는 말
입니다. "조심스레 휴양하여 피로하지 않게 하며, 기운을 높이고 힘을 축
적한다謹養而無勞, 并氣積力"는 것은 체력과 정신과 사기를 왕성하게 유지
해야 한다는 뜻으로, 「군쟁」 편에서 말한 치기·치심·치력과 같습니다.
"병력을 운용하는 데 계책을 세워 적이 예측하지 못하게 한다運兵計謀, 爲
不可測"는 말은 군대를 이동하고 장수를 파견할 때 후방에서 책략을 세워
적이 예상하지 못한 방향으로 진행하는 것을 가리킵니다.

전쟁은 속임수다

【 11-4 】

도망갈 곳이 없는 곳에 던져져야 죽어도 달아나지 않는다. 죽을 곳을 얻지 못해야 병사들이 힘을 다한다. 병사들이 위험에 깊이 빠지면 두려워하지 않고, 도망갈 곳이 없으면 굳건해지고, 적진 깊숙이 들어가면 구속되고 어쩔 수 없으면 싸운다. 그런 까닭으로 그 병사들은 훈련하지 않아도 경계하고, 요구하지 않아도 자신의 일을 하며, 약속하지 않아도 서로 친밀해지며, 명령하지 않아도 믿는다. 미신을 금지하고 의심을 없애면 죽음에 이르러도 달아나는 바가 없다.

投之無所往, 死且不北. 死焉不得, 士人盡力. 兵士甚陷則不懼, 無所往則固, 入深則拘, 不得已則鬪. 是故其兵不修而戒, 不求而得, 不約而親, 不令而信, 禁祥去疑, 至死無所之.

이 장은 병사의 심리에 대해 말하고 있는데, 뒷글에서는 이를 '인정지리人情之理'라 부릅니다. 병사의 심리는 결코 복잡하지 않으며, 사람의 마음은 강철로 된 것이 아니기 때문에 누구나 고통과 죽음을 두려워합니다. 사람이 어떻게 해야 고통도 두려워하지 않고 죽음도 두려워하지 않을 수 있느냐는 매우 미묘한 문제입니다. 저자는 이런 것이 모두 마음으로 기꺼이 원하는 것이 아니라 강요로 인해 어쩔 수 없이 하는 것이라고 생각합니다. '도망갈 곳이 없는 곳無所往'과 '깊이 빠진 곳甚陷'은 위지와 사지로서 마지못한 상황이며, '깊이 들어가는 곳入深'은 중지로서 역시 마지못한 상황입니다. 이런 '마지못한 상황不得已'이 오히려 사람의 투지를 격렬히 일어나게 할 수 있습니다.

"그런 까닭으로 그 병사들은 훈련하지 않아도 경계하고, 요구하지 않아도 자신의 일을 하며, 약속하지 않아도 서로 친밀해지며, 명령하지 않아도 믿는다是故其兵不修而戒, 不求而得, 不約而親, 不令而信"는 구절에서 네 개의 '불不' 자는 모두 '무인관리無人管理'와 '자동관리自動管理'를 강조한 것인데, 어째서 관리하는 않는 것일까요? 그 이유는 환경이 관리하고 있기 때문입니다. 저자는 환경이 용기를 불러일으킨다고 생각합니다. 「세」 편에서 "용감함과 비겁함은 '세'에 속한다勇怯, 勢也"라고 한 것은 바로 이런 뜻입니다. 이것은 도가의 사상이면서 법가의 사상이기도 합니다. 도가에서는, 마치 곡식을 심고 억지로 싹이 자라게 할 수 없는 것과 마찬가지로, 모든 사물이 자연의 이치를 따라 스스로 변하는 대로 맡겨두어야 한다고 생각합니다. 겉으로는 인위적으로 하는 것이 없지만 실제로는 자연이 작용하지 않는 것이 없습니다.

"미신을 금지하고 의심을 없애면禁祥去疑"에서 원문의 '금상禁祥'은 여러 가지 요사한 말로 대중을 현혹하는 것을 금지하는 것을 말하고, '거의去疑'는 병사의 마음속에 있는 여러 가지 의심과 당혹스러움을 없애는 것을 말합니다. 옛사람들의 심리적 특징은 미신을 믿는 것인데, 마치 길들이지 않은 말처럼 지금 사람들에 비해 더욱 놀라고 호들갑을 떨기 때문에 사면초가에 빠지면 정신이 바로 무너지고 맙니다. 우리는 사람만 심리 문제가 있다고 생각해서는 안 되는데, 말도 마찬가지여서 내가 미국에 있을 때 말을 심리 의사에게 보이는 것을 본 적이 있습니다. 군대에서 심리 의사는 매우 중요합니다. 서양의 군대에서는 종군목사가 바로 심리 의사입니다. 과거 소련의 붉은 군대에서 정치사상 공작은 정치위원이 맡았습니다. 오늘날의 러시아 군대는 목사로 바꾸었는데 그들도 심리 의사입니다. 중국 고대의 군대에 전문적 심리 의사는 없었지만 술사術士와 방사方士가 있었습니다. 『육도』 「용도·왕익」 편에 장군의 주변에는 마땅히 '팔다리나 양 날개 같은 보좌관股肱羽翼' 72명을 두어야 한다고 했습니다. 그 72명은 복심腹心(마음으로 복종하는 심복) 1명, 모사謀士 5명, 천문天文 3명, 지리地利 3명, 병법 9명, 통량通糧(군량 보급병) 4명, 분위奮威(위력을 떨친 용사) 4명, 복기고伏旗鼓(기와 북을 감춘 돌격대) 3명, 고굉股肱(팔다리 같은 부하) 4명, 통재通才(재주가 뛰어난 사람) 3명, 권사權士(권모술수에 능한 사람) 3명, 이목耳目(눈과 귀처럼 정보를 수집하는 병사) 7명, 조아爪牙(날카로운 발톱이나 이빨처럼 용맹한 호위병) 5명, 우익羽翼 4명, 유사遊士(유세에 뛰어난 사람) 8명, 술사 2명, 방사 2명, 법산法算(회계 담당) 2명으로 구성됩니다. 그들은 각자 일을 나누어 맡아보았는데, 고대에 사령부와 지휘부를 조직할 때 술사와 방사가 포함되었습니다. 원문에는 "술사 두 명은 주로 적을 속이고 귀신에 의탁해서 적의 마음을 의혹되게 한다. 방사 두 명은 온갖 약을 관리해 무기에 의한 상처를 치료하고 온갖 병을 치료한다術士二人 : 主爲譎詐, 依託鬼神, 以惑衆心. 方士二人 : 主百藥, 以治金瘡, 以痊萬症"라고 했습니다. 술사는 수술數術을 맡아보고 귀신의 힘을 빌려 병사들에게 사상 공작을 펴기 때문에 심리 의사와 같습니다. 방사는 방술方術을 맡아보는 의사인데, '무기에 의한 상처를 치료하는治金瘡' '방사'는 바로 전문적으로 외상을 치료하는 외과 의사입니다. 『묵자』 「영적사」 편에도 고대의 군대에 무당巫·의사醫·점쟁이卜가 있다고 하고, "무당과 의사와 점쟁이는 사는 곳을 일정하게 하여 언제나 약을 준비하게 하고 관에서 먹여 살린다. 집을 잘 수리해주되 무당은 반드시 사당과 가까운 곳에 살아야 하며 반드시 신을 공경해야 한다. 무당과 점쟁이는 기운을 바라본 내용을 수비하는 장수에게 알리고, 수비하는 장수는 무당과 점쟁이가 바라본 기운의 내용을 혼자만 알고 있어야 한다擧巫醫卜有所長, 具藥宮之, 善爲舍. 巫必

近公社, 必敬神之. 巫卜以請(情)守, 守獨智(知)巫卜望氣之請(情)而已"라고 했습니다. 원문의 무巫는 무당이고, 의醫는 방사이며, 복卜은 술사입니다. 그러나 옛 사람들이 무당·의사·점쟁이를 대하는 태도는 한편으로는 좋아하면서도 한편으로는 두려워했는데, 이미 신비한 것으로 병사들을 우롱하려 들고 또 "드나들면서 유언비어를 퍼뜨려 벼슬아치와 백성들을 두려움에 빠뜨릴其出入爲流言, 驚駭恐吏民" 것을 우려해서 그들을 감시했습니다. 만일 이런 것들로 군대의 심리를 어지럽힌 사람이 있다면 반드시 "은밀히 살펴서 처단하고 죄를 용서하지 말아야謹微察之, 斷, 罪不赦" 한다고 했습니다. 『육도』와 『묵자』의 말에서 우리가 알 수 있는 것은 세 가지입니다. 첫째, 병가에서 미신을 말하지 않은 것이 아니라 미신을 상당히 말했으며, 군대에 반드시 미신을 행하는 전문가를 두었습니다. 둘째, 미신을 행하는 전문가는 반드시 엄격하게 감시 받고 통제 받아서 어떤 상황이든지 장군에게만 보고하고 외부에 알리는 것은 금지되었습니다. 셋째, 귀신의 힘을 빌려 각급 군관과 병사를 우롱하는 것은 매우 필요한 일이지만 도가 지나친 행위는 용납되지 않았습니다. 군대의 심리를 어지럽힌 자는 일단 찾아내면 용서하지 않고 죽였습니다.

속담에 천기를 누설해서는 안 된다고 하는데, 천기가 바로 군사기밀입니다.

전쟁은 속임수다

우리 병사들에게 넉넉한 재물이 없는 것은 재화를 싫어해서가 아니고, 생명을 연장하려 하지 않는 것은 오래 사는 것을 싫어해서가 아니다. 명령이 내려지는 날 병사들 가운데 앉은 자들은 눈물이 옷깃을 적시고, 쓰러져 누운 자도 얼굴이 눈물범벅일 것이다. 병사들을 달아날 곳이 없는 사지로 몰아넣는 것은 전제와 조귀 같은 용기를 위한 것이다. 그런 까닭으로 용병을 잘하는 사람은 비유하면 솔연과 같다. 솔연이란 상산에 사는 뱀이다. 그 머리를 공격하면 꼬리가 덤비고, 꼬리를 공격하면 머리가 덤비며, 가운데 몸통을 공격하면 머리와 꼬리가 함께 덤빈다. 감히 "병사들을 솔연처럼 부릴 수 있는가?"라고 묻는다면, "가능하다"라고 대답할 것이다. 무릇 오나라와 월나라는 서로 미워하지만, 두 나라 사람이 배를 함께 타고 강을 건너다가 바람을 만난다면, 좌우의 손처럼 단결해 서로를 구하려고 할 것이다. 그런 까닭으로 말을 나란히 묶어놓고, 수레바퀴를 묻더라도 믿을 수 없다. 용기를 가지런히 하여 한결같게 하는 것이 군정의 도이며, 강함과 부드러움을 모두 얻는 것이 지형의 이치이다. 그런 까닭으로 용병을 잘하는 사람은 병사들이 손잡고 협력하기를 마치 한 사람 부리듯 하는데, 어쩔 수 없는 상황 때문이다.

吾士無餘財, 非惡貨也 ; 無餘命, 非惡壽也. 令發之日, 士卒坐者涕沾襟, 偃臥者涕交頤, 投之無所往, 諸·劌之勇也. 故善用兵者, 譬如率然. 率然者, 常山之蛇也. 擊其首則尾至, 擊其尾則首至, 擊其中則首尾俱至. 敢問[兵]可使如率然乎? 曰 : 可. 夫吳人與越人相惡也, 當其同舟濟而遇風, 其相救也如左右手. 是故方馬埋輪, 未足恃也 ; 齊勇若一, 政之道也 ; 剛柔皆得, 地之理也. 故善用兵者, 攜手若使一人, 不得已也.

여기서도 여전히 병사도 사람이기 때문에 재물을 탐내고 죽음을 두려워하는 것은 일반인과 다를 바 없다고 말합니다. 그들은 전쟁터에 나가면 앞에 기다리는 것이 무엇인지 알고 있기 때문에 앉은 사람이나 누운 사람 모두 눈물 콧물을 쏟아내지만, 일단 전투에 나서면 아주 용감해지는 것은 왜 그럴까요? 답은 매우 간단한데, 바로 "달아날 곳이 없는 사지로 몰아넣었기投之無所往" 때문입니다. 원문의 '무소왕無所往'은 바로 어디로도 갈 수 없는 막다른 골목에 이른 것을 말합니다. 사람의 잠재능력은 다그치지 않으면 드러나지 않습니다.

"제귀지용야諸·劌之勇也"에서 '제諸'는 전제專諸를, '귀劌'는 조귀曹劌를 가리킵니다. 이 두 사람은 고대의 테러리스트입니다.

중국 고대의 테러리스트 가운데 매우 명성이 뛰어난 사람은 사마천이 기록한 5대 자객, 곧 조말曹沫, 전제, 예양預讓, 섭정聶政, 형가荊軻이며(『사기』「자객열전」), 여기에 요리要離를 더하면 여섯 명이 됩니다. 이 여섯 사람 가운데 시대가 비교적 빠른 사람은 조말과 전제입니다. 조말은 손무보다 빠르고, 전제는 손무와 시대가 비슷하지만 조금 빠르며, 그밖의 사람들은 모두 손무보다 늦습니다.

조말이 바로 여기서 언급한 조귀입니다. 조귀는 춘추시대 중기의 노나라 사람인데, 뛰어난 용력勇力으로 노나라 장공莊公을 섬겼습니다. 그는 출신이 비천했지만 매우 총명하고 매우 용감했습니다. 그의 행적은 주로 두 가지가 알려져 있는데, 하나는 장작長勺 전투에서 기운을 다스리는 방법을 이용해 제나라 군대에 승리를 거둔 일로 『좌전』 장공 10년 조목에 보이며, 다른 하나는 가柯에서 회맹會盟할 때 제나라가 강압적으로 노나라와 불평등 조약을 체결하려 하자 장엄한 외교 의식에서 비수로 제 환공을 협박해서 노나라에게 빼앗은 땅을 돌려주도록 한 일로 『사기』「자

전쟁은 속임수다

객열전」에 보입니다. 최근에 공개된 상하이박물관 소장 초나라 죽간 가운데 『조말지진曹沫之陳』[5]이라는 글이 나왔는데, 바로 이 사람의 병법입니다. 그의 이름은 알고 보니 '조멸鼓蔑'이었습니다.

전제는 춘추시대 말기의 사람으로서 오나라의 합려가 왕위에 오르기 전에 그를 위해 오나라 왕 요僚를 암살한 망명자였습니다.

이 두 사람은 모두 목숨을 기꺼이 바쳤습니다. 생사를 가벼이 여기고 약속을 무겁게 여긴 그들에 대해 사마천은 매우 탄복했습니다. 한나라의 화상석에는 노자·공자와 그들의 제자들만 자주 나타나는 것이 아니라 자객들도 흔히 볼 수 있는 주제입니다.

한나라는 진나라를 전복한 뒤 뭐든지 반대로 했는데, 진시황이 천하를 석권한 것은 야만적 통일인 만큼 그를 암살하려 했던 형가는 당연히 장사壯士입니다. 게다가 한나라 개국의 일등 공신인 장량張良도 알고 보면 진시황을 암살하려 했던 도망자입니다. 당시 사람들은 자객에 대해 모두 흥미진진하게 이야기했고, 이상하게 여기지도 않았습니다.

테러리즘은 정치 관점이 다르면 말을 할수록 어지러워지는데, 나는 「중국 역사상 테러리즘 : 암살과 납치中國歷史上的恐怖主義 : 刺殺和劫持」라는 글에서 "혼란스러운 테러리즘"이라고 표현한 바 있습니다.[6] 국제적으로 이에 대한 정의는 최소한 일백 가지가 넘으며 유

상하이박물관
초나라 죽간에 있는
"조말지진曹沫之陳."

엔은 이것을 변론하지만 아직까지 하나로 절충된 것이 없습니다. 나는 독자 여러분께 『브리태니커백과사전』의 정의를 인용해서 소개하려 합니다. 이 정의가 옳지 않다고 여기는 사람들도 있지만, 『현대한어사전』 최신판에서 이 항목을 수록하면서[7] 『브리태니커백과사전』을 베낀 듯합니다. 『브리태니커백과사전』에서는 테러리즘을 "정부·대중 또는 개인에 대해 의도적으로 공포 수단이나 예측할 수 없는 폭력을 사용해서 정치적 목적을 이루는 것"이라고 정의하면서 "각종 우익과 좌익 정치 조직, 민족주의 단체, 민족 집단, 혁명가 그리고 정부의 비밀경찰이 모두 테러리즘을 이용해왔다"고 부연했습니다.[8]

테러리즘은 모두 서로 인과관계가 있기 때문에 이스라엘 비밀정보기관인 모사드Mossad와 검은 9월달Black September[9]은 본질적으로 대등한 것입니다.

테러리스트는 항상 암살과 납치를 자행하는데 그 시비와 공과는 따지지 않더라도 그들이 모두 매우 용감한 사람이라는 점은 반드시 인정해야 합니다. '9·11 사태' 때 미국의 부시 대통령은 테러리스트들은 모두 겁쟁이라고 말하곤 했는데, 그들은 자기 목숨도 버리는데 어째서 겁쟁이라는 것인지 나는 의아했습니다. 우리는 그들의 행위가 바로 '전제와 조귀의 용기諸‧劌之勇'임을 알아야 합니다.

이전에 나는 「케임브리지 전쟁사를 읽고」[10]라는 글을 쓰면서 6대 자객을 언급했습니다. 이 글을 읽고 인터넷에 '리링은 큰 잘못을 범했다. 그는 어째서 군사가인 조귀와 자객인 조말을 혼동해서 말하는가'라는 글을 올린 사람들이 있습니다. 그런데 사실 나는 결코 실수한 것이 아닙니다. 그들은 두 이름이 통용되는 것을 몰랐기 때문입니다. 뒤에 나는 다른 논문에서 이 점을 분명히 밝혔습니다.[11]

전쟁은 속임수다

여기서 조귀와 전제는 같은 성격으로 논하고 있는데, 전제가 자객이라는 점은 문제가 없을 것입니다. 조귀가 전제와 함께 언급되면서 '용기'로 유명하다고 하니, 그가 조말이 아니면 누구겠습니까?

조귀가 군사가일 뿐 아니라 테러리스트이기도 했다는 사실은 『손자』가 좋은 증거가 됩니다.

테러는 전쟁의 연장이며, 테러리즘도 병법이라고 나는 말합니다. 오기吳起의 예를 들어보면, 그는 "지금 죽음을 각오한 적이 광야에 숨어 있다면, 천 명이 그를 추격하더라도 올빼미처럼 흘겨보고 늑대처럼 돌아보며 조심하지 않는 사람이 없다. 왜 그럴까? 갑자기 일어나 자신을 해칠까 두렵기 때문이다. 이런 까닭으로 한 사람이 목숨을 버리면 천 명도 두렵게 할 수 있다今使一死賊伏於曠野, 千人追之, 莫不梟視狼顧. 何者? 恐其暴起而害己也. 是以一人投命, 足懼千夫"(『오자』 「여사」)라고 했습니다. 그의 생각대로라면 만약 오만 명의 부대원이 저마다 이처럼 '죽음을 무릅쓴 적死賊'과 같다면 아마 천하무적이 될 것입니다. 오기는 매우 유명한 병가로서 '죽음을 무릅쓴 적'을 배우고자 해서 자신의 죽음이 눈앞에 닥쳐서도 여전히 병법을 사용했습니다.[12] 그 방법도 매우 무서운 것입니다.

"그런 까닭으로 용병을 잘하는 사람은 비유하면 솔연과 같다. 솔연이란 상산에 사는 뱀이다. 그 머리를 공격하면 꼬리가 덤비고, 꼬리를 공격하면 머리가 덤비며, 가운데 몸통을 공격하면 머리와 꼬리가 함께 덤빈다. 감히 '병사들을 솔연처럼 부릴 수 있는가?'라고 묻는다면, '가능하다'라고 대답할 것이다故善用兵者, 譬如率然. 率然者, 常山之蛇也. 擊其首則尾至, 擊其尾則首至, 擊其中則首尾俱至. 敢問[兵]可使如率然乎? 曰 : 可"라고 한 것은 당시에 흔히 사용하던 비유입니다. 뱀은 매우 신비한 동물로 사람과 다른데, 사람은 꼬리가 없고 엉덩이 위쪽에 꼬리뼈만 있습니다. 사람의 엉덩이는 신체의 중심으로, 머리를 돌려 엉덩이를 볼 수 없고 엉덩이를 돌려 머리를 볼 수도 없습니다. 뱀은 머리와 꼬리가 서로 자유자재로 볼 수 있기 때문에 사람은 비교가 안 됩니다. 저자는 병사를 잘 운용하는 사람은 바로 '솔연率然'과 같다고 했습니다. '솔연'은 본래 자유자재로 움직이는 모양을 형용한 것인데, 여기서는 뱀의 이름으로 사용되었습니다. 『손자』는 '솔연'이 '상산의 뱀'이라고 했습니다. '상산'은 죽간본에는 '항산恒山'으로 표기되어 있는데, 한나라 문제文帝의 이름을 피휘避諱하여 상산으로 고쳤습니다. 이 항산은 지금의 산시성山西省 훈위안渾源의 항산이 아니고 허베이성河北省 취양曲陽의 항산입니다. 산시성의 항산은 청나라 때 비로소 북악北岳으로 정해졌습니다. 청나라 이전의 북악은 지금의 허베이성 취양입니다. 『신이경神異經』 「서황경西荒經」에는 솔연이란 뱀이 나오는 항산을 지금의 저장성浙江省 창산常山의 상산常山이라고 했지만 완전히 틀린 말입니다.

"무릇 오나라와 월나라는 서로 미워하지만, 두 나라 사람이 배를 함께 타고 강을 건너다가 바람을 만난다면, 좌우의 손처럼 단결해 서로를 구하려고 할 것이다夫吳人與越人相惡也, 當其同舟濟而遇風, 其相救也如左右手"라고 했는데, 이 구절은 오나라와 월나라가 원수지간이라고 말합니다. 춘추시대 말기에 오나라와 월나라는 오랜 원수였습니다. 그러나 재미있는 점은 만약 함께 배를 타고 강을 건너다가 거센 바람을 만난다면 그들도 서로 도울 수 있다는 것입니다. 원인은 환경이 그렇게 만드는 것입니다. 미국 텔레비전 영화 「포토맥 강의 참사Flight 90 : Disaster on the Potomac」(1984)는 실제 사건13을 영화화한 것인데, 같은 배를 타고 강을 건너는 것은 아니지만 같은 비행기를 타고 날아간다는 것도 비슷한 상황입니다. 미국 워싱턴의 포토맥 강 근처에는 로널드 레이건 공항이 있는데, 비행기가 이착륙하려면 이 강을 지나가야 합니다. 속담에 싸우지 않으면 상대를 알지 못한다고 하는데, 민족이 융합하는 것도 싸우지 않으면 융합하지 못합니다. 오늘날 쑤저우蘇州 사람과 사오싱紹興 사람은 이미 싸우지 않지만, 이스라엘과 팔레스타인은 아직도 싸우고 있으며, 많은 곳에서 아직도 원통함을 복수하려 하니 언제나 끝날까요? 우리 인류도 함께 타고 있는 배가 있는데, 바로 우리의 지구입니다. 설마 온 지구에 갑작스런 재난이 닥쳐야 그만두는 것은 아니겠지요?

"그런 까닭으로 말을 나란히 묶어놓고, 수레바퀴를 묻더라도 믿을 수 없다. 용기를 가지런히 하여 한결같게 하는 것이 군정의 도이며, 강함과 부드러움을 모두 얻는 것이 지형의 이치이다. 그런 까닭으로 용병을 잘하는 사람은 병사들이 손잡고 협력하기를 마치 한 사람 부리듯 하는데, 어쩔 수 없는 상황 때문이다是故, 方馬埋輪, 未足恃也 ; 齊勇若一, 政之道也 ; 剛柔皆得, 地之理也. 故善用兵者, 攜手若使一人, 不得已也"에서 원문의 '방마매륜方馬埋輪'은 병사들이 달아나지 못하도록 말머리를 함께 묶고 수레바퀴를 묻어버리는 것을 뜻하는데, 저자는 이런 방법도 믿을 수 없다고 합니다. 모든 병사들이 서로 도와 마치 한 사람과 같게 하려면 주로 두 가지에 의지해야 하는데, 첫째는 장군은 관리의 마음을 얻고 관리는 병사의 마음을 얻어 상하가 서로 협동하는 것이며, 둘째는 사람이 지형을 얻어 환경의 압박에 의지하는 것입니다.

【 11-6 】

장군이 군대를 거느리는 일은 조용하면서 은밀하고, 정연하면서 질서가 있어야 한다. 병사들의 이목을 어리석게 만들어 군사계획을 알지 못하게 하고, 항상 그 작전을 바꾸고 그 계책을 바꾸어 병사들이 알지 못하게 한다. 그 거처를 바꾸고 그 길을 돌아가서 병사들이 어떤 것도 생각하지 못하게 한다. 장수가 병사들과 싸울 기약을 하면, 높은 곳에 올라가게 한 뒤 그 사다리를 치우는 것과 같이 하며, 장수가 병사들과 제후의 영토에 깊숙이 침입한 뒤 전쟁의 기밀을 드러낸다. 마치 양 떼를 몰듯이 몰고 갔다가 몰고 와서 가는 곳을 알지 못하게 한다. 삼군의 무리를 모아 위험한 곳으로 던져넣는 것이 바로 장군이 병사를 거느리는 일이다.

將軍之事, 靜以幽, 正以治. 能愚士卒之耳目, 使之無知 ; 易其事, 革其謀, 使(人)[民]無識 ; 易其居, 迂其途, 使(人)[民]不得慮. 帥與之期, 如登高而去其梯 ; 帥與之深入諸侯之地, 而發其機. 若驅群羊, 驅而往, 驅而來, 莫知所之. 聚三軍之衆, 投之於險, 此將軍之事也.

'장군지사將軍之事'는 장군이 병사를 거느리는 비결을 말합니다. 『손자』를 읽고 관리학을 배우고자 한다면 주로 이 단락을 보면 됩니다.

원문의 "정이유, 정이치靜以幽, 正以治" 이 두 구절은 매우 신비합니다. 이 구절을 분석해 보겠습니다. '정이유靜以幽'는 곧 '정이유靜而幽'이며, '정이치正以治'는 곧 '정이치整而治'입니다. '정이유靜而幽'는 어떤 상태일까요? 이치를 따져 깊이 생각해보니, 대개 아무 말도 하지 않는 것으로, 어떤

　　　전쟁은 속임수다

생각도 모두 마음속에 감추어서 얼굴에 드러나지 않게 하고 입으로도 말하지 않으며 절대로 비밀을 지키는 것입니다. '정이치整而治'는 어떤 상태일까요? 이치를 따져 깊이 생각해보니, 군대 전체의 상하 관계가 모두 매우 질서정연한 것입니다. 전자는 관리의 방식이고, 후자는 관리의 효과입니다.

"병사들의 이목을 어리석게 만들어 군사계획을 알지 못하게 한다能愚士卒之耳目, 使之無知"는 것은 저자가 병사를 거느린 기술인데, 중요한 것은 바로 병사를 어리석게 만들어 그들이 모르게 하는 것입니다. "아무것도 모르고 걱정할 것 없이 임금님의 법을 따르네不識不知, 順帝之則"(『시경』「대아·황의皇矣」)라는 것이 고대의 가장 이상적인 통치 방법입니다.

원문의 '역기사, 혁기모易其事, 革其謀'는 작전 행동과 작전 계획을 끊임없이 바꾸는 것을 말하며, '역기거, 우기도易其居, 迂其途'는 야영지와 행군 노선을 끊임없이 바꾸는 것을 말합니다. 그 목적은 병사들에게 감추기 위한 것입니다.

"장수가 병사들과 싸울 기약을 하면, 높은 곳에 올라가게 한 뒤 그 사다리를 치우는 것과 같이 하며, 장수가 병사들과 제후의 영토에 깊숙이 침입한 뒤 전쟁의 기밀을 드러낸다帥與之期, 如登高而去其梯, 帥與之深入諸侯之地, 而發其機"는 것은 속임수를 써서 병사들을 적국 깊숙이 데리고 간 뒤에야 전쟁의 기밀을 드러냄으로써 높은 곳에 올라가게 한 뒤 사다리를 치워버리는 것처럼 병사들이 목숨을 걸고 싸울 수밖에 없게 만든다는 뜻입니다. 이런 방법을 『삼십육계』에서는 '상옥추제上屋抽梯'(제28계), 곧 "지붕 위에 올려놓고 사다리를 치우는" 계책이라고 합니다.

"마치 양 떼를 몰듯이 몰고 갔다가 몰고 와서 가는 곳을 알지 못하게 한다若驅群羊, 驅而往, 驅而來, 莫知所之"는 것도 일종의 비유입니다. 고대의 통치자들은 모두 양 치는 사람으로 자처하기를 좋아했습니다. 『관자』에 「목민牧民」 편이 있습니다.

"삼군의 무리를 모아 위험한 곳으로 던져넣는 것이 바로 장군이 병사를 거느리는 일聚三軍之衆, 投之於險, 此將軍之事也"이라는 구절은 주제를 명확하게 밝힌 것입니다.

나는 『손자』에서 말하는 병사를 거느리는 기술을 '우병투험愚兵投險', 곧 "병사를 어리석게 만들어 위험한 곳에 투입하는 것"이라고 부릅니다.

전쟁은 속임수다

【 11-7 】

아홉 가지 지형의 변화와 굽히고 펴는 것의 이로움과 병사의 심리를
함께 살피지 않을 수 없다.

九地之變, 屈伸之利, 人情之理, 不可不察也.

이것은 전반부를 총결하는 구절입니다.

'아홉 가지 지형의 변화九地之變'란 바로 제1장 후반부에서 언급한 아
홉 구절의 말입니다.

'굴신지리屈伸之利', 곧 '굽히고 펴는 것의 이로움'이란 어떤 일은 해도
되고 어떤 일은 해서는 안 된다는 것으로 모두 다 할 수 있는 것은 아니
라는 뜻입니다. 다음에 강의할 「구변」 편에 "못하는 바가 있다有所不"는
말이 다섯 번 나오는데, 바로 '굴신지리'를 말한 것입니다.

'인정지리人情之理', 곧 '병사의 심리'는 바로 앞의 제4장(11-4)에서 말한
"도망갈 곳이 없는 곳에 던져져야 죽어도 달아나지 않는다. 죽을 곳을 얻
지 못해야 병사들이 힘을 다한다. 병사들이 위험에 깊이 빠지면 두려워
하지 않고, 도망갈 곳이 없으면 굳건해지고, 적진 깊숙이 들어가면 구속
되고 어쩔 수 없으면 싸운다投之無所往, 死且不北. 死焉不得, 士人盡力. 兵士甚
陷則不懼, 無所往則固, 入深則拘, 不得已則鬪"는 것입니다.

이것이 윗글의 세 가지 요점입니다.

【 11-8 】

무릇 적지에 들어가 싸우는 방법은 깊이 들어가면 마음을 오로지 하지만, 얕게 들어가면 흩어진다. 조국을 떠나 국경을 넘어 싸우는 곳이 절지이다. 사방으로 통해 교통이 편리한 곳이 구지이다. 깊이 들어간 곳이 중지이다. 얕게 들어간 곳이 경지이다. 뒤는 견고한 산이고, 앞은 좁은 곳이 위지이다. 달아날 길이 없는 곳이 사지이다.

凡爲客之道, 深則專, 淺則散. 去國越境而師者, 絕地也. 四通者, 衢地也. 入深者, 重地也. 入淺者, 輕地也. 背固前隘者, 圍地也. 無所往者, 死地也.

이 장은 후반부의 시작입니다. 이 가운데 "무릇 적지에 들어가 싸우는 방법은 깊이 들어가면 마음을 오로지 하지만, 얕게 들어가면 흩어진다凡爲客之道, 深則專, 淺則散"는 구절을 제외하면 전반부의 제3장(11-3)과 대응하며, 나머지도 모두 전반부의 시작과 대응합니다.

"범위객지도, 심즉전, 천즉산凡爲客之道, 深則專, 淺則散"은 바로 윗글의 "범위객지도 심입즉전凡爲客之道 : 深入則專"과 같은 말입니다.

'절지絕地'는 앞 문장에는 없는 말입니다. '절絕'은 끊어진다는 뜻입니다. "거국월경이사자去國越境而師者"는 조국을 떠나서 후방과 끊어진 곳으로 사실은 바로 적진입니다. '절지'는 객지를 통칭하는 말입니다.

'구지衢地'는 이 편의 제1장(11-1)에서 "제후의 땅이 여러 나라에 닿아 있어서 먼저 도착하면 천하의 백성들을 얻는 곳諸侯之地三屬, 先至而得天下之衆者"이라 했습니다. '구衢'의 본뜻은 사통팔달해 교통이 편리한 길이며, 이런 지형도 사통팔달합니다. 예를 들어 베이징의 쥐융관居庸關은 북

전쟁은 속임수다

쪽의 관문이며, 쥐융관이 있는 산은 바다링八達嶺인데, 이 지방이 바로 남북으로 통하는 전략 요충지입니다. 문화대혁명 기간에 나는 내몽골로 가서 농촌생산대 활동을 했는데, 그때 베이징과 내몽골 중남부의 바오터우包頭를 연결하는 징바오선京包線을 타고 그곳을 지나가곤 했습니다. 이런 사통팔달의 지방을 구지라 하는데, 반드시 평원의 교통이 편리한 넓은 길만 해당하는 것은 아닙니다.

'중지重地'는 앞에서 말한 "적국의 땅에 깊숙이 쳐들어가서 등 뒤에 차지한 성읍이 많은 곳入人之地深, 背城邑多者"과 크게 다르지 않습니다.

'경지輕地'는 앞에서 말한 "적의 영토에 들어가지만 깊이 들어가지 않은 곳入人之地而不深者"과 크게 다르지 않습니다.

'위지圍地'는 앞에서 말한 "따라 들어가는 곳은 좁고 되돌아오는 길은 돌아 나와야 하며, 적군은 적은 군사로 아군의 많은 군사를 공격할 수 있는 곳所由入者隘, 所從歸者迂, 彼寡可以擊吾之衆者"입니다. '배고背固'는 등 뒤에 험한 지형이 있고 산길을 돌아가야 되기 때문에 후방의 퇴로가 비교적 먼 것을 뜻하며, '전애前隘'는 앞의 입구가 마치 호로병의 입구처럼 좁은 것을 말합니다.

'사지死地'는 앞에서 말한 "빠른 속도로 싸우면 생존할 수 있고, 빠르게 싸우지 않으면 멸망하는 곳疾戰則存, 不疾戰則亡者"입니다. 사지는 달아날 길이 없는 곳입니다. 길이 없으면 어떻게 할까요? 오직 마음을 다잡고 목숨을 걸고 싸울 뿐입니다.

마지막 조목은 죽간본과 다른데, 죽간본에는 "견고한 곳을 등지고 적과 마주하는 곳은 사지이며, 갈 곳이 없는 곳은 궁지倍(背)固前敵者, 死地也; 毋(無)所往者, 窮地也"라고 되어 있습니다. 사지는 위지와 달리 앞의 입구가 좁은 곳이 아니라 적군이 길을 가로막고 있는 곳이라는 뜻입니다. 그

리고 "달아날 길이 없는 곳無所往者"은 오히려 그 뒷구절에 놓여서 '궁지窮
地'가 하나 더 있습니다.

전쟁은 속임수다

【 11-9 】

이런 까닭으로 아군은 산지에서는 그 뜻을 한결같이 하고, 경지에서는 행군이 이어지도록 하고, 쟁지에서는 빨리 적의 후방으로 돌아가고, 교지에서는 요충지를 굳게 지키고, 구지에서는 수비를 조심하고, 중지에서는 식량을 계속 보급하고, 범지에서는 가던 길을 지나가고, 위지에서는 달아날 길을 막고, 사지에서는 살아날 수 없음을 보여주어야 한다.

是故散地吾將一其志, 輕地吾將使之屬, 爭地吾將趨其後, 交地吾將(謹其守)[固其結] ; 衢地, 吾將(固其結)[謹其守], 重地吾將繼其食, (圮)[氾]地吾將進其途, 圍地吾將塞其闕, 死地吾將示之以不活.

이 아홉 구절은 제1장의 아홉 구절과 대비할 수 있습니다.

산지散地는 병사들이 자기 나라에서 싸우기 때문에 마음이 가장 풀어지므로 마땅히 마음을 집중해 한결같이專— 해야 합니다. '흩어짐'을 뜻하는 '산散'의 반대말이 '한결같음'을 뜻하는 '전專'입니다. 앞에서 "싸우지 말라無戰"고 한 것은 소극적인 면에서 말한 것이고, 여기서 "그 뜻을 한결같이 하라—其志"고 한 것은 적극적인 면에서 말한 것입니다.

경지輕地는 병사들이 처음 적의 국경으로 들어가 마음이 집중되지 않아서 낙오하기 쉽기 때문에 마땅히 행군이 이어지도록 해야 합니다. 앞에서 "멈추지 마라無止"고 한 것은 정지하지 말라는 뜻이고, 여기서 "행군이 이어지도록 하라使之屬"고 한 것은 중간에 끊어지는 것을 두려워하는 것으로, 의미도 하나는 부정, 하나는 긍정입니다.

쟁지爭地는 두 나라가 서로 싸우는 곳이기 때문에 만약 적이 이미 점령했다면 마땅히 재빨리 그 뒤로 돌아가야 합니다. 앞에서 "공격하지 말라無攻"고 한 것은 정면에서 공격해서는 안 된다는 뜻이며, 여기서 "빨리 적의 후방으로 돌아가라趨其後"고 한 것은 뒤로 돌아가서 공격하라는 말입니다. 죽간본에는 "쟁지에서는 병사를 머무르게 하지 않는다爭地吾將使不留"라고 되어 있습니다.

교지交地는 두 나라의 경계가 맞닿은 곳으로 전방과 후방의 연결점이기 때문에 반드시 막강한 군대로 지켜야 합니다. 앞에서 "행군의 처음과 끝이 끊어지지 않도록 하라無絕"고 한 것은 도로가 막힘없이 잘 통하게 할 것을 강조한 것이며, 여기서 원문의 '고기결固其結'은 요충지를 굳게 지킬 것을 강조한 것입니다.

구지衢地는 여러 나라의 경계가 맞닿은 곳으로 전략의 요충지이기 때문에 반드시 막강한 군대로 지켜야 합니다. 앞에서 '합교合交'라 한 것은 외교의 중요성을 강조한 것이며, 여기서 '근기수謹其守'라 한 것은 교지와 비슷하게 잘 지킬 것을 강조한 것입니다. 이 두 구절의 순서는 죽간본과 금본이 서로 반대로 되어 있고 '수守'가 '시恃'로 되어 있는데, 여기서는 죽간본의 순서를 따랐습니다.

중지重地는 적국 깊숙이 들어간 상황으로, 보급선이 매우 긴 것이 가장 번거로운 문제이므로 현지에서 보급품을 보충해야 합니다. 앞에서 '약掠'이라 한 것은 양식 약탈을 말한 것이고, 여기서 '계기식繼其食'이라 한 것은 양식 보충을 말한 것입니다.

범지氾地는 행군하기 어려운 곳으로, 신속하게 벗어나서 통행이 편리한 큰 길로 들어서는 것이 관건입니다. 앞에서 '행行'이라 한 것은 급히 떠나고 머물지 말 것을 강조한 것이며, 여기서 '진기도進其途'라 한 것은 가기 편한 길로 돌아갈 것을 강조한 것입니다.

위지圍地는 출구가 좁은 곳이지만 저자는 사기를 북돋우기 위해서는 오히려 이런 지형에 가로 막혀야 한다고 말합니다. 앞에서 '모謀'라고 한 것은 머리를 쓸 것을 강조한 것이며, 여기서 '달아날 길을 막으라塞其闕'고 한 것은 목숨을 걸고 싸울 것을 강조한 것입니다.

사지死地는 앞에는 적이 있고 뒤에는 험한 지형이 놓인 곳이기 때문에 싸우지 않으면 앉아서 죽음을 기다릴 수밖에 없습니다. 앞에서 '전戰'이라 한 것은 목숨을 걸고 일전을 벌일 것을 강조한 것이며, 여기서 "살아날 수 없음을 보여주어야 한다示之以不活"고 한 것은 필사의 각오로 싸운다는 것을 적에게 보여준다는 말입니다.

『손자』의 주장은 반드시 병사를 절지에 몰아넣어야 비로소 목숨을 걸고 싸운다는 것입니다. 이 원칙에 따라 헤아려 보면, 절지는 산지보다 낫고, 중지는 경지보다 나으며, 위지와 사지는 절박한 상황 가운데서도 가장 절박한 상황이기 때문에 당연히 더욱 좋습니다. 바꾸어 생각한다면, 상황이 반대가 되어 적군이 여러 겹의 포위 속으로 깊이 들어온 경우에는 반드시 빈틈을 남겨두어야 하며, 적군이 달아날 길이 없는 곳으로 들어왔다면 강하게 압박하지 말아야 합니다. 「군쟁」에서 "포위된 군사는 반드시 빠져나갈 길을 남겨두어야 하고, 궁지에 몰린 적을 핍박해서는 안 된다圍師必闕, 窮寇勿迫"라고 한 것이 바로 이런 이치입니다. 고대에 병사들이 다른 나라에서 작전할 때는 말도 통하지 않고 아는 사람이 없는데, 그들을 압박해 곤경에 빠진 짐승처럼 싸우게 한다면 승리하더라도 희생이 너무 크기 때문에 오히려 살길을 남겨두는 것이 좋습니다. 이것이 합리적인 생각입니다. 그러나 우리가 주의해야 할 것은 핍박하는 것과 추격하는 것은 다르다는 점입니다. 클라우제비츠는 전쟁의 목적은 철저하게 적을 무찌르는 것으로, 추격하는 것이 전쟁의 승리보다 더욱 중요하다고 하면서 달아나는 적을 그냥 놓아준다면 승리한다 하더라도 큰 후환을 남기는 것이라고 했습니다.**14** 마오쩌둥도 "마땅히 남은 군사를 거느리고 궁지에 몰린 적을 추격해야 한다宜將剩勇追窮寇"고 강조했습니다.

전쟁은 속임수다

【 11-10 】

그런 까닭으로 병사들의 마음은 포위되면 방어하고, 어쩔 수 없으면
싸우고, 지나치면 명령에 따른다.

故兵之情, 圍則禦, 不得已則鬪, 過則從.

'병지정兵之情'은 바로 앞에서 말한 '인정지리人情之理'입니다.

"포위되면 방어하고, 어쩔 수 없으면 싸우고, 지나치면 명령에 따른다
圍則禦, 不得已則鬪, 過則從"는 것은 바로 앞에서 말한 "병사들이 위험에 깊
이 빠지면 두려워하지 않고, 도망갈 곳이 없으면 굳건해지고, 적진 깊숙
이 들어가면 구속되고 어쩔 수 없으면 싸운다兵士甚陷則不懼, 無所往則固, 入
深則拘, 不得已則鬪"는 것과 같습니다. 여기서 '과過'는 지나치다는 뜻으로,
"위험에 깊이 빠지는甚陷" 것이 바로 '지나침'입니다. 나는 문화대혁명 때
이런 체험을 했는데, 황당무계하기 짝이 없는 잘못이 저질러져 모두들
사슴을 가리켜 말이라고 하는 지록위마指鹿爲馬의 우를 범했으며, 사람
들은 너무 두려워서 두려워하지 않을 줄도 알게 되었습니다.

【 11-11 】

그런 까닭으로 제후들의 계략을 알지 못하는 사람은 미리 외교를 맺을 수 없고, 산림과 험난한 곳과 습지의 지형을 알지 못하는 사람은 행군할 수 없으며, 그 길 안내인을 쓰지 않으면 지형의 이로움을 얻지 못한다. 이런 것들 가운데 하나라도 알지 못한다면 왕패의 군대가 아니다. 무릇 왕패의 군대가 큰 나라를 친다면 적국은 병사들을 모을 수 없고, 적에게 위협을 가하면 외교관계를 펼 수 없다. 그런 까닭으로 천하의 외교를 맺으려고 경쟁하지 않고, 천하의 패권을 받들지 않으며, 오로지 자신의 능력을 펴서 적에게 위압을 가한다. 그런 까닭으로 그 성을 빼앗을 수 있고, 그 수도를 멸망시킬 수도 있다.

是故不知諸侯之謀者, 不能預交 ; 不知山林·險阻·沮澤之形者, 不能行軍 ; 不用鄉(向)導者, 不能得地利. 四五者, 一不知, 非(霸王)[王霸]之兵也. 夫(霸王)[王霸]之兵, 伐大國, 則其衆不得聚 ; 威加於敵, 則其交不得合. 是故不爭天下之交, 不養天下之權, 信己之私, 威加於敵, 故其城可拔, 其國可隳.

"그런 까닭으로 제후들의 계략을 알지 못하는 사람은 미리 외교를 맺을 수 없고, 산림과 험난한 곳과 습지의 지형을 알지 못하는 사람은 행군할 수 없으며, 그 길 안내인을 쓰지 않으면 지형의 이로움을 얻지 못한다 是故不知諸侯之謀者, 不能預交, 不知山林險阻沮澤之形者, 不能行軍, 不用鄉(向)導者, 不能得地利"는 말은 「군쟁」 편에도 있는데, 원문의 '예預' 자가 '예豫' 자로 표기된 점을 빼고는 완전히 같습니다.

"이런 것들 가운데 하나라도 알지 못한다면 왕패의 군대가 아니다四五

전쟁은 속임수다

者, 一不知, 非(霸王)[王霸]之兵也"라고 했는데, 이 구절에 대해 조조는 주석에서 '사오자四五者'는 구지九地를 가리킬 수도 있고(4에 5를 더하면 9가 됨), 앞의 아홉 구절을 가리킬 수도 있다고 했습니다. 내 생각에 여기서는 반드시 정확한 숫자를 말하는 것은 아닌 듯합니다. '왕패王霸'는 주의할 가치가 있는데, 금본에는 '패왕霸王'으로 되어 있고 죽간본에는 '왕패王霸'로 되어 있습니다. 고대에 천하를 통일하면 '왕王'이라 불렀지만, 천하를 통일하지 못하면 다만 '패霸'라고만 불렀습니다. '패'는 바로 '백伯'입니다.(두 글자는 통용해서 쓸 수 있습니다.) '伯'은 본래 형제들 가운데 첫째, 곧 맏형을 말합니다. 중앙 왕국의 바깥인 지방 국가는 패주霸主에게 나누어주었는데, 상나라 때는 이를 방백方伯이라 했습니다. 예를 들면, 주나라 문왕은 원래 서방백西方伯으로 지금 산시성陝西省 지역의 여러 나라에서 그가 맏형이었습니다. 이는 백伯이지 왕이 아닙니다. 당시의 왕은 상나라 주왕紂王입니다. 상나라 왕 앞에서 그는 여전히 한 등급이 낮은 사람입니다. 춘추오패春秋五霸의 '패'도 역시 이런 개념으로, 제나라 환공과 진나라 문공 같은 사람들을 '패'라고 칭하는데, 이런 '패'가 바로 서방백의 '백'과 비슷한 것이며, 이들은 다만 제후들의 우두머리일 뿐 왕은 아닙니다. 주나라 천자가 비로소 진정한 왕입니다. 전국칠웅은 '패'라고 부르는 것에 만족하지 못하고 후대에까지 혼란스럽게 내려왔는데, 다섯 나라는 서로 왕이라 부르고 제齊와 진秦은 '제帝'라 불렀습니다. '패'이면서 왕이라 칭하고, 왕이면서 '제'라 칭하면서 왕과 패의 개념이 뒤섞이게 되었습니다. '왕패'는 고서에는 '패왕'(『좌전』 민공 원년, 『예기』 「경해經解」, 『맹자』 「공손추상」)이라 했는데, 이런 '패왕'은 여전히 패와 왕을 나타내는 병렬 관계이기 때문에 한나라 때의 개념과는 다릅니다. 사마천은 월나라 왕 구천勾踐을 '패왕'(『사기』 「월왕구천세가」)이라 칭하고, 항우를 '서초패왕西楚霸王'

(『사기』 「항우본기」)이라 칭했는데, 이런 패왕이 비로소 패霸에 중점을 둔 것으로서 오늘날에 사용하는 '패왕'과 비슷하지만 사실은 패주霸主입니다. 요즘 세상에서는 이른바 초강대국이 바로 지금의 맏형입니다. 문화대혁명 때 마오쩌둥은 "동굴을 깊이 파고 양식을 많이 비축하면서 패주를 자처하지 말라深挖洞 廣積糧 不稱霸"고 호소했는데, "불칭패不稱霸"는 바로 천하의 패주가 되지 않겠다는 것입니다. 그러나 남을 괴롭히지도 않고 남에게 괴롭힘을 당하지도 않는 것은 매우 어렵습니다. 여기서는 죽간본의 표기 방식이 비교적 원형에 가까워서 뒷날의 '패왕'과 혼동될 염려가 적기 때문에 '왕패'로 표기합니다.

"무릇 왕패의 군대가 큰 나라를 친다면 적국은 병사들을 모을 수 없고, 적에게 위협을 가하면 외교관계를 펼 수 없다夫(霸王)[王霸]之兵, 伐大國則其衆不得聚, 威加於敵, 則其交不得合"는 것은 전략적 위협을 말합니다. 전자는 병사를 공격하는 것이고, 후자는 외교관계를 공격하는 것입니다. 전략적 위협은 모두 두 가지 방법을 함께 사용하는데, 오늘날은 군함외교 또는 실력외교라고 합니다. 외교의 배후는 무력입니다.

마지막에 "그런 까닭으로 천하의 외교를 맺으려고 경쟁하지 않고, 천하의 패권을 받들지 않으며, 오로지 자신의 능력을 펴서 적에게 위압을 가한다. 그런 까닭으로 그 성을 빼앗을 수 있고, 그 수도를 멸망시킬 수도 있다是故不爭天下之交, 不養天下之權, 信己之私, 威加於敵, 故其城可拔, 其國可隳"고 했는데, 이것도 전략적 위협을 말한 것입니다. '교交'는 외교이고, '권權'은 강권强權입니다. 천하의 외교적 지지를 쟁취하지 않고, 천하의 강권을 따르지도 않는다면 무엇에 의지하겠습니까? 의지할 것은 바로 실력입니다. "오로지 자신의 능력을 펴서 적에게 위압을 가한다信己之私, 威加於敵"는 구절에서 원문의 '신信'은 '편다伸'의 뜻으로, 자신이 의도하는 모

전쟁은 속임수다

든 것을 하고 싶은 대로 하는 것, 곧 자신의 생각대로 강경한 방법을 사용해 직접 상대방의 머리 위에 가해서 상대방의 여러 성을 공격해 수도를 무너뜨릴 수 있다는 것을 말합니다. '휴隳'는 성곽을 무너뜨리고 성벽을 부수는 것을 말하는데, '국國'이라 하고 '휴隳'를 말한 것으로 보아 여기의 '국'은 나라 전체가 아니라 그 수도임을 알 수 있습니다. 남에게 강제하는 것은 매우 중요합니다. 전쟁에서 전투가 최고조에 이르면 오히려 수위를 낮추어 담판을 짓거나 평화 조약을 맺을 수 있는데, 그 원인은 바로 실력이 있기 때문이라고 우리는 말합니다. 전 세계의 정치가들은 모두 현실주의를 말합니다. 미국이 이라크를 공격했을 때 유엔은 허락하지 않았습니다. 그러나 공격을 시작하고 임시정부를 세우자 모두들 서둘러 승인했고, 유엔도 승인했습니다. 이것이 바로 열강이 강경하게 하는 이치입니다.

법에 없는 상을 베풀고, 정무에 없는 명령을 내린다. 삼군의 무리와
약속하면 마치 한 사람을 부리는 것처럼 할 수 있다. 사정에 맞추어
약속하되 말로 거듭 설명하지 말고, 이로움으로 약속하되 해로움을
알리지 않는다. 죽음의 땅에 던져넣은 뒤라야 살아나며, 죽을 곳에
빠진 뒤라야 살아남게 된다. 무릇 병사들은 해로움에 빠진 뒤라야 승
패를 가릴 수 있다.

施無法之賞, 懸無政之令. 犯三軍之衆, 若使一人. 犯之以事, 勿告以言 ; 犯
之以利, 勿告以害. 投之亡地然後存, 陷之死地然後生. 夫衆陷於害, 然後能
爲勝敗.

관리의 최고 경지는 무인관리無人管理, 바로 '보이지 않는 손'을 이용해
관리하는 것입니다. 오늘날의 무인관리는 주로 정보화·자동화와 시장법
칙에 의지합니다. 옛사람들은 이런 것이 없었지만 그들은 매우 총명해서
변함없이 형세로 남을 굴복시킬 줄 알았습니다. 구지 자체가 바로 형세입
니다. "법에 없는 상을 베풀고, 정무에 없는 명령을 내린다施無法之賞, 懸無
政之令"는 구절은 상벌과 규정이 모두 볼 수 없는 것임을 말합니다. 왜 볼
수 없는 걸까요? 왜냐하면 쓸모가 없어서 저절로 그것을 관리하는 환경
이 생기고, 환경 자체가 바로 상벌과 명령이기 때문입니다. '범犯'은 곧 '범
范'으로, 약속한다는 뜻입니다. 저자의 말로는 장군이 삼군의 무리를 마
치 한 사람처럼 관리하는 것은 주로 두 가지에 달려 있습니다. 첫째는 장
군이 무슨 일을 하는지에 달린 것이지 무슨 말을 하는지에 달린 것이 아

니며, 둘째는 병사들에게 장점만 말하고 단점은 말하지 말라는 것입니다. 이것은 사실 속이는 것입니다. "죽음의 땅에 던져넣은 뒤라야 살아나며, 죽을 곳에 빠진 뒤라야 살아남게 된다投之亡地然後存, 陷之死地然後生"고 했는데, 장군은 분명히 병사를 가장 위험한 곳으로 몰아넣고 그들을 해로운 곳으로 끌고 가면서도 오히려 그들에게 이것이 해롭다는 것을 알려주지 않습니다. 이것이 속이는 것이 아니고 무엇이겠습니까?

그러므로 전쟁을 하는 일은 적의 의도를 상세히 파악하는 데 있으며,
적을 한 방향으로 몰아넣을 수 있다면 천 리 밖의 장수도 죽일 수 있
으니, 이것을 일러 교묘하게 일을 이룬다고 한다. 그런 까닭으로 막
싸움을 시작하려는 날은 국경의 관문을 막고 부절을 꺾어 사신이 통
과하지 못하게 하고, 낭묘에서 엄숙히 논의해 그 일을 결단한다. 적군
이 성문을 열면 반드시 재빠르게 들어가 적의 요충지를 먼저 빼앗고,
은밀하게 적과 싸울 것을 기약하며, 몰래 적을 따라가 전쟁의 승패를
결단한다. 그런 까닭으로 처음에는 처녀처럼 조용하여 적이 문을 열
도록 하다가 나중에는 달아나는 토끼처럼 움직여 적군이 막을 수 없
게 한다.

故爲兵之事, 在於順詳敵之意, 并敵一向, 千里殺將, 是謂巧能成事. 是故政
擧之日, 夷關折符, 無通其使, 厲(勵)於廊廟之上, 以誅其事. 敵人開闔, 必
亟入之. 先其所愛, 微與之期, 踐墨隨敵, 以決戰事. 是故始如處女, 敵人開
戶 ; 後如脫兎, 敵不及拒.

마지막의 이 단락은 결전에 대해 말한 것입니다. 이 문장은 운문으로
이루어졌습니다. 네 개의 '사事' 자와 '의意' '사使' '지之' '기期' 등의 글자는
'지之' 부의 운을 쓴 것이며, '향向' '장將'은 '양陽' 부의 운을, '호戶' '거拒'는
'어魚' 부의 운을 쓴 것입니다.[15] 이것은 이 편 전체의 결론이면서 셋째 그
룹의 결론이기도 합니다. 셋째 그룹에 속하는 많은 편들이 모두 "기동走"
에 대해 말하고 있는데, 이 편도 그렇습니다. 그러나 걷고 또 걸어야 최후

전쟁은 속임수다

에 공격할 수 있습니다. 여기까지 말해야 비로소 완전한 마침표를 찍는 것입니다.

저자가 말한 결전의 요점은 두 가지, 곧 은폐성과 돌발성입니다.

이 장은 다섯 단락으로 구성됩니다.

제1단락에서는 결전의 두 가지 특징을 개괄해 말하고 있습니다. "적의 의도를 상세히 파악하고 적을 한 방향으로 몬다順詳敵之意, 并敵一向"는 것은 적의 의도를 분명히 알아 은밀히 적을 뒤쫓는 것으로, 바로 은폐성에 해당합니다. "천 리 밖의 장수도 죽일 수 있다千里殺將"는 말은 천 리 밖에서 갑자기 적의 앞에 나타나 적장을 죽이는 것으로, 바로 돌발성에 해당합니다. "시위교능성사是謂巧能成事"에서 '교巧'는 교묘한 방법이란 뜻으로, 은폐성도 있고 돌발성도 있습니다.

제2단락은 계책 결정의 은폐성을 말하고 있습니다. '정거政擧'는 병사를 출발시켜 국경을 넘는 것을 말하고, "이관절부, 무통기사夷關折符, 無通其使"는 모든 관문을 닫고 왕래하는 통행증을 무효화함으로써 두 나라 사신의 왕래를 막는 것을 말합니다. 오늘날에도 두 나라가 전쟁을 하면 먼저 대사관을 철수하고 교민을 분산시킵니다. '낭묘廊廟'는 조정을 뜻합니다.

제3단락은 진군할 때의 은폐성을 말하고 있습니다. "적인개합敵人開闔"의 '합闔'은 문을 말합니다. '개합開闔'은 바로 '문을 연다開戶'는 뜻인데, 적이 일단 문을 열면 소리를 지르며 뚫고 들어갑니다.

제4단락은 도착할 때의 은폐성을 말하고 있습니다. "선기소애先其所愛"는 적보다 먼저 그들이 가고자 하는 곳에 도착하는 것으로 앞(11-2)에서 말한 "선탈기소애先奪其所愛"와 같고, "미여지기微與之期"는 몰래 적의 앞에서 기다리는 것을 말합니다. "천묵수적踐墨隨敵"은 목수가 먹줄로 그은 선을 따라 톱질하는 것처럼 적이 행군하는 길을 따라간다는 말이며, "이결전사以決戰事"는 마지막에 적과 결전하는 것을 말합니다.

제5단락은 비유인데, 처녀와 달아나는 토끼로 결전의 은폐성과 돌발성을 비유했습니다. "시여처녀始如處女"는 시작할 때는 매우 고요해 마치 시집간 적이 없는 아가씨가 부끄러움과 두려움을 띠고 있는 것처럼 하고, "후여탈토後如脫兎"는 나중에 움직일 때는 오히려 토끼처럼 재빨리 내달려서 막으려 해도 막을 수 없다는 말입니다. 하나는 고요함을 비유했고, 하나는 움직임을 비유했습니다. 고요함은 은폐성이며, 움직임은 돌발성입니다.

「세」 편에서 "그 기세는 잡아당긴 활과 같고 그 절도는 발사된 화살과 같다勢如彍弩, 節如發機" "그 기세가 험하고 그 절도가 짧다其勢險, 其節短"라고 했는데, 조준하고 화살을 쏘는 것도 이런 관계입니다. 『손자』 전편의 글쓰기 방식이 이처럼 고요함에서 움직임으로 가는 것, 곧 "처음에는 처녀처럼 하고 나중에는 달아나는 토끼처럼 하는始如處女, 後如脫兎" 것입니다.

전쟁은 속임수다

● 제13강 ●

제8편

구변九變

「구변」의 순서는 본래 「군쟁」의 다음이지만 강의의 편의를 위해 「구지」의 뒤로 순서를 바꾸었습니다. 그 이유는 앞에서도 말했다시피, 「구지」와 「구변」의 내용이 서로 관련이 있어서 나눌 수 없기 때문입니다. 「구변」의 내용은 「구지」의 일부분에 지나지 않습니다. 「구지」를 말하지 않고서는 「구변」을 말할 방법이 없습니다. 내 목적은 『손자』를 새로 편집하려는 것이 아닙니다.

　이제부터 강의할 「구변」 편은 문장이 길지는 않지만 매우 이상합니다.

　첫째, 그 위치는 「군쟁」의 다음이지만(죽간본의 위치도 「군쟁」과 「허실」의 뒤라고 생각합니다.) 내용은 오히려 그 뒤의 「구지」와 관련이 있습니다. 「구변」은 제8편이고, 「구지」는 제11편인데, 「구지」에서 말하지 않은 것들이 「구변」에 먼저 나타납니다.

　둘째, 이 편의 문장은 모두 네 개의 작은 단락으로 이루어져 있는데, 각 단락의 말은 모두 상대적으로 독립해 있습니다. '구변九變'의 아홉 가지 변화는 어떤 것이며, '오리五利'의 다섯 가지 이로움은 어떤 것일까요? 앞뒤의 문장이 어떤 관계인지, 제목부터 내용까지 모두 엉망인데도 조조의 주석부터 시작해서 줄곧 분명하게 설명하지 못했습니다.

셋째, 『손자』 전편에서 이 편이 가장 짧은데, 송나라 때 간행된 세 판본은 중복되는 글자를 빼면 단지 240자 또는 248자로 대략 전체의 24분의 1 또는 25분의 1을 차지할 뿐입니다. 이에 비해 이 편과 관련이 있는 「구지」는 가장 긴데, 앞에서도 말했듯이 5분의 1에는 못 미치고 6분의 1은 넘습니다.

고서는 선택과 편집이 쓰는 것보다 더 중요합니다.

『손자』의 특징은 말은 간결하나 뜻은 완벽하며, 문장이 매우 조리가 있다는 것입니다. 송나라 매요신은 "그 문장은 간략하지만 뜻은 깊다其文略而意深" "그 말에 매우 질서가 있다"고 평했습니다.(구양수의 『손자후서』에 인용) 내 생각도 그렇습니다. 그러나 선진시대의 고서는 일반적으로 불완전한 짧은 문장을 모아서 만든 것으로, 기승전결의 짜임새가 있는 것이 아니고 단숨에 쓰여진 것입니다. 문장의 조리가 어떠한가는 정리해 편집한 수준을 보아야 하는데, 편집을 잘 하면 문장의 기세도 비교적 이어지며, 편집을 잘 못하면 어록체처럼 각 단락이 연결되지 않아 완전히 초고의 형식이 됩니다. 이런 이치는 사실 이해하기 어렵지 않습니다. 여러분은 수업시간에 필기한 기억이 있을 겁니다. 선생님이 강의하는 말은 원래 매우 어지럽기 때문에 그것을 기록한 필기도 완전하지 않고 각각의 학생들이 기억한 것도 다릅니다. 만약 그 내용을 발표하려 한다면 두가지 상황이 있는데, 하나는 기록 원고이고 다른 하나는 정리 원고입니다. 기록 원고는 당연히 원래의 강의 내용을 그대로 보존할 수 있어 선생님의 기침 소리와 학생들의 웃음 소리도 모두 기록할 수 있습니다. 그러

전쟁은 속임수다

나 정리 원고는 이와 달리 틀림없이 번잡한 것을 없애 간략하게 줄이고, 순서를 조정해서 중복되지 않도록 할 것입니다. 편집의 경우도 사례마다 다릅니다. 정리가 잘 되면 매우 조리가 있고, 정리가 잘 안 되면 뒤섞여 조리가 없게 됩니다. 때때로 재료가 조금 남을 수가 있는데, 어떻게든 배치하려 해보다가 도저히 안 될 때는 결국 한쪽에 버려두게 됩니다. 내 생각에 『손자』 전편은 총체적으로 말하면 매우 조리가 있지만 결코 전부 다 그런 것은 아니며, 설령 이렇게 조리 있는 책이라도 후대의 글쓰기 방법을 요구할 수는 없는 것인데, 특히 「구지」와 「구변」 두 편이 그렇습니다. 「구지」 편은 매우 길고 내용이 혼란하며 앞뒤가 중복되어 제대로 정리되지 않은 듯합니다. 「구변」 편은 너무 짧아서 마치 「구지」 편에서 나누어져 나온 것처럼 용두사미가 되었는데, 그 꼬리에 해당합니다. 우리는 이것을 「구지」 편의 부록으로 읽어도 무방합니다.

이제 이 편을 읽으면서 포정庖丁이 소의 뼈와 살을 발라내듯이[1] 문장의 구조를 머리부터 꼬리까지 해부해 보겠습니다.

이 방면에 나는 감회가 아주 깊습니다.

나는 『손자』를 읽으면서 이 편이 가장 곤혹스럽고 이해할 수 없었습니다. 중학교 시절에 읽고 이해할 수 없었으며, 농촌생산대에 있을 때도 이해할 수 없었으며, 농촌생산대를 마친 뒤에도 여전히 이해할 수 없었습니다. 1974~1976년 사이에 나는 베이징에서 도서관을 돌아다니면서 조조부터 정우현鄭友賢까지 전인들의 주석을 거의 모두 살펴보았는데, '구변九變'에 대한 설명도 좋았고 '오변오리五變五利'에 대한 설명도 좋았지만 어느 하나도 진심으로 수긍할 만한 것은 없었습니다. 나는 한동안 '착간설'을 믿은 적이 있는데, 원나라의 장분이나 명나라의 유인·조본학 같은 사람들이 과감하게 원서를 고친 것이 나를 매료시켰습니다. 궈화뤄郭化

若 장군의 『금역신편 손자병법』(1957)과 양빙안楊炳安의 『손자집교』(1959)도 원서를 고친 것입니다. 이 두 책은 모두 1950년대에 집필한 것인데, 내가 『손자』에 입문한 책으로 중학교 때 읽었습니다. 이 책들의 영향도 매우 큽니다. 인문과학의 연구도 현실을 고려하지 않고 제 주관대로 하지만 자연과학에서 영구기관永久機關[2]을 발명하고자 하는 것과 같은 열정이 있습니다. 전체 문장의 관계를 분명히 이해하기 위해 나는 산시山西 지방의 농촌에서 『손자』 13편을 모두 베껴서 풀로 붙여 두루마리를 만들고 매일 돌려가며 읽고 시험 삼아 고쳐보기도 했는데, 마치 서양의 단어 맞추기 게임인 스크래블scrabble 같았습니다. 그러나 착간설도 내게 만족을 주지는 못했습니다.

나중에 인췌산 한나라 죽간에 대한 연구와 『손자』의 고본 자료를 전면적으로 수집하고 정리하는 과정을 통해 내 생각에 변화가 생겼습니다.

지금 나는 다음과 같이 생각합니다.

첫째, 「구지」는 가장 길고 「구변」은 가장 짧으며, 두 편의 내용은 서로 관련되는 것이 많고 어떤 구절은 중복되는데, 이것은 우연히 그렇게 된 것이 아닙니다.

둘째, 나는 「구지」가 전체를 정리하고 남은 것이기 때문에 결국 가공하지 않는 것이 더 낫다고 하는 것에 대해서는 매우 회의적입니다. 「구변」은 바로 「구지」에서 갈라져 나온 것으로, 이 편의 초고에서 남은 자료를 모아 만든 것이기 때문입니다.

셋째, 「구변」의 편집이 아주 부족해서 그 자체로는 다 이해할 수 없고 「구지」 편과 연계해야만 이해할 수 있습니다.

넷째, 고서의 정리는 얼마나 조잡하고 얼마나 불합리한가에 관계없이 오늘날의 이치로 읽거나 오늘날의 이치로 고쳐서는 안 되며, 원형을 보존하는 것이 가장 좋습니다. 나는 고서를 고쳐야 한다고 생각하지 않습니다. 우리가 이해하는 문리文理와 문장의 기세에 따라 고치려 한다면 계속해서 문장이 매끄럽다고 생각될 때까지 고치게 될 것이며, 그렇게 되면 결국 새로운 편집이 됩니다.

나는 「구변」을 네 장으로 나눕니다.

제1장은 "범용병지법凡用兵之法" 이하의 세 구절에 "범지무사(圮)[氾]地無舍" 이하의 다섯 구절을 더하고 다시 "도유소불유途有所不由" 이하의 다섯 구절을 더해서 이루어졌습니다. 여기에는 '구변'과 '오리' 등의 어휘는 없습니다.

제2장에서는 장군은 반드시 '구변'을 알아야 한다고 논합니다. 여기에는 '구변'과 '오리'를 언급했지만 무엇이 '구변'이고 무엇이 '오리'인지에 대한 설명이 원문에 없고, 앞 문장과의 관계도 분명하지 않습니다.

제3장에서는 "지혜로운 사람의 생각은 이해관계를 함께 고려한다智者之慮, 兼顧利害"는 것을 논합니다. 겸고이해兼顧利害는 변통할 줄 아는 것으로, 앞 문장과 관계가 있는 것 같지만 분명히 드러난 것은 아닙니다.

제4장에서는 장군의 다섯 가지 위험將有五危을 논합니다. 다섯 가지 위험의 원인은 모두 변통할 줄 모르기 때문인데, 앞 문장과 관계가 있는 것도 같지만 분명히 드러난 것은 아닙니다.

이 네 장은 각 장이 모두 독립적으로 떨어져 있어 서로 관계가 없습니다.

이제 한 장씩 살펴보도록 하겠습니다.

【8-1】

손자가 말했다.

무릇 용병의 방법은 장수가 임금에게 명령을 받아 군사를 합하고 무리를 모은다. 범지에서는 주둔하지 않고, 구지에서는 외교를 맺고, 절지에서는 머무르지 말고, 위지에서는 계책을 내고, 사지에서는 싸워야 한다. 길에는 가지 않아야 할 곳이 있고, 군대에는 치지 않아야 할 곳이 있고, 성에는 공격하지 않아야 할 곳이 있고, 임금의 명도 받아들이지 않아야 할 것이 있다.

孫子曰 :

凡用兵之法, 將受命於君, 合軍聚衆. (圯)[氾]地無舍, 衢地合交, 絕地無留, 圍地則謀, 死地則戰. 途有所不由, 軍有所不擊, 城有所不攻, 地有所不爭, 君命有所不受.

앞에서도 말했듯이 이 장은 세 부분으로 나누어져 있습니다.

(1) "무릇 용병의 방법은 장수가 임금에게 명령을 받아 군사를 합하고 무리를 모은다凡用兵之法, 將受命於君, 合軍聚衆"는 이 세 구절은 「군쟁」 편의 첫머리와 같지만, 문기文氣가 부족해서 뒤의 열 구절과 연결되지 않습니다. 「군쟁」 편의 첫머리는 이 세 구절 뒤에 또 "양군이 서로 마주보고 보루를 만들어 대치하는 데 군쟁보다 어려운 것이 없다交和而舍, 莫難於軍爭"는 구절이 있는데, 이것은 전쟁에서 "임금에게 명령을 받아 군사를 합하고 무리를 모으는受命於君, 合軍聚衆" 것에서 "양군이 서로 마주보고 보루를 만들어 대치하는交和而舍" 데 이르기까지 모든 일 가운데 군쟁보다 더

전쟁은 속임수다

어려운 것은 없음을 말한 것입니다. 만약 뒤의 두 구절이 없다면, 앞 문장은 매우 갑작스러운 말이 됩니다. 이 단락의 글자가 진작에 없어져서 밑도 끝도 없는 내용이 되었음을 알 수 있습니다.

(2) "범지에서는 주둔하지 않고, 구지에서는 외교를 맺고, 절지에서는 머무르지 말고, 위지에서는 계책을 내고, 사지에서는 싸워야 한다(圮)[汜]地無舍, 衢地合交, 絶地無留, 圍地則謀, 死地則戰"는 다섯 구절은 「구지」 편에서 말한 '구지지변九地之變'의 내용과 아주 비슷합니다. 아래에 서로 대조해 보았습니다.

구변	구지
(圮)[범]지무사(圮)[汜]地無舍	(圮)[범]지즉행(圮)[汜]地則行
구지합교衢地合交	구지즉합교衢地則合交
절지무류絶地無留	거국월경이사자, 절지야 去國越境而師者, 絶地也(금본), 쟁지즉무류爭地則無留(죽간본)
위지즉모圍地則謀	위지즉모圍地則謀
사지즉전死地則戰	사지즉전死地則戰

왼쪽 칸의 '무사無舍'는 바로 '즉행則行'과 같습니다. '절지'는 구지에 속하지는 않지만 「구지」 편에 언급된 용어입니다. 「구지」 편에는 "절지에서는 머무르지 말라絶地無留"는 구절은 없지만 "조국을 떠나 국경을 넘어 싸우는 곳이 절지去國越境而師者, 絶地也"라는 구절이 있으며, "머무르지 말라無留"는 말도 이 편의 죽간본에 나옵니다.(그러나 '쟁지' 다음에 있습니다.) 어쨌든 여전히 「구지」와 관련이 있습니다. 그밖에 세 구절은 기본적으로 같습니다. 이 장은 구지의 종류도 완전하지 않아 산지·경지·쟁지·교지·중지를 언급하지 않았으며, 순서도 다릅니다. 구지 가운데 네 가지만 뽑

앉고 절지를 더해 모두 다섯 가지 지형입니다. 「구지」 편의 아홉 구절은 원래 "이런 까닭으로 산지에서는 싸우지 말고, 경지에서는 멈추지 말고, 쟁지에서는 공격하지 말고, 교지에서는 행군의 처음과 끝이 끊어지지 않도록 하고, 구지에서는 외교를 잘 맺어야 하고, 중지에서는 습격해 빼앗아야 하고, 범지에서는 빠르게 지나가야 하고, 위지에서는 벗어날 계책을 세워야 하고, 사지에서는 오로지 목숨을 걸고 싸워야 한다是故散地則無戰, 輕地則無止, 爭地則無攻, 交地則無絕, 衢地則合交, 重地則掠, (氾)[氾]地則行, 圍地則謀, 死地則戰"로 되어 있고, 이를 "아홉 가지 지형의 변화九地之變"라고 칭했습니다. 이 편에서는 이 가운데 일부를 발췌했을 뿐입니다.

(3) "길에는 가지 않아야 할 곳이 있고, 군대에는 치지 않아야 할 곳이 있고, 성에는 공격하지 않아야 할 곳이 있고, 임금의 명도 받아들이지 않아야 할 것이 있다途有所不由, 軍有所不擊, 城有所不攻, 地有所不爭, 君命有所不受"라는 구절에서 '하지 않는 바가 있다'는 뜻의 '유소불有所不'을 다섯 번 연달아 사용했습니다. '유소불'은 '반드시 해야 함'을 뜻하는 '필必'과 상반된 의미로 옛사람들이 변통을 나타낸 말입니다.

이 장은 세 문장으로 이루어져 있는데, 뒤의 두 문장은 각각 다섯 구절로 이루어져 모두 열 구절입니다. 이 열 구절의 말은 조조의 주석에서부터 다른 해석이 있었습니다. 조조는 「구변」 편의 제목 아래에서 "정상적인 것을 변화시켜 소용되는 아홉 가지를 얻는다變其正, 得其所用九也"라고 주석했는데, 이것이 '구변'입니다. 또 "사람 쓰는 법을 알지 못한다不能得人之用矣"라는 구절 뒤에 "아래의 다섯 가지 일을 말한 것이다. 구변은 오변이라 한 곳도 있다謂下五事也, 九變, 一云五變"라고 주석했습니다. 조조가 말한 '구변'이 어떤 아홉 가지 변화인지는 분명하지 않으며, '오변五變'은 앞 문장의 "도유소불유途有所不由" 이하의 다섯 구절을 가리키는 것이

전쟁은 속임수다

지 뒷문장의 "시고지자지려是故智者之慮" 이하의 구절이 아니라고 했습니다.(장예張預의 주석이 자세합니다.)

뒤의 십가주 또는 십일가주에는 두 파가 있습니다.

⑴ '구변설'(이전·가림·하연석) : 앞에서 말한 열 구절 가운데 앞의 아홉 구절을 '구변'이라 보고, 마지막의 "임금의 명도 받아들이지 못할 것이 있다君命有所不受"라는 구절을 뽑아내서 아홉 구절에 대한 맺음말이라 생각합니다.

⑵ '오변오리설'(매요신·장예·정우현) : "범지에서는 주둔하지 않고(圮)[汜]地無舍" 이하의 다섯 구절을 '오변'으로 간주하고, "길에는 가지 않아야 할 곳이 있고途有所不由" 이하의 다섯 구절을 '오리'로 간주하면서 '오변'은 '구변'이 생략되고 순서가 바뀐 것이며, '구변'은 「구지」편의 '구지지변九地之變', 곧 "이런 까닭으로 산지에서는 싸우지 말고, 경지에서는 멈추지 말고, 쟁지에서는 공격하지 말고, 교지에서는 행군의 처음과 끝이 끊어지지 않도록 하고, 구지에서는 외교를 잘 맺어야 하고, 중지에서는 습격해 빼앗아야 하고, 범지에서는 빠르게 지나가야 하고, 위지에서는 벗어날 계책을 세워야 하고, 사지에서는 오로지 목숨을 걸고 싸워야 한다"는 구절을 말한다고 합니다.

또 다른 견해가 있는데, 송나라 이후의 새로운 해석으로 '착간설'이라 부를 수 있습니다. 이 설을 제시한 사람은 원나라의 장분과 명나라의 유인·조본학입니다.

장분의 주석은 이미 전하지 않지만 그의 견해는 유인의 책 속에 남아 있습니다.

유인의 책은 『무경칠서직해』인데, 보통 『직해』라고 약칭합니다.

조본학의 책은 앞에서도 말했듯이 『손자교해인류』인데, 보통 『교해』

라고 약칭합니다.

원·명 시기는 송대 성리학의 영향을 받아 학자들이 모두 문리文理의 분석을 매우 중시하고 "한 구절이 있으면 그 한 구절을 해석하는有一句解一句"(『직해』의 「손무자孫武子·구변」) 것을 반대했는데, 나름의 이치가 있습니다. 그러나 그들은 문리로 교정하는 것을 지나치게 좋아해 극단에 빠지게 되어 고서를 함부로 고쳤는데, 이런 풍조는 결코 좋지 않습니다. 그들은 고서를 읽다가 이해되지 않는 부분이 있을 때마다 걸핏하면 '착간'이라고 했습니다. '착간'이면 어떻게 할까요? 그들은 반드시 삭제하고 고치거나 옮겨서 바꿔야 한다고 했습니다. 중복되는 것은 마땅히 삭제해야 하며, 위치가 '불합리'한 것은 마땅히 옮겨야 하며(그들이 합리적인 위치라고 생각하는 곳으로), 합쳐야 할 곳은 합쳐야 한다고 말했습니다.

장분·유인·조본학이 교정하고 고친 것이 바로 이런 부류에 속합니다. 그들의 생각은 다음과 같습니다.

(1) 「구변」의 첫머리인 "무릇 용병의 방법은 장수가 임금에게 명령을 받아 군사를 합하고 무리를 모은다將受命於君, 合軍聚衆"는 「군쟁」 편과 중복되니 이 편은 착간이므로 삭제해야 마땅하다고 합니다.

(2) "범지에서는 주둔하지 않고, 구지에서는 외교를 맺고, 절지에서는 머무르지 말고, 위지에서는 계책을 내고, 사지에는 싸워야 한다(坯)[圮]地無舍, 衢地合交, 絕地無留, 圍地則謀, 死地則戰"는 다섯 구절 가운데 "절지에서는 머무르지 말라絕地無留"는 구절만 「구지」에 보이지 않고 나머지 네 구절은 「구지」와 중복되기 때문에 이 역시 착간이니 삭제해야 마땅하다고 합니다.

(3) 위의 구절들을 삭제하면 '구변'은 공백이 됩니다. 그들은 「군쟁」과 「구변」이 서로 붙어 있어 순서가 어지럽게 뒤섞이기 쉬워서 「군쟁」 끝부

분의 "고지의 구릉에 있는 적을 향해 공격해서는 안 되고, 언덕을 등지고 있는 적을 공격해서는 안 되고, 거짓으로 달아나는 적을 추격해서는 안 되고, 정예부대를 공격해서는 안 되고, 미끼로 유인하는 병사를 공격해서는 안 되고, 집으로 돌아가는 군사를 막아서는 안 되고, 포위된 군사는 반드시 빠져나갈 길을 남겨두어야 하고, 궁지에 몰린 적을 핍박해서는 안 된다高陵勿向, 背丘勿逆, 佯北勿從, 銳卒勿攻, 餌兵勿食, 歸師勿遏, 圍師必闕, 窮寇勿迫"는 여덟 구절만 있는 것이 아니냐고 말합니다. 이 여덟 구절은 문장 구조가 "절지무류絶地無留"와 같으니 「구변」 편의 착간으로 바로 앞 편에 잘못 놓인 것이 확실하다는 것입니다. 이 여덟 구절을 '범용병지법凡用兵之法'의 뒤, '절지무류'의 앞으로 옮기면 '절지무류'와 합쳐서 '구변'을 회복한다는 것입니다.

당·송 주석가들은 '구변'에 대해 말할 때 주로 「구변」과 「구지」의 관계에 주목했습니다. 이 세 사람의 견해는 다릅니다. 그들은 앞의 두 설이 결점이 있으므로 모두 반대해야 한다고 생각했습니다. '구변설'의 결점은 주로 '구변'만 살피고 '오리'는 살피지 않은 것입니다. 원문은 아래 구절에서 '구변'과 '오리'를 함께 말했기 때문에 이것들이 다른 두 가지임을 알 수 있습니다. 만약 앞에서 말한 아홉 구절이 '구변'이라면 '오리'는 어디에 있을까요? 이것은 모순입니다. '오변오리설'은 이것과는 정반대로 '오리'만 살피고 '구변'은 살피지 않았습니다. 이 설은 '구변'은 바로 「구지」를 베낀 것이며 앞에서 말한 열 구절 가운데 앞의 다섯 구절은 '구지지변'에서 '일부가 빠지고 순서도 틀린 것缺而失次'임을 강조하지만, 주의해야 할 점은 '절지무류'는 「구지」에 전혀 보이지 않는다는 것입니다. 게다가 「구변」은 앞에 있고 「구지」는 뒤에 있는데, 앞에 있는 것이 뒤의 것을 베꼈다는 말은 이치에도 맞지 않습니다.

『직해』와 『교해』는 모두 영향력이 매우 큰 고서들로, 중국뿐 아니라 일본에서도 영향이 큽니다. 많은 주석서들이 모두 이렇게 고친 것을 채용했습니다. 나는 장분·유인·조본학이 고친 것에 찬동하지는 않지만, 그들은 옛 설의 모순을 분명하게 인식하고 있었으며, 이런 점은 나에게도 깨우침을 주었습니다.

과거의 논의들은 옳은 것도 있고 그른 것도 있는데, 내 결론은 다음과 같습니다.

앞의 세 가지 견해 가운데 '구변설'의 경우, 앞뒤로 다섯 구절씩 열 구절이 분명한데 반드시 아홉 가지라고 말하는 것은 비교적 어색하며, '오리'에 대한 내용이 어디에 있는가도 문제입니다. '오변오리설'의 경우, '오변'이 '구지지변'에서 뽑아서 베낀 것이라면 거기에 무슨 독립된 의미가 있으며, 순서도 문제가 되는데 베낀 것이 어째서 원래의 것보다 앞에 있는 것일까요? '착간설'의 경우도 문제가 있는데, '절지무류'가 비록 「구지」에서 그대로 베껴온 것은 아니더라도 '절지'라는 용어는 「구지」 편에 본래부터 있었으므로 「구지」와 관련이 있다는 점은 부인할 수 없습니다. 게다가 그들이 「군쟁」의 말미가 바로 「구변」의 첫머리라고 말한 것은 전혀 근거가 없습니다.

오늘날에는 인췌산 한나라 죽간이 출토되었기 때문에 과거의 설들에 대해 검토하는 것이 매우 중요합니다. 내 생각은 다음과 같습니다.

⑴ 죽간본 「군쟁」 편의 가장 마지막 죽간에서 "언덕을 등지고 있는 적을 맞아 싸우지 말고, 거짓으로 달아나는 적을 추격해서는 안 되고, 포위된 군사는 반드시 빠져나갈 길을 남겨두어야 하고, 집으로 돌아가는 군사를 막아서는 안 되니, 이것이 무리를 부리는 방법이다倍(背)丘勿迎, 詳(佯)北勿從, 圍師遺闕, 歸師勿遏, 此用衆之法也. 四百六十五"라고 한 것으로 보아

전쟁은 속임수다

결코 「구변」 편의 착간이 아님을 알 수 있으며, 따라서 장분·유인·조본학이 고친 것은 성립할 수 없습니다.

(2) 죽간본에는 「구변」에 해당하는 편의 제목이 보이지 않고, 자구가 빠져 없어진 것이 많은 편이며, 편의 제목을 적은 목간에도 제목이 남아 있지 않지만, 남아 있는 것은 금본과 큰 차이가 없습니다. 죽간본은 이미 지금과 같은 형태였을 것으로 생각합니다.

(3) 인췌산 한나라 죽간 가운데 『사변四變』이라 부르는 일편佚篇이 있습니다. 정리한 사람은 이것을 『오손자』의 일편이라 생각했습니다. 『사변』이라는 제목은 정리한 사람이 내용에 근거해서 붙인 것입니다. 이 편은 주로 "길에는 가지 않아야 할 곳이 있고, 군대에는 치지 않아야 할 곳이 있고, 성에는 공격하지 않아야 할 곳이 있고, 임금의 명도 받아들이지 않아야 할 것이 있다途有所不由, 軍有所不擊, 城有所不攻, 地有所不爭, 君命有所不受"라는 구절에 대해 풀이하고 있는데, 한 조목이 한 단락으로 이루어져 있습니다. 여기서는 다섯째 구절에 대해 "군령에 이 사변과 반대되는 것이 있으면 시행하지 않는다軍令有反此四變者, 則弗行也"라고 풀이했습니다. 이런 견해는 이전李筌 등의 '구변설'과 비슷한 점이 있으며, 또 "군령에도 받아들이지 못할 것이 있다軍令有所不受"는 구절을 앞의 네 구절에 대한 결론으로 간주하기도 했습니다. 그러나 뒤의 다섯 구절만 언급해서 한참을 말했지만 여전히 '사변'만 있고 '구변'은 없습니다. 나는 그것을 「구변」 편의 주석으로 간주합니다. 이 주석은 가장 이른 것으로 조조의 주석보다 이르지만, 「구변」의 원문보다 이른 것은 아닙니다. 「구변」의 원문이 그곳에 어지럽게 놓인 것이 사실은 더 오래되었습니다.

'착간'에 대해 말하는 김에 몇 마디를 덧붙이려 합니다. 모두들 이 단어를 남용하는데, 사실은 큰 문제가 있습니다. 많은 고문헌 연구가들이 이 용어를 즐겨 사용하는데, 특히 고서를 교감하는 데 사용합니다. 그들은 위치가 맞지 않다고 생각되는 단어나 구절을 '착간'이라 부르는데 장분·유인·조본학과 마찬가지입니다. 이렇게 사용하는 것은 결코 타당하지 않습니다. 왜냐하면 많은 사람이 알다시피 고서에 나타나는 문제는 오랜 세월이 흐른 탓에 죽간을 묶은 줄이 끊어져 원서의 편집이 흐트러지면 어떤 죽간이 앞이고 어떤 죽간이 뒤인지 순서가 갑자기 어지러워져서 다시 묶더라도 이미 원래의 순서가 아닐 수 있기 때문입니다.

나는 이것은 오해라고 말합니다.

오늘날 우리는 지하에서 출토된 죽간을 정리하면서 새로 연결해서 순서를 정하기도 해야 합니다. 10년 전, 작고한 상하이박물관의 마청위안馬承源 관장이 내게 상하이박물관으로 와서 초나라 죽간을 정리해 달라고 요청해서 그 작업을 한 적이 있습니다. 우리도 순서에 착오가 생길 때가 있었습니다. 그러나 이런 잘못은 모두들 습관적으로 말하는 '착간'과는 전혀 다른 일입니다. 왜냐하면 죽간의 내용을 베껴 쓰는 것은 우리가 글을 쓰면서 행을 바꾸는 것처럼 모두 이어서 베껴서 위 죽간의 끝이 아래 죽간으로 이어지는 것이지, 한 구절 한 구절 나누어 베끼는 것은 아니기 때문입니다. 죽간마다 쓸 수 있는 글자의 수는 대체로 같으며, 애당초 관계없는 두 개의 죽간에서 하나의 끝 부분과 다른 하나의 첫 부분이 함께 연결되어 읽힐 확률은 매우 낮습니다. 매우 특별하게 일치되는 경우를 제외하고는 의미가 통할 수가 없습니다.

이미 지적했듯이 고문헌계에서 말하는 '착간'은 사실 장구章句가 나뉜 것으로, 이것은 장구와 장구 사이의 위치 문제이며 순서 문제입니다.[3] 우리가 알아야 할 것은 고서는 글자가 모여 구句를 이루고, 구가 모여 장章을 이루고, 장이 모여 편篇을 이루고, 편이 모여 책書이 된다는 점입니다.

편과 편은 구별해 베끼고, 장과 장은 때로는 구별해 베끼고 때로는 장구를 표시하는 구두점을 사용해 이어서 베낍니다. 구와 구만 완전히 이어서 베낍니다. 고대의 문장은 지금의 문장과 달라서 편차篇次를 이동할 수 있을 뿐 아니라 장구도 이동할 수 있습니다. 이런 이동은 마치 오늘날 컴퓨터에서 문장을 고치는 것과 마찬가지로 단락 전체를 이동합니다. 이것은 본래 의미의 '착간'과 근본적으로 다른 일입니다.

이런 상황은 '착간'이라 부를 수 없습니다.

옛사람들의 글쓰기는 오늘날의 우리와는 다릅니다. 장구와 장구가 그다지 긴밀하게 연결되지 않고, 구성도 느슨한 편이며, 논리성도 꼭 그리 견고한 것은 아닙니다. 우리는 그것들이 보기에 좋지 않고, 문리가 통하지 않으며, 문장의 기세가 유창하지 않다고 해서 마음대로 고치고, 반드시 우리의 표준에 따라 순조롭게 고쳐야 한다고 말해서는 안 됩니다.

결론적으로 나는 이 편의 문장이 「구지」와 관련이 있다는 데 동의합니다. 「구지」는 비록 앞뒤가 중복되고 단계가 비교적 어지러워서 지루하게 말이 많은 점이 있기는 하지만, 내용은 비교적 완전해서 할 말은 다했습니다. 이 편은 이와 달리, 단지 「구지」와 관련된 말을 약간 하면서 변통할 바가 있어야 함을 강조하고 있는데, 「구지」와 분리하면 분명히 밑도 끝도 없어 무슨 말을 하는지 모릅니다. 문장은 애매한 문장입니다. 다만 이 편만 더 애매한데, 죽간으로 보면 전한 시기의 문장이 이러했기 때문에 고쳐서는 안 됩니다. 이런 문제는 고서에 많이 나타나는 것으로, 크게 놀랄 필요는 없습니다.

【8-2】

그런 까닭으로 장수는 '구변'의 이로움을 알아야 용병을 아는 것이다. 장수가 구변의 이로움을 알지 못한다면 비록 지형을 잘 알아도 지리의 이로움을 알 수 없다. 병사를 거느리면서 구변의 기술을 알지 못한다면 비록 오리를 알더라도 사람 쓰는 법을 알지 못한다.

故將通於九變之利者, 知用兵矣 ; 將不通九變之利, 雖知地形, 不能得地之利矣 ; 治兵不知九變之術, 雖知五利, 不能得人之用矣.

여기서는 '구변'도 언급하고 '오리'도 언급했지만 모두 매우 갑작스럽고 아무런 설명이 없습니다. '구변'은 무엇일까요? '오변오리설'은 이미 제시했는데, 여기서 "그런 까닭으로 장수는 '구변'의 이로움을 알아야 용병을 아는 것이다. 장수가 구변의 이로움을 알지 못한다면 비록 지형을 잘 알아도 지리의 이로움을 알 수 없다故將通於九變之利者, 知用兵矣. 將不通於九變之利者, 雖知地形, 不能得地之利矣"라고 한 것에서 '구변'이 지형과 관련 있는 것임을 알 수 있습니다. 앞에서 말한 열 구절 가운데 앞의 다섯 구절은 분명히 「구지」 편 첫머리의 '구지지변', 곧 "이런 까닭으로 산지에서는 싸우지 말고, 경지에서는 멈추지 말고, 쟁지에서는 공격하지 말고, 교지에서는 행군의 처음과 끝이 끊어지지 않도록 하고, 구지에서는 외교를 잘 맺어야 하고, 중지에서는 습격해 빼앗아야 하고, 범지에서는 빠르게 지나가야 하고, 위지에서는 벗어날 계책을 세워야 하고, 사지에서는 오로지 목숨을 걸고 싸워야 한다是故散地則無戰, 輕地則無止, 爭地則無攻, 交地則無絕, 衢地則合交, 重地則掠, (圮)[氾]地則行, 圍地則謀, 死地則戰"에서 따온 것입니다. 그러므로 '구변'이 바로 '구지지변'임을 알 수 있습니다. 나는 이런 분석에 찬성합니다.

'오리'는 무엇일까요? '오변오리설'도 이미 제시했는데, 바로 앞에서 말한 열 구절 가운데 뒤의 다섯 구절, 곧 "길에는 가지 않아야 할 곳이 있고, 군대에는 치지 않아야 할 곳이 있고, 성에는 공격하지 않아야 할 곳이 있고, 임금의 명도 받아들이지 않아야 할 것이 있다途有所不由, 軍有所不擊, 城有所不攻, 地有所不爭, 君命有所不受"는 것입니다. 여기에 나오는 다섯 번의 '유소불有所不', 곧 '하지 않는 바가 있다'는 모두 변통의 이로움을 말한 것입니다. 나는 이 단락도 「구지」와 관련이 있다고 생각합니다. 「구지」 편에 "아홉 가지 지형의 변화는 굽히고 펴는 것의 이로움과 병사의 심리를 함께 살피지 않을 수 없다九地之變, 屈伸之利, 人情之理, 不可不察也"라는 단락이 있습니다. 여기서 '아홉 가지 지형의 변화九地之變'는 앞의 아홉 구절이고, '병사의 심리人情之理'는 "병사들이 위험에 깊이 빠지면 두려워하지 않고, 도망갈 곳이 없으면 굳건해지고, 적진 깊숙이 들어가면 구속되고 어쩔 수 없으면 싸운다兵士甚陷則不懼, 無所往則固, 深入則拘, 不得已則鬪"는 것이며, '굽히고 펴는 것의 이로움屈伸之利'은 바로 여기서 말한 다섯 번의 '유소불有所不'입니다.

【8-3】

그런 까닭으로 지혜로운 사람의 생각은 반드시 이해관계를 함께 생각한다. 이로움을 함께 생각하면 힘쓸 일을 펼 수 있으며, 해로움을 함께 생각하면 근심을 풀 수 있다. 그런 까닭으로 제후를 굴복시키는 것은 해로움 때문이고, 제후를 부리는 것은 일 때문이며, 제후를 움직이게 하는 것은 이로움 때문이다. 그런 까닭으로 용병의 방법은 적이 오지 않는다고 믿지 말고 우리가 대적할 수 있는 방법을 믿으며, 적이 공격하지 않는 것을 믿지 말고 적이 우리를 공격할 수 없게 하는 것을 믿어야 한다.

是故智者之慮, 必雜於利害. 雜於利而務可信也, 雜於害而患可解也. 是故屈諸侯者以害, 役諸侯者以業, 趨諸侯者以利. 故用兵之法, 無恃其不來, 恃吾有以待之;無恃其不攻, 恃吾有所不可攻也.

이 장은 겸고이해兼顧利害, 곧 이로움과 해로움을 함께 고려해야 한다는 내용입니다.

첫머리의 "시고지자지려 필잡어이해是故智者之慮, 必雜於利害"는 지혜로운 사람의 생각은 반드시 이로움과 해로움을 모두 고려해야 한다는 말입니다.

"이로움을 함께 생각하면 힘쓸 일을 펼 수 있으며, 해로움을 함께 생각하면 근심을 풀 수 있다雜於利而務可信也, 雜於害而患可解也"는 구절에서 원문의 '무가신務可信'과 '환가해患可解'는 서로 대응하는데, '무務'는 명사성 주어로서 하고자 하는 일을 가리키며, '신信'은 술어 동사로서 여기서는 '편다伸'는 뜻입니다. 그 뜻은 지혜로운 사람의 생각은 해로운 것을 고려할 때 이로운 것을 함께 고려해야 하고, 이로운 것을 고려할 때 해로운 것도 함께 고려해야 한다는 것입니다. 이로움을 함께 고려해야 하려는 일을 이룰 수 있고, 해로움을 함께 고려해야 골치 아픈 문제도 해결할 수 있습니다.

"그런 까닭으로 제후를 굴복시키는 것은 해로움 때문이고, 제후를 부리는 것은 일 때문이며, 제후를 움직이게 하는 것은 이로움 때문是故屈諸侯者以害, 役諸侯者以業, 趨諸侯者以利"이라고 했는데, 여기서 '제후'는 적국입니다. 이 문장은 해로움으로 적을 굴복시키고, 일로 적을 이동하게 하며, 이익으로 자기를 움직이게 해서 이익에 부합해야 적국에 가서 싸울 수 있다는 뜻입니다.

"그런 까닭으로 용병의 방법은 적이 오지 않는다고 믿지 말고 우리가 대적할 수 있는 방법을 믿으며, 적이 공격하지 않는 것을 믿지 말고 적이 우리를 공격할 수 없게 하는 것을 믿어야 한다故用兵之法, 無恃其不來, 恃吾有以待之 ; 無恃其不攻, 恃吾有所不可攻也"는 구절은 아군이 평소에 대비하고 있어야 함을 강조한 것입니다. 「형」편에서 "옛날에 전쟁을 잘하는 장군은 먼저 자신을 이길 수 없는 상황을 만들고 난 뒤 적을 이길 수 있을 때까지 기다렸다昔之善戰者, 先爲不可勝, 以待敵之可勝"라고 한 것이 바로 이런 뜻입니다.

【8-4】

그런 까닭으로 장수에게는 다섯 가지 위험이 있으니, 반드시 죽으려 하면 죽게 될 수 있고, 반드시 살려 하면 사로잡힐 수 있고, 화가 나서 급하게 하면 수모를 당할 수 있고, 청렴결백하면 치욕을 당할 수 있고, 백성을 사랑하면 번거로울 수 있다. 이 다섯 가지는 장수의 잘못이며 용병의 재앙이다. 군대가 뒤집히고 장수가 죽는 것은, 반드시 이 다섯 가지 위험 때문이니 자세히 살피지 않을 수 없다.

故將有五危 : 必死可殺, 必生可虜, 忿速可侮, 廉潔可辱, 愛民可煩. 凡此五者, 將之過也, 用兵之災也. 覆軍殺將, 必以五危, 不可不察也.

여기서 "장수에게는 다섯 가지 위험이 있다將有五危"고 했는데, 위험은 어디에 있을까요? 주로 성격이 편집적이고 외곬으로 빠지는 데 있습니다.

공자는 사람에게는 철저히 근절해야 할 사대 결점이 있다고 했는데, 첫째는 억측, 둘째는 편집, 셋째는 완고함, 넷째는 주관입니다. 이것이 이른바 "억측하지 않고, 반드시 하려고 하지 않고, 고집하지 않고, 주관을 내세우지 않는다毋意, 毋必, 毋固, 毋我"는 것입니다.(『논어』「자한」)

'필必'은 바로 반드시 어떤 것이 아니면 안 된다는 말입니다.

어린아이 가운데 응석받이로 자란 아이는 반드시 어떤 것이 아니면 안 됩니다. 엄마가 맛있는 음식과 좋아하는 장난감, 특별한 선물로 달래지 않으면 울고불고 땅바닥에 뒹굴며 떼를 씁니다.

전쟁은 어린아이의 장난이 아닙니다.

전쟁은 불확실성의 영역으로 가득 찬 것이기 때문에 가장 피해야 할

전쟁은 속임수다

것이 바로 고지식함입니다. 만약 당신이 나는 꼭 그것이 아니면 안 된다고 한다면 굉장히 번거롭게 될 것입니다. 당신이 반드시 죽으려 한다면 죽일 때까지 기다려야 하며, 반드시 살려고 한다면 붙잡히기를 기다려야 합니다. 화를 잘 내고 성질이 급하면 남에게 격동되고, 남이 쉽게 화를 돋우고, 남에게 업신여김을 당하고, 남에게 놀림감이 되는 것을 면하기 어렵습니다. 명예를 중시해서 체면을 위해 고통을 감수하는 것은 굴욕을 자초하는 일이기도 합니다. 백성을 아껴 어떤 일에도 미적거린다면 더욱 번거로움을 자초하는 일입니다.

1993년 10월 후베이성 징먼莉門 궈뎬郭店에서 출토된 초나라 죽간 『어총삼語叢三』에 "행하지 않는 바가 있으면 이롭고, 반드시 행해야 하면 해롭다有所不行. 益. 必行. 損"(죽간 9-16)라는 구절이 있습니다. "행하지 않는 바가 있는有所不行" 것은 이점이 크지만, 무언가를 기필코 하려 한다면 손해만 볼 뿐입니다.

앞에 나오는 다섯 번의 "하지 않는 바가 있다有所不"는 말은 변통할 줄 아는 것이며, '필사必死'와 '필생必生' 그리고 그밖에 괴벽怪癖은 변통할 줄을 모르는 것입니다. 변통할 줄 모르면 그 결과는 "군대가 뒤집히고 장수가 죽는覆軍殺將" 것인데, 병사를 잃을 뿐 아니라 장수도 죽게 되어 손실이 큽니다.

이 편은 고서의 복잡성을 연구하는 데 좋은 교재입니다.

이 강의가 비교적 짧은 편이어서 뒤에 읽을거리를 덧붙였는데, 마오쩌둥의 군사 저작 가운데 비교적 중요한 말들을 뽑아놓았으니 읽으면서 『손자병법』과 비교해볼 수 있을 것입니다.

마오쩌둥의 군사론

『손자』와의 비교를 중심으로

1. 전쟁은 정치의 연속(클라우제비츠의 『전쟁론』에서 인용)

"전쟁은 정치의 연속"이라는 점에서 말한다면, 전쟁은 곧 정치이며 전쟁 그
자체가 정치적 성격을 띤 행동이다. 예로부터 정치적 성격을 띠지 않는 전
쟁이란 없었다.[4]

"전쟁은 정치적 특수 수단의 연속이다." 정치가 일정한 단계까지 발전하면
더 이상 이전처럼 발전할 수 없게 되어 전쟁을 터뜨려 정치적 길 위에 놓여
있는 장애물을 쓸어버리려 한다. (…) 장애물이 제거되어 정치적 목적이 달
성되면 전쟁이 종결된다. 장애물이 깨끗이 제거되지 않으면 전쟁이 계속되
어 그 목적을 관철시키려 한다. (…) 그러므로 정치는 피 흘리지 않는 전쟁
이며, 전쟁은 피 흘리는 정치라고 말할 수 있다.[5]

이상은 『지구전을 논함論持久戰』에 보입니다. "전쟁은 정치의 연속"이

라는 말은 바로 『사마법』「인본仁本」에서 말한 "정당하게 뜻을 얻지 못하면 권도를 쓴다正不獲意則權"는 것입니다. 원서에는 "레닌의 『사회주의와 전쟁』 제1장과 레닌의 『둘째 국제적 파산』 제3절 참고"라는 주석이 붙어 있습니다. 사실 레닌도 재인용한 것으로, 최초로 나온 곳은 클라우제비츠의 『전쟁론』 제1장 제24절입니다.

2. 모순을 이용함 : 자기를 보존하고 적을 모조리 없앰

전쟁의 목적은 다름이 아니라 "자기를 보존하고 적을 소멸시키는 것"이다.(적을 소멸시킨다는 것은 그들의 무장을 해제시키는 것, 곧 이른바 '적의 저항 능력을 빼앗는 것'이지 적의 육체를 소멸시킨다는 말은 아니다.) 고대의 전쟁에서는 창과 방패를 썼다. 창은 공격하는 데 사용하는 것으로서 적을 소멸시키는 데 사용하며, 방패는 방어하는 것으로서 자기를 보존하는 데 사용한다. 오늘에 이르기까지 무기는 여전히 이 두 가지의 확대에 불과하다. 폭격기·기관총·장거리포·독가스 등은 창이 발전한 것이며, 방공호·철갑모·콘크리트 시설·방독면 등은 방패가 발전한 것이다. 탱크는 창과 방패를 하나로 결합한 신식 무기이다.[6]

이 글은 『지구전을 논함』에 보입니다. 『항일 유격전쟁의 전략 문제抗日遊擊戰爭的戰略問題』 제2장(『마오쩌둥선집』, 397~398쪽)을 참고하십시오. 클라우제비츠는 전쟁의 목적은 바로 적을 소멸시키는 것이라고 강조했는데, 여기서는 소멸과 보존을 함께 말하고 있습니다. 저자는 창과 방패를 비유해 전쟁의 목적을 말하고 또 무기 역사를 개괄했습니다.

3. 계획을 정하고定計 계획을 실행함用計

지휘관의 정확한 군사배치는 정확한 결심에서 나오고, 정확한 결심은 정확한 판단에서 나오며, 정확한 판단은 아주 주도면밀하고 필요한 정찰 및 각종 정찰 자료의 관련성을 생각하는 데서 나온다. 지휘관은 가능하고도 필요한 모든 정찰 수단을 사용하는데, 정찰한 적의 상황과 각종 자료에서 쓸데없는 것은 버리고 알맹이만을 취하며, 여기로부터 저기로, 겉으로부터 속으로 생각한 연후에 아군의 상황을 첨가해 쌍방에 대한 대비와 상호관계를 연구하며, 그것에 의해 판단을 내리고 계획을 세운다. ―이것이 군사가가 매번 전략·전역戰役 또는 전투계획을 세우기 전에 거치는 상황 인식의 전체 과정이다. 세심하지 못한 군사가는 이렇게 하지 않고 군사계획을 자기 바람의 기초 위에 세운다. 그러나 이러한 계획은 결국 공상이니 실제에 부합하지 않는다. 열정만 믿는 무모한 군사가가 적에게 속거나 적의 표면적 또는 단면적 상황에 유인되거나, 정확하고 투철한 견해 없이 제출하는 자기 부하의 무책임한 제의에 충동되어 실패를 면하지 못하게 되는 것은, 그들이 어떠한 군사계획이든지 필요한 정찰과 적군과 아군의 상황 및 상호관계에 대한 세밀한 생각에 기초해 세워져야 한다는 것을 알지 못했거나 또는 알려고 하지 않았기 때문이다. 상황을 인식하는 과정은 군사계획을 세우기 전에 있어야 할 뿐만 아니라, 계획을 세운 뒤에도 있어야 한다. 어떤 계획을 실행하는 경우, 실행하기 시작한 때로부터 작전이 종결될 때까지가 또 다른 하나의 상황인식 과정, 즉 실행 과정이다. 이때 첫째 과정의 내용이 실제 상황에 부합하는지의 여부를 다시 검토하는 일이다. 만일 계획이 상황과 전혀 맞지 않거나 맞지 않는 점이 어느 정도 있다면 새로운 인식에 따라 새로운 판단을 하고 새로운 결심을 내려 이미 세운 계획이라도 새로운 상황에 맞도록 바꾸어야 한다. 부분적으로 바꾸는 일은 어떠한 작전이라도 거의 다 있으며, 모두 바꾸는 경우도 가끔 있다. 무모한 자는 바꿀 줄 모르거나 바꾸기를 싫어하고, 그저 맹목적으로 실행하기 때문에 결국에 가서는 역시 실패를 면치 못한다.[7]

이 글은 『중국 혁명전쟁의 전략 문제中國革命戰爭的戰略問題』에 보이는 데, 『손자』 「계」 편을 참고하십시오. 「계」 편도 이런 두 가지 과정을 말하고 있습니다.

4. 시형示形 (『손자』 「계」 편에서 인용)

적들이 잘못을 범하게 되는 것은 마치 우리 자신도 때로는 잘못하며 때로는 적에게 틈을 주게 되는 것과 꼭 같은 것이다. 뿐만 아니라 우리는 인위적으로 적군의 실책을 이끌어낼 수도 있는데, 예를 들면 손자가 말한 시형示形(동쪽에서 소리 지르고 서쪽으로 공격하는 것, 곧 성동격서聲東擊西) 같은 것이다.[8]

이 글은 『중국 혁명전쟁의 전략 문제』에 보입니다. '시형'은 「계」 편에서 말한 "전쟁은 속이는 도이다. 그렇기 때문에 능력이 있어도 능력이 없는 듯 보이고, 사용하면서도 사용하지 않는 듯 보이고, 가까이 있으면서도 멀리 있는 듯 보이고, 멀리 있으면서도 가까이 있는 듯 보인다兵者, 詭道也. 故能而示之不能, 用而示之不用, 近而示之遠, 遠而示之近"는 것입니다.

5. 지피지기 백전불태知彼知己 百戰不殆(『손자』「모공」 편에서 인용)

어떤 사람은 자기에 대해서는 잘 알지만 상대방에 대해서는 잘 알지 못하며, 또 어떤 사람은 상대방에 대해서는 잘 알고 있지만 자기에 대해서는 잘 알지 못한다. 그들은 모두 전쟁법칙의 학습과 적용에 대한 문제를 해결할 수가 없다. 중국 고대의 위대한 군사학자인 손무자의 책에 나오는 '상대를 알고 자기를 알아야 백 번 싸워도 위태롭지 않다知彼知己, 百戰不殆'는 말은 학습과 적용의 두 단계를 포함해 말한 것이다. 곧 객관적 실제의 발전법칙을 인식하고 이러한 법칙에 근거해 당면한 적을 물리치기 위한 자기의 행동을 결정해야 한다는 것을 포함해서 말한 것이다. 우리는 이 말을 가벼이 여겨서는 안 된다.[9]

이 글은 『중국 혁명전쟁의 전략 문제』에 보입니다.

손자는 군사를 논하면서 '상대를 알고 자기를 알아야 백 번 싸워도 위태롭지 않다'라고 말했는데, 이것은 싸우는 쌍방을 말한 것이다. 당나라 사람 위징魏徵은 '의견을 두루 들으면 명확하게 알 수 있고, 한쪽 말만 믿으면 사리에 어둡게 된다兼聽則明 偏信則暗'고 말했는데, 그도 역시 일면성이 옳지 않음을 알고 있었던 것이다. 그러나 우리 동지들은 어떤 문제를 볼 때 자주 일방적인 성격을 띠는데, 이러한 사람들은 흔히 실패하고 만다. 『수호전』의 송강宋江은 축가장祝家莊을 세 번 쳤는데 두 번은 상황을 모르고 방법이 옳지 못해서 패했다. 그뒤 방법을 바꾸어 상황을 조사하는 것부터 시작했다. 그래서 산채로 올라가는 굽은 길에 대해 잘 알게 되었으며 이가장李家莊·호가장扈家莊과 축가장의 연맹을 깨뜨렸으며 또 적의 진지에 복병을

전쟁은 속임수다

배치하고 외국의 옛이야기에 나오는 트로이의 목마와 비슷한 방법을 썼다. 그 결과 셋째는 이겼다. 『수호전』에는 유물변증법의 실례가 많은데 세 번에 걸친 축가장 공격은 가장 좋은 실례의 하나라고 할 수 있다.[10]

이 글은 『모순론』에 보입니다.

전쟁의 현상은 다른 어떠한 사회 현상보다도 그 원인을 찾아내기 어려우며 확실성이 더 적다는 것, 곧 이른바 '개연성'을 더 띠고 있다는 것을 우리는 인정한다. 그러나 전쟁은 신이 만든 것이 아니라 인간세계의 필연적 운동이다. 그러므로 "상대방을 알고 자기를 알아야 백 번 싸워도 위태롭지 않다"는 손자의 법칙은 여전히 과학적 진리라고 할 수 있다.[11]

이 글은 『지구전을 논함』에 보입니다. 마오쩌둥은 '지피지기 백전불태'를 세 번이나 인용했는데, 그가 이 말을 좋아했다는 증거입니다. 앞에서 계획을 정하고 계획을 실행함을 말할 때도 이 사상이 꿰뚫고 있습니다.

6. 상대의 예봉을 피하고, 지쳐서 물러갈 때 공격하라避其銳氣 擊其惰歸(『손자』「군쟁」 편에서 인용)

장시성江西省에서 제3차 '포위토벌'에 저항하고 있을 때, 홍군은 극단적인 퇴각을 했다.(당시 홍군은 근거지의 후방부에 집중했다.) 그런데 당시 포위토벌군이 홍군보다 열 배 이상 많았기 때문에 그렇게 하지 않고서는 적을 이길 수 없었던 것이다. '상대의 예봉을 피하고, 지쳐서 물러갈 때 공격하

라'는 손자의 말은 바로 적을 피로하고 사기가 떨어지게 해서 그 우세를 누그러뜨리는 것을 말한다.[12]

이 글은 『중국 혁명전쟁의 전략 문제』에 보입니다.

7. 전쟁에서는 적을 속이는 것도 꺼리지 않는다兵不厭詐

착각과 불의不意에 의해서도 우세함와 주도권을 잃을 수 있다. 그렇기 때문에 계획적으로 적에게 착각을 일으키게 하고 불의의 공격을 가하는 것은 우세한 상황을 만들고 주도권을 빼앗는 방법이며 또한 중요한 방법이다. 그럼 착각이란 무엇인가? "팔공산의 초목이 모두 병사로 보인다八公山上 草木皆兵"[13]는 것이 바로 이런 착각의 한 예이다. "동쪽을 치는 척하고 서쪽을 치는聲東擊西" 것은 적이 착각하도록 만드는 방법의 하나이다. 우월한 민중 조건을 갖추고 정보의 누설을 막을 수 있는 경우에 적을 속일 수 있는 여러 가지 방법을 쓰면 늘 효과적으로 적이 판단착오와 행동착오를 일으키게 해서 곤경에 빠뜨릴 수 있으며, 따라서 그 우세함와 주도권을 잃게 할 수 있다. "전쟁에서는 적을 속이는 것도 꺼리지 않는다兵不厭詐"는 것이 바로 이것을 말하는 것이다. (…) 우리는 송宋 양공襄公[14]이 아니므로 어리석은 돼지 같은 그런 인의도덕이 필요하지 않다.[15]

이 글은 『지구전을 논함』에 보입니다. 『손자』에서는 속임수에 대해 "전쟁은 속이는 도兵者, 詭道也"(「계」)라고 하고 "그런 까닭으로 군대는 속임수로 일어난다故兵以詐立"(「군쟁」)라고도 말했습니다. 병이사립兵以詐立

전쟁은 속임수다

은 송 양공의 전법과 정반대되는 것입니다. 마오쩌둥은 병이사립에 찬성하고 송 양공에는 반대했습니다.

8. 운용의 묘는 마음에 달렸다運用之妙 存乎一心

옛사람이 말한 "운용의 묘는 마음에 달렸다運用之妙, 存乎一心"에서 '묘妙'를 우리는 융통성이라고 부르는데, 이것은 현명한 지휘관의 산물이다. 융통성은 망동妄動이 아니며, 망동은 마땅히 거부해야 한다. 융통성은 현명한 지휘관이 객관적 상황에 기초해 '시기와 형편을 잘 헤아리고'(이 형편에는 적의 형편, 우리의 형편, 지형 형편 등이 포함된다.) 때에 따라 알맞은 대책을 세우는 재능으로, 이것을 '운용의 묘'라고 하는 것이다.[16]

이 글은 『지구전을 논함』에 보입니다. "운용의 묘는 마음에 달렸다"는 말은 악비岳飛의 말인데(『송사宋史』「악비전岳飛傳」) 앞에서 이미 말한 바 있습니다.

9. 16자 요결十六字訣(유격전)

우리의 전쟁은 1927년 가을부터 시작되었는데, 당시 우리에게는 경험이 전혀 없었다. 그래서 난창南昌 봉기, 광저우廣州 봉기는 실패했고, 가을걷이 이후의 봉기에서도 후난성·후베이성·장시성 접경지대에 있던 부대는 몇 번이나 패해 후난성·장시성 접경지대의 징강산井岡山 지구로 옮겨왔다. 이듬해 난창 봉기 실패 후에 남아 있던 부대도 후난성 남부를 거쳐 역시 징강산으로 옮겨왔다. 그러나 1928년 5월부터 당시의 상황에 적응하는 소박한 성격의 유격전쟁의 기본 원칙이 생겨났다. 그것은 곧 '적이 진격하면 우리는 달아나고, 적이 주둔하면 우리는 교란하고, 적이 피로하면 우리는 공격하고, 적이 달아나면 우리는 추격한다敵進我退, 敵駐我擾, 敵疲我打, 敵退我追'는 작전으로 16자로 요약할 수 있다. 이 16자 요결의 군사 원칙을 리리싼李立三(1899~1967) 노선 이전의 중앙에서는 인정했다. 그뒤 우리의 작전 원칙은 한층 더 발전했다. 장시성 근거지의 제1차 '반포위토벌' 때에 이르러서는 '적을 깊이 유인해 끌어들인다'는 방침이 제기되었으며, 또 그것이 효과적으로 적용되었다. 적의 제3차 '포위토벌'을 극복한 뒤에는 홍군의 전체의 작전 원칙이 이루어졌다. 이때는 군사 원칙의 새로운 발전 단계로서 그 내용이 대단히 많아지고 형식도 많이 변했다. 중요한 것은 이전의 소박함을 뛰어넘은 것이다. 그러나 그 기본 원칙은 여전히 16자 요결이었다. 이 요결에는 '반포위토벌'의 기본 원칙이 포함되어 있고, 전략적 방어와 전략적 공격의 두 단계가 포함되어 있다. 또 방어할 때의 전략적 퇴각과 전략적 반격의 두 단계도 포함되어 있다. 그뒤의 내용은 다만 요결이 발전한 것일 따름이다.[17]

이 글은 『중국 혁명전쟁의 전략 문제』에 보입니다. 10년간 내전 시기에 마오쩌둥의 전략 방침은 유격전을 위주로 하고 운동전運動戰을 보조로 했습니다. 항일 전쟁은 유격전이 운동전으로 가는 과도기였으며, 해방 전쟁 시기가 되어서야 비로소 운동전을 위주로 하고 유격전을 보조로 하는 것으로 바뀌었습니다. 16자 요결은 유격전의 기본 원칙을 포괄하는 것으로 매우 간결하면서도 요령이 있습니다.

전쟁은 속임수다

10. 이길 수 있으면 싸우고 이길 수 없으면 달아난다打得贏就打 打不贏就走(운동전)

'이길 수 있으면 싸우고 이길 수 없으면 달아난다.' 이것이 오늘날 우리의 운동전에 대한 통속적인 해석이다. 공격하는 것만 인정하고 달아나는 것은 인정하지 않는 군사가는 이 세상에 없다. 다만 우리처럼 그렇게 자주 달아나지 않을 뿐이다. 우리의 경우, 보통 길 가는 시간이 싸우는 시간보다 많아서 평균적으로 한 달에 전투를 한 번 하면 자주 하는 셈이다. '달아난다'는 것은 모두가 '공격하기' 위한 것이며, 우리의 모든 전략·전역 방침은 모두가 '공격한다'는 이 기본 방침 위에서 세워지고 있다. 그러나 우리 앞에는 공격하기 어려운 몇 가지 경우가 있다. 첫째, 마주한 적이 많으면 공격하기 어렵고, 둘째, 마주한 적이 많지는 않더라도 그 적이 가까운 곳의 다른 적과 매우 접근해 있으면 때로는 공격하기 어렵고, 셋째, 일반적으로 보아 고립되지 않고 아주 견고한 진지를 차지하고 있는 적은 공격하기 어렵고, 넷째, 더 공격하더라도 전투의 승패를 가릴 수 없을 때에는 계속해서 공격을 하지 않는 것이 좋다. 이상과 같은 경우라면 우리는 언제나 물러갈 준비를 한다. 이와 같은 때에는 물러가는 것이 허용되며 또 물러나야 하는 것이 정상이다. 왜냐하면 우리는 무엇보다도 먼저 공격해야 한다는 것을 인정하는 조건하에서 물러가야 하는 것을 인정하기 때문이다. 홍군 운동전의 기본 특징은 바로 여기에 있다.[18]

이 글은 『중국 혁명전쟁의 전략 문제』에 보입니다. "이길 수 있으면 싸우고 이길 수 없으면 달아난다"는 것은 운동전을 개괄하는 말로 매우 생동감 있습니다.

11. 돌아가는 길을 곧장 가는 길이 되게 한다以迂爲直

공격을 위한 방어, 전진을 위한 후퇴, 정면으로 전진을 위한 측면으로 전진, 직진을 위한 우회는 많은 사물이 자기발전 과정에서 피할 수 없는 현상인데, 군사행동에 있어서는 더 말할 필요가 없다.[19]

이 글은 『중국 혁명전쟁의 전략 문제』에 보입니다. '직진을 위한 우회'는 바로 '이우위직以迂爲直'입니다. '이우위직'은 『손자』 「군쟁」 편에 보입니다.

12. 우세한 병력을 집중하라集中優勢兵力

병력 집중은 보기에는 쉽지만 실행하기는 매우 어렵다. 사람들은 모두 다수로써 소수를 이기는 것이 가장 좋은 방법임을 알고 있다. 그러나 많은 사람은 그렇게 하지 못하고 그와 반대로 항상 병력을 나눈다. 그 원인은 지도자에게 전략적 두뇌가 없어서 복잡한 환경에 현혹되고, 그로 인해 환경에 지배되어 자주적 능력을 잃고 대강대강 하기 때문이다.

(…)

우리는 소수로써 다수를 이긴다—우리는 중국의 모든 통치자들에게 이렇게 말한다. 우리는 또 다수로써도 소수를 이긴다—우리는 전장에서 작전하는 여러 부분의 적들에게 이렇게 말한다. 이런 사정은 이미 비밀이 아니다. 적들은 일반적으로 우리의 성질을 잘 알고 있다. 그러나 적들은 우리의 승리를 막을 수 없으며 또 자기들의 손실을 피할 수도 없는데, 그 이유는

전쟁은 속임수다

언제 어디서 우리가 이렇게 할지 그들은 알 수 없기 때문이다. 이 점에 대해서 우리는 비밀을 지켜야 한다. 홍군의 작전은 일반적으로 기습이었다.[20]

이 글은 『중국 혁명전쟁의 전략 문제』에 보입니다.

13. 열 손가락을 다치게 하는 것은 한 손가락을 끊어버리는 것만 못하다傷其 十指不如斷其一指(섬멸전)

사람에 대해 말한다면 그의 열 손가락을 다치게 하는 것은 그의 한 손가락을 끊어버리는 것보다 못하며, 적에 대해서 말한다면 그의 열 개 사단을 물리치는 것은 그의 한 개 사단을 섬멸하는 것보다 못하다.[21]
섬멸전은 우세한 병력을 집중해서 포위우회 전술을 취하는 것과 같은 의의를 가진다. 후자가 없으면 전자가 있을 수 없다. 인민의 찬조, 좋은 진지, 공격하기 쉬운 적, 불의의 습격 등의 조건은 섬멸의 목적을 달성하는 데 없어서는 안 될 조건들이다.[22]

이상은 『중국 혁명전쟁의 전략 문제』에 보입니다. "우세한 병력을 집중해서 적을 각개 섬멸한다"는 것은 전술학에 속합니다. 『손자』에서 세勢를 사용하는 것을 논했는데, 이른바 기정奇正·허실虛實의 방법이 여기에 속합니다. 모든 전술의 원칙 가운데 마오쩌둥은 이 점을 가장 강조했습니다. 그는 우세한 병력을 집중하는 것은 적어도 적보다 두세 배는 되어야 하며, 가장 좋은 것은 대여섯 배가 되는 것이라 했습니다. 이런 원칙은 그의 『중국 혁명전쟁의 전략 문제』(『마오쩌둥선집』, 217~222쪽,

231~232쪽)에서도 말했고, 『우세한 병력을 집중해서 적을 각개 섬멸하자集中優勢兵力, 各個殲滅敵人』(『마오쩌둥선집』, 1195쪽)에서도 말했습니다. 『눈앞의 형세와 우리의 임무目前形勢和我們的任務』(『마오쩌둥선집』, 1247쪽)에서 '10대 군사 원칙'을 말했는데 그 중에도 이 조목이 있습니다.

14. 속전속결速決과 지구전持久

반동세력이 강하기 때문에 혁명세력은 점차적으로 성장하게 된다는 이 말은 바로 전쟁의 지구성持久性을 규정한 말이다. (…)
전쟁과 전투의 원칙은 이와 반대로 오래 끄는 것이 아니라 빨리 끝내야 한다. 전쟁과 전투에서 속전속결을 다투는 것은 동서고금이 모두 같다. 전쟁 문제에서 동서고금이 모두 속전속결을 원하지 않은 적이 없으며, 시일을 오래 끄는 것은 불리하다고 인정되어 왔다. 그러나 유독 중국의 전쟁만은 최대의 인내성을 가지고 대처하지 않을 수 없고, 지구전으로 이에 대처하지 않으면 안 된다.[23]

이 글은 『중국 혁명전쟁의 전략 문제』에 보입니다. 중국은 북방 유목민족의 침입에 대해 습관적으로 전략적 방어를 취했습니다. 러시아가 나폴레옹을 대적할 때도, 소련이 히틀러를 대적할 때도, 중국이 일본을 대적할 때도 마찬가지였습니다. 침입하는 자는 빨리 끝내는 것이 유리하고 방어하는 자는 다만 그들이 온 길을 돌아가게 하려는 것이지만 전쟁과 전투에서 어느 누구라도 속전속결을 주장합니다.

전쟁은 속임수다

15. 약자가 강자를 이기려면 나중에 손을 써서 적을 제압하라以弱勝强 後發制人

다 알다시피 권투 선수 두 사람이 시합할 때 영리한 선수는 종종 한 걸음 물러서지만 미련한 선수는 기세가 사나워 처음부터 있는 재주를 다 부린다. 그 결과 오히려 한 걸음 물러섰던 자에게 지는 경우가 많다.

『수호전』에 나오는 홍교두洪教頭는 시진柴進의 집에서 임충林沖에게 달려들면서 "덤벼라" "덤벼라" 하며 연거푸 소리쳤다. 그러나 결국은 한 걸음 물러섰던 임충이 홍교두의 약점을 간파하고 단번에 홍교두를 차서 쓰러뜨렸다.

춘추시대에 노나라와 제나라가 싸울 때 노나라 장공莊公은 처음에 제나라의 군대가 피로해지는 것을 기다리지 않고 바로 출전하려 했는데, 나중에 조귀에게 제지당하고서 '적이 피로하면 우리는 공격한다'는 방침을 취해 제나라 군대와 싸워 이김으로써 중국전쟁사에서 약한 군대가 강한 군대를 이긴 유명한 전례를 남겼다. 여기서 역사가 좌구명左丘明의 글을 보도록 하자. (…)

당시의 상황은 약한 나라가 강한 나라에 저항한 것이다. 이 글에는 싸우기 전의 정치적 준비인 '백성에게 믿음을 얻는 것'이 지적되어 있으며, 반격으로 넘어가는 데 유리한 진지인 '장작長勺'이라는 곳이 언급되어 있으며, 반격을 시작하기 유리한 시기인 '적은 사기가 없어지고 아군은 용기가 가득할 때彼竭我盈'가 언급되어 있으며, 또 추격을 시작할 시기인 '수레바퀴 자국이 어지러워지고 깃발이 기울어져 있을 때轍亂旗靡'가 언급되어 있다. 이것은 그리 큰 전역戰役은 아니지만 거기에는 전략적 방어의 원칙이 제시되어 있는 것이다. 중국전쟁사에서 이 원칙에 맞으면 승리를 쟁취한 실례가 아주 많다. 초나라와 한韓나라 사이에 있었던 성고成皐 전투, 신新나라와 한漢나라 사이의 곤양昆陽 전투, 원소袁紹와 조조의 관도官渡 전투, 오吳나라와 위

魏나라의 적벽赤壁 전투, 오나라와 촉나라의 이릉夷陵 전투, 전진前秦과 동진東晉의 페이수이淝水 전투 등은 모두 쌍방의 강약이 서로 같지 않았으나 약자가 먼저 한 걸음 물러섰다가 뒤에 손을 써서 적을 제압했기 때문에 이긴 경우들이다.[24]

이 글은 『중국 혁명전쟁의 전략 문제』에 보입니다.

중국에서 있었던 진나라와 초나라의 성복 전투, 초나라와 한나라의 성고 전투, 한신韓信이 조趙나라를 격파한 전투, 신나라와 한나라의 곤양 전투, 원소와 조조의 관도 전투, 오나라와 위나라의 적벽 전투, 오나라와 촉나라의 이릉 전투, 전진과 동진의 페이수이 전투 등과 외국에서는 나폴레옹이 치른 많은 전투, 시월혁명 후의 소련의 내전 같은 경우가 모두 적은 병력으로 많은 병력을 깨뜨리고 열세로 우세에 대적해 승리를 얻은 것이다.[25]

만일 전략적 결전을 피한다면 "청산이 남아 있는 한 땔나무 없는 것을 걱정하지 않는다留得青山在 不愁沒柴燒"라는 말과 같으니, 비록 약간의 국토를 잃더라도 아직 돌아다니며 활동할 수 있는 넓은 땅이 있으므로 국내의 발전, 국제적 원조의 증대 및 적의 내부붕괴를 촉진하면서 기다릴 수 있는 것이다. 이것이 항일 전쟁의 가장 좋은 계책이다. (…) 역사상에서 러시아는 결전을 피하고 용감한 퇴각을 수행해 한때 세상에 위세를 떨치던 나폴레옹을 이겼다. 중국도 지금 그렇게 해야 한다.[26]

이상은 『지구전을 논함』에 보입니다. 방어는 공격을 막는 것과 공격을 기다리는 것입니다. 장작 전투는 공격을 기다리는 것이 구체적으로 드러난 경우로, 역공을 취할 수 있을 때를 기다렸습니다. 여기서 여러 가지 전

전쟁은 속임수다

쟁의 예를 제시했는데, 중국 군사학계는 특히 이런 전쟁의 예를 분석하고 연구하기 좋아합니다. 여기서는 또한 나폴레옹의 전쟁도 제시했습니다. 나폴레옹이 승리한 요인도 속전속결이고, 패배한 요인도 속전속결하려 했기 때문입니다. 나폴레옹이 러시아에서 실패한 것은 큰 교훈입니다.

16. 바둑 : 집짓기와 따먹기(포위와 역포위)

모든 항일 전쟁에서 볼 때 적은 전략적 공격과 외부 공격 작전을 하고 우리는 전략적 방어와 내부 방어 작전으로 대처하기 때문에 우리가 적의 전략적 포위 속에 처해 있다는 것은 의심할 바 없다. 이것은 적이 우리에 대한 첫째 형태의 포위이다. 우리는 수적으로 우세한 병력을 가지고 외부에서 여러 길로 나누어 공격해오는 적에 맞서 전역戰役과 전투에서의 공격 및 외부 공격에 대한 방침을 따르기 때문에, 여러 길로 나누어 공격해오는 적들의 각 분대를 우리의 포위망으로 들어오게 해야 한다. 이것은 적에 대한 우리의 첫째 형태의 포위라고 할 수 있다. 다시 적 후방의 유격전쟁 근거지 상황에서 볼 때, 모든 고립된 근거지는 적에 의해 사면 또는 삼면으로 포위되어 있다. 전자의 예는 산시성山西省 동북 지역인 우타이산五臺山 지구이며, 후자의 예는 산시성 서북 지구이다. 이것은 우리에 대한 적의 둘째 형태의 포위이다. 그러나 모든 근거지를 연결시켜 본다면, 아울러 모든 유격전쟁의 근거지와 정규군의 전선을 연결시켜 본다면 우리는 또한 많은 적을 포위하고 있다. 예를 들면, 산시성에서 우리는 퉁푸선同蒲線[27] 철도를 삼면으로(철도의 동서 양쪽 및 남단) 포위하고 있으며 타이위안太原 시를 사면으로 포위하고 있다. 허베이성·산둥성 등의 성들도 이렇게 포위한 것이 많다. 이것은 적에 대한 우리의 둘째 형태의 포위이다. 적과 우리는 각각 상대방에 대해 두 가지 형태의 포위를 하고 있는데, 이는 바둑을 두는 것과 같다. 우리에 대한 적의 군사작전과 적에 대한 우리의 군사작전 및 전투작전은 바둑돌을 따먹는 것과 같은 것이며, 적의 거점과 우리의 유격 근거지는 바둑에서 집을 짓는 것과 같은 것이다. '집을 짓는' 문제에서 적 후방의 유격전쟁 근거지의 전략적 역할의 중대성이 드러난다. (…) 만약 우리가 외교상 태평양 반일전선을 세워 중국을 하나의 전략 단위로 삼고 소련 및 기타 가능한 국가를 각각 전략적 단위로 삼는다면, 우리는 적들보다 포위하는 형태가 하나 더 많게 된다. 바로 태평양의 외부 작전이 형성되어 일본제국주의를 포위해 공격할 수 있게 된다는 말이다. 물론 이 점은 오늘날 아직 현실적인 의의가 없지만 이러한 전망이 없는 것은 아니다.[28]

이 글은 『항일 유격전쟁의 전략 문제』에 보입니다.

포위와 역포위—모든 전쟁 상황에서 보면, 적은 전략적 공격과 외부 작전을 하고 있고, 우리는 전략적 방어와 내부 작전으로 대처하기 때문에 의심할 것도 없이 우리는 적의 전략적 포위 속에 있는 것이다. 이것은 우리에 대한 적의 첫째 형태의 포위이다. 우리는 수적으로 우세한 병력을 가지고 전략상 외부에서 여러 갈래로 갈라져 우리에게 전진해오는 적에 대해 전쟁과 전투에서 외부 작전에 대한 방침을 따르기 때문에 여러 갈래로 전진하는 적의 한 갈래 또는 몇 갈래를 우리의 포위 속으로 넣을 수 있다. 이것은 적에 대한 우리의 첫째 형태의 역포위 개념이다. 그리고 적군의 후방에 있는 유격전쟁의 근거지를 통해 본다면 모든 고립된 근거지는 적의 사면 또는 삼면 속에 포위되어 있다. 전자는 우타이산을 예로 들 수 있고 후자는 산시

전쟁은 속임수다

성 서북부를 예로 들 수 있다. 이것은 우리에 대한 적의 둘째 형태의 포위이다. 그러나 만약 각 유격 근거지를 연결하고 또 각 유격 근거지와 정규군의 진지도 연결한다면 우리 또한 많은 적을 포위하고 있다고 할 수 있다. 예를 들면, 산시성에서 우리는 퉁푸선 철도를 삼면(철도의 동서쪽과 남단)으로 포위하고 있고 타이위안을 사면으로 포위하고 있으며, 허베이성·산둥성 등의 성에서도 이런 식으로 포위하고 있는 것이 많다. 이것은 적에 대한 우리의 둘째 형태의 역포위 개념이다. 이와 같이 적과 우리가 모두 각각 상대방에 대한 두 가지 형태의 포위를 가지고 있는 것은 대체로 바둑을 두는 것과 흡사하다. 우리에 대한 적의, 적에 대한 우리의 전쟁과 전투 작전은 마치 바둑돌을 서로 따먹는 것과 같으며, 적의 거점(예를 들면 타이위안)과 우리의 유격 근거지(예를 들면 우타이산)는 마치 바둑에서 집을 짓는 것과 같은 것이다. 만약 세계적 성격을 띤 바둑을 염두에 두고 본다면 셋째 형태의 적과 우리의 포위 개념이 있을 수 있는데, 그것은 침략전선과 평화전선의 관계이다.[29]

이 글은 『지구전을 논함』에 보입니다. 이상의 두 단락은 내용이 거의 같습니다. 집짓기와 따먹기는 매우 생동감 있는 비유입니다. 바둑은 옛날 군대의 놀이로 포위와 역포위를 본뜬 것입니다. 마오쩌둥이 말한 '내부 작전 속의 외부 작전內線中的外線'(『마오쩌둥선집』, 473~476쪽)도 포위와 역포위에 속하는 것입니다.

17. 세상에 고양이와 고양이가 친구가 되는 일은 있어도 고양이와 쥐가 친구가 되는 일은 없다

우리의 적은 아직도 그곳에서 원나라가 송나라를 멸망시키고, 청나라가 명나라를 멸망시키고, 영국이 북아메리카와 인도를 점령하고, 라틴 국가들이 중앙아메리카와 남아메리카를 점령했던 것과 같은 달콤한 꿈을 꾸고 있다.[30]

이 글은 『항일 유격전쟁의 전략 문제』에 보입니다.

일본 군대의 장점은 그 무기에만 있는 것이 아니라 장병들의 교양인 조직력, 과거에 패전한 일이 없다는 데서 생긴 자신감, 천황과 귀신에 대한 미신, 교만한 자존심, 중국인에 대한 경시 등의 특성에도 있다. 이것은 일본 군대가 다년간 실시해온 무력적 교육과 일본 민족의 관습에 의해 만들어진 것이다. 우리 군이 일본군을 살상한 수효는 아주 많지만 생포한 수는 아주 적은 현상의 중요한 원인이 여기에 있다. (⋯) 섬멸전으로 적군의 기세를 꺾는다는 점에서 말한다면, 섬멸하는 것은 전쟁의 과정을 줄여서 일본 병사와 일본 국민을 빨리 해방시키는 조건 가운데 하나이다. 세상에 고양이와 고양이가 친구가 되는 일은 있어도 고양이와 쥐가 친구가 되는 일은 없다.[31]

일본의 지주계급과 자산계급의 야심은 대단히 크다. 남으로는 남양군도南洋群島를 공격하고, 북으로는 시베리아를 공격하기 위해 중간 돌파의 방침으로 먼저 중국을 침공한 것이다. 어떤 사람들은 일본이 화베이華北와 장쑤江蘇·저장浙江 일대를 점령한 뒤에는 그 공격을 멈출 것이라고 생각하는데, 새로운 단계로 발전되어 죽음의 경계에 가까이 다가가고 있는 일본제국주의가 이미 과거 역사상의 일본과는 다르다는 것을 전혀 보지 못하는 것이다. (⋯) 일본이 중국을 공격한 뒤, 만일 중국의 항전이 일본에 치명적

전쟁은 속임수다

인 타격을 주지 못하고 일본에 충분한 역량이 남아 있다면 일본은 반드시 남양이나 시베리아까지 공격할 것이며, 어쩌면 이 두 곳을 한꺼번에 공격할지도 모른다. 유럽 전쟁이 함께 일어나면 이 수를 쓸 수 있으니, 일본 통치자들은 제 좋은 쪽으로만 생각해서 전쟁을 아주 크게 벌인다.[32]

이상은 『지구전을 논함』에 보입니다. 이민족이 세운 왕조인 원나라와 청나라가 중국을 다스린 일은 일본이 심중에 품었던 본보기입니다. 제2차 세계대전에서 일본의 전략 목표는 중국·소련·미국 세 나라였습니다. 연한 감을 먼저 집는 격으로 중국이 첫째 목표였습니다. 1931년 일본이 중국의 동북 지방을 침략했고, 1937년에는 전면적으로 중국을 공격했습니다. 소련은 둘째 목표였는데, 왜냐하면 소련은 빈털터리가 된 공산국가로 독일·이탈리아·일본·영국·프랑스·미국의 공통된 적이기 때문에 독일과 일본이 동서에서 협공했고, 영국과 미국은 승리를 낙관했습니다. 일본 군부는 남쪽으로 공격하자는 남공파南攻派와 북쪽으로 공격하자는 북공파北攻派로 나뉘었는데, 먼저 시험 삼아 북쪽으로 올라간 것입니다. 1939년 소련이 노몬한諾門罕 사건[33]을 통해 일본에 큰 타격을 주자, 일본은 북상하는 데 실패하고 남하하기로 결정했습니다. 미국은 강대하고 거리도 멀기 때문에 셋째 목표였습니다. 1941년 일본군이 진주만을 공격하고서야 강 건너 불 보듯 하고 남에게 이용당한 이 나라를 전쟁에 휘말리게 했습니다. 『지구전을 논함』은 1938년 5월에 씌어졌는데, 일본이 남쪽으로 남양군도를 공격하고 북쪽으로 시베리아를 공격한 일이 뒤에 모두 현실이 되었습니다. 마오쩌둥은 말하기를, 일본군은 좋은 무기를 가졌을 뿐 아니라 평소에 훈련도 잘 되어 있어 전투력도 강한데, 그들은 본래 중국을 무시하기 때문에 그 콧대를 꺾어놓지 않으면 중국과 일본은 친구가 될 수 없다고 했습니다.

18. 거지가 용왕과 보물을 겨루는 것은 어이없는 일이다

'소모전을 하자'는 주장은 중국 홍군 입장에서는 시의에 적절하지 않은 말
이다. 용왕끼리 '보물 겨루기'를 하는 것이 아니라, 거지가 용왕과 보물을
겨루는 것은 어이없는 일이다.[34]

이 글은 『중국 혁명전쟁의 전략 문제』에 보입니다. 거지가 용왕과 보
물을 겨루는 것은 군비경쟁이 가장 전형적이라고 할 수 있는데, 무기를
비교하는 것은 사실 돈을 비교하는 것을 말합니다. 세계는 커다란 도박
장이며, 미국이 패를 돌리는 딜러입니다. 도박에서 지지 않는 사람은 오
직 딜러뿐입니다. 미국이 건국한 지 200여 년 동안 외국에 들어가 군사
충돌을 일으킨 것이 235차례인데(그 가운데 25~30차례는 전면전의 성격을
띠고 있습니다.) 평균적으로 1년에 1차례가 넘습니다. 미국이 고립주의를
포기한 최근 60여 년 사이의 일을 생각해보면, 그들이 군사 충돌을 일으
킨 빈도가 더욱 높습니다. 미국은 무기 생산에 목숨을 걸고 있는데, 전
쟁을 하지 않으면 무엇을 하겠습니까? 무기의 수준이 바뀌는 시간이 매
우 빠르기 때문에 쓸 수 있는 것은 사용하지만 쓸 수 없는 것은 팔아버
립니다. 뒤처진 무기는 절대 자기 손에 남겨두지 않고 끊임없이 이리저리
다른 나라에 파는데 이것은 온 지구가 어지럽게 되는 원인이 됩니다. 미
국은 상대가 필요해서 자신들이 개설한 큰 도박장에 모두가 들어오기를
바라며, 사람들에게 끊임없이 돈을 걸도록 압박합니다. 누구라도 여기

전쟁은 속임수다

에 들어가면 낭패를 보지만, 들어가지 않고서는 몸을 둘 곳이 없습니다. 소련은 미국과 군비경쟁을 하다가 망했습니다. 미국의 안전은 전 세계의 불안 위에 세워진 것입니다.

제12편

화공火攻

이 책의 마지막 조는 「화공」과 「용간」 편입니다. 이 조는 앞의 세 조와는 매우 다릅니다. 이 두 편은 각각 전문적 주제를 말하고 있는데, 각 주제가 모두 독립된 것이어서 앞의 어떤 조에도 포함할 수 없고 단지 '별도'나 '기타'로 칠 수 있을 뿐입니다. 선진시대의 제자서의 구성을 빌리자면 바로 잡편雜篇에 해당합니다.

먼저 「화공」에 대해 이야기하려 합니다.

'화공'은 간단하게 말하면, 불을 공격의 수단으로 삼거나 불을 사용해 공격을 돕는 것입니다. 이 편의 뒷문장에서 "그런 까닭으로 불로 공격을 돕는 자는 명성이 밝으며故以火佐攻者明"라고 했는데, 원문의 '좌佐'가 바로 돕는다는 뜻입니다.

옛사람들은 화공을 매우 중시했습니다. 『무경총요 전집』 권11에서는 수공水攻과 화공에 대해 전문적으로 말하면서 화공을 수공과 함께 배열했습니다. 그러나 『손자』는 단지 화공만 말하고 수공은 말하지 않았습니다. 『손자』는 화공이 수공보다 더 중요하다고 인식합니다. 확실히 전쟁에서 불을 사용하는 것이 횟수도 더 많고 보편적이며, 그 기술도 물보다 높습니다.

불은 가장 오래된 무기인 동시에 가장 발전한 무기입니다. 화공을 쓸 때는 기후에 의존하는데 특히 계절풍과 관련이 있으며, 이런 연구는 오늘날의 군사기상학에 속하는 것이며 고대에는 풍각風角이라 했습니다. 풍각은 수술數術의 한 가지로서 군사에 사용되면 병음양兵陰陽에 속합니다. 이것이 공격 수단이 되면 병기교兵技巧와 관련이 있습니다.

병음양의 특징은 "때에 따라 발생하고 형덕을 미루어보며 투쟁을 따르고 오승을 따르고 귀신을 빌려 돕는 것順時而發, 推刑德, 隨鬪擊, 因五勝, 假鬼神而爲助者"(『한서』 「예문지·병서략」)이며, 병기교의 특징은 "손과 발의 기술을 익히고 기계를 편하게 다루며 기관에 대한 기술을 축적해 공격과 수비에 승리를 취하는 것習手足, 便器械, 積機關, 以立攻守之勝"(같은 책)입니다. 전자는 천문·역법·별점·기후·식법式法·선택·지리 등의 수술을 위주로 하고, 후자는 무기·무술과 공성·수성 등의 기술을 위주로 하는데, 화공은 이 두 가지와 모두 관련이 있습니다.

나는 「화공」 편을 네 장으로 나눕니다.

제1장에서는 다섯 가지 불五火의 이름을 말합니다.

제2장에서는 다섯 가지 불의 쓰임새를 말합니다.

제3장에서는 화공이 수공보다 더 효과가 있다고 말합니다.

제4장에서는 전쟁에 신중을 기해 "이익에 부합하면 움직이고, 이익에 부합하지 않으면 멈추라合於利而動, 不合於利而止"고 권합니다.

이제 한 장씩 소개하도록 하겠습니다.

전쟁은 속임수다

【 12-1 】

손자가 말했다.

화공에는 다섯 가지가 있으니, 첫째는 '화인', 둘째는 '화적', 셋째는
'화치', 넷째는 '화고', 다섯째는 '화대'이다.

孫子曰：

凡火攻有五, 一曰火人, 二曰火積, 三曰火輜, 四曰火庫, 五曰火隊.

　　문장의 첫머리에서 먼저 다섯 가지 불의 이름을 말하면서 화공의 다
섯 가지 종류를 소개하고 있습니다. 화공의 다섯 가지는 앞에 열거한 '화
인火人' '화적火積' '화치火輜' '화고火庫' '화대火隊'입니다.

　　'화인'은 화공으로 상대인 사람을 불태워버리는 것으로, 당연히 상대
방의 전투인력을 우선으로 하지만 왕왕 백성들도 그로부터 도망치지 못
합니다. 서양은 전통적으로 전쟁은 군인들의 일로, 백성들과는 상관이
없습니다. 일본도 그래서 무사들이 전쟁에 나서고 백성들은 전쟁을 구
경했습니다. 19세기 이전의 유럽에는 민병이 없었습니다. 프랑스 혁명은
혁명이기 때문에 비로소 온 국민이 병사가 되었습니다. 나폴레옹은 민
병에 의존해 싸웠는데, 민병제도를 전파하는 것이 당시에는 하나의 혁명
이었습니다. 그러나 중국은 이와 달리 춘추전국시대 이래로 이런 혁명이
있었습니다. 서양에서 제정한 국제관례는 일반 시민을 다치게 하지 않고
포로를 죽이지 않는 것이며, 미국이 미화하는 첨단 기술은 목표를 정밀
하게 타격해서 사상자를 줄이는 것인데, 이는 사실 오래된 기사도 원칙
입니다.(중국의 전쟁에 백성들이 개입되어서는 안 됩니다.) 그러나 적들이 만

약 온 국민이 모두 병사이거나 백성들이 적대적인 태도를 가지고 있다면 그들은 다른 규칙(예를 들면 테러리즘)을 사용하게 되어, 이런 원칙들은 일방적인 소망이 되었습니다.

'화적'은 화공으로 적군의 식량을 불태워버리는 것을 말합니다. '적積'은 위적委積, 곧 저장해둔 양식과 건초를 말하니, 사실상 적군의 식량 창고와 건초 더미를 불태워버리는 것이기도 합니다. 옛날의 식량 창고는 두 종류가 있는데, 네모 모양의 창고를 '창倉'이라 하고 둥근 모양의 창고를 '균囷'이라 했습니다. 식량 창고의 도자기 모형의 부장품(명기明器)이 매우 많이 출토되었는데 특히 진秦나라 묘지에 많으며, 이런 그릇을 함께 묻는 것이 줄곧 전통이 되었습니다. 한나라 이후 전국 각지에서 이런 풍습을 계승했습니다. 최근에 고고학자들이 허난성 링바오靈寶와 산시성陝西省 바오지寶鷄에서 전한시대의 대형 식량 창고를 발굴했는데 모두 네모 모양이었습니다.

'화치'는 화공으로 상대의 보급품을 불태워버리는 것을 말합니다. 앞에서 '치輜'의 본뜻이 군수물자를 운반하는 수레, 곧 '치거輜車'라고 말한 바 있습니다. 치거는 중거重車라고도 부르는데, 소를 이용해서 끌었습니다. 군대가 이동할 때 군대를 따라 이동하는 무기 장비와 의복·식량 등을 모두 치중輜重이라 부릅니다.

'화고'는 화공으로 적군의 무기 창고를 불태워버리는 것을 말합니다. '고庫'는 무기 창고로서 일반적인 창고나 양식 창고가 아닙니다. 옛날에 일반적인 창고의 관습적 호칭은 '부府'였습니다. 식량 창고는 앞에서 말한 창균倉囷입니다. '庫' 자는 지붕 아래에 수레가 있는 것을 본뜬 글자로, 옛사람들은 무기와 수레를 넣어두는 곳이라 풀이했습니다.(『설문해자』 엄广 부와 다른 많은 주소註疏에서 이렇게 말했습니다.) 옛날에는 출정하

전쟁은 속임수다

전한시대 견하汧河(지금의 산시성陝西省) 부두의 창고.

1. 발굴 현장.

2. 복원도.

기 전에 갑옷과 무기를 나누어주는 의식을 치르고 전차와 무기를 임시로 나누어주었습니다. 기원전 712년 정鄭나라 장공莊公이 허許나라를 공격할 때 대궁大宮에서 무기를 나누어주었고, 공손알公孫閼이 영고숙穎考叔과 수레를 다툴 때는 정나라의 종묘에서 무기를 나누어주었습니다. 수레는 어디에서 나올까요? 바로 '고'에서 끌고 나옵니다. 옛날의 '고'는 바로 무기고입니다. 무기고는 무기를 넣어두는 곳인데, 전차를 넣어둘 뿐 아니라 일반적인 무기도 보관했습니다. 전국시대의 무기에 새겨진 글자를 보면, 무기 제작을 책임지고 감독한 관원과 장인의 이름 외에도 무기를 넣어둔 무기고의 이름을 기록해 두었는데, 예를 들면 '좌고左庫'나 '우고右庫' 같은 것은 무기고의 이름입니다. 1961~1962년 중국과학원 고고연구소는 한나라의 수도였던 산시성陝西省 시안西安에서 당시의 무기고를 발굴했는데, 그 위치는 미앙궁未央宮과 장락궁長樂宮 사이였습니다.

'화대'에 대해서는 오래전부터 이견이 있습니다. 옛 주석에는 세 가지 설이 있는데, 하나는 '대隊'가 대오隊伍의 '대'라는 것으로, '화대'는 적의 군대를 불태워버린다는 것인데, 이는 '화인'과 중복됩니다. 다른 하나는 '대'가 대장隊仗의 대隊라는 것인데, 대장은 무기를 뜻하기 때문에 이는 '화치'나 '화고'와 중복됩니다. 마지막 하나는 '대'를 '수隧'로 읽어 양식을 수송하는 길로 해석하는 것인데, 이 역시 '화적'과 중복됩니다. 이런 해석들은 전혀 사람들에게 만족을 주지 못했습니다. 나는 논문을 써서 이 문제를 논의한 적이 있습니다. 『묵자』「비성문」편에도 '대隊'가 있습니다. 이런 '대'는 두 종류로 나뉘는 듯한데, 하나는 공격하는 쪽에서 적진을 돌파할 때 사용하는 선봉대先鋒隊이며, 다른 하나는 '수隧'의 뜻으로 읽지만 양식을 운송하는 길이 아니고 땅굴地道을 뜻합니다. 앞의 설명은 '화인'과 어느 정도 중복됩니다. 『묵자』「비혈」편을 읽어보면, 연기와 불

전쟁은 속임수다

산시성 시안西安에서 발견된 한나라 무기고 터.

1. 발굴 현장.

2. 평면도.

이 성 밑으로 굴을 파서 공격하는 것에 대처하는 중요한 방법임을 알 수 있습니다. 나는 땅굴설이 더 합당한 것이 아닌가 하고 생각합니다.[1]

요컨대, 여기서 말하는 화공의 대상은 적의 살아 있는 힘을 우선으로 하기 때문에, 사람을 불태워버리는 것이 첫째입니다. 그다음은 적의 군량과 마초馬草를 불태워버리는 것입니다. 천군만마라도 먹고 마시지 못하는 것으로 인한 타격이 가장 큽니다. 그다음은 적의 보급품을 불태워버리는 것입니다. 『손자』 「군쟁」 편에서 "군대에 보급품이 없으면 망한다 軍無輜重則亡"라고 했는데, 이로 인한 타격도 매우 직접적입니다. 그다음이 바로 적의 무기고입니다. 마지막은 적이 성을 공격하는 데 이용하는 땅굴입니다.

이 순서에는 경중과 완급이 있습니다.

전쟁은 속임수다

【 12-2 】

화공을 행할 때에는 반드시 알맞은 조건이 있어야 하고, 불을 붙이는 데에는 반드시 도구를 갖추고 있어야 하는데, 불이 잘 지펴지는 때가 있고, 불이 잘 타오르는 날이 있다. 때란 하늘이 건조한 것이고, 날이란 달에 기箕·벽壁·익翼·진軫이 있는 것이다. 이 네 가지 성수星宿는 바람이 이는 날이다. 무릇 화공은 반드시 다섯 가지 불의 변화에 따라 적절하게 적용해야 한다. 안에서 불이 일어나면 미리 외부에서 대응하며, 불이 난 뒤에도 적의 병사들이 조용하면 기다리고 공격하지 말아야 한다. 화력이 극에 이르렀을 때, 불길을 따라 공격할 수 있으면 불길을 따라가고 따라갈 수 없으면 멈추어야 한다. 밖에서 불을 지를 수 있으면 안에서 기다리지 말고 때에 맞추어 불을 질러야 한다. 불이 바람을 타고 일어나면 바람을 맞으며 공격해서는 안 된다. 낮에는 바람이 오래 불지만 밤에는 바람이 그친다. 무릇 군대는 반드시 다섯 가지 화공의 변화를 알고, 이를 헤아려서 지켜야 한다.

行火必有因, 烟火必素具, 發火有時, 起火有日. 時者, 天之燥也 ; 日者, 月在箕·壁·翼·軫也. 凡此四宿者, 風起之日也. 凡火攻, 必因五火之變而應之. 火發於內, 則早應之於外. 火發而其兵靜者, 待而勿攻. 極其火力, 可從而從之, 不可從則止. 火可發於外, 無待於內, 以時發之. 火發上風, 無攻下風. 晝風久, 夜風止. 凡軍必知五火之變, 以數守之.

이 장은 화공을 어떻게 시작하고, 실제로 시행하는가에 대해 말하고 있습니다. 이 장은 두 부분으로 나뉩니다.

(1) 원문의 '행화필유인行火必有因'에서 '풍기지일야風起之日也'까지는 화공을 시작하기 전의 준비 작업을 말한 것입니다. 먼저 이 단락부터 살펴보겠습니다.

"화공을 행할 때에는 반드시 알맞은 조건이 있어야 하고, 불을 붙이는 데에는 반드시 도구를 갖추고 있어야 하는데, 불이 잘 지펴지는 때가 있고, 불이 잘 타오르는 날이 있다行火必有因, 烟火必素具. 發火有時, 起火有日"는 구절은 화공을 시작하기 전의 준비 작업에 해당합니다. 준비 작업의 첫째는 불붙일 재료를 준비하는 것이며, 둘째는 불붙일 시간을 정하는 것입니다. 이런 준비는 모두 화공의 필수 조건으로, 원문에서는 '인因'이라 했습니다. '연화烟火'는 불붙일 재료를 말하는데, 죽간본에는 '인因'으로 되어 있으나 고서에는 대부분 '연화烟火'로 되어 있습니다. 아마도 원래는 '인因'으로 표기한 것을 뒤에 '연烟'(연煙의 이체자)으로 읽고 분명하게 '연화烟火'로 해석한 것으로 보입니다. 잠시 전해오는 판본에 따라 해석해 보았습니다.

"불이 잘 지펴지는 때가 있고, 불이 잘 타오르는 날이 있다發火有時, 起火有日"에서 원문의 '시時'는 사계절의 시간을 말한 것이지, 십이지十二支의 이름을 붙인 십이시의 시간을 말한 것이 아닙니다. 사계절은 1년을 넷으로 나눈 큰 시간입니다. 십이시는 하루를 열둘로 나눈 작은 시간입니다. '시時'와 '일日'은 다른 것으로, 시는 계절이고 일은 날입니다. 시일時日을 선택하는 것은 병음양에 속합니다.

"때란 하늘이 건조한 것時者, 天之燥也"이라는 구절은 메마른 계절을 말합니다. 중국의 북방은 겨울과 봄에 기후가 매우 건조하고 바람이 매우 심합니다. 겨울이 되면 텔레비전에서 사람들에게 불조심하도록 주의를 일깨웁니다.

전쟁은 속임수다

"날이란 달에 기·벽·익·진이 있는 것日者, 月在箕壁翼軫也"에서 원문의 '월재月在'는 달의 궤도, 곧 달이 하늘을 운행하는 위치를 말합니다. 어떤 위치일까요? 바로 이십팔수 가운데 네 개의 별자리인 기箕·벽壁·익翼·진軫을 가리킵니다.

이십팔수는 해와 달이 오른쪽으로 운행하는 순서에 따라 다음과 같이 4궁四宮으로 나눕니다.

　　동궁東宮 : 각角·항亢·저氐·방房·심心·미尾·기箕

　　북궁北宮 : 두斗·우牛·여女·허虛·위危·실室·벽壁

　　서궁西宮 : 규奎·누婁·위胃·묘昴·필畢·자觜·삼參

　　남궁南宮 : 정井·귀鬼·유柳·성星·장張·익翼·진軫

기箕는 동궁의 마지막 별자리로서 동북쪽에 위치하며, 초봄에 해당합니다. 벽壁은 북궁의 마지막 별자리로서 서북쪽 모퉁이에 위치하며, 초겨울에 해당합니다. 익翼과 진軫은 남궁의 마지막 두 개의 별자리로서 동남쪽 모퉁이에 위치하며, 초여름에 해당합니다. 여기에 서궁은 포함되어

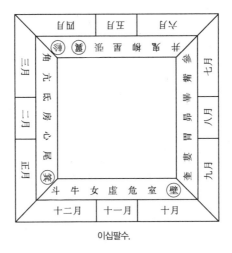

이십팔수.

있지 않습니다.

이 두 가지 조목이 "풍기지일야風起之日也", 곧 바람이 부는 날을 정하는 것입니다. 날은 사계절에 비해 더욱 구체적입니다.

옛날에 바람을 연구하는 것은, 언제 바람이 부는지, 바람이 어디서 불어오는지, 얼마나 많이 부는지를 연구하는 것이었습니다. 이런 학문을 풍각風角이라 합니다.

풍각에 관해 생소한 사람이 많을 것이므로 조금 설명해보도록 하겠습니다.

풍각은 바람을 살피는 학문으로, 바람의 방향과 바람의 세기를 주의 깊게 관찰하는 것입니다. 이 두 글자의 뜻은 간단하게 말하자면 "사방 네 곳의 바람을 살펴서 길흉을 점치는 것候四方四隅之風, 以占吉凶也"(『후한서』 「낭의전郎顗傳」 이현李賢의 주석)입니다. '사방四方'은 '사정四正'이라고도 하는데, 정동正東·정남正南·정서正西·정북正北을 말하며, '사우四隅'는 북동·북서·남동·남서를 말합니다. '사방'에 '사우'를 더한 것이 바로 팔방八方이고, 사면팔방四面八方의 팔방은 모두 여덟 개의 방향으로 이를 통칭해서 '각角'이라고 부릅니다. 팔방의 바람으로 길흉을 점치는 것이 바로 풍각입니다. 풍각은 고대 수술의 한 부문으로, 군사에 사용하면 병음양에 속합니다.

풍각의 기원은 매우 오래되었습니다. 중국 대륙은 경사진 지형으로 이루어져 있는데, 서북쪽은 높고 동남쪽은 낮아서 물이 일반적으로 동쪽으로 흐릅니다. 전욱顓頊과 싸워서 진 공공共工이 화가 나서 하늘을 떠받치고 있는 부주산不周山을 들이받아 하늘이 서북쪽으로 기울고 땅이 동남쪽으로 꺼졌다는 중국의 신화는 이런 특징을 묘사한 것입니다. 기후도 매우 특징이 있어 1년 사계절이 아주 뚜렷하고, 바람도 계절풍으로 봄·여름·가을·겨울에 각각의 바람이 동서남북에서 돌아가며 붑니다.

바람을 살피는 것의 바탕은 기후입니다. 기후는 음양으로 나뉘고, 음양은 성했다가 쇠하는 것이어서 다르게 구분할 수 있습니다. 대충 두 부류로 나누면 남동南東이 양陽이고 북서北西가 음陰인데, 주로 남동풍과 북서풍이 서로 싸웁니다. 임대옥林黛玉은 "그러나 모든 집안일은 동풍이 서풍을 누르지 않으면 서풍이 동풍을 누른다但凡家庭之事, 不是東風壓了西風, 就是西風壓了東風"(『홍루몽』 제82회)라고 했습니다. 동풍과 서풍이 싸운다는 것은 주로 남동풍과 북서풍이 싸우는 것입니다.

팔풍이라는 개념이 생기기 전에는 사방풍이 있었는데, 예를 들면 『산해경』「대황경大荒經」과 『이아爾雅』「석천釋天」에 이런 표현이 있습니다. 갑골문에서도 이미 사방풍을 언급했는데, 『산해경』의 사방풍과 이름이 거의 같습니다.

팔방풍은 사방풍에서 발전한 것으로, 사방에 사우를 더해 네 모퉁이의 바람이 첨가된 것입니다. 팔풍은 세 가지 형식이 있는데, 하나는 『여씨춘추』「유시有始」편과 『회남자』「지형地形」편에서 말한 팔풍이며, 다른 하나는 『회남자』「천문天文」편과 『사기』「율서律書」편에서 말한 팔풍, 마지막 하나는 『태공병서太公兵書』(『영구경靈柩經』「구궁팔풍九宮八風」에 인용)에서 말한 팔풍입니다.

이밖에 『주례』「춘관·보장씨保章氏」편에서도 바람을 살피는 것을 말하면서 십이풍을 언급했는데, 이는 팔풍에 다시 사풍을 더한 것으로, 12시간으로 나눈 시계의 눈금판과 같습니다.

고대의 전쟁에서 바람은 매우 중요합니다. 누가 바람의 방향을 점칠 수 있는지가 줄곧 승패와 우열을 나타내는 전통적인 의견이었습니다. 전설에 따르면, 황제黃帝가 치우蚩尤를 정벌할 때, 치우가 비바람과 구름을 일으켜서 황제는 아홉 번 싸워 모두 패했고, 마지막에 풍후風侯와 현녀玄女의 도움을 받고서야 치우를 이길 수 있었습니다. 풍후라는 이름은 풍각과 관련이 있을 수 있습니다.

또 『국어』 「정어鄭語」 편에 "우막은 협풍을 잘 들을 수 있었다虞幕能聽協風"라는 말이 있습니다. '우막虞幕'은 옛 우虞나라의 임금으로 우사虞思라고도 하는데, 『좌전』 애공 원년 조목에 보이며, 전하는 말에 따르면 하나라 소강小康 때의 사람이라 합니다.

중국 고대의 수술은 부문이 매우 많은데, 풍각은 점성占星·후풍候風·식법式法·선택選擇·조정鳥情·오음五音과 고르게 교차되어 있으며, 특히 조정·오음과의 관계가 더욱 긴밀합니다.

조정은 새를 이용해 점을 치는 것인데, 새가 어떻게 날고 어떻게 우는가를 관찰해 길흉을 정합니다. 이것은 후풍, 곧 바람을 살피는 방법 가운데 하나입니다. 『좌전』 희공 16년 조목에 "육익이 거꾸로 날려가 송나라 도시를 지나간 것은 바람 때문이다六鷁退飛過宋都, 風也"라고 했는데, 익조鷁鳥 여섯 마리가 바람을 거슬러 날아가려 하다가 오히려 거꾸로 날려가 송나라의 큰 도시(수도라는 뜻의 도都가 아니고 큰 도시라는 뜻의 도입니다.)까지 날아갔다는 뜻으로, 바람이 아주 센 상황을 설명합니다. 이것이 바로 새의 상태鳥情를 이용해 바람을 살핀 것입니다. 새의 상태와 관련 있는 것으로 계우鷄羽와 상풍조相風鳥가 있는데, 고대에 바람을 살피던 도구입니다. 상풍조는 바로 고대의 풍향계로 중국에도 있고 외국에도 있습니다.

오음은 종률鍾律 또는 납음納音이라고도 하는데, 취율吹律로 소리를 정하는 방법을 이용해서 바람을 살피고 길흉을 점쳐 판단하는 것입니다. 『좌전』 양공 18년 조목에 따르면, 기원전 555년에 "진晉나라 사람들

전쟁은 속임수다

이 초나라 군대가 침범한다는 말을 들었는데, 진나라 사광師曠이 '괜찮습니다. 내가 남풍을 한 번 부르고 북풍을 한 번 부르면 남풍이 북풍보다 강하지 않아서 죽는 사람의 소리가 많이 들리는 것을 발견할 것이니 초나라는 결코 성공하지 못할 것입니다'라고 말했다晉人聞有楚師, 師曠曰, "不害. 吾驟歌北風, 又歌南風, 南風不競, 多死聲. 楚必無功"는 구절이 있습니다. 사광이 어째서 이런 말을 했을까요? 주된 이유는 진나라는 북방에 있고 초나라는 남방에 있기 때문입니다. 남풍은 남방을 대표하는 음률, 곧 오음 가운데 치음徵音과 십이율 가운데 중려仲呂·유빈蕤賓·임종林鍾이며, 북풍은 북방을 대표하는 음률, 곧 오음 가운데 우음羽音과 십이율 가운데 응종應鍾·황종黃鍾·대려大呂입니다. 사광은 악사樂師이기 때문에 남방의 음악과 북방의 음악 가운데 어느 것이 더 강한가에 따라 초나라 군사와 진나라 군사 가운데 어느 쪽이 더 강한지를 판단했는데, 이것이 바로 성률聲律로 길흉을 판단한 사례입니다. 『사기』 「율서」 편의 금본은 후대에 보충한 것으로 원래는 「병서兵書」라 했는데, 여기서 육률六律은 만물의 근본이며 "그것은 병기에 있어 더욱 중요한 것이기 때문에 '적을 바라보고 길흉을 알고 소리를 듣고 승부를 안다'고 했으니 모든 임금이 바꾸지 않은 진리其於兵械尤所重, 故云望敵知吉凶, 聞聲效勝負, 百王不易之道也"라고 했습니다. 『육도』 「용도·오음五音」 편과 『태평어람』 권328에서 『육도』의 일문을 인용한 내용, 그리고 인췌산 한나라 죽간의 『천지팔풍오행객주오음지거天地八風五行客主五音之居』 같은 것은 모두 풍각과 오음이 서로 결합한 내용입니다.

풍각의 기술에 대해서는 전한시대 위선魏鮮의 『집랍명정월단결팔풍集臘明正月旦決八風』에 나옵니다(『사기』 「천관서」와 『개원점경開元占經』 권93에 인용). 전하는 바로는 경방京房과 익봉翼奉도 풍각에 정통했다고 합니다.

후한시대에는 풍각이 더욱 번성해 이 기술에 능한 사람으로 낭의郎顗(『후한서』 본전), 장형張衡(『후한서』 본전), 장성張成(『후한서』 「당고열전黨錮列傳」), 오항吳伉(『후한서』 「환자열전宦者列傳」), 경란景鸞·하휴何休(『후한서』 「유림열전儒林列傳」), 임문공任文公·사이오謝夷吾·이남李南·단예段翳·요부廖扶·번영樊英(『후한서』 「방술열전方術列傳」) 등이 있습니다.

한·당漢唐의 역사서 예문지에 기록된 풍각서는 일반적으로 모두 조정鳥情과 함께 점을 치거나 오음과 함께 점을 치는 것들입니다. 안타까운 점은 이런 고서들이 대부분 사라져 전해지지 않는다는 사실입니다. 수·당隋唐의 풍각서는 경방과 익봉에 힘입은 바가 큽니다.

만당晚唐 시기에는 역정易靜의 『병요망강남兵要望江南』이 있는데, 이것은 「망강남望江南」의 곡조를 사용해 용병의 요체(주로 병음양)를 구결로 편성한 것으로, 모두 700여 수에 이릅니다. 그 가운데 「위임제일委任第一」이 있는데, 장수 선발을 내용으로 하는 이 노래에서 으뜸으로 꼽은 것은 '풍각을 점치는占風角' 능력입니다. 또 「풍각제이風角第二」의 첫째 수에서는 "군사를 일으키는 도는 풍각이 가장 우선이네. 만약 바람을 맞으며 잠시 머무르더라도 뒤에 바람이 도와 하늘의 뜻에 맞으면 큰 전쟁에서 우리가 마땅히 앞서리라興兵道, 風角最爲先. 若是迎風權且住, 後來風助合蒼天, 大戰我當先"라고 노래했습니다. 이것으로 고대 병가에서 풍각이 차지하는 중요성을 알 수 있습니다. 송대에도 『망강남풍각집望江南風角集』이 있는데, 『송사』 「예문지」의 자부子部 오행류五行類에 보입니다.

고대의 수술數術에서 시간과 공간은 대응 관계이고, 동서남북은 춘하추동에 대응합니다. 천관天官, 일·월·이십팔수는 바로 청룡·주작·백호·현무의 사궁에 따라 동남서북에 대응하고 춘하추동에 대응합니다. 풍각과 이십팔수의 점은 서로 대응 관계입니다. "날이란 달에 기·벽·익·

전쟁은 속임수다

진이 있는 것이다. 이 네 가지 성수는 바람이 이는 날이다日者, 月在箕壁翼軫也. 凡此四宿者, 風起之日也"라는 것은 바로 달의 운행으로써 바람을 살피는 이십팔수의 점에 속합니다. 이런 이십팔수 점은 매우 오래된 것으로 보이는데, 예를 들면 『시경』이나 『상서』에 이미 이런 의식이 나타납니다.

① 『시경』 「소아·점점지석漸漸之石」: "달이 필성畢星에서 떠나면 비가 세차게 내리게 하네月離於畢 俾滂沱矣."

② 『상서』 「홍범」: "백성들은 별자리이니, 별자리에는 바람을 좋아하는 것도 있고 별자리에는 비를 좋아하는 것도 있다. 해와 달이 운행하면 겨울도 있고 여름도 있다. 달이 그런 별자리를 따라가면 바람이 불거나 비가 내린다庶民惟星 星有好風 星有好雨. 日月之行 則有冬有夏. 月之從星 則以風雨."

위의 두 조목에서 앞 조목은 달이 필성을 지나가니 큰 비가 내릴 수 있음을 말한 것인데, 필성은 비를 주관합니다. 뒤 조목은 달이 어떤 별자리를 지나가면 바람이 불고 비가 내릴 수 있음을 말한 것인데, 어떤 별자리는 바람을 주관하고 어떤 별자리는 비를 주관합니다. 어떤 별자리가 바람을 주관하고, 어떤 별자리가 비를 주관할까요? 원문에는 설명이 없지만 「홍범」 전傳에서 "기성은 바람을 좋아하고 필성은 비를 좋아한다箕星好風 畢星好雨"라고 풀이했습니다.

한·당 시기의 천문서에는 이런 종류의 수술이 기재되어 있는데, 일반적으로 '달이 여러 별자리를 범하다'라는 뜻으로 '월범열수月犯列宿'라고 합니다. 예를 들면 다음과 같은 것들입니다.

① 기성箕星

"기성은 바람을 상징하며, 북동쪽의 별자리이다. 북동 지역에 해당하는 일이며, 하늘의 자리이다. 그런 까닭으로 『주역』 「곤괘坤卦」에 '북동쪽에서 벗을 잃는다'라고 했다箕星爲風,東北之星也. 東北地事,天位也, 故易曰'東北

喪朋'."(『한서』「천문지」)

"기성 : 달이 기성으로 들어가면 (…) 사나운 바람이 분다. 기성에서
길을 잃으면 큰 바람이 분다箕 : 月入箕, (…) 有暴風. 失行於箕者, 大風."(『을사
점乙巳占』「월간범열수점月干犯列宿占」)

"달이 기성을 침범하다. (…)『함문가』에 '달이 기성에 이르면 바람이
일어난다'라고 했고,『춘추위』「고이우」에서는 '달이 길을 잃고 기성에서
떠나면 바람이 분다'라고 했다月犯箕七 : (…)『含文嘉』曰 : '月至箕, 則風揚.'『春
秋緯·考異郵』曰 : '月失行, 離于箕者, 風'."(『개원점경開元占經』「월범동방칠수月犯東
方七宿·월범기칠月犯箕七」)

② 벽성壁星

"동쪽의 벽성 : (…) 달이 벽성에 머물면, 비가 내리지 않으면 바람이
분다東壁 : (…) 月宿壁, 不雨則風."(『을사점』「월간범열수점」)

"치맹은 '달이 동쪽의 벽성에 머물면, 비가 내리지 않으면 바람이 분
다'라고 했다……郗萌曰 : 月宿東壁, 不雨則風.……."(『개원점경』「월범북방칠수·
월범벽칠月犯壁七」)

③ 필성畢星

"비는 소음少陰의 자리이다. 달이 중도를 떠나 옮겨가 서쪽으로 필성
에 들어가면 비가 많이 내린다. 그런 까닭으로『시경』에서 '달이 필성에
서 떠나면 비가 세차게 내리게 하네'라고 했는데, 많은 비가 내리는 상황
을 말한 것이다.『성전』에서는 '달이 필성에 들어가면 장수나 재상 가운
데 집안일 때문에 죄를 범하는 자가 있다'라고 했는데, 음이 성함을 말
한 것이다.『상서』「홍범」에서는 '별자리에는 바람을 좋아하는 것도 있
고, 비를 좋아하는 것도 있다. 달이 그런 별자리를 따라가면 바람이 불거
나 비가 내린다'라고 했는데, 중도를 잃고 동서로 움직임을 말한 것이다.

전쟁은 속임수다

그런 까닭으로『성전』에서 '달이 남쪽으로 가서 견우성의 남쪽 모퉁이로 들어가면 백성들 사이에 돌림병이 생기고, 달이 북쪽으로 가서 북두성의 남쪽에 있는 태미성太微星으로 들어가 오제의 별자리 북쪽에 나타났다가 만약 그 별자리를 침범하면 아랫사람이 윗사람을 범하게 된다'라고 했다雨, 少陰之位也. 月去中道, 移而西入畢, 則多雨. 故『詩』云'月離于畢, 俾滂沱矣', 言多雨也.『星傳』日'月入畢則將相有以家犯罪者', 言陰盛也.『書』日'星有好風, 星有好雨, 月之從星, 則以風雨', 言失中道而東西也. 故星傳日'月南入牽牛南戒, 民間疾疫；月北入太微, 出坐北, 若犯坐, 則下人謀上'."(『한서』「천문지」)

"필성 : (…) 달이 길을 잃고 필성을 떠나면 비가 내린다畢 : (…) 月失行, 離畢則雨."(『을사점』「월간범열수점」)

"『시경』에 '달이 필성에서 떠나면 비가 세차게 내리게 하네'라고 했는데, 많은 비가 내리는 것을 말한다.『춘추위』「고이우」에서는 '달이 길을 잃어 필성에서 떠나면 비가 온다'라고 했고, 채옹은『월령장구』에서 '달이 떠난다는 것은 지나가는 것이다'라고 했고, 반고의「천문지」에서는 '달이 필성으로 들어가면 비가 많이 온다……'라고 했다『詩』日 : '月離于畢, 俾滂沱矣', 謂大雨也.『春秋緯·考異郵』日 : '月失行, 離于畢, 則雨.' 蔡氏『月令章句』日 : '月離者, 所歷也.' 班固「天文志」日 : '月入畢, 則多雨.'……"(『개원점경』「월범서방칠수月犯西方七宿·월범필오月犯畢五」)

④ 익성翼星·진성軫星

"『주역』「손괘巽掛」에 '남동쪽에 있으면 바람이 된다. 바람은 양 가운데 음이니 대신大臣을 상징한다. 그 별자리는 진성이다'라고 했다. 달이 중도를 떠나 옮겨가서 북동쪽으로 기성에 들어가거나 남동쪽으로 진성에 들어가면 바람이 많이 분다及巽在東南, 爲風；風, 陽中之陰, 大臣之象也, 其星, 軫也. 月去中道, 移而東北入箕, 若東南入軫, 則多風."(『한서』「천문지」)

"진성 : 달이 진성에 머무르면 바람이 많다……月宿軫, 則多風 ; ……."(『을사점』「월간범열수점」)

"『치맹점』에 '달이 진성에 머무르면 바람이 분다……'라고 했다『郗萌占』曰 : '月宿軫, 風 ; ……'."(『개원점경』「월범남방칠수·월범진칠月犯軫七」)

술가術家들은 1년 사계절에서 맹동孟冬(동10월冬十月)·맹춘孟春(춘정월春正月)·맹하孟夏(하4월夏四月)은 바람이 많은 시기이며, 맹추孟秋(추7월秋七月)는 비가 많은 시기로 생각했습니다. 바람이 많은 별자리는 기성箕星이 으뜸입니다. 진성軫星은 후천괘서後天卦序의 손위巽位에 해당하는데, 손은 바람을 상징하는 부호로 그다음입니다. 벽壁이 또 그다음입니다. 익성과 진성은 서로 이웃하기 때문에 함께 말한 것일 뿐, 앞에 인용한 문장에서는 결코 익성을 말하지 않았습니다.

중국의 계절풍은 일반적으로 말하면 봄에는 북동풍과 동풍이 불고, 여름에는 남동풍과 남풍이, 가을에는 남서풍과 서풍이, 겨울에는 북서풍과 북풍이 붑니다. 바람의 방향은 화공에 매우 중요합니다.

풍각은 지금의 개념에 따르면 군사기상학에 해당합니다. 나관중羅貫中의 붓끝에서 제갈량은 위로 천문을 알고 아래로 지리를 아는 이 방면의 전문가로 그려졌습니다.

제갈량이 동풍을 빌린 일은 『삼국지연의』의 유명한 이야기입니다. 그러나 정사正史인 『삼국지三國志』에서는 적벽의 화공을 말하면서 주로 주유周瑜에게 공을 돌렸으며, 소식도 「염노교念奴嬌─적벽회고赤壁懷古」에서 "아득히 주유 때를 생각하네遙想公瑾當年"[2]라고 읊었습니다. 그들은 제갈량을 전혀 언급하지 않았습니다. 조조가 적벽 전투에서 실패한 원인은 전염병이 유행해서 스스로 후퇴한 것인데, 후퇴하면서 배를 불살랐

전쟁은 속임수다

기 때문에 "뜻밖에 주유로 하여금 한 일 없이 명성을 얻게 하였다橫使周瑜虛獲此名"(『삼국지』 「오서吳書·주유전」)라고 했습니다. 『삼국지』에 주석한 배송지裴松之도 "적벽 전투에서는 대개 운이 좋았는데, 실제로 전염병이 크게 번져 사나운 기세를 둔화시켰으며 개풍凱風이 남쪽에서 불어와 불을 지를 수 있는 형세가 되었다. 하늘이 사실 그렇게 한 것이지 어찌 사람이 한 일이겠는가?至於赤壁之戰, 蓋有運數.

칠성단에서 제갈량이 바람을 기원함.

實由疾疫大興, 以摧淩厲之鋒, 凱風自南, 用成焚如之勢. 天實爲之, 豈人事哉?"(『삼국지』 「위서魏書·가후전賈詡傳」 배송지 주)라고 했습니다. 바람이 불긴 불었는데, 남풍이 불었습니다.

동풍을 빌렸다는 것은 『삼국지연의』의 허구가 아니라, 당나라 두목의 시 「적벽」에서 이미 이런 의견이 제시되었습니다.

모래에 묻힌 부러진 창은 쇠가 삭지 않아,	折戟沈沙鐵未銷
스스로 갈고 씻어 보니 이전 왕조의 것임을 알겠네.	自將磨洗認前朝
동풍이 주랑을 돕지 않았다면	東風不與周郎便
봄 깊은 동작대에 이교가 갇혔으리.	東雀春深鎖二喬[3]

『삼국지연의』의 적벽 전투 장면에서 조조가 창을 비스듬히 옆에 끼고 시를 지었다고 말한 것은 건안建安 13년 11월 15일입니다. 주유는 방통龐統을 보내 연환계連環計를 성공시키고는 매우 득의했으나, 문득 바람의 방향이 맞지 않다는 생각이 들자 곧바로 입에서 피를 토했는데(48회) 왜 그런 것일까요? 그때는 매우 추운 겨울이어서 강에 불어오는 바람이 서북풍이었는데, 그가 바란 것은 동남풍이었기 때문입니다. 그러자 제갈량이 주유에게 "장군의 마음의 병을 내가 알고 있습니다. 치료할 방법이 단한 가지 있는데, 바로 동풍을 빌리는 것입니다"라고 말했습니다. 제갈량은 스스로 기인의 가르침을 받아 바람을 부르고 비를 부를 수 있다고 했습니다. 그는 남병산南屛山 위에 칠성단을 설치하고 그 위에서 바람에게 제사를 올렸습니다. 이른바 칠성단이란 것은 어떤 것일까요? 바로 앞에서 말한 이십팔수를 동남서북의 각 일곱 별자리七宿에 맞추어 깃발에 그리는 것인데, 청룡의 일곱 별자리는 푸른 깃발을 사용하고, 현무의 일곱 별자리는 검은 깃발을, 백호의 일곱 별자리는 흰 깃발을, 주작의 일곱 별자리는 붉은 깃발을 사용해 각각 방위색에 따라 배열합니다. 제갈량은 단 위에서 3일 낮과 3일 밤 동안, 곧 11월 20일 갑자일甲子日에 시작해서 11월 23일 병인일丙寅日까지 동남풍이 크게 불도록 술법을 행했습니다. 처음에 아무 반응도 없어 주유가 화를 참지 못하고 "공명의 말은 거짓이다. 한겨울에 어떻게 동남풍이 분단 말인가?"라고 하자, 노숙魯肅은 "제 생각에 공명의 말은 결코 거짓이 아닐 것입니다"라고 했습니다. 결국에는 "삼경이 가까워지자 갑자기 바람 소리가 들리고 깃발이 펄럭였다. 주유가 막사에서 나와 볼 때는 깃발이 서북쪽으로 펄럭였다. 순식간에 동남풍이 세차게 일어났다"(49회)고 했습니다.

이 이야기는 바로 풍각의 기술을 말한 것입니다.

전쟁은 속임수다

『손자』에 나타난 이런 기술에 관해서 과거에는 평가가 엇갈렸습니다. 궈화뤄 장군은 이런 생각은 전혀 과학적 근거가 없다고 생각했습니다.[4] 그러나 저명한 천문학자이자 수학사가인 첸바오충錢寶琮 선생은 "기성은 바람을 좋아하고 필성은 비를 좋아한다箕星好風 畢星好雨"는 말은 여전히 과학적 근거가 있다고 했습니다.[5]

(2) "범화공凡火攻"에서 "이수수지以數守之"까지는 주로 화공을 실시하는 일에 대해 말하고 있습니다. 화공은 밥 짓는 일과 마찬가지로 불의 세기와 시간을 잘 파악해야 하는데, 마음이 급하다고 뜨거운 두부를 먹을 수는 없는 일입니다.

"무릇 화공은 반드시 다섯 가지 불의 변화에 따라 적절하게 적용해야 한다凡火攻, 必因五火之變而應之"에서 '다섯 가지 불의 변화五火之變'는 앞의 '아홉 가지 지형의 변화九地之變'와 비슷한 표현입니다. '변變'은 상황의 변화를 가리킵니다. '응지應之'는 대책을 마련하는 것입니다. 여기에는 모두 여섯 가지 상황이 있고, 여섯 가지 대책이 있습니다.

① "안에서 불이 일어나면 미리 외부에서 대응한다火發於內, 則早應之於外"는 구절은 안에서 점화해서 막 불이 붙은 상황을 말합니다. 만약 적진에 사람을 잠입시켜 안에서 불을 지른다면, 반드시 사람을 보내 외부를 포위하고 미리 부대를 배치해야 하는데, 마치 밥을 지을 때 밑에서 불을 지피고 위에 솥뚜껑을 덮는 것과 같습니다. 이것이 첫째 단계입니다.

② "불이 난 뒤에도 적의 병사들이 조용하면 기다리고 공격하지 말아야 한다火發而其兵靜者, 待而勿攻"는 구절은 불을 지른 이후의 상황을 말합니다. 불이 나면 일반적 상황으로는 적들이 놀라서 소리칠 것인데, 만약 아무런 반응도 없다면 무슨 문제가 있는 것으로, 적이 그곳에 없거나 매

복하고 있을 수 있기 때문에 잠시 기다리면서 관망하는 것이 가장 좋고, 급히 공격해 들어가서는 안 됩니다. 이것이 둘째 단계입니다.

③ "화력이 극에 이르렀을 때, 불길을 따라 공격할 수 있으면 불길을 따라가고 따라갈 수 없으면 멈추어야 한다極其火力, 可從而從之, 不可從則止"는 것은 불이 거의 타올라서 솥을 꺼낼 때가 되면 솥을 꺼내야 하는 상황입니다. 이때는 형세가 비교적 뚜렷해서 손을 써야 할 때는 손을 쓰고, 할 만하지 않으면 멈추어야 합니다. 이것이 셋째 단계입니다. '화력火力'은 죽간본에는 '화앙火央'으로 되어 있는데, '앙央'은 '영원토록 즐거움이 다하지 않는다千秋萬歲樂未央'(한나라 때의 길어吉語)는 구절에 쓰인 뜻과 같습니다. '낙미앙樂未央'은 즐거움이 싫증나지 않는다는 뜻이며, '앙'은 '다하다'는 뜻입니다.

④ "밖에서 불을 지를 수 있으면 안에서 기다리지 말고 때에 맞추어 불을 질러야 한다火可發於外, 無待於內, 以時發之"는 것은 앞의 경우와 반대로 밖에서 불을 지르는 상황입니다. 적은 안에 있고 아군은 밖에 있어서, 아군이 불구덩이로 뚫고 들어갈 수 없기 때문에 안에서 협동작전을 합니다. 요컨대, 불을 안에서 지르든지 밖에서 지르든지 간에 어떤 경우에도 밖에서 사람이 지켜야 하며, 자신도 솥 안으로 뛰어 들어가서 적과 함께 삶겨서는 안 됩니다. '때에 맞추어 불을 지르는以時發之' 것은 앞에서 말한 두 가지 발화 방법, 곧 안에서 지르는 것과 밖에서 지르는 것을 말합니다. 안에서 불을 지르는 것은 아침·점심·저녁의 세 단계가 있고, 밖에서 불을 지르는 것도 마찬가지로 세 가지 단계가 있습니다. 여기서는 생략합니다.

⑤ "불이 바람을 타고 일어나면 바람을 맞으며 공격해서는 안 된다火發上風, 無攻下風"고 했는데, 속담에 '바람은 불길을 돕고 불은 바람의 위

전쟁은 속임수다

력을 틈탄다'는 말이 있으니, 바람의 방향을 변별해낼 줄 아는 것이 매우 중요합니다. 불을 지르는 일은 바람이 부는 쪽에서만 할 수 있는 것이며, 바람을 맞으면서는 할 수 없습니다. 이것은 상식입니다.

⑥ "낮에는 바람이 오래 불지만 밤에는 바람이 그친다晝風久, 夜風止"고 했는데, 이는 바람이 기세가 성했다가 쇠락하는 것, 곧 낮에는 오랫동안 불다가 저녁이 되면 그치는 상황을 말한 것입니다. 『노자』에 "회오리바람은 아침나절을 넘기지 않는다飄風不終朝"(제23장)라는 말이 있는데, 회오리바람은 결코 오래 불지 않아 아침나절이면 그럭저럭 그친다는 말입니다. 이것도 상식입니다. 마지막 두 조목은 바람에 대해 말했습니다.

끝으로 저자는 "무릇 군대는 반드시 다섯 가지 화공의 변화를 알고, 이를 헤아려서 지켜야 한다凡軍必知五火之變, 以數守之"라고 했는데, 원문의 '수數'는 바로 앞에서 말한 안팎의 관계, 아침·점심·저녁의 관계, 뒤에서 부는 바람과 앞에서 부는 바람의 관계, 밤낮에 따른 바람 세기의 차이 등을 말합니다. 요컨대, 각각의 정도를 파악해야 합니다.

【 12-3 】

그런 까닭으로 불로 공격을 돕는 자는 명성이 밝으며, 물로 공격을 돕는 자는 명성이 강해진다. 물은 막을 수는 있지만 모조리 없앨 수는 없다.

故以火佐攻者明, 以水佐攻者强. 水可以絶, 不可以奪.

화공과 수공은 모두 공격이지만, 공격의 효과는 다릅니다. 저자는 둘 다 모두 중요하고 효과적인 공격 수단이지만, 화공이 수공보다 더 적극적인 효과가 있다고 생각합니다. 『손자』에 「수공」 편은 없고 「화공」 편만 있는 것은 이런 이유입니다.

"그런 까닭으로 불로 공격을 돕는 자는 명성이 밝으며, 물로 공격을 돕는 자는 명성이 강해진다故以火佐攻者明, 以水佐攻者强"에서 원문의 '명明'은 옛날 주석에서는 분명하다는 뜻, 곧 '매우 명백하다'로 생각했는데, 현대 베이징어北京語에서 '명백하다'는 뜻으로 말하는 "밍바이저더明擺着的"가 바로 이 뜻입니다. 양빙안楊炳安 선생은 이런 견해가 옳지 않음을 제시했고, 청대 학자 왕염손王念孫도 『좌전』 애공 16년 조목과 『국어』「주어」에 나오는 '쟁명爭明'이란 단어가 모두 '쟁강爭强'의 뜻이라고 말한 바 있는데, 여기의 '명明'과 '강强'은 '자형은 다르지만 뜻이 같은 글자異文同義'입니다.(양빙안, 『손자회전孫子會箋』, 중주고적출판사中州古籍出版社, 1986, 192~193쪽) 그의 생각에서 나는 많은 깨우침을 얻었습니다. 나는 '쟁명'의 '명'을 '명성이 빛난다'는 뜻으로 이해하는데, 확실히 '강强' 자와 비슷한 점이 있습니다. 두 글자는 모두 좋은 뜻이며 기본적으로 뜻이 같습니다. 화공과 수공은 모두 위력이 대단합니다. 이것이 첫째 단계의 뜻입니다.

둘째 단계의 뜻은 그다지 비슷하지 않아서 어느 것은 가볍고 어느 것은 무겁습니다. "물은 막을 수는 있지만 모조리 없앨 수는 없다水可以絶, 不可以奪"에서 원문의 '절絶'은 끊는다는 뜻입니다. 두목은 주석에서 "적의 식량 보급로를 끊고, 적의 구원병을 끊고, 적의 달아남을 끊고, 적의 공격을 끊는 것이다絶敵糧道, 絶敵救援, 絶敵奔逸, 絶敵衝擊"라고 했는데, 여기서 네 개의 '절絶'은 모두 끊는다는 뜻입니다. 이 글자의 해석은 문제가 없습니다. 그러나 '탈奪'에 대한 해석은 엇갈립니다. '탈奪' 자는 고서에서 두 가지 뜻으로 쓰였는데, 하나는 빼앗는다는 뜻이고, 다른 하나는 없앤다는 뜻입니다. 옛날 주석에는 "적이 모아둔 것을 빼앗는 것이다奪敵積蓄"로 해석했는데, 그리 좋은 의견은 아닙니다. 불은 다만 적이 모아둔 것을 태워 없앨 뿐인데, 어떻게 그것을 빼앗을 수 있겠습니까? 나는 이 두 구절이 앞의 두 구절과는 아주 다르다고 생각합니다. '절絶'은 끊는다는 뜻으로, 다만 막기만 할 뿐이어서 비교적 소극적입니다. '탈奪'은 제거한다는 뜻으로, 공격해오는 적을 쫓아내는 것이어서 비교적 적극적입니다. 물은 끊는 데 유리하고, 불은 없애는 데 유리하기 때문에 작용이 서로 다릅니다. 저자가 이렇게 말한 것은 어느 정도 일리가 있지만 논리가 그리 엄밀하지는 않은데, 수공이라고 해서 반드시 모두 끊어버리는 작용을 한다고 할 수도 없기 때문입니다. 예를 들면, 성에 물을 채워 칠군七軍을 물에 잠기게 하면 살상력도 매우 큽니다. 내가 보기에는 이것은 단지 저자가 화공을 더욱 편애한다는 것을 표명한 것입니다.

『무경총요 전집』에서 공성법攻城法에 관한 내용은 제10권에 있고, 수성법守成法은 제12권에 있으며, 그 사이에 있는 제11권은 수공과 화공을 말하고 있습니다. 저자는 수공의 작용은 크게 다섯 가지가 있다고 말합니다.

① 적의 길을 끊고絶敵之道

② 적의 성을 물에 잠기게 하고沈敵之城

③ 적의 막사를 물에 떠내려 보내고漂敵之廬舍

④ 적이 모아둔 것을 무너뜨리고壞敵之積聚

⑤ 백만의 무리를 물고기처럼 물에 잠기게 할 수 있는데, 피해가 가벼운 경우라도 오히려 나무에 올라가 살면서 솥을 매달아 밥하게 한다百萬之衆, 可使爲魚害之輕者, 猶使緣木而居, 縣(懸)釜而炊.

여기서 첫째 조목에서만 '절絶'을 언급하고, 나머지 네 조목은 모두 수공과 관련된 것입니다. 책의 내용은 세 방면에 한정되는데, 첫째는 물의 높이 측량, 둘째는 수전水戰, 셋째는 도하渡河입니다. 엄격하게 말하면, 수전은 배와 수군을 이용하는 것이기 때문에 수공에 속하지 않습니다. 물의 높이를 측량하는 것과 강을 건너는 것, 곧 도하도 수공에 속하지 않습니다. 솔직하게 말하면 물을 사용해 적의 성을 물에 잠기게 하고, 적의 집을 물에 잠기게 하고, 적의 군대와 식량을 물에 잠기게 함으로써 그 나라가 물속에서 곤란해지는 것을 제외하고 수공 자체는 별로 말할 것도 없습니다. 수공의 기술 수준은 화공에 비하면 훨씬 뒤떨어집니다.

【 12-4 】

대저 싸움에서 이기고 공격해 빼앗았지만 그 공적을 처리해주지 않는 것은 위험하니 '비류'라고 한다. 그런 까닭으로 '현명한 임금은 이것을 고려하고, 어진 장수는 이것을 잘 처리한다'고 하니, 이득이 없으면 움직이지 않고, 득이 없으면 부리지 못하고, 위험이 없으면 싸우지 않는다. 임금은 분노 때문에 군사를 일으켜서는 안 되며, 장수는 화가 난다고 전투를 해서는 안 되며, 이익에 부합하면 움직이고, 이익에 부합하지 않으면 멈춘다. 분노했다가도 다시 기뻐할 수 있고, 화가 났다가도 다시 즐거워질 수 있지만, 망한 나라는 다시 존재할 수 없고, 죽은 자는 다시 살아날 수 없다. 그런 까닭으로 현명한 임금은 삼가고, 어진 장수는 경계하니, 이것이 나라를 안전하게 하고 군대를 온전하게 하는 길이다.

夫戰勝攻取而不修其攻者凶, 命曰'費留'. 故曰 : 明主慮之, 良將修之, 非利不動, 非得不用, 非危不戰. 主不可以怒而興師, 將不可以慍而致戰, 合於利而動, 不合於利而止. 怒可以復喜, 慍可以復說(悅), 亡國不可以復存, 死者不可以復生. 故明君愼之, 良將警之, 此安國全軍之道也.

이 장은 마지막 결론에 해당하는데, 주로 임금과 장군을 대상으로 경고하는 말입니다. 여기서는 직접적으로 불을 언급하지 않았지만 앞 문장에 이어져 있기 때문에 또 불과 조금 관계가 있는 듯합니다. 어떤 관계일까요? 전쟁은 불과 매우 비슷해서 조심하고 또 조심해야 한다는 것입니다. 사람은 불과 물을 떠나 살 수 없지만 또 불과 물을 두려워하기도 합니다. 속담에 '불과 물은 인정사정을 모른다水火無情'고 합니다. 옛사람들은 "대저 전쟁은 불과 같아서 그치게 하지 못하면 장차 자신을 태우게 된다夫兵, 猶火也 ; 弗戢, 將自焚也"(『좌전』은공 4년)라고 했는데, 그 뜻은 이렇습니다. 전쟁은 마치 불과 같은데, 불이란 것은 아주 위험하기 때문에 그것을 통제할 줄 알아야 하고, 만약 통제력을 잃는다면 과거에 우리가 제국주의를 욕하면서 "불을 가지고 장난하는 자는 반드시 자신을 태운다玩火者 必自焚"라고 말한 것처럼 된다는 뜻입니다.

"대저 싸움에서 이기고 공격해 빼앗았지만 그 공적을 처리해주지 않는 것은 위험하니 '비류'라고 한다夫戰勝攻取, 而不修其攻者凶, 命曰'費留'"는 구절은 임금과 장군은 단지 싸워서 반드시 승리하고 공격해서 반드시 빼앗기 위해 그 대가를 따지지 않고 결과를 고려하지 않아서는 안 되며, 만일 그렇게 한다면 틀림없이 낭패를 보게 된다는 말입니다. 이처럼 무모하게 제멋대로 하는 것은 '비류費留'라고 부를 수밖에 없습니다. '비費'는 돈을 쓰는 것이고, '류留'는 시간을 쓰는 것으로, 전통적인 표현으로는 '노사老師'라고 합니다. '노사老師'는 나쁜 면을 가르쳐줘 경계의 대상으로 삼아야 한다는 반면교사反面教師라는 뜻이 아니며, 여기서 '노老'는 동사로 쓰여 군대를 낡게 하고 무감각하게 하며 실패하게 한다는 뜻입니다. '노사老師'는 용병에서 큰 금기입니다. 바로 앞에서 말한 것처럼 "그치게 하지 못하면 장차 자신을 태우게 됩니다弗戢, 將自焚也."

그 뒤의 몇 구절은 저자의 경고입니다. 저자는 「계」 편에서 "군사軍事는 나라의 큰일이다. 생사와 관련된 상황이며 존망과 관련된 도이다兵者, 國之大事, 死生之地, 存亡之道"라고 하여, 전쟁은 군인과 백성의 생사, 국가의 존망과 관련된 큰일이며 결코 아이들 놀이가 아니라고 말했습니다. 저자는 전쟁이란 모든 관점에 이해관계가 달려 있기 때문에 절대 잠시의 분

전쟁은 속임수다

노 때문에 경거망동하지 말라고 강조해 "임금은 분노 때문에 군사를 일으켜서는 안 되며, 장수는 화가 난다고 전투를 해서는 안 되며, 이익에 부합하면 움직이고, 이익에 부합하지 않으면 멈춘다. 분노했다가도 다시 기뻐할 수 있고, 화가 났다가도 다시 즐거워질 수 있지만, 망한 나라는 다시 존재할 수 없고, 죽은 자는 다시 살아날 수 없다主不可以怒而興師, 將不可以慍而致戰, 合於利而動, 不合於利而止. 怒可以復喜, 慍可以復說(悅), 亡國不可以復存, 死者不可以復生"라고 했습니다. "이익에 부합하면 움직이고, 이익에 부합하지 않으면 멈춘다合於利而動, 不合於利而止"는 표현은 「구지」 편에도 보입니다. "군대는 이익으로 움직인다(兵)以利動"(「군쟁」)는 것이 이 책 전편의 기본 관점입니다.

전쟁은 혈기의 다툼이지만 '분노怒'와 '화慍'는 도리어 항상 일을 망칩니다. 화를 참지 못하는 것이 가장 쓸모없는 짓입니다. 저자는 「모공」 편에서 "장수가 분노를 이기지 못하는將不勝其忿" 것을 비판했고, 「지형」 편에서는 "화가 나서 급하게 하면 수모를 당할 수 있다忿速可侮"고 비판한 적이 있습니다. 이번엔 화공을 말하면서 또다시 경고한 것입니다.

화공의 유산

이 편은 화공을 말하고 있습니다. '불이 군사상 어떤 중요성이 있는가' 라는 문제는 몇 마디 설명을 보충할 필요가 있습니다.

이제 가장 개괄적인 표현으로 무기 발명의 역사에 대해 말하려 하니 불의 중요성이 어디에 있는지 살펴보기 바랍니다.

1. 초기의 무기는 네 가지가 있는데, 그 가운데 불이 가장 중요하다

인류의 무기 가운데 가장 오래된 네 가지는 나무木, 돌石, 물水, 불火입니다.

나무에 대해 살펴보면, 옛사람들은 나무를 베어 무기를 만들었는데, 몽둥이가 가장 원시적인 무기입니다. 금속무기 가운데 갈고리 창인 과戈, 찌르는 창인 모矛, 갈라진 창인 극戟, 몽둥이 종류인 수殳는 모두 긴 자루 끝에 살상을 위한 날이 달린 것으로, 모양이 여러 가지로 다르지만 모두 몽둥이가 확장된 것입니다. 송나라 이후의 무술에서는 특히 봉술을 중시했는데, 긴 무기의 훈련에서 봉술이 기초라고 생각했기 때문입니다. 『수호전』에 등장하는 강호 호걸들은 "모두 긴 몽둥이를 짚고 오직 두 주먹에 의지하네全仗一條杆棒 只憑兩個拳頭"(제44회)라고 묘사되었는데, 긴 몽둥이는 매우 유용한 무기입니다. 이밖에 옛사람들이 나뭇가지에 활줄을 묶어 활을 만들고 나무를 깎아 화살을 만들어 사용한 최초의 활과 화살도 나뭇가지를 이용한 것입니다. 활과 화살은 가장 오래된 발사 무기인데, "칭기즈 칸은 활을 당겨 독수리를 쏠 줄만 알았네"[6]라고 했듯이, 초원제국의 무수한 활 쏘는 병사들이 모두 이 영향력이 큰 발명의 혜택을 입었습니다. 쇠뇌弩는 활이 더욱 발전해 개량된 것입니다.

돌에 대해 살펴보면, 인류는 석기시대 생활을 가장 오래 해서 250만 년이나 됩니다. 돌덩이도 가장 원시적인 무기 가운데 하나입니다. 돌은 손에 직접 쥐고 내리치거나 던질 수 있고 여러 가지 날카로운 무기를 만들 수도 있습니다. 청동기시대의 과戈·모矛와 도끼斧鉞는 재질만 석기에서 확장한 것이 아니라 무기의 모양도 석기에서 그 원형을 찾을 수 있습니다. 특히 잔석기細石器의 발명으로 돌침이나 얇은 돌 조각을 화살촉으로 사용하면서 위력이 더욱 세졌습니다. 오늘날 팔레스타인 사람들은 여전히 돌덩이로 탱크를 공격하는데, 이것은 강렬한 상징적 의미가 있습니다.

다음으로 물이 사람에게 중요하다는 것은 아주 분명합니다. 물은 생명의 근원이어서 물이 없으면 사람은 살 수 없습니다. 물이 지나치게 많으면 사람이 물고기가 되더라도 어떻게 할 수 없을 것입니다. 성을 포위하고 물을 끊거나 물로 성을 잠기게 하는 것은 수공水攻에 속합니다. 그러나 자연 상태의 물은 비교적 통제하기 어려워서 불로 여러 가지 무기를 만들어 직접 살상하는 것과는 다릅니다.

마지막으로 불은 사람에게 가장 중요합니다. 사람의 지능 발달은 육식과 뗄 수 없는 관계입니다. 육식은 대뇌의 발육에 매우 중요합니다. 동물은 불을 사용할 줄 모릅니다. 사람만이 불의 응용을 파악하고 자유자재로 사용해 보온과 취사, 사냥, 전쟁 등 사용하지 않는 곳이 없습니다. 모두들 전쟁에 대해 말할 때 결국 전쟁의 불길戰火이 어지러이 날리고 전쟁의 불길이 하늘을 뒤덮는다는 표현을 씁니다. 불과 군사軍事의 인연은 대단히 깊습니다.

이런 것들은 모두 구석기시대에 발명된 것으로, 인류의 가장 오래된 발명품입니다.

2. 금속 무기의 발명도 불과 뗄 수 없는 관계다

신석기시대와 청동기시대 그리고 철기시대에서 군사와 관련된 가장 큰 발명은 네 가지, 곧 빠른 말快馬(길들인 말), 가벼운 수레輕車(전차), 날카로운 칼利刃(금속 무기), 성 쌓는 기술築城術입니다. 높은 돛과 많은 노를 갖추고 여러 층으로 지어진 누선樓船도 이 시기의 발명품입니다. 해군과 육군, 보병·전차병과 기병이 연이어 나타났습니다.

금속 무기는 후대에 발전한 것입니다. 금속 무기의 출현은 대혁명입니다. 보병의 무기와 갑옷은 대부분 금속으로 만들어집니다.(단, 갑옷에는 가죽도 사용됩니다.) 전차병과 기병, 전차와 마구馬具(재갈·안장·등자)도 금속과 뗄 수 없는 관계입니다. 금속은 석기와 도기陶器의 확장이지만(광석에 도자기 주형을 더한 것), 광석이 금속으로 변했을 뿐 역시 불과 뗄 수 없는 관계입니다.

오행에 대한 옛날 설명에 따르면 돌은 토土를 대신할 수 있습니다. 따라서 앞에서 말한 나무·돌·물·불 네 가지에 금金을 더하면 바로 병기 역사의 오행이 됩니다. 다섯 가지 큰 요소 가운데 불이 가장 중요합니다.

3. 불은 가장 원시적인 무기이면서 가장 선진적인 무기이기도 하다

군사상에서 불의 응용은 매우 다양합니다. 야전에도 사용할 수 있고 공성에도 사용할 수 있습니다. 공격하는 쪽에서도 사용할 수 있고 방어하는 쪽에서도 사용할 수 있습니다. 화약 무기를 사용하지 않았던 시대에도 이미 쇠뇌와 투석기가 있었습니다. 이런 것들은 사정거리가 매우 멀고 살상력도 매우 뛰어났습니다. 쇠뇌는 총의 전신이며, 투석기는 대포의 전신입니다. 이것들이 화약과 결합해 화기로 바뀐 것이 첫째로 중대한 혁명입니다.

고대 중국에는 화공의 예가 아주 많은데, 예를 들면 삼국시대의 적벽전투에서 화공을 이용했습니다. 송나라의 문장가 소식은 전·후 두 편의 「적벽부赤壁賦」를 지어 이 전쟁을 더 유명하게 만들었습니다. 또 나관중의 『삼국지연의』에서도 "조조를 격파하려면 화공을 써야 하네. 모든 일이 준비되었으나 오직 동풍이 빠졌구나欲破曹公 宜用火攻 萬事俱備 只欠東風"(제49회)라고 했습니다. 이 일은 제갈량이 동풍을 빌려서 더욱 사람들의 마음속 깊이 남아 있습니다. 초기의 화공은 다만 불을 질러 태울 뿐 폭발하지는 않았습니다. 폭발하려면 화약이 있어야 합니다.

화약은 중국 사람이 발명했습니다. 루쉰은 중국 사람이 화약을 발명해서 "폭죽을 만들어 신을 공경할"[7] 줄만 안다고 했습니다. 이것은 당시 열강의 침략에 시달리던 중국에 대해 정신을 차리라는 뜻에서 의도적으로 찬물을 끼얹은 것입니다. 실제로는 그렇지 않습니다. 역사상 첨단기술은 결국 군사가 우선입니다. 중국이 화약을 발명한 주요 용도도 살상을 위한 것이었습니다.

화약이 발명되기 전에 옛사람들은 폭발한다는 것이 어떤 것인지는 알지 못했지만 그에 대한 상상은 조금 하고 있었습니다. 이를테면, 고대에 혈성穴城, 곧 성벽을 뚫어 공격할 때 사용하던 일반적인 방법은 먼저 갱도를 파서 갱목으로 지탱한 다음에 기름을 붓고 불을 질러 기둥이 무너지면 성도 무너지게 하는 것이었는데, 이것이 바로 당시의 '토폭파土爆破'이며, 『묵자』 「비혈」 편에서 이미 언급했습니다.

화약의 발명은 수·당隋唐 시대의 연단가煉丹家들이 사용한 여러 가지 복화법伏火法[8]까지 거슬러 올라갈 수 있지만, '화약'이라는 단어는 1023년에야 역사적 기록(『송회요집고宋會要輯稿』 「직관職官」 37)에 보입니다.

송나라의 화공에는 이미 화약이 사용되었습니다. 『무경총요 전집』에서 화공을 설명한 부분을 보면 다양한 방법이 있습니다. 전국시대부터 사용하던 오랜 방법인 화금火禽, 화수火獸, 화거火炬 외에 새로 발명된 화전火箭, 화구火球, 화포火砲(310쪽 그림 참조), 포루砲樓(310쪽 그림 참조), 맹화유궤猛火油櫃 등이 있습니다. 화포는 투석기의 모양을 본떴지만 쏘는 것은 돌이 아니고 화구火球입니다. 포루에 대해서는 앞의 제5강에서 12가지 공격 방법을 설명할 때 혈성穴城과 함께 말한 바 있습니다. 맹화유궤는 아랍에서 전해진 것으로, 불을 뿜는 기계를 말합니다. 맹화猛火는 '그리스의 불Greek fire'[9]을 말하는데, 초기 형태의 화염분사기라고 할 수 있습니다. 이밖에 송대의 화약을 연구해 보면 네 가지 화약 제조법이 있는데, 연구방烟球方·독약연구방毒藥烟球方, 화포화약방火砲火藥方, 질려화구방蒺藜火球方이 그것입니다. 중국 화기사火器史를 연구하는 전문가들은 이런 것들을 모두 중시하지만, 여기에 포루는 포함되지 않습니다. 내

화금
『무경총요 전집』 권11, 18쪽 앞면.

화수
『무경총요 전집』 권11, 20쪽 앞면.

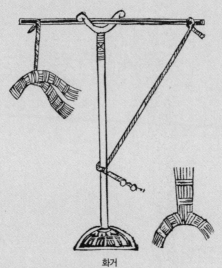

화거

『무경총요 전집』 권12, 52쪽 앞면.

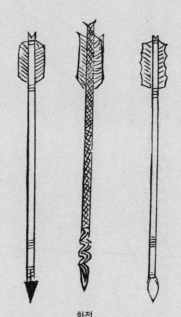

화전

『무경총요 전집』 권13, 3쪽 앞면.

화구
『무경총요 전집』 권12, 56쪽 앞면.

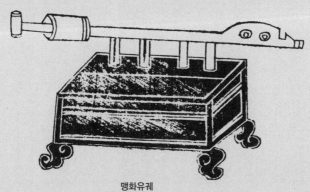

맹화유궤
『무경총요 전집』 권12, 58쪽 앞면.

右半：

九火戰用幹舮或木筏載以芻薪從上風順流發火以
焚敵人樓舡戰艦

一火盜

擇人狀貌音服與敵同者於夜銜號逐便壞火偷入營火
焚其聚積火發衆亂而出以共攻之

一行煙

猛煙衝人無拒者九攻城邑旬日未拔被則備蓬艾薪草
萬衆巳來其束輕重使人力可員以乾草為心溫草
外傅候風勢急烈於上風班布發煙漸漸過城仍具
炎芭傍胖以禦矢石

煙毬

左半：

秘内用火藥三斤外傅黃蒿一重約重一斤上如火毬
法塗傅之令厚用竹以錐烙透

毒藥煙毬

秘重五斤用硫黃一十五兩草烏頭五兩焰硝一斤十
四兩芭豆五兩狼毒五兩歷青二兩半桐油二兩半
木炭末五兩歷青二兩半砒霜二兩黃蠟一兩竹茹
一兩一分麻茹一兩一分撮合為絃子更以故紙一
條長一丈二尺重半斤為絃合為之以麻縳一
半麻皮十兩歷青二兩半黃蠟二兩半黃丹一兩一
分炭末半斤擣合塗傅于外若其氣熏人則口鼻血
出二物並以砲放之窖攻賊者

연구방烟球方와 독약연구방毒藥烟球方
『무경총요 전집』 권11, 32쪽 뒷면·33쪽 앞면.

右半：

麻搭四具　　小水桶二隻
土布袋一十五條　界粯常一十條　鄉簡四箇
蓬一領　鑺三具　火索一十條　　鍬三具

右隨砲預備用以蓋覆及防火箭

火藥法

晉州硫黃十四兩　窩黃七兩　焰硝二斤半
麻茹一兩　乾漆一兩　砒黃一兩
定粉一兩　竹茹一兩　黃丹一兩
黃蠟半兩　清油一分　桐油半兩
松脂十四兩　濃油一分

右以晉州硫黃窩黃焰硝同擣羅砒黃定粉黃丹同研

左半：

乾漆擣為末竹茹麻茹微炒為碎末黃蠟松脂清
油桐油濃油同煎成膏入前藥末旋旋和勻以紙五
重裹衣以麻縳定更別鎔松脂傅之以砲放復有效

毒藥煙毬法　具火攻門

糞砲罐法

硃先以人清搗内盛煉膏擇骨煎乾○狼毒末半斤○草烏頭半
斤○巴豆半斤○人清一秤用○人清一秤用○狼毒末半
斤○皂角半斤○草烏頭半
斤○巴豆四兩○石灰一斤半者以草塞口砲内放以擊攻
沸入薄兎罐容一斤半者以草塞口砲内放以擊攻
賊人可以透鐵甲中則成瘡潰爛放毒者仍以鳥梅

화포화약방火砲火藥方
『무경총요 전집』 권12, 50쪽 뒷면·51쪽 앞면.

蒺藜火毬以三枝六首鐵刃以火藥團之又施鐵蒺藜八枚各

右引火毬以紙為毬內實墠石屑可重三五斤緶黃蠟
瀝青炭末為泥周塗其物貫以麻繩九將放火毬尺
先放此毬以準遠近
一丈二尺外以紙并雜藥傅之中貫麻繩長
有逆鬚放府燒鐵錐烙透令焰出
鐵嘴火鷂木身鐵嘴束稈草為尾入火藥於尾內
竹嘴鷂編竹為疏眼籠腹大口狹形微俏長外糊紙數

질려화구방蒺藜火球方
『무경총요 전집』 권12, 57쪽 앞면.

능보稜堡
bastion

생각에 그것은 초기의 대롱 형태의 화기일 것입니다.

불의 살상력은 주로 불꽃과 연기와 유독가스에 의한 것이며, 폭발은 그 위력을 더 크게 합니다.

중국 과학기술사에서 4대 발명 가운데 하나가 화약입니다.

중국의 화약과 화기는 몽골의 서방 정벌을 통해서 중앙아시아로 전해지고, 다시 인도와 아랍을 거쳐 유럽으로까지 전해졌습니다. 14세기에 화포가 유럽에 전해지자 봉건 보루의 구성에 커다란 위협이 되었습니다. '화약 혁명' 이후 유럽의 보루는 어쩔 수 없이 성벽의 높이를 낮추고 성의 둘레를 오각형 또는 육각형으로 만들었는데, 이것이 이른바 능보稜堡(bastion)라는 것입니다. "배는 견고하고 화포는 날카롭다船堅砲利"라는 말이 있는데, 유럽 사람들이 중국의 발명을 이용해서 더 뛰어나게 발전시켜 중국에 되돌려준 것이니 청출어람입니다. 그들이 중세기를 벗어나고 전 세계를 정복한 것과 화약의 발명은 불가분의 관계입니다.

화약은 불의 확장이며, 화약은 불의 혁명입니다.

오늘날 화기는 500년 사이에 매우 빠르게 발전했습니다. 두 차례의 세계대전을 거치면서 이루어진 모든 발명, 곧 개량된 각종 총포와 군함에서부터 탱크·비행기·로켓·유도탄·화염방사기·네이팜탄과 각종 핵무기에 이르기까지 에너지 방출의 최종 효과는 모두 폭발과 연소입니다. 이것은 바로 화공의 유산입니다.

전쟁은 속임수다

『육도』에서 논한 오음과 화공
그리고 후풍

무왕이 태공에게 물었다.

"음률의 소리로 적군의 움직임이나 승부의 결정을 알 수 있습니까?"

태공이 말했다.

"대왕의 질문이 매우 깊이가 있습니다. 음률은 십이율을 관리하는데 그 가운데 중요한 것으로 오음, 곧 궁·상·각·치·우가 있습니다. 이것은 바른 소리로 영원히 변하지 않습니다. 오음의 신비함은 변하지 않는 도이기 때문에 적을 알 수 있습니다. 금·목·수·화·토 오행은 각각 상극의 이치로 공격합니다. 옛날 삼황의 시대는 텅 비운 마음으로 굳세고 강한 백성을 다스렸는데, 문자가 없었기 때문에 모두 오행의 원리를 따랐습니다. 오행의 이치는 천지자연입니다. 육십갑자가 나누어지는 것도 오행의 미묘한 신비입니다. 그 방법은 이렇습니다. 하늘이 깨끗하여 검은 구름과 비바람이 없는 때를 이용하여 한밤중에 날랜 기마병을 적군의 보루에서 약 구백 보 떨어진 곳으로 보내 율관律管을 귀에 대고 크게 소리 질러 적을 놀라게 합니다.

율관에 반응하는 소리가 있는데 그 울림은 매우 미묘합니다. 각성角聲이 율관에 반응하면 백호白虎로 대응해야 하며,[10] 치성徵聲이 율관에 반응하면 현무玄武로 대응해야 하며,[11] 상성商聲이 율관에 반응하면 주작朱雀으로 대응해야 하며,[12] 우성羽聲이 율관에 반응하면 구진勾陳으로 대응해야 합니다.[13] 다섯 율관에 전혀 반응이 없는 것은 궁이므로 청룡으로 대응합니다.[14] 이것은 오행의 부절符節이고 승리를 돕는 증거이며 승패의 기미機微입니다."

무왕이 말했다.

"훌륭한 말씀입니다."

태공이 말했다.

"미묘한 소리는 모두 드러나는 징후가 있습니다."

무왕이 말했다.

"어떻게 알 수 있습니까?"

태공이 말했다.

"적이 놀라 시끄러울 때 소리를 들어 보십시오. 북 치는 소리를 들으면 각이고, 불꽃이 보이면 치이고, 쇠로 된 창이 부딪히는 소리를 들으면 상이고, 휘파람 소리를 들으면 우이고, 조용해서 아무 소리도 들리지 않으면 궁입니다. 이것이 소리의 부절입니다."

武王問太公曰："律音之聲, 可以知三軍之消息, 勝負之決乎?"

太公曰："深哉！王之問也. 夫律管十二, 其要有五音：宮·商·角·徵·羽. 此其正聲也, 萬代不易. 五行之神, 道之常也, 可以知敵. 金·木·水·火·土, 各以其勝攻也. 古者三皇之世, 虛無之情, 以制剛强, 無有文字, 皆由五行. 五行之道, 天地自然. 六甲之分, 微妙之神. 其法：以天清淨, 無陰雲風雨, 夜半, 遣輕騎往至敵人之壘, 去九百步外, 偏持律管, 當耳大呼, 驚之. 有聲應管, 其來甚微. 角聲應管, 當以白虎；徵聲應管, 當

以玄武；商聲應管，當以朱雀；羽聲應管，當以勾陳；五管聲盡不應者，宮也，當以青

龍. 此五行之符, 佐勝之徵, 成敗之機.”

武王曰：“善哉”

太公曰：“微妙之音，皆有外候.”

武王曰：“何以知之?”

太公曰：“敵人驚動則聽之, 聞枹鼓之音者，角也；見火光者，徵也；聞金鐵矛戟之音

者, 商也；聞人嘯呼之音者，羽也；寂寞無聞者，宮也. 此五者，聲色之符也.”

(『육도』「용도·오음」)

무왕이 태공에게 물었다.

"병사를 이끌고 적국 깊숙이 들어갔을 때 잡초가 우거져 아군을 전후좌
우로 둘러싼 곳에 이르렀습니다. 아군은 수백 리를 행군해서 사람과 말이
모두 피로해서 쉬어야 합니다. 이때 적이 건조한 날씨와 빠른 바람의 유리
함을 틈타 아군을 향해 바람이 불어오는 쪽으로 불을 놓고, 적의 전차·기
병·정예병이 뒤에 굳게 매복해 있어서 아군이 겁에 질려 어지러이 흩어져
달아난다면 어떻게 해야 할까요?"

태공이 말했다.

"이와 같은 경우에는 운제와 비루를 이용해 멀리 좌우를 바라보고 자세
히 앞뒤를 관찰해야 합니다. 불이 일어나는 것이 보이면 아군 앞쪽에 맞불
을 놓고, 불이 넓게 퍼지면 또 아군 뒤쪽에도 맞불을 놓아야 합니다. 적군
이 공격하면 군대를 이끌고 후퇴해 검게 불태운 곳에 의지해 굳게 지켜야
합니다. 적군이 다가오다가 오히려 우리 뒤에서 불길이 일어나는 것을 보면
반드시 멀리 달아날 것입니다. 아군은 검게 불태운 곳에 의지해 굳게 지키
면서 강한 쇠뇌와 용감한 병사로 좌우를 지키게 하고 또 아군의 앞뒤에 불

을 지릅니다. 이렇게 하면 적군이 우리를 해칠 수 없습니다."

무왕이 말했다.

"적군이 아군의 좌우에 불을 지르고 또 아군의 앞뒤에 불을 질러 연기가
아군을 뒤덮고, 적의 대병이 검게 탄 곳에 의지해 있다가 일어난다면 어떻
게 해야 합니까?"

태공이 말했다.

"이와 같은 경우에는 사방에 무충진을 치고, 강한 쇠뇌로 아군의 좌우를
지키게 합니다. 그 방법으로 승리할 수는 없지만 패하지도 않습니다."

武王問太公曰: "引兵深入諸侯之地, 遇深草蓊穢, 周吾軍前後左右, 三軍行數百里,

人馬疲倦, 休止. 敵人因天燥疾風之利, 燔吾上風, 車騎銳士, 堅伏吾後. 吾三軍恐怖,

散亂而走. 爲之奈何?"

太公曰: "若此者, 則以雲梯・飛樓, 遠望左右, 謹察前後. 見火起, 即燔吾前, 而廣延

之, 又燔吾後. 敵人若至, 則引軍而卻, 按黑地而堅處. 敵人之來, 猶在吾後, 見火起,

必遠走. 吾按黑地而處, 強弩材士, 衛吾左右, 又燔吾前後. 若此, 則敵人不能害我."

武王曰: "敵人燔吾左右, 又燔吾前後, 煙覆吾軍, 其大兵按黑地而起, 爲之奈何?"

太公曰: "若此者, 爲四武衝陳, 強弩翼吾左右, 其法無勝亦無負."

(『육도』「호도・화전火戰」)

또 말했다.

"고립된 군대에서 적의 허점을 공격해서 뛰어난 장수가 남아 있지 않으면
여자 한 명이 남자 백 명을 감당할 수 있다. 바람이 공기를 울리면 적이 십
리 밖에 있는 것이며, 나무 줄기를 울리면 백 리 밖에 있는 것이며, 가지를
울리면 사백 리 밖에 있는 것이다. 비에 옷이 젖은 것을 윤병이라 하며, 젖
지 않은 것을 읍병이라 한다. 금속 악기가 스스로 울려 기운을 초조하게

전쟁은 속임수다

하는 것은 군대가 피로한 것이다."

又曰："從孤擊虛, 高人無餘, 一女子當百夫. 風鳴氣者, 賊存, 在十里；鳴條, 百里；

搖枝, 四百里. 雨霑衣裳者, 謂濡兵；不霑者, 謂泣兵. 金器自鳴及焦氣者, 軍疲也."

(『태평어람』 권328, 『육도』 일문 인용)

　『육도』 「호도·화전」에서 "검게 불태운 곳에 의지해 굳게 지킨다按黑地
而堅處"는 말은 불로써 불을 그치게 하는 방법입니다. 운제雲梯와 비루飛
樓를 이용해 높은 곳에 올라가 멀리 살펴보고 적이 불을 놓는 것을 발견
하되, 반드시 사전에 격리 지대를 불살라놓아야 하며, 이 '불태운 자리黑
地'에서 굳게 수비한다는 것입니다.

『태백음경』에서 논한 풍각

손괘가 바람이 되어 거듭 호령을 밝히는 것은 음양이 시킨 것이다. 상서로운 일과 나쁜 일을 드러내 보이고 신명과 교화를 떨쳐 드러낸다. 「춘관·보장씨」에서 열두 가지 바람으로 하늘과 땅의 요망함과 상서로움을 살피기 때문에 「금등金縢」을 펴지 않아도 나무 끝에서 일어나는 징조를 뽑아내며, 옥과 비단으로 교제하지 않아도 벼의 이상한 조짐을 드러낼 수 있다. 송 양공이 덕을 잃자 익조 여섯 마리가 바람에 밀려 날아가고,¹⁵ 앙무仰武가 화형을 당하려 하자 이상한 새가 먼저 울었으니 이것은 모두 한때의 일이다. 더구나 십만의 병사를 일으켜 여러 해 동안 서로 버티면서 날마다 천금을 소비하며 한때의 승부를 다투는 경우야 말할 것이 있겠는가? 길잡이의 말과 간첩의 말은 사람에게 얻은 것이지만 오히려 믿을 수 없는데 어찌 바람이 나뭇잎을 흔들고 외로운 새가 하늘에서 우는 것으로 육군六軍을 움직여 예측할 수 없는 나라로 들어갈 수 있겠는가? 요행히 완전히 승리하고자 하더라도 어찌될지 알 수 없다. 도모하는 것은 사람에게 달렸으나 바람과 새를 참고해 검증할 필요도 있으니 무시할 수 없다.

풍각을 점칠 때는 닭 깃 여덟 냥을 다섯 장丈 길이의 장대 위에 매달고 군영 가운데 세워서 여덟 방향의 바람이 일어나는 것을 살핀다. 무릇 바람이 일어날 때 처음에는 느리다가 나중에 빨라지면 멀리서 부는 것이며, 처음에는 빠르다가 나중에 느려지면 가까이서 부는 것이다. 바람이 잎을 흔드는 것은 십 리를 불어온 것이고, 가지를 흔드는 것은 백 리를 불어온 것이고, 가지를 울리는 것은 이백 리를 불어온 것이고, 잎을 떨어뜨리는 것은 삼백 리를 불어온 것이고, 작은 가지를 부러뜨리는 것은 사백 리를 불어온 것이고, 큰 가지를 부러뜨리는 것은 오백 리를 불어온 것이고, 돌이 날리는 것은 천 리를 불어온 것이고, 나무가 뽑히는 것은 오천 리를 불어온 것이다. 사흘 밤낮으로 불면 천하를 한 바퀴 돌 수 있고, 이틀 밤낮으로 불면 천하를 반 바퀴 돌 수 있고, 하루 밤낮으로 불면 천 리를 갈 수 있고, 반나절을 불면 오백 리를 갈 수 있다.

巽爲風, 申明號令, 陰陽之使也. 發示休咎, 動彰神教. 春官保章氏, 以十二風, 察天地之妖祥, 故金縢未啟, 表拔木之徵；玉帛方交, 起偃禾之異；宋襄失德, 六鶂退飛；仰武將焚, 異鳥先唱. 此皆一時之事. 且興師十萬, 相持數年, 日費千金, 而爭一旦之勝負. 鄕導之說·間諜之詞, 取之於人, 尚猶不信, 豈一風動葉·獨鳥鳴空, 而舉六軍, 投不測之國？欲幸全勝, 未或可知. 謀旣在人, 風鳥參驗, 亦存而不棄.

夫占風角, 取雞羽八兩, 懸于五丈竿上, 置營中, 以候八風之雲. 凡風起初遲後疾, 則遠來；風初疾後遲, 則近來. 風動葉十里, 搖枝百里, 鳴枝二百里, 墜葉三百里, 折小枝四百里, 折大枝五百里, 飛石千里, 拔木五千里. 三日三夜, 遍天下；二日二夜, 半天下；一日一夜, 及千里；半日半夜, 五百里.

(『태백음경』「풍각」)

궁풍宮風의 소리는 소가 하늘을 향해 울부짖는 듯하며, 치풍徵風의 소리는 빨리 달리는 말발굽 소리 같다. 상풍商風의 소리는 무리에서 떨어진 닭소리 같다. 우풍羽風의 소리는 젖은 북을 치는 소리 같다. 각풍角風의 소리는 많은 사람의 말소리 같다.

자子·오午는 궁宮에 해당하고, 축丑·미未·인寅·신申은 치徵, 묘卯·유酉는 우羽, 진辰·술戌은 상商, 사巳·해亥는 각角에 해당한다.

궁풍은 집이 날아가고 나무가 꺾이지만, 아직 병사를 일으킬 때는 아니다.

치풍은 집이 날아가고 나무가 꺾이며, 사방에서 위급함을 알려오는 것이다.

상풍은 집이 날아가고 나무가 꺾이며, 갑작스러운 전쟁이 있다는 것이다.

우풍은 집이 날아가고 나무가 꺾이며, 쌀값이 치솟는다.

각풍은 집이 날아가고 나무가 꺾이며, 갑자기 도둑이 들끓고 전투가 벌어진다는 것이다.

연월일시에 음덕과 양덕이 저절로 포함되어 있으니 음덕은 십이간지에 있고 양덕은 하늘에 있다.

연월일시에서 자는 묘를 제어하고 묘는 자를 제어하며, 축은 술을 제어하고 술은 미를 제어하고 미는 축을 제어하며, 인은 사를 제어하고 사는 신을 제어하고 신은 인을 제어하며, 진·오·유·해는 각자 서로를 제어한다.

자·축·인·사·신은 형상刑上이 되고, 묘·술·미는 형하刑下가 된다.

바람이 형하에서 불면 재앙이 얕지만, 형상에서 불면 재앙이 깊다. 삼형은 형상·형하·자형自刑이다.

무릇 재앙의 바람이 불어올 때는 살기를 많이 가지고 있어서 햇빛을 가리고 작은 먼지가 어지럽게 날린다.

무릇 상서로운 바람이 불어올 때는 덕의 기운과 함께 오는 것이 많아 햇빛이 밝고 기후가 덥지도 춥지도 않으며, 바람의 기운은 약해서 먼지가 일어

전쟁은 속임수다

나지 않고 평온하게 지나간다.

무릇 신·자는 탐욕스럽고 사나운 바람으로, 속이고 미덥지 못함을 주관해 재물을 잃고 도적을 만나며 공격을 주로 하여 남의 것을 빼앗는다.

사·유는 너그러움으로 복록을 주관하고 귀인과 군자를 주관한다.

해·묘는 음험하고 잔인함으로 싸움과 죽임을 주관하고 반란을 꾀해 크게 거역한다.

인·오는 청렴하고 곧음으로 빈객·예의·결혼을 주관한다.

축·술은 공정함으로 복수를 주관하고 전쟁을 주관한다.

진·미는 간사함으로 놀람과 두려움을 주관한다.

탐욕스럽고 사나운 날(신·자)에 바람이 너그러운 곳(사·유)에서 불어오면 주관하는 바의 말은 여전히 탐욕스럽고 사나움으로 길흉을 참고해 말하며, 다른 것도 이와 마찬가지이다.

회오리바람이 장막으로 들어와 방패와 창을 꺾고 장막을 찢으면, 반드시 도적이 군영으로 들어와 장군이 반드시 죽게 된다.

회오리바람이 삼형에서 불어오면 그 병사들은 막을 수 없다. 바람이 왕의 기운이 있는 곳에서 불어오면 관군이 이긴다. 매우 추운 날은 크게 이기며, 조금 추운 날은 작게 이긴다.

무릇 바람이 사방에서 어지럽게 일어나 혹시 땅에 닿는 것이 있다면 모두 역풍이 되어 사나운 병사들이 일어난다. 인시에 일어나면 임금은 순조롭지 못하며, 진시에 일어나면 주 병력이 순조롭지 못하며, 오시에 일어나면 좌우가 순조롭지 못하며, 술시에 일어나면 바깥의 도적이 순조롭지 못하다.

궁일宮日에 큰바람이 각角에서 불어오면 갑작스런 군대가 성을 포위하며, 한낮에 큰바람이 나무를 부러뜨리면 성은 함락된다.

우일羽日에 큰바람이 불어 해가 어둡고 빛이 없으면, 군대가 성을 포위하고 객군客軍이 이긴다.

음험하고 잔인한 날에 바람이 음험하고 잔인한 곳에서 불어와서 매우 추우면 자기편끼리 서로 죽인다.

상일商日에 큰바람이 사계에서 불어오면 적이 성을 공격할 것이므로 다리를 막아 통하지 않게 해야 한다.

宮風聲如牛吼空中. 徵風聲如奔馬. 商風聲如離群之鳥. 羽風聲如擊濕鼓之音. 角風聲如千人之語.

子·午爲宮, 丑·未·寅·申爲徵, 卯·酉爲羽, 辰·戌爲商. 巳·亥爲角.

宮風發屋折木, 未年兵作.

徵風發屋折木, 四方告急.

商風發屋折木, 有急兵.

羽風發屋折木, 米價貴.

角風發屋折木, 有急盜賊·戰鬪.

歲月日時, 陰德陽德自處. 陰德在十二干. 陽德在天.

歲月日時, 子刑卯, 卯刑子, 丑刑戌, 戌刑未, 未刑丑, 寅刑巳, 巳刑申, 申刑寅, 辰·午·酉·亥各自相刑.

子·丑·寅·巳·申爲刑上. 卯·戌·未爲刑下.

風從刑下來, 禍淺；風從刑上來, 禍深. 三刑：爲刑上·刑下·自刑.

凡災風之來, 多挾殺氣, 剋日. 濁塵飛埃.

凡祥風之來, 多興德氣幷, 日色晴朗, 天氣溫涼, 風氣索索不動塵, 平行而過.

凡申子爲貪狼, 主欺紿不信, 亡財遇盜賊, 主攻劫人.

巳·酉爲寬大, 主福祿, 主貴人君子.

亥·卯爲陰賊, 主戰鬪殺傷, 謀反大逆.

寅·午爲廉貞, 主賓客·禮儀·嫁娶.

전쟁은 속임수다

丑·戌爲公正, 主報仇怨, 主兵.

辰·未爲奸邪, 主驚恐.

貪狼之日, 風從寬大上來, 所主之言, 仍以貪狼, 參說吉凶, 他倣此.

有旋風入幕, 折干戈, 壞帳幄, 必有盜賊入營, 將軍必死.

旋風從三刑上來, 其兵不可當. 有風從王氣上來, 官軍勝, 大寒大勝, 小寒小勝.

凡風蓬勃四方起, 或有觸地, 皆爲逆風, 則有暴兵作. 寅時作, 主人逆; 辰時作, 主兵逆; 午時發, 左右逆; 戌時發, 外賊逆.

宮日, 大風從角上來, 有急兵來圍, 至日中折木者, 城陷.

羽日, 大風暝日無光, 有圍城, 客軍勝.

陰賊日, 風從陰賊上來, 大寒, 有自相殺者.

商日, 大風從四季上來, 有賊攻城, 關梁不通.

(『태백음경』「오음점풍五音占風」)

◉ 제 15강 ◉

제13편

용간 用間

이번 강의는 『손자』의 마지막 편으로, 어떻게 간첩을 이용해 분담하고 협력하며 정보를 정탐해 암살과 파괴 등의 각종 특수 임무를 수행하는가에 관한 내용입니다.

　금본에 「용간」 편을 맨 뒤에 둔 것은 매우 교묘합니다. 이 책은 '승리를 알 수 있는 것知勝'을 말하기 좋아해서 처음과 중간 그리고 끝 곳곳에 이와 관련된 말이 있습니다. 예를 들면, 「계」 편에서부터 '지승知勝'에 대해 말했습니다. 저자는 '지승'은 무슨 비결이 있는 것이 아니라 '계산을 많이 하는 쪽이 계산을 적게 하는 쪽을 이긴다'고 했으며, 적과 아군 쌍방 간에 누가 더 많은 계산을 하느냐가 관건이라고 했습니다. 이미 비교를 말했으니 당연히 적이 있고 내가 있습니다. 중간의 각 편에서도 이런 화제가 반복해서 나타나고 반복해서 전개됩니다. 예를 들면, 「모공」 편에서는 '적을 알고 나를 알아야知彼知己' 비로소 '백 번 싸워도 위태롭지 않다百戰不殆'고 했습니다. 이는 '지승' 가운데 '남을 아는 것知人'을 강조한 것

인데, 「지형」 편에서는 '지피지기' 외에 '하늘을 알고 땅을 알아야 한다知
天知地'고 하여 하늘과 땅을 더했습니다. 천시天時와 지리地利도 빠져서는
안 됩니다. 마지막으로 「용간」 편에 와서 저자는 "공을 이루는 것은 반드
시 먼저 아는 것에서 나온다成功必出于先知"고 강조했는데, '먼저 아는 것
先知'은 바로 간첩을 통해 적의 정보를 정탐하는 것이며, 중점은 '적을 아
는知彼' 데 있습니다. '지피지기'는 정보에 의존하고, '지천지지知天知地'는
병음양에 의존하는데, 둘 다 기술성이 매우 강한 공작입니다. 여기서 주
의해야 할 것은 『손자』에서 말한 '지승'에는 모두 네 가지 요소가 있고 모
두 중요한 것들이지만, 원서의 순서는 '지피지기'가 '지천지지'의 앞에 있
고, '지피지기'에서는 '지피'가 또 '지기'의 앞에 있다는 점입니다. 옛사람
들은 모두 『손자』가 「계」 편에서 시작해서 「용간」 편에서 끝난다고 말했
는데, 교묘한 안배입니다.

　'지피'와 '지기'에서 '지피'는 무엇에 의지할까요? 주로 간첩에 의지한
다는 점은 매우 분명합니다. '지기'는 이와 달리 주로 정상적인 경로에 의
지하는데, 예를 들면, 기밀이 오고 갈 때 명령이 위에서 아래로 전달되
고, 정보가 아래에서 위로 보고되며, 내부가 서로 소통하는 것 등등입니
다. 그러나 평화 시기라 하더라도 비밀스럽게 감시하고 통제하는 일이 적
지 않습니다. 내부의 정보 공작은 실은 간첩 공작이기도 합니다. 특수 임
무 조직은 스스로 자신의 조직을 통제하는데, 고대에 매우 발달했고, 오
늘날에는 많이들 꺼리기는 하지만 줄어들지도 않았을 것입니다. 민주정
치의 특징은 공개성과 투명성이지만 간첩을 어떻게 공개할 수 있겠으며,
어떻게 투명하게 운용할 수 있겠습니까? 공개하지 않고 투명하지 않으
면 사람들을 불쾌하게 만듭니다. 대중들이 두려워하고 정치인들도 두려
워하며, 특히 두 차례의 세계대전과 냉전 같은 비상 시기에는 더욱 그러

전쟁은 속임수다

한데, 후버[1]와 베리야[2] 같은 경우에 사람들에게 나쁜 인상을 주지만 어떤 나라도 그들로부터 벗어날 수 없었습니다. 과거에는 단지 도청기 같은 것만 설치했지만 오늘날에는 감시 카메라를 사용합니다. 은행, 지하철과 비행장, 사무실, 주택, 거리, 택시(뉴욕의 대테러 조치) 등 어디에든 다 설치되고 거의 화장실에만 없을 정도입니다. 조지 오웰[3]의 소설 『1984년』에는 미래의 인간들이 이런 감시 속에서 생활하는 모습이 그려져 있습니다. 20세기가 이미 지나갔고, 소설 속의 '빅 브라더' 형태가 이제 모두 실현되었는데, 그가 말한 집권국가集權國家에서가 아니라 민주국가에서 그렇습니다. 오늘날에는 부자라야 안전 문제로 머리가 아프고, 전 세계의 사소한 변화도 모두 미국의 안전과 관련이 있습니다. 더구나 적과 우리가 서로 간첩을 파견해서 적의 내부에 우리 편이 있고, 우리 내부에도 적이 있으며, 이중간첩도 활동하고 있습니다. 그래서 '지피'와 '지기'는 결코 두 가지 일이 아닙니다.

'간間'은 원래 '간閒'으로 썼습니다. 중국 고서에서 '간間'과 '첩諜'은 같은 뜻으로 풀이하고 같이 붙여 쓰는데, 따로 떼어 말하면 완전히 같은 것은 아닙니다.

'간'의 본뜻은 틈·사이이며, 동사로 쓰이면 '틈이 생기다' 또는 '기회를 틈타다' 등의 뜻을 가지며, 명사로 쓰이면 '틈을 엿보는伺候間隙' 사람으로 뜻이 확장됩니다.(아래에 인용한 『설문해자』에 보입니다.) '틈을 엿본다'는 말은 정보를 정탐하거나 기밀을 정탐한다는 뜻입니다. 정보나 기밀을 정탐하는 사람을 '간'이라고 부릅니다. 이런 용법으로 쓰이는 '간'은 '첩'과 뜻이 비슷한데, 『이아』「석언釋言」에서는 비슷한 음을 통해 뜻을 풀이하는 방법으로 '간'을 '염탐하다'는 뜻의 '현俔'이라고 풀이했습니다. 곽박은 이에 대한 주석에서 '현俔'은 『좌전』에 나오는 '첩'이며, 서진西晉 시기에는

'세작細作'이라고도 불렀다고 풀이했습니다. '세작'은 바로 후대 사람들이 말하는 '밀탐꾼探子' 또는 '밀정密探'입니다.

'첩'이 동사로 쓰이면 '정탐한다'는 뜻도 있으며, 명사로 쓰이면 정보를 전해주는 사람을 가리킵니다. 『설문해자』「문부門部」에서는 "군중에서 반대로 적의 틈을 엿본다軍中反間也"는 뜻으로 풀이했습니다. 앞에서 인용한 곽박의 주석은 '첩'에 대해 "거짓으로 적국의 사람이 되어 그 군대에 들어가 그 틈을 엿보고 반대로 그 임금에게 보고한다詐爲敵國之人, 入其軍中, 伺候間隙, 以反報其主"라고 풀이했습니다. 이런 '반간反間'은 뒤에 나오는 이중간첩으로서의 '반간'이 아니라 정보를 보내는 '반간'인데, 이 편에서는 이를 '생간生間'이라 부릅니다.

『좌전』에는 간첩을 단지 '첩'이라고만 부르고 '간'이라 부르지는 않았으며, 『주례』에도 간첩을 '첩'이라 불렀는데, '방첩邦諜'은 '방적邦賊' '방도邦盜'와 나란히 놓여(『주례』「추관秋官·사사士師」) 반역자·내부 간첩 등의 나쁜 놈들과 한 부류였습니다. 이 책들에서 언급한 것은 모두 '첩'입니다. 그러나 『대대례』「천승千乘」 편에는 "나라 안의 정보를 유출하는 것을 작은 경우는 '간'이라 하고 큰 경우는 '구'라고 한다以中情出, 小曰間, 大曰講"('구講'를 '구媾'로 읽어서 화친의 뜻이라고 생각하는 사람도 있는데, 나는 '첩諜'의 오자가 아닌지 조금 의심스럽습니다.)라고 하여 이미 '간'을 언급했습니다. 『손자』에서 '간' 자만으로 간첩을 칭한 것은 연대가 비교적 이른 고서이기 때문입니다.

'간첩間諜'이 함께 쓰인 것은 『육도』「용도·왕익」 편에 보입니다. 태공은 장군의 지휘부에 72명을 두어야 한다고 말하면서, 그 가운데 "유세하는 선비 8명으로 하여금 간사함을 엿보고 변화를 살피며, 사람의 마음을 열고 닫게 하며, 적의 뜻을 살피게 하여 간첩 활동을 주관하도록 한

전쟁은 속임수다

다遊士八人, 主伺姦候變, 開闔人情, 觀敵之意, 以爲間諜"고 했는데, 간첩과 유세하는 선비는 큰 관계가 있습니다.

간첩을 영어로는 일반적으로 '스파이spy' 또는 '에이전트agent'라고 부릅니다. '스파이'는 동사로 쓰이면 감시하고 관찰한다는 뜻이 있어, 앞 문장의 간첩에서 말한 '간'과 비슷한 점이 있습니다. '에이전트'는 '대리인'이라는 뜻이 있는데, '정보원intelligence agent 또는 intelligencer'이나 '비밀공작원secret agent'이라고도 부릅니다. 그들이 정보기관이나 첩보망을 구축하면 앞에서 말한 '첩'과 비슷합니다.

현대 중국어에도 '특무特務'라는 단어가 있는데, 요즘에는 '특공特工'이라 말하기를 좋아합니다. '특무'는 '도쿠무特務'라고 발음하는 일본어에서 온 외래어입니다. 이 말은 영어에서 '특수 임무'를 뜻하는 '스페셜 서비스special service'를 번역한 것으로, 간첩이란 뜻이기도 합니다. 중국의 군대에도 '특무련特務連'이라는 편제가 있는데, 정탐과 보안을 담당합니다. 이 외래어는 중국 고서에 쓰인 '간첩'이란 단어보다 더욱 유행하고 의미가 더욱 넓어서 명나라의 금의위錦衣衛 조직 같은 비밀경찰도 포함합니다. 냉전시대인 1950년대는 간첩을 잡는 황금시대였습니다. 서양의 경우 룩셈부르크 부부 사건이 있고, 공산국가의 경우 유럽 9개국 공산당 정보국 간첩 사건[4]이 있습니다. 전 세계가 모두 그러했고 중국도 예외가 아니었습니다. 당시에는 이런 이야기를 다룬 소설과 영화가 매우 많았는데, 나는 그런 이야기를 매우 좋아합니다. 그러나 다들 습관적으로 '특무'라고 부르고, '간첩'이라고 부르는 사람은 드뭅니다.

어렸을 때 학교 친구의 아버지가 정보 부서원으로 외국 대사관에서 근무했는데, 다들 매우 신비롭게 여기면서 그 애의 아버지가 하는 일이 영화 속의 특무와 별 차이가 없다고들 말했습니다. 그 친구가 집에 돌아가서 아버지에게 특무가 맞냐고 물었더니, 아버지가 버럭 화를 내면서 사납게 꾸짖고 터무니없는 소리를 한다고 혼을 냈다고 합니다. 그 이유는 우리가 적의 간첩만 특무라고 부를 뿐 자기 자신을 그렇게 부르지는 않기 때문입니다. 말하자면, 지하공작원이나 비밀공작원이라고는 불러도 특무라고 부르는 사람은 없습니다.

간첩과 특무는 일반적으로 모두 나쁜 말인데, 특히 특무라는 말은 완전히 부정적입니다. 경멸함을 나타내기 위해 때로는 '개狗' 자를 덧붙이기도 합니다. 그러나 모든 나라가 여기에서 자유롭지 못합니다. 국내 정치에 필요하고, 외교에 필요하며, 군사적으로도 필요하기 때문입니다. 많은 정부 부서와 해외 주재 기관, 군대 등에서 모두 이런 사람들을 적절히 배치하는데, 이것은 공개된 비밀이어서 모르는 사람이 없습니다.

구 소련의 경우, 1917년에서 1922년 사이에 공산혁명을 반대하는 세력을 숙청하기 위한 기구로 악명 높은 체카Cheka[5]가 있었고, 1922년에서 1934년 사이에는 국가정치보안부GPU[6], 1934년에서 1941년 사이에는 내무인민위원회NKVD[7]가 있었습니다. 이것들은 모두 비밀경찰입니다. 1941년에는 내무부(뒤에 MVD[8]라 부름)에서 국가안전인민위원회(NKGB[9], 나중에 MGB[10]로 개칭)가 분리되었습니다. 제2차 세계대전 기간에 이 기관은 외국의 첩보와 국내의 강제수용소를 감독하는 데 매우 중요한 역할을 했습니다. 1954년 소련의 국가보안위원회가 설치되었는데, 이것이 바로 그 유명한 KGB[11]입니다.

미국도 이와 마찬가지로 국내에는 미국연방수사국FBI이 있어 곳곳에 도청기를 설치했으며, 국외에서는 미국중앙정보국CIA이 활동해 전 세계에 일어난 정변政變에 대부분 관련되었습니다.

바로 『손자』에서 "미묘하고도 미묘하도다! 간첩을 쓰지 않는 곳이 없

전쟁은 속임수다

구나微哉微哉! 無所不用間也"라고 표현한 것과 같습니다. 인췌산 한나라 죽간 『손빈병법』 「찬졸篡(選)卒」에도 "간첩을 쓰지 않으면 이기지 못한다不用間, 不勝"라고 했습니다.

나는 「용간」 편을 세 장으로 나눕니다.

제1장에서는 간첩이 하는 일의 중요성을 말합니다.

제2장에서는 다섯 가지 간첩의 쓰임을 말합니다.

제3장에서는 이지伊摯**12**와 여아呂牙**13**가 간첩이 된 이야기를 통해 "성스럽고 지혜로운 사람이 아니면 간첩을 쓸 수 없고, 어질고 의로운 사람이 아니면 간첩을 부릴 수 없다非聖智不能用間, 非仁義不能使間"는 것을 강조합니다.

이제 한 장씩 소개하겠습니다.

【 13-1 】

손자가 말했다.

무릇 십만의 군대를 일으켜 천 리의 출정길에 나서면, 백성들의 비용과 공가의 부담은 날마다 천금을 써야 하고, 나라의 안팎에 소동이 일어나고 길에는 군수품 수송으로 지쳐서 생계를 지키지 못하는 사람이 칠십만 가구나 된다. 서로 수년간 버티는 것은 하루의 승리를 얻으려는 것인데도 벼슬과 돈을 아까워하여 적의 정보를 알지 못한다면, 어질지 못함의 지극함으로, 백성들의 장수가 아니고 임금을 돕는 자가 아니며 싸움에 이기는 임금이 아니다. 그런 까닭으로 현명한 임금과 어진 장수가 출동하면 적을 이겨 공을 이루는 것이 남들보다 뛰어난 것은 먼저 알기 때문이다. 먼저 아는 것은 귀신에게서 얻을 수도 없고, 일에서 관찰할 수도 없고, 천체의 운행에서 경험할 수도 없는 것이며, 반드시 사람에게 얻어야 하는데 적의 상황을 아는 사람이어야 한다.

孫子曰:

凡興師十萬, 出征千里, 百姓之費, 公家之奉, 日費千金, 內外騷動, 怠於道路, 不得操事者, 七十萬家, 相守數年, 以爭一日之勝, 而愛爵祿百金, 不知敵之情者, 不仁之至也, 非(人)[民]之將也, 非主之佐也, 非勝之主也. 故明君賢將所以動而勝人, 成功出於衆者, 先知也. 先知者, 不可取於鬼神, 不可象於事, 不可驗於度, 必取於人, 知敵之情者也.

이 장은 주로 '간첩을 쓰는 것用間'이 전쟁에 얼마나 중요한지를 말하

전쟁은 속임수다

고 있습니다. 「작전」 편과 비슷하게, 저자는 여기서도 전쟁을 경제학으로 설명해 읽는 사람들에게 먼저 계산을 해보게 합니다. 저자는 만약 10만의 대군을 출동시켜 천 리나 되는 먼 곳에서 작전을 하게 한다면 백성들과 국가는 창고를 열어 반드시 '날마다 천금을 쓴다日費千金'고 했는데, 이는 앞의 「작전」 편 첫머리에 나온 내용과 겹치기 때문에 다시 풀이하지는 않겠습니다. 그러나 여기에는 앞에서 말하지 않은 매우 중요한 두 가지 사항이 있습니다.

첫째, 여기서 만약 10만의 대군이 출동하면 "나라의 안팎에 소동이 일어나고 길에는 군수품 수송으로 지쳐서 생계를 지키지 못하는 사람이 칠십만 가구나 된다內外騷動, 怠於道路, 不得操事者, 七十萬家"라고 했는데, 이것은 매우 중요한 사회사 자료입니다. 왜냐하면 여기에는 또 중국 고대의 정전제가 관련되어 있기 때문입니다. 과거에 중국 역사학계가 고대사의 시기 구분에 대해 토론할 때 정전제는 좋은 논쟁거리였습니다. 그 가운데 매우 많은 내용은 논쟁할 가치도 없는 것들입니다. 나는 앞에서 정전제는 어떤 신비함이 있는 것이 아니라, 정井은 바로 리里이며, 1정은 우물 정井 자처럼 9개의 밭이랑으로 구획해서 사방이 이어지게 하되 거리를 계산해서 사각형으로 나눈 것이라고 말한 바 있습니다. 그것은 리里에 따라 백성들을 호적에 편입해서 정리하고, 밭을 나누어주고 세금으로 양식을 바치게 한 제도입니다. 이런 제도는 결코 유일한 제도가 아니라, 단지 고서에서 말하는 야제野制, 곧 수도 이외의 변두리 현읍縣邑의 제도이며 식봉食封으로 실행한 제도일 뿐입니다. 처음에는 정전에서 결코 군사를 징집하지 않았습니다. 후대에 군사를 징집한 것은 두 가지로 나누기도 하는데, 하나는 내가 야제野制 갑종甲種이라 부르는 것이고 다른 하나는 내가 야제 을종乙種이라 부르는 것입니다. 전자는 10가구에서 병사한 사람을 징집하는 것이며, 후자는 7,68가구에서 한 사람을 징집하는 것입니다.(제5강 참고) 여기서 말하는 것은 둘째 제도에 해당합니다. '칠십만 가구七十萬家'라는 것은 대략적인 수이며 실제로는 76만8000가구입니다. 여기서 주의할 점은, 과거 정전제에 대해 말한 것들 가운데 『주례』와 『사마법』 일문의 설명 외에도 맹자가 꾸며낸 정전제가 있다는 것입니다. 맹자의 정전제는 『시경』에서 묘사한 것과 다릅니다. 『시경』에 보이는 공전公田은 사전私田 이외의 큰 밭大田으로, 사전과 공전은 별개의 것입니다 (『시경』「소아·대전大田」). 맹자가 말한 공전은 이와 달리 대전大田인 공전을 나누어주는 '정井 단위의 합동 생산제'로, 공전은 모두 사전의 한가운데에 있습니다. 본래의 정전은 9가구의 밭인데, 맹자는 8가구만 배분하고 가운데 1가구 분량이 되는 밭을 비워서 공전으로 간주하고 8가구가 함께 경작한다고 했습니다.(『맹자』「등 문공 상」) 조조는 주석에서 "옛날에는 여덟 가구가 한 이웃이 되었는데, 한 가구에서 군에 가면 일곱 가구가 그 가구를 봉양했다. 십만의 병사를 모으면 농사에 종사하지 않는 사람이 칠십만 가구임을 말하는 것이다"라고 풀이했는데, 맹자가 꾸며낸 정전제를 가지고 여기의 징집제도를 말한 것이기 때문에 결코 맞지 않습니다. 왜냐하면 고서에서 말하는 정井은 모두 9가구를 이웃으로 하는 것이지 '여덟 가구를 이웃으로 한다'는 말은 없기 때문입니다. 만약 정말로 '여덟 가구를 이웃으로 한다'면 그것은 8가구에서 한 사람을 징집하는 것이지 7가구에서 한 사람을 징집하는 것은 아니기 때문에 원문에서는 "나라 안팎에 소동이 일어나고 길에는 군수품 수송으로 지쳐서 생계를 지키지 못하는 사람이 팔십만 가구나 된다內外騷動, 怠於道路, 不得操事者, 八十萬家"라고 했어야 마땅합니다. 맹자가 말한 정전제는 온전히 그가 상상한 정전제입니다. 당시에 공전을 경영하는 데 많은 문제가 있었기 때문

전쟁은 속임수다

에 맹자가 그 문제를 해결하려고 설계한 것일 뿐입니다. 옛날의 사수泗水 일대는 지금의 취푸曲阜 주변으로 '고국박물관古國博物館'이라 할 수 있는데, 그곳에 작은 나라들이 매우 많았기 때문입니다. 맹자는 추鄒나라 사람인데, 추나라(곧 주邾)의 옆이 바로 등滕나라입니다. 맹자는 등나라에서 자신의 주장을 펴면서 실험기지를 마련하려고 했을 것인데, 계획대로 실행되지 못한 것은 보편성이 없었기 때문입니다. 우리는 맹자에게 속아서는 안 됩니다. 왜냐하면, 토지제도의 일반적인 규칙에 따르면 이것은 불가능한 것이기 때문입니다.

둘째, 여기서 "서로 수년간 버티는 것은 하루의 승리를 얻으려는 것相守數年, 以爭一日之勝"이라고 언급했는데, 당시의 전쟁을 보면 일단 시작하면 몇 년이나 계속되어 기간이 매우 깁니다. 이 점도 상당히 주의할 만한 대목입니다. 앞에서 우리는 고서를 읽을 때 춘추시대의 전쟁은 일반적으로 비교적 짧은데, 전국시대에 와서 비교적 길어진 경향이 있다고 말한 바 있습니다. 이것은 대체적인 인상이며 개괄적인 인상입니다. 상황에 예외가 있을 수는 없을까요? 예를 들면, 춘추시대에서도 특히 말기에 몇 년을 끈 긴 전쟁이 없었을까요? 역사 자료에 한계가 있어서 감히 절대로 있을 리가 없다고 말할 수는 없지만, 아마도 있을 리는 없을 것입니다. 특히 일반적인 상황(여기서는 본문의 '범凡' 자 뒷부분의 내용)에서는 아마 있을 리가 없을 것입니다. 전국시대에서도 말기에 이르러서야 이런 큰 전쟁과 격렬한 전투가 있었을 것입니다. 같은 얘기로, 예컨대 한비가 말한 것도 시기가 상당히 늦습니다. 『노자』 제46장에 "천하에 도가 행해지지 않으면 교외에서 군마가 생산된다天下無道 戎馬生於郊"라고 했는데, 한비가 이에 대해 "천하에 도가 없으면 공격이 그치지 않고, 수년 동안 서로 지키기를 계속해 투구와 갑옷에는 서캐와 이가 꾀고 제비와 참새가 군막에

살아도 병사는 고향에 돌아가지 못한다天下無道, 攻擊不休, 相守數年不已, 甲
冑生蟣虱, 鷰雀處帷幄, 而兵不歸"(『한비자』「유로喩老」)라고 풀이한 것은 바로
자신이 살던 당시의 상황으로 『노자』를 말한 것입니다. 『울요자』「무의武
議」 편에도 비슷한 말이 있는데, "군대를 일으키는 것은 투구와 갑옷에
서캐가 생기게 하는 것이다起兵, 直使甲冑生蟣者"라고 했습니다. 군대가 출
정한 뒤 몇 년 동안 집으로 돌아오지 못해야 회갑盔甲(전국시대에 유행한
가죽 갑옷)에 이가 꾀고 참새가 군막에 집을 짓는다고 생각합니까? 이것
은 어떤 광경일까요? 정말 참혹하기 짝이 없습니다. 『손자』의 이 두 구절
은 아마도 후학이 덧붙인 말일 것입니다.

저자는 전쟁의 규모가 매우 크고, 기간이 매우 길어서 결과적으로 백
성을 고생시키고 재물을 축낸다고 말했습니다. 백성이 고생해서 10만의
군대에 70만 가구에서 군수품을 조달하느라 길에서 지치고 전답의 농작
물도 모두 황폐해지며, 재물을 축내서 '날마다 천금을 쓰기日費千金' 때문
에 1년이면 36만이 되고, 3년이면 100만이 넘습니다. 그러나 간첩을 매수
하는 데는 얼마나 필요할까요? 다만 '벼슬과 백금爵祿百金'이면 충분한데,
'백금'이면 앞에서 말한 하루 비용의 10분의 1만 지불하는 것입니다. 그러
니 간첩을 매수하는 일에는 절대 인색해서는 안 됩니다. 이 일에 인색함
은 잔인한 것이며 양심이 없는 것입니다. 간첩은 모두 생사를 오가며 위
험을 무릅쓰는 사람들이니 이런 돈으로 계산할 수 있겠습니까? 돈을 써
서 정보를 사는 것은 사실상 돈을 아끼는 것이기 때문에 얼마의 돈을 쓰
더라도 그럴 가치가 있습니다. 사람들은 현대를 정보시대라고 하는데, 상
당수의 정보가 기밀성을 띤 정보이기 때문에 그 어느 시대보다 더 간첩들
이 활동하고 있습니다. 요즘 미국의 군사비 예산 보고에 따르면, 해당 연
도 예산이 4395억 달러(이라크·아프카니스탄에 사용되는 1200억 달러는 계

전쟁은 속임수다

산하지 않은 액수)에 달합니다. 그 가운데 정보비 지출은 줄곧 공개되지 않았는데, 최근 텔레비전의 보도에 따르면 1년에 440억 달러라고 합니다.

모든 일은 비가 오기 전에 지붕을 손보듯이 미리 준비해야 하고, 목마른 뒤에 우물을 파서는 안 됩니다. 전쟁에서는 더욱 그렇습니다. 손을 쓰기 전에 반드시 '먼저 알아야先知' 합니다. '먼저 알려면' 어떻게 해야 할까요? 저자는 "귀신에게서 얻을 수도 없고, 일에서 관찰할 수도 없고, 천체의 운행에서 경험할 수도 없는 것이며, 반드시 사람에게 얻어야 하는데 적의 상황을 아는 사람이어야 한다不可取於鬼神, 不可象於事, 不可驗於度; 必取於人, 知敵之情者也"라고 했습니다.

이 말은 무슨 뜻일까요? 이것도 해석이 필요합니다. 이 말은 적의 사정은 초월적 수단을 통해 얻을 수 없다는 뜻입니다. 초월적 수단은 세 가지가 있습니다. 첫째는 '귀신에게 얻는 것取於鬼神'인데, 조조의 주석은 이를 '빌거나 제사를 통해서 구할 수 없다不可以禱祀而求'라고 풀이했는데 맞는 말입니다. 옛날 사람들은 급하면 제일 먼저 생각할 수 있는 방법이 바로 귀신에게 비는 것으로, 향을 피우고 절을 하며 제물을 바치고 주문을 외면서 귀신이 도와주기를 바랍니다. 다른 두 가지는 '일에서 관찰하는 것象於事'과 '천체의 운행에서 경험하는 것驗於度'으로 모두 수술數術에 속합니다. 중국 고대에는 이른바 수술數術이라는 학문이 있었습니다. 수술은 크게 두 부류로 나뉘는데, 하나는 상象에서 얻는 것이며, 다른 하나는 수數에서 얻는 것입니다. 전자는 육안으로 관찰하는 것인데, 예를 들면 집터나 묘터를 살피고, 풍수를 살피고, 사람·말·도검을 살피는 것 등입니다. 후자는 수리數理로 추산하는 것인데, 식법式法·선택選擇·점 같은 것들이 여기에 속합니다. 옛날 사람들은 길흉화복에는 상象과 수數가 있다고 여겼는데, 상은 관찰에 의지하고 수는 추산推算에 의지합니다. 일반적으로 말하면, 관상 보는 것은 전자에 속하고, 점치는 것은 후자에 속합니다. 그러나 대부분의 수술에는 상도 있고 수도 있습니다. 예컨대 천문의 경우, 밤에 별을 살피거나 구름을 바라보고 기운을 살피는 것은 상에서 얻는 것이지만, 천체의 운행을 유추해 간지에 분배하는 것은 수에서 얻는 것입니다. 점의 경우, 거북점은 상을 위주로 하고 시초점은 수를 위주로 하지만, 『주역』에는 상도 있고 수도 있습니다. 조조는 이 두 방법에 대해 "일로 유추해 구할 수 없고不可以事類而求" "일로 계산해 헤아릴 수 없다不可以事數度也"고 주석했는데, 전자는 유추하는 것이고 후자는 계산하는 것인 듯합니다. 이렇게 말하는 것도 여전히 그리 정확한 것은 아닙니다. 나는 '일에서 관찰하는 것象於事'은 상법이고, '천체의 운행에서 경험하는 것驗於度'은 점복占卜이라고 이해합니다. 이 두 가지 방법은 바로 『주역』「계사繫辭 하」편에서 말한 "형상에서 점치는 일로 기량을 알고, 점치는 일로 미래를 안다象事知器, 占事知來"는 것과 통하기도 합니다. '상사지기象事知器'는 관찰하는 방법을 사용해 '상象'으로부터 사물의 구조를 이해하는 것으로, 풍수에서 기맥을 말하거나 사람과 가축의 골법骨法을 말하는 것은 모두 이 방법을 사용한 것입니다. '점사지래占事知來'는 점치는 방법을 사용해 미래를 예측하는 것입니다. 전자가 바로 '상어사象於事'이고, 후자가 '험어도驗於度'입니다.

요컨대, 저자는 이런 방법들을 모두 믿을 수 없다고 말했습니다.

중국 고대에 기도·상술相術·점은 아주 광범위하게 응용되었습니다. 병음양의 경우, 매우 많은 내용이 이 부류에 속합니다. 『좌전』을 읽어보면 많은 예를 찾을 수 있습니다. 『좌전』에서는 나라의 큰일인 제사와 전쟁이 점치는 일의 주요 대상이었습니다. 특히 전쟁의 경우에는 절대 다수가 점을 쳤습니다. 전쟁이란 가장 예측하기 어려운 것이어서 옛사람들

전쟁은 속임수다

은 점을 쳐서 길흉을 살피는 일이 가장 많았고, 설령 현대인이라 하더라도 대강 추측해보기 마련이지만, 그것이 생사존망이 걸린 큰일이라면 조금도 장난으로 취급할 수 없는데, 점치는 일에 한정하면 병가가 가장 두드러집니다.

과거에 많은 사람이 손자를 유물주의자라고 말한 것은 주로 이 말들 때문입니다. 사실 이는 손자가 귀신을 믿지 않았다는 말과는 다릅니다. 마찬가지로 『울요자』 「천관」 편에서 "천문과 일시는 사람의 일만 못하다 天官·日時不若人事"고 했는데, 어쩌면 '천문'이 바로 '사람의 일人事'이며, 이것도 단지 사람들에게 용병은 실제에 근거해야 하며 수술에 얽매여서는 안 된다고 훈계한 말일 뿐입니다.

현실 문제에서 저자는 매우 현실적입니다. 저자는 성공과 승리는 '선지先知', 곧 '먼저 아는 것'에 달려 있다고 인식합니다. '선지'는 정보에 달려 있는데, 정보는 귀신에게서 나오는 것도 아니고 점치는 일에서 나오는 것도 아니며 사람, 그 중에서도 정보를 장악한 사람, 곧 간첩에게서 나옵니다. 옛사람들이 말한 '선지'는 본래 매우 신비한 것으로, 태어나면서부터 아는 것을 '선지'라 하고, 배워서 아는 것을 '후지後知'라 했습니다. '선지'는 성인이며, 보통 사람들은 '사후제갈량事後諸葛亮' 격으로 일이 다 벌어진 뒤에 큰소리 칠 뿐입니다. '선지'는 일반인과 달리 아직 발생하지 않은 일을 미리 점칩니다. 지금도 이런 개념이 있는데, 예측학豫測學이라 부릅니다. 1980년대 말 중국에 '기공氣功 붐'이 일어났는데, 뭐든지 과학 용어로 바꾸어 '장場'[14]과 '에너지'라는 말이 사방에 퍼졌고, '예측' 설이 매우 유행했던 것을 지금도 기억합니다. 예측에는 두 가지가 있는데, 하나는 과학적 근거가 있는 것이며 하나는 과학적 근거가 없는 것입니다. 후자는 추측학이라 부를 수 있을 뿐입니다. 예를 들면, 구름을 보고 기후를 살펴서 어떤 구름은 비를 내리게 한다는 것은 어느 정도 일리가 있지만, 식반式盤 류의 도구를 이용해 점을 치는 것은 사람을 속이는 짓입니다. 사람들은 미지의 것에 대해 줄곧 이런 태도를 취하는데, 모르는 일은 보통 추측에 의지하며, 특히 어떤 결정을 바로 해야 하고 또 따라야 할 어떤 규칙도 없는 경우에는 왕왕 점의 도움을 받아 운세를 예측하곤 합니다. 점의 특징은 기회와 인연을 흉내 낸다는 점입니다. 예를 들면, 두 팀이 축구 경기를 할 때 동전을 던져 앞뒤를 선택해서 누가 먼저 공격할 것인지를 정하는데, 이것은 가장 간단한 점입니다. 옛날의 점은 항상 수數와 법法을 함께 사용했는데, 이런 것이 효과가 없으면 다른 방법으로 바꾸었습니다. 예를 들면, 『좌전』에서는 복ㅏ과 서筮를 가장 중시해서 이 두 가지를 함께 사용했습니다. '복'은 거북의 껍질을 이용해 점치는 것으로서 답이 비교적 직접적이며, '복'이 효과가 없으면(소망에 부합하지 않으면) '서'를 사용했습니다. '서'에는 세 가지 역易, 곧 주역周易·연산連山·귀장歸藏이 있어 하나가 안 되면 다른 것을 사용했습니다. 끝까지 맞지 않으면 왜곡해서 해석해 앞뒤 말을 그럴듯하게 둘러맞춥니다. 이것은 추측학입니다. 사람은 모두 기회주의자이기 때문에 요행을 좋아합니다. 나는 점과 내기가 같은 이치라고 말한 적이 있습니다. 클라우제비츠는 전쟁이란 도박과 가장 비슷하고 했지만, 적에 대한 정보를 얻는 데 이런 방법에 의지해서 되겠습니까? 그래서는 안 됩니다. 저자는 성실하게 비용을 부담해서 간첩을 매수해야 한다고 말합니다.

전쟁은 속임수다

【 13-2 】

그런 까닭으로 간첩을 쓰는 데는 다섯 가지, 즉 인간·내간·반간·사간·생간이 있다. 다섯 가지 간첩을 함께 활용하되, 그 오묘한 도를 알지 못하게 해야 하니, 이것을 '신기'라 하며 임금의 보배이다. 인간은 그 고을 사람을 뽑아 쓰는 것이다. 내간은 적국의 관리를 포섭하여 쓰는 것이다. 반간은 적의 간첩을 포섭하여 이중간첩으로 쓰는 것이다. 사간은 밖으로 거짓 정보를 흘려서 우리나라에 침투한 간첩이 듣고 적의 간첩에게 전하게 하는 것이다. 생간은 돌아와 정보를 보고하는 것이다. 그런 까닭으로 삼군의 일은 간첩보다 믿을 만한 것이 없고, 상은 간첩에게 주는 것보다 후한 것이 없으며, 일은 간첩보다 은밀한 것이 없다. 성인이나 지혜로운 사람이 아니면 간첩을 쓸 수 없고, 어질고 의로운 사람이 아니면 간첩을 부릴 수 없고, 미묘한 사람이 아니면 간첩의 정보를 얻을 수 없다. 미묘하고도 미묘하도다! 간첩을 쓰지 않는 곳이 없구나. 간첩의 일이 아직 시행되지도 않았는데 미리 말하게 되면, 간첩과 말한 자는 모두 죽여야 한다. 무릇 적군 가운데 치고자 하는 곳, 성 가운데 공격하고자 하는 곳, 사람 가운데 죽이려는 바는 반드시 먼저 그곳을 수비하는 장수와 좌우의 신하·알자·문자·사인의 이름 등에 대해 우리의 간첩에게 반드시 정탐하여 알아보도록 해야 한다. 적의 간첩으로 우리나라에 와서 정탐하는 자는 포섭하여 이용하고, 인도하여 놓아주어야 하며, 이렇게 하기 때문에 반간을 이용할 수 있다. 이로 인하여 적의 상황을 알 수 있기 때문에 향간·내간 또한 쓸 수 있으며, 이로 인하여 적의 상황을 알 수 있기 때문에 사간으로 하여금 가짜 정보를 적에게 알리게 할 수 있으며, 이로 인하여 적의 상황을 알 수 있기 때문에 생간으로 하여금 기일에 맞추어 돌아오게 할 수 있다. 다섯 가지 간첩의 일은 임금이 반드시 알아야 하는데, 알 수 있는 것은 반드시 반간에게 달린 것이기 때문에 반간은 후하게 대접하지 않으면 안 된다.

故用間有五: 有因間, 有內間, 有反間, 有死間, 有生間. 五間俱起, 莫知其道, 是謂神紀, 人君之寶也. 因間者, 因其鄕人而用之. 內間者, 因其官人而用之. 反間者, 因其敵間而用之. 死間者, 爲誑事於外, 令吾間知之而傳於敵間也. 生間者, 反報也. 故三軍之事, 莫親於間, 賞莫厚於間, 事莫密於間, 非聖智不能用間, 非仁義不能使間, 非微妙不能得間之實. 微哉微哉! 無所不用間也. 間事未發而先聞者, 間與所告者皆死. 凡軍之所欲擊, 城之所欲攻, 人之所欲殺, 必先知其守將·左右·謁者·門者·舍人之姓名, 令吾間必索知之. (必索)敵間之來間我者, 因而利之, 導而舍之, 故反間可得而用也; 因是而知之, 故鄕間·內間可得而使也; 因是而知之, 故死間爲誑事, 可使告敵; 因是而知之, 故生間可使如期. 五間之事, 主必知之, 知之必在於反間, 故反間不可不厚也.

이 장에서는 다섯 가지 간첩, 곧 인간因間·내간內間·반간反間·사간死間·생간生間에 대해 말하고 있는데, 이들은 각자 활동하기도 하고 협력해 활동하기도 합니다. 이것은 첩보망의 주요 부분이 모두 갖추어진 것으로, 이미 상당히 완성된 간첩망입니다.

그들의 분업은 다음과 같습니다.

(1) 적을 매수한 간첩. 세 가지를 포함합니다.

① 인간因間 : 원문에서는 "그 고을 사람을 뽑아 쓰는 것因其鄕人而用之"

전쟁은 속임수다

이라고 풀이했습니다. 원문의 '향인鄕人'이라는 단어는 고서에 많이 보이는데, 세 가지 용법이 있습니다. 첫째는 향대부鄕大夫로서 행정구역인 향鄕을 관리하는 관원을 가리키며, 둘째는 향리에 거주하는 백성을 가리키며, 셋째는 객지에서 우연히 만난 고향 사람을 가리킵니다. 옛사람들이 말하는 '향鄕'은 시골이라는 뜻이 아니라, 행정구역인 '육향六鄕'이나 '주향州鄕'이라고 할 때의 '향'이며, 향인은 수도에 사는 사람 또는 수도의 교외에 사는 사람들입니다. 여기서 말하는 '향인'은 다음 문장의 '관인官人'과 반대되는 말로서 적국의 주향에 사는 일반 주민이나 그 나라로 옮겨간 고향 사람을 가리키는 것이지 결코 향대부는 아닙니다. 뒷문장에서 이런 간첩을 '향간鄕間'이라고도 부르는데, 가림賈林과 장예張預는 여기서 말하는 '인간'은 마땅히 '향간'으로 써야 한다고 했지만, 조조의 주석 이래의 고본과 고서에 인용된 내용은 모두 '인간'으로 되어 있으며, 인췌산 한나라 죽간본에는 공교롭게도 이 글자가 훼손되어 판단할 수 없습니다. 이런 간첩은 평민 백성으로서 적국 하층민의 정보를 수집할 수 있습니다.

② 내간內間 : 적의 관리를 간첩으로 삼는 것입니다. 이런 간첩은 적국 상층민의 정보를 수집할 수 있습니다.

③ 반간反間 : 이것은 적국의 간첩을 매수해 반대로 아군을 위해 이용하는 것입니다. 이런 '반간'은 허신許慎이 '첩諜' 자를 해석한 "군중에서 반대로 적의 틈을 엿보는軍中反間" 것이 아니고, 『삼국지연의』에서 말한 '반간계反間計'도 아닙니다. '반간계'는 적을 이간해서 모순을 이용해 모순을 만듦으로써 적의 상하가 서로 의심하도록 만들어 자기편끼리 죽이고 고통받게 하는 것입니다. 『삼십육계』의 제33계가 바로 이 반간계입니다. 광사誑事는 거짓 정보를 말합니다.

(2) 아군이 파견한 간첩

④ 사간死間 : 아군이 파견해 거짓 정보를 적국에 전하는 간첩입니다. 거짓 정보를 전하는 일은 매우 위험해서 발각되면 목이 달아나기 십상이므로 '죽을 사死' 자를 써서 '사간'이라 부릅니다.

⑤ 생간生間 : 아군이 파견해 진짜 정보를 가지고 본국으로 돌아오는 간첩입니다. 그 사람은 정보가 있는 곳에 있지만 반드시 정보를 안전하게 가지고 와야 하는데 당연히 살아 있어야 하기 때문에 '생간'이라 부릅니다.

이 다섯 가지 간첩 가운데 반간이 가장 비밀스럽고 가장 정보가 많기 때문에 첫째 고리이며, 인간과 내간은 반간과 협력해 사용하기 때문에 둘째 고리이며, 사간은 적에게 거짓 정보를 전하고 생간은 진짜 정보를 아군에게 전하기 때문에 셋째 고리입니다. 첫째 고리는 정보를 얻고, 둘째 고리는 정보를 전하며, 셋째 고리는 적에게 거짓 정보를 주거나 아군에게 진짜 정보를 보내줍니다.

반간이 첫걸음이면서 가장 중요하기 때문에 후하게 대접해야 하는데, 돈도 가장 많이 들고 비밀 보장의 정도도 가장 높습니다.

이것이 고대의 첩보망입니다.

현대의 첩보기관은 분업이 더욱 세밀합니다. 무슨 일에나 모두 조사하는 사람이 따로 있고, 탐문하는 사람이 따로 있습니다. 조사와 탐문을 책임진 사람도 각양각색으로 어떤 신분에라도 다 있습니다. 합법적 외교관인 경우에는 면책특권이 있어서 발각되더라도 국외로 추방할 수 있을 뿐 붙잡아둘 방법이 없습니다. 적국의 관리를 매수해서 간첩으로 삼는 경우도 흔합니다. 평민 간첩은 신분이 훨씬 다양합니다. 보통 밀고자와 직업 간첩이 잘 구분되지 않을 때도 있습니다. 그는 장사꾼일지도 모르고 관광객일지도 모르며, 심지어는 학자일 수도 있습니다. 예를 들면,

전쟁은 속임수다

근현대 서양의 탐험가들 가운데 1900년 전후의 실크로드 탐험가들에 대해 과거에 우리는 그들이 제국주의의 간첩이며, 우리의 소중한 문물을 훔쳐갔다고 말했습니다. 요즘에는 반대로 말합니다. 모두들 훔쳐가기를 정말 잘했다고 하면서 만일 그들이 이 보물들을 가져가서 그들의 박물관에 소장하지 않고 전쟁으로 혼란한 중국에 그대로 두었다면 진작에 손상되었을 것이니 감사하려 해도 감사할 수 없었을 것이라고 하고, 스벤 헤딘[15], 아우렐 스타인[16], 폴 펠리오[17], 표트르 코즐로프[18], 오타니 고즈이[19] 등에 대해 모두 대학자이며, 전혀 간첩이 아니라고 말합니다. 이런 표현도 적절한 것은 아닙니다. 그들은 학자이지만 다수가 간첩 활동에 종사하기도 해서 중국의 정보를 수집했을 뿐 아니라 서로 정찰하기도 했습니다. 예를 들면, 미국의 피터 홉커크Peter Hopkirk가 쓴 『실크로드의 외국 악마들Foreign Devils on the Silk Road』(매사추세츠대학교출판부, 1980)[20]에서 그 사례를 찾아볼 수 있을 것입니다. 그는 많은 조사를 통해 이 학자들이 참으로 적지 않은 간첩 활동을 했음을 밝혔습니다. 학자가 간첩이란 것은 조금도 이상한 일이 아닙니다. 미국의 한학漢學은 제2차 세계대전 이후 중국학이 분리되었고, 나중에는 또 베이징학北京學이 생겼는데, 그 배경에도 정보 요소가 있습니다.

간첩은 안팎內外의 구분이 매우 중요한데, 적의 입장에서 말하면 우리가 밖이고 그들이 안입니다. 그들의 입장에서 '인간'은 밖이고 '내간'은 안이며, '반간'은 안에서도 더욱 안이며 핵심 중의 핵심입니다. 그래서 반간은 가장 중요하므로 후하게 대접하지 않을 수 없습니다. 자신이 파견한 간첩은 당연히 좋고, 자기편이기 때문에 의지할 수 있습니다. 그러나 그들은 밖에서 침입하는 사람이기 때문에 훈련이 아무리 잘 되었다 하더라도 본국인만 못합니다. 그 공작은 대부분 정보를 모으고 정보를 보내는 것입니다. 제1차 공작은 여전히 현지인을 이용하는 것입니다. 외국인과 본국인은 다릅니다. 이를테면, 중국 사람들은 황제黃帝의 후손으로 모두 피부가 노랗고 눈동자는 검은데, 개혁개방 이전에 갑자기 금발에 푸른 눈에 코가 큰 서양인들이 와서 무척 시선을 끌고 의심을 받기도 쉬웠습니다. 중국의 고대에는 이런 큰 차이는 없었지만 지방마다 풍속이 다르고 말투가 달라서 공작을 전개하기가 매우 어려웠습니다. 적국의 사람으로 바꾸면 이런 문제가 없습니다. 예컨대 1950~60년대에 중국 사람들이 말하던 '미장특무美蔣特務', 곧 '미국과 장개석의 간첩'은 사실은 주로 타이완과 홍콩 쪽에서 보낸 특수 요원들로서 우리와 같은 노란 피부에 검은 눈동자를 가진 사람들이었습니다. 저자가 말한 다섯 가지 간첩 가운데 앞의 세 가지가 모두 적국 사람인 까닭이 바로 여기에 있습니다.

양편이 서로 간첩을 보내는 것은 본래 은폐를 특징으로 해서 깊숙이 숨을수록 더욱 좋습니다. '인간'은 일반 백성이기 때문에 밖으로 드러나도 남의 이목을 끌지 않습니다. '내간'은 관리로서 안에 숨어 있지만 오히려 위험성이 큽니다. 가장 깊이 은폐해야 하는 것은 '반간'에 속하는 사람들로서 그들은 더욱 위험합니다. 그러나 은폐는 은폐의 장점이 있고, 드러내는 것은 그 나름의 장점이 있습니다. 피차 서로가 깊숙이 숨어 있다면 어느 누구도 알 수 없어서 매우 번거롭기도 합니다. 어떤 첩보 영화들을 보면 쌍방이 가장 두려워하는 것은 바로 중간에 모호한 지대가 있어서 서로가 분명히 알아차릴 수 없는 경우입니다. 이런 사각死角 지대를 만나면 일부러 허점을 드러내기도 하고, 타초경사打草驚蛇(『삼십육계』의 제13계) 식으로 일부러 변죽을 울려 적이 정체를 드러내게 하기도 합니다. 왜냐하면 정체가 드러나야만 상대방이 나타날 것이기 때문입니다. 나타나도, 적의 간첩임을 분명히 알아도, 때로는 바로 붙잡지 않고 욕금고종欲擒故縱(「삼십육계」의 제16계), 곧 사로잡기 위해 일부러 놓아주고 낚싯대를 늘어뜨려 대어를 낚기도 합니다. 오늘날 국제간첩은 대부분 이중간첩이거나 다중간첩으로서 동시에 여러 사람을 위해 일하는데, 항상 적 안에도 우리 편이 있고 우리 안에도 적이 있는 것은 이 때문입니다. 이런 간첩은 양편에 모두 필요합니다.

간첩의 공작은 매우 위험합니다. 간첩이 하는 실제 공작과 첩보 소설의 내용은 완전히 다른 일인데, 그들이 위험해질수록 우리는 더 재미있어집니다.

전쟁에 대해 말하자면, 다양한 일들을 모두 정탐할 필요가 있습니다. 국가 기밀을 정탐하려면 일반적인 적의 상황도 수집해야 합니다. 그래서 간첩을 활용하는 범위는 매우 넓습니다. 저자는 "미묘하고도 미묘하도다! 간첩을 쓰지 않는 곳이 없구나微哉微哉! 無所不用間也"라고 표현했습니다.

"간첩의 일이 아직 시행되지도 않았는데 미리 말하게 되면, 간첩과 말한 자는 모두 죽여야 한다間事未發而先聞者, 間與所告者皆死"라고 했는데, 이 점은 매우 중요합니다. 정보 공작은 비밀을 유지해야 하는 일이기 때문에 앞에서 "일은 간첩보다 은밀한 것이 없다事莫密於間"라고 했습니다. 정보기관은 모두 단선單線 연결인데, 만약 정보가 새면 간첩과 그와 접촉한 사람들 모두 포로로 남겨두어서는 안 되기 때문에 반드시 죽여서 입을 막아야 하니, 그 수단이 매우 잔인합니다.

"무릇 적군 가운데 치고자 하는 곳, 성 가운데 공격하고자 하는 곳, 사람 가운데 죽이려는 바는 반드시 먼저 그곳을 수비하는 장수와 좌우의 신하·알자·문자·사인의 이름을 알아야 한다凡軍之所欲擊, 城之所欲攻, 人之所欲殺, 必先知其守將·左右·謁者·門者·舍人之姓名"라고 했는데, 여기서 '적군 가운데 치고자 하는 곳軍之所欲擊'은 야전野戰, '성 가운데 공격하고자 하는 곳城之所欲攻'은 공성攻城에 해당하며, 이는 정규적인 군사 수단입니다. '사람 가운데 죽이려는 바人之所欲殺'는 암살을 말합니다. 암살은 테러리즘입니다. 테러리즘도 군사 수단의 하나입니다. '수장守將' 이하의 다섯 단어는『묵자』의 '성수城守' 각편各篇에서 자주 사용된 것인데, 나는 이에 대해 고증한 적이 있습니다.[21] '수장'은 성을 지키는 총지휘관을 말하는데, 줄여서 '수守' 또는 '장將'이라 합니다. 성을 지키는 일은 남녀노소가 모두 동원되고 성안에 지휘 센터가 있는데, 수장이 거기서 지키고 있습니다. 군대도 이와 마찬가지로 자기의 지휘부가 있습니다. 군현제郡縣制의 군수와 현령이 맡은 중요한 직책이 바로 고을을 지키는 일입니다. 야전과 공성을 행할 때 먼저 수장이 누구며 이름은 무엇인지를 정탐하고, 그다음에 수장의 '좌우左右', 곧 그의 곁에서 호위하거나 그밖에 시중드는 사람을 정탐해야 합니다. '알자謁者'는 통보를 총괄하거나 문을 지키는 경호원을 가리킵니다. 중국의 보통 기관에는 모두 접수처가 있고, 핵심 기관에도 경비실이 있는데, 그 안에 있는 사람이 바로 이런 사람들입니다. '문자門者'는 성문을 지키는 사람이며, '사인舍人'은 관사를 지키는 사람을 가리킵니다.

다섯 가지 간첩을 어떻게 활용할까요? 첫째 단계는 신변에서부터 시작해서 반드시 적이 우리 내부에 침투시킨 간첩을 철저히 조사해 찾아내서 매수한 뒤 돌려보내 우리를 위해 일하게 해야 하는데, 이것이 '반간'입니다. 둘째 단계는 '향간'[22]과 '내간'을 활용해서 '반간'과 협력해 정보를 수집하게 합니다. 셋째 단계는 진실과 거짓이 뒤섞이게 하는 것, 곧 '사간'을 보내 거짓 정보를 적에게 전해주는 한편으로 '생간'을 보내 진짜 정보를 국내에 전달하게 하는 것입니다. 이런 정보의 주요 출처는 '반간'이므로 '반간'이 가장 중요합니다.

『손자』에「용간」편이 있는 것은 특별히 정보활동을 중시했기 때문인

전쟁은 속임수다

데, 『전쟁론』에는 이런 부분이 없습니다. 클라우제비츠가 전쟁의 불확실성을 말한 이유는 아주 많지만 그 가운데 하나가 바로 정보는 믿을 수 없다는 것입니다. 그는 "어떠한 장수라도 확실히 알 수 있는 것은 다만 자신들의 상황일 뿐이며, 적의 상황은 정확하지 않은 정보를 통해 짐작할 뿐이다. 이 때문에 그의 판단이 잘못될 수 있고, 따라서 자신들이 마땅히 행동해야 할 때인데도 오히려 적들이 반드시 행동해야 할 때로 잘못 알 수 있다"[23]라고 말했습니다. 정보의 참과 거짓을 어떻게 가려내는가는 확실히 매우 복잡한 일입니다.

【 13-3 】

옛날 상(은)나라가 일어난 것은 이지가 하나라에 있었기 때문이고, 주나라가 일어난 것은 여아가 상(은)나라에 있었기 때문이다. 그런 까닭으로 현명한 임금과 어진 장수가 뛰어난 지혜로써 간첩을 쓸 수 있다면 반드시 큰 공을 이룰 수 있다. 이것이 병법의 요체이며 삼군이 믿고 행동할 수 있는 바이다.

昔殷之興也, 伊摯在夏;周之興也, 呂牙在殷. 故明君賢將, 能以上智爲間者, 必成大功. 此兵之要, 三軍之所恃而動也.

앞에서 나는 간첩 이야기가 매우 재미있어서 좋아한다고 말했습니다. 첩보 영화는 서양에서 유행하는데, 그 가운데 007이 가장 유명합니다. 007은 영화의 주인공인 제임스 본드James Bond의 암호명입니다. 007 영화 시리즈는 전 세계를 풍미했습니다. 숀 코네리Sean Connery, 조지 레전비George Lazenby, 로저 무어Roger moore, 티머시 돌턴Timothy Dalton, 피어스 브로스넌Pierce Brosnan 등 잘생긴 사나이들이 돌아가며 연기했는데, 첫째 영화가 상연된 것은 1960년대였습니다. 007의 특징은 의기양양하고 불가사의하며, 스마트함과 난폭함과 불량기를 한몸에 가지고 있습니다(특히 피어스 브로스넌이 연기한 007이 그렇습니다). 그는 "본드, 내 이름은 제임스 본드"라는 말을 입버릇처럼 합니다. 007 영화는 서양 영화의 상투적인 형식과 이데올로기를 선전하는 모든 것을 다 갖추고 있습니다. 007은 돈도 많고, 하늘을 날고 땅속으로도 들어가고 물에도 뜰 수 있는데다가 각종 신기한 무기를 장착한 자동차가 있어서 불가능한 일이 없습

전쟁은 속임수다

니다. 감독은 이야기의 배경으로 반드시 관광 명승지를 안배합니다. 전 세계의 산 좋고 물 좋은 명승고적에서 그가 마음대로 놀 수 있게 합니다. 적들은 미인계를 쓰는데 미인들도 잘 안배해서 그가 마음껏 즐길 수 있게 합니다. 그는 미인들과 자면서도 계략에 말려들지 않을 뿐 아니라 오히려 미인들이 자기편을 배신하고 돕게 만듭니다. 그는 결국 호랑이 굴에 깊숙이 들어가 온갖 위험을 겪지만 일이 잘 풀립니다. 호랑이 굴은 소련·쿠바·북한이 아니라 바로 아랍 국가들입니다. 이것이 서양의 이상적인 간첩입니다.

중국에도 간첩이 있지만, 모두가 잘 아는 간첩은 대부분 보잘것없는 사람이어서 전면에 나타나지 않습니다. 중국 고대의 큰 간첩으로는 이지伊摯와 여아呂牙가 있습니다. 그들에 관한 이야기는 모두들 생소할 것이니 몇 마디 늘어놓고자 합니다.

중국 고대의 간첩은 음모가陰謀家입니다.

음모가는 무엇일까요?

『한서』「제자략」에 도가류道家類가 있는데, 『노자』보다 앞에 배열된 책이 다섯 가지가 있습니다. 『이윤伊尹』『태공太公』『신갑辛甲』『육자鬻子』『관자管子』가 그것들로, 모두 고대에 나라를 다스리고 병사를 쓰는 것에 대해 말한 책들입니다. 이윤은 상나라 탕왕을 도와 하나라를 멸한 공신이며, 태공·신갑·육자는 주나라 문왕과 무왕을 도와 상商나라를 멸한 공신이며, 관중管仲, 곧 관자는 제나라 환공을 도와 춘추시대의 패자霸者가 되게 한 공신입니다. 이 다섯 공신 가운데 앞의 두 사람이 바로 유명한 음모가입니다.

이지伊摯는 바로 고서에서 흔히 말하는 '이윤伊尹'입니다. '이伊'는 전국시대에 이伊 씨가 봉읍으로 받은 땅을 가리키는 지명인데, 지금의 산시성 안쩌현安澤縣 서쪽에 해당합니다. '윤尹'은 당시의 관직 이름입니다. 고서에 나오는 인물들 가운데 전설 속의 인물들도 있지만, 이윤은 실존 인물입니다. 상나라 때 갑골문에 점친 내용에 이 사람의 이름이 있습니다. 동주東周 시기의 청동기로 송나라 때 출토된 숙이종叔夷鐘(사실은 숙궁박叔弓鎛이라 불러야 합니다.)의 명문銘文에 '이소신伊小臣'을 언급했는데, 바로 이 사람입니다. 그의 이름이 지摯입니다.

여아呂牙는 바로 고서에서 흔히 말하는 태공입니다. 명나라 소설 『봉신방封神榜』에 나오는 강노야姜老爺·강태공姜太公·강상姜尙·강자아姜子牙가 바로 이 사람입니다. 태공의 성은 강姜 씨이지만 강태공·강상·강자아라는 표현은 고대에 없었습니다. 고대에는 여자만 성으로 호칭했고 또한 반드시 성으로 호칭해야 했지만, 남자는 성으로 호칭하지 않았고 또한 성으로 호칭할 수 없었습니다. 이 사람을 태공이라 부를 수도 있고 여상呂尙이라 부를 수도 있고 여아라고 부를 수도 있지만, 강태공이나 강상·강자아라고 부를 수는 없습니다. 이와 마찬가지로 주공周公도 희단姬旦이라 부를 수 없고, 진시황 또한 영정嬴政이라 부를 수 없습니다. 그러나 이런 호칭법은 모두들 습관적으로 부르는 것이어서 어떻게 교정하려고 해도 바로잡을 수 없습니다. 최근에 우리는 산시성陝西省에서 주공묘周公廟 유적지에 대한 토론회를 열었는데, 도처에 주공이라는 이름이 안 들어간 것이 없어서, 토론회에 참석했던 로타르 폰 팔켄하우젠Lothar von Falkenhausen 교수가 매일 아침 '주공 계란'을 먹었다고 할 정도였습니다. 우리는 더 이상 주공이 계란이 되게 해서는 안 됩니다. 물론 강태공이라는 표현, 이 속칭도 고칠 수 없을 것입니다. '여아呂牙'의 '여呂'는 지명으로 씨氏를 삼은 것입니다. 희성姬姓의 주나라와 강성姜姓은 대대로 통혼했기 때문에 관계가 매우 밀접하며, 강성은 주나라의 외숙, 곧 지금으로 말

전쟁은 속임수다

하면 외가입니다. 고고학자들은 상나라 이전의 선주문화先周文化를 연구하면서 질그릇들을 모두 성姓으로 구분해서 이런 종류는 '희성도력姬姓陶鬲'이고 저런 종류는 '강성도관姜姓陶罐'이라며 논쟁하는데 매우 재미있습니다. 역사적으로 '강성'은 4대 분파, 곧 제齊·여呂·신申·허許가 있습니다. '제'는 가장 유명한 '강성'의 국가이지만, '여'에서 나왔습니다. '여'와 '신'은 모두 지금의 허난성 난양南陽에 있었습니다. '허'는 여러 번 옮겼지만 역시 지금의 허난성 지역에 있었습니다. 태공에 대한 고서의 호칭은 세 가지인데, 여상과 여아 그리고 여망呂望입니다. 여상에 관해 살펴보면, 『시경』「대아·대명大明」 편에서 '사상보師尚父'라고 칭했는데, '사師'는 서주시대 군관의 통칭으로서 꼭 후세의 삼공三公 같은 '사'는 아닙니다. 또 고대에는 남자의 자字에 '보父' 자를 많이 붙이고, 여자의 자에는 '모母' 자를 많이 붙였는데, 주·진周秦 시대에 이름과 자를 붙인 관례로 보자면 '상보尚父'는 그의 자입니다. 후세 사람들은 공이 있는 신하나 원로를 '상보'라 칭했는데, 이것은 '상보'의 함의를 잘못 이해한 것입니다. '여아'는 단지 여기에만 보이는데, 그의 이름일 가능성이 있습니다. 당나라의 사마정司馬貞은 『사기색은史記索隱』에서 '상尚'이 그의 이름이고 '아牙'는 그의 자라고 했는데, 거꾸로 되었습니다. 여망은 강태공이라고도 부르는데, 이 이름은 상당히 이상하지만 전국시대의 고서인 『맹자』와 『한비자』에서 이미 그렇게 불렀습니다. 사마천은 후에 주周 문왕文王이라 불린 서백西伯 창昌이 여상을 만나고 뜻밖의 성과에 크게 기뻐하며 "우리 태공께서 그대를 바란 지 오래되었습니다吾太公望子久矣"(『사기』「제태공세가齊太公世家」)라고 감탄했다고 기록했는데, 이 말을 현대어로 풀이하면 "우리 아버지께서 선생을 간절히 바란 지 이미 오래되었습니다"라는 뜻입니다. 이른바 '태공망'이라는 말은 단지 그에 대한 존칭일 뿐이며, 그 뜻은 '아버지께서 바라셨다'는 것임을 알 수 있는데, 중국 사람들이 올림픽을 기대해서 판다의 이름을 '간절히 바란다'는 뜻으로 '판판盼盼'이라고 부른 것과 마찬가지입니다. '태공'은 문왕의 아버지이지 여아 본인이 아닙니다. '망'을 생략하고 '태공'이라고만 부르기도 하는데, 이것은 그를 아버지라고 부르는 것과 같습니다. 후세 사람들이 그를 '태공망'이라 불러도 좋고 '태공'이라 불러도 좋지만, 그것은 모두 그의 본명이 아니라 일종의 별명일 뿐입니다.

여상이 반계磻溪에서 낚싯대를 드리우고 있을 때, 문왕이 그를 찾아와서 배례하고 스승으로 삼자 매우 유명해졌습니다. 이 이야기는 『육도』의 「문도·문사」 편에 보이며, 다른 여러 고서에도 보입니다. 이야기는 이렇습니다. 문왕이 웨이수이渭水강 북쪽 언덕에서 사냥하면서 점을 쳐보니 좋은 스승을 얻을 것이라는 괘가 나왔습니다. 강가로 간 문왕은 우연히 낚시하고 있던 태공을 만났습니다. 문왕이 그에게 고기를 낚는 것을 좋아하냐고 묻자, 그는 자신이 좋아하는 것은 고기를 낚는 것이 아니라 고기를 낚는 것이 상징하는 의미를 좋아한다고 대답했습니다. 그것은 무엇을 상징하는 것일까요? 바로 임금이 벼슬로 사람을 끌어당겨 그들로 하여금 자신을 위해 목숨을 바쳐 일하게 하는 것입니다. 이것은 도가에서 말하는 나라를 다스리는 이념입니다. 그의 명언 중에 "천하는 한 사람의 천하가 아니라 천하 사람의 천하이다天下非一人之天下, 乃天下之天下也"라는 말이 있는데, 사람들의 마음을 얻는 자라야 천하를 얻을 수 있다는 뜻이며, "도가 있는 곳에 천하 사람들이 돌아간다道之所在, 天下歸之"라는 말도 있습니다. 『육도』의 모든 대화는 바로 이 이야기에서 전개된 것으로, 마치 소설에서 본 이야기에 앞서 사건을 이끌어내기 위해 설명하는 부분인 설자楔子와 같습니다.

이 이야기는 나중에 헐후어歇後語(앞뒤 두 부분으로 나뉜 숙어로, 앞부분

전쟁은 속임수다

은 수수께끼의 문제 같고, 뒷부분은 본뜻이거나 본뜻의 동일한 자음으로 수수께끼의 답안과 같다. 보통 앞부분만 얘기하고 뒷부분은 남이 터득하도록 남겨둔다.─옮긴이)로 변했는데, 바로 "강태공의 곧은 낚시에도──스스로 원하는 자는 걸려든다姜太公釣魚──願者上鉤"는 말입니다. 그가 낚은 큰 고기가 바로 주 문왕입니다.

"강태공의 곧은 낚시에도──스스로 원하는 자는 걸려든다"는 말은 가장 전형적인 도가 사상입니다. 강태공의 낚시질은 물고기의 종류나 크기에 상관없이 한 일이라고는 그저 미끼를 드리운 것 뿐이니 이것이 아무것도 하지 않는 '무위無爲'이며, 물고기가 미끼의 냄새를 맡고 스스로 낚시가 있는 곳으로 몰려드니 이것이 하지 않는 것이 없는 '무불위無不爲'입니다. 도가에서 말하는, 아무것도 하지 않으면서 하지 않는 것이 없음을 말하는 '무위무불위無爲無不爲'가 바로 이런 뜻입니다.

'강태공의 낚시姜太公釣魚'는 옛날에 현인을 찾아가는 전형적인 이야기입니다. 방문을 받는 사람은 모두 자연에 은거하는 학식이 높은 선비들로서 직접 밭을 갈거나 강가에서 낚시를 합니다. 찾아가는 사람은 이미 제왕이 되었거나 천하를 차지하려는 제왕의 혈통들입니다. 상하이박물관에 소장된 초나라 죽간 가운데 『용성씨容成氏』에 선양禪讓, 곧 덕 있는 사람에게 왕위를 물려준 이야기가 있는데, 요堯가 순舜에게 천하를 양보하고 순이 우禹에게 천하를 양보한 삼대三代 선양 같은 경우가 모두 이런 식입니다. 이야기 속의 현인은 위엄을 드러내려고 어느 정도 거만한 것처럼 보이며, 현인을 찾아가는 사람은 자신을 한껏 낮추어 예를 갖추고 정성을 다하는 것처럼 보입니다. 전자는 이러저리 돌아다녀서 찾을 수 없고, 후자는 힘껏 뒤에서 쫓아갑니다. 결국에는 찾게 되는데, 방문 받은 사람은 여러 번 사양하면서 받아들이지 않다가 끝내 거절하지 못하고 더 이상 미안하게 할 수 없다고 말하고는 산에서 나옵니다. 『삼국지연의』에 '삼고초려三顧草廬' 이야기가 있는데, 제갈량은 융중隆中의 와룡강臥龍崗에서 띠풀로 엮은 집에서 자족하며 살았으므로 후세 사람들이 '제갈량의 오두막諸葛廬'이라 부릅니다. 유비는 목마른 사람이 물을 찾듯 애타게 현인을 원했기 때문에 두 번이나 그를 찾아갔지만 헛수고였습니다. 마지막으로 큰 눈이 내리는 날에 다시 찾아가서 그를 가로막고서야 비로소 나오도록 청할 수 있었습니다. '삼고초려'는 바로 이 양식에서 발전한 것입니다. 청나라 오경재吳敬梓의 풍자소설 『유림외사』 제1회에서 오왕吳王이 왕면王冕을 찾아가 가르침을 청했지만 스승으로 모시지는 않은 것도 이런 부류에 넣을 수 있습니다. 우리는 일찌기 이런 이야기를 즐겨 말해왔는데, 현인은 세상을 벗어난 한가한 사람이며, 강호상의 장룡藏龍과 와호臥虎처럼 숨은 인재, 큰 능력이 있는 사람들은 모두 은자隱者들입니다.

『태공』은 전형적인 음모서陰謀書로서 여상에게 가탁한 것입니다. 이 책은 문왕과 무왕이 상나라를 도모한 이야기를 빌려 음모와 속임수를 이야기한 것으로, 훗날의 『삼국지연의』와 별 차이가 없습니다. 사마천은 "주나라 서백 창이 유리의 감옥을 탈출해 여상과 함께 몰래 계획을 세우고 덕을 닦아 상나라의 정치를 무너뜨렸다周西伯昌之脫羑里歸, 與呂尙陰謀修德以傾商政"(『사기』 「제태공세가」)라고 했는데, 이른바 '음모수덕陰謀修德'은 바로 몸을 사리고 지내면서 도광양회韜光養晦, 곧 재능을 드러내지 않고 기다리며 보잘것없는 사람인 척하는 것을 말합니다. 당시에 음모를 배우는 사람들은 모두 이 책을 '본모本謀'로 받들었는데, 마치 후세의 백성들이 『삼국지연의』를 교재로 삼은 것과 같습니다. 이 책은 한나라 때는 매우 분량이 많았습니다. 이 책은 세 종류, 곧 『태공모太公謀』『태공언太公言』『태공병太公兵』으로 나뉘는데, 수·당 이래로 『태공음모太公陰謀』『태

전쟁은 속임수다

공금궤太公金櫃』『태공병법太公兵法』이라 부릅니다. 『육도』는 그 가운데
한 부분입니다. 책이름 자체가 매우 재미있는데 저자가 확실히 노인임을
알 수 있게 합니다. 젊은이는 여자를 좋아하고 싸움을 좋아하며, 혈기가
안정되지 않았거나 막 강해지는 단계여서 일처리가 미덥지 않습니다. 음
모와 계략은 노인에게 배우는 것이 가장 좋습니다. 양한兩漢 시대에는 신
선가神仙家의 말이 매우 유행했는데, 신선은 모두 노인입니다. 『황석공삼
략』을 예로 들면, 장량張良의 스승을 황석공이라 부르는데, 바로 신선입
니다. 전하는 말로는, 장량이 산수를 즐기며 노닐다가 어떤 다리에 이르
렀을 때 다리 위에 어떤 노인이 늙은 티를 내며 거만하게 굴면서 일부러
신을 벗어 다리 아래로 던지고는 장량에게 내려가 주워오라고 했습니다.
처음에는 장량도 화가 나서 정말로 한 때 때려주고 싶었습니다. 그러나
노인을 때린다는 것은 말도 안 되는 일이기 때문에 억지로 참았습니다.
뜻밖에도 장량이 신발을 주워 올라오자 다시 한 쪽 무릎을 구부리고 신
발을 신기게 했습니다. 노인은 마음에 들어 하며 "어린 것이 가르칠 만하
구나儒子可教"라고 했지만, 정작 만날 약속을 하고는 또 두 번이나 장량
을 놀려 갈 때마다 장량이 늦었다고 꾸짖었습니다. 마지막에는 장량이
문밖에서 꼬박 한밤중이 되기를 기다려서야 노인의 마음에 들었고, 노인
은 마침내 『태공병법』을 전해주었습니다.(『사기』「유후세가」) 중국은 전통
적으로 모두들 줄곧 노인의 경험이 가장 풍부하다고 믿어왔습니다. 이것
은 마치 지난날 영화에서 늙고 가난한 농부를 깨달음이 가장 높은 사람
으로 묘사한 것과 같습니다. 한나라 때 여상을 태공이라 부른 것은 전국
시대의 호칭을 그대로 따른 것입니다. 맹자는 태공을 '세상에서 존경받
는 노인天下之大老'(『맹자』「이루 상」)이라 했습니다. 옛사람들은 태공이 무
왕을 만났을 때가 70세 정도였고, 목야牧野의 전투 때는 90세 정도였으

며, 강왕康王 6년에도 여전히 살아 있어 140세가 넘었다고 말했습니다. 그러나 구제강顧頡剛 선생은 이것은 불가능한 일이며, 목야의 전투 때 그는 겨우 30세 정도의 젊은이였다고 했습니다.[24] 나도 구제강 선생의 생각에 동의하지만 구체적인 나이는 쉽게 짐작할 수 없습니다. 그는 태공이라는 호칭은 제나라의 개국공신이기 때문에 붙여진 것이며 '태太'는 지위의 존귀함을 나타낸다고 했는데, 꼭 그렇지는 않습니다. 앞에서 나는 '태공망'이 단지 별명 같은 것일 뿐이며, 본래 문왕이 자기 아버지가 간절히 바라던 사람을 가리키는 것이라고 말했습니다. 별명으로 부른 지 오래되어 모두들 흐릿해져서 그 사람도 노인이라고 생각하게 된 것입니다. 경극에서 제갈량은 중년으로 분장하고 주유는 젊은이로 분장하는데, "아득히 주유의 당시 모습 생각하니, 소교가 처음 시집왔을 때 영웅의 모습 드러났었지遙想公謹當年, 小喬初嫁了, 雄姿英發"(소식, 「염노교—적벽회고」)라고 묘사한 것처럼 모두가 주유에 대해서는 매우 젊다는 인상이 남아 있지만, 실제로는 제갈량이 주유보다 여섯 살이나 적습니다.

이지와 여아가 간첩이었다는 것에 대해 지난날 많은 사람은 어찌된 영문인지 어리둥절했습니다. 옛날 주석 가운데 이일에 대해 고증한 것은 없습니다. 1989년 손자병법연구회가 산동성 후이민惠民에서 열렸을 때, 나는 한 편의 찰기札記[25]를 써서 그 사정을 밝힌 적이 있는데, 참고할 만합니다.[26]

내 생각에 이런 이야기는 원래 『이윤』과 『태공』 두 책에 들어 있던 것으로 보입니다. 지금 이 두 책의 고본은 모두 전하지 않지만 네 가지 사료가 보존되어 있는데, 『맹자』 「고자告子 하」, 『여씨춘추』 「신대愼大」, 『죽서기년竹書紀年』, 『귀곡자』 「오합忤合」에 각각 하나씩 보입니다.

이지는 간첩이 되어 탕왕에게 다섯 번 의탁했고, 걸왕에게도 다섯 번

전쟁은 속임수다

의탁했습니다. 전하는 바에 따르면, 탕왕이 이윤을 하나라에 파견하면서 진짜처럼 보이도록 일부러 쫓아가 이윤을 화살로 쏜 적도 있는데, 이것은 고육계苦肉計(『삼십육계』의 제34계)입니다. 하나라 걸왕은 여자를 밝혀 새 여자를 좋아하고 옛 여자를 싫어했는데, 민산씨岷山氏의 두 딸을 사랑하게 되자 다시는 본처인 매희씨妹喜氏[27]를 거들떠보지도 않았습니다. 민산씨의 두 딸의 이름은 완琬과 염琰입니다. 완은 여초女芺라고도 하고, 염은 여화女華라고도 하는데,(상하이박물관 초나라 죽간의 『용성씨』에도 완과 염이 언급되어 있습니다.) 틀림없이 비교적 젊었을 것입니다. 걸왕은 새 여자를 좋아하고 옛 여자를 싫어했습니다. 세 여자가 질투했기 때문에 이윤에게 이용당하기 알맞았습니다. 이윤은 반간계를 써서 매희에게서 많은 정보를 얻었습니다. 드디어 기회가 무르익자 단숨에 하나라를 뒤집었습니다.

이밖에 『관자』 「경중갑輕重甲」에 따르면, 하나라 걸왕은 두 사람을 좋아했는데, 하나는 총애하는 여자인 여화로서 위에서 말한 염이며, 다른 하나는 곡역曲逆(은어 같은 것으로 자신의 뜻을 굽혀 남에게 영합한다는 뜻)이라 부르는 총애하는 남자 신하입니다. '탕왕의 음모湯之陰謀'는 바로 이 두 사람이 내부에서 호응해서 실현될 수 있었다는 것입니다. 이윤의 공작 대상은 이들 세 여자에 한 남자를 더한 것으로 보입니다.

여아가 간첩이 된 것도 이 이야기와 비슷하게 문왕에게 세 번 의탁했고, 상나라 주왕紂王에게도 세 번 의탁했지만 자세한 내용은 알 수 없습니다.

이 두 사람은 이쪽저쪽으로 오갈 수 있었으니 아마도 이중간첩이었을 것입니다. 적어도 표면상으로는 그러한데, 그렇지 않다면 어떻게 그리 마음대로 오고 싶으면 오고 가고 싶으면 가고, 그렇게 할 수 있었겠습니까?

과거에 이 이야기를 읽고 많은 사람이 모두 믿지 않았습니다. 그들은 이지와 여아는 상나라와 주나라의 성인인데 어떻게 세 번씩 다섯 번씩 배신하고 적에게 들어가 간첩이 될 수 있겠느냐고 말했습니다. 이것은 성인을 모독하는 것입니다. 한나라 장군 이릉李陵이 흉노에 투항한 것은 억지로 강요당한 것이 아니라 상황이 어쩔 수 없었기 때문입니다. 한 무제가 죽은 뒤 조정에서 귀국하기를 요청하고 그를 위해 억울한 누명을 벗겨주었지만, 그는 "사나이는 거듭 치욕스러운 일을 할 수 없다丈夫不能再辱"며 한나라 사신의 초청을 사양했습니다. 한 번 한나라를 저버린 것도 이미 치욕스러운 일인데 어떻게 다시 배신할 수 있겠느냐는 것입니다. 또 왕궈웨이王國維는 청나라 왕조를 위해 일하면서 중화민국이라는 주인을 인정하지 않았습니다. 청나라 부흥의 희망이 없어지자 그도 이허위안頤和園의 쿤밍호昆明湖에 투신하기 전에 "이러한 세상 변란을 겪으니, 의리상 두 번의 치욕은 받을 수 없다經此世變, 義無再辱"라는 유서를 남겼습니다. 과거에는 이를 '기절氣節', 곧 기개와 절조라고 불렀습니다. 이지와 여아는 오히려 한 사람은 다섯 번 배신하고 한 사람은 세 번 배신했다고 하니, 옛사람들은 말도 안 된다고 했습니다. 송나라 학자들은 점잖은 체하면서 뜻밖에 이것을 변론했는데, 의심을 품은 사람들은 이지는 본래 하나라의 신하이고 여아는 본래 상나라의 신하인데 어떻게 조국을 배신하고 간첩이 될 수 있겠는가, 손자가 이렇게 말한 것은 간첩같이 질 낮은 공작을 너무 높이 치켜세운 것이 아니냐고 말했습니다. 그래서 송나라의 정우현鄭友賢은 그를 변호하기를, 성인이 큰일을 할 때는 당연히 정도正道를 지켜야 하지만 바른 것으로 대응할 수 없을 때는 "권도權道를 빌려 도를 이루지 않은 적이 없다未嘗不假權以濟道"고 했으며, 병가에서 말하는 용간用間이 만약 권도를 위한 권도가 되어 간사한 속임수로 흘러가 정도로 돌아오지 못한다면 당연히 말이 안 되는 것이지만 성인은 이와 달라서 도가 있는 곳에 처하고자 하면 권도를 쓰더라도 결국에는 다시 정도로 돌아온다고 했습니다.(송본 『십일가주손자』의 부록 「십가주손자유설병서 十家注孫子遺說幷序」 참고)

태공의 음모는 고대 병서에서 유파를 이루었습니다. 그의 후계자 가운데 명성이 높은 사람은 소진蘇秦과 장량입니다. 소진은 종횡가이고, 장량은 책략을 제시하는 책신策臣입니다. 양한시대와 삼국시대에 이런 유파의 영향은 매우 컸습니다. 예를 들면, 삼국시대에는 '영웅'이라는 말이 유행했는데, 조조가 유비에게 "지금 천하의 영웅은 오직 그대와 나뿐이오"라고 하자 유비가 놀라 젓가락을 떨어뜨렸다고 합니다.(『삼국지』 「촉서·선주전先主傳」) 『삼국지연의』 제21회에서 유비가 채소밭을 가꿀 때 조조가 그를 청해 "푸른 매실로 담은 술을 마시며 영웅을 논하고靑梅煮酒論英雄" "영웅을 설파하니 놀라서 죽겠구나說破英雄驚殺人"라는 내용은 바로 이 이야기를 발전시킨 것입니다. 남송 신기질辛棄疾의 사詞에도 "천하 영웅은 누가 적수인가? 조조와 유비라네. 아들을 낳으려면 마땅히 손중모와 같아야 하리天下英雄誰敵手? 曹劉. 生子當如孫仲謀"(「남향자南鄕子-등경구북고정유회登京口北固亭有懷」)28라고 했습니다. '영웅'이라는 단어는 『육도』와 『삼략』에서 나와서 아주 많이 사용되는 말입니다.

마지막으로 「용간」 편의 마지막 장을 보충하고자 합니다. 금본은 양대 간첩을 말하고 있지만, 인췌산 한나라 죽간본은 이와 달리 사대 간첩을 언급해 두 사람이 더 많습니다. 이 두 사람은 대개 모두 동주東周의 간첩으로, 한 사람은 '□율사비□率師比'이고, 다른 한 사람은 소진입니다.

죽간본에 "□나라가 일어날 때 □율사비는 형에 있었고, 연나라가 일어날 때 소진은 제에 있었다□之興也, □率師比在陘；燕之興也, 蘇秦在齊"라고 했습니다. '□율사비'라는 사람이 누구인지는 아직 분명하지 않으며, '형邳'은 나라 이름으로 쓰였지만 들어본 적이 없기 때문에 어쩌면 지명일지도 모르는데, 이 문제는 더 연구해봐야 합니다.

소진은 모두가 잘 알다시피 태공의 음모를 전한 훌륭한 외교관입니다. 앞에서 우리는 오늘날의 간첩들이 대부분 외교가들이라고 말한 바 있습니다. 사실 고대에도 마찬가지였습니다. 전국시대는 국제관계가 매우 복잡해서 사마귀가 매미를 잡고 나면 참새가 뒤에 기다리고 있는 격螳螂捕蟬 黃雀在後으로 작고 약한 나라 뒤에는 항상 더 큰 나라들이 노리고 있었기 때문에 벌교伐交, 곧 외교전이 아니면 싸울 방법이 없었습니다. 당시의 외교가는 일반적인 외교사절(행인·빈객·사신)일 뿐 아니라 뛰어난 유세가들도 많이 있었는데, 옛사람들은 이들을 종횡가縱橫家라고 불렀습니다. 예를 들면, 소진은 여섯 나라의 재상이 되었는데, 유명한 국제 간첩이라 할 수 있습니다.

소진의 저술은 어디 있을까요? 『한서』「예문지」에 『소진』이라는 책이 있는데 이미 실전되었지만, 유명한 목록학자인 위자시余嘉錫 선생의 고증에 따르면 지금의 『귀곡자』는 한나라 때 『소진』 32편 가운데 한 부분이었다고 합니다. 외교 음모에 대해 연구하려는 사람은 반드시 『귀곡자』를 연구해야 합니다. 이밖에 『전국책』과 마왕두이 백서 『전국종횡가서戰國縱橫家書』도 소진을 연구하는 데 반드시 참고해야 합니다.

당연히 여기 첨가된 두 간첩을 손무는 볼 수 없었습니다. 만약 보았다고 한다면 만담배우 허우바오린侯寶林의 만담 '관공전진경關公戰秦瓊'29의 내용처럼 시대가 맞지 않는 일이 될 것입니다. 이런 상황을 고서의 체례體例 연구에서는 더해서 늘린다는 뜻으로 '증익增益'이라고 하는데, 이런 예는 사실 매우 많습니다. 우리는 부분으로 전체를 판단해서는 안 되는데,

전쟁은 속임수다

다만 개별적인 문구만 가지고 『손자』를 위서偽書라고 할 수 없고 또 증익된 문장이 옛날에 이미 있었던 것이라고 잘못 판단해서도 안 됩니다. 이 내용은 확실히 후세 사람들이 덧붙인 것입니다. 그러나 언제 덧붙여진 것인지에 대해서는 구체적인 문제를 구체적으로 연구해야 합니다. 예를 들면, 이 조목에서 우리가 긍정할 수 있는 것은 이 내용이 손무보다는 늦지만 결코 한 무제보다는 늦을 리 없고, 소진이 활동한 전국시대 말기보다 빠를 리 없다는 점입니다.

『문자文子』「하덕下德」 편에 이런 말이 있습니다.

> 무릇 성냄은 도덕을 어기는 것이며, 무기는 흉한 도구이다. 싸움은 사람이 난을 일으키는 원인이다. 음모를 쓰고 덕을 어기며 흉한 무기를 사용하기 좋아하면서 사람의 난을 다스리는 것은 도를 거스르는 것의 지극함이다.
> 夫怒者, 逆德也;兵者, 凶器也;爭者, 人之所亂也. 陰謀逆德, 好用凶器, 治人之亂, 逆之至也.

『회남자』「도응道應」 편에도 비슷한 말이 있습니다.

우리는 음모서의 원류를 통해 간첩이 어떤 일을 하는지 알 수 있습니다.

목적은 고상하고 수단은 비열한데, 이 두 가지가 한덩어리가 될 수 있을까요? 많은 사람은 이해하지 못합니다. 이것은 정치를 이해하지 못하고, 병법도 이해하지 못하는 것입니다. 정치와 친구는 전혀 별개의 것이기 때문에 서로 섞일 수 없습니다. 정치는 늑대와 함께 춤추는 것을 피할 수 없으며, 친구는 간과 쓸개를 서로 내보이듯肝膽相照 속마음을 털어놓을 수 있습니다.

큰 도리는 결코 작은 도리가 더해진 집합을 대표하는 것이 아닙니다.

좋은 사람이 모인다고 좋은 나라가 되는 것이 아닙니다.

　유가에서 말하는 군자의 나라는 지금까지 없습니다. 법가는 딱 들어맞는 말을 하기 좋아하지만, 사람들은 듣기 싫어합니다.

　『삼략』「중략」 편에 "음모가 아니면 공을 이룰 수 없다非陰謀, 無以成功"고 했는데, 딱 들어맞는 말입니다.

전쟁은 속임수다

전쟁은 불행한 일이므로 마지못해 하는 수 없이 사용합니다. 병법은 방법이 없을 때 사용하는 방법입니다.

이것으로 해야 할 이야기는 다 했습니다.

끝으로, 몇 마디 감상을 말하려 하는데, 붓 가는 대로 써서 어수선하지만 여러분께 참고로 제공합니다.

1

중국의 특산물은 병법이며, 병법의 정수는 속임수도 꺼리지 않는兵不厭詐 것입니다.

작전은 변화무쌍하기 때문에 기동성과 기습이 중요합니다.

싸우지 않으면 그만이지만, 싸우게 되면 곧 적을 놀라게 해야 합니다.

이런 병법은 기마민족이라면 모두 알고 있고 도적 떼도 잘 알고 있습니다.

싸워서 이길 만하면 싸우지만 이기지 못할 것 같으면 달아납니다.

삼십육계 중에서 달아나는 것이 가장 좋은 계책입니다.

한나라가 오랑캐에게 대처한 방법도 병법이며, 오랑캐가 한나라에게 대처한 방법도 병법입니다.

관官이 도적 떼에게 대처한 방법도 병법이며, 도적 떼가 관에 대처한 방법도 병법입니다.

규범화된 정규의 병법도 병법이며, 비정규의 병법도 병법입니다.

테러리즘도 병법입니다.

전쟁은 정치의 연속입니다.

서로 우열을 가릴 수 없는 전쟁도 전쟁이며, 강약이 분명해 상대가 안 되는 전쟁도 전쟁입니다.

테러리즘은 전쟁의 연속입니다.

2

농민전쟁사는 오타금화五朵金花**1**에 속합니다.

많은 사람이 쓰고 또 써서 진실로 말하는 것이 꽃송이와 비슷해졌습니다.

그러나 시간이 지나고 환경이 바뀌어 꽃은 이미 시들어버렸습니다.

신세대 역사학자들은 모두들 연구할 가치가 없다고 말합니다.

나는 그렇게 생각하지 않습니다.

백성들이 병법을 쓰지는 않았지만 각자 병법이 있습니다.

그들의 병법은 연구할 가치가 있습니다.

전쟁은 속임수다

지난날 우리는 반란을 일으키는 자들과 크게 동질감을 느꼈습니다.

만약 그들이 성공했다면, 우리 눈에 그들은 혁명군대―맹자가 말한 '왕자지사王者之師'―입니다.

그들의 낙후함과 우매함, 파괴성 그리고 운명적으로 결정된 비극성에 대해 우리는 제대로 인식하지 못합니다.

무산자無産者는 한결같은 마음恒心이 없습니다.

무에서 유를 낳는 것은 변통할 수 없는 고리입니다.

사랑과 원망은 같은 것입니다.

『수호전』에 뭐라고 쓰여 있습니까?

높은 벼슬아치가 되려고 살인 방화를 저지르다가 초안招安**2**을 받아들였습니다.

이자성李自成**3**이 북경에 들어갔을 때, 그의 부하들은 무슨 짓을 저질렀습니까?

재물과 미녀를 긁어모으고 항복한 관리들을 고문했습니다.

산둥성 린청臨城의 열차 납치 사건은 중화민국 초유의 대사건이자 세상을 떠들썩하게 만든 공포의 사건이었습니다.

쑨메이야오孫美瑤는 정당한 장사꾼이었지만 재산을 빼앗겼기 때문에 남의 재산을 빼앗는 토비土匪가 되었습니다.

1923년 그는 아주 대담해서 정부에서도 건드릴 수 없었습니다. 그는 마침내 열차에 탄 서양인들을 납치해서 지금의 산둥성 짜오좡棗莊의 바오두구抱犢崮에 억류했습니다. '고崮(중국어 발음은 구)'는 절묘한 지형으로, 높은 산꼭대기가 '철凸' 자처럼 우뚝 솟아 있고, 사방은 절벽이며 위

는 평지여서 마치 머리에 난 큰 혹처럼 보입니다.(여행개발 업체에서 암벽등
반의 적소로 관심을 가지는 곳입니다.)

정부도 두려운 것은 토비가 아니라 서양인이었으며, 팔국 연합군을
또 불러들이지 말하야 한다는 생각으로 다급했습니다. 싸워서는 안 되
니 외국에 상관없이 서둘러 사람을 보내 담판을 지었습니다.

토비가 내건 조건은 무엇이었을까요? 정부에 초안, 곧 토비를 하나의
여단으로 편성해 달라는 것이었고, 돈은 요구하지도 않았습니다.

정부는 그 조건을 받아들였습니다.

여섯 달 뒤에 여단장 쑨메이야오는 살해되었습니다.(죽이지 않고서는
서양인들의 분노를 누그러뜨릴 수가 없었습니다.)

쑨메이야오는 『수호전』의 주인공 송강宋江과 동향인 산둥 사람입니다.

송강은 단지 탐관오리만 반대하고 황제에 대해서는 반대하지 않았을
뿐 아니라 조정을 도와 농민 반란을 일으킨 방랍方臘과 싸우기까지 했으
며, 머리가 단순하고 목표는 명확해서 "동경4을 쳐서 왕위를 빼앗자殺去
東京 奪了鳥位"고 외쳐대던 이규李逵와는 다릅니다.

이 일은 『수호전』를 읽는 데 도움이 됩니다.

1970년 12월 18일, 마오쩌둥이 미국 언론인 에드거 스노Edgar Snow
를 접견할 때 탕원성唐聞生이 통역했습니다. 이때 마오쩌둥은 "우리 인간
은 매우 단순해서 중이 우산을 쓴 것처럼 법도 없고 하늘도 없습니다"라
고 말했습니다. 아마 글자 표면상의 뜻을 직역한 것 같은데, 에드거 스
노의 기록은 다릅니다. 그는 마오쩌둥이 "a lone monk walking the
world with a leaky umbrella(찢어진 우산을 쓰고 세상을 돌아다니는 고독
한 중)"을 자칭했다고 썼습니다.[5]

전쟁은 속임수다

학자들의 헛소리를 귀에 담지 마십시오.

하늘과 사람이 하나가 된다天人合一는 것은 실은 정치와 종교가 하나가 되는政敎合一 것으로, 하늘이 땅을 관리하는 것입니다.

이것은 남의 나라인 유럽의 전통입니다.

중국에서 정치와 종교의 구조는 하늘과 땅이 통하지 않는 것으로, 하늘은 하늘을 관리하고 땅은 땅을 관리할 뿐 하늘이 땅을 관리할 수 없습니다.

하늘의 도가 공평하지 않으면 백성들이 '하늘을 대신해 도를 행할替天行道' 수 있습니다.

하늘아, 너는 나이가 많아 귀도 어둡고 눈도 흐릿하구나.
너는 사람이 보이지도 않고 말소리도 들리지 않는구나.
제멋대로 포악한 짓을 해도 영화를 누리고, 채식하며 염불을 외워도 대부분 굶어 죽네.
하늘아, 네가 하늘이 될 수 없다면 너는 꺼져버려!

이것은 하늘이 없는 것입니다.

춘추전국시대에는 예악禮樂이 무너져, 예에서 나온 자들이 법으로 들어갔습니다.

방법이 없는 것은 아닙니다.

사람들은 중국이 무너진 것은 사람이 다스리는 인치人治 때문이며, 인치가 법치法治보다 커서 법이 황제를 관리할 수 없었기 때문이라고들 말합니다.

그러나 법은 더더욱 군중을 관리할 수 없습니다. 법은 군중을 다스리지 못합니다.

진·한 제국은 법이 응고된 지방 같아서 법대로 관리할 수 없었습니다.

황제를 달아나게 할 수는 있어도 군중을 달아나게 할 수는 없습니다.

황제가 무도하면 누구라도 난을 일으킬 수 있습니다.

앞에는 진나라에 반기를 든 진승陳勝과 오광吳廣이 있었고, 뒤에는 명나라를 세운 주원장朱元璋과 반란을 일으켜 틈왕闖王을 자칭한 이자성이 있습니다.

죽음을 조금도 두려워하지 않고 용감히 황제를 말에서 끌어내렸습니다.

이것은 법이 없는 것입니다.

중국의 백성은 모두 병법을 압니다.

규칙이 없는 것이 바로 유일한 규칙입니다.

하늘도 두려워하지 않고 땅도 두려워하지 않으며 황제와 법률도 두려워하지 않습니다.

진정으로 법도 없고 하늘도 없습니다.

3

중국의 병법은 한족이 쓴 것입니다.

소수 민족은 병서를 쓰지는 않았지만(흉노는 문자가 없습니다.) 그들의 병법이 가장 무섭습니다.

무엇이 흉노의 병법이며, 무엇이 몽골의 병법일까요?

중국의 북방은 유라시아 초원이며, 서부는 실크로드를 통해 중앙아시아와 서아시아, 북아프리카 그리고 유럽으로 이어집니다.

동서로는 교통하면서 남북으로는 서로 맞섰는데 줄곧 큰 문제였습니다.

화하華夏는 곧 중국입니다. 옛날 사람들은 이렇게 말했습니다.

화華는 산시陝西 지역이고, 하夏는 산시山西 지역입니다.

산서 지역은 하나라의 요람으로 융족戎族이 많았으며, 한나라와 오랑캐가 남북으로 왕래하면서 통혼했으니 문화의 큰 소용돌이였습니다.

나는 중국인의 몸에 오랑캐의 피가 흐른다고 믿습니다.

초원은 바다와 같습니다.

흉노와 그들의 계승자는 총명한 항해사처럼 해안선을 따라 신대륙을 찾았습니다.

한나라 땅이 바로 신대륙이었습니다.

그들이 우뚝 일어선 곳은 대부분 한나라와 오랑캐의 접경 지역입니다.

전설에 따르면, 흉노의 선조는 하나라 사람의 후손으로, 이름은 순유淳維입니다.

요순시대 이전에는 흉노가 없었습니다. 전하는 말로는 산융山戎과 험윤獫狁 그리고 훈육葷粥 같은 부족이 황량한 북방에서 떠돌아다니며 마소와 양 등의 가축을 길렀다고 합니다.

초원에는 풀만 먹고 사는, 한나라 땅에서는 볼 수 없는 동물도 있는데, 탁타槖駝 곧 낙타 같은 것입니다. 한나라 사람들은 말의 등이 부었다는 뜻으로 '마종배馬腫背'라고 불렀습니다. 또 말의 친척으로 수말과 암나귀의 잡종인 결제駃騠, 도도騊駼, 탄혜驒騱6가 있는데, 아마 나귀와 노새, 야생마, 야생 나귀 종류이겠지요?

물론 호랑이와 이리, 곰 같은 야수도 있고, 하늘을 나는 매도 있습니다.

스키타이7 예술과 오르도스8 예술에서 이런 동물들을 표현했는데, 야수가 초식동물을 잡아먹는 모습입니다.

그들은 물과 풀을 따라 옮겨다니기 때문에 성곽도 없고 밭도 없으며 일정한 거주지 없이 천막에서 살았지만, 각 부락은 자신의 영토가 있었습니다.(그들은 일정한 여름 목장과 겨울 목장이 있지만 결코 규칙적으로 옮겨다니지 않았고, 한나라와 오랑캐 사이에서 목축과 농사를 함께 하는 과도기적 경제활동을 했습니다.)

초원에 사는 사람들은 태양을 좋아해서 돌궐의 비명碑銘은 동쪽을 향하고, 중앙아시아 북부 카자흐스탄의 천막도 입구가 동쪽을 향하고 있습니다.

초원에 사는 사람들은 바위를 좋아해서 산꼭대기나 길가 등 곳곳에 돌조각과 돌무더기를 쌓아놓았습니다. 그들은 돌로 쌓은 성과 돌로 지은 집, 돌무덤과 돌로 쌓은 제단이 있었고, 주거지 근처에 있는 산의 바위 곳곳에 그들의 걸작인 아름다운 암벽화를 남겼습니다.

흉노는 문자가 없어서 말로만 전해졌는데(그러나 그들의 후계자인 돌궐·요·금·서하와 원·청은 모두 문자가 있었습니다.), 슬프고 쓸쓸한 노래가 있습니다.

그들은 사냥을 좋아했습니다.

전쟁은 속임수다

목축은 사냥에서 시작되었습니다.

아이들은 말을 타기 전에 먼저 양을 타고 활로 새와 쥐를 쏘다가 조금 자라면 여우를 쏘고 토끼를 쏘았습니다. 사냥은 그들의 가장 중요한 공부입니다.(만주족이 중국에 들어온 뒤 가을마다 황실 사냥터인 무란웨이창木蘭圍場에서 사냥하며 말타기와 활쏘기를 잊지 않은 것은 근본을 잊을까 두려웠기 때문입니다.)

흉노의 남자는 봄여름에는 가축을 방목하고, 가을겨울에는 사냥을 했는데, 『한서』 「흉노전」에 "장정들은 능히 활시위를 당기고 모두 무장 기병이 된다士力能毌(彎)弓, 盡爲甲騎"라고 했습니다.

사냥꾼은 타고난 군인입니다.

방목하는 사람도 그렇습니다.

방목하는 사람은 더욱 총명한 사냥꾼이어서, 그들은 남은 사냥감을 길러서 잘 길들여진 동물로 만들었습니다.

그들의 무기는 긴 무기長兵와 짧은 무기短兵로 나눌 수 있습니다. 긴 무기는 활과 화살이며, 짧은 무기는 칼과 철퇴입니다.

그들은 손에 활을 들고 말을 타기 때문에 달릴 수도 있고 싸울 수도 있어서 마치 스스로 화포와 탱크를 모는 것과 같습니다.

노영露營과 현지에서 물자를 보급하는 것(나폴레옹의 병법)도 그들의 장점입니다.

그들의 병법은 "유리하면 공격하고 불리하면 물러나며, 달아나는 것을 부끄러워하지 않는다. 이익이 있는 곳이라면 예의를 갖추지 않는다利則進, 不利則退, 不羞遁走. 苟利所在, 不知禮義"는 것입니다. 사마천의 이 말은 신장웨이우얼자치구의 뤄부호羅佈泊에서 발굴된 한나라 죽간에도 보이는데, 한족이 체면을 중시한 것과는 다릅니다.

뤄부호의 한나라 죽간. "……사람.
이로우면 나아가고 이롭지 않으면……
……人. 利則進, 不利……"

흉노 사람들은 모두 고기를 먹고 가죽옷을 입었으며, 털을 사용해 신발과 이불을 만들었는데, 한족은 노인이 되어야 비로소 고기를 먹을 특권이 있는 것과 달랐습니다.

그들은 『효경』을 배운 적이 없습니다. 젊고 힘이 세면 가장 맛있는 음식을 먹고, 늙고 기력이 쇠하면 남은 고기를 먹었습니다. 그들의 윤리가 "젊고 건강함을 귀하게 여기고 늙고 약함을 천하게 여긴 貴壯健, 賤老弱"것은 모두 전사戰士를 위한 것이었습니다.

도덕도 생존 법칙에 부합해야 합니다.

초원의 생존 법칙은 견고하고 굳센 윤리 도덕을 단련해내서 어린아이들은 스스로 강해지고 노인들은 스스로 존중했는데, 누구나 도덕이 한나라만 못하다고 말합니다.(서융西戎의 사신으로 온 유여由餘가 진 목공秦穆公의 물음에 답한 것[9]이나 영화 「나라야마 부시코楢山節考」[10]를 보십시오. 서양의 생존 법칙과 비슷할 것입니다.)

또 그들의 결혼 풍속도 한족과 달랐습니다. 아버지가 죽으면 어머니(친모 외의 어머니)와 결혼할 수 있고, 형제가 죽으면 형수나 제수 또는 그 자식들과 결혼할 수 있기 때문에 한족은 인륜을 어지럽힌다고 오해했습니다.

끝으로, 그들은 이름만 있고, 성姓이나 자字는 없습니다. 이름도 거리낌 없이 직접 부를 수 있었습니다.

전쟁은 속임수다

한나라 시대 한나라 사람인 사마천의 기록을 보십시오. 중국의 이웃을 잘 묘사했습니다.

그 내용은 『사기』「흉노열전」에 있습니다.

4

부유한 농사꾼들이 그들을 악마 같은 사람으로 보고 사방의 변경, 바로 들짐승이 출몰하는 무성한 숲속, 새들의 자취도 드문 드넓은 사막과 초원, 하늘가 바다 끝에 있는 외로운 작은 섬으로 내몬 것일까요? 아니면 실종되었던 사냥꾼들과 채집자들이 들짐승도 드문 다른 세상에서 뜻밖에 식물을 길들이는 데 적합한 세계와 화전火田 경작에 적합한 세계를 발견한 것일까요?

문명과 야만이 두 세계로 나누어졌습니다.

지난날 문명에 대한 정의는 줄곧 농경민족을 중심으로 정했습니다.

농업문명은 맏형을 자처하면서 다른 형제를 야만인이라 불렀습니다.

이것이 농업 중심론입니다.

초원문명과 농업문명은 형제관계이지만 생존 환경이 다르고 적응 방식이 다를 뿐입니다.

전자는 후자에 비해 하늘에 더 의존할 수밖에 없습니다. 큰 눈과 큰 가뭄은 늘 그들을 궁지로 몰아서 사방으로 최후의 생존 희망을 찾도록 내몰았습니다.

후자는 전자보다 더 풍족하지만 오히려 천성이 활기가 없어 한번 침략당하면 무너져버립니다.

문명의 추세는 타락하는 것으로,(약세든 우세든 모두 타락하게 됩니다.)
전자가 후자를 침략하는 것은 정기적인 징벌이며,
바로 역대에 일어난 농민봉기와 같습니다.
흥미로운 것은 그것들은 서로 호응한다는 점입니다.
르네 그루세는 이것은 인문지리가 사회문제로 변한 것이라면서 "정착해서 사는 사람과 떠돌아다니며 방목하는 사람 사이의 감정은 근대 도시에서 자본주의 사회와 노동자 계급 사이의 감정과 같다"[11]고 했습니다.
오랑캐와 한나라의 다툼과 빈부의 다툼은 서로 비슷한 점이 상당히 많습니다.
그루세의 『초원제국』은 훌륭한 작품이며, 서문은 더욱 좋습니다.

훈족의 왕인 아틸라, 칭기즈 칸, 티무르 제국을 세운 티무르 (…) 그들의 이름은 모두의 기억 속에 자리 잡고 있다. 서구의 작가들이나 중국과 페르시아의 역사가들이 쓴 글들은 그들의 명성을 퍼뜨리는 데 한몫을 했다. 엄청난 야만인들이 발달된 역사적 문명 지역으로 밀려들어와 몇 년밖에 안 되는 짧은 기간에 로마와 이란, 중국 세계를 잿더미로 만들어버렸다. 그들의 출현, 동기, 퇴각은 설명하기 힘들어 보였고, 그래서 오늘날의 역사가들도 옛날의 작가들이 내렸던 결론, 즉 그들은 고대문명을 응징하기 위해 파견된 신의 채찍이라는 판단을 거의 그대로 되풀이하고 있다.
(…)
……가난한 튀르크-몽골 유목민은 가뭄이 든 해에는 말라버린 우물을 찾아 여기저기 헤매면서 풀이 메말라버린 초원을 지나 농경지대의 언저리, 즉 북직예北直隸나 아무다리야 강의 입구까지 와서 정주定住 문명이 이루어 놓은 기적, 바로 풍부한 농작물, 곡식으로 가득 찬 마을들, 도시의 호

화스러움을 놀라운 눈빛으로 바라보았을 것이다. 이 기적, 아니 차라리 그 비밀—이와 같은 인간의 벌집을 유지하기 위해서는 끈질긴 노력이 필요하다—은 훈족으로서는 이해할 수 없는 것이었다. 그들이 거기에 매료되었다면 그것은 마치 눈 오는 날 농장 가까이에 와서 나뭇가지로 된 담장 안에 있는 가축들을 노리는 늑대와 같은 심정이었을 것이다. 그들 역시 울타리를 넘어서 약탈하고 노략물을 갖고 도망치고 싶은 오랜 충동을 가지고 있었다.

(…)

……비록 유목민이 물질문화에서는 뒤처졌지만 언제나 엄청난 군사적 우위를 차지하고 있었다. 그들은 기마궁사였다. 유럽인이 총과 대포로 지구상의 다른 사람들보다 우위에 있었던 것처럼, 유목민들이 정주민보다 큰 우위를 가졌던 기술무기는 숙련된 궁수들로 구성된 믿을 수 없을 정도의 기동성을 지닌 기마군대였다. 물론 중국인이나 이란인들도 이러한 무기를 무시하지 않았다. 기원전 3세기 이래 중국인들은 말 타기 편하도록 의복을 고쳤고, 파르티아시대 이래 페르시아인들도 물러나려는 기마군들이 퍼붓는 화살 세례의 가치를 알고 있었다. 그러나 중국인·이란인·러시아인·폴란드인·헝가리인은 이 점에서 몽골인과는 결코 맞수가 될 수 없었다. 어려서부터 넓고 확 트인 초원을 뛰어다니는 사슴을 모는 것에 훈련되어 있었고, 침착한 접근과 사냥꾼에게 필요한 각종 기술—그렇지 않고는 먹이를 구할 수 없었고, 그것이 곧 그들의 삶이었다—에 익숙해진 그들은 무적이었다. 그들이 자주 적과 정면 대결했기 때문에 그런 것이 아니라, 오히려 기습공격을 감행하고는 사라졌다가 다시 나타나고, 자신을 드러내지 않으면서 끈질기게 추격해 괴롭히고 피곤하게 한 뒤 마치 궁지에 몰린 사냥감처럼 지쳐버린 상대를 쓰러뜨리는 것이다. 이처럼 교묘한 기동성과 편재성을

갖춘 기마군이 칭기즈 칸의 뛰어난 두 장군인 저베哲別와 수부타이速不臺에 의해 지휘될 때에는 이러한 무력에 일종의 집단적인 정보력까지 더해지게 된다. 작전 중인 그들을 관찰했던 플라노 카르피니Plano Carpini와 루브룩Rubruck은 이와 같은 결정적인 기술의 우위에 무척 충격을 받았다.

중장보병과 군단은 그것이 마케도니아와 로마의 정치제도 속에서 생겨난 것이었기 때문에 사라지고 말았다. 즉 그것들은 조직된 국가에 의해 계획적으로 만들어진 것이기 때문에, 모든 국가가 그러하듯이 그것도 생겨나고 성장하다가 사라졌다. 초원의 기마궁사, 그것은 토지 그 자체의 자연스러운 결과이고 배고픔과 가난함의 소산이며 유목민이 굶주림의 나날에 살아남을 수 있는 유일한 방법이었기 때문에, 그들은 1300년 동안이나 유라시아에 군림했다.……

기마궁사가 질주해 와서 쏘고 달아나는 화살은 마치 오늘날 포병들의 간접 사격만큼이나 효과적이었고 적을 혼란에 빠뜨렸다. 무엇이 이러한 우위에 종지부를 찍게 한 것일까? 어떻게 해서 16세기부터 시작해 유목민은 정주민들을 더 이상 자기 마음대로 하지 못하게 된 것일까? 그 이유는 후자가 이제 그들에게 총포로 맞서게 되었고 그렇게 해서 하루아침에 그들에 대해 인위적인 우위를 획득하게 된 데 있다. 오랫동안 유지되던 위치는 역전되었다. '공포왕' 이반 4세(1530~1584)가 킵차크한국의 마지막 후예들을 흩어놓기 위해 사용했고, 중국의 강희제가 칼무크족을 놀라게 하기 위해 사용했던 대포는 세계사에서 한 시대에 종지부를 찍었다. 처음으로 그리고 영원히 군사기술이 다른 편으로 넘어갔고 문명이 야만보다 더 강해진 것이다.[12]

유럽과 중국은 모두 야만족의 침입을 받아 일파만파로 번졌습니다.

유럽은 견디지 못하고 일찌감치 오랑캐화하여 줄곧 '오호십육국五胡十六國'이었고, 줄곧 '위진남북조魏晉南北朝'이다가 르네상스에 이르렀습니다.

중국은 송대까지 견디다가 역시 무너졌는데, 몽골 초원에서 중국 동북 지방까지의 우거진 숲과 비옥한 들판이 원나라와 청나라라는 막강한 두 정복 왕조가 우뚝 일어선 곳입니다.

중국의 이름과 함께하고
중국의 영토와 함께하면서
세상에서 가장 큰 통일 왕조를 이루었도다.
위대한 야만인이여, 세계가 그대를 경외하노라.

5

최근 출간된 장룽姜戎의 소설 『늑대 토템狼圖騰』[13]은 불티나게 팔리고 있습니다.

저자는 이렇게 말합니다.

중국 문화는 너무 부드럽고, 한족은 너무 나약해서 그야말로 양이며, 양이 아니라 돼지인데, 돼지우리 안에서 기르는 돼지는 사람이 주는 먹이만 의존해서 싹수가 없습니다. 매우 억세고 사나운 늑대를 숭배하는 기마민족과는 다릅니다.

중국 사람은 늑대가 된 걸까요, 아니면 양일까요? 이것은 어려운 문제입니다.

1980년대에 어떤 사람은 중국이 낙후해서 모두 고기를 먹지 않는 것이 이상하다고 말했는데, 우리는 풀을 먹는 일족에 들어갔으니 당연히 양이지 늑대가 아닙니다.

늑대가 되면 양을 잡아먹어야 하고, 양이 되면 늑대의 먹이가 되어야 하며, 다른 선택은 없습니다.

늑대는 확실히 양을 좋아해서
침을 흘리면서 그 이빨과 위를 사용합니다.
늑대가 양을 먹을 때 늑대는 주어가 되지만,
만약 풀을 먹는 양이 없다면 늑대는 어디서 고기를 먹겠습니까?

양이 어떻게 늑대로 변할까요? 이것은 더욱 어려운 문제입니다.
특히 양의 얼굴로 나타나서
날카로운 발톱과 이빨을 드러낼 필요 없이
침묵만으로도 충분히 늑대를 위협하려면.

미시마 유키오三島由紀夫가 말한 이야기를 기억합니다.(출처는 잊어버렸습니다.)

쥐 한 마리가 있었는데, 자기가 고양이가 아닌 것을 한스럽게 여겨 '오늘 저녁부터 나는 더 이상 쥐가 아니라 고양이'라고 선포했습니다.

누군가 그 옆을 지나가면서 말했습니다.

"여길 봐, 아주 큰 쥐야!"

쥐는 화가 나서
죽음으로 자신의 뜻을 밝히려고 물독 안으로 뛰어들었습니다.
그러나 쥐는 여전히 쥐일 뿐, 끝내 고양이가 될 수 없었습니다.
고양이는 쥐가 자신들과 같은 부류라고 결코 인정하지 않았습니다.

전쟁은 속임수다

『늑대토템』에서 늑대는 초원의 왕으로서 생물의 먹이사슬에서 최종 소비자요, 초원의 보호자라고 말합니다. 늑대가 없다면 토끼와 쥐들이 초원을 모조리 갉아먹기 때문에(동물학자들은 토끼가 쥐의 친척이라고 말합니다.) 양은 늑대에게 감사해야 합니다.

고기를 먹는 것은 늑대만이 아니고
호랑이와 덩치가 큰 고양이과 동물들도 모두 고기를 먹습니다.
포식자들은 서로 싸울 수는 있지만 서로 잡아먹을 수는 없으며,
먹이는 풀을 먹는 겁쟁이들이라는 것을 공동으로 인식합니다.

유목민의 기억에는 초원에도 호랑이가 있었습니다.
스키타이 청동기와 오르도스 청동기에 흔히 보이는 주제는
호랑이가 큰 동물의 목을 끌어안고 마구 물어뜯는 모습입니다.
지금은 어떻습니까?

호랑이는 사납고 용맹하지만 혼자 생활하기 때문에 '사막의 국왕'처럼 불쌍합니다.
그들은 고기만 먹고,
스스로 낮춰 판다처럼 고기 대신 대나무로 먹이를 바꾸지 않으며,
집고양이에게 배워 애완동물의 반열에 길들여지지도 않습니다.
그래서 그들은
한 끼를 먹고 나면 다음 끼니가 걱정되는 상황이라 늘 배가 고픕니다.
기회가 생기면 한바탕 힘을 써서 사냥하지만 죽을힘을 다해 쫓아가지
는 못하는데 조금만 주의하지 않아도 뇌출혈이 일어납니다.

기회가 없으면 체력을 아껴서 항상 잠만 자기 때문에 단식하는 죄인과 같습니다.

그들은 짝을 찾는 것도 지나치게 까다롭고 출산율도 매우 낮습니다.

나 하나가 죽고 나면 후손이 없습니다.

늑대는 호랑이와 싸울 수 없지만 호랑이에 비해 무리의식이 있고, 사회성이 있다고 말하기도 합니다.

늑대는 사람과 여러 가지로 상통하기 때문에 개가 된 것은 이상한 일이 아닙니다.

바로 사람이 잘 구슬러서 따르게 만든 것입니다.

개는 인류의 가장 충성스러운 노예이며 측근에서 호위하는 노예입니다.

개의 충성심은 본능적인 것이며, 죽을 때까지 한결같음은 사람과 비교할 수 없습니다.

그 때문에 사람들에게 가장 사랑받습니다.

사람들은 개를 욕하기도 하지만, 개를 가지고 사람을 욕하기도 합니다.

개가 되지 않은 늑대는 한편으로는 굶주림을 두려워하고 한편으로는 사냥꾼을 두려워하면서 처량함 속에 애상이 깃든 소리로 달을 향해 길게 울부짖습니다.

소와 말은 힘이 세지만, 위풍당당하게 힘이 센 것은 아닙니다.

풀을 먹기 때문에 공격성이 결핍되어 있습니다.

그 힘은 주로 밭을 갈거나 수레를 끌거나 사람을 태우는 데 쓰입니다.

소와 말도 인류의 노예입니다.

중국 북방의 소는 황소이며, 남방의 소는 물소입니다.

물소는 북쪽으로 올라가 허난 지방의 남단에서만 나타납니다.

황소는 남쪽으로 내려와 도처에 있습니다.

이 소들은 모두 먼저 고된 노동력을 제공하고 나중에는 고기를 제공하는데, 죽을 때까지 모든 것을 다 바치고서야 끝이 납니다.

지셴린李羨林[14] 선생은 어릴 때 고기를 먹지 못했습니다. 한번은 마을에서 소를 잡았는데, 그의 어머니는 차마 먹지 못하고 모두 어린 아들에게 먹으라고 주었습니다. 그가 기억하는 쇠고기는 육질을 부드럽게 하기 위해 오줌으로 삶은 것이었으며, 그렇지 않으면 질겨서 씹을 수 없었다고 합니다.

수이후디睡虎地에서 출토된 죽간에 나타난 진나라 법률은 이미 농사짓는 소의 도살을 금지했습니다. 늙은 소의 도살은 허락되었습니다.

내가 농촌에 있을 때도 여전히 그랬습니다.

양은 호랑이와 늑대의 적수가 못 되지만, 온 초원이 이 맛있는 먹이이며,

푸른 하늘과 흰 구름을 마음대로 즐깁니다.

초원에 남겨진 것은 양, 유목민이 방목하는 양입니다.

양들이 바치는 것은 피와 살이지 노동력이 아닙니다.

초원의 가축으로는 말, 소, 양(그리고 낙타)이 있는데

농촌에서도 기릅니다.

이 세 가지 외에 닭, 개, 돼지가 있어 육축六畜이라 부릅니다.

한족은 주로 돼지를 즐겨 먹었지만 양도 먹고 닭도 먹고 개도 먹었습

니다. 말고기는 맛이 없고, 소는 농사에 필요해서 제사 외에는 일찍부터 도살을 금했습니다.

유목민들은 주로 소와 양을 먹습니다.

내륙에서도 양을 기르는데 돼지와 마찬가지로 우리에서 기르고 방목하지는 않습니다.

베이징에서는 양고기를 샤브샤브 요리로 먹는데, 과거에는 살아 있는 양을 몰고 베이징에 들어왔습니다.(중아청鍾阿城의 소설을 보십시오.)

지금은 허베이 지방에서 우리에 넣고 기르는데 그 수가 놀랄 만큼 많아서 양을 모는 일은 생각할 수도 없습니다.

가장 맛있는 양고기는 건조한 지역에서 기른 양이라고 친구에게 들었습니다.

『늑대 토템』에서는 늑대가 사냥감을 포위할 줄 아는 가장 뛰어난 전술가이며, 『손자병법』이 '늑대병법'보다 못하다고 했습니다.

그러나 초원의 전술은 두 가지가 있으니 하나는 추격이요, 다른 하나는 도주입니다.

양에게는 양의 병법이 있습니다.

양이 모두 달아나면 늑대는 굶어 죽게 되니 누가 양들에게 풀을 먹지 못하게 하겠습니까?

늑대는 매우 사납지만 사람의 사나움만 못합니다.

가장 사나운 전술은 역시 사냥꾼의 전술입니다.

사람들도 고기를 먹으려 합니다.

전쟁은 속임수다

사람과 사람의 개는

늑대가 양을 잡아먹지 못하게 하니

누가 먹이사슬의 최종 소비자일까요?

늑대는 고기를 먹습니다.

고기를 먹는 것은 맛있기 때문입니다.

귀족들도 모두 고기를 먹는 사람들입니다.

세상이 어지러워 백성들이 굶어 죽자 진晉나라 혜제惠帝는 "왜 고기를 먹지 않는가?"(『진서』「혜제기惠帝紀」)라고 했는데, 웃기는 일이라고 생각하지 마십시오.

이것은 보편적 진리로 세상 어디에서도 꼭 들어맞습니다.

맛있는 것을 뉘라서 먹고 싶지 않겠습니까?

먹어야만 된다면 반드시 먹어야 합니다.

먹지 않는 것은 바로 공개적으로 좋은 것을 거절하는 것이며, 일부러 자신에게 문제를 일으켜 스스로 인류가 주류로 여기는 음식의 표준을 거절하는 것입니다.

주류는 반드시 다수인 것은 아니지만 다수가 추종하는 소수입니다.

가난한 사람은 고기 먹는 귀족을 원망하지만 결코 고기를 원망하지는 않습니다.

모두가 울고불고하면서 고기를 먹으려 합니다.

참을 수 없는 문제는 급히 먹고 마셔야 할 곳에 먹을 것이 없고, 맛있는 음식이 있는 곳에는 또 갈 수 없다는 것입니다.

미국은 세상이 크게 어지러운데 어째서 민주적으로 하지 않느냐고 말합니다.

『늑대 토템』에서 우리는 늑대가 되어야 하며, 양이 되어서는 안 된다고 말합니다.

그러나 초원의 늑대는 몇 마리 남지 않았고, 남아 있는 것은 모두 양입니다.

『늑대 토템』에서는 우리가 늑대가 되어야 하며, 그냥 늑대가 아닌 바다의 늑대가 되어야 한다고 말합니다.

그러나 바닷가 어디에 늑대가 있습니까?

내 생각에 '초원의 늑대'는 서양인이 두려워하는 '황화黃禍'[15]입니다.

'바다의 늑대'는 구미歐美 열강입니다.

황토黃土의 황과 황초黃草의 황은 이전에 유행하는 색이기도 했는데, 지금은 무엇일까요?

어떤 사람은 억지로 말을 만들어 '남색藍色 문명'이라고 부릅니다.

6

4세기경 로마제국의 전략가 베게티우스의 『군사학 논고』[16]는 로마가 쇠락한 시기의 병서인데, 중국의 서진西晉과 동진東晉, 십육국十六國 시대에 해당합니다. 유라시아 대륙의 양단이 동시에 야만족 침입이라는 큰 물결에 휩쓸렸습니다.

기마민족은 둑을 터뜨리는 홍수와 같고, 농업민족은 물을 막는 둑과 같습니다. 중국은 만리장성을 보수하고, 로마도 장성을 보수했지만, 모두 이러한 물결을 막지 못했습니다.

만리장성은 하나의 거대한 담입니다.

로마 군단이 전쟁에서 진 적이 없는 것도 보병들의 방진方陣 때문입니다.

전쟁은 속임수다

방진도 담인데, 사람의 몸으로 만든 담입니다.

중국 국가에도 "우리의 피와 살로, 우리의 새 장성을 쌓자!把我們的血肉, 築成我們新的長城!"라는 소절이 있습니다.

서기 378년, 터키 북서쪽 아드리아노플 전투에서 고트족의 기마병들이 로마 보병을 크게 무찔러 4만 명을 죽였습니다.

베게티우스는 다시 로마 군대를 일으키려 했습니다.

그는 로마는 사방에서 적의 공격을 받는데, 사람과 말의 체구로 따지면 게르만족보다 못하고, 군사의 숫자로 따지면 갈리아족과 에스파냐보다 못하고, 재물과 지략으로 따지면 북아프리카보다 못하고, 병법에 능숙하고 이론이 깊은 것으로 따지면 그리스보다 못하다고 했습니다. 로마가 지난날 찬란한 영광을 누린 것은 전적으로 빼어난 병사를 모집해서 힘든 훈련을 거쳤기 때문입니다.

병사를 어떻게 선발했을까요?

그의 표현으로는 남방 사람은 태양과 가까워서 사람들은 매우 총명하지만 혈기가 부족해서 백병전을 가장 두려워하고, 북방 사람들은 태양에서 멀어서 싸워 죽이기를 갈망합니다.

북방 사람들이 마침내 왔습니다.

문명이 야만을 불러온 것은

썩은 고기가 매와 독수리를 부르는 것과 같습니다.

알렉산더 제국과 로마 제국은 중심지가 모두 남유럽에 있었습니다.

유럽은 동유럽의 일부를 제외하고는 유라시아 초원의 서쪽 끝에 속하고, 북유럽은 삼림이 풍부하며, 대륙의 남부와 서부와 북부는 바다에 둘러싸여 있지만 내륙은 농업을 위주로 합니다.

게르만족과 켈트족, 슬라브족이 남쪽으로 내려오고, 흉노족이 동쪽에서 침입해 모두 북유럽과 서유럽에 흩어져 살게 되었는데, 중유럽과 동유럽, 남방 사람들은 그들을 야만인이라 불렀습니다.

그 야만인들은 결코 모두 기마민족은 아니고 사냥꾼과 유목민 그리고 어민도 있고, 또 농민도 있었는데 농민이 주요 거주민이었습니다.

유럽의 문명은 농업문명입니다.

그들은 고기를 먹기는 하지만 고기와 우유가 결코 주식이 아니며, 백성들은 더 말할 필요도 없습니다.

그들은 항해에 의지하지만 절대 다수는 항해로 생활하지 않습니다.

유럽의 현대 해군은 북유럽의 해적에서 기원하는데,

바다를 중심으로 말하자면 해적문화라고 할 수밖에 없기도 합니다.

바이킹은 배에 말을 싣고 사방으로 다니면서 노략질을 했습니다.

나는 노르웨이에 갔을 때 그들의 배를 본 적이 있는데 바닥은 뾰족하고 돛은 높았습니다.

진정한 해양민족은 태평양의 섬사람들입니다.

진정한 초원민족은 흉노와 몽골족입니다.

진정한 육식민족은 에스키모입니다.

7

자연도태, 약육강식을 확장해서 사회에 적용하는 것을 사회다윈주의 Social Darwinism라고 부르는데, 서양에서는 이를 금기시합니다.

그러나 군사학에서 누구도 부인할 수 없는 것은

866

우리 모두는 동물의 학생이라는 점입니다.

옛사람이 말하기를, 어금니가 있고 뿔이 있는 짐승들은 건드리면 싸
운다고 했습니다.

전쟁은 야성野性이 한껏 드러난 것입니다.

병법 연구는 동물학의 관점을 벗어날 수 없습니다.

동물도 병법이 있습니다.

파리와 모기도 우리의 스승입니다.

오늘날 역사를 보면 유행이 거꾸로 되어 뭐든지 애당초 그러지 말았
어야 했다고 후회하는 듯합니다.

통일은 분열만 못하며, 혁명은 비혁명만 못하며, 쑨원孫文은 북양군벌
北洋軍閥만 못하며, 개혁을 주장한 유신파維新派는 수구파守舊派만 못하
며, 공자는 전 세계 인민의 구세주이며, 5·4운동은 신학문을 하는 학생
들이 공산화의 영향을 받아서 등등입니다.

아예 황제를 돌아오라고 청해도 됩니다.

그러나 황제는 자손이 없습니다.

1980년대의 계몽주의 사조를

나는 "초상 기간이 끝나지 않은 남은 슬픔"**17**이라고 부릅니다.

대부분의 일들이 마치 해가 지기 전에 잠깐 하늘이 밝아지는 것回光返
照과 같은데, "꽃은 어쩔 수 없이 떨어지고, 전에 본 듯한 제비가 돌아오
네無可奈何花落去 似曾相識燕歸來"**18**라는 시구와 같습니다.

마치 유행이 지난 복장이 다시 돌아와 유행하는 것과 같습니다.

역사도 시류를 따릅니다.

다윈의 『종의 기원』은 원래 생물의 진화를 설명한 것이었지만, 그 의의는 생물학을 훨씬 뛰어넘었습니다. 서양에서 종교의 대지진을 불러일으킬 정도로 세상을 뒤흔들었습니다.

1895년 옌푸嚴復는 영국의 생물학자 토머스 헉슬리Thomas Henry Huxley가 진화론을 설명한 『진화와 윤리Evolution and Ethics』를 중국어 문어체로 번역해 『천연론天演論』이라는 제목으로 중국에 소개했습니다. 당시 이 책의 영향은 지금으로서는 상상할 수도 없을 정도로 중국을 뒤흔들었습니다.

중국 사람들은 세기의 위기감을 공감했습니다.

최근에 후난성 창사長沙의 웨루산岳麓山에 올라 황싱黃興[19]과 차이어蔡鍔[20]의 묘를 보았는데, 마음속에 특별한 느낌이 일었습니다.

찬 가을 귤자주 모래섬에	獨立寒秋
홀로 서 있노라니	湘江北去
상강물만 북으로 가네.	橘子洲頭
온 산이 붉게 변해	看萬山紅遍
깊은 숲까지 물들었고,	層林盡染
강물은 맑고 푸른데	漫江碧透
많은 배들 앞을 다투네.	百舸争流
매는 높은 하늘로 날아오르고	鷹擊長空
물고기는 물 밑에서 헤엄치며	魚翔淺底

전쟁은 속임수다

만물이 가을 하늘 아래서 자유를 다투네. 萬類霜天競自由

끝없는 아득한 세상　　　　　　　　　　　恨寥廓

아득한 대지에 묻노니,　　　　　　　　　　問蒼茫大地

누가 흥망성쇠를 주관하느냐?　　　　　　　誰主沉浮[21]

나는 이 시에서 『천연론』을 읽었습니다.

농업문명은 곡물을 주식으로 해서 군사적으로는 항상 수세를 취합니다.

초원문명은 육류를 주식으로 해서 군사적으로는 항상 공세를 취합니다.

이것이 늑대와 양으로 비유하는 주요한 근거입니다.

유럽문명은 중국에 비해 더욱 야만스럽고 고기도 더 많이 먹기 때문에 군사적으로 말할 필요도 없이 매우 사납습니다.

그들은 몽골의 원나라 제국 이후 최대의 세계 정복자입니다.

그들을 생각하면 곧 늑대가 떠오릅니다.

사람과 동물은 다릅니다.

다른 것은 그만두고 먹는 방법이 다릅니다.

무엇이 문명적으로 먹는 방법일까요?

늑대든 호랑이든 모두 엉덩이 뒤에서 쫓아가서 바싹 다가간 뒤 직접 달려들어 목을 물어뜯습니다.

사람이 훨씬 위선적이라는 점은 말할 필요가 없습니다.

어떤 사람이 소를 끌고 대청 아래를 지나가 장차 종고鍾鼓에 피를 발라 제사지내려 했는데, 제나라 선왕宣王이 빨리 그 소를 놓아주라고 하면서 "나는 차마 그 소가 죄 없이 죽으러 가며 벌벌 떠는 모습을 볼 수 없다吾不忍其觳觫"고 했습니다.

그의 마음은 매우 부드러워 소가 죄 없이 죽으러 가면서 힘을 다해 울부짖는 불쌍한 모습을 견딜 수 없어서 양으로 바꾸게 했습니다.(『맹자』「양 혜왕梁惠王 상」)

사람은 통제할 수 없는 입이 있어서 뭐든지 먹습니다.

잡식성이서 어떤 음식이라도 가리지 않습니다.

동물을 보호하는 데도 친밀함과 멀리함이 있습니다. 유럽과 아메리카 사람들이 앞장서서 단지 고래, 돌고래, 고양이, 개 그리고 개체 수가 많지 않은 야생동물만 보호할 뿐 나머지는

예전처럼 그대로 먹습니다.

닭, 오리, 생선만 먹고 소, 양, 돼지는 먹지 않는 사람도 있지만

그리 철저한 것은 아닙니다.

파리, 모기, 쥐는

누가 보호한다는 말을 들어보지 못했습니다.

불교에서 육도윤회六道輪廻[22]를 말하는데, 동물을 생각하면 곧 자신을 생각하게 됩니다.

저팔계猪八戒의 첫째 계율이 바로 살생하지 말라는 살계殺戒이며, 여기에는 동물도 포함됩니다.

승려는 고기를 먹지 않고 우리보다 깨달음이 높지만, 술과 고기를 참지 못하는 승려도 있어서 소계素鷄니 소압素鴨이니 소어素魚니 전부 정진

전쟁은 속임수다

음식이라 입으로만 말하고 마음은 그렇지 않습니다.

오히려 연단하는 도사들은 철저해서 아예 돌만 먹습니다.

문명의 뜻은 바로 눈에 보이지 않으면 깨끗한 것이니

소와 양을 데리고 눈앞에서 서성이지 말고 멀리 끌고 가 다른 곳에서 처리하면 됩니다.

소와 양을 잡는 일에는 백정이 있고 복잡한 순서가 있으며,

삶고 볶는 요리에는 주방장이 있고 역시 복잡한 순서가 있는데,

음식이 나오면 부들부들 떠는 사람은 없습니다.

사람에게는 극복할 수 없는 사람의 한계가 있습니다.

역사는 우리에게 기록을 남겼는데, 피가 흘러 강을 이룬 기록들입니다.

문학은 곳곳에 동정을 뿌렸는데, 뿌려진 눈물도 흘러 강이 되었습니다.

흘러가는 것이 이와 같이 밤낮으로 멈추지 않습니다.

철학은 끊임없이 질문하지만, 끝내 답이 어디에 있는지 찾고 찾아도 찾아내지 못합니다.

종교는 우리가 답을 가지고 있다면서 적멸寂滅을 말하기도 하고 죽음을 말하기도 하며, 하나님을 말하기도 하고 무無를 말하기도 합니다.

모두 공수표입니다.

해답은 바로 정답이 없다는 것입니다.

전쟁도 결코 예외가 아닙니다.

2006년 1월 17일 베이징 란치잉藍旗營의 거처에서

자서自序

1 베이징대학교 철학과 외국철학사 연구실 번역, 『철학사강연록哲學史講演錄』 제1권, 삼련서점, 1956, 119~120쪽.

2 펑유란, 『중국철학사』 상, 중화서국, 1961, 25~27쪽.

3 ———, 『중국철학사 신편』, 인민출판사, 1962, 197~201쪽.

4 리쩌허우의 이 글은 『중국고대사상사론中國古代思想史論』, 인민출판사, 1985, 77~105쪽에 수록되었다.

5 허빙디, 「중국 사상사에서 기본적인 번안 : 「노자」의 변증사유는 「손자병법」 에 근원한다는 것을 논증함中國思想史上一項基本性的翻案 : 「老子」辯證思維源 於「孫子兵法」的論證」(『「손자」 「노자」와 관련된 세 편의 고증有關「孫子」 「老子」 的三篇考證』, 타이베이 : 중앙연구원근대사연구소, 2002, 1~35쪽)에 수록.

6 『상가구喪家狗』를 말하는 것인데 한국어 번역본은 『집 잃은 개』(김갑수 옮김 글항아리, 2012)다 ─ 옮긴이

7 1972년 4월 산둥성 인췌산의 전한前漢 1·2호 묘지에서 『손자병법』과 『손빈병법』 죽간을 주 내용으로 하는 선진시대의 고서를 발견했는데, 이는 중국 건국 이래 10대 고고학 발견 중의 하나로 꼽힌다. ─ 옮긴이

8 베이징대학교 지리학과 학생 차이칭펑이 베이징대학교 서문 부근의 주점에서 술을 마시다가 불랑배와 시비가 붙어 싸우던 끝에 피살된 사건. ─ 옮긴이

전쟁은 속임수다

제1강

1　루쉰, 「청년필독서」, 『화개집華蓋集』, 『루쉰전집』 제3권, 인민문학출판사, 1959, 9쪽.

2　루쉰, 「이것과 저것這個與那個」, 『화개집華蓋集』, 『루쉰전집』 제3권, 102~109쪽.

3　육예六藝는 예禮(예절)·악樂(음악)·사射(활쏘기)·어御(수레 몰기)·서書(글씨)·수數(셈) 등 여섯 종류의 기술을 말한다. —옮긴이

4　한나라 때의 소학小學은 문자文字, 훈고訓詁, 음운音韻 등을 연구하는 기초학문을 가리킨다. —옮긴이

5　최근에 그들은 서양이 보편적 원칙이라고 맹신하고 서양철학이 진정한 철학이며 중국철학은 철학이 아니라고 했던 일에 대해 반성한다. 공자는 평범한 속의 성인으로서 별도로 일가의 철학을 이뤘으며, 그는 문화부호로서 '심미질서審美秩序'를 대표하는데, 이는 서양이 편애하는 '이성질서理性秩序'와는 다른 것이다. 이 책은 이 문제를 다루는 것이 목적이 아니므로 더 언급하지 않는다.

6　리링, 『손자 13편 종합연구』, 중화서국, 2006, 3~5쪽.

7　클라우제비츠, 『전쟁론』, 중국인민해방군군사과학원 역, 상무인서관, 1978, 제1권, 102~103쪽.

8　1973년 칭하이성青海省 다퉁大通 상쑨자자이上孫家寨 마자야오馬家窯 유적에서 『손자』의 죽간이 발견되었다. —옮긴이

9　『역대형법고歷代刑法考』 심가본沈家本 제4책, 중화서국, 1985, 1743~1766쪽.

10　리링, 「제국병법갑천하齊國兵法甲天下」, 『중화문사논총中華文史論叢』 제50집, 상하이고적출판사, 1992, 193~212쪽.

11　위자시余嘉錫, 『고서통례古書通例』, 상하이고적출판사, 1985, 43~46쪽.

12　후난성湖南省 웨루산嶽麓山 동쪽 기슭에 있는 웨루서원은 중국 4대 서원의 하나로 송宋 태조 개보開寶 9년(976)에 건조된 중국 최초의 대학이다. 남송南宋 최고의 석학 주희朱熹와 장식張栻이 중용中庸의 뜻을 놓고 토론을 벌인 곳으로 유명하며, 왕양명王陽明, 왕부지王夫之 등 중국 최고의 석학이 강의를 한 곳이기도 하다. 이후 증국번曾國藩, 좌종당左宗棠 같은 지성이 배출되었고, 마오쩌둥毛澤東도 한때 이곳에서 정신적 스승이자 장인인 양창지楊昌濟가 원장으로 재직할 때 사서로 근무하면서 공부를 하여 더욱 유명해졌다. —옮긴이

13　리링, 『간백고서와 학술원류簡帛古書與學術源流』, 삼련서점, 2004, 361~374쪽.

14　천부千夫 : 중국 한나라 때 부족한 군량을 조달하기 위해 설치한 무공작武功

爵의 일종.—옮긴이

15 루쉰, 「위진시대 풍도와 문장, 약과 술의 관계魏晉風度及藥及酒之關係」, 『이이집而已集』, 『루쉰전집』 제3권, 379~395쪽.

16 11가는 조조, 양맹씨, 이전, 두목, 진호, 가림, 매요신梅堯臣, 왕석王晳, 하연석何延錫, 장예張預, 두우杜佑이다.—옮긴이

17 상하이도서관에 소장된 명나라 초각본『무경칠서』 25권도 같은 유형의 판본으로 매우 귀중한 자료이다. 첫째 책인『위무제주손자』는 세상하오謝祥皓·류선닝劉申寧이 편집한『손자집성孫子集成』(제로서사, 1993) 제1책에 보인다. 왕충민王重民 선생이 언급한 이전 베이징도서관 소장본『무경칠서』 25권은 응당 이 판본일 것이다. 그는 이 판본이 "원나라 것인지 아니면 명나라 것인지 확정하기 어렵다"고 했다(『중국선본서제요中國善本書提要』, 상하이고적출판사, 1983, 242쪽). 이 책은 송나라 주복朱服이 아뢰어 판각한『무경칠서』의 서목에 있으니 원풍元豊(송 신종의 연호. 1078~1085) 초각본에서 온 것이며 일본의 세카이도분코본보다 더 원형에 가깝다는 것을 알 수 있다.

18 바자오랑八角廊: 허베이성河北省 딩저우定州에 있는 지명.—옮긴이

19 이 두 책은 모두 중화서국에서 출판된 졸저『손자 13편 종합연구』에 수록되었다.

제2강

1 황제가 된 몇 달 후, 송 태조는 진교에서 석수신石守信, 왕심기王審琦, 고회덕高懷德, 장영탁張令鐸, 조언휘趙彦徽 등 개국공신을 불러 술자리를 가졌다. 그리고 거나하게 취했을 무렵 이렇게 말을 꺼냈다. "경들이 없었더라면 어찌 오늘날 짐이 이 자리에 있었겠소? 진심으로 감사하오. 하지만 한편으로 불안하기 짝이 없소. 물론 짐은 경들을 전적으로 믿지만, 경들 중 누군가의 부하들이 언젠가 딴마음을 먹고 술 취한 주군에게 황제의 옷을 입힐지 알 수 없지 않소?"
그런 말을 듣고 "그것도 그렇군요"라고 말할 사람이 누가 있겠는가? 다섯 공신은 혼비백산하며 그 자리에 엎드릴 수밖에 없었다. 송 태조는 그들에게 계속 술을 돌리며 말을 이었다. "아, 인생이란 무엇이오? 절벽 틈을 달리는 말처럼 순식간에 지나가는 것을. 모두들 하나같이 부귀를 원하지만, 얼마 안 되는 삶을 편안히 살다가 후손에게 물려주는 것, 그것뿐인데, 그나마 지키기 힘드니 말이오. 그러니 경들은 각자의 병권과 지위를 포기하고 고향으로 내려가면 어떻겠소? 그러면 여생은 아무 염려 없이 평안할 수 있을 것이오."
또한 송 태조는 공신들의 자녀와 자신의 자녀를 혼인시켜 서로 딴마음을 먹

전쟁은 속임수다

지 않도록 하자고 권했다. 결국 석수신 등은 황제의 뜻에 따라 모든 직위에서 물러나 지방으로 내려갔다. 이 일을 두고 '배주석병권杯酒釋兵權(술을 권해 병권을 놓게 하다)'이라 하는데, 오대십국 내내 정권을 불안하게 했던 절도사들의 병권을 술자리 한 번으로 해결해버렸다는 말이다. ― 옮긴이

2 　중어지환中御之患에 대해서는 제5강「모공謀攻」편 4장에서 자세히 다룬다.

3 　우주룽吳九龍·왕한王菡,「송대 무학과 병서宋代武學與兵書」,『손자신론집수孫子新論集粹』(장정출판사, 1992, 454~460쪽)에 수록.

4 　리링,『화간일호주花間一壺酒』, 동심출판사, 2005, 43~76쪽

5 　개인은행. 과거에 예금, 대출, 송금을 주요 업무로 하며 개인이 경영하던 금융 상점을 말한다. ― 옮긴이

6 　옛날 산시성山西省의 상인들이 환어음을 주 업무로 운영하던 금융기관의 한 종류. 청나라 말기에는 중국 전역의 금융을 조정하는 최대 상업 자본이었다. ― 옮긴이

7 　나관중의『삼국지연의』에 따르면, 주창은 강호의 호한好漢이었는데, 스스로 관우의 호위무사가 되었고, 나중에 관우가 적에게 잡혀 죽자 자살했다고 되어 있다. 그러나 주창은 나관중이 관우의 인품과 무예가 사람을 감복시킬만 함을 드러내기 위해 지어낸 가공의 인물이다. ― 옮긴이

8 　펑유란,『중국철학사』, 상책, 25~27쪽

9 　화시華西 주편,『세계영향世界影響』, 1~4쪽. 추푸싱邱復興 주편,『손자병학대전孫子兵學大典』(베이징대학교출판사, 2004, 제7책)에 수록.

10 　핫토리 지하루,『손자병법교해孫子兵法校解』, 군사과학출판사, 1987.

11 　헤겔은 친구인 니트함머에게 보낸 편지(1806년 10월 13일)에서 "나는 정찰을 위해서 말을 타고 도시를 지나가는 나폴레옹에게서 세계정신을 보았다. 나는 그러한 위대한 인물을 보았을 때 정말 기이한 느낌이 들었다. 그는 말 위에 앉아 한 곳에 집중하면서 전 세계에 도달하고 전 세계를 통치하려 했다"라고 썼다. 헤겔,『정신현상학』, 허린賀麟·왕주싱王玖興 역, 상무인서관, 1979, 상책 3쪽. 또 아르세니 굴리가Arseniy Gulyga의『헤겔소전』, 류반주劉半九·보유伯幼 역, 상무인서관, 1980, 46~47쪽.

12 　클라우제비츠,『전쟁론』, 제2권, 496쪽.

13 　레닌,『클라우제비츠의「전쟁론」― 발췌와 비주批注』, 인민출판사, 1960.

14 　『브리태니커백과사전』국제중국어판, 중국대백과전서출판사, 2002, 제16권 246쪽.

15 　원서의 제목은 The art of war이며, 한국에서는『전쟁술』로 번역 출판되었다. ― 옮긴이

16 　차오량喬良·왕샹쑤이王湘穗,『초한전超限戰』, 해방군문예출판사, 1998. 이 책은 2005년 중국사회출판사에서 재판이 출간되었다.

17 『브리태니커백과사전』, 제4권, 258쪽.

18 에리히 루덴도르프Erich Friedrich Wilhelm Ludendorff, 『총력전』, 다이야 오셴戴燿先 역, 해방군출판사, 2005년 제2판.

19 배질 리들 하트의 『손자병법』 영역본 서문에 보임. 나는 이 글을 중국어로 번역해 「손자로 돌아가다回到孫子」라는 제목으로 『손자학간孫子學刊』(1992년 4기, 12~13쪽)에 발표했다.

20 빌헬름 폰 슈람, 『클라우제비츠 전기』, 왕칭위王慶餘 등 역, 상무인서관, 1984, 479~484쪽.

21 빌헬름 폰 슈람, 『클라우제비츠 전기』, 3쪽.

22 루쉰, 「홀연상도忽然想到」(10~11), 『화개집』, 『루쉰전집』 제3권, 67~75쪽.

23 제프리 파커Geoffrey Parker, 『케임브리지 전쟁사』, 푸진촨傅錦川 등 역, 지린인민출판사, 1999, 3~4쪽.

24 배질 리들 하트, 「손자로 돌아가다回到孫子」, 리링 역, 『손자학간』 1992년 4기, 12~13쪽.

25 양산박梁山泊 산채의 첫째 두령으로서 스스로 불운하다고 여기는 시골의 선비였다. 마음이 좁고 의심이 많은 성품으로, 특히 자기보다 무예나 문필이나 덕망이나 지체가 나은 사람들을 시기하고 용납하지 못했다. ─옮긴이

26 『마오쩌둥선집』 1권본(인디언지 4권 합정본合訂本), 인민출판사, 1966, 163~236쪽, 395~428쪽, 429~526쪽, 529~544쪽, 1195~1198쪽, 1243~1262쪽.

27 『마오쩌둥의 군사저작 여섯 편』(외국어판), 외문출판사, 1967~1972.

28 중국 장시성江西省과 후난성湖南省의 경계에 있는 험한 산지로 해발 평균 1000미터이다. 1927년 마오쩌둥이 제1농촌혁명 근거지로 삼은 곳으로, 중국 혁명의 발상지로 알려져 있다. ─옮긴이

29 『마오쩌둥선집』, 175, 301, 480쪽.

30 『마오주석시사毛主席詩詞』, 인민문학출판사, 1976, 17~18쪽.

31 1965년 7월 26일 마오쩌둥이 리쭝런을 접견했을 때 궈모뤄郭沫若에게 전해 주라고 한 시가 바로 두목의 「제오강정」이다. 가오젠중高建中, 『마오쩌둥과 리쭝런』, 화문출판사, 1999, 333쪽.

제3강

1 클라우제비츠, 『전쟁론』, 제1권, 43쪽. 원문은 "전쟁은 다른 수단을 통한 정치의 연속이다."

2 허베이성 바이샹현문물보관소柏鄕縣文物保管所의 『허베이바이샹현둥샤오징

전국묘河北柏鄕縣東小京戰國墓」,『문물』1990년 6기, 67~71쪽. 덧붙이자면 중국 국가박물관에 소장된 전국시대 간지의干支儀는 매우 보기 드문 물건이다. 그것은 상하 두 개로 된 굴릴 수 있는 작은 바퀴 위에 천간天干과 지지地支를 적어 마치 상자의 비밀 번호처럼 간지를 배열한 것으로 날짜를 계산하는 도구이기도 하다.

3   소주마자는 초마草碼·화마花碼·번자마番仔碼·상마商碼라고도 부르는데, 중국 초기 민간에서 사용하던 상업용 숫자이다. ─ 옮긴이

4   이 구절에 대해 리링은『손자 13편 종합연구』11쪽에서 "軍事, 是國家的大事. 地形的死生之勢(死地·生地), 戰場上的存亡勝敗, 不可不加以了解"로 풀이했다. 여기서 '地形的死生之勢(死地·生地)'와 '戰場上的存亡勝敗'는 명사구로 서술어가 없기 때문에 '不可不加以了解'의 목적어로 이해된다. 때문에 "군사는 국가의 큰일이다. 지형 가운데 생사가 달린 지세(사지·생지)와 전쟁터에서 존망과 성패를 더욱 이해하지 않을 수 없다"로 번역된다. 그러나 이 장에서 리링은 "전쟁이란 병사의 생사, 국가의 존망과 관련된 큰일임을 분명하게 말하고 있습니다"라고 서술했고, 또한 14강 [12-4]의 풀이에서도 이 구절을 인용하면서, "전쟁은 군인과 백성의 생사, 국가의 존망과 관련된 큰일"이라고 말하고 있다. 또한 기존의 현대 중국어 번역서들도 대부분 "생사와 관련된 일이며 존망과 관련된 도이니 살피지 않을 수 없다"라고 풀이하고 있다. 따라서 여기서는 리링 번역문의 명사구를 서술형으로 번역했다. ─ 옮긴이

5   『좌전左傳』은공隱公 5년과 희공僖公 28년의 '도병徒兵(보병)'이 그 예이다.

6   『좌전』과『주례周禮』에 모두 이런 말이 있다.

7   중국어 번역본『마주보고 죽이기面對的殺戮』, 쑨닝孫寧 역, 장쑤인민출판사, 2005.

8   식반式盤은 중국 고대에 역수와 점을 치는 도구인데, 천반天盤은 둥글게 만들고 지반地盤은 네모나게 만들었다. 그 위에 북두성과 28수의 별점과 방위, 그리고 하늘의 도수를 나타내는 182개의 점을 새겼다. ─ 옮긴이

9   리링,『손자 13편 종합연구』, 425~426쪽.

10   클라우제비츠,『전쟁론』1권, 185~186쪽.

11   클라우제비츠, 앞의 책, 25~26쪽.

12   클라우제비츠, 앞의 책, 216쪽.

13   『마오쩌둥선집』, 482쪽.

14   기원전 632년 진 문공이 거느린 당진唐晉·제齊·섬진陝秦 등 3국 연합군이 초나라 영윤 성득신成得臣이 지휘하는 초·진陳·채蔡·정鄭·허許 등 5국 연합군을 성복城濮에서 대파해 초나라의 중원 진출을 저지시킨 전투. 성복은 지금의 허난성河南省 푸양濮陽. ─ 옮긴이

15   『마오쩌둥선집』, 203쪽.

16 앞의 책, 198~199쪽.

17 클라우제비츠, 『전쟁론』 1권, 41쪽.

제4강

1 류쉬劉旭, 『중국 고대 화약화기사中國古代火藥火器史』, 대상출판사, 2004, 56~59쪽.

2 『마르크스 엥겔스 전집』 제14권, 인민출판사, 1964, 196~197쪽.

3 앞의 책, 354~381쪽.

4 왕하이청王海城, 「중국 마차의 기원中國馬車的起源」, 위타이산余太山 주편, 『유라시아 학간歐亞學刊』, 제3집, 중화서국, 2002.

5 『마르크스 엥겔스 전집』 제14권, 298~326쪽.

6 앞의 책, 5~50쪽.

7 앞의 책, 382~386쪽.

8 지금의 산둥성 지난濟南 서북쪽에 있던 안 땅에서 진나라와 제나라 간에 벌어진 전투로 진나라가 대승했다. ― 옮긴이

9 기원전 484년 노나라가 오나라와 연합해 애릉艾陵에서 제나라를 무찌른 전투. 애릉은 지금의 산둥성 라이우萊蕪. ― 옮긴이

10 앞에서 인용한 왕하이청의 「중국 마차의 기원」.

11 리링, 「거마와 대거(사동정 발문)'車馬'與'大車'(跋師同鼎)」, 『리링자선집』, 광시사범대학출판사, 1988, 124~130쪽.

12 쭝푸방宗福邦 등, 『고훈휘찬故訓彙纂』, 상무인서관, 2003, 747~749쪽.

13 앞의 책, 275~278쪽.

14 클라우제비츠, 『전쟁론』, 제2권, 436~453쪽.

15 혜갑반兮甲盤은 송나라 때 출토된 서주 후기의 청동기이며, 혜전반兮田盤·혜백반兮伯盤·혜백길보반兮伯吉父盤이라고도 한다. 133자의 명문銘文에 혜갑兮甲, 곧 윤길보尹吉甫가 주나라 선왕宣王을 따라 험윤玁狁을 정벌하고, 남쪽 회이淮夷에서 공물을 거두어들인 일 등이 기록되어 있다. ― 옮긴이

16 조지프 니덤Joseph Needham 주편, 『중국의 과학과 문명』, 중사오이鍾少異 등 역, 베이징, 과학출판사 ; 상하이, 상하이고적출판사, 2002, 제5권, 76~142쪽. 이 부분의 저자는 에드워드 매큐언Edward McEwen.

17 마둥馬冬·타오타오陶濤, 「쇄자갑의 기원과 형제 및 중국 전래鎖子甲的起源·形制及傳入中國」, 『중국전적과 문화中國典籍與文化』, 2005년 1기, 114~121쪽.

18 미우라 시게토시三浦權利, 『도설 서양갑주무기사전圖説西洋甲胄武器事典』(셰즈위謝志宇 역, 상하이서점출판사, 2005) 참조.

19 양홍楊泓, 「중국고대갑주中國古代甲冑」, 『중국고병기논총中國古兵器論叢』(增訂本), 문물출판사, 1985, 1~78쪽.

20 투구盔를 주冑라고 칭한 것은 매우 늦은 시기인 것 같은데, 주로 『삼조북맹휘집三朝北盟彙集』 권797 같은 송나라 이후의 문헌에 보인다.

21 천중몐岑仲勉, 『돌궐집사突厥集史 하』, 중화서국, 2004 중판, 1044~1046쪽.

제5강

1 원래 『역사교학歷史敎學』 제2권(1951) 2~4기에 실렸으나 뒤에 『장정랑문사논집張政烺文史論集』(중화서국, 2004) 272~313쪽에 다시 수록됨.

2 원래 『문사文史』 제28집(1987)에 실렸으나 뒤에 『리링자선집李零自選集』, 광시사범대학출판부, 148~168쪽에 다시 수록됨.

3 류자오샹劉昭祥 주편, 『중국군사제도사中國軍事制度史』, 대상출판사, 1997, 군사조직체제편제권, 473~474, 482~483쪽.

4 초나라 평왕平王의 태자 건建의 태부였던 오자서의 아버지 오사伍奢와 형 오상伍尙은 간신 비무기費無忌의 모함으로 인해 평왕에게 죽임을 당했다. 신변에 위험을 느낀 오자서는 급하게 오나라로 망명했다. 오왕 합려闔閭는 오자서를 중용하고 정치와 군사를 개혁하는 등 그와 함께 국사를 의논했다. 합려 즉위 9년인 기원전 506년에 채蔡·당唐 두 나라를 규합해 초나라로 쳐들어갔고 5차례의 치열한 접전 끝에 드디어 초나라 수도 영에 입성했다. 그러나 초나라 소왕昭王은 영에서 탈출해 도주한 후였다. 오자서는 분노와 복수의 칼날을 갈았던 인고의 세월을 보상이나 받으려는 듯 아버지와 형의 원수인 평왕의 무덤을 파헤치고 그의 시신을 꺼내 300번의 채찍질을 가함으로써 사무친 원한을 풀었다. ─옮긴이

5 로마의 하드리아누스 황제가 픽트족을 몰아내고 국경을 확실히 하기 위해 쌓은 방위시설로서 영국 잉글랜드의 컴브리아 주와 노섬벌랜드 주, 타인위어 주에 걸쳐 있다. ─옮긴이

6 정착 농민은 모두 방어 체계를 강조했는데, 유목민족에 대응하기 위한 특징은 될 수 있지만 자랑할 것은 못 된다. 예컨대 중국이 만리장성을 짓고 외국에 차이나타운을 형성하는 것은 항상 스스로 자신을 에워싸기 좋아해서라는 말은 곰곰이 생각해 볼 필요가 있다. 서양이 개방되면서 군대조직도 개방되어 다른 나라의 영토로 들어갔으니 중국은 비교할 것이 못 된다. 그러나 서양도 완전히 개방된 것은 아니어서 많은 지역은 더욱 폐쇄적이 되거나 다른 방법으로 보호하는데, 예컨대 아파트는 비밀번호를 눌러야 들어갈 수 있고 개인주택에도 경보장치를 설치하며 곳곳에 감시 카메라를 설치한다. 보안시

설은 우리가 그들에게서 배운 것이다.

7   클라우제비츠, 『전쟁론』, 제2권, 533~551쪽.

8   『마르크스 엥겔스 전집』, 제14권, 327~353쪽.

9   성곽에 돌출한 돈대墩臺로서 측면 공격에 유리하며 말머리처럼 생겼음. ─ 옮긴이

10   Robin D. S. Yates, *The City under Siege : Technology and Organization as Seen in the Reconstructed Text of the Military Chapters of Mo Tzu*, Phd. Dissertation (unpublished), Harvard University Press, 1980.

11   『병가보감兵寶鑑』, 허난인민출판사, 1995, 156쪽과 595쪽.

12   푸쭤이는 국공 내전 때 국민당 정부의 화베이 지역 총사령관으로서 베이징 방어 책임자였는데, 공산군이 톈진을 함락하자 1949년 1월 저항을 포기하고 항복했다. ─ 옮긴이

13   『마오쩌둥선집』, 1195, 1247쪽.

14   같은 책, 225쪽.

15   리링, 「중국 고대 거주민 조직의 양대 유형과 다른 기원」과 「상군서의 토지인구 정책과 벼슬제도商君書中的土地人口政策與爵制」, 『리링자선집』, 148~168, 184~194쪽 수록.

16   버나드 브로디Bernard Brodie, 『절대무기absolute weapon』, 위융안于永安·궈잉郭鎣 등 역, 중국인민해방출판사, 2005. 원서는 원자폭탄이 발명되어 사용된 초기인 1946년에 저술됨.

17   산시성 쉬저우朔州 서북쪽에 거주한 적적赤狄의 일족. ─ 옮긴이

18   1964년 왕옌王炎이 감독하고 중수황中叔皇·궈전칭郭振淸 등이 주연을 맡은 흑백영화로, 장춘전영제편창長春電影制片廠에서 제작함. ─ 옮긴이

19   『마오쩌둥 선집』, 175, 301, 480쪽.

20   조지프 니덤, 『중국의 과학과 문명』, 제5권 제6분책, 348~350쪽.

21   앞의 책, 350~353쪽.

22   남부 팔레스타인, 예루살렘의 남서쪽 45킬로미터 지점에 있던 고대 도시로 요새 등 유적이 발굴되었다. ─ 옮긴이

23   조지프 니덤, 『중국의 과학과 문명』 제5권 제6분책, 365~376쪽.

24   앞의 책, 365~376쪽.

제6강

1   클라우제비츠, 『전쟁론』, 제1권, 14쪽, 제2권 476~479쪽.

2   리링, 『손자 13편 종합연구』, 426~427쪽.

전쟁은 속임수다

3 보궁步弓은 토지 측량에 쓰이는 도구로서 나무를 사용해 만들었는데, 모양은 활과 비슷하며, 양끝의 거리는 5척이다.

4 1934~1935년 중국 공농홍군工農紅軍이 장시성江西省에서 산시성陝西省 북 부까지 전투를 하면서 2만5000리를 걸어서 이동한 행군. ─옮긴이

5 1946~1949년에 진행되었던 중국 공산당과 국민당의 전쟁. 이 전쟁으로 중 국 대륙의 국민당 통치가 전복되었다. ─옮긴이

6 무산계급 문화대혁명無産階級文化大革命의 줄임말로, 1966년 중국에서 시작 한 대규모 사상·정치 투쟁의 성격을 띤 권력투쟁. ─옮긴이

7 자이칭翟青, 「노자는 병서이다老子是一部兵書」, 『마왕두이 백서 노자馬王堆帛 書「老子」』에 수록, 문물출판사, 1977, 95~108쪽. 원래는 『학습과 비판學習與 批判』, 1974년 10기에 수록.

8 리쩌허우, 「손자·노자·한비자를 함께 이야기하다孫老韓合說」, 『중국고대사 상사론中國古代思想史論』, 인민출판사, 1985, 77~105쪽.

9 추시구이裘錫圭, 「고문헌에서 '설設'로 읽는 '세埶' 자와 '집執' 자가 서로 혼용 된 예古文獻中讀爲'設'的'埶'及其與'執'字互訛之例」, 홍콩대학교아시아연구센터, 『동방문화東方文化』, Vol. XXXVI Number 1&2, 39~46쪽.

10 쌍방이 규칙에 따라 차고, 때리고, 내던지며 맨손으로 공방을 펼치는 격투기 의 일종. ─옮긴이

11 위에서 시험 삼아 번역한 것은 다만 한학 연구자의 번역을 제시한 것일 뿐 결코 정답은 아니다. 키스 맥마흔Keith McMahon 교수는 '형'을 'possible energy'로, '세'를 'actual energy'로 번역했다.

12 부대의 기동력, 화력, 지형 등을 이용해 진지를 옮겨 가면서 벌이는 전투. ─ 옮긴이

제7강

1 마쉬룬, 『노자교고老子校詁』, 중화서국, 1974, 중책中册, 447쪽.

2 클라우제비츠, 『전쟁론』, 제1권, 218쪽.

3 1948년 9월 12일에서 11월 2일까지 린뱌오와 뤄룽환羅榮桓이 이끈 동북해방 군東北解放軍과 장제스蔣介石가 이끈 국민당 군대가 랴오닝성遼寧省 선양瀋陽 에서 벌인 전투. ─옮긴이

4 천지 운행의 기본이 되는 수는 50, 복서卜筮의 산가지가 50개인 데서 나옴. ─ 옮긴이

5 로버트 캐플런Robert Kaplan, 『영의 역사The Nothing That Is : A Natural History of Zero』, 펑전제馮振傑 역, 중신출판사中信出版社, 2005.

6 라오쭝이饒宗頤, 「영에 대해 말하다說'零'」, 『사학논저선史學論著選』, 상하이 고적출판사, 1993, 324~328쪽.

7 일진과 시간을 위주로 길흉을 점치는 방법.─옮긴이

8 청나라 오경재吳敬梓의 풍자소설『유림외사儒林外史』제42회, 청나라 만주족 비막문강費莫文康의 장편소설『아녀영웅전兒女英雄傳』제37회.

9 명나라 소설『수당연의隋唐演義』제6회, 『아녀영웅전』제18회, 청나라 하경거 夏敬渠의 장회소설『야수폭언野叟曝言』제122회.

10 『동주열국지』제88회, 『설강반당薛剛反唐』제1회, 『평산냉연平山冷燕』제16회.

11 『야수폭언』제122회에 따름.

12 『수호전』제76회와『삼국지연의』제100회에 따름.

13 리링, 『화간일호주』, 277~287쪽.

14 니콜로 마키아벨리Niccoló Machiavelli(1469~1527). 『군주론君主論』에서 정치는 도덕과 구별되는 고유 영역임을 주장함.─옮긴이

15 추스求是, 「'하해불택세류'를 말함說'河海不擇細流'」, 『문사文史』제7집, 중화서국, 1979, 104쪽. 추스는 추시구이 교수의 필명.

16 추스, 「'택인이임세'를 말함說'擇人而任勢'」, 『문사』제11집, 중화서국, 1981, 178쪽.

17 리링, 『손자 13편 종합연구』, 430~431쪽.

제8강

1 『마오쩌둥 선집』, 417~418, 462쪽.

2 두 개의 고정된 나무를 중간에 점토를 부어서 담을 쌓는 방법.─옮긴이

3 루쉰이 쉬광핑許廣平에게 보낸 편지(1925년 3월 11일), 「양지서兩地書」, 『루쉰 전집』제9권, 인문문학출판사, 1958. 11~14쪽.

4 리링, 『손자 13편 종합연구』, 431~433쪽.

5 마귀의 본성을 비추어서 그의 참모습을 드러내 보인다는 신통한 거울. 조마 경照魔鏡이라고도 함.─옮긴이

6 지금의 저장성 자싱嘉興.─옮긴이

7 績의 고자는 '束'와 '貝'가 상하로 결합한 글자임.─옮긴이

8 왕궈웨이, 「생패·사패 고찰生覇死覇考」, 『관당집림觀堂集林』권1, 1~4쪽. 『왕 궈웨이유서王國維遺書』, 상하이고적서점, 1983, 1책.

9 『하·상·주 시대구분공정 1996~2000년 단계성과보고夏商周斷代工程 1996~2000年階段成果報告』, 세계도서출판공사, 2000, 35~36쪽.

10 리링, 「주원에서 새로 얻은 갑골을 읽고讀周原新獲甲骨」(근간).

11 포락지형砲烙之刑 : 기름칠한 구리 기둥을 숯불 위에 걸쳐 놓고 죄인을 그 위로 건너가게 하던 형벌. ─ 옮긴이

12 이건성李建成 : 당 고조 이연李淵의 맏아들로 태종 이세민의 형. ─ 옮긴이

13 모용수慕容垂 : 326~396년. 5호16국시대에 후연後燕을 세운 왕. ─ 옮긴이

14 이 번역은 이정의 의견을 따른 것으로 이 책의 저자인 리링의 견해와 차이가 있다. 제7강 [5-5]참조. ─ 옮긴이

제9강

1 앞뒤로 늘어선 대형·진지·방어 지대 따위의 전방에서 후방까지의 거리. ─ 옮긴이

2 클라우제비츠, 『전쟁론』, 제2권, 415쪽.

3 1964년 도쿄올림픽 때 금메달을 딴 일본 여자배구 국가대표팀 감독으로서 혹독한 스파르타식 훈련으로 유명하다. ─ 옮긴이

4 3대기율 : 모든 행동은 지휘에 따른다. 대중의 물건은 바늘 하나 실 한 올이라도 갖지 않는다. 모든 노획품은 공공의 물건으로 한다. ─ 옮긴이

5 8항주의 : 말을 부드럽게 한다. 거래를 공평하게 한다. 빌린 물건은 돌려준다. 망가뜨린 것은 변상한다. 남을 때리거나 욕하지 않는다. 농작물을 짓밟지 않는다. 부녀자를 희롱하지 않는다. 포로를 학대하지 않는다. ─ 옮긴이

6 Gotthold Ephraim Lessing : 1729~1781년. 독일의 극작가이자 비평가. ─ 옮긴이

7 그리스신화의 트로이 신관神官. 트로이 전쟁 때 그리스군의 목마를 트로이 성안에 끌어들이는 것을 반대했기 때문에 신의 노여움을 사서 해신海神 포세이돈이 보낸 두 마리의 큰 뱀에게 두 자식과 함께 살해당했다. ─ 옮긴이

8 Ivan Petrovich Pavlov : 1849~1936년. 조건반사 현상을 발견한 러시아의 생리학자. ─ 옮긴이

9 1896~1946년. 중국 공산당 국민혁명군이 일으킨 난창南昌 무장봉기의 주요 지도자로서 신사군新四軍 군장軍長을 지냄. ─ 옮긴이

10 리링, 『손자 13편 종합연구』, 434~435쪽.

11 『중산랑전中山狼傳』의 등장인물. 전국시대에 조간자趙簡子가 중산中山에서 늑대 한 마리를 활로 쏘았는데, 동곽선생이 도망치는 늑대를 구해주었으나 위기에서 벗어난 늑대는 오히려 동곽선생을 잡아먹으려고 했다. ─ 옮긴이

12 한웨이뱌오韓偉表, 「「손자병법」 13편의 '궁구물박'은 뒷사람이 삽입한 것임을 고찰함孫子兵法十三篇之窮寇勿迫乃後學綴入考」, 『국학연구』 제17권, 베이

징대학교출판사, 2006, 275쪽.

13 진나라를 멸하기 위해 유방과 협력하던 항우가 유방을 제거하기 위해 홍문에서 자객을 숨긴 채 연회를 베풀었지만 항우의 우유부단함으로 인해 유방은 가까스로 도망쳐 목숨을 건졌다. ― 옮긴이

14 항우가 유방과의 싸움에서 패한 뒤 사랑하는 우미인과 결별하는 고사로, 경극·영화 등에 동일한 제목의 작품이 있다. ― 옮긴이

15 클라우제비츠, 『전쟁론』, 제1권, 305~319쪽.

제10강

1 클라우제비츠, 『전쟁론』, 제2권, 469~473쪽.

2 황허강이 닝샤寧夏 헝청橫城에서 산시성陝西省 푸구府谷까지 굽이돌아 흐르는 부분. ― 옮긴이

3 제정帝政을 폐지하고 오족, 곧 5대 민족의 공화 정체를 수립하자는 중화민국 성립 초기의 정치 슬로건. ― 옮긴이

4 Battle of Borodino : 1812년 9월 7일 모스크바 서쪽 약 90킬로미터 지점인 보로디노에서 나폴레옹의 프랑스 군대와 러시아 군대가 벌인 치열한 전투. ― 옮긴이

5 클라우제비츠, 『전쟁론』, 제2권, 427쪽.

6 손빈이 방연龐涓으로 하여금 해 질 무렵 마룽馬陵에 이르게 해서 승리한 고사가 있다. ― 옮긴이

7 제갈량의 명령은 받은 관우가 적벽대전에서 패해 도주하던 조조를 기다린 길목. ― 옮긴이

8 『삼국지연의』에서 따온, 중국 경극의 희곡. ― 옮긴이

9 하늘의 이십팔수와 대응하는 지역으로, 분야分野라고도 한다. ― 옮긴이

10 중국 화베이 지방의 전통 가옥 양식으로, 가운데 마당을 중심으로 사방이 모두 집채로 둘러싸여 있다. ― 옮긴이

11 전한 말기의 학자. 유향劉向의 아들로 원래 이름은 흠歆이었으나 나중에 개명했다. ― 옮긴이

12 「구지」에는 "九地之變, 屈伸之利, 人情之理, 不可不察也"로 되어 있음. ― 옮긴이

13 리링, 『간백고서와 학술원류』, 395~397쪽.

전쟁은 속임수다

제11강

1 　스미스소니언박물관 내의 미술관으로 주로 아시아의 문화와 예술품들을 소개한다.―옮긴이

2 　기원전 11세기경 중국 주나라 무왕이 상나라를 대파해 멸망시킨 전투. 목야는 지금의 허난성 신샹新鄕 부근으로 추정된다.―옮긴이

3 　허베이성 동북부와 내몽골 초원이 맞닿은 곳에 있던 청나라 황제의 사냥터.―옮긴이

4 　"공자가 말했다. 여자와 소인만은 다루기가 힘들다. 가까이하면 불손하고, 멀리하면 원망한다.子曰 唯女子與小人爲難養也 近之則不孫 遠之則怨."『논어』「양화陽貨」―옮긴이

5 　우림랑羽林郎 : 한나라의 관직명으로 황제의 근위부대.―옮긴이

6 　미셸 푸코,『規訓與懲罰Surveiller et punir : Naissance de la prison』, 류베이칭·양위안잉 역, 삼련서점, 1999, 211~212쪽.

7 　1958년 중국 정부가 추진한 경제 고도성장 정책.―옮긴이

8 　1958년 설립된 중국 농촌의 사회생활 및 행정조직의 기초단위.―옮긴이

9 　리링,『화간일호주』, 277~287쪽.

10 　"양재심규인미식養在深閨人未識"은 백거이白居易가 지은 「장한가長恨歌」의 한 구절.―옮긴이

11 　요한 볼프강 폰 괴테Johann Wolfgang von Goethe,『파우스트Faust』, 궈모뤄郭沫若 역, 인민출판사, 1955, 제2부, 380쪽(마지막 구절).

12 　쉬바오린,『중국병서통람中國兵書通覽』, 해방군출판사, 1990, 231~232쪽.

13 　마우리츠 판나사우(1567~1625) : 영어 이름은 Maurice of Nassau. 빌렘 1세의 둘째 아들로 전략·전술 및 공병술을 발전시켜 네덜란드 육군을 유럽에서 가장 근대적인 군대로 육성했다는 평가를 받는다.―옮긴이

14 　클라우제비츠,『전쟁론』, 제2권, 388쪽.

15 　앞의 책, 제2권 412~428쪽.

16 　앞의 책, 제2권 409~411, 429~435쪽.

17 　『마르크스 엥겔스 전집』, 제14권, 128, 277~280쪽.

18 　클라우제비츠,『전쟁론』, 제1권 185쪽.

19 　앞의 책, 제2권 436~453쪽.

20 　앞의 책, 제2권 454~463쪽.

21 　앞의 책, 제1권 185쪽.

22 　앞의 책, 제2권 464~468쪽.

23 　앞의 책, 제2권 469~473쪽.

24 　앞의 책, 제2권 635~640쪽.

25   앞의 책, 제2권 386~389쪽.

제12강

1   르네 그루세, 『초원제국The Empire of the Steppes : A History of Central Asia』, 웨이잉방魏英邦 역, 칭하이인민출판사, 1991, 1~6쪽. 한국어판 제목은 『유라시아 유목제국사』(김호동 옮김, 사계절, 1998)

2   제프리 파커, 『케임브리지 전쟁사』, 14~15쪽.

3   그림에서는 쟁지·범지·위지·사지의 구역과 위치를 정확히 표시할 수 없어 아래에 참조용으로만 배치했다.

4   장량이 진시황 시해에 실패하고 도망가던 중 다리에서 어떤 노인을 만났다. 그 노인이 다리 아래로 신발을 던지고는 장량에게 주워오라고 했다. 장량이 신발을 주워오자 다시 자신에게 신기게 했다. 장량이 신발을 신겨주자 '가르칠만한 가치가 있겠다'고 하고 다시 만날 약속을 했다. 다시 만난 노인은 장량에게 『소서』를 건네주었다. 그 노인은 황석공이며, 그가 전해준 책은 『황석공 소서黃石公素書』라고 한다. ─옮긴이

5   마청위안馬承源 주편, 『상하이박물관장전국초죽서上海博物館藏戰國楚竹書』 (4), 상하이고적출판사, 2004, 239~285쪽.

6   리링, 『화간일호주』, 77~99쪽.

7   중국사회과학원 언어연구소 사전편집실, 『현대한어사전』, 상무인서관, 2005, 제5판, 781쪽.

8   『브리태니커백과사전』, 제16권, 527쪽.

9   팔레스타인의 극좌파 테러단체. 1972년 독일 뮌헨올림픽 당시 이스라엘 선수단 테러 사건으로 유명한 이슬람 계열의 저항 단체. ─옮긴이

10   리링, 『화간일호주』, 43~76쪽. 원문은 『독서』, 2002년 8~10기에 게재.

11   리링, 「어째서 조귀와 조말이 같은 사람이라 하는가爲什麼說曹劌和曹沫是同一人」, 『독서』, 2004년 9기, 129~134쪽.

12   오기는 초나라 도왕悼王의 신임을 얻어 초나라 재상이 되었다. 재상이 된 오기는 법령을 확실하고도 세밀하게 만들고, 긴요하지 않은 관직을 없앴으며, 왕실과 먼 촌수의 왕족들의 봉록을 없애 거기서 얻은 재원으로 군사를 양성했다. 초나라는 오기의 개혁 정책으로 당대의 어떤 강대국도 함부로 건드리지 못하는 강국이 되었다. 그러나 그를 신임하던 도왕이 오랜 투병 끝에 사망하자 왕족과 대신들이 반란을 일으켜 오기를 공격했다. 오기는 달아나다가 자신을 죽인 자들에게도 화가 미치도록 도왕의 시신 위에 엎드렸다. 오기를 공격하던 무리들이 화살을 쏘아 오기를 죽였으나 도왕의 시신에도 화살

이 꽂혀 심하게 훼손되었다. 도왕의 장례식이 끝나고 태자가 즉위한 뒤 오기를 죽이려고 도왕의 시신에까지 화살을 쏜 자들을 모조리 잡아들여 죽였다. 오기를 쏘아 죽인 일에 연루되어 일족이 모두 죽은 자가 70여 집에 이르렀다. ─옮긴이

13 1982년 1월 에어플로리다 항공기가 제빙이 안 된 활주로에서 이륙하다가 포토맥 강의 다리를 들이받고 추락한 사건. ─옮긴이

14 클라우제비츠, 『전쟁론』, 제1권, 305~319쪽.

15 『손자』 전체에 걸쳐 적지 않은 운문을 사용하고 있으며, 이것은 하나의 예일 뿐입니다.

제13강

1 포정은 『장자』 「양생주養生主」 편에 나오는 고대의 이름난 백정. 포정해우庖丁解牛는 솜씨가 뛰어난 포정이 소의 뼈와 살을 완벽하게 분리해서 발라낸다는 뜻으로, 신기에 가까운 솜씨 또는 기술이 매우 뛰어남을 비유하는 고사성어로 쓰인다. ─옮긴이

2 연속적인 운전에 의해 에너지를 창출하는 기계장치 및 열을 모두 남김없이 일로 변환하는 기계장치로 열역학 1, 2법칙을 어기기 때문에 실제로 만들어질 수 없다. ─옮긴이

3 리링, 『손자 13편 종합연구』, 364~367쪽.

4 마오쩌둥, 『마오쩌둥선집』, 468쪽.

5 마오쩌둥, 같은 책, 469쪽.

6 마오쩌둥, 같은 책, 471~472쪽.

7 마오쩌둥, 같은 책, 173~174쪽.

8 마오쩌둥, 같은 책, 203쪽.

9 마오쩌둥, 같은 책, 175쪽.

10 마오쩌둥, 같은 책, 301쪽.

11 마오쩌둥, 같은 책, 480쪽.

12 마오쩌둥, 같은 책, 203쪽.

13 『진서晉書』 「사현재기謝玄載記」에 다음과 같은 내용이 있다. 전진前秦의 부견苻堅은 재상 왕맹王猛이 동진東晉보다 몇 배 우위의 국력을 키워놓고 죽은 지 8년 만에 병사 60만, 기마 27만의 대군을 이끌고 동진 정벌에 나섰다. 동진은 재상 사안謝安의 동생인 사석謝石을 정토대도독征討大都督으로 삼아 맞섰다. 부견이 수양성에 올라 적을 바라보니 그 진용이 엄하고 위력적이었다. 문득 팔공산 쪽으로 눈을 돌리자, 산이 적병으로 뒤덮여 있었다. 놀라서 자세히 보

니, 그것은 풀과 나무였다. 부견은 불쾌하게 생각했다. 한편, 동진은 전진의
군대가 페이수이淝水강에 진을 치고 있어 강을 건널 수 없게 되자, 사신을 보
내어 전진의 진지를 다소 후퇴시켜서 자기 군사들이 강을 다 건넌 다음에 승
부를 가리자고 청했다. 이에 부견은 "아군을 다소 뒤로 후퇴시켰다가 적이 강
을 반쯤 건넜을 때 격멸하라"는 명령을 내렸다. 그러나, 이것이 완전히 후퇴하
라는 명령인 줄 알고 전진의 군대는 퇴각하기 시작했다. 제각기 먼저 도망하
려고 덤비다가 자기들끼리 짓밟혀 죽은 자가 들을 뒤덮었다. 이때 혼비백산한
전진 병사들은 바람소리와 학의 울음소리만 들려도 진군晉軍이 뒤쫓아오는
줄 알고 놀라서 도망쳤다고 한다. 여기서 풍성학려風聲鶴唳, 초목개병草木皆
兵이라는 고사성어가 유래했다.─옮긴이

14 춘추시대 송나라의 군주. 초나라와 전쟁을 할 때, 강을 건너는 초나라 군사
    를 공격하자는 신하의 건의를 정정당당하지 못하다며 받아들이지 않았다가
    결국 패했다. 이로부터 어리석은 대의명분을 내세우거나 불필요한 인정을 베
    풀다가 오히려 자신이 심한 타격을 받는 것을 '송양지인宋襄之仁'이라 한다.─
    옮긴이

15 마오쩌둥, 『마오쩌둥선집』, 481~482쪽.

16 마오쩌둥, 같은 책, 484쪽.

17 마오쩌둥, 같은 책, 198~199쪽.

18 마오쩌둥, 같은 책, 225쪽.

19 마오쩌둥, 같은 책, 189~190쪽.

20 마오쩌둥, 같은 책, 217~222쪽.

21 마오쩌둥, 같은 책, 231쪽.

22 마오쩌둥, 같은 책, 232쪽.

23 마오쩌둥, 같은 책, 228~229쪽.

24 마오쩌둥, 같은 책, 197~198쪽.

25 마오쩌둥, 같은 책, 480쪽.

26 마오쩌둥, 같은 책, 496쪽.

27 산시성 북부의 다퉁大同과 서남단의 펑링두風陵渡 사이를 연결하는 철도 노
    선.─옮긴이

28 마오쩌둥, 같은 책, 417~418쪽.

29 마오쩌둥, 같은 책, 462쪽.

30 마오쩌둥, 같은 책, 396쪽.

31 마오쩌둥, 같은 책, 492~493쪽.

32 마오쩌둥, 같은 책, 499쪽.

33 1939년에 만주와 몽골 국경인 노몬한Nomonhan에서 일어난 소련과 일본의
    국경 분쟁. 5월에 몽골군이 할하강을 건너자 일본이 이를 불법 월경으로 간

주해 충돌했는데, 몽골과 상호원조 조약을 맺은 소련이 기계화 부대를 투입해 일본군을 전멸시켰다. 9월에 정전 협정이 성립되면서 소련의 주장대로 국경선이 확정되었다. 할힌골전투라고도 한다. — 옮긴이

34   마오쩌둥, 같은 책, 231쪽.

제14강

1   리링, 『손자 13편 종합연구』, 437쪽.
2   공근公瑾은 주유(175~210)의 자. — 옮긴이
3   조조는 업鄴의 서북쪽에 구리로 만든 봉황으로 지붕을 장식한 동작대라는 누대樓臺를 지었는데, 그 축성식에서 조조의 아들 조식曹植이 「동작대부銅雀臺賦」를 지었다. 그 내용 가운데 "동서로 이교를 이어서連二橋於東西兮"라는 구절이 있는데, 『삼국지연의』에서는 제갈량이 이 구절을 "동남에서 이교를 잡아와 아침저녁으로 함께 즐기리라攬二喬於東南兮 樂朝夕之與共"로 바꾸어 주유를 격동시켰다고 한다. 두 다리를 뜻하는 '二橋'와 대교大喬·소교小喬 자매를 가리키는 '二喬'는 발음이 같다. 대교는 손책의 부인, 소교는 주유의 부인이며, 당시 미인으로 유명했다고 한다. — 옮긴이
4   궈화뤄, 『금역신편 손자병법』, 중화서국, 1962, 96쪽.
5   첸바오충, 「이십팔수의 내력을 논함論二十八宿的來歷」, 『첸바오충과학사논문선집錢寶琮科學史論文選集』, 과학출판사, 1983, 327~351쪽. 원래는 『사상과 시대思想與時代』 43기(1947), 10~20쪽에 실림.
6   마오쩌둥이 지은 「심원춘沁園春―설雪」이라는 사詞의 한 구절로 원문은 "일대의 영웅 칭기즈 칸은 활을 당겨 독수리를 쏠 줄만 알았네一代天驕, 成吉思汗, 只識彎弓射大鵰"라고 했다. — 옮긴이
7   루쉰, 「전기의 득과 실電的利弊」, 『위자유서僞自由書』, 『루쉰전집』 제5권, 인민문학출판사, 1957, 12~13쪽.
8   단약의 재료로 사용한 초석과 유황 등이 제련 과정에서 폭발하거나 화재를 일으키기도 했는데, 복화법은 이러한 의외의 사고를 방지하기 위해 연단가들이 약물을 통제하는 데 사용한 방법을 말한다. — 옮긴이
9   비잔틴제국 시대에 그리스인들이 해전에서 사용한 화기 및 액체화약으로, 황·주석·수지·암염·경유·정제유를 혼합한 반액체 상태의 물질로 알려져 있다. — 옮긴이
10   오음의 각은 오행의 목木에 해당하기 때문에 상극인 금金으로 대응해야 한다. 금은 색깔은 하양, 방향은 서쪽, 계절은 가을, 날짜는 경庚·신申에 해당하기 때문에 이때에 맞추어 공격해야 한다. — 옮긴이

11 오음의 치는 오행의 화火에 해당하기 때문에 상극인 수水로 대응해야 한다. 수
    는 색깔은 검정, 방향은 북쪽, 계절은 여름, 날짜는 임壬·계癸이다.—옮긴이
12 오음의 상은 오행의 금金에 해당하기 때문에 상극인 화火로 대응해야 한다. 화
    는 색깔은 빨강, 방향은 남쪽, 계절은 여름, 날짜는 병丙·정丁이다.—옮긴이
13 오음의 우는 오행의 수水에 해당하기 때문에 상극인 토土로 대응해야 한다. 토
    는 색깔은 노랑, 방향은 중앙, 계절은 한여름, 날짜는 무戊·기己이다.—옮긴이
14 오음의 궁은 오행의 토土에 해당하기 때문에 상극인 목木으로 대응해야 한다.
    목은 색깔은 파랑, 방향은 동쪽, 계절은 봄, 날짜는 갑甲·을乙이다.—옮긴이
15 익조가 심한 바람에 밀려 앞으로 날지 못하고 뒤로 밀려났다는 말이다. 익
    조는 6개의 깃이 있는 백로 비슷한 물새이다. 『춘추좌전』 희공 16년 정월 조
    목에 "육익이 바람에 밀려 송나라 도시를 지나갔다"라고 기록되어 있다. 본
    래 익조는 몸이 크지 않으면서 하늘 높이 날아 잘 보이지 않는데, 이것이 사
    람 눈에 보이면서 뒤로 날아가자 이변으로 기록된 것이다. 육익퇴비六鷁退飛
    는 일상에서 벗어난 작은 일일지라도 기록으로 남겨 경계한다는 의미로 쓰인
    다.—옮긴이

제15강

1 존 에드거 후버John Edgar Hoover(1895~1972). 1924~1972년 미국연방수
   사국FBI 국장을 지내면서 정보를 장악했다.—옮긴이
2 라브렌티 파블로비치 베리야Lavrentii Pavlovich Beriya(1899~1953). 소련
   의 스탈린 정권에서 비밀경찰의 수장으로서 대숙청을 지휘했다.—옮긴이
3 조지 오웰George Orwell(1903~1950). 영국의 소설가. 『1984년』에서 '빅 브
   라더'에 의한 전체주의적 지배 양상을 묘사했다.—옮긴이
4 1947년 미국의 봉쇄 정책에 대항해 소련·폴란드·유고슬라비아·루마니아·
   헝가리·불가리아·체코슬로바키아·프랑스·이탈리아 등 유럽 9개국 공산당
   이 정보 교환 등을 목적으로 공산당 정보국, 곧 코민포름cominform을 조직
   했다.—옮긴이
5 Cheka : Chrezvychainaya Komissiya의 약자. 1917년 시월혁명 뒤에 소련
   정부가 설치한 반혁명·사보타주 단속 비상 위원회. 1922년에 폐지되고 GPU
   가 업무를 계승했다.—옮긴이
6 GPU : Gosudarstvennoe Politicheskoe Upravlenie의 약자.—옮긴이
7 NKVD : Narodnyi Komissariat Vnutrennikh Del의 약자.—옮긴이
8 MVD : Ministerstvo Vnutrennikh Del의 약자.—옮긴이
9 NKGB : Narodnyi Komissariat Gosudarstvennoi Bezopasnosti의 약

전쟁은 속임수다

자. — 옮긴이

10 MGB : Ministerstvo Gosudarstvennoi Bezopasnosti의 약자. — 옮긴이

11 KGB : Komitet Gosudarstvennoi Bezopasnosti의 약자. — 옮긴이

12 이윤伊尹 ; 이름은 지摯. 탕왕湯王의 재상이 되어 상商 왕조를 세우는 데 공을 세웠다. — 옮긴이

13 강상姜尙의 별칭. 이밖에도 태공망太公望, 강태공姜太公, 여상呂尙, 여망呂望, 강자아姜子牙 등으로도 불린다. — 옮긴이

14 물질 또는 물체 사이에 작용하는 힘이 전달되는 공간을 가리키는 말. — 옮긴이

15 스벤 안데르스 헤딘 : Sven Anders Hedin(1865~1952). 스웨덴의 지리학자·탐험가. — 옮긴이

16 마크 아우렐 스타인 : Mark Aurel Stein(1862~1943), 헝가리 태생의 영국 고고학자·탐험가. — 옮긴이

17 폴 펠리오 : Paul Pelliot(1878~1945), 프랑스의 동양학자. — 옮긴이

18 표트르 쿠지미치 코즐로프 : Pyotr Kuzimich Kozlov(1863~1935), 러시아의 군인·탐험가. — 옮긴이

19 오타니 고즈이 : 大谷光瑞(1876~1948), 일본 정토진종 니시혼간사西本願寺의 주지·탐험가. — 옮긴이

20 한국에서는 『실크로드의 악마들』이라는 제목(사계절, 2002)으로 출간. — 옮긴이

21 리링, 『손자 13편 종합연구』, 438쪽.

22 향간 : 『통전通典』 권151에는 '인간因間'으로 인용되어 있고, 『태평어람』 권292에는 『통전』을 다시 인용했지만 '향간'으로 고쳐놓았다. 리링, 『손자 13편 종합연구』, 91쪽. — 옮긴이

23 클라우제비츠, 『전쟁론』, 제1권, 39쪽.

24 구제강, 「태공망연수太公望年壽」, 『사림잡지史林雜誌』(중화서국, 1963, 209~211쪽)에 수록.

25 독서하면서 얻은 느낌이나 요점을 기록한 글. — 옮긴이

26 리링, 『손자 13편 종합연구』, 438~440쪽.

27 매희씨는 말희末喜라고도 한다. — 옮긴이

28 중모仲謀는 손권의 자. 조조가 유수濡須를 침공하자, 손권이 한 달 넘게 서로 대치했다. 조조가 손권의 군대를 바라보고는 엄숙하게 정돈된 것에 탄복하면서 "아들을 낳으려면 마땅히 손중모와 같아야 하리, 유경승(유표)의 자식들은 개 돼지와 같다生子當如孫仲謀 劉景升兒子若豚犬耳"라고 했다. — 옮긴이

29 관공은 관우. 삼국시대 장수인 관우가 수당시대의 장수인 진경과 싸운다는 내용으로, 여기서는 시대적으로 맞지 않음을 풍자한다. — 옮긴이

저자 후기

1 '다섯 송이의 금꽃'이라는 뜻의 '오타금화'는 중국 고대사의 분기分期 문제, 중국 봉건 토지소유제의 형식 문제, 중국 봉건사회 농민전쟁 문제, 중국 자본주의 맹아萌芽 문제, 한민족漢民族 형성 문제 등 중국 사회주의이론 건설에 필요한 다섯 가지 기본 문제를 지칭한다. 『건국 이래 사학이론 문제 토론 거요建國以來史學理論問題討論擧要』, 제로서사, 1983년판 참고. ─ 옮긴이

2 옛날에 조정에 반기를 든 세력이 강해서 진압할 수 없는 경우에 조정에서 벼슬을 주어 귀순시킴으로써 기존 사회질서에 편입시켰는데, 이를 초안이라 한다. ─ 옮긴이

3 이자성(1606~1645) : 중국 명나라 말기의 농민 반란 지도자. 1644년 시안西安을 함락시킨 뒤 대순大順을 세우고 황제로 즉위한 뒤 북경을 점령해 명나라를 멸망시켰으나 오삼계吳三桂와 청나라 연합군에 패했다. ─ 옮긴이

4 동경東京 : 북송의 수도로 지금의 카이펑開封. ─ 옮긴이

5 Edgar Snow, *The Long Revolution*, New York : Random House, 1973, 175쪽.

6 안사고顔師古는 『한서』 「흉노전」에서 다음과 같이 풀이했다. "탁타橐佗는 등의 자루로 물건을 실을 수 있다는 말이다. 노새騾는 나귀驢의 종으로 말이 낳은 것이다. 결제駃騠는 준마俊馬로 태어난 지 7일이 지나면 몸집이 어미보다 커진다. 도도騊駼는 말의 일종으로 북해北海에서 난다. 탄혜驒騱는 거허駏驉의 종류이다." ─ 옮긴이

7 기원전 8세기부터 기원전 3세기까지 흑해 동북 지방의 초원 지대에서 활약한 최초의 기마 유목 민족. 이들이 이룩한 스키타이문화는 북방 유라시아 대륙에 널리 퍼져 한국, 중국, 일본에 영향을 미쳤다. ─ 옮긴이

8 중국 네이멍구 자치구의 중남부에 있는 고원 지역. ─ 옮긴이

9 진 목공이 유여에게 "중원은 시詩, 서書, 예禮, 악樂, 법도法度로 나라를 다스림에도 늘 난리가 일어나는데 융족은 그런 것이 없으니 무엇으로 나라를 다스리는가? 나라를 다스리는 데 어려움은 없는가?"라고 물었다. 유여가 대답하기를, "상고시대 황제께서는 예악과 법도를 만드신 후 몸소 실천하신 뒤에 비로소 나라가 다스려졌습니다. 그러나 후대의 왕들은 날로 교만해지고 음란한 음악에 빠졌으며, 법률과 제도의 힘만 믿고 백성을 다스리니 백성이 매우 힘들어 했습니다. 백성들은 임금을 원망하고 인의를 찾게 되었습니다. 하지만 융족은 윗사람은 순박한 덕으로 아랫사람을 대하고, 아랫사람은 충성으로 윗사람을 받들기 때문에 한 나라의 정치가 자기 몸을 다스리는 것 같이 잘 다스려지지만 그 원인을 알 수 없습니다. 이것이 진정한 성인의 다스림입니다"라고 대답했다. ─ 옮긴이

10 1982년 일본의 이마무라 쇼헤이今村昌平 감독이 연출한 영화로, 칸국제영화
제에서 황금종려상을 수상했다. 후가자와 시치로深沢七郎의 두 작품, '기로
棄老 전설'을 소재로 한 「나라야마 부시코」와 농촌의 성을 묘사한 「동북의 신
무여」를 원작으로 하여 모자간의 정, 생과 사의 근원을 추구했다. 수백 년 전
일본 산촌의 원시적 생활상을 통해 인간의 가장 기본적인 삶의 욕구를 사실
적으로 묘사했다는 평가를 받는다.—옮긴이

11 르네 그루세, 『초원제국』, 4쪽.

12 르네 그루세, 앞의 책, 서문.

13 장룽, 『늑대 토템狼圖騰』, 창장문예출판사, 2004.

14 지셴린(1911~2009) : 산둥성 린칭臨淸 출신으로, 베이징대학교 부총장과 중
국사회과학원 남아시아연구소 소장 등을 지냈다. 중국학과 동방학의 대가로
서 고대 인도 언어와 문화, 불교문화, 인도·중국 불교교류사 등에 두루 능통
했으며, 뛰어난 학문적 성취와 귀감이 될 만한 소박한 생활로 중국의 정신적
스승으로 추앙을 받았다.—옮긴이

15 황화Yellow Peril : '황색 인종의 위험함'을 뜻하는 말로, 청일 전쟁 때 독일
황제 빌헬름 2세가 일본의 진출에 대한 반감에서 주창한 말이다. 황색 인종
의 진출이 백색 인종에게 침해나 압력으로 작용하기 때문에 이를 억압해야
한다는 주장을 황화론黃禍論이라 한다.—옮긴이

16 플라비우스 베게티우스 레나투스Flavius Vegetius Renatus, *De Re
Militari* ; 위안젠袁堅 역, 『병법간술兵法簡述』, 해방군출판사, 2006 제
2판.(『군사학 논고』는 국내 출간명. 정토웅 역, 지만지, 2009. —옮긴이)

17 리링, 『방호귀산放虎歸山』, 랴오닝교육출판사, 1996, 14쪽.

18 북송 안수晏殊의 사詞 「완계사浣溪沙」의 한 구절.—옮긴이

19 황싱(1874~1916) : 쑨원과 함께 신해혁명의 주요 지도자로 활동한 혁명
가.—옮긴이

20 차이어(1882~1916) : 중화민국 초기의 군사가.—옮긴이

21 마오쩌둥이 1925년에 지은 「심원춘-장사長沙」의 일부.—옮긴이

22 선악의 응보에 따라 육도를 윤회하는 것을 말한다. 육도는 지옥도·아귀도·
축생도의 삼악도三惡道와 아수라도·인간도·천상도의 삼선도三善道를 말한
다. 이에 따르면, 중생은 죽은 뒤 그 업業에 따라 동물이나 벌레로 다시 태어
나기도 하고, 벌레였던 것이 다시 인간으로 태어나기도 한다.—옮긴이

중국 춘추시대 병법서인 『손자병법』(이하 『손자』)은 한국인들에게도 무척 익숙한 고전입니다. '36계 줄행랑'을 비롯해 『손자』의 내용을 일상에서 많이 사용하기 때문입니다. 그러나 병법의 내용을 오해하고 있는 것도 있습니다. 특히 많은 사람들이 즐겨 사용하는 "지피지기 백전백승 知彼知己 百戰百勝"은 『손자』 어디에도 나오지 않습니다. 다만 「모공」 편에 "지피지기 백전불태知彼知己, 百戰不殆"라는 말은 나옵니다. 이처럼 『손자』는 활용 과정에서 약간의 오해가 없지 않지만, 지금도 즐겨 인용한다는 것은 그만큼 활용가치가 높다는 뜻입니다.

나폴레옹도 『손자』를 즐겨 읽었다는 얘기가 있습니다만, 리링 교수는 그가 『손자』를 읽은 게 아니라 나폴레옹의 전술이 『손자』에서 강조한 '병불염사兵不厭詐(전쟁에서는 속임수도 꺼리지 않는다)'와 우연히 일치했기 때문에 생긴 신화라고 보고 있습니다. 『손자』는 병법의 경전입니다. 『손자』는 단순히 군사 전략에 대한 내용에 국한되는 것이 아닙니다. 춘추시대의 각국은 무한경쟁에서 살아남기 위해 개혁할 수밖에 없는 상황이었습니다. 따라서 병법은 개혁의 일환이었으며 국가 경영철학을 담고 있습니다.

이 책은 베이징대의 리링 교수가 20년간 강의한 내용을 정리·출판한 『병이사립—내가 읽은 손자兵以詐立-我讀孫子』(2006, 중화서국)를 저본으로 삼았습니다. 이 책의 제목인 '병이사립兵以詐立'은 『손자병법』 「군쟁」 편에 나오는 말입니다. '사詐'는 책략의 기본입니다. 이에 대해 「계」 편에서는 "전쟁은 속이는 도兵者, 詭道也"라고 했으며, 속어로는 '병불염사兵不厭詐'라고 합니다. '병불염사'는 무법無法의 법입니다. 이 말을 글자 그대로 풀이하면 "병법에서 가장 좋은 것은 속이는 것이니, 속임수를 많이 쓸수록 더욱 좋다"는 뜻입니다. 그래서 한국어판에서는 제목을 '전쟁은 속임수다'라고 했습니다.

『손자』에 대해서는 그간 저자가 손무孫武냐, 손빈孫臏이냐를 비롯해 논쟁이 끊이지 않았습니다. 그러나 1972년 봄, 산둥성山東省 린이臨沂 인 췌산銀雀山의 건설 공사 현장에서 『손자병법孫子兵法』과 『손빈병법孫臏兵法』의 진본眞本이 동시에 발견되어 두 병법이 각기 다른 시기에 존재했다는 사실이 밝혀졌습니다. 손무와 손빈이 살았던 시대는 160여 년이라는 차이가 있습니다. 손무는 춘추시대에 살았고, 손빈은 전국시대에 살았습니다. 역사학자들은 손무가 주로 오吳나라에서 활동했기 때문에 그의 병법을 『오손자吳孫子』, 손빈이 제齊나라에서 활동했기 때문에 그의 병법을 『제손자齊孫子』라고 불렀습니다. 그런데 후한後漢이 쇠망한 뒤 전란으로 『제손자』는 실전되어 이때부터 사람들이 말하는 『손자』는 모두 『오손자』를 의미합니다.

리링 교수는 1986년 문헌학 전공의 대학원생들에게 인췌산에서 출토된 한나라 죽간본 『손자』를 강의했습니다. 첫 강의를 마치고 다음주 두 번째 수업 시간이 되자 강의실에는 학생 두 명만 남았습니다. 그 가운데 한 학생은 다른 학생들을 대표해서 더이상 수업에 들어 올 수 없다는 말을 하기 위해 출석했습니다. 당시 그처럼 힘들게 시작한 강의가 지금은 수업시간에 떠드는 학생들을 쫓아 버려도 여전히 강의실은 만원이며, 강의가 끝나면 기립박수를 받는 인기 강좌가 되었습니다.

『전쟁은 속임수다』는 모두 15강으로 구성되어 있습니다. 앞의 두 강에서 저자는 『손자』가 어떤 책이며, 어떻게 읽어야 하는지에 대해 소개하고 있습니다. 나머지 13강은 저자가 원전에 의거해 『손자』의 각 편을 자세하고 풀이하고 있지만, 금본今本의 순서와 완전히 일치하지는 않습니다. 설명의 편의를 위해 제8편인 「구변九變」을 제11편인 「구지九地」 뒤에 배치했습니다. 저자는 13편을 내편과 외편으로 나누고, 각 편은 다시 두 조로 나누었습니다.

내편
(1) 권모權謀 : 「계」 「작전」 「모공」
(2) 형세形勢 : 「형」 「세」 「허실」

외편
(1) 군쟁軍爭 : 「군쟁」 「구변」 「행군」 「지형」 「구지」
(2) 기타 : 「화공」 「용간」

내편은 군사 이론을 주로 다루며, 권모 부문은 전략 중심, 형세 부문은 전술 중심입니다. 외편은 응용과 기술인데, 군쟁 부문은 어떻게 군대를 이끌고 적국에 들어가는가 하는 여러 가지 구체적인 문제, 곧 협동이나 지형 중심이고, 기타 부문은 내편과 외편에 넣을 수 없는 내용입니다.

저자는 이 책에서 병법에 내포된 철학을 중점적으로 설명하고 있습니다. 하나는 병법 그 자체이며, 다른 하나는 병법에 담긴 사상입니다. 이를 위해 관련된 군사 지식과 사상사적 토론을 첨가했습니다. 그래서 내용은 『손자』에 대한 이전의 어떤 해설서보다 풍부하며 구성도 분명하고, 설명하는 방법도 가벼우면서도 경쾌합니다. 『손자』는 문장을 간결하고 압축적으로 표현한 작품이기 때문에 저자는 각 편 해설에서 군사사, 사상사, 문화사, 사회사 등 다방면의 지식과 함께 알기 쉬운 비유를 들어 설명하고 있습니다. 또한 동양과 서양의 군사 전통을 대비하기도 하고, 『손자』와 클라우제비츠의 『전쟁론』에 나타난 병법 이론을 대비하기도 했으며, 농경민족과 기마민족을 대비하기도 했습니다. 이런 배경 지식과 비교를 통해 독자들은 이루 다 읽기 어려울 정도로 풍부한 지식을 얻을 수 있을 뿐만 아니라 『손자』에서 생략되거나 압축적으로 표현된 내용을 사실적으로 느낄 수 있습니다.

서술 방식으로 볼 때 이 책은 먼저 원문에 대해 문헌학적 연구 성과를 바탕으로 엄정하게 분석하고 있습니다. 이런 바탕 위에서 역사·철학 등 각종 인문학적 지식을 첨가하고, 아울러 원문을 이해하는 데 도움이 되는 많은 역사·문화적 지식을 보충했습니다. 이 점이 『손자』에 대한 새로운 해석이라 할 수 있습니다.

사람들이 『손자』가 매우 유용하다고 말하는 이유는 무엇일까요? 리링 교수는 두 가지 신화에서 영감을 받은 것이라고 생각합니다. 첫 번째 신화는 미국이 『손자』를 따라 전쟁에서 이겼다는 것이고, 두 번째 신화는 일본이 『손자』를 따라 돈을 벌었다는 것입니다. 그러나 미국이 전쟁에서 이겼다는 것은 한국 전쟁을 말하는 것도 베트남 전쟁을 말하는 것도 아니고, 이라크 전쟁에서 두 차례 승전한 것을 말합니다. 이긴 까닭은 국력과 군사력이 세고 과학기술이 뛰어났기 때문이지 『손자』의 영향은 아닙니다. 제2차 세계대전 이후 일본은 패전국이 되어 전쟁을 할 수 없었기 때문에 사람들은 무사정신을 장사에만 활용해 단체정신과 분투정신을 발휘했습니다. 이는 모두 일본 문화에서 유래한 것이지 『손자』의 도움은 아닙니다. 손자에 기대 돈을 벌었다는 것도 모두 신화입니다. 요즘 『손자』와 기업 문화를 이야기하면서 뭐든지 『손자』와 연관을 짓습니다. 저자는 이러한 풍조가 일본에서 온 것이며 『손자』를 요구하는 대로 다 들어주고 바라는 대로 다 이루어지게 해주는 만병통치약처럼 받아들이지 말기를 충고합니다.

많은 사람들은 『손자』를 읽으면서 멋진 구절만 가려 뽑고, 성급하게 그 이론을 실제 생활에 적용하려고 합니다. 병서가 비록 실용을 이야기하고 있기는 하지만 또한 가장 추상적인 모략에서 단번에 구체적인 실전으로 건너뛸 수는 없으므로 중간에 실력과 제도와 기술에 관한 내용으로 지탱해야 합니다. 그러기 위해서는 2600년 전 원전 그 자체에 치중하여 『손자』의 참모습을 발견할 수 있어야 할 것입니다. 그리고 난 다음에 비로소 실생활에 적용할 것을 이야기해야 할 것입니다.

리링 교수는 오랜 시간 고고학, 고문자학, 고문헌학을 연구했으며, 『손자』에 대해 매우 깊이 있게 탐구해 『손자 고본 연구』와 『오손자발미』라는 두 권의 저술을 펴냈습니다. 이로써 『손자』에 대한 체계적인 문헌학적 연구를 마쳤습니다. 『오손자발미』는 『손자』 원전의 변천 과정을 전체적으로 연구해 의심스러운 말과 구절에 대해 깊이 고증하고 현대 중국어 번역을 덧붙인 책으로 참고하기 편한 주석서입니다. 이 두 권의 책은

전쟁은 속임수다

다시 『손자 13편 종합연구』(중화서국, 2006)라는 책으로 묶여 출판되었습니다. 이번 번역서의 『손자』 원문은 바로 이 책의 중국어 번역을 수용했습니다.

이 책의 번역 과정에서 여러 가지 난제가 있었지만, 가장 어려웠던 것은 외국의 인명, 지명, 서명 등에 대한 중국어 표기였습니다. 저자가 해박한 지식으로 유럽의 여러 민족, 러시아와 미국의 여러 학자, 중동의 고대 페르시아 국왕 등을 언급했지만, 그 가운데는 중국어 사전에서도 찾지 못해 인터넷 사이트에서 검색해서 힘겹게 찾은 것이 많았습니다. 리링 교수의 해박한 지식에 감탄하면서도 외국어를 원음에 가깝게 표기하기 어려운 한자의 한계를 느꼈으며, 외국어 고유명사나 외래어의 경우 원어를 병기하여 독자들에게 도움을 줘야겠다는 생각이 들었습니다. 그래서 외국 인명이나 지명의 경우 다소 번다하게 느껴질지 모르겠지만 가능하면 원어를 병기하려고 노력했습니다.

인명과 지명 등 고유명사의 경우, 국립국어원의 외래어 표기법 규정에 따라 1911년 신해혁명을 기준으로 이전 인물은 한자음을 그대로 쓰고, 이후 인물은 중국어 표기법에 따라 현지음을 적되 필요한 경우 한자를 병기했습니다. 또한 지명은 과거에만 쓰이고 사라진 경우는 한자음으로 표기했고, 현재에도 쓰이는 지명은 중국 현지음에 따라 표기했습니다.

이 책을 번역하면서 여러 지인들의 도움을 받아 완벽을 기하려고 노력했으나 여전히 미흡한 점이 있을 것입니다. 읽으시다가 혹시 오역이나 어색한 문장을 발견하신다면 주저 없이 가르침을 내려주시기 바랍니다. 역자의 이메일(soongho@dreamwiz.com)이나 출판사로 연락해 주시면 반드시 확인하여 바로잡도록 하겠습니다.

많은 시간과 노력이 필요한 이 번역 작업을 끝마칠 수 있었던 것은 사랑하는 가족의 응원 덕분입니다. 집사람과 두 딸 예현이, 예강이에게 사랑한다는 말을 전합니다. 이 책의 번역을 주선해 주시고 여러 조언을 해주신 쥐똥나무 강판권 선생님, 거친 문장을 다듬어 주시고 다수의 오역을 바로잡아 주신 책임편집자 김인수 님, 좋은 책을 먼저 읽고 번역할 수 있는 기회를 제공해주신 글항아리 노승현 기획위원과 강성민 대표께 진심으로 감사드립니다.

2012년 12월
김승호

전쟁은 속임수다

ㄱ

『가우집嘉祐集』82, 626
『간백고서와 학술원류簡帛古書與學術源流』42
『갈석각사碣石刻辭』278
『감시와 처벌規訓與懲罰』627
『개원점경開元占經』761, 764~766
『경자景子』42, 360
『고공기考工記』203, 211, 288~289
『고대 중국의 합법적 폭력Sanctioned Violence in Early China』19
『고사마병법古司馬兵法』39
『고진신탐古陣新探』391
『공손앙公孫鞅』42
『공양전公羊傳』201, 213
『관일官一』397, 495
『관자管子』28, 37~38, 51, 146, 151, 201~202, 210, 267, 274, 291, 349, 601~602, 622, 680, 829, 837
『광무군廣武君』52
『괴멸Razgrom』232
『괴통蒯通』51
『구당서舊唐書』42, 50, 58~61, 64
『국어國語』77, 210, 222, 267, 291, 760, 772
『군법軍法』29~35, 37, 44, 46, 50, 144~147, 165, 183, 360, 530~531, 622, 627, 634
『군재독서지郡齋讀書志』62, 64, 81
『군지軍志』516, 531
『귀곡자鬼谷子』39, 836, 840
『금역신편손자병법今譯新編孫子兵法』119
『급취急就』27
『기경십삼편棋經十三篇』429

『기효신서紀效新書』401, 634

ㄴ

「나라야마 부시코楢山節考」852
『난징 대학살南京大屠殺, The Rape of
Nanking』228
『노자老子』11~14, 27~28, 60, 91,
129, 347~348, 377, 383, 409,
413~415, 429, 432, 771, 813~814,
829
『논어論語』11~12, 14, 27~28, 137,
142, 145, 149, 203, 214, 286, 543,
623, 720
「늑대 토템狼圖騰」857, 862, 864

ㄷ

『당태종이위공문대唐太宗李衛公問對』
28, 45, 48, 64~66, 382, 388, 395,
397~398, 421~422, 430, 443, 495,
504, 517
『대부종大夫種』42
『도검내외편韜鈐内外篇』98
『도검속편韜鈐續篇』98
『도덕경론병요의술道德經論兵要義述』60
「독립대대獨立大隊」298
『독서讀書』632
『동관한기東觀漢記』77

ㄹ

『라오콘Laocoon』535

ㅁ

『마르크스·엥겔스 전집』186
『마르크스·엥겔스의 군사론馬克思恩格
斯論軍事』119
『마오쩌둥병법毛澤東兵法』115
『마오쩌둥선집毛澤東選集』112, 723,
733~734, 739
『망강남풍각집望江南風角集』762
『맹덕신서孟德新書』54
『맹자孟子』11, 28, 142, 197, 201, 291,
691, 812, 831, 835~836, 870
『무경총요武經總要』33, 81, 533, 634
『무경칠서강의武經七書講義』69
『무경칠서武經七書』28, 60, 63~66,
68~70, 75~76, 82, 100~101, 120,
131~132, 326, 421, 583
『무경칠서직해武經七書直解』69, 709
『무경칠서휘해武經七書彙解』69
『무비지武備志』33, 70, 303, 634
『묵자 성수 각편 간주墨子城守各篇簡注』
283
『묵자墨子』28, 51, 78, 136, 169,
179, 223, 275, 280, 282~284, 292,
302~304, 306~312, 315~316, 318,
339, 369, 441, 534, 546, 669~670,
752, 782, 826
『문자文子』349, 841

ㅂ

『방난龐煖』41~42
『백가성百家姓』27

『백호통의白虎通義』600

『범려范蠡』42

『별록別錄』48, 51

『병경삼종兵經三種』653

『병서접요兵書接要』56, 61

『병요망강남兵要望江南』762

『병학신서兵學新書』650

『봉신방封神榜』830

『부견재기』486

『북제서北齊書』155

『불확실한 트럼펫 The Uncertain Trumpet』272

ㅅ

『사고전서총목四庫全書總目』29

『사광師曠』41

『사기史記』27, 38, 46~47, 76~77, 79, 94, 126, 133, 145, 152, 154~155, 201, 232, 235, 264, 298, 312, 402, 409, 572, 576, 592~594, 597, 625, 627, 631, 672, 759, 761, 831, 834~835, 853

『사기색은史記索隱』155, 831

『사마법司馬法』28, 32, 34, 37~38, 44~46, 50~52, 55, 58~59, 64, 83, 129, 146, 154, 168, 192, 198, 202, 208~209, 211, 221, 223~224, 230, 268~269, 294, 297, 360, 443, 490, 531, 567, 723, 812

『사마법주司馬法注』55, 60

『사변四變』713

『산경십서算經十書』387

「산해경을 진상하는 표문上山海經表」594

『삼국지三國志』53~54, 56, 77, 259, 766~767, 839

『삼국지연의三國誌演義』390, 566, 592, 766~768, 781, 821, 833~834, 839

『삼십육계三十六計』16, 86, 359, 679, 821, 824~825, 836, 844

『삼자경三字經』27, 630

『상군서商君書』180, 226, 231, 291, 339

『서경書經』(『상서尙書』) 11, 27, 31 (376, 456, 574, 593~594, 763~764)

『서유기西遊記』443

『설문해자說文解字』133, 208, 387, 402, 444, 750, 805~806

『성세위언盛世危言』116

『성수城守』283

『세본世本』204

『소자蘇子』51

『소진蘇秦』39, 839~841

『속무경총요續武經總要』97, 398

『속병실기續兵實記』634

『속손자병법續孫子兵法』56, 58, 61

『손자 13편 종합연구孫子十三篇綜合硏究』19

『손자고본연구孫子古本硏究』19, 61, 63, 67~69, 95, 201, 349, 550

『손자고孫子考』67, 112

『손자교해인류孫子校解引類』69, 97, 653, 709

『손자병법서목휘편孫子兵法書目彙編』67, 112

『손자병법의 수리 논리에 관하여關於孫子兵法中的數理邏輯』 386

『손자병법잡점孫子兵法雜占』 58

『손자병법초보연구孫子兵法之初步研究』 119

『손자병학대전孫子兵學大典』 68, 70

『손자신석孫子新釋』 112

『손자십가주孫子十家注』 68

『손자약해』 54~58, 60, 125, 137

『손자전투육갑병법孫子戰鬪六甲兵法』 58

『손자집교孫子集校』 69, 704

『손자집성孫子集成』 70

『손자참동孫子參同』 70

『손자천설孫子淺說』 112

『손자팔진도孫子八陣圖』 58, 395

『손자학문헌제요孫子學文獻提要』 67

『손자회전孫子會箋』 772

『손진孫軫』 41

『송사宋史』 35, 183, 353, 729, 762

『송회요집고宋會要輯稿』 782

『수경주水經注』 594

『수서隋書』 50, 58~61, 298, 395, 594

『순자荀子』 28, 41, 51, 78, 154, 293, 508, 522

「스테이크 한 조각A Piece of Steak」 505

「승리의 탈출Victory」 359

『시경詩經』 10, 27, 31, 179, 197, 257, 456, 679, 763~765, 812, 831

『신갑辛甲』 829

『신당서新唐書』 42, 50, 58~61, 64

『신령新令』 395

『신이경神異經』 676

『실크로드의 외국 악마들Foreign Devils on the Silk Road』 823

『십일가주손자十一家注孫子』 60~61, 63, 66~69, 78, 131~132, 838

ㅇ

『악기경握奇經』 388, 676

『어총삼語叢三』 721

『여씨춘추呂氏春秋』 28, 201, 284, 408, 413, 434, 516, 572, 759, 836

『역전易傳』 13~14

『염씨오승閻氏五勝』 454

『영구경靈枢經』 759

『영웅기英雄記』 53

『예기禮記』 11, 197, 201, 417, 691

『오기吳起』 41, 44, 49

『오디세이Odyssey』 283

『오손자발미吳孫子發微』 19, 67, 69~70, 94

『오손자병법吳孫子兵法』(『오손자』) 37, 42, 56~57, 395 (39, 129, 574, 576, 713)

『오손자빈모팔변진도吳孫子牝牡八變陣圖』 58, 395

『오손자삼십이루경吳孫子三十二壘經』 58

『오왕을 알현하다見吳王』 626

『오월춘추吳越春秋』 193, 447

『오음기해용병五音奇胲用兵』 402

『오자서伍子胥』 42, 281

『오자吳子』 28, 32, 52, 58, 64, 156, 192, 200~201, 568, 675

전쟁은 속임수다

『오행대의五行大義』 143

『옥대신영玉臺新詠』 626

『요서繇敍』 42, 360

『용성씨容成氏』 833, 837

『용언庸言』 112

『우공禹貢』 593~594

『우세한 군사력을 집중해 적을 각개 섬
멸하자集中優勢兵力, 各個殲滅敵人』 115

「우인지잠虞人之箴」 593

『울요자尉繚子』 18, 28, 32, 50, 52,
58~59, 64~65, 146, 161, 192, 285,
297, 360~361, 814, 817

『월절서越絕書』 193, 447

『위공자魏公子』 41, 360

『위무제병법魏武帝兵法』(『위무제병서』
『조공신서曹公新書』) 56 (61, 381, 482,
491)

『위무제주손자魏武帝注孫子』 68,
131~132

『위서魏書』 13

『유림외사儒林外史』 92, 440, 834

『육가陸賈』 51

「육가요지六家要旨」 422

『육도六韜』 18, 28, 53, 58~59, 64, 66,
77, 160, 186, 192, 202, 214, 251, 297,
311, 349, 391, 397, 417~418, 539,
546, 669~670, 761, 789, 791~793,
806, 832, 834, 839

『육자鬻子』 829

『의례儀禮』 11

『의병議兵』(『의병』) 41, 43, 78, 154,
293, 508, 522

『이동잡어異同雜語』 54, 56

『이량李良』 52

『이윤伊尹』 51, 829, 836

『이자李子』 41

『익부기구전』 54

『1984』 805

『일리아드Iliad』 283

『일본국현재서목日本國見在書目』 61,
96~97

ㅈ

『잠부론潛夫論』 334

『장단경長短經』 259, 375

『장자莊子』 11, 28, 58, 199

『장홍萇弘』 41

『저술제요著述提要』 68

『전국종횡가서戰國縱橫家書』 840

『전국책戰國策』 214, 290, 420, 840

『전상고삼대진한삼국육조문全上古三代
秦漢三國六朝文』 42

『전쟁과 전략 문제戰爭和戰略問題』 115

『전쟁론Vom Kriege』 91, 101, 103,
105, 112~113, 119, 162~163, 165,
170, 271, 347, 638, 722~723, 827

『전쟁예술개론戰爭藝術概論』 103

「전쟁의 화신The Apotheosis of War」
237

『전한기前漢紀』 326, 353, 450

『정신현상학精神現象學』 101

『정자丁子』 52, 360

『제손자병법齊孫子兵法』(『제손자』) 37,
42, 56~57 (39)

「제오강정題烏江亭」 117~118, 551

『제자선췌諸子選萃』28

『조말지진曹沫之陳』42, 206, 673

『주례周禮』11, 178, 198, 201~202, 267~268, 532~534, 623, 759, 806, 812

『주역周易』11~14, 27~28, 183, 348, 387, 763, 765, 816, 818

『중국 혁명전쟁의 전략문제中國革命戰爭的戰略問題』115, 117, 119

『중국의 과학과 문명Science and civilisation in china』19, 283

『중국의 붉은 별Red Star Over China』385

『중국철학사 신편中國哲學史新編』12

『중국철학사中國哲學史』12, 91

『(증정 신전사례增訂 新戰史例) 손자장구훈의孫子章句訓義』112

『지구전을 논함論持久戰』115, 722~723, 727~729, 736, 739, 741

『지금의 국제 정세와 우리의 할 일目前形勢和我們的任務』115

『지나철학사支那哲學史』12

『지보地葆[保]』580~581, 597, 601

『지전地典』42, 51, 571, 595, 600~601, 660

『지형 2地形二』576, 580~581, 596

『진서陳書』648

『집랍명정월단결팔풍集臘明正月旦決八風』761

ㅊ

『착방조捉放曹』580

『착한 병사 슈베이크Osudy dobréo vojáa Šejka za svtovéáky』110

『창힐蒼頡』27

『척전차감拓展借鑑』83

『천지팔풍오행객주오음지거天地八風五行客主五音之居』648, 761

『초기 공성과 수성의 기술 : 묵가에서 송나라까지早期攻守城技術 : 從墨家到宋』283

『초병법楚兵法』42, 360

『초한전超限戰』104, 263

『축국蹴鞠』52

『춘추시대의 보병春秋時期的步兵』178

『치안약석治安藥石』322

『친숙한 살인의 역사An Intimate History of Killing』137

『칠략七略』37, 41~42, 48, 51, 282~283, 360

ㅋ

『케임브리지 전쟁사Cambridge History of Warfare』106, 651

ㅌ

『태공군경요술太公軍鏡要術』394

『태공금궤太公金匱』58, 834

『태공병법太公兵法』37~38, 44~47, 58, 834~835

『태공육도太公六韜』58

『태공음모해太公陰謀解』55, 60

『태공太公』39, 46, 51~52, 55, 58, 66,

전쟁은 속임수다

834, 836
『태백음경太白陰經』61, 214, 395, 443, 794~795, 799
『태평어람太平御覽』54, 66, 306, 375, 582, 761, 793
『통전通典』62~63, 65, 201, 392
『팔진도기八陣圖記』395

『회남왕淮南王』51
『효경孝經』27, 852
『후한기後漢紀』550

ㅍ

『패왕별희覇王別姬』552
『포저자병법蒲苴子兵法』42
「포토맥 강의 참사Flight 90 : Disaster on the Potomac」676

ㅎ

『하거서河渠書』84, 593~594
『하박사비론何博士備論』82, 586
『한서漢書』27, 32, 36, 38~39, 45, 47~51, 59, 77, 129~132, 215, 264, 281, 291~292, 297, 312, 315, 323, 334, 343, 360, 402, 418, 454, 456, 502~503, 508, 516, 525, 527, 571, 593~595, 600, 748, 764~765, 829, 840, 851
『항왕項王』52, 360
『항일유격전쟁의 전략문제抗日游擊戰爭的戰略問題』115
『홍루몽紅樓夢』91, 632~633, 759
『황석공삼략黃石公三略』28, 52, 57~59, 64, 66, 531, 835
『황제현녀병법黃帝玄女兵法』394

ㄱ

가블릭고브스키Krzystor
Gawlikowski 18
강태공姜太公(여아呂牙) 37, 417,
830~833, (809, 828~832, 836~838)
거자오광葛兆光 9
걸桀임금(왕) 446, 467~471, 836~837
계손씨季孫氏 222, 224
계우鷄羽 760
고유高誘 402
공공共工 574, 758
공손알公孫閼 752
곽거병霍去病 76, 480
곽박郭璞 201, 805~806
관우關羽 88~90, 309, 566
관중管仲 37, 210, 291, 490, 829
광무제光武帝 76~77

괴테Johann Wolfgang von Goethe
102
구범舅犯 155
구양수歐陽脩 66, 125, 702
구제강顧頡剛 593, 835
궈화뤄郭化若 118~120, 703, 769
그루세RenéGrousset 650, 854
그리피스Samuel B. Griffith 113~114,
347, 356
금활리禽滑釐 302, 312

ㄴ

나관중羅貫中 766, 781
나폴레옹Napoléon I 99~105, 147,
168~169, 185, 221, 234, 513, 518,
579, 639~641, 736~737, 749, 851
노숙魯肅 77, 768

니덤Joseph Needham 19, 283

ㄷ

다이마쓰 히로부미大松博文 523
다카세 다케지로高瀨武次郎 12
다케다 신겐武田信玄 323, 528
다키가와 가메타로瀧川龜太郎 422
단예段嫕 762
담사동譚嗣同 10, 558
도씨桃氏 211
도요토미 히데요시豊臣秀吉 236
독고급獨孤及 395
동곽선생東郭先生 549
동중서董仲舒 55
두목杜牧 56, 61~63, 78, 117~118,
551~552, 767, 773
두우杜佑 62~63, 67, 392

ㄹ

라오쫑이饒宗頤 388
란용웨이藍永蔚 178
량치차오梁啓超 112
런던Jack London 505
레닌Vladimir Il'ich Lenin 102, 104,
723
레싱Gotthold Ephraim Lessing 535
루다제陸達節 18, 67, 111~112
루쉰魯迅 26, 53, 106, 108, 152, 443,
535, 781
루이 14세 628
루이스Mark Edward Lewis 19

뤄양洛陽 40, 191, 264, 659, 660
류방지劉邦驥 112
류사오치劉少奇 628
류선닝劉申寧 70
리리싼李立三 730
리쉰샹李訓祥 391
리싱빈李興斌 18
리아오李敖 152
리쩌허우李澤厚 13, 347~348
린뱌오林彪 84, 385~386
링바오靈寶 750

ㅁ

마수馬燧 195
마오쩌둥毛澤東 60, 84, 92, 113~119,
154, 156, 158, 234, 288, 300, 347,
358, 416, 429, 506, 545, 550~552,
628, 688, 692, 721~722, 727,
729~730, 733, 739, 741, 846
마우리츠Maurits van Nassau 634
마융馬隆 195, 383, 395, 478~479
마청위안馬承源 714
마테오 리치Matteo Ricci 11, 97, 99
매요신梅堯臣 66, 78, 660, 702, 709
맥아더Douglas MacArthur 271
모원의茅元儀 70
몰트케Helmuth Karl Bernhard von
Moltke 105, 163
무기無忌(신릉군信陵君) 41, 360
무령왕武靈王 41~42, 190~191
무왕武王 37, 44, 197, 201, 459,
789~792, 829, 834~835

무즈차오穆志超 18, 67
문왕文王(서방백西方伯) 37, 44, 691,
829, 831~834, 836~837
미시마 유키오三島由紀夫 858
미하일Mikhail 대공 628

ㅂ

반고班固 47, 50, 129, 282, 508, 765
방관房琯 196
방난龐煖(임무군臨武君) 41~42(43,
154, 324, 507)
배서裵緒 395, 397, 495
백기白起 200, 232, 309
버크Joanna Bourke 137
번영樊英 762
베레샤긴Vasily Vasilyevich
Vereshcha-gin 236~237
부차夫差 447
브라운Otto Braun(리더李德) 110

ㅅ

사광師曠 761
사마담司馬談 422
사마양저司馬穰苴 37, 145, 395, 627,
630
사마정司馬貞 155, 831
사마천司馬遷 9, 25, 46, 79, 126, 132,
145, 352, 407, 625, 672~673, 691,
831, 834, 851, 854
사오싱紹興 194, 447, 535, 677
사이오謝夷吾 762

상앙商鞅 9, 42, 44, 231, 409
서건인徐建寅 650
섭명침葉名琛 288
소길蕭吉 61, 143
소동파蘇東坡 53, 456~457
손권孫權 53, 77
손무孫武(오손자) 37, 39, 54, 68, 77,
83, 116, 397, 408, 414~415, 430,
446~448, 482, 484~485, 625~627,
672, 840~841
손빈孫臏(제손자) 9, 37, 39, 130, 397,
408, 414
손성孫盛 54, 56
손성연孫星衍 68~69, 120
송宋 양공襄公 728
수무자隨武子 530
순舜임금 468~469, 470~471, 573,
833, 849
순열荀悅 326, 353, 449
쉐두비薛篤弼 572
쉬바오린許寶林 18, 633
쉬샤오쥔徐曉軍 386
쉬쥔徐俊 20
스노Edgar Snow 385, 846
신농씨神農氏 67
신불해申不害 409
신자愼子 409, 411, 466~469, 471
실러Johann Christoph Friedrich von
Schiller 102
쑤구이량蘇桂亮 68
쑨원孫文 99, 108, 867
쑹메이링宋美齡 110

ㅇ
_____

아담 샬Johann Adam Schall von
Bell(탕약망湯若望) 99
아미오Jean Josephus Marie Amiot(전
덕명錢德明) 99~101
아사나사이阿史那社爾 492
악비岳飛 35~36, 81, 89, 183, 353,
792
안녹산安祿山 196
안사고顏師古 315, 402
안영晏嬰 145
야씨冶氏 211
양빙안楊炳安 18, 69, 704, 772
양산천楊善群 83
엄가균嚴可均 42
에임스Roger Ames 17, 356
엥겔스Friedrich Engels 104, 119,
185, 190, 193, 279, 639~640
여몽呂蒙 77
염유冉有 222
염파廉頗 79
영고숙潁考叔 752
예량兒良 414, 434, 516
예양預讓 672
예이츠Robin D. S. Yates 18~19, 283,
303, 308, 313~314
예팅葉挺 543
오광吳廣 848
오기吳起 9, 43~44, 59, 76, 200,
394~395, 397, 484~485, 630~631,
675
오사伍奢(오원伍員) 447

오상伍尙 447
오숙吳淑 195
오吳왕 요僚 673
오웰George Orwell 88
오자서伍子胥 42, 157, 275, 446~447
오항吳伉 762
옹계雍季 155
왕량王良 468~469, 471
왕료王廖 141, 434, 516
왕륜王倫 114
왕망王莽 53
왕석王晳 66, 570
왕염손王念孫 69, 772
왕원진王文錦 11, 63
왕필王弼 183
왕해王亥 204
요부廖扶 762
요堯임금 468~469, 470~471, 573,
833
우주룡吳九龍 18
원굉袁宏 550
위루보누汝波 18, 67
위魏 문후文侯 200, 630
위선魏鮮 761
위원魏源 80, 116
위자시余嘉錫 39, 840
위징魏徵 726
위청衛青 195
윌트François Wildt 16~17, 386~387,
389
유대유兪大猷 97~98
유수劉秀 594
유인劉寅 69, 653, 703, 709~710,

712~714

윤상允常(월왕) 193, 447

응소應劭 315

이광李廣 145, 232, 586

이극李克 297, 630

이남李南 762

이도종李道宗 492

이사李斯 43, 409

이선李先 13

이자성李自成 845, 848

이전李筌 61~63, 334, 368, 395, 422,
443, 570, 713

이정李靖 45, 48, 64~65, 382~385,
387~388, 395~396, 398~400, 402,
430~432, 443, 478~494, 517

이지李贄(이탁오) 70

이지伊摯(이윤) 809, 829, 829

이청조李淸照 552

이홍장李鴻章 109

익봉翼奉 761~762

임문공任文公 762

ㅈ

자어子魚 153~154, 567~568

자오얼쉰趙爾巽 112

장가莊賈 627, 781

장량張良 45~46, 52, 59~60, 78, 132,
673, 835, 839

장분張賁 553, 653, 703, 709~714

장성張成 762

장세걸張世傑 89

장예張預 57, 66, 209~210, 531, 709,

821

장의張擬 429

장정랑張政烺 266

장제스蔣介石 108~110, 113~114

장쭤린張作霖 108

장춘루張純如 227

장팡전蔣方震 109, 111~112

장형張衡 762

저리질樗里疾 278

전단田單 290~291

전욱顓頊 527, 573, 758

전제專諸 671~675

정관잉鄭觀應 116~117

정불식程不識 586

정우현鄭友賢 67, 703, 709, 838

정鄭 장공莊公 533, 752

정화鄭和 193

제갈량諸葛亮 45, 53, 55, 78, 88, 142,
383~384, 394~395, 478, 488, 495,
525, 592, 766~768, 781, 833, 836

제齊 경공景公 37, 198, 534, 627

제齊 위왕威王 37

제齊 환공桓公 37, 154, 213, 297, 490,
533, 672, 691, 829

조간자趙簡子 464, 534

조공무晁公武 62, 64

조괄趙括 79~80, 93

조귀曹劌(조말, 조멸) 543~544,
671~672, 674~675, 735

조미니Antoine-Henri de Jomini
103~105

조본학趙本學 69, 97~98, 117,
549~551, 553, 653, 703, 709~710,

전쟁은 속임수다

712~714

조사趙奢 79, 290

조승措勝(제승制勝) 449

조조曹操 52~58, 60~64, 76~77,
125~127, 137, 201~202, 206, 209,
240, 326, 368~369, 381~382,
384, 387, 482~483, 517, 535, 691,
702~703, 708, 713, 735~736, 766,
768, 781, 812, 815~816, 821, 839

좌구명左丘明 735

주용朱墉 69

주원장朱元璋 848

주紂왕 691, 837

주창周倉 89

증공량曾公亮 81, 195

증국번曾國藩 40, 116

증신曾申 630

진승陳勝 155, 848

진시황秦始皇 45, 155, 278, 673, 830

진晉 문공文公(중이重耳) 154~155,
198, 516, 521, 691

진晉 헌공獻公 198, 297

ㅊ

척계광戚繼光 97, 400, 634

천중몐쑹仲勉 283

체 게바라Che Guevara 105

첸바오충錢寶琮 769

첸쉐썬錢學森 111

첸중수錢鍾書 112

첸지보錢基博 112

초楚 장왕莊王 284, 297

초楚 평왕平王 447

추근秋瑾 99

추시구이裘錫圭 412, 422

추푸싱邱復興 68, 70

치우蚩尤 360, 759~760

ㅋ

쿵샹시孔祥熙 110

클라우제비츠Carl von Clausewitz
30, 101~105, 113, 129, 143, 147, 149,
152, 158, 162~167, 169~171, 220,
262, 271, 279, 300, 347, 383, 389,
513, 521, 552~553, 579, 638~644,
687, 722~723, 818, 827

키제베터Johann Gottfried
Kiesewetter 102

ㅌ

탕샤오펑唐曉峰 594

태자 신생申生 297

태조太祖(북위北魏) 12, 80

테일러Maxwell Davenport Taylor
271

ㅍ

파데예프Aleksandr Fadeyev 232

파블로프Ivan Petrovich Pavlov 540,
629

팔켄하우젠Alexander von
Falkenhausen 110, 830

팡푸龐朴 416
펑유란馮友蘭 12, 91, 346~347
페르비스트Ferdinand Verbiest(남회
인南懷仁) 100
포함包咸 203
푸코Michel Foucault 627
풍이馮異 76

ㅎ

하상공河上公 377
하셰크Jaroslav Hašk 110
하연석何延錫 66, 709
하트Basil H. Liddell Hart 104,
113~114
하휴何休 213, 762
한 무제 47, 76, 838, 841
한비韓非 9, 13, 43, 155, 409~413,
423, 813
한신韓信 45~46, 52, 76, 576, 736
할관자鶡冠子 41~42
합려闔閭 447, 673
핫토리 지하루服部千春 85, 98, 551
항량項梁 516
항우項羽 52, 117, 152, 155, 360, 389,
550~552, 691
해중奚仲 204, 464, 470
허빙디何炳棣 13, 348~349
허소許劭 54
허신許慎 133, 402, 821
헤겔Georg Wilhelm Friedrich Hegel
12, 100~102, 162
현녀玄女 396, 760

형가荊軻 672~673
형병邢昺 203
호메로스Homeros 283
호삼성胡三省 252
호임익胡林翼 116
홉커크Peter Hopkirk 823
황석공黃石公 45, 52, 59~60, 97, 835
황제黃帝 384, 389, 395, 408, 417,
479, 487, 489~490, 495, 563,
571~575, 589, 592, 595, 601,
759~760, 824, 846, 848, 867
효성왕 41, 43, 154, 324
후지와라 노스케요藤原佐世 96
휴스턴John Huston 359
히틀러Adolf Hitler 110, 234, 734

ㄱ

각저角牴 51

각풍角風 796

간첩間諜 210, 215, 440, 449, 451, 564, 642, 794, 803~810, 814, 817~826, 828~829, 836~841

감제고지瞰制高地 166, 566~567, 642~643

강羌 195

강역疆場 177

강유상제剛柔相濟 540

거병車兵 182, 205~206, 212

거인距堙 283, 285, 308, 318

거인車人 211, 276

검劍 211, 238, 239, 253

격수지질激水之疾 404

견하汧河 751

결책決策 134

겸가兼葭 564, 582, 642

겸고이해兼顧利害 705, 718

경극京劇 54, 836

경란景鸞 762

경방經方 344~345

경방京房 761~762

경지輕地 647~649, 653, 655, 657~658, 660~662, 682~683, 685, 687, 694, 707, 709, 716

계리이청計利以聽 150

고고학 11, 34, 112, 203~204, 278, 282, 309, 628, 750, 831

고굉股肱 669

고릉물향高陵勿向 548

고수의장固守衣裝 206

고육계苦肉計 836

곡제曲制 146, 369, 372

곤양昆陽 전투 735~736

공동空洞 303, 309~311

공성攻城 128~129, 135, 160, 179~180, 217, 257~258, 271~272, 275, 277, 280~285, 287~288, 292~293, 295, 301~302, 304, 308, 310~311, 314~315, 318, 748, 781, 826

공수반公輸盤 284

과戈 211, 230, 238~240, 253, 778~779

곽지분리廓地分利 528

관곡館穀 221

관도官渡 전투 735~736

관제묘關帝廟 90

괘탑서붕挂搭緖棚 314

괘형掛形 609, 612~613

교지交地 525~526, 611, 647~649, 654~655, 657, 659, 661~662, 685~686, 707~709, 716

교화이사交和而舍 511

구경九經 26

구구鉤 303~304

구궁진九宮陣 395

구기狗旗 534

구루溝壘 279~280

구변설 709, 711~713

구우대거丘牛大車 203, 205, 229

구지九地 138, 330, 334, 525~526, 645~697, 706~710, 716

구지衢地 525, 647~648, 655, 658~659, 661~662, 682, 686, 707

군관軍官 31, 113, 205, 369, 617, 624, 670, 831

군량軍糧 196, 219, 221~223, 229, 518, 669, 754

군려軍旅 265~267

군법軍法 29~37, 44, 46, 50, 144~147, 165, 183, 360, 530~531, 622, 627, 634

군부軍賦 159, 213, 221~222, 224, 226, 230, 270, 328, 338, 340, 741

군사軍事 13, 21, 28~34, 41~46, 50~58, 71, 77~80, 93~95, 101~106, 114~120, 136~139, 142~146, 153, 158, 162~168, 182~187, 206, 211~212, 219, 235, 253, 263, 321~324, 338, 383~385, 454, 504, 510, 517, 628, 650~651, 657, 730, 734, 776, 780, 855, 869

군정軍政 47, 530, 671, 677

군종軍種 183~184

굴신지리屈伸之利 655, 681

궁구물박窮寇勿迫 549~551

궁인弓人 211

궁풍宮風 796

궈뎬郭店 721

권갑이추卷甲而趨 521

권도權道 129, 294, 383, 418, 723, 838

권모權謀 48~52, 127~131, 160, 167, 280, 300, 323, 345, 358, 360~361, 408, 503

권사權士 669

권형權衡 151

궤도詭道 152, 156, 757

귀사물알歸師勿遏 549

귀진龜陣 279

균기困旗 534

그리스의 불Greek fire 782

극극戟 211, 230, 238, 240~241, 778

금고金鼓 370~371, 509, 530~536, 540

금낭묘계錦囊妙計 298

금의위錦衣衛 807

기격技擊 51, 154

기고상당旗鼓相當 538

기교技巧 34, 48, 51~52, 130, 216,
218, 280~283, 413, 463, 633

기동走 434, 439, 504, 506~507,
510~511, 516, 557, 607, 610, 696

기병奇兵

기병騎兵

기성箕星 763~769

기정奇正 16, 357, 366, 368, 371~379,
381~389, 401~403, 416, 427~432,
457, 475, 478, 481~487, 493, 504,
517, 534, 733

기해술奇咳術 401~402

ㄴ

난亂 608, 615~617

난양론難養論 626

남진지산南陳之山 599

낫과 망치 전술 386

낭의郎顗 762

내간內間 819~826

내선內線 429

노魯나라 213, 222, 224, 230, 672, 735

노몬한諾門罕 사건 741

노사老師 776

녹각거鹿角車 195, 478~479

농병학철학工農兵學哲學·용·철학用哲學
92

누거樓車 251, 316~317

누선樓船 193~194, 780

능보稜堡, bastion 398, 787~788

ㄷ

다방이오지多方以誤之 157

당거撞車 304~305

당唐나라 60, 63, 64, 67, 80, 95~96,
183, 196, 201, 213, 249, 259, 382,
384, 395, 422, 546

대갑帶甲 206

대군大軍 265, 490, 811

대대·소융小戎 265

대려大旅 265, 267, 761

대성대城 280, 303

대약진大躍進 628

대열大閱 213, 265, 391, 532, 568,
623~625, 634

대장기고大張旗鼓 538

대졸大卒 265~267

도가道家 13, 346, 349, 408~409,
414, 417~418, 422~443, 668,
832~833

도법가道法家 13

도병盜兵 43, 154

돌突 303, 309, 311~312, 318

동기童旗 534

동주지수東注之水 598~599

동진지산東陳之山 599

두무兜鍪 251
둔황敦煌 31
등정라鄧廷羅 653

ㄹ

러시아—튀르크전쟁 236
러일 전쟁 99, 236
레이타이雷臺 한묘 204
린쯔臨淄 38, 43, 290

ㅁ

마왕두이馬王堆 한묘 559~561, 565,
573, 603, 840
마제禡祭 187, 214
망루거望樓車 317
맹화유궤猛火油櫃 782, 785
명明나라 33, 78, 80, 88, 89, 95~97,
109, 193, 298, 400, 448, 549, 633,
848
모략stratagem 29~32, 35, 37, 44, 50,
93, 109, 132, 183, 280, 360, 503, 532
모矛 211, 230, 238, 240, 778~779
목민牧民 628
목야전투牧野戰鬪 618
목우거木牛車 316
묘산廟算 128, 132, 135, 148, 151,
158~161, 212~214, 258, 301, 511
묘승廟勝 160~161
묘전苗田 624
무강거武剛車 195
무과武科 28, 244

무란웨이창木蘭圍場 623, 851
무인지지無人之地 144
무정전우毋政前右 600
무졸武卒 154, 522
무중생유無中生有 86
무형無形 151, 365, 440
무형이제형無形而制形 379
문화대혁명(문혁) 92, 119~120, 125,
347, 416, 628, 683, 689, 692
미군麋軍 298
미여지기微與之期 697

ㅂ

바오산包山 2호묘 240, 243, 245, 251
바오지寶鷄 750
박혁博奕 51
반간反間 806, 819~826, 837
반도이격半渡而擊 568
발사发舍 624
방기方技 48, 143, 343~344, 402,
503, 571
방마매륜方馬埋輪 677
방중술房中術 34, 49
방진方陣 265, 390, 393, 395, 488,
495, 864~865
배구물역背丘勿逆 548
배北 608, 615, 617
배주석병권杯酒釋兵權 81
범용병지법凡用兵之法 182, 224, 705,
711
범유주의泛儒主義 88
범지氾地 527, 647, 649, 654~662,

685~686, 706~710, 716

법가法家 13, 47, 352, 370, 408~409, 414~416, 668, 841

법령숙행法令執行 141

법法 32, 34, 141, 144~146, 369, 409, 413, 818

법산法算 669

베트남 전쟁 87~88, 114, 262, 272, 347, 627

벽성壁星 764

변위학자辨僞學者 199, 446

병가兵家 12~13, 50, 83, 150, 155~157, 288, 294, 298, 349, 360, 370, 383, 402, 408, 414~416, 517, 537, 540, 548, 568, 592, 630, 648, 670, 675, 762, 817, 838

병귀신속兵貴神速 665

병법兵法 9~18, 21, 28~44, 52, 56, 60, 62, 65, 76~85, 91~93, 96~98, 103~106, 114~118, 130, 136, 145, 152~155, 158, 165, 178, 182~183, 199~200, 259~260, 263, 288, 293~294, 322, 338, 347~349, 359~360, 383, 395, 434, 478~480, 486~487, 490, 503, 516, 531~532, 536, 551~552, 576, 597, 635, 669, 673, 675, 828, 841~844, 848~851, 862~867

병불염사兵不厭詐 20, 35, 102~103, 152, 155~156, 294, 384, 527

병사兵事 59, 134~135

병서兵書 12, 17~18, 28~32, 35~60, 64, 67, 70, 75~82, 93~97, 103~105, 125~130, 162~163, 169, 182~183, 280, 301, 322~325, 343~347, 360~361, 376, 402, 432, 503, 549, 571, 592, 595, 633, 761, 839, 848, 864

병승兵勝 143

병음양兵陰陽 62, 142~143, 399, 454, 525, 569, 571, 576, 592, 595, 648, 748, 756, 758, 762, 804, 816

병이사립兵以詐立 527, 728~729

병종兵種 183~185, 195, 206

병중숙강兵衆孰強 141

보병步兵 102, 168, 178~179, 183~187, 190~198, 205~209, 213, 246~247, 251~252, 266, 306, 314, 393, 491, 584~589, 622, 625, 780, 864~865

복기고伏旗鼓 669

복심腹心 669

복화법伏火法 782

부견苻堅 486

북주지수北注之水 599

분수分數 339, 366~372, 379, 406, 427, 504, 536~537

분온거轒轀車 315

분온轒轀 276, 285, 303, 309, 315~316, 318

분위奮威 669

붕崩 567, 608, 615~617

비루飛樓 791, 793

비류費留 775~776

비전費錢 215

비제飛梯 307

ㅅ

사간死間 819~822, 826

사명司命 139, 235, 440

사駟 197

사師 198, 265~268, 490, 831

사시무상위四時無常位 454

사전지지四戰之地 659

사졸숙련士卒孰練 141, 622

사지死地 138, 144, 451, 563, 565,
570, 576, 596, 644, 647~649,
654~658, 661~663, 667, 671~672,
682~687, 706~710, 716

사지四地 138, 607, 610

사현謝玄 486

산뱌오진山彪鎭 1호묘 186, 194, 284,
532

산병散兵 102

산예狻猊 195

산지散地

산지출졸지법算地出卒之法 223~224,
338

살신성인殺身成仁 99

삼고초려三顧草廬 833~834

삼광정책三光政策 227

삼군三軍 139, 149, 178, 198, 286,
296, 368, 371~373, 392, 484,
511~514, 519~520, 534, 542, 620,
666, 678, 680, 694, 819, 828

삼재오행三才五行 390

삼재진三才陣 391, 397, 400

삼진三晉 40~43, 180

상벌賞罰 32, 141, 146~147, 461, 474,

694

상벌숙명賞罰孰明 141

상변相變 485

상사지기象事知器 816

상산사진常山蛇陣 391~392

상商나라 187, 191, 197, 201, 204,
239, 266, 290, 376, 691, 830~831,
834, 837

상쑨자자이上孫家寨 31, 397, 495

상어사象於事 816

상옥추제上屋抽梯 679

상적相敵 558~559, 565, 585

상풍商風 796

상풍조相風鳥 760

색문도거塞門刀車 311

생간生間 806, 819~822, 826

생지生地 138, 144, 451, 563, 565, 644

석인임세釋人任勢 367

선발제인先發制人 516

선성탈인先聲奪人 516

선전獮田 624

선정후기先正後奇 383

선처전지先處戰地 435

선출후출先出後出 384

설서인說書人 89

설연타薛延陀 492

섭정聶政 672

성고成皐 전투 735~736

성동격서聲東擊西 725

성복城濮 전투 155, 197~198

성시城市 277~280

세여확노勢如彍弩 342, 404

세작細作 806

세험절단勢險節短 366, 404~405

세상하오謝祥皓 70

소거巢車 251, 317

소리장도笑裏藏刀 86

소림小林(임목林木) 564, 582, 642(583)

소학小學 27

속전속결 180, 217, 221, 234, 304, 518, 648, 734, 737

송宋나라 33, 64, 66~70, 75~76, 80~82, 88~89, 120, 126, 153, 184~185, 201, 217, 241, 246, 251, 284, 298, 322, 501~503, 549, 567~568, 630, 702, 709

수공水攻 51, 309~310, 318, 568, 747~748, 772~774, 779

수기능樹機能 195

수박手搏 51

수사垂沙 전투 217

수성守成 51, 280~284, 295, 302, 304, 310~311, 441, 748

수쏫 211, 238, 241~242, 253, 778

수水 303, 309, 393, 397, 454, 495~496

수隋나라 64, 90

수수蒐狩(대열大閱, 교열校閱, 교렵校獵) 213

수술數術(수술학數術學) 14, 48~51, 142~143, 327, 370, 379, 401~402, 454, 476, 525, 537, 586, 592~596, 669, 748, 758~763, 815~817

수용미학receptive esthetics 147, 380

수이후디睡虎地 141, 230, 861

수전水戰 193, 281, 774

순수견양順手牽羊 86

순역順逆 143, 547, 559, 565~567, 574~575, 578, 597, 610

순유淳維 849

술術 34, 352, 409~410

승법乘法 198, 201, 206, 208

시생처고視生處高 565~567, 569~570, 578

시여처녀始如處女 698

시인矢人 211

시자미施子美 69

시제時制(시령時令) 144

시형示形 156, 365, 725

신선가神仙家 49, 835

신처호부新郪虎符 538

실實 49, 371, 429, 505

십삼경十三經 26

십什 208, 265, 399

십이진十二辰 390, 398~400

십진十陣 397, 495

싸움打 358, 378, 389~390, 434~435, 439, 452, 504~517, 536, 557, 584~586, 607~614, 651~653, 696, 775~776, 797, 810, 834, 841

쌍토雙兎 534

o

아골거鵝鶻車 304~305

아부蛾傅 314

악군계절鄂君啓節 539

안軰 전투 197

애릉艾陵 전투 197

애병여자愛兵如子 630~631

애형隘形 609, 613, 620

야전野戰 33~36, 128~129, 135, 160, 177~183, 214, 217, 257, 259, 272, 279, 287, 293, 301, 315, 781, 825~826

약향분중掠鄕分衆 528

양兩 265, 268, 400

양릉호부陽陵虎符 538

양배물종佯北勿從 548

양쯔강 184, 244

언기식고偃旗息鼓 538

언鄢 전투200

여旅 265~268

여인廬人 211

여인輿人 211

역서曆書 143

역정易靜 762

영진零陣 388

예교豫交 526

예비대豫備隊 102

예사銳士 154

예졸물공銳卒勿攻 548

예회翳薈 564, 582~583, 642

오伍 146, 159, 208, 265, 268, 369, 391~392, 399

오경五經 10, 26~27, 348

오변오리설 709, 711~712, 716~717

오사五事 141, 147, 167, 331, 611

5·4운동 10, 867

오吳나라 39~42, 157, 179, 193~194, 239, 446~448, 530, 671, 675, 736

오음기해술五音奇胲術 402

오타금화五朶金花 844

오행무상승五行無常勝 454

오행진五行陣 392~397, 400, 495

오화팔문五花八門 400

외선外線 429

요심전투遼沈戰役 386

요지출졸지법料地出卒之法 338

욕금고종欲擒故縱 825

용계用計 135, 148, 151, 158, 161

용기龍旗 534

용병用兵 32~35, 54, 115, 129, 181~182, 186, 210, 215~216, 219~220, 234, 261, 276, 287, 291, 335, 359, 481, 484, 493~494, 503, 508~510, 530, 532, 542~547, 563, 590, 592, 619, 657, 664~665, 671, 675, 677, 705~706, 710, 716~720, 762, 776, 817

용진삼분用陣參分 392

우기羽旗 534

우병투험愚兵投險 680

우익羽翼 669, 674

우직지계迂直之計 529

우풍羽風 796

운제雲梯 304, 307~308, 314, 317~318, 791, 793

운주運籌 134

원앙진鴛鴦陣 634

원元나라 96, 184, 252, 311, 740~741, 857, 869

원형遠形 609, 614, 620

월범열수月犯列宿 763

웨이수이渭水강 37, 659, 832

전쟁은 속임수다

위객爲客 666

위사필궐圍師必闕 549

위서僞書 65, 840

위魏나라 40~44, 59, 61, 200, 736

위지圍地 647, 649, 654~663, 667,
682~687, 706~710, 716

유가儒家 13, 55, 346, 409, 414, 841

유사遊士 669

유인지지有人之地 144

육수부陸秀夫 89

육예六藝 26, 48

육지六地 138, 507, 563, 607~615, 644

육패六敗 607~608, 615~618

육화진六花陣 398~400, 497

윤인輪人 211

은위병시恩威并施 540

음양陰陽 48~52, 62, 130~131, 140,
143, 280~281, 343~345, 402, 454,
537, 547, 574~578, 597, 610, 759,
762, 794

음양오행가陰陽五行家 14

음청원결陰晴圓缺 456

의경醫經 344~345, 503

의군疑軍 298

이결전사以決戰事 698

이궐伊闕 전투 200

이릉夷陵 전투 736

이목耳目 669

이병물식餌兵勿食 548

이우위직以迂爲直 508, 512, 514, 523,
732

이弛 608, 615, 617

이합배향離合背向(분합위변分合爲變)

527

이환위리以患爲利 508, 513, 519, 523

익성翼星·진성軫星 765~766

인간因間 819~824

인산대묘印山大墓 194

인정지리人情之理 667, 681, 689

인췌산銀雀山 15, 17, 39, 51, 64, 66,
126~127, 202, 325~326, 356, 370,
375~376, 387, 392~397, 403, 408,
428, 436, 452, 458, 475, 495, 502,
536, 565, 570, 574, 576, 580, 595,
625, 648, 660, 704, 712~713, 761,
809, 821, 839

일점양면一點兩面 385~386

임臨 302~303

임충여공거臨衝呂公車 303

ㅈ

자매姊妹 534

잡가雜家 49, 50, 59

장곡거長轂車 199, 201

장숙유능將孰有能 141

장작長勺 전투 543, 672, 735~736

장평長平 전투 79, 200, 232

장형藏形 365, 762

재인梓人 211

쟁지爭地 647~649, 653~662,
685~686, 707~709, 716

저택沮澤 526, 661

적벽赤壁 전투(대전) 736, 766~768, 781

적인개합敵人開闔 697

전강무등戰降無登 565, 567

전거軨車 203~204

전격전電擊戰 234

전국시대 26, 31, 38, 41~44, 83, 104, 132~134, 138, 143, 154~155, 182~183, 191, 199~200, 214, 217, 230, 239, 241, 249, 290~292, 324, 383, 522, 526, 571, 659, 752, 782, 813~814, 829, 835, 840~841

전략strategy 17, 30, 49, 103~104, 109, 125~131, 147, 152, 160, 166, 172~173, 212, 272, 300, 336, 356, 359, 526, 643~644, 659, 683, 686, 692, 724, 730~741

전리全利 270, 277, 301

전술tactics 30, 49, 103, 128~131, 152, 157, 166~168, 173, 234, 301, 314, 336, 386, 434, 439, 483~486, 502, 539, 638~639, 654, 733, 862

전차병戰車兵 178, 184~187, 190~195, 213, 238, 266, 624~625, 780

전한前漢 32, 44~45, 52, 64, 132~133, 291~292, 395, 715, 750~751, 761

전호거塡壕車 316

전호피거塡壕皮車 316

절여발기節如發機 342, 405

절첩교折疊橋 316

점사지래占事知來 816

정격방격正擊旁擊 384

정계定計 134~135, 141, 147~148, 151, 158, 161

정기旌旗 370~371, 509, 532~536

정병正兵 381~383, 386, 478~481, 491~494, 517

정보전情報戰 541

정이유靜而幽 678

정이치整而治 678~679

정鄭나라 40, 198, 752

제용지정齊勇之政 654

제자서諸子書 14, 27, 31, 136, 199, 747

제梯 303, 307

제齊나라 36~44, 59, 64, 104, 146, 154, 179, 193, 197~200, 210, 224, 291, 543~544, 672, 735, 836

조기鳥旗 534

조아爪牙 669

조趙나라 41, 79, 183, 191, 200, 232, 241, 285

졸卒 146, 159, 184, 206, 208, 265, 268, 369, 400, 421, 622

졸오卒伍 265~567

종대縱隊 102, 391~392, 520

종횡가縱橫家 214, 839~840

주공묘周公廟 456, 830

주숙유도主孰有道 141

주용主用 146

주인輈人 211

주走 608, 615~616

주周나라 37, 205, 225, 240, 490, 572, 828, 830, 837

중산왕 무덤 242, 253

중산中山 전투 200, 217

중어지환中御之患 81, 260, 296, 298

중지重地 228, 647~649, 654~662, 667, 682~687, 707~709, 716

중지즉략重地則掠 528

쥐옌居延 31

증후을묘曾侯乙墓 207, 240~247

지구전 180, 216, 234, 336, 641, 734

지기知己 299, 300, 804~805

지도地道 311~314, 602

지록위마指鹿爲馬 689

지리地利 140, 142, 166, 391, 399, 669, 804

지상매괴指桑罵槐 86

지승知勝 299~300, 635, 803~804

지조지질鷙鳥之疾 404

지천지지知天知地 300, 636~637, 804

지형支形 609

진려振旅 624

진법陣法 32~33, 36, 97, 146, 167, 179, 213, 279, 357, 384, 388~400, 441~443, 488~489, 634

진陳나라 198~199, 546

진晉나라 36, 40~41, 88, 179, 183, 197~200, 297, 360, 446~447, 521, 526, 760

진秦나라 36, 40~45, 79, 141, 154, 197, 200, 227, 231~232, 241, 278, 291, 309, 447, 572~573, 691, 750

진화타겁趁火打劫 86

ㅊ

차도살인借刀殺人 86

창응蒼鷹 534

처군處軍 558~559, 565, 571, 597

척택斥澤 558

척후刺候 451, 586

천극天隙 564, 581~582, 598

천라天羅(천리天離) 564, 581(598)

천뢰天牢 564, 581

천묵수적踐墨隨敵 697

천승지국千乘之國 197~198

천시天時 140, 142, 391, 804

천정天井 563, 581, 596, 598

천지숙득天地孰得 141

천지음양天地陰陽 390

천함天陷 564, 581~582

첨두목려尖頭木驢 316

청淸나라 42, 65, 68~69, 80, 88~99, 109~111, 116~120, 278, 288, 312, 549, 623, 676, 740~741, 838, 857

초급樵汲 206, 209, 491

초楚나라 40~42, 52, 153~157, 197~200, 217, 239, 275, 284, 327, 360, 378, 418, 446~448, 452, 475, 521, 536, 567, 735~736, 761

추리樵李 전투 447

축국蹴鞠 51~52

축생인류학畜生人類學 410, 632

축세대발蓄勢待發 341~342, 405

춘추시대 37, 40~43, 153~157, 177~178, 183, 196~199, 206~208, 217, 221~224, 239, 268, 284, 291, 297, 446~447, 567, 672, 676, 735, 813

출군出軍 221

충衝 303~304, 596

취가자炊家子 206, 209

치거馳車 197, 201~202

치기治氣 506, 509, 542~545, 666

치력治力 506, 509, 666

치변治變 506, 509
치병治兵 32, 34~35, 532, 607,
623~625
치심治心 506, 509, 542, 666
치중거輜重車 195, 202, 208~211,
229, 519
치풍徵風 796

ㅌ

타초경사打草驚蛇 824
탑거搭車 304~305
탑천거搭天車 305
테러리즘 104, 262, 673~675, 750,
826, 844
통량通糧 669
통재通才 669
통형通形 609~613
퇴피삼사退避三舍 521
투량환주偸梁換柱 86
투위거우土峪溝 296
투호投壺 51

ㅍ

파거杷車 307
파거피마破車罷馬 205, 229
파우누스의 집Casa di Fauno 190
팔괘구궁八卦九宮 390, 400
팔다리나 양 날개 같은 보좌관股肱羽翼
669
팔진도八陣圖 195, 400, 478
팔진八陣 388, 392, 394~400, 489,

495~497
페이수이淝水 전투 736
편상거偏箱車 195, 478~479
평륙平陸 558, 569
포루砲樓 310~313, 782
풍각風角 50~51, 748, 758~762, 766,
768, 794~795
풍후風后 395~396, 400, 497, 572,
760
피鈹 238, 241, 243, 253
필성畢星 763~765, 769

ㅎ

한韓나라 36, 40, 200, 735
한漢나라 360, 368, 735
함곡관函穀關 43
함인函人 211
함陷 582, 608, 615, 617
합군취중合軍聚衆 511
행기가行氣家 543, 677
행기行氣 543
행성行城 280, 303
행천교行天橋 307
허실虛實 131, 322, 366, 368,
371~372, 375, 406, 425, 427~497,
504~506, 733
허虛 49, 371, 505, 757
험어도驗於度 816
험이險易 559, 569, 610~613
험조險阻 526, 564, 582, 642, 661
험형險形 609, 613, 620
혁거革車 182, 197, 201~202,

전쟁은 속임수다

209~210, 229

현권이동懸權而動 529

혈穴 303, 309~312

형격세금形格勢禁 352

형덕기해술刑德奇賷術 401

형명학刑名學 535

형명形名 327~328, 366~372, 379,
406, 408, 427, 504, 509, 535~540

형병形兵 203, 428, 432, 451, 453

형세形勢 48~52, 83, 127~131, 161,
275, 280, 287~288, 294, 321~327,
345~349, 352~354, 357~361, 365,
370~371, 376~379, 403~413,
421~444, 449, 451~453, 475~477,
482, 494, 502~503, 507, 536~537,
547~549, 559, 565, 610, 648,
653~654, 694, 734, 676, 770

형이응형形以應形 379

형인形人 365

호교壕橋 316

호기虎旗 534

혹군惑軍 298

혼수모어渾水摸魚 86

홍수泓水 전쟁 153, 567

화거火炬 310, 782, 784

화고火庫 749~752

화공火攻 51, 310, 318, 745~750,
754~782, 788~799

화구火球 310, 782, 785

화금火禽 310, 782~783

화대火隊 749, 752

화수火獸 310, 782~783

화악華岳 322

화양華陽 전투 200

화이인淮陰 45

화인火人 749, 752

화적火積 749~750, 752

화전火箭 310, 782, 784, 792

화치火輜 749~750, 752

화포火砲 33, 168, 185, 191~192, 304,
310~311, 782, 788, 851

황정潢井 564, 582, 642

황제승사제黃帝勝四帝 573~574, 578

황허강 178, 558, 569

회갑盔甲 249, 814

획지畫地 443

획책신劃策臣 78, 132

횡대橫隊 102, 391~392, 520

후시산虎溪山 454

후여탈토後如脫兔 698

후처전지後處戰地 435

후한後漢 52~55, 59, 76, 315, 353,
395, 449

전쟁은 속임수다

리링 저작선 03

1판 1쇄	2012년 12월 17일
1판 6쇄	2023년 2월 10일

지은이	리링
옮긴이	김숭호
펴낸이	강성민
편집장	이은혜
기획	노승현
마케팅	정민호 이숙재 김도윤 한민아 이민경 정유선 김수인
브랜딩	함유지 함근아 김희숙 고보미 박민재 박진희 정승민
제작	강신은 김동욱 임현식
독자모니터링	황치영

펴낸곳	(주)글항아리	출판등록 2009년 1월 19일 제406-2009-000002호
주소	413-120 경기도 파주시 회동길 210
전자우편	bookpot@hanmail.net
전화번호	031-955-2696(마케팅) 031-955-2670(편집부)
팩스	031-955-2557

ISBN	978-89-6735-032-1 93100